Raimund Lenz
Customer Contact Management

Raimund Lenz

Customer Contact Management

Erzielung von Kundenwerten in einer
Postwachstumsgesellschaft

DE GRUYTER
OLDENBOURG

ISBN 978-3-11-052714-8
e-ISBN (PDF) 978-3-11-052717-9
e-ISBN (EPUB) 978-3-11-052722-3

Library of Congress Control Number: 2018965031

Bibliografische Information der Deutschen Nationalbibliothek
Die Deutsche Nationalbibliothek verzeichnet diese Publikation in der Deutschen
Nationalbibliografie; detaillierte bibliografische Daten sind im Internet über
http://dnb.dnb.de abrufbar.

© 2019 Walter de Gruyter GmbH, Berlin/Boston
Umschlaggestaltung: Crossroadscreative/iStock/Thinkstock
Satz: le-tex publishing services GmbH, Leipzig
Druck und Bindung: CPI books GmbH, Leck

www.degruyter.com

Vorwort

Unter Customer Contact Management (CCM) verstehen wir die evolutionäre Weiterentwicklung des klassischen Kundenbeziehungsmanagements (KBM) mit dem Hauptaugenmerk auf Business to Consumer (BtoC) in Handel und Dienstleistungen. Die Kernthese fokussiert auf die Fragestellung, was sich unter dem Begriff „Value Shopping" verbirgt. Am Anfang des Lehrbuchs stehen die Grundlagen des KBM. Der erste Schwerpunkt bezieht sich hier auf den Paradigmenwechsel vom Transaktions- hin zum Beziehungsmanagement. Die zentralen Entwicklungsphasen von Marketingorientierung bis hin zum Marketingmanagement werden kritisch reflektiert, um dem Leser die Wertorientierung nahezubringen. Der Fokus wird hier auf eine Integration von Push- und Pull-Strategien gelegt, um fortführend Customer-Relationship-Management (CRM) in seinen Ausprägungen und unter Berücksichtigung der Customer Journey zu definieren. Um Kunden zu verstehen, benötigen Unternehmen im Management die Kenntnisse von unternehmensintern und -extern moderierenden Faktoren, die zum Erfolg führen. Der Fokus wird in diesem Bereich des Grundlagenkapitels auf die Theorien und Konzepte zur Entstehung von Kundenzufriedenheit aus verhaltenswissenschaftlicher Sicht gelegt. Das Grundlagenkapitel mündet in der Erfassung von Kundenwerten mittels Customer Lifetime Value und deren kritischer Betrachtung. Nachdem die Grundlagen gelegt sind, folgt im fortführenden Kapitel die Diskussion eines konzeptualisierten Kundenlebenszyklus. Schwerpunkte sind hier die Leadgenerierung, um die Kundenfluktuation auszugleichen. Wie kann ein Interessent zum treuen und damit wertbringenden Kunden aufgebaut werden? Kann, wenn ja und wie, einer drohenden Abwanderung des Kunden durch ein funktionales Churn-Management entgegengewirkt werden? Dadurch, dass gerade die Millennials (Generation Y) ihre Kaufgewohnheiten sehr oft wechseln, wird hier besonders Wert darauf gelegt die Gefährdungsphasen (Kundenwanderung) zu besprechen. Gerade diese Kapitel werden durch Erfolgsbeispiele aus der Praxis aufgewertet. Nachdem die Ziel-, Erfolgswirkung und damit einhergehenden Managementaufgaben von CCM besprochen wurden, widmet sich das nun folgende Kapitel ausgewählten Instrumentarien und deren ausführlicher Erläuterung. Was verstehen wir unter Dialogmarketing in all seinen Ausprägungen unter Berücksichtigung des Bundesdatenschutzgesetzes und dessen Novellierung? Wie ist Dialogmarketing im wissenschaftlichen Kontext einzuordnen? Darauf folgend werden didaktisch nachvollziehbar die wesentlichsten Prozesse besprochen. Ein weiteres funktionales Instrumentarium stellen die Karten-, Bonus- und Clubsysteme dar, um Kunden in den verschiedensten Kundenzyklen anzusprechen. Die positive Wirkung auf Kundenbindung, die Reduzierung von Abwanderung sowie die Realisierung von Cross- und Up-Selling-Potenzialen werden kritisch reflektierend dargestellt und durch Praxisbeispiele ergänzt. Das letzte Instrumentarium, welches gleichzeitig auch dem Dialogmarketing zugeordnet ist, widmet sich dem Kunstwort Social Commerce. Wie in den Grundlagen gezeigt, ist der Kunde in seinen Einkaufs-

https://doi.org/10.1515/9783110527179-201

welten auf der Reise (Customer Journey). Da die modernen Kunden von heute auch immer mehr Berührungspunkte durch die verschiedensten Endgeräte haben, somit mobil und manche sogar „always on" sind, wird die Funktionsweise von Social Commerce nachvollziehbar in ihre Bestandteile zerlegt und definiert. Anhand von Beispielen werden die Begrifflichkeiten und Wirkweisen von Facebook Commerce, Mobile Commerce, Local Commerce, Augmented Reality, Curated Social Market Places und Social Selling dem Leser nähergebracht. Abgerundet wird das Thema CCM durch das Kapitel „Messbarkeit". Das CRM-System ist der „Technological Enabler" der CRM-Strategie und wird durch KPIs (Schlüsselkennzahlen) oder auch Algorithmen für Unternehmen greifbar.

Inhalt

1 Einleitung

Πάντα ῥεῖ – „Alles fließt". „Nichts ist so beständig wie der Wandel", so Heraklit von Ephesus (ca. 520–460 v. Chr.). Mit diesen Worten beschreibt der Philosoph die stetige und kontinuierliche Veränderung, den Wandel, dem alles in der Welt unterliegt. Nach gegenwärtigem Stand der Wissenschaft verlaufen Veränderungen heutzutage nicht mehr linear, sondern unterliegen einer rasanten Beschleunigung. Auch im Vergleich zum 20. Jahrhundert haben sich die Vorzeichen mit Beginn des 21. Jahrhunderts noch einmal grundlegend verändert. Nach heutigen Erkenntnissen wird erwartet, dass das 21. Jahrhundert äquivalent sein wird zu 20.000 Jahren Fortschritt – ausgehend von der aktuellen Entwicklungsgeschwindigkeit. Es entsteht eine zunehmende Dynamik des Wandels, in welcher sich der Mensch bewegt und sich die Veränderungen und mithin auch die menschlichen Erfahrungen mit weiterhin steigender Tendenz beschleunigen (Kurzweil und Meyer 2003). Mit Beginn des Millenniums und der digitalen Transformation ab dem Jahr 2000 prägen die stetige Entwicklung und der Fortschritt unsere globalisierte Gesellschaft. Die Technologie sowie Kommunikation und damit auch der Handel sowie die Produkte selbst unterliegen einer zunehmenden Beschleunigung und Vernetzung (PwC 2014). Dies drückt sich heutzutage in Phänomenen wie der „Digitalen Revolution", der „Industrie 4.0" oder auch „Big Data" aus (Digitalization Think:Lab und Roland Berger Strategy Consultings, S. 10). Diese rapiden Entwicklungen spiegeln sich auch rein quantitativ betrachtet wider: Die reine Anzahl der Webseiten weltweit hat sich innerhalb eines Jahres (Juni 2011–Juni 2012) mehr als verdoppelt, wobei der Höchstwert 2014 mit einem Wert von über 968 Milliarden Webseiten erreicht wurde (Statista). Seitdem stagnieren diese relativ konstant auf einem entsprechend hohen Niveau. Des Weiteren hat sich der Anteil der Internetnutzer an der deutschen Gesamtbevölkerung von 28,6 % im Jahr 2000 auf 83,8 % im Jahr 2016 nahezu verdreifacht (ARD ZDF/GfK Media and Communication Research). Ebenso rasant steigt die Nutzung mobiler Zugänge an – derzeit sind bereits 54 % aller Zugriffe in Deutschland mobil – Tendenz weiterhin steigend (Statista). Darüber hinaus nutzen laut einer Onlinestudie von ARD und ZDF heute schon 59 % der deutschen Internetnutzer Social Media (Tippelt und Kupferschmitt 2015, S. 422 ff.). Die Weltwirtschaft sieht sich folglich aufgrund der fortschreitenden Globalisierung und der kontinuierlichen Verflechtung und Beschleunigung der digitalen Prozesse mit noch nie zuvor dagewesenen Herausforderungen konfrontiert: schnelllebiger Wandel, sich weiterentwickelnde und wechselseitig beeinflussende Märkte, starke Verkürzung der Produktlebenszyklen sowie Personalisierung und Individualisierung von Konsum. Dies impliziert den Drang zur Divergenz vom Wettbewerb, Innovationen als Leistungsmerkmal einerseits und immer anspruchsvoller werdende Kunden andererseits. Dadurch wiederum entstehen stets besser informierte, gestärkte Konsumenten (KPMG 2014, S. 4) mit einem ständig wachsenden Anspruch an die Produkte, wodurch ebenfalls die Nachfrage nach qualitativ hochwertigen Produkten (KPMG 2016, S. 96) steigt. Aufgrund dieser Kontexte

https://doi.org/10.1515/9783110527179-001

kommt es heute zu einer kontinuierlichen Weiterentwicklung sowohl der Produkte und deren Wahrnehmung durch den Konsumenten als auch des Konsumenten selbst. „Die durch Struktur und Wertewandel veränderten Freizeit- und Konsumorientierungen, die damit verbundene Entstehung neuer Werte und Lebensstile führen in allen Märkten zu grundlegenden Veränderungen." (Sinus 2015, S. 4)

Doch was bedeuten diese Entwicklungen für den Konsumenten von heute oder sogar von morgen? Welche Veränderungen im Konsumverhalten lassen sich im Vergleich zu vorangegangenen Jahren aufzeigen und was kann für das Verhalten zukünftiger Generationen prognostiziert werden? Unsere globalisierte Gesellschaft und mit ihr die Digitalisierung sämtlicher Lebensbereiche mündet heute in ein Phänomen der Informationsüberflutung (Bruhn 2006, S. 489–532) und Reizüberlastung.[1] Dabei besteht die Herausforderung zunehmend darin, Informationen zu filtern und zu bewerten. Aus der omnipräsenten Verfügbarkeit von Informationen und Produkten könnte ein mündiger und wahlfreier Konsument entstehen, der nahezu uneingeschränkt entscheiden kann, wo und wann er sich informiert und für welches Produkt er sich entscheidet. Aus Sicht der Unternehmen ergibt sich dadurch die heutige Notwendigkeit der eigenen Divergenz und des Mehrwerts einer starken Marke, welche das Entscheidungs- und Auswahlverhalten des Konsumenten steuert. Starke Marken nehmen heutzutage eine Identifikations- und Differenzierungsfunktion ein, wodurch unter anderem auch eine Emotionalisierung der Marke stattfindet. Aktiv beworben werden durchschnittlich bis zu 72.000 Marken[2] – und das lediglich in Deutschland. Zusätzlich ergeben sich im digitalen Kontext konstant neue, noch nie zuvor dagewesene Customer Touchpoints[3] der Unternehmen zu ihren Kunden vice versa. Dies bedeutet, die Kontexte, in denen sich der Konsument bewegt, verändern sich konstant, werden zunehmend komplexer und interaktiver. Unternehmen müssen heute und auch zukünftig viel stärker in einen Dialog mit ihren Kunden treten, um im Wettbewerb zu bestehen (Bruhn 2016, S. 4). Dies wird umso wichtiger, da wir, wenn wir den deutschen Handel betrachten, in einer Postwachstumsgesellschaft (Seidl und Zahrnt 2010) leben. Der Begriff der Postwachstumsgesellschaft, in der das Streben nach Wachstum nicht das zentrale Ziel der Politik und Wirtschaft ist (Seidl und Zahrnt 2010, Paech 2008, Pennekamp 2011), macht deutlich, dass reine Produktorientierung nicht mehr zweckdienlich ist. Durch die auf den Kunden ausgerichteten Ziele soll eine höhere

---

1 Pro Jahr werden in Deutschland laut dem Deutschen Patent- und Markenamt (2005–2017) bis zu 77.000 Marken neu angemeldet. Vgl. https://www.dpma.de/docs/dpma/veroeffentlichungen/jahresberichte/jahresbericht2017.pdf, Seite 22 ff.

2 Ebd. Albers 2002.

3 Customer Touchpoints meint die vielfachen möglichen Kontaktpunkte des Konsumenten mit einem Unternehmen. Jeder einzelne Kontaktpunkt bietet dem Unternehmen die Möglichkeit, mit dem Kunden in Verbindung zu treten, ihn zu begeistern und mit ihm eine langfristige Beziehung aufzubauen. Die Summe dieser Kontakte bildet die Customer Journey. Vgl. von Focht, T., Tag Management, 2015, S. 151 ff.

Kundenzufriedenheit und Beziehungsqualität erreicht werden. Mithilfe der Resonanz-perspektive sollen bessere Kundenbeziehungen geschaffen und ein Loslösen von der Wachstumsperspektive erreicht werden (Rosa 2014). Hierbei soll nicht nur der mone-täre Wert, bspw. Umsatz pro Kunde, zum Unternehmenserfolg führen, sondern auch die Beschaffenheit der Kundenbeziehung an sich zu einem neuen Maßstab für den Unternehmenserfolg werden (Parvatiyar und Sheth 2000). Somit gilt die Konzentrati-on auf den Aufbau langfristiger Beziehungen mit den profitabelsten Kunden (Bruhn 2001) heute immer mehr als Garant für Erfolg. Wesentliche Erkenntnisgewinne wären demnach, dass die Konsumneigungen immer häufiger über Schulden realisiert wer-den. Um dies zu vermeiden, wäre es notwendig, an die Stelle der reinen Kundenorien-tierung die Orientierung am Kundenwert zu etablieren. Und dies ist die Hauptdisziplin des Customer Contact Managements.

2 Grundlagen des Kundenbeziehungsmanagements

2.1 Paradigmenwechsel vom Transaktions- zum Beziehungsmarketing

Ohne Kunden kein Erfolg, ohne Kunden keine Zukunft. Alles hängt vom Kunden ab. Er bestimmt, was gut ist und was schlecht. Er ist Basis für das unternehmerische Handeln. Und so konzentrieren erfolgreiche Unternehmer ihre Kräfte auf den Kunden nicht allein in ihren Leitbildern, sondern sie sind auch bestrebt, diese Grundhaltung in den Unternehmensalltag hineinzutragen. Dadurch haben wieder Schlagworte Aufwind wie „Customer Focus", „Customerize", „Im Zentrum unseres Handelns steht der Kunde" oder Sätze wie „Unsere Kunden vertrauen uns, denn unsere Mitarbeiter gehen kompetent auf Kundenwünsche ein" bzw. „Der Markt unserer Kunden bestimmt unser Handeln".

Die Individualisierung und das neue Selbstbewusstsein des Kunden gewinnen weiter rasant an Bedeutung. Kunden und Interessenten wollen nicht mehr mit Eintopfmarketing abgespeist werden. Sie wollen nicht mehr lediglich als Abnehmer einer Marktleistung abgestempelt werden. Selbstbewusst berücksichtigen sie heute in ihrem Kaufverhalten zunehmend solche Unternehmen, die sie als Individuen wahrnehmen, echtes Interesse an ihnen haben und mit ihnen in einen aktiven Dialog treten, um damit eine Beziehung aufzubauen.

Durch Shareholder Value ist ein auf kurzfristige Verkaufszahlen zielendes Absatzdenken in den Mittelpunkt der Unternehmen gerückt und wird von einer übergeordneten Sorge um den Kunden überlagert. Der englische Ausdruck „Customer Care" umschreibt dieses Verständnis wohl am treffendsten. Hier liegt die Chance für Unternehmen, ihre Ertragsbasis auch in Märkten mit nahezu austauschbaren Marktleistungen auszubauen.

Macht man den Realitätstest, prüft man also Unternehmen auf ihre effektiv gelebte Kundenorientierung, so ist das Resultat oft ernüchternd: Im operativen Bereich, nämlich gerade dort, wo der Kontakt zum Kunden und Interessenten stattfindet, besteht verbreitet ein Vakuum. Da ist von Kundenorientierung und der oft beschworenen Liebe zum Kunden wenig zu spüren.

Wir leben im Zeitalter der Kommunikation, aber immer mehr Menschen verlieren vor lauter Kommunikation die Orientierung.

Das 21. Jahrhundert ist gekennzeichnet durch Informationsüberfluss. Max Mustermann, der Durchschnittszeitgenosse aus dem Quelle-Katalog, der in Deutschland immer die meiste Post bekam, ist mit unbekanntem Ziel verzogen. Das ist fatal. Denn Max Mustermann war berechenbar. An seine Stelle ist Vroni Vielleicht getreten. Die heutige Kundengeneration vereinigt in sich die Erfahrung aus drei Jahrzehnten. Das hat zu einem neuen Konsumbewusstsein geführt. Die Markenkids von früher sind erwachsen geworden. Als Folge versuchen Unternehmen mit Omnichannel-Strategien,

https://doi.org/10.1515/9783110527179-002

ausgefeilter Logistik und ebenso ausgefeilten CRM-Systemen dem Kunden weiterhin attraktive Angebote zu unterbreiten. Die Krux: Diese Strategien versuchen lediglich Symptome zu kaschieren, setzen aber nicht an der eigentlichen Ursache an. Ein Kanaldenken fließt lediglich in eine Richtung. Der Dialog ist gefragt.

Aber das Dilemma, dass Kunden eine noch höhere Reizüberflutung erleben, findet seinen Niederschlag in sinkenden Responsequoten respektive in schmelzenden Durchschnittsumsätzen oder am Point of Sale (PoS) an sinkenden Flächenumsätzen.

Ist die Frage, die sich hier stellt: „Mehr ist mehr?" oder „Weniger ist mehr?".

Durch sinkende Nachfrage erhöht sich automatisch der Lagerbestand im Handel. Dadurch müssen zwingend noch mehr Abverkäufe generiert werden. Das Ergebnis ist: Die Margen sinken noch weiter.

Schenkt man den Psychologen und Neurologen uneingeschränkt Glauben, so bietet hier die neuere Werbewirkungsforschung mithilfe neurophysiologischer Techniken einen Ausweg.

Nach Aussage dieser noch jungen Forschungsdisziplin im Marketing wird die Mehrzahl der menschlichen Entscheidungen anhand unbewusster und emotionaler Bewertungskriterien getroffen: Die weichen Größen bilden den harten Kern der alltäglichen Entscheidungsprozesse.

In einer sich immer schneller ändernden und immer komplexer werdenden Welt steht das wachsende Bedürfnis nach Sicherheit (Cocooning – engl. „verpuppen", „sich einspinnen") in hartem Kontrast zu den tatsächlichen Möglichkeiten, Zusammenhänge zu verstehen und Entwicklungen angemessen vorherzusagen. Konsumenten zeigen eine stetig geringer werdende Markentreue, obwohl dies zwischenzeitlich durch den Mediendruck anders weissagt. Hybrides Kaufverhalten (Smart Shopping/Trust Shopping) zwischen Billigangeboten und Luxuswaren irritiert den Handel wie die Hersteller auch weiterhin. Darum ist es auch nicht verwunderlich, warum viele dieser Händler und Hersteller das Customer Contact Management für sich entdecken. Die Kalkulierbarkeit des menschlichen Verhaltens wird offenkundig immer geringer – im privaten ebenso wie im öffentlichen Raum. Alles deutet darauf hin, dass es sich bei diesem Phänomen nicht um eine vorübergehende Ausnahmeerscheinung handelt, sondern um eine unmittelbare Konsequenz der weltweiten Vernetzung. Die Hoffnung auf ruhigeres Fahrwasser ist kein guter Ratgeber. Der Wunsch nach orientierenden Prognosen und nach Analysen, die die Navigation in der Unsicherheit unterstützen, ist nachvollziehbar. Aber es wird immer schwieriger, ein angemessenes Verständnis der Gegenwart zu gewinnen und zukünftige Trends rechtzeitig abzuschätzen. Niveauänderungen und revolutionäre Umstrukturierungen gehören zur Tagesordnung. Die Aktivitäten Einzelner (u. a. Influencer) können sich in kurzer Zeit zu mächtigen Bewegungen aufschaukeln. Mit Webblogs, das heißt mit Internetseiten, auf denen Ereignisse oder Informationen persönlich kommentiert werden, erreichen Privatpersonen eine Wirkung, die vordem nur Journalisten in Massenmedien möglich war. Einfache Kinderlieder oder selbst Klingeltöne für das Handy schaffen es ohne eine mächtige Marketingmaschinerie auf Spitzenpositionen in den Pop-Charts und simple kleine Videoclips machen über das Internet ganz normale Jugendliche beinahe über Nacht zu Kultfiguren. Die wachsende Bedeutung der weichen Faktoren ist dabei eine logische Folge der explosionsartigen Erhöhung der Komplexität und Dynamik in der Alltagswelt. Die weichen Faktoren bilden den harten Kern der alltäglichen Entscheidungsprozesse. Nur wer in der Lage ist, die unbewussten Bewertungskriterien der am wirtschaftlichen und gesellschaftlichen Handeln beteiligten Stakeholder zu erfassen und zu analysieren, kann in der Unsicherheit einer global vernetzten Marktwirtschaft angemessen navigieren. Das Management der Erwartungshaltungen wird zur zentralen Herausforderung im Umgang mit Kunden, Mitarbeitern, Interessengruppen. Dies gilt von der strategischen Markenführung bis hin zur Planung strategischer Werbemittel.

2.2 Entwicklung der Marketingorientierung vom Produkt zum Kunden

Zunächst betrachten wir die verschiedenen Entwicklungsstufen vom Transaktions- bis hin zum Kundenwertmanagement. Dies ist notwendig, um zu verstehen, warum es heute notwendig ist, den Kunden auf andere Art und Weise zu begegnen. In einer Zeitschiene richten wir den Fokus auf das Instrumentarium Marketing und die Mechanismen von Märkten.

1950er-/1960er-Jahre

Die Phase war geprägt durch die Kunden der Generation 1 (Nachkriegsgeneration) und Generation 2 (68er-Generation – Erläuterung in Kapitel 2.3). Neue Produkte waren noch Mangelware, es herrschte ein Nachfrageüberhang (Nachfrage > Angebot). Produktionsorientierung stand im Vordergrund. Die Unternehmensführung beschränkte sich auf die Basis der vorhandenen Produkte. Als Methoden und damit Entscheidungsgrundlagen vorherrschend waren die Ansätze der Produkt-Markt-Matrix (Ansoff 1965, S. 98–99), auch Ansoff-Matrix nach ihrem Erfinder Harry Igor Ansoff, und die Portfolioanalyse (Markowitz 1952, S. 77–91).

1970er-Jahre

Ein unternehmerisches Umdenken fand statt. Der Markt zeigte Sättigungserscheinungen durch ein Überangebot an Waren. Vorherrschend und bis heute anhaltend ist ein Angebotsüberhang (Nachfrage < Angebot). Geprägt wurde diese Phase durch die Generation 3 (Babyboomer – Erläuterung in Kapitel 2.3). Die Marktorientierung stand im Fokus. Es wurde notwendig, die Bedürfnisse der Kunden anzusprechen. Um den Konsumentenbedarf festzustellen, kam methodisch hauptsächlich im funktionalen Bereich des Marketings die Marktforschung zum Einsatz, um Kunden nach quantitativen Kriterien in Segmente aufzuteilen. Auf Basis des finanzorientierten Portfolioansatzes kam erstmalig die 4-Felder- oder auch BCG-Matrix, von Bruce Doolin Henderson,

Gekennzeichnet durch ...

- Nachfrageüberhänge
- Unternehmensführung auf Basis der vorhandenen Produkte
- Denken in der Produkt-Markt-Matrix
- Einsatz von Portfolioanalyse; Schwerpunkt Finanzierung

Remember: Portfolioanalyse

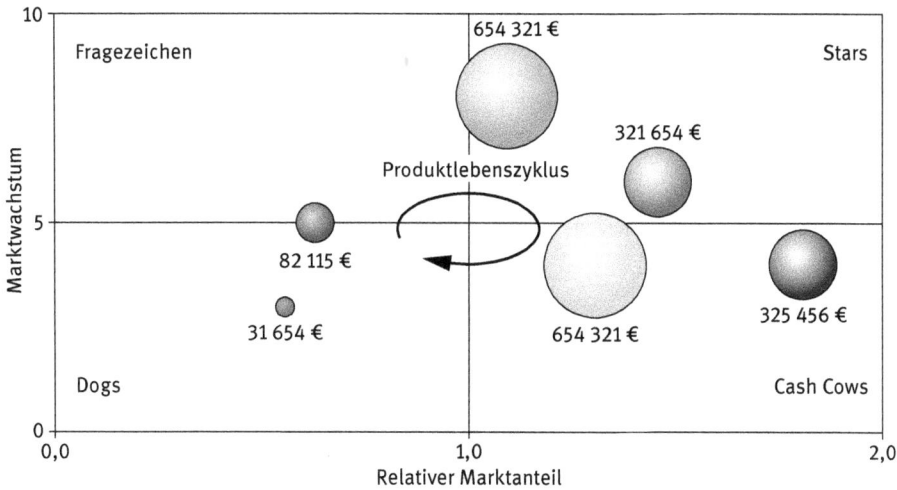

Remember: Produkt-Markt-Matrix

Märkte / Produkte	bestehende	neue
vorhandene	Marktdurchdringung – Marktbesetzung – Verdrängung	Marktentwicklung – Internationalisierung – Marktsegmentierung
neue	Produktentwicklung – Produktinnovation – Produktdifferenzierung	Diversifikation – vertikal – horizontal – lateral

Abb. 2.1: Produktionsorientierung (eigene Darstellung).

Gründer der Boston Consulting Group (Henderson 1970), entwickelt, als Marktanalyseinstrumentarium zum Einsatz. Unter Verwendung der Determinanten „relativer Marktanteil" und „Marktwachstum" war es den Unternehmen möglich, Grundstrategien abzuleiten.

Gekennzeichnet durch ...

– Überangebot an Waren
– Wandel vom Verkäufer- zum Käufermarkt
– Notwendigkeit, Bedürfnisse spezifischer Zielgruppen anzusprechen
– Einsatz von Marktforschung
– Segmentierung von Märkten

Beispiel Marktsegmentierung

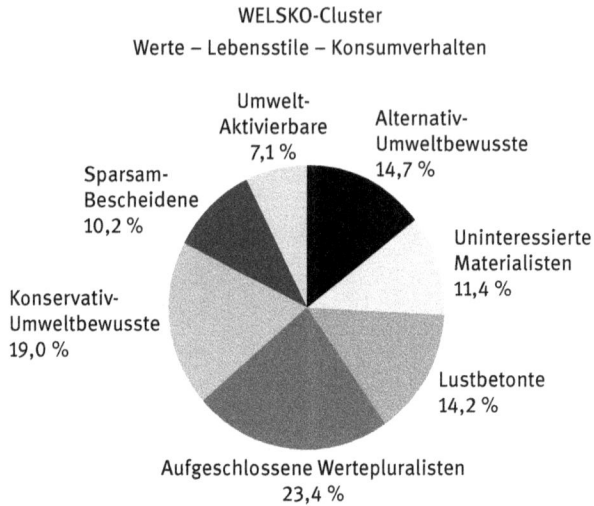

WELSKO-Cluster
Werte – Lebensstile – Konsumverhalten

Umwelt-
Aktivierbare
7,1 %

Alternativ-
Umweltbewusste
14,7 %

Sparsam-
Bescheidene
10,2 %

Uninteressierte
Materialisten
11,4 %

Konservativ-
Umweltbewusste
19,0 %

Lustbetonte
14,2 %

Aufgeschlossene Wertepluralisten
23,4 %

Beispiel Marktforschung

Beispiel

Produkt XY wurde insbesondere aufgrund des fruchtigen Geschmacks an Nummer 1 gesetzt.
Postive Begründungen für Produkt XY

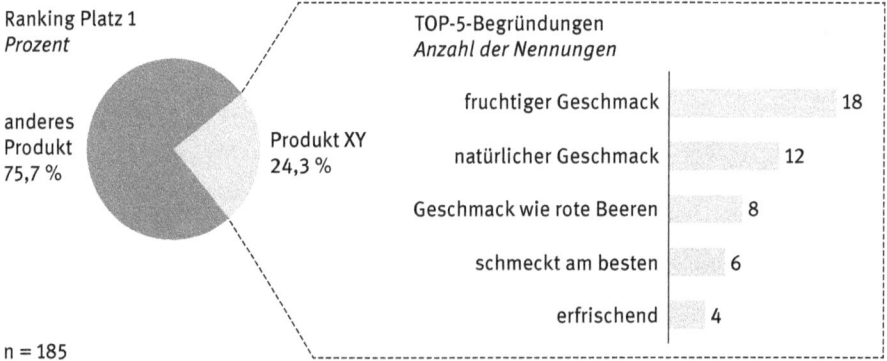

Ranking Platz 1
Prozent

anderes
Produkt
75,7 %

Produkt XY
24,3 %

TOP-5-Begründungen
Anzahl der Nennungen

fruchtiger Geschmack — 18
natürlicher Geschmack — 12
Geschmack wie rote Beeren — 8
schmeckt am besten — 6
erfrischend — 4

n = 185

Abb. 2.2: Marktorientierung (eigene Darstellung).

1980er-Jahre

Die Phase der Wettbewerbsorientierung (Ōmae 1982, S. 90–91) rückte in den Fokus. Die genaue Kenntnis der Wahrnehmung, Erfahrungen, Einstellungen und Erwartungshaltung der Kunden waren von vorherrschendem Interesse, um die Generation 4 (Generation X – Erläuterung in Kapitel 2.3) an sich zu binden. Damit ging die Bereitstellung eines Leistungsangebots einher, das die Anforderungen des Kunden aus dessen Sicht besser erfüllt als das der Konkurrenten. Profilierung und Abgrenzung des eigenen Angebots stand im Vordergrund und damit der USP(Unique Selling Proposition oder Unique Selling Point)-Gedanke im Marketing, um Wettbewerbsvorteile zu identifizieren. Als Methode kam erstmalig die SWOT-Analyse (Weihrich 1982) zum Tragen. Vor diesem Hintergrund lässt sich das strategisch orientierte Marketingmanagement als ein systematisches, ganzheitliches, interaktives, potenzialorientiertes und in der Regel längerfristig orientiertes Unternehmensführungskonzept charakterisieren. Es handelt sich dabei zunächst um eine spezifische Grundhaltung/Denkweise der Unternehmensleitung, mit deren Hilfe die außerordentlich komplexen Beziehungs- und Wirkungszusammenhänge zwischen dem Unternehmen und dessen Markt bzw. Umfeld registriert, analysiert und systematisch in Entscheidungen umgesetzt werden können. Stärken und Schwächen (Strengths, Weaknesses), die Analyse der unternehmensinternen Ebene wurden mit der Mikro- und Makro-Ebene des Umfeldes eines zu betrachtenden Unternehmens und damit mit den Chancen und Risiken (Opportunities, Threats) konfrontiert. Die SWOT-Analyse ist eine strategische Analyse des Unternehmens und seines Umfeldes, die sehr oft in Form von Checklisten zusammengefasst wird. Dieser müssen allerdings tiefgreifende Analyseschritte vorausgehen. Dabei wird zum einen zunächst eine Stärken-Schwächen-Analyse des Unternehmens, insbesondere im Vergleich zu den wichtigsten Wettbewerbern, durchgeführt. Zum anderen erfolgt eine Analyse potenzieller Chancen und Risiken der Branche und des allgemeinen Umfeldes. Heute wird diese Analyseform in Unternehmen noch sehr verbreitet genutzt.

1990er- bzw. 2000er-Jahre

Ein erster Schritt in Richtung Digitalisierung ging vonstatten. Die Generation 5 (Generation Y – Erläuterung im Kapitel 2.3) wuchs mit dieser Technologie auf (in Kapitel 6.7 wird das Instrumentarium von No-Line besprochen). Die ersten Webshops fanden zu ihren Kunden. Vorreiter in Deutschland waren der Otto-Konzern, Amazon und Ebay. Diese Unternehmen überlebten auch nach der Goldgräberstimmung die Dotcom-Blase. Dieser Begriff ist in der Medienlandschaft entstanden. Hiermit ist eine im März 2000 geplatzte Spekulationsblase gemeint, welche die Aktienkurse von Technologieunternehmen zum Einsturz brachte, was einen weltweiten Börsencrash auslöste. Erstmalig war es dem Kunden möglich, im Netz Produkte unter preislichem Aspekt zu vergleichen. Das Dilemma hierbei ist: Der Kunde, beeinflusst durch die Technolo-

Gekennzeichnet durch ...

– Profilierung und Abgrenzung des eigenen Angebots steht im Vordergrund
– Denken im strategischen Dreieck (Unternehmung – Kunde – Wettbewerber)
– USP-Gedanke = Identifizierung von strategischen Wettbewerbsvorteilen
– Methoden: Konkurrenzanalyse, Wertkettenanalyse

Remember: Strategisches Dreieck

Kunde

Eigenes Preis-
Leistungs-Angebot

Preis-Leistungs-
Angebot der Konkurrenz

Unternehmen   Konkurrenz
Strategische
Wettbewerbsvorteile

Remember: Wertkettenanalyse

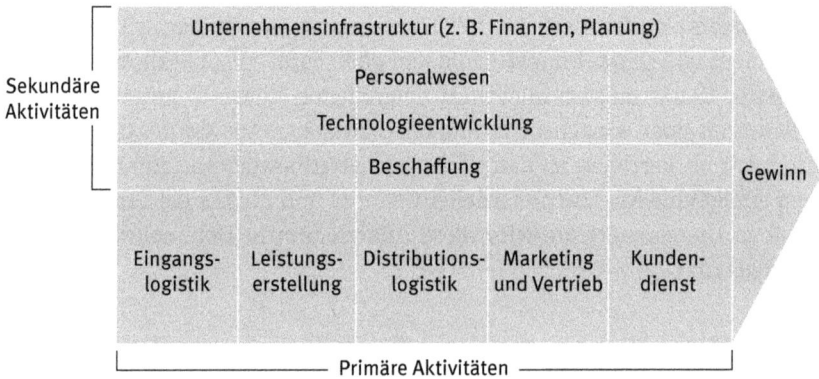

	Unternehmensinfrastruktur (z. B. Finanzen, Planung)				
Sekundäre Aktivitäten	Personalwesen				
	Technologieentwicklung				
	Beschaffung				Gewinn
	Eingangs-logistik	Leistungs-erstellung	Distributions-logistik	Marketing und Vertrieb	Kunden-dienst

Primäre Aktivitäten

Abb. 2.3: Wettbewerbsorientierung (eigene Darstellung).

gie, hat ein hybrides[1] und smartes[2] Kaufverhalten. Eine hohe Wechselbereitschaft ist für diese Generation kennzeichnend. Kundenzufriedenheit und Kundenbindung sind

[1] Hybrides Kaufverhalten: Das individualisierte Käuferverhalten ist je nach persönlichem Vorwissen und Interessen des Konsumenten zu beurteilen. Der Kunde hat die Möglichkeit zwischen Online- und Offlineverkaufskanälen zu wechseln.
[2] Smart Shopper: Dieser charakterisiert sich durch sein Streben nach qualitativ hochwertigen Produkten für den besten Preis. Wir können ihn somit als stark konsumorientierten Konsumenten be-

Kundenorientierung: Gekennzeichnet durch ...

– Individuelle Behandlung von Kundenbedürfnissen
– Zunehmende Heterogenität der Kundenerwartungen
– Hybridisierung des Kundenverhaltens („sowohl ... als auch ...")
– Hohe Wechselbereitschaft der Kunden
– Kundenzufriedenheit und Kundenbindung (zentrale Erfolgsgrößen)
– Methoden: Erfassung von Qualitätsmerkmalen, Erhebung von Kundenbarometern,
  Ermittlung von Kundenwerten

Netzorientierung: Gekennzeichnet durch ...

– Starke Globalisierung
– Zunehmende Bedeutung von Informations- und Kommunikationstechnologie
– Aufbau strategischer Netzwerke und strategischer Allianzen
– Firmen- und funktionsübergreifende Kooperationen
– Methoden: Anwendung von bestehenden Methoden auf das ganze Netzwerk,
  z. B. Balance Score Card, Net Promoter, FRAT

Abb. 2.4: Kunden- und Netzwerkorientierung (eigene Darstellung).

zentrale Erfolgsgrößen und werden unternehmensseitig durch Methoden wie die Erhebung von Kundenbarometern oder die Ermittlung von Kundenwerten erfasst. Qua-
litätsmerkmale stehen im Vordergrund. Diese Phase ist geprägt von der Kundenorientierung der Unternehmen. Eine individuelle Behandlung von Kundenbedürfnissen ist
nötig. Slogans wie „Der Kunde ist König" standen bei Unternehmen im Vordergrund
und gleichzeitig sanken die Preise (Konsumgüter mittlerer Preislagen) bei abnehmen-
der Produkt- und Servicequalität.

20. Jahrhundert bis Gegenwart

Die Generation 6 (Generation Z – Erläuterung in Kapitel 2.3) und die Generation 5
sind in einer Welt der Digitalisierung aufgewachsen. Es wird vermutet, dass gerade bei
diesen Generationen ein multioptionales[3] Kaufverhalten (Schüppenhauer 1998) vor-
herrscht. Kundenwertorientierung und Value Shopping stehen auf der Agenda von
Unternehmen und können als Kennzeichnung identifiziert werden. Ebenso wie für
Prizing-Strategien der Fokus auf den Deckungsbeitrag gelegt wird, steht nun der Kundenwert im Zentrum. Ein Beispiel: Welcher Kunde hat eine höhere Wertigkeit? Kun-

---

zeichnen, der mithilfe eines hohen Informationsniveaus (meist online) sein beschränktes Einkommen
optimal an die persönlichen Bedürfnisse anpasst.
3 Multioptionales Kaufverhalten: Bei ein- und derselben Person können mehrere Verhaltensmuster
auftreten, nämlich dass das Verhalten aus der Sicht des Verkäufers durch Selbststeuerung des Konsumenten instabil ist und dass das Verhalten zwischen Konsumenten bzw. Konsumentengruppen in
verschiedene Richtungen gehen kann. Shopping wird in den Augen des Konsumenten eine Art Selbstinszenierung, er nutzt dies als eine Form des Selbstausdruckes. Und da es modern ist, verschiedene
Gesichter zu haben, wird der Konsument alle Möglichkeiten nutzen, um diese auch zu betonen. Oder
einfacher gesagt: morgens Aldi und abends Prada.

de A, der einen Umsatz von 1000 € in einer Dekade erwirtschaftet, oder Kunde B mit einem Umsatz von 500 €? Unter Berechnung mittels der klassischen ABC-Analyse unter quantitativer Betrachtung ist Kunde A der beste Kunde. Wenn allerdings Kunde A häufig die Ware reklamiert, Rechnungen nur nach Aufforderung begleicht, er vom Vertrieb häufig besucht wird und der Kunde uns nicht weiterempfiehlt, schlägt sich dies in Kosten nieder. Die Transaktionskosten steigen! Kunde B zahlt pünktlich, beanstandet nichts, ist zufrieden. Er empfiehlt uns weiter, gibt uns Verbesserungsvorschläge für Produkte und agiert für unser Unternehmen auch als Influencer[4]. Die Transaktionskosten sinken. Nun könnte die Wertigkeit der Kunden anders aussehen. Das Dilemma besteht in der Messbarkeit dieser Mehrwerte (Näheres wird in Kapitel 6 besprochen). Allerdings nur etwa ein Drittel der Unternehmen in Deutschland ist in der Lage, die Ertragspotenziale seiner Kunden quantitativ und qualitativ zu ermitteln, und nur knapp 40 Prozent strukturieren ihre Kunden nach Umsatz und Deckungsbeitrag (Kaschek 2014). Kundenwert ist hier die Betrachtungsweise aus Unternehmersicht.

Kunden haben auch ganz individuelle Werte bezüglich der Produkte, Dienstleistungen oder deren Unternehmen. Es ist zu beobachten, dass sich hier eine Werteverschiebung abzeichnet. Bis in die jüngste Vergangenheit reagieren Kunden, gerade im mittelpreisigen Segment, sehr preissensibel. Kunden wurden ermuntert, mehr auf den Preis zu achten, unter anderem durch den Siegeszug des Aldi-Prinzips. Handelskonzerne schlossen sich diesem Beispiel an mit Slogans wie „20 % auf alles" (Praktiker 2008), „Mode und Qualität zum besten Preis" (H&M bis heute mit dem Zusatz „Nachhaltigkeit"), „Geiz ist Geil" (Saturn Metro 2002–2006, 2017 reaktiviert) oder „Wir können nur billig" (Media Markt, Metro 2000), um nur einige zu nennen. Gleichzeitig wurden die Märkte durch die gesetzlichen Umfelder stark beeinflusst (Abschaffung des Rabattgesetzes in 2001, Einführung des Euro-Bargeldes 2002, UWG-Novelle 2004, ganzjährige Abverkäufe [preisreduziert] bei allen Warengruppen). Die Reaktion des Kunden: Discount und „Geiz ist geil" dienten als erste Barrikaden gegen den Einkommensdruck. Viele Konsumenten glaubten zunächst, das gewohnte Mengengerüst des Konsums und ihre finanziellen Freiräume trotz des Einkommensrückgangs durch eine neue Schnäppchenkultur erhalten zu können. Unter preispolitischen Gesichtspunkten ist der Preis für den Kunden die Waage zwischen wahrgenommenem Produktnutzen – Wert/„Nutzen" – und dem optimalen Preis – Honorierung/„Opfer". Dadurch wird vermutet, dass der Kunde unter anderem Service, Qualität und Zusatznutzen nur seltener honoriert. Damit ergibt sich ein Werteproblem. Handel und Hersteller reagie-

---

4 Influencer: sind Personen, die in gesellschaftlichen Netzwerken wie Facebook, YouTube, Instagram, Pinterest, um einige zu nennen, sehr viele Follower haben, also Menschen, die ihnen folgen und ihre Beiträge – die Posts – betrachten, weswegen die Influencer diese Follower mit ihren Posts beeinflussen können. Deswegen zahlen ihnen Unternehmen Geld dafür, dass sie ihre Produkte benutzen und anpreisen.

ren hierauf mit einer Semi-Vertikalisierung.[5] Vertikale Anbieter sind beides, Hersteller und Händler, d. h. sie sind integriert. Sie treten gegenüber dem Konsumenten als Handelsmarke mit eigenkontrollierten Verkaufsflächen auf und beherrschen zudem die komplette dahinterliegende Wertschöpfungskette von der Zielgruppendefinition und Formatstrategie über die Kollektionsentwicklung und -beschaffung bis zur Flächenbewirtschaftung und Abverkaufssteuerung am Point of Sale (PoS). Die am häufigsten genannten Beispiele für typische vertikale Unternehmen sind H&M und die Inditex-Gruppe. Allerdings gibt es auch eine Reihe von semivertikalen Anbietern. Diese ehemaligen Markenhersteller zeigen heute sowohl vertikale Ausprägungen als auch das mehr oder weniger klassische Herstellergeschäft in unterschiedlichen Kombinationen und Intensitäten. Zu dieser Spezies gehören beispielsweise Esprit, S. Oliver, Tom Tailor oder auch Hugo Boss und René Lezard. Value Shopping beutet in diesem Zusammenhang nicht billig zu kaufen, sondern eine kulturelle Verschiebung zur Qualität. Dies versuchen Hersteller durch Flagstores, in denen die Leistung der Marke u. a. durch sehr gut geschultes Personal dem Konsumenten nahegebracht werden sollen. Händler andererseits bekunden ihre Qualitätsoffensive durch Shopping Malls oder Customer Experience (Schaffung positiver Kundenerfahrungen) durch den Einsatz von Erlebniseinkäufen wie z. B. Selfridges in London, die keine klassische Promotionaktion starten, sondern vielmehr kulturelle Großereignisse, bei denen z. B. ein gesamtes Haus in der Oxford Street für einen Monat im Sinne des jeweiligen Themas umgebaut wird, und das mehrmals im Jahr. Value Shopping ist im 21. Jahrhundert gekennzeichnet durch Customer Experience, Werteprobleme, geplante Obsoleszenz, Mass Customization und Social Media in all seinen Ausprägungen (Kapitel 7.1 und 6.9).

Methoden, die hier vorherrschend Anwendung finden, sind kundenindividuelle Algorithmen durch Big Data (Sammeln vornehmlich von Kundendaten off- und online) zur Datenanalyse bis hin zu Small Data (unternehmensindividuelle Algorithmen). Diese Dynamik des Wandels wird durch zahlreiche Schlagworte gekennzeichnet. Die Technologie sowie Kommunikation und damit auch der Handel sowie die Produkte selbst unterliegen einer zunehmenden Beschleunigung und Vernetzung. Dies drückt sich heutzutage in den Herausforderungen aus, die sich aus der „Digitalen Revolution" oder der „Industrie 4.0" ergeben. Das Problem für den Kunden ist der Umgang mit Informationsüberflutung und Reizüberlastung. Die Problemstellung für Unternehmen hingegen liegt in der Herausforderung, Daten zu sammeln, um Informa-

---

5 Semi-Vertikalisierung: Vertikalisierung des Absatzkanals. Die Vertikalisierung des Absatzkanals kann je nach Perspektive in eine Vorwärts- oder eine Rückwärtsintegration (semi) aufgeteilt werden: – Bei der Rückwärtsintegration übernimmt der Händler Funktionen eines Herstellers z. B. durch die Auftragsproduktion von Eigenmarken, etwa bei H&M oder Peek & Cloppenburg. Die Hersteller wiederum übernehmen im Rahmen der Vorwärtsintegration, z. B. Esprit oder Hugo Boss, distributionspolitische Aufgaben, die traditionell dem Handel zugeschrieben werden. Auch wenn nicht jede Form der Vorwärtsintegration als Direktvertrieb beschrieben werden kann, so ist eine zunehmende Tendenz hin zu direkteren Absatzkanälen zu erkennen.

Value Shopping: Gekennzeichnet durch ...

– Costumer Experience Management
– Werteproblem
– Geplante Obsoleszenz
– Mass Costumization
– Social Media
– SOLOMO (Social, Local, Mobile)
Methoden: kundenindividuelle Algorithmen

Dynamik des Wandels: Gekennzeichnet durch ...

– Technologie
– Kommuniktation
– Beschleunigung und Vernetzung (Handel, Produkte)
– Phänomene wie die „Digitale Revolution", die „Industrie 4.0" oder „Big Data"

Dynamik des Wandels: Qualitative Kennzeichen

– Die Anzahl der Webseiten hat sich innerhalb eines Jahres (06.2011–06.2012) mehr als verdoppelt,
  wobei der Höchstwert in 2014 mit einem Wert von über 968 Milliarden Webseiten erreicht wurde.
  Seitdem stagnieren diese relativ konstant auf einem entsprechend hohen Niveau.
– Der Anteil der Internetnutzer an der deutschen Gesamtbevölkerung hat sich von 28,6 % im
  Jahr 2000 auf 83,8 % im Jahr 2016 nahezu verdreifacht.
– Ebenso rasant steigt die Nutzung mobiler Zugänge an – derzeit sind bereits 54 % aller Zugriffe in
  Deutschland mobil – Tendenz weiter steigend.
– Laut einer Onlinestudie von ARD und ZDF nutzen 59 % aller deutschen Internetnutzer Social Media.
Quellen: Vgl. Kurzweil, R. / Meyer, C.; PWC; Statista

Problemstellung – Kundensicht

– Phänomene der Informationsüberflutung und Reizüberlastung

Problemstellung – Unternehmen

– Herausforderung, Informationen zu filtern und zu bewerten

Abb. 2.5: Value Shopping (eigene Darstellung).

tionen zu generieren, um Wissen bezüglich des Dreiklangs der Nachhaltigkeit (sozial, ökologisch und ökonomisch) zu erzielen und damit Kunden und deren Bedürfnisse kennenzulernen, und schließlich diese Kenntnisse mittels Marketinginstrumentarien umzusetzen, um begeisternde Produkte zu verkaufen. Customer Centricity, die Ausrichtung aller Unternehmensfunktionen und -prozesse auf den Kunden, steht im Vordergrund.

2.3 Entscheidende Generatoren des Konsumentenverhaltens

Im Rahmen dieses Kapitels werden die grundlegend zu identifizierenden Generatoren des menschlichen Konsumentenverhaltens erörtert. Zunächst wird untersucht, welche generationsspezifischen Merkmale verantwortlich für das Verhalten vieler sein können. Daraufhin werden jene für das Konsumentenverhalten primär verantwortli-

chen Determinanten näher analysiert und mit den geänderten Vorzeichen des 21. Jahrhunderts in Bezug gesetzt. Zuletzt werden die Rolle der Marke und deren Wirkungs-
weise betrachtet und mit den heutigen Erkenntnissen aus der neuroökologischen Forschung verbunden.

2.3.1 Prägende Generationsmerkmale im Kontext gesellschaftlichen Wandels

Was prägt einen Menschen? Was beeinflusst und formt die Persönlichkeit eines Individuums? Zwei Faktoren sind dabei besonders hervorzuheben: die menschlichen Gene
einerseits sowie die Prägung durch ihre Umwelt und Erfahrungen andererseits (Roth
2016, 30 ff.; Zimbardo et al. 2016, 54 ff.). „Vererbung und Umwelt wirken immer bei
der Art und Weise zusammen, wie unser Verhalten und psychische Prozesse beeinflusst werden" (Zimbardo et al. 2016, S. 60; Pinker 2007). „In der Jugend reagiert ein
Mensch hypersensibel auf seine Umwelt. Das hinterlässt ein Leben lang Spuren" (Hurrelmann und Albrecht 2014, S. 15). Jede Generation wird seitens Wissenschaft, Journalismus sowie Pädagogik und Sozialforschung mit Merkmalen attribuiert, welche dieser Gruppe Gleichaltriger eine gemeinsame, charakterisierende Mentalität – „einen
einheitlichen Sozialcharakter" (Hurrelmann und Albrecht 2014, S. 13) – zuschreibt.
Zurückzuführen ist dies auf die Persönlichkeitsausprägung der Individuen, welche in
der Jugend stattfindet und durch dieselben Ereignisse in ihrer Umwelt geformt wird.
Ebenso wie die entscheidenden Generatoren des Konsumentenverhaltens „entstehen
die grundlegenden Wertvorstellungen eines Menschen weitgehend in der Sozialisation und reflektieren die während der formativen Phase, d. h. zwischen dem 16. und
24. Lebensjahr, vorherrschenden Bedingungen." (Parment 2013, S. 153) Dadurch entwickelt sich ein Sozialcharakter, der kennzeichnend für seine jeweilige Jugend steht.
Unabhängig von den individuellen Unterschieden lassen sich hierdurch Aussagen zu
Einstellungen, Motiven und Wertvorstellungen ableiten, die „kollektive Gemeinsamkeiten" (Hurrelmann und Albrecht 2014, S. 15) einzelner Generationen ausdrücken.
Mit diesen prägenden Umwelteinflüssen und gesellschaftlichen Entwicklungen konfrontiert, weisen Jugendliche ebenfalls ein sehr sensibles Gespür für zukünftige Ent-
wicklungstrends auf. Die heutige Jugendforschung sieht sich somit in der Lage, Prognosen darüber treffen zu können, in welche Richtung sich zukünftige Trends und
makrogesellschaftliche Dynamiken von morgen entwickeln können. Die Jugend lässt
sich folglich als „Seismograf für gesellschaftliche Entwicklungen" (Hurrelmann und
Albrecht 2014, S. 13) beschreiben.

2.3.2 Kategorisierung der Generationen

Damit eine Generation eine gemeinsame Wertvorstellung aufweisen kann, werden ihre Mitglieder, mittels der zeitlichen Nähe zueinander, zusammengefasst. Dieser zeit-

Tab. 2.1: Generationencluster der sechs Nachkriegsgenerationen seit 1925. In Anlehnung an Hurrelmann und Albrecht (2014, S. 17); Scholz (2014, S. 35); Schulenberg (2016, S. 1); Parment (2013, S. 3–7).

	Bezeichnung	Heutiges Alter	Geburtsjahre	Jugendphase
I	Skeptische Generation	70–97	1925–1940	1940–1955
II	68er-Generation	60–75	1940–1955	1955–1970
III	Babyboomer	40–60	1955–1970 (Beginn Anfang der 1950er-Jahre)	1970–1985
IV	Generation X	30–45	1970–1985 (Beginn Mitte der 1960er-Jahre)	1985–2000
V	Generation Y	15–30	1985–2000 (mit Beginn der frühen 1980er-Jahre)	2000–2015
VI	Generation Z	0–15	2000–2015 (Beginn Mitte der 1990er-Jahre)	ab 2015

liche Horizont bezieht sich auf die Geburtsjahre, in denen Menschen in einer Spanne von ca. fünfzehn Jahren eine ähnliche Merkmalsausprägung zugeschrieben wird. Danach ist der zeitliche Abstand der Erst- zu den Letztgeborenen einer Generation laut Forschung (Hurrelmann und Albrecht 2014, S. 16) zu groß und die Merkmale variieren zu stark voneinander. Es werden also „etwa alle fünfzehn Jahre die historischen Karten neu gemischt" (Hurrelmann und Albrecht 2014, S. 16). Die Generationen definieren sich natürlich nicht alleinig nach der Zuordnung zu expliziten Jahreszahlen. „Vielmehr sind die Übergänge genauso fließend wie viele gesellschaftliche entscheidende Generatoren des Konsumentenverhaltens" (Hurrelmann und Albrecht 2014, S. 16). Daher sind sowohl der Beginn als auch das Ende der unten aufgestellten Generationsübersichten nicht als starr zu verstehen, sondern dienen vielmehr einer zeitlichen Einordnung – in einen Kontext gesetzt mit den Einflüssen der jeweilig vorherrschenden Ereignisse. Diese Kategorisierung setzt sich außerdem aus Standpunkten unterschiedlicher Forschungen zusammen. Auf diese Weise wird ein kritischer Überblick über die verschiedenen Generationsspannen gegeben (Hurrelmann und Albrecht 2014; Scholz 2014; Schulenburg 2016; Parment 2013). Ziel dabei ist es, einen kritischen Konsens zu finden sowohl über die nachfolgend aufgestellten und angenommenen Zeitspannen als auch über deren nachfolgende kontextuale Einordnung. Beginnend mit der Nachkriegszeit ab 1925 lassen sich sechs aufeinanderfolgende Generationen zusammenfassen[6]:

Die in Tabelle 2.1 zuerst genannten Generationen (I und II) sind, aus heutiger Sicht, die Großeltern der derzeit noch Heranwachsenden. Sie wurden durch die Ereignisse des Zweiten Weltkriegs geprägt und widmeten ihr Leben dem wirtschaftlichen Wiederaufbau sowie dem kulturellen und politischen Aufbruch. Die in Tabelle 2.1 auf-

---

6 Dabei beziehen sich die nachfolgenden Ausführungen auf die Generationen in Deutschland.

geführten Generationen III und IV sind mittlerweile erwachsen und bilden die aktuell Verantwortlichen der heutigen Geschehnisse.

Sie sind die Eltern der beiden in Tabelle 2.1 zuletzt dargestellten Generationen V und VI, die gerade beginnen, ihre Zukunft aufzubauen und die kommenden gesellschaftlichen Entwicklungen gestalten werden. Diese Übersicht der einzelnen Generationsgruppen verdeutlicht einerseits, wie fließend deren Übergänge sind, und zeigt andererseits, wie weitreichend und immens die Ereignisse und Taten vergangener Generationen auf jene zukünftiger Generationen Einfluss nehmen und sie auf diese Weise mitbestimmen. Es lässt sich folglich anführen, dass gesellschaftliche Entwicklungen wechselseitig aufeinander aufbauen und die heutigen Generationen die Zukunft von morgen mitgestalten: „Jede Generation ist eine Fortsetzung der anderen und ist verantwortlich für ihre Taten", so bereits Heinrich Heine (1797–1856).

2.3.3 Prägende Kontexte und charakteristische Merkmale der Generationen

Die eigentliche Prägung erfolgt insbesondere in Kindheit und Jugend durch das in etwa gleichzeitige Erleben und Handeln der betroffenen Jahrgänge in ihrem jeweiligen sozio-kulturellen Umfeld. Sie wird von wichtigen Ereignissen und Entwicklungen bestimmt, die geografischer, virtueller, wirtschaftlicher, demografischer, politischer, rechtlicher, kultureller Natur etc. sein können (Klaffke 2014, S. 29; Mannheim 1928; Baltes und Mittelstraß 1994; Oertel 2008). Ausgehend von der These, dass sich einer Generation gemeinsame Merkmale zuschreiben lassen, welche von den historischen Rahmenbedingungen geformt sowie von den gesellschaftlichen Entwicklungen bedingt werden, folgt nachstehend die Zusammenfassung der hauptsächlich verantwortlichen Umfeldbedingungen mit einem prägenden Einfluss auf ihre jeweilige Jugend. Dabei geht es nicht nur um die einzelnen Ereignisse an sich, sondern vielmehr um die damit verbundene, implizierte Veränderung im Lebensumfeld ihrer Jugendphasen. Daraus werden die für die jeweilige Generation charakterisierenden Merkmale abgeleitet. Eine detaillierte Übersicht der prägenden Ereignisse findet sich in Anhang 2 – ausgearbeitet analog zu der in Kapitel 2.3.2 vorgenommenen Kategorisierung der Generationen, beginnend mit der ersten Nachkriegsgeneration von 1925,[7] der sog. Skeptischen oder auch Nachkriegsgeneration. Die Nachkriegsgeneration, politisch-gesellschaftlich aufgewachsen während des Zweiten Weltkrieges und zu Beginn des Kalten Krieges, sehnt sich nach Sicherheit und Stabilität. Geprägt von einer sehr instabilen gesellschaftspolitischen Lage, möchte sich diese Generation eine finanzielle Unabhängigkeit ansparen, um aufgrund der historisch entstandenen Skepsis und des Misstrauens gegenüber den Autoritäten ihr Leben unabhängig

---

[7] Diese Systematisierung erhebt keinen Anspruch auf Vollständigkeit und dient lediglich zur Skizzierung der jeweils vorherrschenden historischen Hintergründe und deren Implikationen, welche auf die Generationsmitglieder eingewirkt haben.

gestalten zu können (Parment 2013, S. 10). Das Ziel ist also ein finanziell sorgenloses und sozialstaatlich unabhängiges Leben zu erreichen. Diese Generation will sich herauslösen aus den starren Gesellschaftsstrukturen und träumt von einer weiteren Zunahme der wirtschaftlichen Expansion in (West-)Deutschland.[8] Dennoch skeptisch gegenüber den Neuerungen und Veränderungen wünscht sich diese Generation eine Humanisierung des Arbeits- sowie Privatlebens (Klaffke 2014). Sie zeichnet sich vor allem durch eine hohe Opferbereitschaft, Loyalität, Pflichterfüllung und kollektives Engagement aus.

68er-Generation – Wirtschaftswunder und Protest

Die Generation der 68er, geprägt von den Zeiten des Wirtschaftswunders und der kulturellen Hochkultur, versucht sich aus der negativen Vergangenheit ihrer Vorfahren herauszulösen. Sie selbst waren historisch nicht beteiligt und wollen sich auch nicht länger verantwortlich gemacht fühlen. Die 68er wollen etwas verändern: eine „kollektive, auf gemeinsamer Wertgrundlage fußende Gesellschaft schaffen" (Parment 2013, S. 8). Auch daher kam es erstmalig zu einer Transformation der Lebensstile und der persönlichen Freiheiten. So entwickelten sich die Werte Status, Besitz, Lebensstandard und Genuss. Der Konsum steht hier erstmals wieder im Vordergrund. Zeitgleich zeichnen sich die 68er durch ihren Durchsetzungswillen aus und sind die Initiatoren der Studentenbewegung. Neben den kulturellen Veränderungen entwickelt sich der private Sektor gleichermaßen, z. B. im Bereich der Familienbeziehungen (Klaffke 2014, S. 11). Die Situation und die Entwicklungen unterscheiden sich in West- und Ostdeutschland stark voneinander.

Babyboomer – Krise und Postmaterialismus

Bis heute umfasst die Generation der Babyboomer die zahlenmäßig größte Bevölkerungsgruppe. Aufgrund ihrer Größe bildet sie derzeit das „Rückgrat der deutschen Erwerbsbevölkerung" (Klaffke 2014, S. 12) und nimmt damit auch immensen Einfluss auf die Entwicklung der Wirtschaft sowie des Konsumverhaltens. Euphorisch aufgrund des Herauslösens aus den vergangenen Zuständen und der sehr guten Zukunftsaussichten ist diese Generation aber auch gleichermaßen zerrüttet und verunsichert durch die gesellschaftspolitischen Entwicklungen, wie z. B. die beginnende Stagnation der Wirtschaft oder auch die Zeiten des Terrors der RAF (Rote-Armee-Fraktion). In ihrer Jugend stellten die Babyboomer, unabhängig von Politik und Ideologie, die alltäglichen Machtverhältnisse, die eigenen Wertvorstellungen und das persönliche Lebensziel in Frage. Daher engagierten sie sich vermehrt in der Friedens-, Umwelt- und Anti-Atomkraft-Bewegung. Auf der Suche nach dem richtigen Weg für sich selbst

---

8 Die Situation und die Entwicklungen unterscheiden sich in West- und Ostdeutschland stark voneinander (Klaffke 2014, S. 11).

und auch für die Gesellschaft haben die Babyboomer heutzutage einen Großteil der Führungspositionen inne und bestimmen damit maßgeblich das derzeitige gesellschaftliche Leben. „Zwischen ca. 2020 und 2030 wird die Baby Boomer-Generation in den Ruhestand gehen und damit den [...] Rückgang der deutschen Erwerbsbevölkerung hervorrufen." (Klaffke 2014, S. 12)

Generation X

Geprägt von dem Mauerfall und dem gesellschaftspolitischen Aufschwung ziehen sich die Mitglieder der Generation X[9] vermehrt aus dem Politischen zurück und konzentrieren sich wieder auf sich selbst und ihr Privatleben (Scholz 2014, S. 79). „Die Generation X ist als Gegenbewegung auf die davor liegende Generation der Babyboomer zu verstehen." (Scholz 2014, S. 79) Die Wertvorstellungen dieser Jugend sind gekennzeichnet durch eine Wohlstandssituation der Eltern, eine dynamische und immer schneller wachsende Kultur sowie eine ausreichende Menge an Sozialisations- und Bildungsangeboten. Das Gefühl des behüteten Aufwachsens fördert bei diesen Jugendlichen eine individualisierte Lebensweise und ein Gefühl der nahezu unendlichen Möglichkeiten. Zusätzlich unterstützt wird dies durch die beginnende Globalisierung und Kommerzialisierung. Damit zeichnet sich die Generation X ebenso durch ein globales Denken sowie eine Wachstumsorientierung aus. Zeitgleich steigen aber auch die Arbeitslosenzahlen an. Heute übernehmen die Mitglieder der Generation X erste Führungsverantwortung und bekommen eigene Kinder, „nachdem die Phase der Familiengründung zu Gunsten privater Selbstverwirklichung hinaus gezögert wurde" (Klaffke 2014, S. 13).

Generation Y

Y spricht man im Englischen so aus wie „why", das ist das geschriebene englische Wort für „warum". Dieses Wortspiel soll signalisieren, dass dies eine Generation ist, die alles in Frage stellt, weil sie es in Frage stellen muss. Weil sie eben keine ganz klare Perspektive hat. Weil immer wieder neue Ereignisse eintreten können. Eine Generation, die alles in Frage stellt. Die auch die Sinnfrage aufwirft. Die sich immer wieder auch Sorgen macht. Ob das, was sie gerade tut, das Richtige ist oder ob sie etwas anderes tun sollte (Arp 2014). Der Soziologe Richard Sennett beschreibt die Generation Y[10] in seinem Werk *Der flexible Mensch* (2000) als eine Generation, der ein besonders hohes Maß an Flexibilität auf dem Arbeitsmarkt abverlangt wird. Die GfK beschreibt sie als

---

9 Auch bezeichnet als „undefinierte Generation", „Generation Golf". Der Begriff der Generation X geht zurück auf Douglas Coupland, der in seinem gleichnamigen Roman (1992) verdeutlicht, wie sich diese Generation im Sinne des Zeitgeistes historisch formen lässt und folgerichtig entwickelt.
10 Diese knüpft alphabetisch an die Vorgängergeneration X an. Zeitgleich steht „Y" für „Why" – eine alles hinterfragende Generation. Weitere Synonyme sind: Millennials/Jahrtausender (Parment 2013, S. 7).

Generation Z (GfK 2012, S. 5). Sennett schließt, dass sich der Zwang zu dieser Flexibilität, bedingt durch die Entwicklung des öffentlichen Raums und der Gesellschaft, auf den beruflichen Werdegang, aber auch das Konsumverhalten des Einzelnen auswirken wird (Klaffke 2014, S. 59). Die Y-er sind in einer Welt wachsender sozialer und politischer Ungleichheit sowie Unsicherheit aufgewachsen. Geprägt sehen sich diese von einer fortschreitenden Globalisierung, technischem Fortschritt, dem Internet sowie generellen medialen Angeboten und einer Optionenvielfalt im Bereich des Konsums und der Entwicklungsmöglichkeiten (Parment 2013, S. 21). Zusätzlich sind die Mitglieder dieser Generation mit Beginn der interaktiven Medien aufgewachsen.[11] Konfrontiert mit einer bisher unbekannten Flexibilität im Alltag, aber auch in Bildungs- sowie Arbeitsverhältnissen streben ihre Mitglieder nach dem Aufbau einer globalen Zukunftsfähigkeit. Dies bezieht sich sowohl auf den öffentlichen als auch den privaten, individuellen Bereich.[12] In einer Welt der zunehmenden Unsicherheit streben die selbstbewussten Mitglieder der Generation Y konsequent nach Leistung – mit dem Ziel, ihre Sicherheit in den Bereichen Arbeit, Familie, Politik und Freizeit zurückzugewinnen (Hurrelmann und Albrecht 2014, S. 14). Die größte Bedeutung wird folglich dem Rückgewinn und dem Aufbau eines persönlichen, beruflichen, sozialen, gesellschaftlichen und politischen Sicherheitsgefühls beigemessen (Parment 2013, S. 4). Es fällt auf, dass sich die Generation Y im Vergleich zur vorangegangenen Generation X wieder für Politik interessiert (Scholz 2014, S. 75–76). Ihre grundlegenden Werte sind: persönliche Selbstverwirklichung, Vernetzung und Kontakte, eigene Leistungsorientierung, Lebensgenuss im Sinne intensiven Erlebens und Spaß – mit dem Ziel der selbstbestimmten Verknüpfung von Beruf und Privatleben, Sinnstiftung und Wirkungsentfaltung, Affiliation und Authentizität. Wissenschaftlich gesehen gibt es darüber hinaus eine weitere interessante Entwicklung: Aufgrund der vermehrten Enttäuschungen, welche die Y-er in den Bereichen Politik, Arbeitswelt und auch Gesellschaft in ihren jungen Jahren bereits hinnehmen mussten, sind sie anfällig für die Übernahme einiger Wertvorstellungen der Generation Z. „Für die Generation Y ist die Generation Z jemand, den man immer wieder motivieren muss, damit er ein gewisses Maß an Leistung bringt" (Scholz 2014, S. 75–76), während sie selbst permanent nach Leistung und Zukunftsfähigkeit strebt. Entwickelt sich dieser Trend der Enttäuschung und Desillusionierung seitens der Generation Y weiter, lässt sich annehmen, dass sich ein Großteil der Y-er anstecken und einige Wertemuster der Generation Z ad-

---

11 Daher werden diese ebenfalls als Digital oder Smart Natives bezeichnet. Der Begriff wurde erstmals verwendet in der Fachzeitschrift Advertising Age, 1993, S. 16; Vgl. Signium International, Zukunftsinstitut, Huber/Rauch, Generation Y, 2013, S. 14, https://www.zukunftsinstitut.de/fileadmin/user_upload/Publikationen/Auftragsstudien/studie_generation_y_signium.pdf, aufgerufen am 26.06.17.
12 Mit diesen enormen Möglichkeiten im Freizeit-, aber auch Berufsleben steigt ebenfalls die Anspruchshaltung sowohl an den Partner als auch den Arbeitgeber (Klaffke 2014, S. 59).

aptieren wird.[13] Auf der Grundlage der charakterisierenden Eigenschaften sowie der Kontexte, in denen die Generation Y aufgewachsen ist, lässt sich für deren Rolle als Konsument Folgendes herausarbeiten: Erstmals ist ein „reflektierter, flexibler sowie anspruchsvoller" (Parment 2013, S. 24) Kunde zu beobachten, der über enorme Wahlmöglichkeiten verfügt und frei nach eigenen Präferenzen entscheiden kann. Durch die angebotenen Individualisierungsmöglichkeiten der Produkte und die dabei erhobenen kundenspezifischen Informationen entstehen darüber hinaus neue Arten von Kunden und Kundenbeziehungen (Parment 2013, S. 25).

Generation Z

Die Generation Z stellt die erste Generation in der Geschichte dar, die vollständig im digitalen Zeitalter und umgeben von technischen und noch nie zuvor dagewesenen Entwicklungen aufwächst.[14] Damit einher gehen neuartige Formen der Sozialisation, Freizeitgestaltung, Kommunikation und damit auch der Selbstinszenierung – besser gesagt: der kompletten Entwicklung. Derzeit sieht sich diese Generation noch in den Kinderschuhen, besucht noch Vor- oder Grundschule oder steht bereits am Ende der Schulausbildung und am Einstieg in eine Berufsqualifikation. Auch bei dieser Generation existiert „ein Engagement im Beruf, das aber deutlich schwächer ausfällt" (Scholz 2014, S. 32). Die Generation Z weist eine pragmatische Vielfalt an Werten auf: Sicherheit, Orientierung, Zugehörigkeit stehen flexibel neben Leistungsorientierung und Ehrgeiz sowie dem Wunsch nach Abwechslung (Calmbach et al. 2016). Dabei sieht sich diese Nachwuchsgeneration konfrontiert mit multiplen Einflüssen: stetige technologische Innovation, Multikulturalisierung der Gesellschaft, aber auch ein desolates Sicherheitsgefühl und eine Überforderung aufgrund zu großer Wahlfreiheit. Zeitgleich steht die Generation Z, wie keine Generation zuvor, im Zentrum der Öffentlichkeit. Ihre Sozialisation erweitert und verlagert sich, neben Familie und Freunden, auf den öffentlichen Raum, z. B. durch Betreuungseinrichtungen oder Ganztagsschulen. Diese starke gesellschaftliche Aufmerksamkeit kann ebenfalls Einflüsse auf die Erwartungen der Kinder und Jugendlichen sowie deren Entwicklung und ihr späteres Berufsleben nehmen.[15] „Im Diskurs um die Generation Z wird deutlich, wie stark hier trotz der rund 30 Jahre Unterschied eine inhaltliche Nähe zwischen der Generation X und der Generation Z besteht" (Scholz 2014, S. 79). Am Beispiel dieser beiden Generationen wird deutlich: Trotz der zwei bis drei Jahrzehnte Abstand überschneidet

---

13 Diese Ausführungen beziehen sich auf die Bereiche Politik, Bildungsstandards, Einkommensträume sowie den beruflichen Werdegang, in denen die hoffnungsvolle und zukunftsorientierte Generation Y mit Enttäuschungen konfrontiert wurde (Scholz 2014, S. 77–78).
14 Eine der bahnbrechendsten Studien zur Generation Z stammt von Jean Twenge, 1976. Die „Generation Z" auch bekannt als Generation Internet, Born Digital, iGeneration u. a. (nach Gratton 2012).
15 Diese konkreten Entwicklungen sind nach heutigem Stand noch nicht abzuschätzen, da die formative Phase der Generation Z erst begonnen hat.

sich deren Lebenseinstellung, die sich subjektiv mit ähnlichen Problemen konfrontiert sieht.[16]

„Die Generation X nimmt heute die negativen Erfahrungen der aktuellen Generation Z als Bestätigung und verstärkt im positiven Fall die Verbissenheit, im negativen und etwas wahrscheinlicheren Fall ihre Resignation" (Scholz 2014, S. 81). Die Generation Z zeichnet sich durch ein hohes Maß an Individualismus sowie eine intensive Nutzung des Internets und der gesellschaftlichen Netzwerke aus. Durch das Aufwachsen inmitten globaler Unsicherheiten einerseits sowie enormer Wahl- und Entwicklungsmöglichkeiten andererseits lässt sich ein Aufbrechen der traditionellen Normen beobachten. Interessanterweise werden dabei äußere Zwänge, Rechte und Normen nicht als zwingend bindend angesehen.

Als grundlegende Werte können daher, bis dato, zusammenfassend festgehalten werden:
- pragmatischer Optimismus,
- Suche nach Orientierung,
- Sicherheit,
- Leistung und Entschleunigung.[17]

Die Mitglieder der Generation Z, die derzeit noch am Anfang ihres Lebensweges stehen, bilden bereits heute die ersten nachwachsenden Konsumenten. Zukünftig wird diese Generation in ihre Rolle als Verbraucher hineinwachsen. Entsprechend ihren Erfahrungen und Wertvorstellungen wird sie Anforderungen an die zukünftige Wirtschaft stellen.

Die nachfolgende Darstellung der Sinus-Milieus fasst die zuvor durchgeführte Analyse der sechs Generationen abschließend zusammen und unterstreicht deren Wertewandel. Die daraus resultierenden Folgen sind, Stand heute, noch nicht konkret vorauszusagen.

2.3.4 Wesentliche Erkenntnisse

„Der Mensch ist das Produkt seiner Vergangenheit und damit aller Einflüsse, die in seiner Vergangenheit auf ihn einwirkten" (Priddat 2007, S. 56). Zusammenfassend lässt sich festhalten, dass sich der Mensch beeinflusst sieht durch seine, vorwiegend innerhalb der Kindheits- und Jugendphase, erlebten Ereignisse und gesammelten Erfahrungen, was in der Ausbildung individueller aber auch generationsspezifischer Werte resultiert. Im Vergleich der Generationen kommt es heute zu weniger Auf-

---

16 Der Unterschied liegt bei näherer Betrachtung in der Bewältigung dieser Probleme.
17 Phänomen der „Pendelbewegungen". Diese überspringen dabei jeweils eine Generation. Auch die Gesellschaftsform „kollektivistisch" vs. „individualistisch", je aktuell zum Zeitpunkt der Sozialisationsphase einer Generation, formt die Jugend (vgl. Parment 2013, S. 8–10).

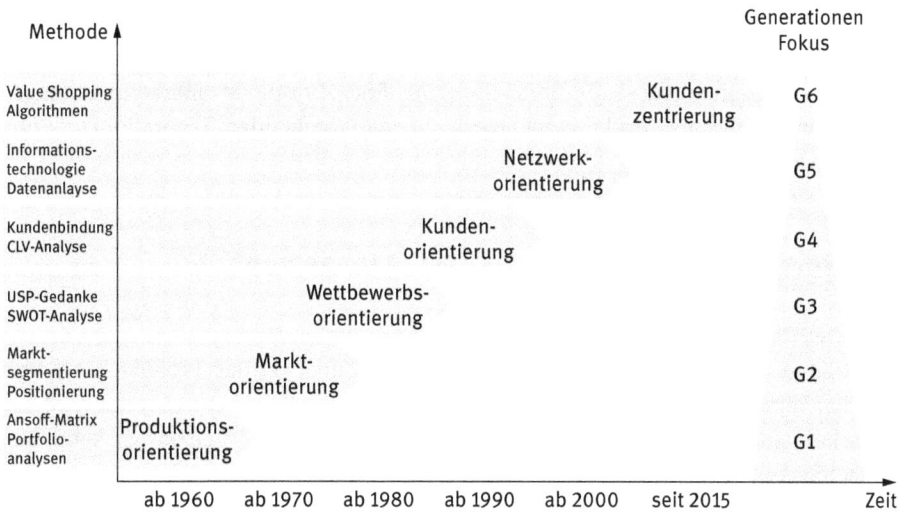

Abb. 2.6: Methodik im Marketingmanagement und deren Kundenfokus (eigene Darstellung).

lehnen und Abgrenzen der Jugendlichen gegenüber jenen Werten der Erwachsenen. Während es in den früheren Generationen Bemühungen gab, den Erwachsenen eine jugendliche Subkultur entgegenzusetzen, lässt sich heutzutage vielmehr ein Wertekanon beobachten, welcher in der Jugend- und Erwachsenenwelt gesamtheitlich „die Vielfalt der Orientierungen und Lebensstile einer pluralistischen Gesellschaft reflektiert" (Calmbach et al. 2016, S. 475). Gleichermaßen hat die in den 1980er- sowie 1990er-Jahren sehr starke Betonung selbstentfaltender und identitätsstiftender Werte in den Jugendjahren heute kontinuierlich abgenommen. Damit einher geht eine „Mainstream-Entwicklung", wobei mit dem Bestreben so sein zu wollen wie alle anderen heute keine negative Konnotation mehr verbunden wird. Vielmehr beschreibt es den heutigen Wunsch junger Leute nach Normalität und Anpassung, worin sich ebenfalls dominante Werte, wie stabile soziale Beziehungen oder die Hilfsbereitschaft sowie der Drang, sich in einer Gemeinschaft akzeptiert und aufgehoben zu fühlen, widerspiegeln und dies gerade auch in Hinblick auf die heutigen Kontexterscheinungen unserer globalisierten Welt (Calmbach et al. 2016, S. 475–476). Die Ursachen der Generationsveränderung sind folglich unabdingbar mit den gesellschaftlichen Kontexten verknüpft, in denen eine Jugend aufwächst. Dabei prägen jene gesellschaftlichen Ereignisse sowie ihre Folgen die Jugendlichen unweigerlich, z. B. durch die Folgen der Digitalisierung. Hierdurch werden die prägenden Ereignisse zu kollektiven Erfahrungen, welche, trotz individueller Unterschiede, einen hohen mentalen Einfluss auf die Generationen haben.

Nachdem die Generationsunterschiede in Kapitel 2.3 analysiert und ihre prägenden Merkmale erörtert wurden, folgt in Kapitel 2.4 die Betrachtung der Grundlagen des Konsumentenverhaltens. In diesem Zusammenhang wird überprüft, inwieweit sich dieses Verhalten auf die betrachteten generationsspezifischen Charakteristiken zurückführen lässt und welche Bedeutung dies für die zukünftigen Generationen impliziert. Eine zusammenfassende Darstellung aus Entwicklung des Marketingmanagements in Unternehmen und den im jeweiligen Fokus stehenden Generationen ergibt sich aus Abbildung 2.6.

2.4 Relevanz von Customer Contact Management

Zunächst können wir feststellen, dass Customer Contact Management eine wissenschaftliche Querschnittsdisziplin ist. Dies betrifft zunächst das Produkt. Da junge Kunden keine Produkte, sondern Erlebnisse einkaufen und eventuell Statussymbole erwerben, sprechen wir von Marke. Gerade im Onlinezeitalter haben wir keine Ladenschlusszeiten mehr und hierbei stellt sich die Frage: Folgen die Unternehmen den Wünschen der Kunden oder erliegt der Kunde der geschickten Verführung durch Unternehmen? Dies ist die Disziplin der Konsumentenforschung.

2.4.1 Generatoren des Konsumentenverhaltens

Konsumentenverhalten wird in der Wissenschaft im unterschiedlichen Kontext benutzt und zwar
–   Konsumentenverhalten (Verbraucherverhalten, Consumer Behavior) und
–   Käuferverhalten

Der Begriff Konsumentenverhalten beschreibt im weiteren Sinne das Verhalten der Endverbraucher von materiellen und immateriellen Gütern in einer Gesellschaft. Dazu gehört ebenfalls das Verhalten von Wählern, Museumsbesuchern oder Patienten. Im engeren Sinne wird unter Konsumentenverhalten das beobachtbare äußere und nicht beobachtbare innere Verhalten von Privatpersonen beim Kauf und Konsum wirtschaftlicher Güter verstanden (Kroeber-Riel und Gröppel-Klein 2013, S. 13).

Davon abzugrenzen ist der Begriff des Käuferverhaltens. Das Käuferverhalten im weiteren Sinn beschäftigt sich mit dem Verhalten von Nachfragern im Allgemeinen beim Kauf, Gebrauch und Verbrauch von wirtschaftlichen Gütern bzw. Leistungen (Foscht et al. 2015a, S. 3). Darunter fällt neben dem Verhalten von Privatpersonen auch das Verhalten von Unternehmen und Behörden. Der Begriff Käuferverhalten schließt also das Konsumentenverhalten mit ein, betrachtet aber auch das Verhalten von Unternehmen und Behörden beim Kauf.

Tab. 2.2: Abgrenzung Käuferverhalten und Konsumentenverhalten. Eigene Darstellung, in Anlehnung an Solomon (2016, S. 16) und Trommsdorff (2004, S. 12).

Anzahl Entscheider Käufer	Eine Person	Mehrere Personen
B2C – Privatperson	Individuelle Kaufentscheidungen von Privatpersonen (Konsumentenentscheidungen)	Kaufentscheidungen von privaten Haushalten und Gruppen (Familien- und Gruppenentscheidungen)
B2B/B2G – Organisation	Individuelle Kaufentscheidungen in Organisationen (Entscheidung des Einkäufers)	Kollektive Kaufentscheidungen in Organisationen (Entscheidung des Buying-Centers)

Konsumentenverhalten ist somit die Erklärung wann, wie, wo und was Menschen bewegt, wenn sie etwas kaufen oder nicht kaufen. Der Begriff des Konsumentenverhaltens wird in unterschiedlichen Kontexten benutzt. Im engeren Sinne beschreibt er das Einkaufs-, Konsum- und Informationsverhalten von Konsumenten im Zusammenhang mit dem Erwerb und dem Ge- bzw. Verbrauch von Produkten oder Dienstleistungen

Die vorliegenden Ausführungen konzentrieren sich auf das Verhalten der Privatpersonen als Endverbraucher und damit auf das Konsumentenverhalten im engeren Sinne. Die Tabelle 2.2 unterteilt nicht nur die Arten der Käufer in Business to Consumer (B2C) und Business to Business (B2B) bzw. Business to Gouvernement (B2G), sondern auch dahingehend, wie viele Personen bei der Entscheidung aktiv mitwirken.

Konsumenten verschiedener Altersgruppen haben offensichtlich sehr unterschiedliche Bedürfnisse und Wünsche. Auch wenn Menschen, die derselben Altersgruppe angehören, sich in vielfacher Hinsicht unterscheiden, neigen sie jedoch dazu, einen gemeinsamen Wertekontext und gemeinsame kulturelle Erfahrungen zu teilen, die sie ein ganzes Leben lang begleiten (Solomon 2016, S. 16). Welche Faktoren beeinflussen grundlegend das menschliche Verhalten im Konsumkontext?

Im Konsumentenverhalten (B2C) ergeben sich demnach individuelle Kaufentscheidungen, folglich klassische Konsumentenentscheidungen, sowie Familien- und Gruppenentscheidungen.

In diesem Zusammenhang stellt sich noch die Frage: Was verstehen wir unter „konsumieren"? Innerhalb der Gruppe der Konsumenten kann zwischen Entscheider, Zahler und Verbraucher unterschieden werden, da nicht alle drei Funktionen immer in derselben Person liegen (Trommsdorff 2004, S. 12). Beim Kauf von Babywindeln/ Spielzeug ist zum Beispiel der Vater/Mutter der Käufer und Konsument das Baby/Kind.

Daraus ergeben sich verschiedene Arten von Kaufsituationen, die in Tabelle 2.3 exemplarisch dargestellt werden.

Einen Einfluss auf das menschliche Konsumentenverhalten nehmen einerseits die Umweltfaktoren wie z. B. Werte und Normen, Herkunft und Kultur oder auch Rollen- und Gruppenverhalten sowie andererseits die psychischen Determinanten. Nach Kroeber-Riel und Gröppel-Klein (2013) werden psychische Vorgänge in „aktivierende Prozesse" und entscheidende Generatoren des Konsumentenverhaltens „kognitive Prozesse" unterschieden (Kroeber-Riel und Gröppel-Klein 2013, 51 ff.). Dabei beschreibt Ersteres eine innere Form der „Aktivierung", welche einer Erregung oder Spannung zuzuschreiben ist und von welcher wiederum eine solche ausgeht. Auf diese Weise wird das Verhalten, eine Reaktion, ausgelöst. Bei diesem Prozess bedingen sich folglich die Prozesse der Aktivierung und der Aufmerksamkeit (Kroeber-Riel und Gröppel-Klein 2013, 55 ff.). „Kognitive Prozesse" stellen gedankliche Vorgänge der Informationsverarbeitung im Sinne der Aufnahme, Verarbeitung und Speicherung von Informationen dar (Kroeber-Riel und Gröppel-Klein 2013, 304 ff.). Jene kulturellen und sozialen Faktoren können als von innen verursachte Einflussfaktoren auf das Konsumentenverhalten zusammengefasst werden. Dies sind von außen einwirkende, nicht zu kontrollierende Faktoren, die auch zur Ausprägung einer sozialen Identität und individuellen Persönlichkeit beitragen und damit beeinflussend auf das Konsumentenverhalten wirken. Neben den endogenen Faktoren existieren ebenfalls die exogenen Einflussfaktoren. Diese bilden sozusagen den äußeren Rahmen, in welchem das Konsumentenverhalten abläuft. Dazu zählen unter anderem Marktgegebenheiten, infrastrukturelle oder saisonale Produktangebote oder auch die eigene finanzielle Situation. Diese Faktoren werden als Begrenzungsfaktor des individuellen Verhaltens wahrgenommen und beeinflussen dieses häufig unbewusst. Aufgrund des externen Einflusses sowohl der sozialen und kulturellen Faktoren als auch der äußeren Rahmenbedingungen werden diese in den nachfolgendenden Betrachtungen nicht mit aufgenommen.

Typ 1 entspricht der allgemeinen Situation, in der alle Funktionen in derselben Person liegen.

Bei Typ 2 liegt der Entscheider und der Verbraucher in einer Person, jedoch nicht der Zahler. Dies ist beispielsweise bei Stipendiaten der Fall oder bei Studenten, deren Eltern das Studium finanzieren.

Typ 3 ist Entscheider und Zahler, jedoch nicht Verbraucher. Ein Schenker entspricht zum Beispiel diesem Typ.

Typ 4, 6 und 7 beschreiben eine Situation, in der alle drei Funktionen in unterschiedlichen Personen liegen. Dies ist der Fall, wenn der Arzt (Entscheider) dem Kassenpatienten (Verbraucher) ein Medikament verordnet, das die Krankenkasse letztendlich bezahlt. Konsument ist hier aber lediglich der Patient.

Typ 5 ist eine ähnliche Situation, da die Entscheidung von einer anderen Person getroffen wird, mit dem Unterschied, dass Verbraucher und Zahler in einer Person liegen, wie es zum Beispiel bei Privatpatienten der Fall ist. Für die vorliegende Betrach-

Tab. 2.3: Arten der Kaufsituationen. Eigene Darstellung, in Anlehnung an Kroeber-Riel und Gröppel-Klein (2013, 304 ff.).

Typ	Entscheider	Verbraucher	Zahler	Praxisbeispiel
1	+	+	+	Verbrauchsgüter: Nahrungemittel, Körperpflegeprodukte, Reinigungsmittel etc. Gebrauchsgüter: Möbel, PKW, Smartphone, modische Kleidung etc.
2	+	+	–	Jugendliche; Eltern zahlen das Smartphone
3	+	–	+	Schenkung
4	+	–	–	Arzt, der Medikamente verordnet
5	–	+	+	Privatpatient, der Medikamente bekommt
6	–	+	–	Kassenpatient, der Medikamente verordnet bekommt
7	–	–	+	Krankenkasse

tung liegt der Fokus auf den allgemeinen Kaufsituationen, in denen alle Funktionen in einer Person liegen (Typ 1).

Vor dem Hintergrund, dass Käufer und Verbraucher nicht unbedingt identisch sein müssen, muss in der Konsumentenforschung das Verhalten des Konsumenten in sämtlichen Phasen des Kaufprozesses untersucht werden. Ein Kaufprozess besteht in der Regel aus den in Abbildung 2.7 dargestellten Phasen, welche in Vorkauf-, Kauf- und Nachkaufphase unterteilt werden können.

In der Vorkaufphase erkennen Konsumenten das Problem bzw. das Bedürfnis, das besteht und befriedigt werden möchte. Daraufhin beginnt die Informationssuche mit anschließender Informationsverarbeitung. Die ermittelten Alternativen werden einzeln bewertet, sodass sich die Konsumenten dann für die subjektiv günstigste Alternative entscheiden können. Die Kaufphase beinhaltet die Entscheidung zum Kauf und die Abwicklung des Kaufes. In der Nachkaufphase werden die Entscheidungsfolgen analysiert.

Je nach Grad der Befriedigung des Ausgangsbedürfnisses kann diese Analyse eine Rückkopplung zu vorherigen Phasen bewirken. Die Intensität der einzelnen Phasen hängt davon ab, um welche Art von Kaufentscheidung es sich handelt. Der „Kauf im Kopf" des Kunden kann, wie oben gezeigt, sehr rational ablaufen:

- Problem oder Bedürfnis erkennen,
- Informationen suchen,
- Alternativen bewerten,
- Entscheidung treffen und
- Verhalten nach dem Kauf.

Von der Art der Kaufentscheidung hängt auch das Konsumentenverhalten ab. Und diese Kaufentscheidung kann sehr irrational, emotional und unterbewusst ablaufen.

– Problemerkenntnis/Bedürfniserkenntnis
– Informationssuche
– Informationsverarbeitung
– Alternativen-Bewertung
– Auswahl einer Alternative

Vorkauf

– Entscheidung
– Kaufabschluss

Kauf

– Entscheidungsfolgen
– ggf. Rückkopplung zu Problemerkenntnis, Informationssuche, Informationsverarbeitung oder Auswahl einer Alternative

Nachkauf

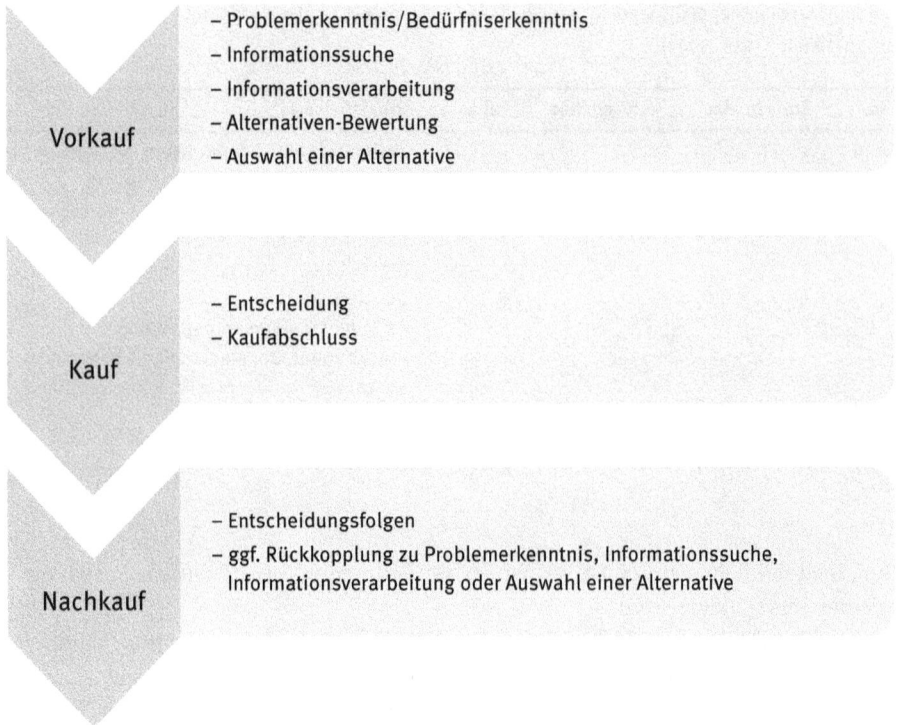

Abb. 2.7: Kaufentscheidungsphasen. In Anlehnung an Kroeber-Riel und Gröppel-Klein (2013, S. 464).

Wir sollten das Kaufverhalten erkennen und aus der Kundenperspektive strategisch nutzen.

2.4.2 Emotionale Basistypen des Käuferverhaltens

Wird diese Theorie auf den Prozess der Kaufentscheidung übertragen, so zeigt sich die mögliche Entstehung einer kognitiven Dissonanz in der Nachkaufphase. Diese kann beim Konsumenten durch eine Ungleichheit zwischen dem erwarteten und dem tatsächlichen Nutzen des gekauften Produktes entstehen. Um den inneren Zustand der Gleichheit wiederherzustellen, kann es z. B. entweder zu einer Aufwertung des Gekauften kommen, damit die Erwartung und der Nutzen erneut übereinstimmen, oder es erfolgt eine Rückgabe des Produktes, wenn die Diskrepanz zu groß erscheint.

Die Intensität, mit der eine Kaufentscheidung in der Nachkaufphase bewertet wird, wodurch ggfs. überhaupt eine kognitive Dissonanz entstehen kann, hängt davon ab, welche Bedeutung der jeweilige Kauf für den Konsumenten hat. Dies wiederum ist sowohl abhängig vom Informationsgrad des Konsumenten als auch vom Grad seiner Beteiligung (Kuß und Tomczak 2007, S. 111). Dieser wird als „Involvement" bezeichnet. Darunter versteht sich: „a person's perceived relevance of the object based on inherent needs, values and interests" (Zaichkowsky 1985, S. 341).

Unter Involvement verstehen wir die innere Beteiligung bzw. das Engagement, mit dem sich ein Individuum einem Objekt zuwendet.

Das Involvement ist eine spezielle Form der Aktivierung, bei der es um die mehr oder minder aktive Suche, Aufnahme, Verarbeitung und Speicherung von Informationen geht. Je nach Produkt/Dienstleitung oder Situation ist die innere Beteiligung stark schwankend.

Charakteristiken für High Involvement:
- aktive Informationssuche, zum Beispiel im Web,
- aktive Auseinandersetzung mit Kunden,
- geringere Persuasion (Überredung) – souveräner Konsument,
- vergleichende Bewertung vor dem Kauf,
- Markentreue durch Überzeugung und
- hohe Gedächtnisleistung.

Charakteristiken für Low Involvement:
- passive Informationsaufnahme, zum Beispiel Schaufensterbummel (einfach passieren lassen),
- geringere Verarbeitungstiefe,
- hohe Persuasion (geheime Verführer),
- Bewertung nach dem Kauf,
- Beachtung weniger Merkmale,
- viele akzeptable Substitute,
- Markentreue durch Gewohnheit und
- geringe Gedächtnisleistung.

Anhand des Grades des Involvements, gemessen an dem kognitiven und emotionalen Involvement, lassen sich fünf Arten der Kaufentscheidung differenzieren, denn jeder Kunde hat ein eigenes Profil bezüglich Motiv, Risiko und Wertschätzung für Artikel, Sortimente oder das ganze Unternehmen (Kuß und Tomczak 2007, S. 116 ff.; Pepels 1995, S. 8 ff., 2013, S. 16 ff.). Diese werden in Abbildung 2.8 dargestellt und nachfolgend näher erläutert. Den modernen Kunden erläutern drei zentrale Fragen:

---

1. Was motiviert den Kunden beim Kauf?
2. Welches Risiko nehmen Kunden beim Kauf wahr?
3. Welche Rolle spielt die Kaufsituation?

Nach der Komplexität der Kaufentscheidung
(wahrgenommenes Risiko)

niedrig   hoch

1) impulsives
Käuferverhalten

2) extensives
Käuferverhalten

High Involvement
(Hedonismus)

5) habituelles
Käuferverhalten

4) stellvertretendes
Käuferverhalten

Low Involvement
(Bedarfskunde)

3) limitiertes
Käuferverhalten

Nach der Motivation des Kunden

gern   neutral   ungern

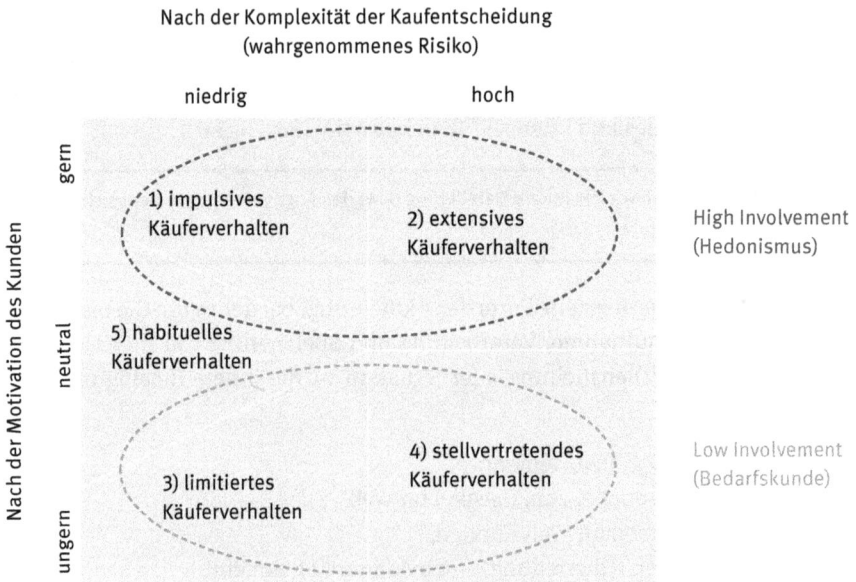

Abb. 2.8: Emotionale Basistypen. Eigene Darstellung, in Anlehnung an Kraigler-Krainer (2010, S. 21 ff.).

Das „extensive Kaufverhalten" ist gekennzeichnet durch ein gleichzeitig hohes kognitives und emotionales Involvement. Charakteristisch für diesen Entscheidungstyp sind ein hoher Informationsbedarf, eine lange Entscheidungsdauer und ein Verwenden von Bewertungskriterien, um bereits vor der Kaufentscheidung einen Großteil der Risiken abzubauen. Die zentrale Rolle bei diesem Entscheidungsverhalten liegt also auf der Informationsaufnahme und -verarbeitung.

Dabei bedingen sich motivationale, kognitive und emotionale Prozesse, welche den Antrieb geben. Das Informationsverhalten des Konsumenten wird also durch das Anspruchsniveau aktiviert und gleichzeitig auch dadurch gelenkt. Eine extensive Kaufentscheidung wird folglich nicht reaktiv ausgelöst, sondern infolge eines intensiven Informationsverarbeitungsprozesses getroffen (Kroeber-Riel und Gröppel-Klein 2013, S. 470–417; Kuß und Tomczak 2007, S. 111).

Das „limitierte Kaufverhalten" weist ein hohes kognitives Involvement auf, während das emotionale Involvement des Konsumenten niedrig ist. Der Fokus dieses Entscheidungsverhaltens liegt auf der Informationssuche, wobei bevorzugt auf interne, d. h. im Gedächtnis gespeicherte und von dort abrufbare Informationen zurückgegriffen wird. Solche sind z. B. Erfahrungen, Markenkenntnis oder verinnerlichte Entscheidungsregeln. Dem Konsumenten geht es daher in diesem Fall primär um die Beurteilung von vorhandenen Entscheidungskriterien, „prägnante, direkt zur Kaufentscheidung beitragende Schlüsselinformationen" (Kroeber-Riel und Gröppel-Klein 2013, S. 472), die auf den Erfahrungen basieren und bei denen damit einzelne

Prüfprozesse entfallen (Kroeber-Riel und Gröppel-Klein 2013, S. 470; Weinberg 1981, S. 13) Ist der Grad des emotionalen Involvements weiterhin hoch, der Grad des kognitiven Involvements jedoch niedrig, so liegt ein „impulsives Kaufverhalten" vor. Dieses zeichnet sich durch ein unmittelbar reizgesteuertes, also reaktives, Entscheidungsverhalten des Konsumenten aus. Gesteuert wird diese Art des Verhaltens von den Emotionen. Daher gibt es bei diesem Entscheidungsverhalten kein, oder nur ein sehr geringes, Abwägen zwischen den etwaigen Alternativen. Der Kauf erfolgt aufgrund eines auslösenden Reizes. (Kroeber-Riel und Gröppel-Klein 2013, S. 470 ff.) Sinken das kognitive Involvement und das emotionale Involvement zeitgleich auf ein niedriges Niveau, so handelt es sich um eine „habituelle" oder „habitualisierte Kaufentscheidung". Bei Produkten dieser Art handelt es sich zumeist um Artikel mit wenig emotionalem Wert, deren Kauf ebenfalls wenig Risiko birgt. Zumeist kann hier von Gewohnheits- oder Wiederholungskäufen ausgegangen werden (Kroeber-Riel und Gröppel-Klein 2013, S. 490 ff).

Erweitert werden kann diese Typisierung der Kaufentscheidungen um das „wahrgenommene Risiko" des Konsumenten, welches ebenso einen Einfluss auf die Kaufentscheidung nimmt. Sobald dieses eine individuell festgelegte Toleranzgrenze überschreitet, greift der Konsument auf Reduktionstechniken zurück, um das wahrgenommene Risiko zu reduzieren. Überträgt man dies auf die Arten der Kaufentscheidung, so lässt sich dieses Modell um das Kriterium des wahrgenommenen „Kaufrisikos" erweitern. Das „Kaufrisiko" stellt die ungewissen Konsequenzen einer Kaufentscheidung dar. Der Grad des empfundenen Risikos bestimmt dabei, wie Abbildung 2.8 illustriert, sowohl den Informationsbedarf des Konsumenten als auch die Intensität, mit der er diese verarbeitet und bewertet.

Bei extensiven Kaufentscheidungen ist das empfundene Risiko vergleichsweise am höchsten. Es handelt sich vielmals um Entscheidungen mit einer hohen finanziellen Investition sowie einem hohen Informationsbedarf mit einer langsamen Verarbeitung – folglich eine lange Dauer des Entscheidungsprozesses.

Die limitierte Kaufentscheidung zeigt einen mittleren Informationsbedarf und ein mittleres Niveau der Informationsverarbeitung auf. Das empfundene Risiko liegt also im moderaten Bereich, weil das kognitive Involvement immer noch hoch ist, der Konsument aber auf der Grundlage von gespeichertem Wissen und Erfahrungen handelt. Beim impulsiven Kaufverhalten hingegen wird kein, oder nur ein geringes, Risiko wahrgenommen, sodass ebenfalls keine intensive Informationssuche oder eine Abwägung der Alternativen erfolgt. Die Entscheidung erfolgt aufgrund situativer Reize.

Die habitualisierte Kaufentscheidung weist kein oder ein kaum empfundenes Risiko auf, da die Produkte dem Konsumenten zumeist bekannt sind. Der Informationsbedarf ist folglich gering und die Verarbeitung der Informationen verläuft schnell. Wird darüber hinaus die Markenkomponente zum Prozess der Kaufentscheidung hinzugenommen, so sind drei Situationen und Kundenintentionen zu differenzieren:

Erstens der Kauf von Markenartikeln zu Normalpreisen. Dabei steht das Produkt selbst im Vordergrund des Kaufes und dieses wird als wichtig eingestuft. Der Konsu-

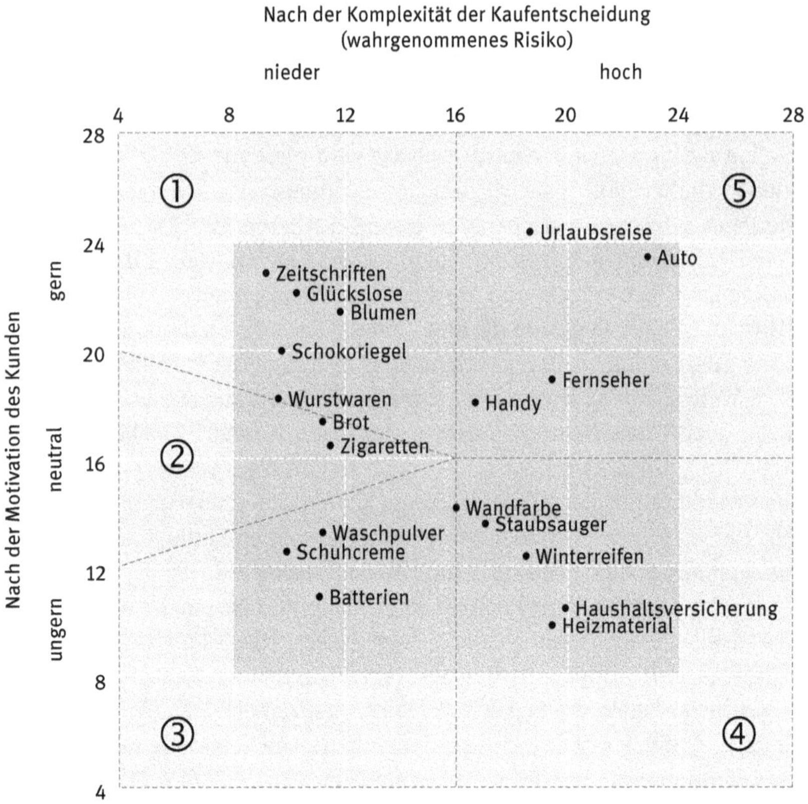

Nach der Komplexität der Kaufentscheidung
(wahrgenommenes Risiko)

nieder   hoch

Abb. 2.9: ECID Modell. Nach Kraigher und Krainer (2007, 2010).

ment bevorzugt bekannte Marken, wodurch für ihn das Kaufrisiko durch Markenvorteile, wie Service oder Beratung, kompensiert wird.

An zweiter Stelle ist der Markenkauf zu Angebotskonditionen zu nennen. In diesem Fall ist das Produkt für den Konsumenten ebenfalls wichtig, er weiß aber bereits, wonach er sucht und was er will. Daher gilt es für den qualitätsbewussten Schnäppchenjäger auf einen günstigen Preis zu achten.

An dritter Stelle fügt sich der Kauf von No-Name-Produkten an, wobei der Konsument kein gesteigertes Interesse für das Produkt zeigt und kein relevantes Kaufrisiko wahrnimmt. In diesem Fall ist er auf der Suche nach Billigpreisen. Dem Verhalten der Konsumenten liegt das menschliche „Verhalten" als Basis zugrunde. Dieses lässt sich definieren als die äußerlich wahrnehmbaren oder ableitbaren Handlungen des Einzelnen.

Dabei befassen sich die Verhaltensforschungen mit der kognitiven, der behavioristischen sowie der ganzheitlichen Sichtweise. (Zimbardo et al. 2016, S. 22–25) Neu in dieser Betrachtung sind die Ausführungen von Kraigher, Krainer aus dem Jahre 2005 und 2007. Er hat in seiner Studie nachgewiesen, dass ein weiterer Kaufverhaltenstyp

	Schwaches Involvement	Starkes Involvement
Werbeziel	Gefallen	Überzeugen
Maßnahme	Emotion	Rational

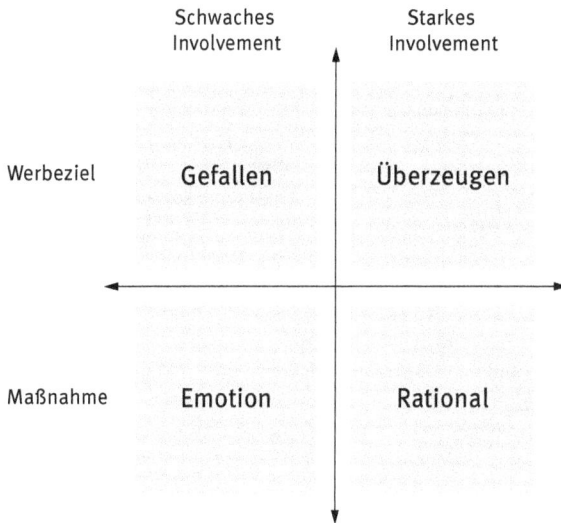

Abb. 2.10: Strategieansatz im Involvement-Modell (eigene Darstellung).

in der Praxis existent ist, das „stellvertretende Kaufverhalten" (Kraigher-Krainer 2007; Krämer et al. 2016). Es handelt sich um einen Typus, dessen innere Beteiligung relativ und damit die Motivation gering ist, aber das zu erwerbende Gut für den Käufer ein relativ hohes Risiko darstellt.

Situation: High Involvement Pos 1 (Pos: „Point of Sale", Abbildung 2.10 und Beispiel Abb. 2.9), impulsives Kaufverhalten oder Pos 2 extensives Kaufverhalten. Um diesen Kunden zum Kauf zu bewegen, bedarf es einer hohen Überzeugungsarbeit seitens des Unternehmens. Der Kunde wird emotionalisiert. Da aber zu viel Emotion zur Handlungsunfähigkeit führt, wird in einem nächsten Schritt rationalisiert, z. B. Vorstellung eines neuen Smartphones der Premiumklasse:

Stufe 1 → Werbeziel: Produktvorstellung durch TV-Spot (Hinführung – du brauchst dieses Smartphone um dazuzugehören) – Emotionalisierung.

Stufe 2 → Maßnahme: Das Produkt kostet über 1000 € und wird durch einen Provider beworben (Du kannst es dir leisten: Ratenvertrag – für nur 1 € Zuzahlung). Wenn diese Maßnahme fruchtet, kann es dazu führen, dass beim Kunden ein gewohnheitsmäßiger Effekt einsetzt. Fortführend muss das Unternehmen nicht mehr so viel Werbebudget einsetzen, da der Kunde gewohnheitsmäßig einkauft. Anders verhält es sich bei Produkten, die wir nicht so gerne einkaufen, oder nur einkaufen, wenn wir unbedingt müssen, der Kunde befindet sich in einer Low-Involvement-Situation (Pos 3 oder 4).

In Pos 3: limitiertes Kaufverhalten oder Pos 4: stellvertretendes Kaufverhalten, z. B. Winterreifen, ein zunächst eher rationelles Produkt, was von Hause aus ein Problemlöser darstellt. Unternehmen müssen den Mehrwert herausstellen.

Stufe 1 → Werbeziel: Gefallen (z. B. durch Slogans wie „fährt wie auf Schienen", „für ihre Sicherheit"), Ergebnisse Warentests mit Siegel.

Tab. 2.4: Überblick über Erklärungsmodelle des Konsumentenverhaltens.

Partialmodelle	Verhaltenswissenschaftliche Theorien
	– Theorien des intrapersonalen (Un-) Gleichgewichts: kognitive Dissonanz (Festinger, 1978), Kontrasttheorien (Helson, 1947), Assimilations-Kontrast-Theorie (Sherif/Hovland; 1961), Risikotheorie (Bauer, 1960)
	– Theorien der interpersonellen Austauschbeziehung: soziale Austauschtheorie (Homans, 1958), Equitiy- bzw. Gerechtigkeitstheorie (Adam, 1063)
	– Theorie der Verhaltensbeurteilung: Lerntheorien (Pawlow, 1905; Skinner, 1938; Bandura, 1963), Attributionstheorien (Herkner, 1980)
	Determinanten des Konsumentenverhaltens
	– Inter- und intrapersonale Bestimmungsfaktoren nach Trommsdorff und Teichert (2011)
	– Psychische Determinanten nach Kroeber-Riel und Weinberg (1999)
	– Neuropsychologisches Modell von Bielefeld (2012)
Totalmodelle	– Engel, Bleckwell und Kollat (1978)
	– Howard und Sheth (1969)
	– Nicosia (1966)

Stufe 2 → Maßnahme: (z. B. Kombination mit Marken-PKW, dadurch kann die emotionale Ebene übertragen werden). Das erwünschte Ziel bei Pos 1 bis 4 ist die Habitualisierung. Hier möchte der Kunde genau das vorfinden, was er erwartet. Er hat gedankliche Lagepläne. Das Kaufproblem ist gelöst. Das Produkt sollte immer dort vorgefunden werden, wo man es erwartet. Veränderungen am Pos empfindet er als Störung.

2.4.3 Klassische Erklärungsmodelle des Konsumentenverhaltens

2.4.3.1 Psychische Determinanten nach Kroeber-Riel

Im Folgenden werden ausgewählte klassische Erklärungsmodelle des Konsumenten-verhaltens vorgestellt. Meffert unterteilt diese verschiedenen in der Literatur bekann-ten Modelle in Total- und Partialmodelle (Meffert et al. 2015, S. 25). Partialmodelle betrachten die Bestimmungsfaktoren des Konsumentenverhaltens isoliert voneinan-der, wohingegen Totalmodelle alle wesentlichen Bestimmungsfaktoren integrieren. Tabelle 2.4 gibt einen Überblick.

Die Partialmodelle können, wie oben dargestellt, in verhaltenswissenschaftliche Theorien und Modelle auf Basis von Determinanten des Konsumentenverhaltens un-terteilt werden. In diesem Kapitel wird das Modell der psychischen Determinanten nach Kroeber-Riel (2013) vorgestellt, da es zum einen ebenfalls Komponenten der neo-behavioristischen Theorien (z. B. Lernen und kognitive Dissonanz) einbindet und zum

Stimulus ——▶ Blackbox ——▶ Response

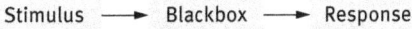

Abb. 2.11: SR-Paradigma. Eigene Darstellung, in Anlehnung an Shannon und Weaver (1998).

anderen, im Gegensatz zu Trommsdorff und Teichert (2011, S. 11), das Zusammenspiel zwischen emotionalen und kognitiven Prozessen detailliert darstellt.

Den Ursprung der verhaltenswissenschaftlichen Ansätze bilden die Black-Box-Modelle. Sie entstanden zur Zeit des Behaviorismus. Das menschliche Verhalten wird dabei als Reiz-Reaktions-Prozess betrachtet und sämtliche nicht beobachtbare Prozesse als „Black Box" ausgeklammert (Watson 1983, S. 4).

Der Reiz (Stimulus) sowie die Reaktion (Response) sind von außen beobachtbar. Alles in der Psyche Ablaufende wird in diesem Modell als Black Box bezeichnet. Diese Betrachtungsweise ist aus heutiger Sicht kritisch zu sehen, da sie die inneren Abläufe in der Psyche des Menschen vollständig ausklammert, diese jedoch entscheidend für die Art der Reaktion sind. Die Abbildung des S-R-Modells (Abbildung 2.12) verdeutlicht, dass das eigentliche Verhalten des Konsumenten sowie der Prozess der Entscheidungsfindung anhand dieses Modells nicht erklärbar sind, da es dahingehend keine Erklärungswerte aufweist. Innerhalb des Modells werden jene auf den Konsumenten einwirkenden Reize (Input) dem letztlichen Verhalten (Output) gegenübergestellt. Der gesamte psychische Prozess der Wahrnehmung, Verarbeitung, Reflexion, Einstellung und Entscheidungsfindung bleibt verborgen (Foscht et al. 2015b, S. 28 ff.). Nach heutiger Auffassung der Konsumentenforschung hingegen sind „Stimuli und Reaktionen" äußerst komplexe Größen, die in externe, beobachtbare und interne psychische Größen eingeteilt werden können" (Kroeber-Riel und Gröppel-Klein 2013, S. 422 ff.). Zugang zu diesen psychischen Faktoren bietet z. B. das erweiterte Black-Box-Modell, das sogenannte S-O-R-Modell, in dem der innere Organismus näher betrachtet werden kann.[18]

Eine Weiterentwicklung des S-R-Paradigmas ist das neobehavioristische S-O-R-Modell, das in seinem Ursprung auf Woodworth zurückgeht. Dabei werden die inneren psychologischen Vorgänge wieder zur Betrachtung hinzugefügt. Anstelle der „Black Box" tritt der Organismus (Abbildung 2.10) (Woodworth und Marquis 2014, S. 22).

Dieses heute noch anerkannte Modell bildet die Grundlage für den Großteil der Modelle zur Erklärung des Konsumentenverhaltens. Die einzelnen Ansätze betrach-

---

18 Das S-O-R-Modell zählt zu den neobehavioristischen Ansätzen, welche die Psyche des Menschen als Hauptkomponente des Konsumentenverhaltens ansehen, in welcher der Prozess der Entscheidungsfindung abläuft. Dieses Modell bildet die Grundlage für die Mehrheit der verhaltenswissenschaftlichen Modelle zur Erklärung des Konsumentenverhaltens. Die Differenzierung erfolgt dabei über das, was im Inneren des Organismus abläuft, welche Prozesse sich wie beeinflussen und was letztlich die Reaktion auslöst.

Stimulus (S)   Organismus (O)   Response (R)

Marketingstimuli
– Produkt
– Preis
– Kommunikation
– Distribution

Umfeldstimuli
– politisch-rechtliche
– ökonomische
– technologische
– soziale

Input

aktivierende Prozesse
– Aktivierung
– Emotionen
– Motivationen

kognitive Prozesse
– Wahrnehmung
– Lernen
– Gedächtnis

Einstellungen

prädisponierende Prozesse/Größen
Involvement   Bezugsgruppen   Kultur

Output

– Markenwahl
– Einkaufsstätten-besuch
– Kaufmenge
– Ausgabenbetrag

direkt beobachtbar   nicht direkt beobachtbar (intervenierende Variablen)   direkt beobachtbar

Abb. 2.12: S-O-R-Modell. In Anlehnung an Woodworth und Marquis (2014, S. 22 ff.); Kroeber-Riel und Gröppel-Klein (2013, S. 51 ff.); Kuß und Kleinaltenkamp (2013, S. 58 ff.).

ten unterschiedliche Bereiche dessen, was innerhalb des Organismus passiert und die Reaktion auslöst bzw. sie beeinflusst:
– Stimulus,
– Black Box,
– Response.

Da das Konsumentenverhalten sehr komplex ist und die Erklärungsmodelle dazu sehr umfangreich, wird sich im Folgenden auf die wesentlichen und grundlegenden Modelle konzentriert. Dazu gehört der Ansatz von Kroeber-Riel (2013), der sich mit Determinanten des Konsumentenverhaltens beschäftigt. Diese Determinanten können in externe und interne Faktoren unterteilt werden. Zu den externen Faktoren zählen anbieterbezogene Faktoren, die im Wesentlichen aus den „7 Ps" des Marketings bestehen (Price (Preispolitik), Product (Produktpolitik), Place (Vertriebspolitik), Promotion (Kommunikationspolitik) und, hauptsächlich bei Dienstleistungen, People (Personalpolitik), Process (Prozesspolitik) und Physical Facilities (Ausstattungspolitik). Des Weiteren zählen zu der Gruppe der externen Faktoren die sozialen ebenso wie die kulturellen Determinanten. Als soziale Einflussfaktoren des Konsumentenverhaltens gelten die Familie, die Rolle und der Status in der Gesellschaft sowie Bezugsgruppen und Meinungsführer. Die Familie ist letztendlich auch eine Bezugsgruppe. Es wird hier aber, durch die separate Nennung, noch einmal stärker hervorgehoben, dass sie in der Regel die Bezugsgruppe mit dem größten Einfluss auf Kaufentscheidungen (oder auch andere Entscheidungen) einer Person ist. Die kulturellen Faktoren fassen die soziale Schicht, die Subkultur sowie die (Landes-)Kultur zusammen. Als letzte Gruppe der externen Faktoren können die situativen Faktoren zusammengefasst werden. Darunter werden das physische Umfeld des Kaufs, der Zweck des Erwerbs sowie der Zeitfaktor verstanden.

Neben den externen Determinanten gibt es auch interne Determinanten. Kroeber-Riel unterscheidet hierbei zwischen aktivierenden und kognitiven Prozessen als wesentliche psychische Determinanten des Konsumentenverhaltens. Dies wird in Abbildung 2.12 dargestellt. Aktivierende Prozesse sind jene, die mit inneren Erregungen und Spannungen verbunden sind und das Verhalten antreiben. Menschliche Antriebe haben für die Erklärung des Verhaltens eine zentrale Bedeutung, da sie dafür verantwortlich sind, dass Verhalten überhaupt zustande kommt. Kognitive Vorgänge sind Prozesse, bei denen Konsumenten Informationen aufnehmen, verarbeiten und speichern. Durch sie erhält das Individuum Kenntnis von seiner Umwelt und von sich selbst. Sie dienen vor allem dazu, das Verhalten gedanklich zu kontrollieren und willentlich zu steuern. In Abbildung 2.12 lässt sich erkennen, dass sich die einzelnen Elemente gegenseitig beeinflussen. Basierend auf dem S-O-R-Modell beginnt der innere Prozess mit einem Reiz. Die aktivierenden Vorgänge betrachtend löst der Reiz elementare aktivierende Prozesse aus. Dazu gehört zum einen die allgemeine Aktivierung (innere Spannungen bzw. Erregungen), die die Wachheit, die Leistungsfähigkeit und die Leistungsbereitschaft des Organismus bestimmt. Dabei ist die Stärke der Aktivierung ein Maß dafür, wie wach, reaktionsbereit und leistungsfähig der Organismus ist (Kroeber-Riel und Gröppel-Klein 2013, S. 304). Zum anderen gehören zu den elementaren aktivierenden Prozessen die spezifischen Erregungsvorgänge des Organismus, die mit einzelnen Antriebskräften wie Durst, Hunger oder Liebe verbunden sind. Sie sind für die Konsumentenforschung vor allem in ihrem Zusammenspiel mit kognitiven Vorgängen von Bedeutung. Wie in der Abbildung dargestellt entstehen durch das Zusammenspiel von elementaren aktivierenden Prozessen und kognitiven Bewusstseins- und Steuerungsvorgängen menschliche Antriebskräfte wie Emotionen, Motivation und Einstellungen. Die Konstrukte Emotion, Motivation sowie Einstellung der Konsumenten dienen dazu, das Zustandekommen menschlicher Handlungen zu erklären.

Emotion als Verhaltensdeterminante

„Emotionen sind Erregungsvorgänge, die angenehm oder unangenehm empfunden werden und mehr oder weniger bewusst sind. Sie ergeben sich aus einer Aktivierung und einer subjektiven Interpretation" (Foscht et al. 2015b, S. 45). Dabei zeichnen sich „Emotionen" durch ihre Bewertungskomponente aus, die sich zielgerichtet auf Ereignisse, Kontexte oder Objekte bezieht. Durch diese werden psychische sowie physische Reaktionen ausgelöst. Davon abzugrenzen sind im deutschen Sprachgebrauch „Stimmungen", welche sich durch eine geringere Intensität, eine längere Dauer sowie eine fehlende Objektbezogenheit auszeichnen (Ewert und Thomae 1983, S. 397–452). Im Englischen werden „affect", „emotion" und „mood" vielfach synonym verwendet. Als grundlegende Merkmale einer Emotion lassen sich zunächst folgende anführen: die Erregung (Aktivierung), Richtung (angenehm/unangenehm), Qualität (Erlebnisinhalt) und das Bewusstsein. Die grundlegenden Emotionen, sogenannte

Basis- oder Primäremotionen, sind, entsprechend den modernen Emotionstheorien, identifizierbar. Diese sind auf die biologischen und evolutionsspezifischen Entwicklungen zurückzuführen. Andere Emotionen sind nach dieser Theorie Abwandlungen oder verschiedene Ausprägungen der Basisemotionen und gehen auf diese zurück (Izard 1977, S. 8). Analog hierzu lassen sich nach Izard zehn primäre Basisemotionen unterscheiden: Freude, Interesse/Aufregung, Überraschung, Trauer, Wut, Ekel, Verachtung, Furcht, Scham und Schuld. Plutchik (1980) fasste diese in acht grundlegenden Verhaltensweisen des Menschen zusammen: Furcht, Ärger, Freude, Traurigkeit, Akzeptanz/Vertrauen, Ekel, Überraschung und Erwartung (Plutchik und Kellerman 1980). Kritisch anzumerken sind an dieser Stelle die Heterogenität der verschiedenen Theorien zur Existenz der Basisemotionen sowie die fehlende empirische Forschung zu diesem Fachgebiet.

Oftmals sind menschliche Entscheidungen von emotionalen Reaktionen beeinflusst. Dabei können sie zum Teil ungefiltert eine Reaktion auslösen – diese wird als „Gefühlserregung" bezeichnet. Zur Verknüpfung emotionaler Botschaften mit einem Produkt ist darauf hinzuweisen, dass abhängig von Art und Kontext deren erzielte Wirkung beim Konsumenten effektiver oder weniger effektiv ausfallen kann (Solomon 2016, S. 62–63). So ist z. B. auch die Zielrichtung der Entscheidung davon abhängig, wie sich der Konsument zum Entscheidungszeitpunkt fühlt. Dies impliziert auch, dass ein Konsument manche Entscheidungen nicht aufgrund eines komplexen und gut durchdachten Entscheidungs- und Denkprozesses trifft, sondern diese aufgrund einer emotionalen Reaktion zustande kommen (Solomon 2016, S. 61). Nach den Emotionsforschern Schachter und Singer (1964) ist vor allem die individuelle Bewertung des Reizes, nicht nur das Ereignis selbst, entscheidend für die emotionale Reaktion und das anschließende Verhalten des Menschen. Demzufolge werden Emotionen erst durch das Zusammenspiel von physiologischer Erregung und kognitiver Interpretation erlebbar. Gerade bei den sozialen Medien machen sich die Unternehmen heute die emotionalen Reaktionen ihrer Kunden zunutze. Mittels Meinungsanalysen sind zielgerichtete Kundenansprachen in Form von emotionalen Botschaften und Bildern sowie die technische Verknüpfung von Produkten mit emotionalen Suchbegriffen möglich.

Zusammenfassend ist festzustellen, dass eine temporäre Stimmung und der Produktkauf häufig insofern zusammenhängen, als der Konsument entweder darauf abzielt, einen gewünschten Stimmungszustand beizubehalten oder diesen wiederherzustellen.

Emotionen sind augenblickliche oder eine Zeit andauernde Gefühlszustände, die oft mit körperlicher Erregung verbunden sind.
Emotionen beeinflussen das Verhalten, oft über die Informationsbearbeitung.
Emotionen sind nicht zielorientiert.
Marketing versucht Emotion beim Verbraucher zu wecken: z. B. durch das „Kindchenschema".
Zu starke Emotion führt zur Handlungsunfähigkeit.

Tab. 2.5: Definitionsansätze: Was sind Emotionen?

Author	Definition
Bagozzi/Gopinath/ Nyer (1997)	„By emotion we mean a mental state of readiness that arises from cognitive appraisals of events or thoughts; has a phenomenological tone; is accompanied by physiological processes; is often expressed physically …; and may result in specific actions to affirm or cope with the emotion, depending on its nature and meaning for the person having it."
Fischer/Brauns/ Belschak (2004)	„Emotionen sind qualitativ näher beschreibbare Zustände – in Abgrenzung zu bloßen Reizreaktionen einerseits und zeitlich stabilen Persönlichkeitsmerkmalen andererseits. Diese Zustände gehen mit Veränderungen auf der subjektiven Erlebnis-, der physiologischen und/oder der Ausdrucksebene einher."
Fischer/Wiswede (2002)	„Emotionen sind Reaktionen auf äußere Reize, die als angenehm oder unangenehm empfunden werden und mit erhöhter Aktivierung verbunden sind."
Kroeber-Riel/ Weinberg (2003)	„Emotionen sind (1) innere Erregungsvorgänge, die (2) angenehm oder unangenehm empfunden und (3) mehr oder weniger bewusst (4) erlebt werden."
Scherer (2002)	„emotions are episodes of coordinated changes in several components (including at least neurophysiological activation, motor expression, and educative feeling but possibly also action tendencies and cognitive processes) in response to external or internal events of major significance to the organism."
Trommsdorff (2004)	„vorübergehende, nicht regelmäßig wiederkehrende interpretierte Aktiviertheit, d. h. ein nach Stärke (schwach bis stark), Richtung (positiv oder negativ) und Art (Gefühlstyp und Ausdruck) bestimmter Empfindungszustand."

Motivation als Verhaltensdeterminante

Die „Motivationen" sind die psychischen Antriebskräfte des Menschen, welche das Handeln antreiben und in eine Richtung lenken. Damit nehmen die Motivationen einen grundlegenden Einfluss auf das Verhalten der Konsumenten. Begrifflich geht dies auf das lateinische „movere" zurück, das „sich bewegen" bedeutet und sich dabei auf das In-Bewegung-Setzen des Konsumenten bezieht (Hoffmann und Akbar 2016, S. 34). Neben den individuellen „Personenfaktoren"[19] und den äußeren „Situationsfaktoren"[20], welche aktuellen Forschungen (Heckhausen und Heckhausen 2008) zufolge zielgerichtete und damit motivierte Handlungen auslösen, lassen sich verhal-

19 Zu den Personenfaktoren zählen die individuellen Bedürfnisse, Dispositionen/Persönlichkeit und Zielsetzungen (vgl. Hoffmann und Akbar 2016, S. 36–37).
20 Situationsfaktoren bilden situative Anreize, die ein menschliches Handeln auslösen können. Dabei sind intrinsische (auf das Ergebnis selbst bezogene) von extrinsischen (einen erwarteten äußeren Nutzen implizierenden) Anreizen zu unterscheiden (vgl. Hoffmann und Akbar 2016, S. 38).

tensübergreifende zentrale Motivationen eingrenzen, auf die das Konsumentenverhalten zurückzuführen ist. Diese werden nachfolgend betrachtet.

Oft entstehen motivationale Handlungen in Reaktion auf eine auslösende Emotion oder eine kognitive Handlungsorientierung. Dabei geht es in der Motivationsforschung primär um die Zielgerichtetheit menschlichen Verhaltens: wie diese entstehen und ob dabei das Verhalten bewusst oder unbewusst gelenkt wird (Kroeber-Riel und Gröppel-Klein 2013, S. 178 ff.). Der Frage, wie und nach welchen Regeln der motivationale Prozess in die Handlung übergeht, widmen sich Prozesstheorien, während die Inhaltstheorien, als solche unter anderem die Maslow'sche Bedürfnistheorie, untersuchen, was einen Menschen dabei antreibt.

Eine solche Prozesstheorie stellt die Valenz-Instrumentalitäts-Erwartungstheorie (VIE-Theorie), nach Victor Vroom, dar (Vroom 1964). Dieser zufolge entscheidet sich ein Konsument für oder gegen die Auswahl und Umsetzung einer Handlung aufgrund der Erwartung an das Produkt und der subjektiven „Valenz" des Ergebnisses. Letztere beschreibt die individuell empfundene Attraktivität des Handlungsziels. Der Konsument entscheidet sich demzufolge für die Handlungsalternative mit dem höchsten subjektiven Wert.

Nach Foscht et al. (2015) kann der Antrieb einer Motivation ebenfalls im Ausgleich eines wahrgenommenen Mangelzustands bestehen, mit dem Ziel diesen zu beseitigen (Foscht et al. 2015b, S. 55 ff.). Heckhausen und Heckhausen hingegen vertreten die Theorie der Verhaltens-Ergebnis-Kontingenz (Heckhausen und Heckhausen 2008).

Demzufolge will der Konsument mit einem bestimmten Verhalten eine spezifische Wirkung in seiner psychischen oder sozialen Umwelt erzielen. Die Motivation eines Menschen wird gespeist einerseits durch die grundlegenden Antriebskräfte Emotion und Einstellung, der Theorie z. B. von Maslow zufolge, und andererseits durch die kognitiven Antriebskräfte, Zielorientierung und Handlungsprogramme, wie z. B. Ziel-Mittel-Hierarchien (Kroeber-Riel und Gröppel-Klein 2013, S. 181).

Bedürfnispyramide nach Maslow

Innerhalb der ursprünglichen Bedürfnishierarchie des Psychologen Abraham Maslow werden die Bedürfnisse nach Dringlichkeit geordnet (Maslow 1943). Dabei geht Maslow von einer hierarchischen Struktur der Bedürfnisse aus. Diese impliziert zunächst die Befriedigung der grundlegenden, primären Bedürfnisse, bevor jene höherer Stufen in den Vordergrund rücken und befriedigt werden können. Auf das Verhalten des Verbrauchers transportiert, lässt sich folgern, dass ein Mensch je nach Stufe und Ziel der Bedürfnisbefriedigung einen jeweils unterschiedlichen Nutzen des Produkts, welches er favorisiert, anstrebt. Dies bezieht sich exemplarisch auf Lebensmittel oder Medizin auf der niedrigsten Stufe der „physiologischen Bedürfnisse" und erstreckt sich bis zu z. B. Bildung, Hobbys oder auch Reisen in der obersten Stufe der „Selbstverwirklichung". Dieser These folgend wären ebenfalls die letzten Ziele, wie Gerechtigkeit oder Schönheit, als die vorherrschende Motivation in dieser Stufe anzusiedeln. Kri-

Wachstumsbedürfnisse

Defizitbedürfnisse

Selbst-
verwirklichung

ICH-Bedürnisse
Anerkennung/Geltung

Soziale Bedürfnisse
Freundschaft, Liebe, Gruppenzugehörigkeit

Sicherheitsbedürfnisse
Materielle und berufliche Sicherheit (Wohnen, Arbeiten)

Grundbedürfnisse
Essen, Trinken, Schlafen

Bedürfnispyramide nach Abraham Harold Maslow (1908–1970)

Abb. 2.13: Bedürfnispyramide nach Maslow (Maslow 1943; gbs-reutlingen.de/_media/wissen:
maslow_pyramide.gif.)

tisch festzuhalten ist an dieser Stelle, dass die oberen Ebenen innerhalb der Theorie
von Maslow nur schwerlich erreichbar sind. Ebenso ist die Theorie stark vereinfacht,
weshalb eine Anwendung in der Praxis auf einer Produktebene nur bedingt möglich
ist. Des Weiteren sind die Bedürfnisse eines Menschen und welche Bedeutung diesen
zugemessen wird, stark kulturabhängig. Auch ergeben sich signifikante Unterschiede hinsichtlich der verschiedenen Situationen und Lebensphasen[21] eines Menschen.
Von diesen werden Werte, Einstellungen und Prioritäten beeinflusst und unterliegen
im Laufe des menschlichen Lebens beständiger Veränderung. Ferner unterscheiden
sich die heutigen Kontexte des 21. Jahrhunderts noch einmal stark von jenen des 20.
Jahrhunderts und damit ist auch das Umfeld, in dem ein Mensch agiert, heute differenziert zu sehen.

Verstehen, was Menschen zu einem bestimmten Verhalten bewegt (es existieren viele Motive).
Jedes Motiv will ein bestimmtes Bedürfnis befriedigen.
Es liegt ein zielorientiertes Handeln vor.
Marketing will Motive ansprechen und ein Verhalten auslösen.

---

21 Das Konsumentenverhalten ist stark abhängig von den Lebensphasen, in denen sich der Mensch
befindet. (vgl. Trommsdorff 2009, S. 204–205).

Einstellung als Verhaltensdeterminante

Die „Einstellung" lässt sich definieren als die innere Denkhaltung des Menschen gegenüber einer anderen Person, einer Verhaltensweise, einer Idee oder auch einem Objekt, welche mit einer Wertung oder einer Erwartung verbunden ist (Kuß und Tomczak 2007; Homburg 2017). Eines der frühen Einstellungsmodelle nach Bagozzi beschreibt die Beziehung zwischen der Einstellung, der Verhaltensabsicht und dem Verhalten. Dabei ergibt sich die Einstellung aus der Verhaltensabsicht, dem zukünftig folgenden Verhalten sowie den daraus gewonnenen Eindrücken (Bagozzi 1982). Nach u. a. Foscht und Swoboda umfasst die Einstellung drei Komponenten: die Motivation, die kognitive Verarbeitung und die Bewertung des Reflektierten (Foscht et al. 2015b). Zusätzlich werden ihr ebenfalls eine affektive, emotionale Komponente sowie eine konative Komponente, eine Verhaltensabsicht, zugeschrieben (Rosenberg/Hovland 1960) Diese konative Komponente umfasst die Handlung des Konsumenten und verknüpft dabei das Affektive mit dem Kognitiven. Damit steht diese eng mit der Kaufabsicht des Konsumenten in Verbindung. Die affektive Komponente bildet eine positive oder negative Haltung gegenüber z. B. einem Produkt und wirkt häufig richtungsweisend für die Käuferhandlung (Hoffmann und Akbar 2016, S. 91).

Die Wahrscheinlichkeit, mit der eine Person eine spezifische Eigenschaft eines Produktes für vorhanden einschätzt, in Kombination mit der Bewertung dieser Eigenschaft beschreibt das „Fishbein-Modell" der menschlichen Einstellung. Dabei ergibt sich die Einstellung gegenüber einem Produkt im Zusammenspiel aus der Wichtigkeit der eigenen Motive und der wahrgenommenen Eignung (Kroeber-Riel und Gröppel-Klein 2013, S. 273). Den Ausgangspunkt des Fishbein-Modells bildet die sozialpsychologische „Theorie des überlegten Handelns" von Martin Fishbein und Icek Ajzen. Dieser zufolge setzen sich die Einstellung und das Verhalten des Menschen aus der kognitiven Kenntnis und der affektiven Komponente – der Bewertung – zusammen (Fishbein und Ajzen 1975).

Demnach führt eine Einstellung zunächst zu einer Verhaltensabsicht, welche wiederum die Wahrscheinlichkeit der Verhaltensausführung erhöht. Zusätzlich werden subjektive Normen sowie die wahrgenommenen Möglichkeiten der Ausführung des Verhaltens einbezogen. Die Einstellungen werden durch das Handeln und Lernen des Konsumenten fortlaufend geprägt. Diese können dabei emotional bedingt sein oder aber einer Meinung, Erfahrung oder einem Wissen entspringen (Kotler und Bliemel 1995, S. 286). Dabei ist eine einzelne Einstellung ein Teil eines komplexen und individuellen Einstellungssystems des Menschen, wobei sich die Einstellungen wechselseitig beeinflussen und, basierend auf der Bewertung des Individuums, internal[22] wandeln.

---

[22] Eine internale Kontrollüberzeugung liegt dann vor, wenn eine Person ein positives oder negatives Ereignis als Konsequenz des eigenen Verhaltens wahrnimmt.

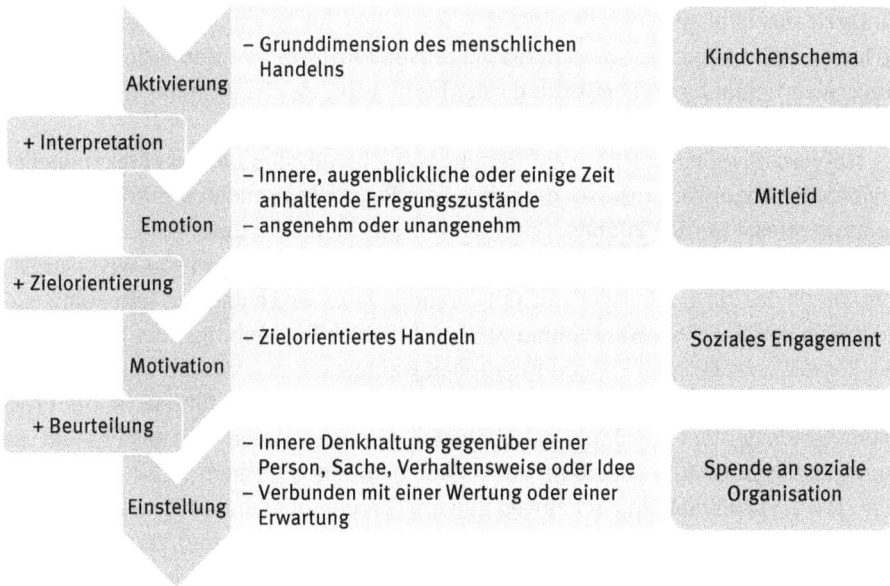

Abb. 2.14: Aktivierende Prozesse: Zusammenhang der Komponenten (eigene Darstellung).

Zusammenfassend wird festgehalten, dass die aktivierenden Komponenten des Konsumentenverhaltens, vorausgehend erörtert anhand der Prozesse Aktivierung, Emotion, Motivation und Einstellung, ineinander übergreifen, wie Abbildung 2.14 illustriert. Diese bilden die inneren Antriebskräfte, welche das menschliche Verhalten direkt beeinflussen.

Kognitive Prozesse

„Kognitive Vorgänge lassen sich als gedankliche Prozesse kennzeichnen. [...] Sie dienen vor allem dazu, das Verhalten gedanklich zu kontrollieren und willentlich zu steuern" (Solomon 2016). Der Begriff der „Kognition" umfasst dabei jene geistigen Prozesse, welche der gedanklichen Informationsverarbeitung dienen. Hierzu zählen drei Komponenten: Informationsaufnahme, -speicherung und -verarbeitung. Als kognitive Determinanten des Konsumentenverhaltens können vor allem folgende identifiziert werden: Wahrnehmung, Verarbeiten sowie Lernen und Erinnern. Die letztliche kognitive Entscheidungsfindung besteht nach Solomon aus fünf Phasen (Solomon 2016, S. 47):

- Problemerkennung,
- Informationsrecherche,
- Bewertung,
- Produktauswahl,
- Ergebnisse.

Zu Letzterem zählt auch die subjektiven Bewertungen im Anschluss an den Kauf. Diese lassen sich zusammenfassen in die kognitiven Prozesse der Informationsverarbeitung, Wahrnehmung und Bewertung von Alternativen, welche im Folgenden betrachtet werden.

Die kognitive Seite der Reizverarbeitung betrachtend, stimuliert der Reiz zunächst elementare kognitive Prozesse, die unter dem Begriff Informationsverarbeitung zusammengefasst werden können. Dazu gehören das Verstehen einer Produktbeschreibung, das Addieren von Zahlen oder das gedankliche Abspeichern von Werbeaussagen. Durch das Zusammenspiel mit aktivierenden Prozessen entstehen sehr komplexe kognitive Vorgänge wie Wahrnehmung (einschließlich Beurteilung) oder Lernen. Dabei können zum Beispiel Preisinformationen wahrgenommen werden und durch unterschiedliche Beurteilungsmethoden zum Kauf oder Nichtkauf führen. Ist der Preis niedriger als der im Gedächtnis abgespeicherte Vergleichspreis, wird das Produkt als preisgünstig eingestuft. Dies kann einen Kauf auslösen, aber auch verhindern, wenn der Preis als Qualitätsindikator eingestuft wird (Kroeber-Riel und Gröppel-Klein 2013, S. 53). Lernen bezeichnet eine relativ überdauernde Änderung einer Verhaltensmöglichkeit aufgrund von Erfahrungen oder Beobachtung. Diese komplexen kognitiven Prozesse wirken direkt auf das Verhalten ein oder beeinflussen andere innere Vorgänge, insbesondere (komplexe) aktivierende Prozesse, wie bereits weiter oben beschrieben wurde.

Eine Kaufentscheidung entsteht durch das Zusammenwirken von aktivierenden und kognitiven Prozessen, die durch einen Reiz ausgelöst wurden und ein bestimmtes Verhalten hervorrufen. Da dies nur ein Partialmodell ist, ist der betrachtete Bereich lediglich ein Teilbereich des Konsumentenverhaltens.

In Totalmodellen wird versucht, alle Elemente des Konsumentenverhaltens darzustellen. Im folgenden Kapitel wird das Totalmodell von Howard und Sheth vorgestellt, da es das Zustandekommen des Konsumentenverhaltens über verschiedene Konstellationen der in das Modell aufgenommenen Variablen erklärt.

Totalmodell von Howard und Sheth

Zu den bekanntesten und anerkanntesten Totalmodellen gehören das Totalmodell von Engel, Blackwell und Kollat (1978) sowie das Totalmodell von Howard und Sheth (1969). Das Modell von Engel, Blackwell und Kollat ist ein Prozessmodell und baut auf die drei Hauptkomponenten Informationsverarbeitungs-, Entscheidungs- und Bewertungsprozesse auf (Blackwell et al. 1973). Das Modell von Howard und Sheth ist ein Strukturmodell und wird in diesem Kapitel detailliert vorgestellt, da es als das komplexeste und gleichzeitig detaillierteste Totalmodell gilt. Das Totalmodell von Howard und Sheth basiert im Grunde auf dem S-O-R-Paradigma, das im vorigen Kapitel vorgestellt wurde (Abbildung 2.12). Links befinden sich die Inputvariablen (Stimuli) und rechts die Outputvariablen (Response). Dazwischen befinden sich Wahrnehmungs- und Lernkonstrukte, die innerhalb des Organismus ablaufen.

Die Inputvariablen setzen sich aus den Marketingaktivitäten des Unternehmens und den Einflüssen des sozialen Umfelds auf die Konsumenten zusammen. Symbolische Informationen sind die Informationen, die aufgrund von Erfahrung oder Information aus sozialen Quellen im Gedächtnis der Konsumenten vorhanden sind. Die signifikanten vor-liegenden Informationen werden mit den symbolischen Informationen verglichen.

Eine Inkonsistenz liegt vor, wenn Mehrdeutigkeiten auftreten, da sich die vorhandenen Informationen von den gespeicherten Informationen unterscheiden. Dann kann es unter Umständen, in Abhängigkeit der Einstellung gegenüber der Informationsquelle oder der Marke, zu einem erneuten Suchverhalten oder einer gesteigerten Aufmerksamkeit kommen. Im Anschluss an die Wahrnehmungskonstrukte folgen die Lernkonstrukte. Dabei beschreibt der Begriff Markenkenntnis das Wissen um die Existenz und die Eigenschaft von Marken. Die Entscheidungskriterien dienen dazu, die Alternativen unter Berücksichtigung der Motive zu bewerten. Daraufhin ordnet die Einstellung den Marken ihre Möglichkeit zur Motiverfüllung zu. In Abhängigkeit des empfundenen Grades an Sicherheit bildet sich entweder die Kaufabsicht heraus oder es kommt zu neuem Suchverhalten. Auf der Outputseite werden die Vorgänge ab Zeitpunkt des Kaufs betrachtet. Wenn die Erwartungen und Wünsche durch den Kauf erfüllt werden konnten, kommt es zur Stabilisierung der Einstellung zur Marke und zu einer empfundenen Sicherheit gegenüber der Richtigkeit des Handelns (Foscht et al. 2015b, S. 26). Neben den in der Abbildung 2.15 dargestellten Einflussfaktoren werden noch weitere als exogen definierte Faktoren indirekt mit einbezogen.

Die exogenen Faktoren sind:
- Bedeutung des Kaufs (beeinflusst Suchverhalten, Markenkenntnis)
- Kultur (beeinflusst Markenkenntnis, Einstellung, Motive, Kaufabsicht)
- Soziale Klasse (beeinflusst Motive, Einstellung, Kaufabsicht, Markenkenntnis)
- Persönlichkeitsmerkmale (beeinflusst Suchverhalten, Motive, Einstellung, Markenkenntnis)
- Gruppeneinflüsse (beeinflusst Einstellung, Kaufabsicht, Markenkenntnis)
- Zeitdruck (beeinflusst Suchverhalten, Kaufabsicht)
- Finanzlage (beeinflusst Motive, Kaufabsicht)

Weiterhin beeinflussen diese Motive ebenfalls die Entscheidungskriterien. Neurowissenschaftliche Ansätze vertiefen diese klassischen Erklärungsmodelle, indem sie tiefergehende Erkenntnisse aus der Gehirnforschung mit einfließen lassen können. So können dadurch die einzelnen Abläufe im Gehirn erklärt werden.[23]

---

23 Z. B. MRT, fMRT, EEG in Verbindung mit Eyetracker, vgl. auch Lenz 2008.

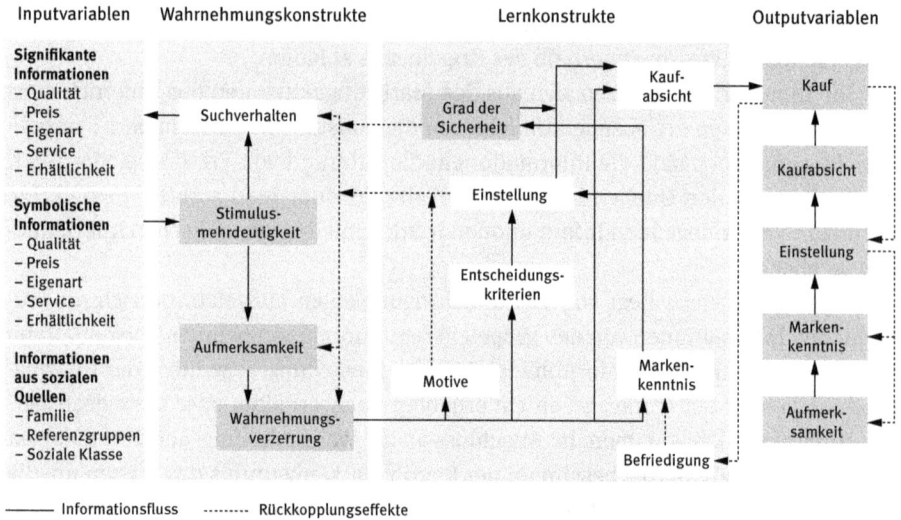

Abb. 2.15: Totalmodell von Howard/Sheth; in Anlehnung an Howard und Sheth (1969, S. 30).

Für dieses Fachbuch sind aber neuere Ansätze auch in Bezug auf E-Commerce und Digitalisierung relevanter, weshalb die neurowissenschaftlichen Ansätze hier nicht weiter behandelt werden.

Wesentliche Erkenntnisse

Die psychischen Determinanten nach Kroeber-Riel (2013) beschreiben einen Teilbereich des Konsumentenverhaltens, den das Totalmodell von Howard und Sheth mit aufnimmt. Es wird in beiden Modellen deutlich, dass das Konsumentenverhalten von vielen Faktoren beeinflusst wird. Partialmodelle haben den Vorteil, dass sie Teilbereiche genauer betrachten und darstellen können, untersuchen aber nicht das Gesamtkonstrukt. Totalmodelle decken zwar nahezu alle Bereiche ab, sind aber sehr komplex. Aufgrund von Operationalisierungs- und Messproblemen ist die empirische Überprüfung dieser Modelle nicht möglich. Ebenfalls wird in den zwei vorgestellten Modellen nicht deutlich, welche Faktoren wie stark beeinflussen. Kritisch zu hinterfragen ist auch, ob diese beiden Modelle in der heutigen Zeit noch aktuell sind. Sie wurden in Zeiten entwickelt, in denen der Marketingfokus auf dem Markt selbst lag und die Hauptinstrumente Marktforschung und Marktsegmentierung waren. Seit den 1990er-Jahren hat sich die Marketingorientierung hin zum Kunden bzw. zum Netzwerk gewandelt.

2.5 Konsumentenverhalten in der Digitalisierung

Trotz des Wissens über das Konsumentenverhalten allgemein und das Konsumentenverhalten in Kundenbeziehungen, wird in den letzten Jahren immer wieder in den Medien von den Problemen des Einzelhandels und vom Sterben der Innenstädte berichtet. Als Grund wird immer wieder das Onlineshopping angeführt. Der Umsatz im E-Commerce ist in den letzten Jahren stetig gestiegen. 2017 lag der Umsatz laut HDE Handelsverband bei 48,7 Mrd. Ebenso ist der Anteil des E-Commerce am Gesamtumsatz des Einzelhandels (472,4 Mrd. €) mittlerweile bis auf 10 % angestiegen. Wenn wir den Lebensmitteleinzelhandel abziehen (183,5 Mrd.) ergibt sich eine Quote von 18 %.

Ein weiterer Effekt, der dafür verantwortlich zeichnet, ist im Konsumentenverhalten zu beobachten. Es handelt sich dabei um den sogenannten ROPO-Effekt, der in Kapitel 2.5.1 näher erläutert wird. ROPO steht für Research Online Purchase Offline. Laut der Connected Commerce 2015 Studie von DigitasLBI liegt der Anteil der Konsumenten, die online recherchieren und im stationären Handel kaufen, in Deutschland bei 87 % (DigitasLBI 2016). Bei dieser Studie wurden in 17 verschiedenen Ländern jeweils über 1.000 Menschen ab 18 Jahren befragt, die das Internet nutzen. Somit beziehen sich die 87 % nicht auf die Gesamtbevölkerung, sondern auf die Internetnutzer in Deutschland. Gemessen an der Gesamtbevölkerung würde der Anteil ca. 68 % ausmachen.

Die Stichprobe in der Studie wurde mithilfe des Quotenverfahrens gebildet. Ob Konsumenten einen Onlinekanal zur Informationssuche oder zum Kauf nutzen, hängt von verschiedenen Faktoren ab. Das Technology Acceptance Modell (TAM) von Davis basiert auf der Theorie des überlegten Handelns von Fishbein und Ajzen (1980). Die Theorie des überlegten Handelns besagt, dass sich die Einstellung einer Person zu einem Objekt aus der subjektiven Kenntnis der Eigenschaften des Objekts (kognitiv) und deren Bewertung (affektiv) zusammensetzt.

Die Entwicklung des TAM von Davis hat das Verständnis des Nutzer-Akzeptanz-Prozesses verbessert, sodass die neuen theoretischen Erkenntnisse in Design und Implementierung von Informationssystemen einfließen können. Darüber hinaus dient das TAM als Nutzer-Akzeptanz-Testmethode, sodass Systemdesigner und Projektumsetzer ein neu entwickeltes System vor der Einführung evaluieren können. Das TAM wird in Abbildung 2.16 dargestellt und basiert in seinem Aufbau auf dem in Kapitel 2.2.1 vorgestellten S-O-R-Modell.

Die Konstruktionsmerkmale sind die Eigenschaften, die ein Informationssystem besitzt und die von einer Person wahrgenommen werden. Diese Eigenschaften beeinflussen die wahrgenommene Nutzerfreundlichkeit. Je nach Darstellung und Aufbau des Systems fällt die wahrgenommene Nutzerfreundlichkeit besser oder schlechter aus. Die Konstruktionsmerkmale beeinflussen darüber hinaus auch den wahrgenommenen Nutzen. Dieser wird aber nicht nur von den Eigenschaften eines Informationssystems beeinflusst, sondern auch von der wahrgenommenen Nutzerfreundlichkeit.

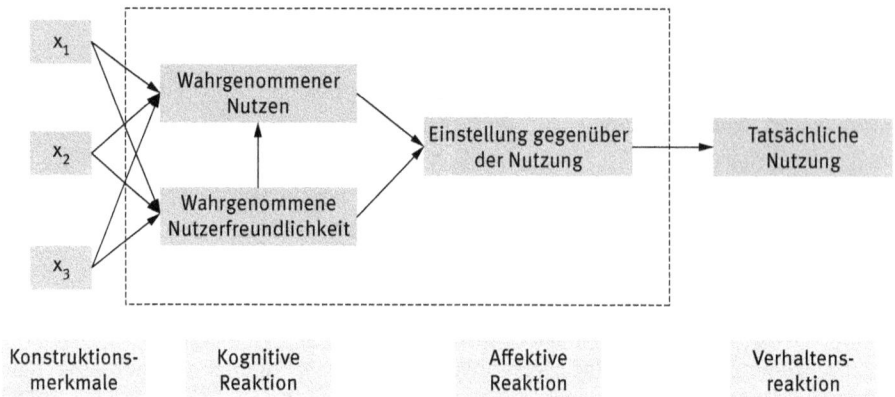

Abb. 2.16: Technology Acceptance Model nach Davis (1985, S. 24).

Fällt die Bedienung eines Systems zu schwer, nimmt die betreffende Person keinen Nutzen wahr.

Die wahrgenommene Nutzerfreundlichkeit sowie der wahrgenommene Nutzen beeinflussen die Einstellung einer Person gegenüber der Nutzung eines Informationssystems. Diese Einstellung entscheidet letztlich darüber, ob eine Person ein Informationssystem nutzt oder nicht.

Das Modell von Davis konzentriert sich jedoch auf IT-Systeme und deren Anwendung. Pavlou hat das Technology Acceptance Modell 2003 weiterentwickelt und so für E-Commerce anwendbar gemacht. Pavlou hat zu den zwei weiter oben erläuterten Einflussgrößen noch das wahrgenommene Risiko und Vertrauen als Einflussgrößen hinzugefügt. Abbildung 2.17 zeigt die Weiterentwicklung des Modells nach Pavlou.

Da der Mensch nicht vollständig alle Informationen besitzt, ist nahezu jede Interaktion mit einer Unsicherheit behaftet. Um in diesen Situationen dennoch eine Entscheidung treffen zu können, bedarf es eines gewissen Maßes an Vertrauen. Je nach wahrgenommenem Risiko variiert auch der Grad des Vertrauens, der dafür vorhanden sein muss. Gerade im E-Commerce gibt es viele Unsicherheiten, was unter anderem auf die Distanz zum Händler und die fehlende persönliche Interaktion zurückzuführen ist. Bei Onlinetransaktionen sind besonders zwei Arten von Unsicherheiten präsent. Zum einen gibt es die Verhaltensunsicherheit, die vor allem in der Person des Händlers liegt. Diese Unsicherheit ruft wirtschaftliche Risiken (möglicher Geldverlust), aber auch personale Risiken (potenziell unsichere Produkte) sowie Privatsphärerisiken (mögliche Weitergabe von personenbezogenen Daten) und Risiken in Bezug auf die Leistung des Verkäufers hervor. Zum anderen gibt es bei Onlinetransaktionen Unsicherheiten in Bezug auf die Umwelt. Diese umfassen ebenfalls wirtschaftliche Risiken (möglicher Geldverlust) und Privatsphärerisiken, da Daten von Dritten gestohlen und illegal zugänglich gemacht werden können. Je mehr eine Person Vertrauen in einen Händler hat, desto weniger Risiken werden wahrgenommen. Dabei ist

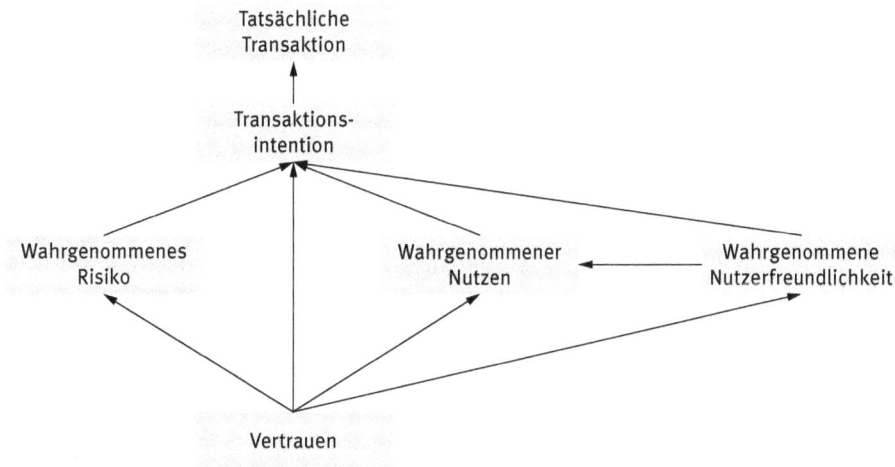

Abb. 2.17: Weiterentwicklung des TAM. Nach Pavlou (2003, S. 104).

es irrelevant, welche Risiken tatsächlich bestehen. Bei Vertrauen und wahrgenomme-nem Risiko geht es ausschließlich um subjektive Wahrnehmung. Wenn eine Person einem Händler vertraut, geht sie davon aus, dass der Händler des Vertrauens den Er-wartungen entsprechend agiert. Die Person geht davon aus, dass der Händler sich nicht opportunistisch verhalten wird, daher reduziert sich das wahrgenommene Ri-siko. Es besteht also ein negativer Zusammenhang zwischen Vertrauen und wahrge-nommenem Risiko.

Darüber hinaus beeinflusst Vertrauen ebenfalls den wahrgenommenen Nutzen und auch die wahrgenommene Nutzerfreundlichkeit. Im ursprünglichen Technology-Acceptance-Modell von Davis war dies indirekt berücksichtigt, indem Vertrauen als eine Determinante des wahrgenommenen Nutzens definiert wurde. Pavlou hat die De-terminante Vertrauen als eigene Größe in sein Modell aufgenommen, da Vertrauen nicht nur den wahrgenommenen Nutzen beeinflusst. Ob der Konsument seinen erwar-teten Nutzen auch wirklich erhält, hängt von den Personen ab, die hinter der entspre-chenden Website stehen. Im E-Commerce sind das also die Händler über die Produkte bestellt werden. Wenn der Konsument dem Händler hinter der Website nicht vertraut und somit befürchtet, dass dieser sich nicht gemäß den Wünschen bzw. Sicherheits-vorstellungen des Konsumenten verhält, gibt es für den Konsumenten keinen Grund, in der Nutzung dieser Website einen Mehrwert zu sehen. Demnach besteht also ein positiver Zusammenhang zwischen Vertrauen und dem wahrgenommenen Nutzen.

Die Logik hinter dem Zusammenhang zwischen wahrgenommener Nutzerfreund-lichkeit und Vertrauen geht auf Chircu et al. (1999) zurück. Demnach reduziert Ver-trauen das Bedürfnis der Konsumenten, über die Transaktion sämtliche Informatio-nen zu erhalten und den gesamten Prozess zu verstehen, zu monitoren und die Kon-trolle über die Situation zu besitzen. Umgekehrt führt ein geringes Vertrauen dazu, dass Konsumenten über den gesamten Transaktionsprozess hinweg auf sämtliche Aspekte eine erhöhte Aufmerksamkeit legen, was wiederum negative Auswirkungen auf die wahrgenommene Nutzerfreundlichkeit hat. Es besteht also ein positiver Zusammenhang zwischen Vertrauen und der wahrgenommenen Nutzerfreundlichkeit.

Die wahrgenommene Nutzerfreundlichkeit beeinflusst, wie auch im TAM von Davis dargestellt, den wahrgenommenen Nutzen. Ist eine Website für Konsumenten nicht nutzerfreundlich, weil sie für sie zu kompliziert oder zu umfangreich ist oder nicht richtig funktioniert, so werden diese Konsumenten nicht erwarten, dass die Website einen zusätzlichen Nutzen bringt. Zwischen wahrgenommenem Nutzen und wahrgenommener Nutzerfreundlichkeit besteht also ein positiver Zusammenhang.

Die vier Einflussfaktoren:
- wahrgenommenes Risiko,
- Vertrauen,
- wahrgenommener Nutzen,
- wahrgenommene Nutzerfreundlichkeit,

beeinflussen die Intention einer Person, eine Transaktion durchzuführen. Eine Intention ist die wirkliche Absicht, eine Transaktion durchzuführen oder nicht durchzuführen. Im E-Commerce ist das speziell die Absicht, mit einem Onlinehändler eine Austauschbeziehung einzugehen. Diese Austauschbeziehung beinhaltet dann den Austausch von Waren, Geld und Informationen. Die Intention wird vom wahrgenommenen Risiko insofern beeinflusst, dass bei zu hohem Risiko die Intention negativ ausfällt. Verbinden Konsumenten mit einer Transaktion ein zu großes Risiko, so werden sie sich höchstwahrscheinlich dagegen entscheiden. Im Gegensatz dazu beeinflusst das Vertrauen die Intention positiv.

Jede Onlinetransaktion bedingt, dass Konsumenten mit Websites interagieren und mit dem Internet verbundene Technologien nutzen.

Empfinden sie die Interaktion als nicht nutzerfreundlich, wirkt sich das laut des TAM nach Davis negativ auf die Intention aus, eine Transaktion über diese Website durchzuführen. Nehmen Konsumenten bei einer Transaktion keinen Nutzen wahr, so wirkt sich dies basierend auf dem TAM ebenfalls negativ auf die Intention aus. Im Umkehrschluss beeinflussen wahrgenommene Nutzerfreundlichkeit und wahrgenommener Nutzen die Intention jeweils positiv. Von der Intention hängt es letztendlich ab, ob eine Person eine Transaktion auch tatsächlich ausführt. Ohne Intention gibt es keine tatsächliche Aktion.

2.6 ROPO-Effekt und Smart Natives

Die Customer Journey beginnt heutzutage für den Großteil der Konsumenten mit der Informationssuche im Internet. Es wird mithilfe von Suchmaschinen nach einem bestimmten Produkt gesucht. Es werden verschiedene Produkte von unterschiedlichen

Marken bei diversen Händlern im Internet angeboten. Bei einer extensiven Kaufentscheidung nehmen Konsumenten sich für die Informationssuche Zeit, sofern vorhanden, und vergleichen die verschiedenen Produkte und Angebote. Dabei werden auch oft Testberichte und Bewertungen von anderen Konsumenten hinzugezogen, die im Internet unter jedem Produktangebot und teilweise auch in speziellen Foren zu finden sind. Dem Berater im stationären Handel wird hingegen nur noch wenig vertraut. Gründe dafür können sein, dass die Konsumenten heutzutage bereits so gut informiert sind, dass die Berater ihnen nicht mehr viel Neues erzählen können. Ebenfalls wird vor allem in den jüngeren Generationen eine provisionsgetriebene Beratung im Geschäft erwartet, was negativ bewertet wird. Den klassischen Fachgeschäftsberater, der früher den stationären Handel ausgemacht hat, kennen die jüngeren Generationen nicht mehr und vertrauen deshalb auf selbst recherchierte Informationen. Bei einer klassischen Kaufentscheidung entscheiden sich Konsumenten für das zu ihren Bedürfnissen am besten geeignete Produkt (Kapitel 2.1).

Hier entscheiden sie, wie hoch der individuelle Wert ist und wie hoch sein Opfer (Preis). Durch die Recherche im Internet und das große Angebot vergleichen Konsumenten händler- und markenübergreifend. Sie sind nicht mehr loyal einem Unternehmen gegenüber, sondern kaufen da, wo es für sie zum gegenwärtigen Zeitpunkt am besten erscheint (Lux 2012, S. 129). Was Konsumenten als für sie am besten bewerten, ist wiederum abhängig davon, welche Ansprüche die Konsumenten stellen und welche Bedürfnisse befriedigt werden sollen. Soll das Produkt schnell zur Verwendung verfügbar sein (Auswahl des nächstgelegenen stationären Handels), ist der Preis ausschlaggebend (Auswahl des günstigsten Angebots), wie mobil ist der Konsument (ggf. auch Auswahl des nächstgelegenen stationären Handels), wo befindet sich der Konsument aktuell etc.

Über den gesamten Kaufprozess hinweg betreiben die Konsumenten sogenanntes „Channel Hopping". Dabei springen die Konsumenten zwischen den Einkaufs- und Kommunikationskanälen hin und her. Das Channel Hopping erfolgt entweder sequenziell oder parallel. Ein Beispiel für Channel Hopping ist, wenn Konsumenten über einen Katalog oder ein Plakat auf ein Produkt aufmerksam werden, sich im Internet weitere Informationen dazu beschaffen und anschließend das Produkt im stationären Handel kaufen (Heinemann und Gaiser 2016, S. 51). Diese Hybridität in Bezug auf die Nutzung von Kanälen aber auch in Bezug auf die Wechselbereitschaft sind für die Unternehmen eine große Herausforderung. Es wird auch weiterhin ein wichtiges Thema bleiben. 77,6 % der Deutschen gehörten laut Analysen von Statista 2015 zu den Internetnutzern. In den jüngeren Altersgruppen bis 29 Jahre liegt der Anteil der Internetnutzer sogar bei nahezu 100 %. Die Menschen dieser Altersgruppen werden als Smart Natives bezeichnet. Smart Natives sind Menschen, die in den 1980er-Jahren geboren und somit mit dem Internet schon im Kindesalter in Berührung gekommen sind. Die Abgrenzung allein nach dem Geburtsjahr, um damit Studien über Konsumentenverhalten oder die Nutzung der Endgeräte zu erforschen, ist weniger geeignet, da sich in der Altersgruppe auch Mitglieder befinden, die nicht dem Bild entsprechen, das für solche Erhebungen gebraucht wird. Es gibt mehr Faktoren als das Geburtsjahr, die dafür verantwortlich sind, wann jemand mit dem Internet zum ersten Mal in Berührung kommt, wie z. B. die Einstellung der Eltern dem Internet gegenüber.

Der Begriff der Smart Natives, der bereits erwähnt wurde, erweitert die Differenzierung anhand des Alters, indem die Nutzung von Internet an mobilen Endgeräten mit einbezogen wird. Ein durchschnittlicher Smart Native kann laut der Go-Smart-Studie aus dem Jahr 2012 wie folgt charakterisiert werden:

- hohe Nutzungsintensität,
- Technik- und Webaffinität,
- Bedienung des Smartphones geht ihm leicht von der Hand,
- integriert das dem mobilen Internet innewohnende Potenzial bereits gewinnbringend in seinen Alltag,
- fast täglich ruft er „on-the-go" nützliche Informationen ab oder füllt mit Online-Entertainment Leerlaufzeiten,
- überdurchschnittlich gebildet,
- berufstätig,
- jung,
- besitzt ein iPhone.

Hinzu kommt, dass die Smart Natives eher kritische Konsumenten sind. Sie vertrauen den stationären Händlern weniger und verlassen sich mehr auf Testberichte beispielsweise von Stiftung Warentest oder Produktbewertungen von anderen Nutzern.

Wesentliche Erkenntnisse

Eine wesentliche Erkenntnis ist, dass die heutigen Konsumenten hybrid sind. Das macht es besonders schwer, das Verhalten vorherzusagen. Das Gute daran ist, dass wir heute wissen, welche Kunden ein hybrides Verhalten haben und uns darauf einstellen können. Langfristige Kundenbeziehungen sind nach wie vor lukrativer für Unternehmen. Durch das hybride Verhalten der Konsumenten wird es aber, ohne die Nutzung von IT zunehmend schwerer, solche Kundenbeziehungen aufzubauen. Die Konsumenten wollen sich nicht mehr binden lassen, weil sie den Unternehmen weniger vertrauen. Vor allem die Smart Natives erwarten im stationären Handel provisions- und profitgesteuerte Beratung.

Die Smart Natives sind durch mobile Endgeräte immer und überall mit dem Internet verbunden und viel auf Social-Media-Plattformen unterwegs.

2.7 Relevanz von Customer Contact Management

In den vergangenen Jahrzehnten wurde Customer Contact Management vornehmlich zur Steigerung der Produktvermarktung eingesetzt. Dies schlägt sich ebenfalls in den Produktstrategien von Unternehmen nieder.

produktionsorientierte Konzeption	– hohe Effizienz in Produktion – geringe Preise – hohe Umsätze
produktorientierte Konzeption	– erstklassisches Produkt – höchste Qualität – angemesener (Premium-)Preis
vertriebsorientierte Konzeption	– aggressiver Vertrieb – Vertreter-Business
marketingorientierte Konzeption	– Orientierung an Kundenwünschen – ganzheitliches Marketing – langfristig zufriedene Kunden

Abb. 2.18: Strategien in der Produktpolitik (eigene Darstellung).

In der obigen Abbildung 2.18 ist in den ersten drei Konzeptionen das Push-Prinzip vorherrschend. Es wird versucht, so viel Ware wie möglich in den Handel zu bringen. Hier war es die Aufgabe von Callcentern, Bestellvorgänge abzuwickeln (Inbound) oder Kunden aktiv auf besondere Angebote hinzuweisen (Outbound). Die marketingorientierte Konzeption versteht sich als moderne Auffassung eines holistischen Marketingansatzes. Marketing ist in den Unternehmen als Führungsfunktion, oftmals auch in der geschäftsführenden Ebene anzutreffen. Hier ist das Pull-Prinzip vorherrschend. Unternehmen versuchen durch Vorab-Screening, das Warenangebot auf die Nachfrage der Kunden abzustimmen. Dies bedarf einer umfassenden IT-Technologie, die in Kapitel 6.7.2 besprochen wird.

In der Praxis und in der Wissenschaft wurde das Callcenter lange Zeit vernachlässigt oder als Spamfabrik bezeichnet. So schildern auch Feldexperimente von Günter Wallraff (2007) den Blick der Öffentlichkeit auf Callcenter. Definitionen von Callcentern existieren viele. Ihnen gemeinsam ist, dass sie diese als spezialisierte Unternehmenseinheiten beschreiben, in denen Beschäftigte aus der Ferne Informationen liefern, Dienstleistungen erbringen und Verkaufsgespräche führen. Integraler Bestandteil des Arbeitsprozesses ist eine Kombination von Telefon und IuK-Technologien (Informations- und Kommunikationstechnologien). Zwar bietet sich auch die Möglichkeit der Kontaktaufnahme via Internetchat, E-Mail oder Fax (und viele Callcenterbetreiber bevorzugen die Bezeichnung „Contact-Center"), die Haupttätigkeit liegt jedoch auf der Beantwortung von Anrufen (Scholten und Holtgrewe 2006, S. 22 f.). Callcenter erfüllen für ein Unternehmen die Funktion von „Boundary Spanning Units" (Thompson 1969), die sich zwischen Unternehmen und Kunde positionieren (Huws 2009). Als organisatorische Units dienen sie dazu, eine Organisation von Anfragen aus der Umwelt abzuschirmen. Sie selektieren Umwelteinflüsse nach bestimmten Relevanzkriterien, ohne dabei selbst in Erscheinung zu treten (Kerst und Holtgrewe 2003). Die wissenschaftliche Erfassung von Callcentern erweist sich allein schon deshalb als ausgesprochen schwierig. Die Schwierigkeiten, die Grundgesamtheit von Callcentern zu erfassen, beruhen nicht nur auf der Randfunktion von Callcentern, sondern auch darauf, dass Callcenter sich nur schwer als singuläre Einheiten fassen lassen. Callcenter sind nicht mehr nur spezialisierte und technisch hochgerüstete Schnittstellen zum Kunden, wie in der Perspektive der „ersten Welle" der Callcenterforschung dargestellt (Kleemann und Matuschek 2003). Sie sind vielmehr mittels einer IuK-technischen Infrastruktur in verschiedene Formen von Unternehmenszusammenhängen eingebunden.

Über Callcenter lassen sich zum einen per Telefon Dienstleistungen für die verschiedensten Branchen erbringen. Zum anderen lassen sich drei verschiedene Organisationsformen von Callcentern unterscheiden: Bei Inhouse-Callcentern handelt es sich um die Abteilungen in Unternehmen, die sich auf den Kontakt mit Kunden, vornehmlich im BtoB- oder BtoC-Bereich, spezialisiert haben. Andere Unternehmen haben zur Übernahme dieser Funktion Tochterunternehmen gegründet. Im Gegensatz zu externen Dienstleistern bearbeiten die ausgelagerten Tochterunternehmen zumeist Aufträge des Mutterkonzerns. Sie unterscheiden sich jedoch bezüglich der Arbeitsbedingungen, der Strukturierung der Arbeitsprozesse etc. sowohl von den externen Dienstleistern als auch von den Ursprungsunternehmen beträchtlich. Die externen Dienstleister schließlich bearbeiten Anrufe verschiedener Auftraggeber aus unterschiedlichen Branchen. Sowohl zwischen den verschiedenen Unternehmensformen, also zwischen den externen Dienstleistern und den Inhouse-Callcentern, als auch zwischen den verschiedenen Branchen, für die Callcenter-Dienstleistungen erbracht werden, zeigen sich Unterschiede (für Deutschland: Scholten/Holtgrewe 2006).

2.7.1 Zur Organisation von Callcentern in Deutschland

Insgesamt gesehen handelt es sich bei Callcentern um ein vergleichsweise junges Phänomen, dessen Entwicklung in Deutschland sich auf die zweite Hälfte der 1990er-Jahre datieren lässt. Auch auf internationaler Ebene zeigen sich um das Jahr 2000 bei Callcentern in den industrialisierten Ländern starke Zuwächse, die sie zu einer der am schnellsten wachsenden Organisations- und Beschäftigungsformen machten. Schätzungen zufolge werden zwei Drittel der Kundenanfragen in Europa unter Einbezug von Callcentern abgewickelt. Hinzu kommt, dass immer mehr Branchen Callcenter einsetzen. Inzwischen hat sich der Kundenkontakt am Telefon weit über die ursprünglichen Pionierbranchen hinaus verbreitet. Nach Telekommunikationsunternehmen, Distanzhändlern und Finanzdienstleistern nutzen nunmehr in Deutschland auch Krankenkassen, Stadtverwaltungen etc. Callcenter als telefonische Anlaufstelle. Kurz: Callcenter sind inzwischen in Deutschland und anderswo eine gängige Organisationsform, mit der in verschiedensten Produktions- und Dienstleistungsbranchen der Kundenkontakt abgewickelt wird. Ihr Erfolg geht darauf zurück, dass sie sowohl

Kunden- und Marktnähe sowie Optionen des flexiblen Reagierens auf Veränderungen als auch Möglichkeiten der Kostenreduzierung versprechen.

Julius Appel, Mitglied der Geschäftsführung der SNT-AG, hat folgende Aussagen zur Weiterentwicklung der ehemaligen Callcenter getroffen (Schriftliches Experteninterview, Stand Juli 2018):

---

1) Wie haben sich der Aufgabenbereich und die Anforderungen von Callcenter/Customer Care/ Customer Centric/Kunding in den letzten 10 Jahren geändert?

Seit Beginn der 2000er-Jahre haben sich Callcenter sehr stark auf die Optimierung von Prozessen und direkt messbaren, quantitativen KPIs konzentriert. Branchen, welche typischerweise hohe Kundenanzahlen, vorrangig im Privatkundensektor, aufweisen, haben diese Entwicklung stark angetrieben. Hierzu zählen unter andern Unternehmen aus der Telekommunikation, Energiewirtschaft, Retail und Versicherungen. Gemeinsames Ziel war es, die klassischen Callcenter-Kennzahlen Servicelevel und Erreichbarkeit zu verbessern und die Kosten zu reduzieren. Um diesen Zielkonflikt zu lösen, ist verstärkt auf die Optimierung der Bearbeitungszeiten, auch mittels Einsatz von IVR-Systemen, und laufende Prozessverbesserungen gesetzt worden. Begleitet wurde der Prozess durch zunehmende Arbeitsteiligkeit, beispielsweise durch die Trennung in unterschiedliche Qualifikations- und Kompetenzbereiche (1st, 2nd, 3th und Last Level) sowie die strikte Trennung nach Kontaktkanälen. Dadurch wurde die Produktivität der kundenbetreuenden Bereiche immer weiter gesteigert und die Schlagzahl der bearbeiteten Kontakte pro Mitarbeiter stetig erhöht.

Der qualitative Aspekt, meist über das Qualitätsmanagement der Unternehmen verantwortet, wurde durch die stetige Überprüfung der inhaltlichen Kontaktbearbeitung in den Disziplinen Prozesskonformität, Lösungsorientierung und Freundlichkeit berücksichtigt. In der Praxis wurde ein Katalog von Anforderungen an die inhaltliche Bearbeitung erstellt, dieser in einen sogenannten Qualitätsbogen überführt und die Einhaltung auf einer Skala von 1 bis 5 bewertet. Das wesentliche Manko dieser Methode war die dort verankerte reine Unternehmenssicht. Die „Kundenbrille" wurde meist nur bedingt aufgesetzt.

Ein weiterer Trend, der Ende der 2000er-Jahre einsetzt, ist die zunehmende Vertriebsorientierung in den Kundenservicebereichen. Gezielte Vermarktungsaktivitäten, Cross-Selling und Up-Selling, Leadgenerierung und Customer Retention sind inzwischen Standard in jedem Kundenkontakt. Nicht selten ist der Kundenservice stärkster Vertriebskanal geworden.

Im Ergebnis ist die Mehrzahl der deutschen Callcenter heute hochproduktiv, vertriebsorientiert und bestens durchorganisiert.

Flankierend dazu hat sich aber über die zunehmende Digitalisierung die Erwartungshaltung der Kunden an den Kundenservice verändert. Einfache Fragen werden heute über digitale Medien gelöst, komplexere Sachverhalte bevorzugt über Community-Plattformen diskutiert. Ein direkter, persönlicher Kontakt mit dem Kundenservice des Unternehmens ist daher bei vielen Kundenanfragen nicht mehr notwendig. Umso spannender sind die verbleibenden Kontakte, da Unternehmen jetzt jedem Kundenkontakt eine Werthaltigkeit zugestehen und nicht wie in der Vergangenheit ausschließlich auf die Kosten schauen. Somit stellt sich Unternehmen nun die Frage, welche Kundenkontakte über welchen Kanal in welcher Art entgegengenommen und bearbeitet werden. Derzeit sehen sich die Callcenter einem Paradigmenwechsel gegenüber. War noch vor einigen Jahren die Bearbeitungseffizienz bei Einhaltung eines vom Unternehmen definierten Qualitätslevel das Maß der Dinge, so ist es heute ein Mix aus hoher Produktivität, Vertriebserfolg und einem aus Kundensicht exzellenten Service. Damit steigen die Anforderungen an die Kundenservicemitarbeiter stetig. In Verbindung mit dem weiterhin schlechten Image der Branche, einer nicht dem Anspruch entsprechenden Entlohnungskultur und der aktuell angespannten Arbeitsmarktsituation stehen die Customer-Care-Bereiche vor einem Dilemma.

Einen Lösungsansatz bietet ein aufeinander abgestimmtes Kommunikationskonzept, welches die aktuellen Optionen in den Bereichen Robotics, digitale Assistenten (Bots) und persönlichen Service über Kundenservicemitarbeiter verbindet und gemäß der Kundenerwartung und seiner individuellen Werthaltigkeit bedient.

2) Ist aus Ihrer Sichtweise CRM oder CEM State of the Art?

CRM ist seit Ende der 1990er-Jahre ein Leitbild für alle Unternehmen, welche den Wert ihrer Kunden erkannt haben. Geschäftsprozesse werden seitdem konsequent auf die Bedürfnisse der Kunden ausgerichtet und ständig weiterentwickelt. Damit bildet CRM die Basis für am Markt tätige Unternehmen und ist für den langfristigen Erfolg unabdingbar. CEM stellt die nächste Evolutionsstufe dar. Denn: Auch wenn ein Unternehmen alle kundenbezogenen Prozesse beherrscht, einen zuverlässigen, freundlichen Service bietet und korrekt arbeitet, können Kunden trotzdem abwandern. Der Schlüssel liegt hier in der Emotionalisierung der Erlebbarkeit des Produkts oder der Dienstleistung. In den letzten Jahren ist der Erwartungshorizont von Kunden, getrieben durch die sich stetig verbessernde Performance der Unternehmen im Service, weiter gestiegen. Positive Kundenerlebnisse sind auf vielfältige Weise vermittelbar, ob über digitale oder analoge Kontaktpunkte. Eine freundliche Stimme am Telefon, welche kompetent und kundengerecht kommuniziert, kann mehr zu einer dauerhaften Kundenbeziehung beitragen als die nächste Preisoffensive. Daher ist CEM die logische Weiterentwicklung von bereits implementierten CRM-Systemen.

3) Wie analysieren Sie Customer Touchpoints – ist das wirtschaftlich sinnvoll?

Heute haben Kunden zumeist eine breite Auswahl zwischen unterschiedlichen Touchpoints. Ob im persönlichen Kontakt am POS, über das Web oder Apps oder zum Kundenservice per Telefon, Chat oder E-Mail – es liegt zumeist an den individuellen Vorlieben des Kunden, wie er kommuniziert und welchen Kontaktkanal er bevorzugt. Die ständige Analyse von Kontaktfrequenzen, Kundenfeedback und vertrieblichen Kennzahlen je Touchpoint ist ein Muss für jedes Unternehmen und bildet die Basis für die zukünftige Ausrichtung der Kontaktkanäle.

Eine rein wirtschaftliche Betrachtung ist aber nicht zielführend. Vielmehr muss das vom Unternehmen gewünschte Markenimage und die Einordnung seiner Produkte und Leistungen in diese Entscheidung mit einfließen. Eine Discountmarke in der Telekommunikationsbranche kann auf großflächige Ladenlokale in 1a-Innenstadtlagen verzichten und zum Großteil digitale Touchpoints anbieten – die Kundenakzeptanz wird darunter nicht leiden. Premiummarken hingegen benötigen Präsenz und ein breites Spektrum an Möglichkeiten, mit ihren Kunden in Kontakt zu treten.

4) Ist Big Data oder Small Data vorherrschend?

Generell ist der Trend zu Big Data ungebrochen. Die Herausforderung liegt dabei aber nicht in der Sammlung der Daten, sondern in deren Strukturierung, Analyse und letztlich den daraus resultierenden Erkenntnissen.

5) Welche Anforderungen werden an die Mitarbeiter gestellt?

Kundenservicemitarbeiter müssen täglich eine Vielzahl von unterschiedlichsten Anfragen entgegennehmen und beantworten. Und dies ist meist nicht begrenzt auf einen Kontaktkanal, sondern im Multiskill über zumeist zwei oder mehr Kontaktkanäle. Ein für diese Aufgabe geeigneter Mitarbeiter bringt im Ideal die folgenden Eigenschaften mit:
- ausgeprägte Service- und Dienstleistungsbereitschaft,
- Flexibilität und Belastbarkeit,
- hohe Sozialkompetenz und Teamfähigkeit,
- Kommunikationsstärke und Rhetorikkenntnisse,
- Lösungsorientierung und Verhandlungsgeschick,

- Verkaufsaffinität und
- systematische und selbstständige Arbeitsweise,
- gute bis sehr gute Sprachkenntnisse in Wort und Schrift und
- gefestigte PC-Kenntnisse.

Alle Eigenschaften bewirken eine hohe Kundenorientierung und bilden die Basis für zahlreiche und nachhaltig gute Kundenkontakte.

6) Abschließend: Führt das Internet der Dinge zu einer Oligopolisierung auf Anbieterseite?

Ein klares Ja. Die mit IoT einhergehenden Investitionen in Infrastruktur und IT-Systeme sind immens hoch. Daher können nur Unternehmen mit einer exzellenten Kapitalausstattung diesen Weg gehen. Die aktuelle Entwicklung der Branche belegt diese These. Internationale Konzerne haben in den vergangenen vier Jahren einen Großteil der nationalen Dienstleister übernommen und dominieren zunehmend den Markt.

Social-Media-Aktivitäten

Anreize schaffen, Kontakte knüpfen, Aktivitäten auslösen … Wir entwickeln eine auf Ihr Unternehmen zugeschnittene Social-Media-Strategie. Wir binden Social-Media-Kanäle in Ihre Kundenkommunikation oder auch in Ihre Vermarktungsaktivitäten ein und übernehmen deren professionelle redaktionelle Betreuung.

Gern übernehmen wir im ersten Schritt die initiale Einrichtung bzw. Anpassung Ihrer ggf. bestehenden Accounts, deren ansprechende und zielgruppengerechte Gestaltung sowie die Entwicklung Ihrer Social-Media-Sprache. Im Vorfeld wählen wir aus allen Social-Media-Angeboten die für Sie am besten geeigneten aus.

Damit Ihre Social-Media-Aktivitäten immer wieder für Aufmerksamkeit sorgen, sollte ständig „etwas los sein". Um das zu erreichen, übernehmen unsere Mitarbeiter die redaktionelle Betreuung der Kanäle.

Die Themengebiete umfassen u. a.:
- Produktneuheiten,
- Sales-Aktionen,
- Unternehmensinformationen und
- aktuelle übergreifende Ereignisse.

Wir sind für Sie „vor Ort" und kommunizieren in Ihrem Auftrag. Die Betreuung umfasst eine definierte Anzahl an Beiträgen bei Kanal pro Tag oder Woche. Über den Freigabeprozess von Texten wird eine gesonderte Vereinbarung getroffen.

Das A und O einer guten Social-Media-Präsenz ist eine nach außen hin einheitliche Unternehmensdarstellung. Dazu fassen wir die wichtigsten Verhaltensregeln zur Nutzung von sozialen Medien auf Wunsch in Social-Media-Guidelines speziell für Sie zusammen.

Auch wir als Unternehmen nutzen diese neuen Medien und Wege schon seit längerer Zeit sehr erfolgreich. Besonders hervorzuheben ist dabei unser Engagement in den Bereichen koviko und Human Ressources. Gerade das Personalmarketing im Bereich Social Media gewinnt für uns zunehmend an Bedeutung. Menschen nutzen die sozialen Netzwerke im Internet, um sich mit ihren Freunden oder Arbeitskollegen auszutauschen. Aber auch Unternehmen können auf diese Art mit ihren Kunden, Mitarbeitern und Interessenten in direkten Kontakt treten – und umgekehrt.

Das beliebteste soziale Netzwerk der Welt ist Facebook mit mehr als 1 Milliarde Nutzern. Jeder zweite von ihnen loggt sich täglich ein. In Deutschland sind es zurzeit fast 22 Mio. Nutzer. Genau hier setzen wir an – mit der Softwarelösung „Jobstriker". Mitarbeiter fungieren als Distributoren. Erstaunlich ist, dass so vor allem passiv bzw. „latent Suchende" erreicht werden.

Als weitere Möglichkeit setzen wir „Jobtweet.de" ein. Es handelt sich hierbei um eine Stellensuchmaschine für Microblogging-Dienste. Die Applikation bietet Stellensuchenden u. a. die Möglichkeit, alle bei Twitter veröffentlichten Textbeiträge („Tweets") über eine semantische Echtzeit-Abfrage nach Stellenangeboten zu durchsuchen.

Nicht nur Job-Begriffe werden gesucht, sondern auch ein inhaltliches Screening ist möglich. Alle Stellenangebote der SNT werden so automatisiert erfasst. Dazu wandeln wir die Stellenangebote entsprechend den Twitter-Kennzeichnungsstandards um.

Darüber hinaus sind Social-Media-Kampagnen Teil des Social Media Recruitings. Auf beliebten Plattformen wie Men's Health, GoFeminin etc. sprechen wir potenzielle Bewerber genau dort an, wo sie sich aufhalten. Auch hier sind die „latent Suchenden" unsere Zielgruppe.

2.7.2 Kundenwissen als Komponente des CCM

Die Relevanz von Kundenwissen zur Erlangung von Wettbewerbsvorteilen im Allgemeinen und zur Hervorbringung effektiver Innovationen im Besonderen wird durch das Konzept der Marktorientierung deutlich. In der Literatur werden die verhaltensorientierte und kulturelle Perspektive der Marktorientierung unterschieden. Aus der kulturellen Perspektive wird Marktorientierung als Aspekt der Unternehmenskultur betrachtet, in der ein für die Erzeugung eines dem Wettbewerb überlegenen Kundennutzens notwendiges Verhalten der Unternehmensmitarbeiter gefördert wird. Die verhaltensorientierte Perspektive wurde von Kohli und Jaworski geprägt (Kohli und Jaworski 1990b). Diese beschreiben Marktorientierung als die Generierung und Verbreitung von Wissen über den Markt sowie die Reaktion des Unternehmens auf dieses Wissen.

Das verhaltensorientierte Konzept der Marktorientierung ist somit ein Konzept, das die Ausgestaltung von funktionsübergreifenden Informationsprozessen beinhaltet. Zum Verständnis der Relevanz des Kundenwissens als Bestandteil der Marktorientierung ist es daher sinnvoll, die verhaltensorientierte Perspektive näher zu betrachten.[24] Die dieser Perspektive zugrunde liegende und für diesen Abschnitt maßgebliche Definition von Marktorientierung lautet dabei wie folgt: „Market orientation is the organizationwide generation of market intelligence pertaining to current and future customer needs, dissemination of the intelligence across departments, and organizationwide responsiveness to it" (Kohli und Jaworski 1990a, S. 3).

---

[24] Es sei an dieser Stelle angemerkt, dass die Messansätze für die kulturelle und die verhaltensorientierte Perspektive der Marktorientierung eine hohe Korrelation aufweisen und daher zu ähnlichen Ergebnissen führen (vgl. Deshpande und Farley 1998, S. 218).

Die Generierung von Wissen über den Markt ist der Ausgangspunkt der Markt-orientierung. Dies umfasst die Analyse des gesamten Marktumfeldes und beinhaltet somit neben der Erlangung von umfangreichem Kundenwissen ebenso die Beobach-tung von Wettbewerbs- und Lieferantenverhalten sowie die Berücksichtigung wirt-schaftspolitischer und technologischer Entwicklungen. Gleichwohl sind Kenntnisse über oder von Kunden, wie bspw. deren Transaktionsdaten, oder Informationen, die das Wissen der einzelnen Kunden widerspiegeln, wie bspw. detailliert mitgeteilte Prä-ferenzen oder Hinweise für die Entwicklung von Neuprodukten, die wichtigste Quelle für marktorientiertes Verhalten (Grinstein 2008). Die Generierung von Kundenwissen geht dabei über traditionelle Marktforschungsbefragungen hinaus (Kohli und Jawor-ski 1990b). Vielmehr sind es formelle Maßnahmen, wie bspw. die Auswertung von Datenbanken oder Vertriebsberichten, und informelle Aktivitäten, wie bspw. Treffen und Diskussionen mit Kunden durch Vertriebs- oder Servicemitarbeiter, die einen ausreichend großen Bestand an Kundenwissen ermöglichen und somit sowohl ex-plizite als auch implizite Kundenbedürfnisse dem Unternehmen zugänglich machen (Atuahene-Gima et al. 2005). Um als Unternehmen adäquat auf die Anforderungen des Marktes reagieren zu können, ist es notwendig, das Wissen über den Markt im gesamten Unternehmen zu verbreiten, d. h. das Wissen an alle relevanten Unter-nehmensfunktionen weiterzuleiten (Kohli und Jaworski 1990a). Empirische Befunde zeigen, dass die Zusammenarbeit der einzelnen Funktionen bspw. die effektive und effiziente Entwicklung eines Neuproduktes erheblich fördern kann (Han et al. 1998). Hat die Marketingabteilung relevantes Kundenwissen erlangt, muss sie dieses an die F&E- und Produktionsabteilung weitergeben, um ein durchführbares Produktkon-zept entwickeln zu können. Dabei ist es, wie bei der Generierung von Wissen über den Markt, ebenfalls bei dessen Verbreitung im Unternehmen wichtig, sowohl in-formelle als auch formelle Kommunikationskanäle zu verwenden. Datenbanken und Berichte sind wichtige Bestandteile der Kommunikation innerhalb von Unterneh-men. Nicht zu vernachlässigen sind jedoch auch informelle Unterhaltungen zwischen Mitarbeitern. Die Generierung und Verbreitung von Wissen über den Markt kann nur dann eine Auswirkung auf die Wettbewerbsfähigkeit bzw. auf die Erlangung von Wettbewerbsvorteilen haben, wenn eine entsprechende Reaktion des Unternehmens, bspw. in Form der Entwicklung von marktrelevanten Neuprodukten, erfolgt (Kohli und Jaworski 1990b, S. 6). Um an das obengenannte Produktentwicklungsbeispiel anzuknüpfen, besitzen Unternehmen demnach erst dann eine hohe Marktorientie-rung, wenn sie es schaffen, das durch Kundenwissen erarbeitete Produktkonzept zu einem erfolgreichen Neuprodukt weiterzuentwickeln. Vor dem Hintergrund des vorgestellten verhaltensorientierten Ansatzes kann Marktorientierung somit eben-falls als das Management von Wissen über den Markt verstanden werden. Da Wissen über den Markt das Kundenwissen beinhaltet, schließt die Marktorientierung dem-zufolge inhärent Aspekte des Customer Contact Managements von Unternehmen mit ein.

3 Vom klassischen Transaktionsmarketing zum Kundenbeziehungsmanagement

3.1 Grundbedingung des Relationship Marketings

Zunächst gilt es festzuhalten, dass die Conditio sine qua non für Relationship Marketing die langfristige Dauer der Kunden-Anbieter-Beziehung ist (Bhattacharya und Bolton 2000). Daher stellt sich die Frage, ob im Massenmarkt von einer Beziehung zwischen Kunde und Anbieter gesprochen werden kann und wie diese charakterisiert ist. Georgi definiert vier grundsätzliche Geschäftsbeziehungstypen zwischen Kunde und Anbieter (Georgi 2000, S. 12):

- Beziehungen mit hoher Integration und gegenseitiger Abhängigkeit (z. B. zwischen Anwalt und Klient, Patient und Arzt),
- enge und unterstützende Beziehungen (Friseur und Kunde),
- transaktionale Beziehungen (Stewardess und Fluggast, Bankangestellter und Kunde) und
- asymmetrische Beziehungen (Gefängniswächter und Gefangener).

Die Grundlage all dieser Geschäftsbeziehungen sind Transaktionen. Um von einer Beziehung zu sprechen, müssen allerdings auch Folgetransaktionen vorliegen (Georgi 2000, S. 17). Ein Indikator für die Existenz einer Beziehung sind Bindungen. Diese Bindungen können entweder:

- abstrakter Natur sein wie z. B. Vertrauen oder
- sehr konkret, z. B. ökonomischer Art oder durch gemeinsame Planungsabsprachen.

Dieser Systematik folgend liegen im Massenmarkt transaktionale Beziehungen vor. Denn die Kunden-Anbieter-Beziehung ist dort weder eng und unterstützend noch von gegenseitiger Abhängigkeit geprägt oder asymmetrisch. Die Beziehung ist zudem durch eine eher konkrete Bindung in Form von ökonomischen Überlegungen determiniert. Beziehungen im Massenmarkt weisen aufgrund dieser niedrigen Bindung einen zufälligen und weniger stabilen Charakter auf, als dies in anderen Märkten, wie beispielsweise bei medizinischen Dienstleistungen, der Fall ist. Auch wenn der Austausch eher rein transaktional geprägt ist, kann zumindest für einen Teil der Kunden eine langfristige Beziehung vorliegen, die über eine einzelne Transaktion hinausgeht. Somit kann auch in einem Massenmarkt Relationship Marketing überhaupt betrieben werden. Sheth et al. definieren Voraussetzungen für die kundenseitigen Bedingungen in Massenmärkten, in eine Beziehung mit einem Unternehmen einzuwilligen (Sheth und Parvatiyar 1999). Je stärker diese Voraussetzungen ausgeprägt sind, desto stärker ist es möglich, Relationship Marketing in einem Massenmarkt zu betreiben:

https://doi.org/10.1515/9783110527179-003

- persönliche Motivation,
- soziologische Gründe,
- institutionelle Gründe.

Positiv auf die persönliche Motivation wirken die wahrgenommene Effizienz der Beziehung und der wahrgenommene persönliche Nutzen. Negativ wirken das sogenannte Variety Seeking, bei dem Kunden bewusst nach Alternativen und Abwechslung zum bisherigen Anbieter suchen, sowie wahrgenommene Risiken der Beziehung. Die soziologischen Gründe umfassen die Familienorientierung des Kunden und seine Abhängigkeit von den Entscheidungen ihm bekannter Meinungsführer sowie denen seiner Freunde und Familie. Je stärker familienorientiert er ist, desto eher neigt ein Kunde dazu, Beziehungen einzugehen. Als institutionelle Gründe werden die Einflüsse aus Regulierungen, der Religion und des Arbeitgebers aufgeführt. Je stärker Anbieter durch diese Institutionen unterstützt oder gefördert werden, desto eher sind Kunden bereit, eine Beziehung mit diesem Anbieter einzugehen. Die persönliche Motivation des Kunden, eine Beziehung einzugehen, und das Ausmaß der Beziehung werden von Bhattacharya und Bolton noch stärker detailliert und hängen im Wesentlichen von folgenden Faktoren ab:
- emotionale Nähe des Kunden,
- Heterogenität der Leistung,
- wahrgenommenes Risiko der Leistung,
- Wechselkosten (Bhattacharya und Bolton 2000).

Die emotionale Nähe umschreibt die Identifikation mit oder Zuneigung eines Kunden zu einem Anbieter. Je stärker dies ausgeprägt ist, desto eher wird er bereit sein, sich zu binden. Positiv wirkt sich ebenfalls eine hohe Leistungsheterogenität aus. Je größer die objektiv wahrgenommenen Unterschiede der angebotenen Leistung und die daraus resultierenden Auswahlmöglichkeiten sind, desto eher ist ein Produkt auf einen Kunden zugeschnitten und dieser bereit, sich zu binden.

Bei einem hohen wahrgenommenen Risiko der Leistung ist der Kunde ebenfalls stärker bestrebt, bei einem bisherigen Anbieter zu bleiben, um dieses Risiko zu vermeiden. Diese Risiken können finanzieller und physischer Art sein.

Generell ist das durch den Kunden wahrgenommene Risiko durch die Arbeit von Verbraucherorganisationen jedoch gesunken, sodass eine Beziehung rein zur Reduktion des Risikos aus Kundensicht weniger notwendig erscheint.

Wechselkosten entstehen, wenn Kunden sogenannte Wechselbarrieren wahrnehmen und überwinden müssen, um den Anbieter zu wechseln (Blut 2008, S. 28). Dies sind all jene Mechanismen, die dem Kunden den Anbieterwechsel erschweren oder für ihn kostspielig machen.[1] Diese Wechselbarrieren können sowohl ökonomischer als

---

[1] Z. B. ein Kunde will von seinem iPhone zu einem Android-Smartphone wechseln. Das ist sehr schwierig, da seine Daten in einer Cloud aufbewahrt werden. Eine Transformation der Daten in ein Android-System bedeutet Aufwand.

auch psychischer Art sein. Antizipierte und wahrgenommene Wechselkosten können jedoch in zwei entgegengesetzte Richtungen wirken. So können durch Bindung hohe Wechselkosten entstehen und somit eine Beziehung stabilisieren. Allerdings möchten sich Kunden teilweise auch gerade dann nicht binden, wenn sie hohe Wechselkosten erwarten. Dann gehen sie evtl. gar keine Beziehung ein. Dies kann z. B. der Fall sein, wenn der gleiche Anbieter für Gas und Strom gewählt werden könnte. Auf Kundensei-te kann es jedoch auch Gründe geben, warum sie keine Beziehung eingehen möchten (Godson 2009, S. 63). Wenn Transaktionen in der Leistungsgruppe nur sehr selten vor-kommen, ist eine Beziehung nicht gewinnbringend. Dies kann z. B. bei der Teilnahme an einem Kundenbindungsprogramm einer Hotelkette bei nur sehr wenigen Hotelbe-suchen im Jahr der Fall sein. Die anbieterseitigen Bedingungen eine Beziehung einzu-gehen werden vor allem durch strategische Überlegungen determiniert.

Zum einen ist die Beziehung zum Kunden umso wichtiger, je kritischer der Ein-fluss des Einzelkunden auf den Unternehmenserfolg ist. Dies ist insbesondere bei so-genannten Käufermärkten der Fall (Lissautzki 2007, 46 ff.). Zum anderen lohnt sich die differenzierte strategische Ausrichtung an unterschiedlichen Kunden oder Kunden-gruppen nur, wenn eine heterogene Kundenstruktur vorliegt. Zusätzlich ist es insbe-sondere wichtig, in einem gesättigten Markt oder einem Markt, der regulativen oder sonstigen Beschränkungen für Volumenwachstum und somit einem Postwachstum unterliegt, Kunden zu binden. Dies befähigt den Anbieter dazu, seine Umsätze mit be-stehenden Kunden zu steigern und dadurch seinen Gewinn zu erhöhen, anstatt sich auf die Neukundenakquisition zu fokussieren.

Allerdings spielen auch das Kosten-Nutzen-Verhältnis und die Wirtschaftlichkeit des Relationship Marketing für den Anbieter eine wichtige Rolle, bei der Frage, ob sich der Einsatz von Relationship-Marketing-Instrumenten lohnt (Lissautzki 2007, S. 59). Dies muss allerdings auf der Ebene des Einzelunternehmens geklärt werden und ist nicht pauschal für einen gesamten Markt zu entscheiden. Ebenfalls auf der Anbie-terseite angesiedelt, aber nicht pauschal für einen gesamten Markt zu überprüfen, sind die organisatorischen und prozessualen Kompetenzen eines Anbieters zur An-wendung des Relationship Marketing. Neben dieser Bedingung gehört zu einer er-folgreichen Implementierung und Durchführung auch die Unterstützung durch die Geschäftsführungsebene. Schließlich liegen neben den kunden- und anbieterseitigen Bedingungen, um eine Beziehung einzugehen, auch technische Anforderungen für ein funktionierendes Relationship Marketing vor. Die erste wichtige Voraussetzung ist die Anpassungsmöglichkeit der Leistung oder des Preises an die Wünsche des Kunden (Bhattacharya und Bolton 2000). Dies ist in Massenmärkten zwar eher selten der Fall, kann aber durch Mass Custimization[2] oder Rabattprogramme (Diller 2008) erreicht werden. Neben der individualisierten Leistungserstellung ist die interaktive Kommu-nikation das zweite wichtige Element im Relationship Marketing. Daher ist der Grad

---

2 Das bezeichnet Mass Customization in großem Umfang gestalteter Produkte, die den Erfordernissen der einzelnen Kunden entsprechen. Vorreiter im Herstellerhandel war der Sportartikelhersteller Nike,

Haupt-bedingung	– Dauer der Kundenbeziehung
Kunden-bedingung	– Emotionale Nähe des Kunden an die Leistung – Produktheterogenität – Wahrgenommenes Risiko – Hohe Wechselkosten
Handels-seitig	– Gesättigte Märkte – Heterogene Kundenstruktur – Hohe Relevanz des Einzelkunden
IT-Anforde-rungen	– Datenverfügbarkeit der Einzelkunden – Individualisierbarkeit der Leistungen – Kommunikation im Dialog

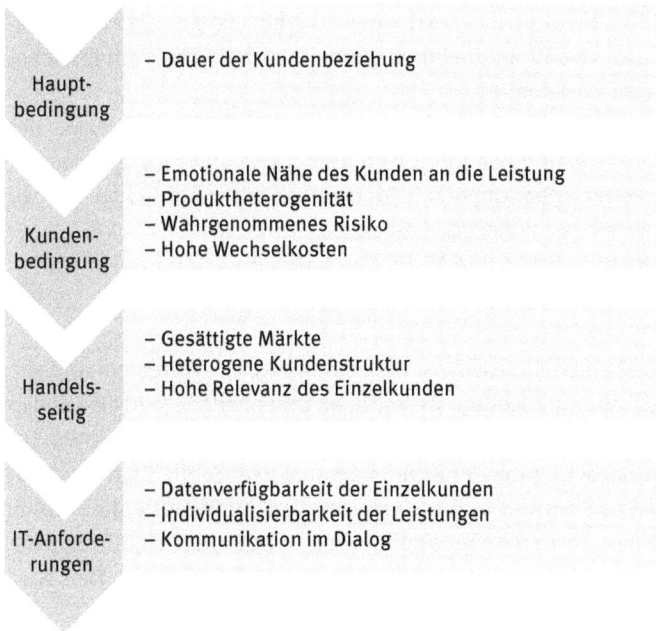

Abb. 3.1: Grundvoraussetzung für Relationship Marketing (eigene Darstellung).

der Interaktivität der Kommunikation zwischen Kunde und Anbieter entscheidend für das Ausmaß der Beziehung. Schließlich ist es notwendig, das Verhalten der einzelnen Kunden zu beobachten und somit die Entwicklung der Beziehung für die Analyse der Ausgangslage und für die Erfolgskontrolle zu erfassen (Lissautzki 2007). Ohne ein Kundenbindungsprogramm (z. B. in Form von Kundenkarten) liegen den Unternehmen i. d. R. nur wenige Informationen über ihre Kunden vor. Dieser Mangel an Kundendaten und Kosten-/Nutzenüberlegungen zur Datenerhebung und Auswertung kann eine Hürde für den Einsatz von Relationship-Marketing-Maßnahmen im Massenmarkt sein. Mehr dazu in Kapitel 6.7.

Zusammenfassend werden die Ergebnisse der bisherigen Überlegungen in Abbildung 3.1 dargestellt.

Hieraus lassen sich nachfolgende Definitionen des Relationship Marketings ableiten:

– Berry 1983: Relationship Marketing schafft, erhält und fördert Kundenbindungen.
– Grönroos 1990: Das Ziel des Relationship Marketing ist es, Beziehungen zu Kunden und anderen Anspruchsgruppen in profitabler Art und Weise zu schaffen, zu erhalten und zu fördern und dabei ihre Bedürfnisse zu befriedigen.

---

der es Verbrauchern durch den Einsatz von Grafiktools auf seinen Webseiten ermöglicht, Sportschuhe in Farbe und Applikationen ihren Bedürfnissen anzupassen.

– Morgan und Hunt 1994: Relationship Marketing bezieht sich auf alle Marketingaktivitäten, die auf die Schaffung, die Entwicklung und den Erhalt erfolgreicher
Austauschbeziehungen abzielen.
– Sheth/Parvatiyar 2000: Beziehungsmarketing ist der fortlaufende Prozess der
Teilnahme an kooperativen und kollaborativen Aktivitäten und Programmen mit
direkten und Endnutzerkunden, um den beiderseitigen wirtschaftlichen Wert zu
reduzierten Kosten zu schaffen oder zu verbessern.
– Gummesson 2004: Beim Relationship Marketing handelt es sich um ein Marketing, das auf die Interaktion in Netzwerkbeziehungen ausgerichtet ist.

Diese Definitionen beinhalten noch sehr stark die Perspektive des Anbieters und seine Motivation, eine Beziehung einzugehen. Wesentliche Unterschiede sind also neben
der schon diskutierten Betrachtung und der Zielsetzung auch ein höheres Interakti-
onsniveau sowie die Berücksichtigung der Kundenperspektive. Schließlich steht mit
steigender Individualisierung der Bedürfnisse eine stärkere Kundenorientierung im
Mittelpunkt des Marketings. Diese Kundenorientierung manifestiert sich in der Betrachtung und Entwicklung einer langfristigen Beziehung mit dem Kunden. Dies wird
in Abbildung 3.1 dokumentiert.

Das Pull-Prinzip wie schon oben beschrieben wird dahingegen folgendermaßen
dokumentiert. Unternehmen sollten ihre Kunden kennen, z. B. über ihre Verhaltensweisen im Netz und vor Ort. Diese werden wie z. B. im Distanzhandel dokumentiert
und ausgewertet. Aus diesem Erkenntnisgewinn können potenzielle Kunden (Interessenten) zielgerichtet angesprochen werden (Recruitment). Wenn eine Beziehungsebene zwischen Kunde und Unternehmen gewünscht wird, kann sich eine Kundenbindung einstellen (Retention). Falls der Kunde abwandern sollte oder sich schon
Indizien erkennen lassen, sollte der Kunde, wenn er es uns wert ist, zurückgewon-

Transaktionsmarketing	Relationshipmarketing
Push	**Pull**
Inside-out	Outside-in
4 Ps	3 Rs
– Product	– Recruitment
– Price	– Retention
– Promotion	– Recovery
– Place	

Abb. 3.2: Vom Transaktions- zum Relationship Marketing. In Anlehnung an Bruhn (2001; 2014).

nen werden (Recovery). Mehr dazu in Kapitel 5.2. Um dies quantitativ zu erfassen, wird propagiert, dass nicht nur der reine Deckungsbeitrag einer Transaktion zu messen sei, sondern zusätzlich der Kundenwert über die gesamte erwartete Beziehungsdauer.

Die Abbildung 3.2 zeigt die Extrempole zwischen Transaktions- und Relationship Marketing. Transaktionsmarketing ist z. B. ein TV-Spot eines Anbieters. Ziel ist es, so schnell wie möglich Bekanntheitsgrad zu produzieren, um den Abverkauf anzutreiben. Der Anbieter kennt meist nur aus quantitativen Methoden der klassischen Marktforschung die Ergebnisse der Maßnahmen, da kein Rückkanal vorhanden ist. Er denkt in Segmenten. Der Zeithorizont ist somit kurzfristiger Natur. Das zentrale Ziel ist es, durch push-orientierte Maßnahmen im Marketingmix eine unbekannte Größe von potenziellen Kunden zu erreichen. Die Leistungsstrategie ist „One-to-Many". Ein Spot erreicht viele Seher. Der Marketingeinfluss kann als begrenzt angesehen werden, da Marketing als reine Funktion in der Linie angesehen wird, strategische Entscheidungen werden selten getroffen. Unternehmensseitige Denkweise geht meist in Richtung Shareholder Value, wie häufig bei Großunternehmen anzutreffen. Bei Mittelständlern liegt der unternehmerische Fokus meist auf produkt- oder vertriebsorientierter Seite. Die Messung der Erfolgsgrößen erfolgt häufig durch quantitative Messungen. Relationshipmarketing hat seine Praxisursprünge im Direktmarketing. Das klassische Marketing richtet sich an eine Zielgruppe, die sich im Rahmen der Marketingsegmentierung herausfinden lässt. Diese Selektion geht aber nicht so weit, dass jeder Empfänger einer Werbebotschaft identifiziert werden kann. Die Zielpersonen werden durch Massenmedien angesprochen, wobei zum Teil große Streuverluste in Kauf genommen werden. Dagegen ist die Botschaft des Direktmarketing an einzelne, individuell bekannte Zielpersonen gerichtet. Zumindest wird der Aufbau einer solchen individuellen Beziehung zwischen dem Absender und dem Empfänger der Botschaft angestrebt. Wegen der interaktiven Kommunikation spricht man beim Direktmarketing auch vom Dialogmarketing (Kapitel 6).

Da die 3 Rs vorherrschend sind, ist natürlich das Investment in die einzelnen Kunden im Vergleich zu Massenmedien kostenintensiv und somit das Ziel der Langfristigkeit gegeben. Im Fokus steht der einzelne Kunde. „One Face to Customer" und „One Face of the Customer" ist die zentrale Unternehmensstrategie. Dialoge mit Kunden stehen im Vordergrund. Diese können auf Distanz erfolgen, z. B. über Kataloge oder online – One-to-One oder durch Beobachtung und Analyse z. B. von Kundenreferenzen und deren Weitergabe im Netz – Many-to-Many. Hier ist Marketing als Marketingmanagement zu verstehen und bildet damit eine Führungs- oder Lead-Funktion für Unternehmen. Dadurch, dass jeder Interessent oder Kunde erfassbar und auswertbar ist, besteht die Möglichkeit der individuellen Messung bis hin zur Erreichung des individuellen Deckungsbeitrags pro Kunde.

Das Relationship Marketing kann somit gemäß der Definition von Bruhn zusammenfassend als das Marketing definiert werden, dass darauf ausgerichtet ist, Kundenbeziehungen aufzubauen: Das Relationshipmarketing umfasst sämtliche Maßnahmen der Analyse, Planung, Durchführung und Kontrolle, die der Initiierung,

Tab. 3.1: Marketingfokussierung. In Anlehnung an Bruhn (2001, S. 12).

	Transaktionsmarketing	Relationship Marketing
Zeithorizont	Kurzfristig	Langfristig
Ziel	Kundenaquisition durch Marketingmix	Kundenakquisition, -bindung, -rückgewinnung
Fokus	Produkt	Kunde
Strategie	Leistungsdarstellung, One-to-many	Dialog, One-to-one, Many-to-many
Marketingeinfluss	Abteilungsisoliert, funktionale Perspektive (Marketing als Abteilung)	Abteilungsübergreifend, prozessorientierte Sicht, (Marketing als marktorientierte Unternehmensführung)
Erfolgs- und Steuerungsgrößen	Traditionelle ökonom. Größen: Gewinn, Deckungsbeitrag, Umsatz, Kosten	Zusätzlich kundenindividuelle Größen: Kundenwert, Kundendeckungsbeitrag

Stabilisierung, Intensivierung und Wiederaufnahme sowie gegebenenfalls der Beendigung von Geschäftsbeziehungen zu den Anspruchsgruppen – insbesondere zu den Kunden – des Unternehmens mit dem Ziel des gegenseitigen Nutzens dienen (Bruhn 2016).

3.2 Kundenerwartungen – Customer Experience, Customer Journey, Customer Touchpoints

3.2.1 Kundenerwartungen

Kunden haben Erwartungen an die Händler und Geschäfte, in denen sie kaufen. Diese kristallisieren sich aus verschiedenen Verhaltensmustern der Konsumenten selbst heraus. Die Kunden haben den Wunsch nach Bequemlichkeit, welcher durch Mobilität und Flexibilität gefördert wird. Zudem haben sie das Bedürfnis nach Stressreduktion. Sie möchten ihre Einkaufsstätten schnell und unkompliziert erreichen und Zeit beim Suchen ihrer Produkte einsparen. Dies alles sind Motivationen für Kunden, Mehrkanalsysteme von Einzelhändlern in Anspruch zu nehmen und gewisse Anforderungen an diese Kanäle zu stellen. Zum einen möchten sie nicht mehr an Öffnungszeiten gebunden und flexibel und vor allem frei in der Entscheidung des Einkaufens sein und zum anderen ein Einkaufserlebnis haben und somit den Einkauf in Verbindung mit Entertainment erleben. Das Erlebnis soll so weit reichen, dass der Kunde das Einkaufen nicht mehr als lästige Pflicht empfindet, sondern als einen sozialen Prozess, welcher der Selbstdarstellung dient und dem Konsumenten Spaß macht. Das Kundenverhalten hat sich bis heute insofern positiv für den Handel entwickelt, als dass Shopping für den Kunden zur Freizeitbeschäftigung wird und er diese Momente auch genießt (Riedl 2014). Interessant bei all den vorhandenen Kanälen ist, dass die Konsumenten selbst die Plattform des Internets nicht als Konkurrenz zum stationären Handel sehen. Sie empfinden und beschreiben diese vielmehr als eine Art Ergänzung zum klassischen Handel. Der Kunde erhofft sich durch diese Kanäle einen Mehrwert durch Flexibilität, Service und Erlebnis. Aufgrund der Tatsache, dass die Kunden einem Überangebot jeglicher Produkte (Information Overflow) ausgesetzt sind, bestehen deren Erwartungen mitunter darin, während des Einkaufsvorgangs nicht nur die materiellen Bedürfnisse zu befriedigen. Im Zeitalter der Digitalisierung und dem damit verbundenen Zusammenspiel zwischen Online- und stationärem Handel sollen auch zentrale und immaterielle Bedürfnisse, wie die der Individualität nicht zu kurz kommen. Denn die Individualität beschreibt einen wachsenden Trend im Bereich des Privatkonsums. Im Zuge dessen lässt sich auch feststellen, dass der Kunde die Erwartung entwickelt, seine individuellen Ansprüche von den Händlern erfüllen zu lassen. Denn sie haben durch das Internet wesentlich mehr Angebote und Vergleichsmöglichkeiten und sind anspruchsvoller und wählerischer. Hinzu kann kommen, dass der Kunde einen einheitlichen Auftritt des jeweiligen Händlers erwartet, bei dem er kauft, sei es stationär oder online.

3.2.2 Customer Experience Management

Um als Händler diese zuvor erwähnte Art von Erwartungen erfüllen zu können, bedarf es Hilfsmittel, die dazu beitragen, den Kunden zufrieden zu stellen. Hilfreich kann hierbei das sogenannte Customer Experience Management sein. Dabei beschreibt das CEM den Prozess des strategischen Managements in Bezug auf sämtliche Kundenerlebnisse und Kundenkontaktpunkte innerhalb eines Unternehmens. Das Ziel, welches hierbei verfolgt wird, bezieht sich auf die Schaffung eines einheitlichen Kundenerlebnisses über alle Kontaktpunkte, mit denen der Kunde in Berührung kommt (Bruhn 2016). Dabei setzt sich der Begriff „Customer Experience Management" aus den englischen Begriffen „Customer" und „Experience" zusammen. Eindeutig ist, dass es sich bei dem Wort „Customer" um den Kunden als Konsument handelt. Der Begriff „Experience" hingegen kann nicht eindeutig in die deutsche Sprache übersetzt werden, er kann sowohl für „Erfahrung" als auch für „Erlebnis" stehen. Auch wenn es sich bei den übersetzten Begriffen um ähnliche Bedeutungen handelt, sind sie trotz allem nicht als identisch anzusehen. In der Fachliteratur jedoch werden teilweise die Begriffe Kundenerfahrung und Kundenerlebnis synonym zueinander verwendet.

Betrachtet man aber unter Berücksichtigung dieser Tatsache die Customer Experience (CE) als Kundenerfahrung, so ist zu erwähnen, dass es sich dabei um die Sichtweise des Kunden handelt. Sie korreliert oft mit der Aneignung von Fähigkeiten, Fachwissen oder Kenntnissen über einen längeren Zeitraum hinweg, die sich auf ein bestimmtes Produkt oder eine Dienstleistung beziehen. Die Kundenerfahrung folgt dadurch aus den gemachten Erfahrungen des Konsumenten mit dem Anbieter über alle Kundenkontaktpunkte hinweg. Bei der Bewertung der CE als Kundenerlebnis steht hingegen nicht das angeeignete Wissen, sondern vielmehr das subjektive und persönliche Erleben des Konsums im Vordergrund. Hierbei geht es um die kurzfristigen und emotionalen Ereignisse, die der Konsument durch den Anbieter erlebt.

Allgemein setzt sich die CE mit allen individuellen Wahrnehmungen, der Qualität der angebotenen Leistungen und allen vorkommenden Interaktionen zwischen Konsument und Anbieter auseinander. Dadurch wird sie als Gesamtheit aller Eindrücke, welche ein Kunde während seiner Lebenszeit von einem Unternehmen erhält, verstanden (Bruhn und Hadwich 2013a, 8 f.). Das Thema der Customer Experience ist vor allem aufgrund der wachsenden Anzahl von homogenen Produkten und Dienstleistungsangeboten von Belang, und somit von immer größerer Bedeutung. Die Kunden haben die freie Wahl zwischen vielen ähnlich wirkenden Anbietern und erwarten somit, dass um ihr Interesse und ihre Kundentreue in Form von Kunden- und Einkaufserlebnissen geworben wird. Diese Art der Erlebnisorientierung ist dabei sowohl auf den stationären Handel als auch auf den Onlinehandel zu projizieren. Der Kunde möchte dem Trend des Erlebnis-Shoppings folgen. Das schaffen die Händler nur, sofern sie den Konsumenten ein positives Einkaufserlebnis gewähren. Beim Customer Experience Management handelt es sich somit um einen Prozess des strategischen Managements, der alle Kundenerlebnisse mit einem Anbieter an allen Kundenkontaktpunkten vereint. Hauptziel ist es, eine optimale Gestaltung aller Kundenerlebnisse, die der Konsument an sämtlichen Kundenkontaktpunkten eines Anbieters hat, zu verfolgen und umzusetzen. Dem Kunden sollen einzigartige und außerordentliche Erlebnisse geboten werden. Somit kann das CEM als Input eines Unternehmens verstanden werden, welches zur Generierung eines einzigartigen und positiven Kundenerlebnisses beitragen soll.

3.2.3 Customer Journey, Customer Touchpoints

Das Dilemma: Gespräche finden immer öfter im Netz statt. Ob das einem Unternehmen passt oder nicht. Und das kann große Auswirkungen haben. Es wird für Unternehmen zunehmend wichtiger, das Informationsverhalten der eigenen Kunden zu kennen und entsprechend darauf reagieren zu können. Die Hauptfragen, die sich für Unternehmen stellen, sind eindeutig:

- Welche Kanäle nutzen meine Kunden?
- Aus welchen Gründen nutzen sie sie – um sich vor, während und nach dem Kauf zu informieren?
- Und wie viele Kanäle nutzen sie dabei?

Wir können dieses Verhalten, welches man auch mit dem Begriff „Channel Hopping" erklären kann, als bewusst und kognitiv, also gedanklich gesteuertes Informationsverhalten bezeichnen.

Zunächst beschreibt die Informationsbeschaffung alle geistigen Prozesse und körperlichen Aktivitäten, durch die sich ein Konsument Informationen oder Handlungsalternativen verschafft. Hierbei wird diese Informationssuche in die interne und die externe Informationssuche und -aufnahme gegliedert. Dabei beruht die interne Informationsaufnahme auf im Gedächtnis gespeicherten Informationen, die dem Konsumenten aus früheren Situationen bekannt und im Gedächtnis verankert sind.

Werden diese Informationen benötigt, so werden sie vom Langzeitgedächtnis und Kurzzeitgedächtnis geliefert und können für die aktuell anstehende Situation genutzt werden. Bei der externen Informationssuche kann der Konsument auf unterschiedliche Quellen zurückgreifen. Gemeint sind damit neutrale Quellen wie Fachzeitschriften oder Foren aus dem Internet, soziale Quellen wie die Meinung von Familie und Freunden und unternehmenskontrollierte Quellen. Die unternehmenskontrollierten Quellen beziehen sich in diesem Fall auf Multi Channel Retailer, die ihren Kunden eine Bandbreite an Informationsquellen bieten. Dies sind zum einen die kanalübergreifenden Kommunikationsmaßnahmen wie Printmedien, TV oder unterschiedliche PR-Handlungen sowie zum anderen die kanalspezifische Kommunikation. Sie beschreibt die Gestaltung der Schaufenster, die Präsentation der Waren im Geschäft, das im Geschäft arbeitende Verkaufspersonal und am Beispiel des Onlineshops, die allgemeine Gestaltung des Shops und der Banner. Auch ein Katalog im Falle eines Katalogversands kann dabei miteinbezogen werden. Wichtig ist zu bedenken, dass interne wie auch externe Informationssuche und Informationsaufnahme in ein zielgerichtetes Erinnern und Suchen sowie ein absichtsloses Erinnern unterteilt werden können. Bei der aktiven Informationsaufnahme handelt es sich um eine zielgerichtete und bewusste Handlungsweise, wohingegen bei der absichtslosen Aufnahme passiv und zufällig gehandelt wird. Ein wichtiger erwähnter Aspekt für Unternehmen ist demnach die Frage nach den von Kunden genutzten Informationsmedien und den entsprechenden Kanälen. Diese Nutzung der unterschiedlichen Kanäle muss vor allem unter dem Aspekt des Zeitdrucks oder der Dringlichkeit des Bedarfs beobachtet werden (Zaharia 2006, 46 ff.). Hieraus ergeben sich die unterschiedlichsten Berührungspunkte vom und zum Kunden.

Unter dem Begriff der Customer Journey versteht man die „Reise eines Kunden", die über verschiedene Kundenkontaktpunkte, auch Customer Touchpoints genannt, bis zum schlussendlichen Kauf einer Ware oder einer Dienstleistung zurückgelegt wird. Dabei sind alle Schritte von der Bedürfnisentwicklung über die Informationsbeschaffung bis hin zur Zielhandlung mit inbegriffen. Die Zielhandlung kann hier beispielsweise der Kauf sein. Dabei muss aber auch berücksichtigt werden, dass der Prozess bis zum tatsächlichen Kauf sehr unterschiedlich verlaufen kann – von sofort bis zu mehreren Monaten. Seinen Ursprung hat der Begriff im E-Commerce (Schüller 2016). Somit können vor allem im Onlinebereich mithilfe von Customer-Journey-Analysen Informationen über das Einkaufsverhalten im Netz und über Vorlieben der Zielgruppen gewonnen werden. Auch die Reaktionen auf digitale Onlinewerbung können hierdurch bewertet werden. Ziel dieser Customer-Journey-Analysen ist es vor allem, den Kunden und jeden potenziellen Konsumenten über einen Werbe- und Marketing-Mix so anzusprechen, dass alle Phasen, die zu einem Kaufentscheidungsprozess gehören, optimal bedient werden können. Gerade in der jetzigen Zeit, in welcher der Wandel vom stationären Handel zum No-Line-Handel deutlich erkennbar ist, darf der schnelle Wechsel zwischen verschiedenen Kanälen nicht unterschätzt werden. Die Kunden kombinieren On- und Offlinekanäle miteinander, bevor sie sich zum Kauf eines Artikels entscheiden. Es steht nicht mehr die reine Customer Journey im Internet im Fokus. Eine „Offline-Online Customer Journey" ist der Ausdruck, der heute eher geprägt werden sollte. Die Kontaktpunkte, die ein Kunde sowohl online als auch offline passiert, müssen in Zukunft im Fokus einer jeden Unternehmensaktivität stehen. Durch den Wandel zum No-Line-Handel und dem Trend zum Channel Hopping ist eine Veränderung in der Art der Customer Journey bemerkbar, denn immer häufiger wird hier unter anderem die Nutzung von Social Media vorgesehen (Kapitel 8).

Auch die Bedeutung der einzelnen Kundenkontaktpunkte, sprich der Customer Touchpoints, darf nicht unterschätzt werden. Sie entstehen überall wo ein Kunde oder ein potenzieller Konsument mit Personal, Produkten oder Dienstleistungen eines Unternehmens oder eines Händlers in Kontakt kommt. Das kann sowohl vor als auch während oder nach einer Transaktion der Fall sein. Dieser Kontakt kann direkt, beispielsweise über einen Newsletter, die Verpackung der Ware oder über eine Website, erfolgen. Indirekt kann dies in Form eines User-Forums, einer Weiterempfehlung oder einfacher Mund-zu-Mund-Propaganda geschehen. Die Gefahren und Chancen, welche hinter den jeweiligen Kontaktpunkten stehen, sind, dass es an jedem Punkt zu positiven wie auch negativen Erlebnissen kommen kann. Demzufolge kann eine kleine negative Erfahrung, die ein Kunde macht, zum unmittelbaren Abbruch der Geschäftsbeziehung zwischen Kunde und Händler führen. Positiv unterstützend kann bei einem Customer Touchpoint beispielsweise ein positiver erster und letzter Eindruck wirken. So ist es im stationären Handel beispielweise von großer Bedeutung, freundliches Personal und reibungslose Abläufe bei Bezahlvorgängen zu garantieren. Im Onlinehandel hingegen kann unter anderem der schnelle Aufbau einer Website zu einem positiven Erlebnis beim Kunden führen. Die genaue Auseinandersetzung mit den einzelnen Kontaktpunkten dient am Ende der Erfüllung von Einzelzielen. Dies können unter anderem Qualitätssteigerung, Neukundengewinnung, Markenstärkung, Stärkung der Kundenloyalität, Steigerung der Wettbewerbsfähigkeit und die Verbesserung des Customer Relationship Managements sein.

So muss man sich also nun um fünf Gruppen von Touchpoints kümmern:

- Influencing Touchpoints: Phase der Informationssuche,
- Pre-Purchase Touchpoints: Phase der Beachtung und Entscheidungsvorbereitung,

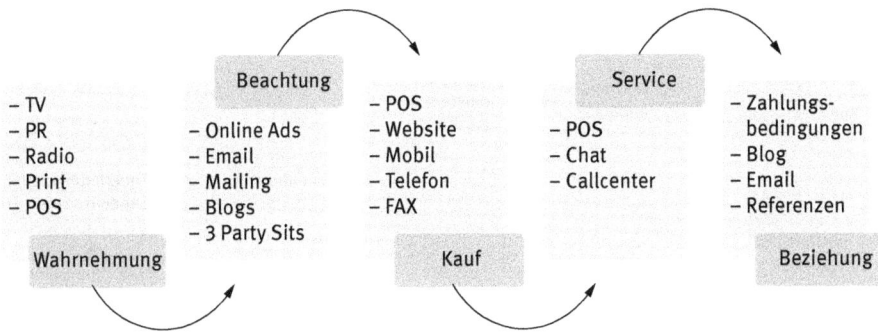

Abb. 3.3: Touchpoints offline und digital (eigene Darstellung).

- Purchase Touchpoints: Phase der Kaufentscheidung,
- After-Purchase Touchpoints: Phase der Nutzung von Services und evtl. des Wiederkaufs, hier kann eine verstärkte Bindung zum Kunden aufgebaut werden und
- Influencing Touchpoints: Phase der Beeinflussung durch Dritte.

Vor dem Kauf lässt sich ein Kunde nicht selten durch die Meinung Dritter beeinflussen. Und nach dem Kauf wird er selbst zum Beeinflusser. Am Anfang und am Ende eines jeden Kaufprozesses steht immer öfter eine Empfehlung – sei sie positiver oder negativer Natur. Und all das findet heute in einer gemixten Offline-Online-Welt statt.

Wenn ein Händler in der Vertikalisierung rückwärts agiert (Händler wird zum Hersteller) unterscheiden wir zusätzlich

- Owned Touchpoints – z. B. der eigene Webauftritt,
- Paid Touchpoints – z. B. Werbeanzeigen und
- Earned Touchpoints – z. B. Bewertungen durch Referenzen.

Owned Touchpoints sind all diejenigen Kontaktpunkte, die in der unmittelbaren Kontrolle des Unternehmens liegen und direkt im Sinne der Marke kontrolliert werden können. Hierzu zählen beispielsweise der eigene Store, die Mitarbeiter sowie die Internetpräsenz, aber auch das Callcenter. Entscheidend ist, dass die am Kontaktpunkt vermittelte Botschaft direkt im Sinne der Marke gesteuert werden kann. Die Betreuung dieser Owned Touchpoints bindet sowohl Personal als auch Ressourcen und ist daher mit zum Teil hohen Kosten, die nur mittel- bis langfristig skaliert werden können, verbunden. In diesem Zusammenhang sollte sich der Fokus auf die Earned Touchpoints legen, da diese immer maßgeblicher werden und die „Arbeit" des Unternehmens belohnen.

Der Unternehmer sollte die Gespräche seiner Kunden kennen, die über ihn und seine Produkte geführt werden. Es kann aber auch sein, dass dies unmittelbare Auswirkungen auf die internen Abläufe des Unternehmens hat. Wenn ein Unternehmen

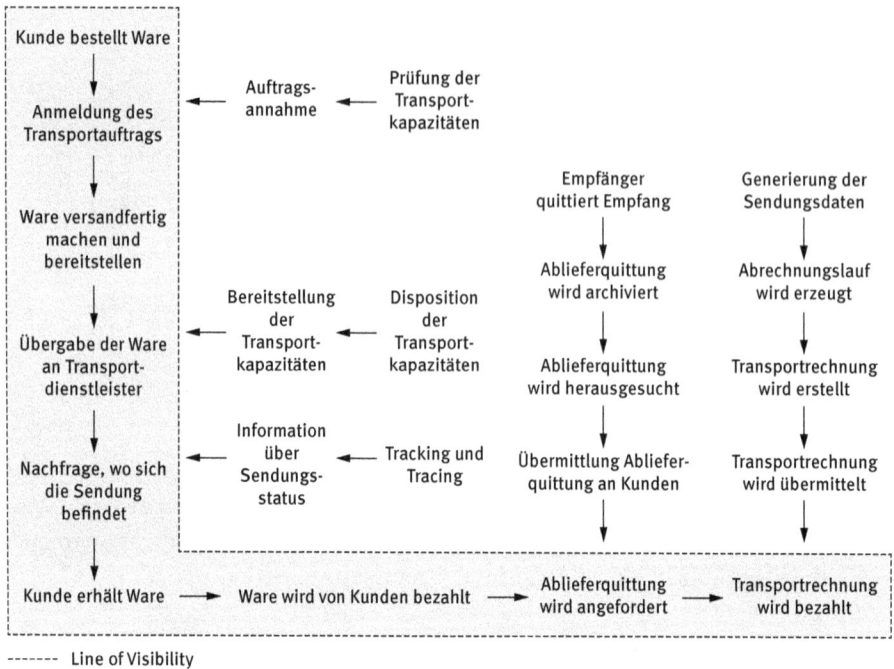

------- Line of Visibility

Abb. 3.4: Touchpoints am Beispiel Logistik im Unternehmen (eigene Darstellung).

eine schnelle Lieferung verspricht, z. B. Same Day Delivery (Anlieferung am gleichen Tag), ergeben sich hieraus auch Berührungspunkte, in diesem Fall zur Logistik.

Die Touchpoints eines Unternehmens setzen sich somit aus der jeweiligen Beziehungsebene mit dem Kunden und Beziehungstransaktionen zusammen und das ergibt die Definition:

Jegliche Berührungspunkte zwischen Interessenten/Kunden und Unternehmen (on- und offline) ...
- können innerhalb des direkt durch das Unternehmen zu steuernden unternehmenseigenen Bereiches, aber auch außerhalb desselben liegen,
- beeinflussen nachhaltig das Image, das bei einem Interessenten/Kunden von einer Marke, Unternehmen oder Angebot aufgebaut wird und
- ermöglichen die Schaffung von positiven (begeisternden) Kundenerlebnissen an diesen Touchpoints (Customer Experience).

Der Kundenservice gehört branchenübergreifend zu den bestimmenden Wettbewerbsfaktoren in einer dynamischen Unternehmensumwelt. In der heutigen Zeit, in der Produkte und Dienstleistungen immer ähnlicher werden und Konkurrenzangebote viel schneller auf den Markt kommen, kann der Kundendialog in hohem Maße über den Unternehmenserfolg und letztendlich über die Unternehmensexistenz entscheiden. Aufgrund zunehmenden Wettbewerbs und der damit verbundenen Notwendigkeit der

Differenzierung über begleitende Dienstleistungen ist in den letzten Jahren die Bedeutung der Steuerung des Kundenkontakts durch Customer Contact Center stark gestiegen. Immer mehr Unternehmen erkennen die Möglichkeit, Dienstleistungen über verschiedene Kanäle zu erbringen, als relevanten Wettbewerbsfaktor. Dazu zählen neben Informationsservices auch Bestell- und Kundenhotlines, die es einem Anrufer ermöglichen, schnell und unkompliziert mit einem Unternehmen in Kontakt zu treten.

Grundgedanken des heutigen Customer Contact Managements sind demnach:

- Kenntnisse über den Kunden (CtoC, BtoC, BtoB) erlangen,
- durch Customer Contact Center in Kundenschnittstellen investieren – One Face to the Customer und One Face of the Customer,
- die Leadgenerierung, Kundenbindung und Rückgewinnung unter Wertgesichtspunkten,
- Reduzierung von Kosten im modernen Marketing-Management (damit verbundene Zusammenführung in der Vorstandsebene: Marketing, Einkauf und Vertrieb) und
- Dialogmarketing (Instrumentarium CRM, Social Commerce, Kartensysteme).

4 Erfolgswirkung von Kundenbeziehungsmanagement

4.1 Kundenbeziehungsmanagement (CRM) – begriffliche Hinführung

Unter dem Begriff Customer Relationship Marketing (CRM) werden die Anforderung, den Kunden in den Mittelpunkt unternehmerischer Entscheidungen zu stellen, und der Ansatz einer nachhaltigen Kundenbeziehung kombiniert (Sheth und Parvatiyar 1999). Der englische Ausdruck Customer Relationship Marketing bedeutet ins Deutsche übersetzt Kundenbeziehungsmarketing. Zum besseren Verstehen dieses Fachbegriffs bedarf es zunächst der Entwicklung eines Verständnisses für das Wort Marketing selbst. Die steigende Anzahl direkter Interaktionen sowohl zwischen Privatkonsumenten und Unternehmen als auch zwischen Geschäftskunden und Unternehmen ist Ursache und zugleich Konsequenz eines zunehmend kundenorientierten Managements. Ein Konzept zur effektiven und effizienten Gestaltung von Kundenbeziehungen, das in der wissenschaftlichen Literatur eine breite Zustimmung erfährt, ist das Customer Relationship Management (Reinartz et al. 2004). Es existieren zahlreiche Definitionen von CRM, die von einer sehr engen Betrachtung als technologische Lösung für den Umgang mit Kundenwissen bis hin zu strategisch-holistischen Ansätzen eines Kundenmanagements variieren (Payne 2005). Da im Customer Contact Management in erster Linie ein Verständnis für das Kundenwissen (Customer Knowledge Management) geschaffen werden soll, betrachten wir zunächst das ganzheitliche CRM-Verständnis von Payne und Frow, die CRM wie folgt beschreiben: „CRM is a strategic approach that is concerned with creating improved shareholder value through the development of appropriate relationships with key customers and customer segments. CRM unites the potential of relationship marketing strategies and IT to create profitable, long-term relationships with customers and other key stakeholders. CRM provides enhanced opportunities to use data and information to both understand customers and cocreate value with them. [...]" (Payne 2005). Neben dem CRM zugrundeliegenden Ziel der Schaffung von Mehrwerten für Unternehmen durch wertvolle Kundenbeziehungen, ist die Kernaussage dieses Verständnisses, dass es sich um einen strategisch-kundenorientierten Ansatz handelt. Im Rahmen dieses Ansatzes generieren und analysieren Unternehmen, auch mithilfe von spezifischer Informationstechnologie, wertvolles Kundenwissen, sodass sie dieses als Grundlage für unternehmerische Entscheidungen verwenden können. Entscheidend für ein erfolgreiches CRM sind dabei strategische Prozesse, die zwischen den Unternehmen und ihren Kunden stattfinden. Kundenspezifische Prozesse, wie die Identifikation von Kunden mit relevantem Wissen und die Interaktion mit diesen, ermöglichen die Erlangung von wertvollem Wissen, das bspw. zur Entwick-

https://doi.org/10.1515/9783110527179-004

lung neuer, den Kundenbedürfnissen gerecht werdender Produkte verwendet werden kann. Die Relevanz der Interaktion mit Kunden verdeutlicht dabei den großen Stellenwert, den unterschiedliche Kundenkontaktpunkte des Unternehmens besitzen (Payne 2005). Insbesondere sind es in Unternehmen die Vertriebs- und Servicemitarbeiter, die in kontinuierlich direktem Kontakt mit den Kunden stehen und somit während des Kundendialogs wichtiges Kundenwissen erlangen können. Ein zunehmend in der Unternehmenspraxis und Wissenschaft aufkommender Ansatz, um das Wissen direkt vom Kunden zu erhalten, ist die aktive Integration des Kunden in Unternehmensprozesse, die auch als faktische Kundenorientierung bzw. faktisches Customer Relationship Management eingeordnet werden kann. Wenn wir lediglich auf den Bereich der Neuproduktentwicklung fokussieren, so wird eine Kundenintegration als die „konsequente Ausrichtung relevanter Innovationsaktivitäten eines Herstellers auf eine proaktive Rolle einzelner Kunden bzw. Nutzer" aufgefasst (Reichwald und Piller 2009). Beispielhaft sei mit dem Lead-User-Ansatz von Hippel einer der meistdiskutierten Ansätze in diesem Bereich genannt. Im Rahmen dieses Ansatzes werden Konsumenten, die den Bedarf für Neuprodukte frühzeitig erkennen und zudem einen besonderen Nutzen aus dem Neuprodukt gewinnen können, ermittelt und als Wissensquellen in den Prozess der Neuproduktentwicklung integriert. Das Konzept des CRM folgt hier in der Neuproduktentwicklung als übergeordnetes Konstrukt. Es besteht aus den Bausteinen: Kundeninformationsmanagement, wertorientiertes Kundensegmentierungsmanagement und Multi-Channel-Management. Kundeninformationsmanagement ist dabei die systematische Generierung und Verbreitung von Kundeninformationen zur Entwicklung marktgerechter Neuprodukte. Für die Auswahl geeigneter Kunden zur Integration als Informationsquelle ist ein wertorientiertes Kundensegmentierungsmanagement, das als Schlüsselaufgabe des CRM zu betrachten ist, notwendig. Schließlich kommt es darauf an, dass ein Unternehmen durch ein gezieltes Multi-Channel-Management den Dialog mit den Kunden effektiv gestalten kann.

Der wohl mit bekannteste deutschsprachige Marketingwissenschaftler Manfred Bruhn definiert Marketing wie folgt: „Marketing ist eine unternehmerische Denkweise. Sie konkretisiert sich [durch] [...] Unternehmensaktivitäten, die durch eine Ausrichtung der Unternehmensleistung am Kundennutzen im Sinne einer konsequenten Kundenorientierung darauf abzielen, absatzmarktorientierte Unternehmensziele zu erreichen" (Bruhn 2015, S. 79). Zentraler Gedanke nach Bruhn ist also, dass Marketing als Denkweise zu werten ist, die den Kunden in den Mittelpunkt einer Unternehmung stellen soll. Es sind auch Bruhns grundsätzliche Lehren, die die nachfolgend geschilderten theoretischen Grundlagen rund um CRM prägen.

Customer Relationship Marketing beschäftigt sich weiterhin als Subdisziplin vertieft mit der eigentlichen Aufgabe des Marketings, nämlich der Kundenfokussierung. So beschrieb beispielsweise bereits 1983 der texanische Marketingprofessor Leonard Berry CRM wie folgt: „Relationship Marketing schafft, erhält und fördert Kundenbindungen" (Berry 1983, S. 25). Diese recht kurzgehaltene Definition bringt auf den

Punkt, was CRM im Kern bedeutet. Neben der Anbahnung von Kundenbeziehungen sollen diese gepflegt und wenn möglich ausgebaut werden. Denn Ziel des CRM ist es, „Beziehungen zu Kunden [...] in profitabler Art und Weise zu schaffen, zu erhalten und zu fördern und dabei ihre Bedürfnisse zu befriedigen" (Gronroos 1990, S. 4). Auch wird Customer Relationship Marketing gerne als Marketingaktivität verstanden, die „auf die Interaktion in Netzwerkbeziehungen ausgerichtet ist" (Gummesson 2004, S. 137). Zusammenfassend kann Customer Relationship Marketing als Teil des Marketings verstanden werden, der sich mit Analyse, Planung, Durchführung und Kontrolle von Kundenbeziehungen beschäftigt. Geschäftsbeziehungen zu Kunden sollen durch Customer Relationship Marketing initiiert, stabilisiert, intensiviert und im Bedarfsfall wiederaufgenommen oder gar beendet werden. Ziel ist hierbei die Entwicklung eines gegenseitigen Nutzens. Zentrale Gedanken des Relationship Marketings sind die Identifikation individueller Kunden und das Sicherstellen einer spezifischen Behandlung. Nach einer vordefinierten Segmentierung sollen Kunden im Sinne des CRM gemäß ihren Bedürfnissen und ihres Kundenwerts priorisiert werden. Dabei funktioniert CRM ausschließlich in der Interaktion mit dem Kunden, der Aufbau eines fortwährenden Dialogs ist hierbei entscheidend (vgl. Morgan 1994, S. 20 ff.). Diese zentralen Gedanken des Customer Relationship Marketing manifestieren sich beim Studieren eindeutiger Merkmale von CRM. Denn CRM soll sich in seiner Operationalisierung an vier Grundmerkmalen ausrichten, um dem eigentlichen, zuvor beschriebenen Ziel gerecht zu werden. Zunächst bedarf es naturgemäß der Ausrichtung an den Anspruchsgruppen, nämlich den priorisierten Kundenclustern, denn diese gilt es in ihrer Beziehung zu managen. Das Management kann dabei als weiteres Orientierungsmerkmal verstanden werden, da die Ausgestaltung von CRM als Managementansatz unerlässlich ist. Weiterhin gilt die Zeitraumorientierung als entscheidend. Hierbei soll der dynamische Charakter von Kundenbeziehungen auf einer Zeitachse reflektiert werden, sodass am Ende des Tages gemäß der Nutzenorientierung der beiderseitige Nutzen der Beziehungspartner in den Vordergrund gestellt werden kann (vgl. Bruhn 2015, S. 12).

Oftmals reicht die alleinige Definition nicht, um den eigentlichen Kern zu verstehen. Es bedarf einer zusätzlichen Begriffsabgrenzung. Der Begriff Customer Relationship Marketing ist nahverwandt mit Customer Relationship Management. Beide Ausdrücke werden in der Praxis oft synonym verwendet. Für diese Arbeit ist es jedoch entscheidend, sich die Unterschiede bewusst zu machen. Denn während CRM, wie es hier beschrieben ist, eine kundenorientierte Grundausrichtung eines Unternehmens beschreibt, ist Customer Relationship Management dazu gedacht, auf der Basis von Data-Mining-Anwendungen und Informationstechnologien Gedanken des CRM für die Praxis nutzbar zu machen. Das bedeutet, dass Customer Relationship Management als informationstechnologische Systematik in Unternehmen aufgefasst wird, die dazu dient Daten zu speichern und sie zu verarbeiten, um auf Basis dieser Informationsquelle Kunden besser bedienen zu können (vgl. Gummesson 2008, S. 40 f.). Customer Relationship Marketing kann also eher als Unternehmensphilosophie verstanden werden, wohingegen Customer Relationship Management eine Unternehmenstechnologie bedeutet. Gemeinsam haben beide Disziplinen, dass sie Prozesse optimieren, sodass diese effizienter werden und auf operativer Ebene Kundenmanagementaktivitäten im Marketing, Vertrieb und Service unterstützen.

Das Dilemma: Aufgrund dieser Auffassungen rückt CRM – als reiner IT Prozess verstanden – in die Führungsebene von Unternehmen.

In neueren Auffassungen der Wissenschaftler erfährt CRM eine Aufwertung im Unternehmensalltag. Im Organigramm rückt CRM, als Management/Führungsfunktion verstanden, von der funktionalen Ebene in die normative Ebene der Unternehmen. Die Forderung: Die funktionalen Ebenen, Einkauf/Marketing/Services/Kundenbetreuung und Vertrieb, sollten in der Führungsebene zusammengefasst werden, um kundenzentriert auf den verschiedenen Märkten zu agieren. Kundenbeziehungsmanagement kann somit definiert werden als Customer Relationship Management (CRM). Eine der prominentesten Definitionen stammt von Hippner und Wilde, Krafft und Götz sowie Wirtz. In Anlehnung an diese Wissenschaftler ist:

CRM eine kundenzentrierte Unternehmensstrategie, die mit ihrer Ausrichtung aller unternehmerischen Strukturen, Prozesse und Aktivitäten auf Kundenbedürfnisse und mithilfe moderner Informations- und Kommunikationstechnologie versucht, auf lange Sicht profitable Kundenbeziehungen zu identifizieren, zu begründen, zu festigen und bei nicht mehr gegebener Vorteilhaftigkeit zu beenden.

In den letzten Jahren ist in der Praxis häufig zu beobachten, dass CRM eher als System (IT-System) gesehen wird. Dies ist allerdings kontraindiziert, da die IT eine Dienstleistung im Unternehmen sein sollte. Daraus folgt, dass CRM als Managementprozess und damit als ganzheitlicher Ansatz mit zwei Gestaltungsbereichen zu sehen ist:
–   Kundenorientierte Unternehmensstrategie:
     wertorientierte Ausrichtung (Customer Lifetime Value) aller Geschäftsprozesse und Verantwortlichkeiten auf die Gestaltung der Kundenbeziehung und
–   Einsatz von IT-Systemen zur Unterstützung kundenbezogener Geschäftsprozesse:
     Zusammenführung aller kundenbezogenen Informationen („One Face of the Customer"),
     kundenindividuelle Ausrichtung und Synchronisation der Kundenansprache („One Face to the Customer").

Die Technologie ist „Enabler" und „Motor" für das CRM: Erfolge lassen sich meist nur generieren, wenn sich die kundenzentrierte Unternehmensphilosophie und IT-Systeme in einer Balance befinden. Die Hauptaufgaben, die sich für das Management ergeben sind somit die Gewinnung neuer Interessenten/Leads, Bindung aktueller und Rückgewinnung alter Kunden.

Es stellt sich nachfolgend die Frage, ob Unternehmen ein Investment in den Aufbau und die Umsetzung von CRM tätigen sollen?

Attraktivität potenzieller Kunden ermitteln	Attraktivität/ Profitabilität aktueller Kunden ermitteln	Attraktivität verlorener Kunden ermitteln
↓	↓	↓
Profitable Neukunden akquirieren	Profitable Kunden binden	Profitable Abwanderer zurückgewinnen
	↓	
	Unprofitable Beziehungen verbessern oder beenden	

Abb. 4.1: Aufgaben von CRM. Eigene Darstellung, in Anlehnung an Hippner und Wilde (2006).

Die Bedeutung von CRM wird deutlich, wenn man sich unter anderem vor Augen führt, dass sich die Profitabilität eines Unternehmens Studien zufolge zwischen 25 % bei Kreditversicherungen und 85 % im Handel steigern lässt, wenn die Kundenabwanderungsrate um nur 5 % gesenkt werden könnte (Reichheld 1990, S. 105 ff.). Untersuchungsziele waren in der Studie zum einen die Messbarkeit der Servicequalität anhand von Abwanderungsraten in verschiedenen Branchen und zum anderen die zukünftige kundenbezogene Gewinnsteigerung durch Kundenbindung. Die Studie kam zu dem Ergebnis, dass folgende Faktoren durch Kundenbindung ausgelöst und den Kundenwert erhöhend sind (Reichheld 1990, S. 105 ff.):
- steigende Kauffrequenz und Cross Buying der Kunden,
- steigende Preisbereitschaft der Kunden,
- Weiterempfehlungen sowie
- geringere Betriebskosten.

Allgemeine Kritikpunkte an der Studie waren der Umfang und die mangelnde empirische Überprüfung auf wissenschaftlicher Ebene. Ende des 20. Jh. gab es einen Paradigmenwechsel im Marketingmanagement weg von der Produkt-Denkweise hin zur kundenorientierten Denkweise (vgl. Abbildung 2.6). Aus Marketing wird Kunding. Diese Thematik wurde ebenfalls in der Neuroforschung aufgegriffen. Forscher gehen davon aus, dass lediglich 0,00004 Prozent aller Informationen der Außenwelt unser Bewusstsein erreichen und ohnehin 70 bis 80 Prozent aller Entscheidungen unbewusst und hier vorrangig emotional gefällt werden (vgl. Sebastian 2014, S. 756 ff.). Das lässt darauf schließen, dass das Pflegen einer echten Beziehung zum Kunden und somit das Binden an ein Unternehmen, eine Marke oder eine einzelne Person weitaus vielversprechender ist, als einseitige mediale Kommunikation. Getrieben durch Experten, wie Kotler, vollzieht CRM als Disziplin des Marketings eine bis heute andauernde Entwicklung – angefangen mit den anbieterorientierten Massenmärkten der Nachkriegs-

Verringerung Kundenabwanderung um 5% führt zu Gewinnerhöhung um ...

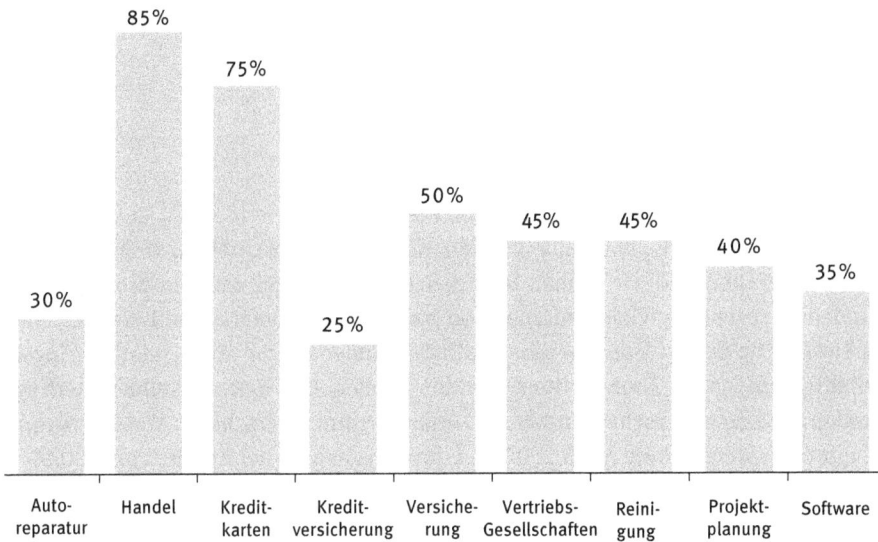

Abb. 4.2: Kundenabwanderung. In Anlehnung an Reichheld, Sasser (1990, S. 110).

zeit bis hin zu den nachfrageorientierten Individualmärkten der Moderne (vgl. Maier 2009, S. 609 ff.).

Als Spielball von Trends und Globalgeschehnissen entwickelt sich CRM naturgemäß analog seiner Bezugsobjekte. Diese wiederum unterliegen den Einflüssen ihrer Umwelt. Globaltrends wie Digitalisierung oder Mobilität beeinflussen bereits heute unser Leben und werden voraussichtlich auch zukünftig nicht an Bedeutung verlieren (vgl. Burrows 2017, S. 78 ff.). Neue Technologien haben heutige Märkte beschleunigt, mobilisiert, virtualisiert und automatisiert. In dieser neuen Welt kommt es letztlich darauf an, den eigenen Inhalt im richtigen Format und zur richtigen Zeit an den vorqualifizierten Empfänger zu übermitteln.

Die Reaktion des CRM hierauf wird deutlich, wenn man sich alleine folgendes vor Augen führt: laut einer Studie des Digitalverbandes bitkom verkauften 2016 bereits über 80 Prozent deutscher Unternehmen ab 20 Mitarbeitern Produkte über das Internet – digitale Kundenkontakt- und verkaufspunkte gehören demnach zur Tagesordnung (vgl. bitkom e. V. 2016). Dazu ergeben sich wiederum unterschiedliche Sichtweisen. CRM realisiert kostensenkende und umsatzsteigernde Effekte.

Jeder zufriedene Kunde bringt mindestens drei weitere Kunden. Ein unzufriedener Kunde erzählt sein Negativerlebnis zehn weiteren potenziellen Kunden. Stammkunden weisen eine geringere Preisempfindlichkeit als Neukunden auf. Marketing- und Vertriebskosten zur Erhaltung der Kundenbeziehung sinken. 12 % der Vielflieger von British Airways kaufen ihr Ticket wegen des Kundenbindungsprogramms (Ederer et al. 2000, S. 84).

Wenn wir diese Rechnung auf die Erweiterung ins digitale Zeitalter transferieren, könnten sich diese Faktoren potenzieren, je nachdem, wie prominent ein Unternehmen im World Wide Web agiert.

4.2 Zentrierung auf profitable Kunden

Kundenorientierung sollte nicht um jeden Preis betrieben werden. Es ist kontraindiziert ausschließlich die maximale Kundenorientierung anzustreben, vielmehr ist eine Konzentration und der Aufbau langfristiger Beziehungen mit den profitabelsten Kunden anzusteuern. Viele Unternehmen halten immer noch am althergebrachten Pareto-Prinzip[1] fest, obwohl ebenso viele Unternehmen nur mit einem relativ geringen Teil ihrer Kunden den Großteil ihres Gewinns erzielen. Des Weiteren sollte hinterfragt werden ob eine klassische Kunden-ABC-Analyse sinnvoll erscheint. Welcher Kunde ist mir mehr wert? Kunde A mit 2000,00 € pro Saison oder der Kunde C mit 500,00 € pro Saison? Nach der ABC-Analyse konzentrieren wir uns voll und ganz auf den Kunden A, er bekommt die meiste Zuwendung durch Werbemittel und Vertriebskontakte, Kunde C evtl. nur wenige Werbekontakte. Wenn wir aber den Kundenwert gegenüberstellen, ergibt sich ein anderes Ranking. Kunde A ist kostenintensiv, er zahlt nur auf Aufforderung seine Außenstände. Er muss häufig besucht werden. Er reklamiert häufig und empfiehlt uns nicht weiter. Kunde C ist anders. Er ist begeistert von uns und empfiehlt uns weiter und diese Weiterempfehlungen (Earned Touchpoints) bringen uns 10 Kunden zusätzlich. Wer ist nun tatsächlich mehr wert? Die Tabelle 4.1 verdeutlicht nochmals, dass es in den verschiedensten Branchen nicht mehr zweckdienlich ist, auf
- Kundenorientierung um jeden Preis,
- maximale Kundenzufriedenheit sowie
- das Halten aller Kunden zu fokussieren,

sondern:
- auf die Konzentration und den Aufbau langfristiger Beziehungen mit den profitabelsten Kunden hinzuarbeiten.

Im Rahmen der Wertermittlung und -generierung gibt es zum einen den Shareholder-Ansatz, welcher die Steigerung des Wertes für die Eigentümer des Unternehmens vorsieht, zum anderen den Stakeholder-Ansatz, welcher den Wert für eine größere Anspruchsgruppe des Unternehmens maximieren soll. Zu den Stakeholdern eines Unter-

---

1 Das Pareto-Prinzip, das auch als „80/20-Regel" bekannt ist, besagt, dass etwa 80 Prozent eines Effekts über 20 Prozent der Ursachen erzeugt werden. Dies trifft beispielsweise auf Unternehmen zu, die 80 % ihres Umsatzes mit 20 % ihrer Kunden machen, was umgekehrt aber auch wieder bedeutet, dass sie mit den anderen 80 % ihrer Kunden nur 20 % ihres Umsatzes generieren.

Tab. 4.1: Kundenrentabilität (eigene Darstellung).

Branchen (Unternehmen)	Rentabilitätsbezogene Kundenstruktur	Quelle
Banken (mehrere Unternehmen)	20 % der Kunden erwirtschaften 100 % des Vorsteuer-Ergebnisses, 30 % vernichten 40 % des möglichen Ergebnisses.	COSTANZO (Customer Profitability, 1995), S. 79
Bank (Privatkundenbereich)	68 % der Kunden vernichten fast 2/3 der durch die restlichen Kunden erwirtschafteten Gewinne.	HAGEMANN (Lebenszyklusmanagement, 1986), S. 3
Bank (Sparkasse Köln)	25 % der Kunden erwirtschaften 75 % des Gewinns.	o. V. (Bankberatunhg, 1993), S. 13
Bank	4 % der Kunden erwirtschaften 90 % des Ergebnisses, 72 % der Kunden vernichten 33 % des möglichen Ergebnisses.	SCHLENZKA, (Marktentwicklung, 1987), S. 41
Maschinenbau (anonymes Beispiel)	20 % der Kunden generieren 225 % der Gewinne, 10 % der Kunden vernichten 125 % der Gewinne.	COOPER/KAPLAN (Activity-Based Costing, 1991), S. 93
Maschinenbau (anonymes Beispiel)	20 % der Kunden generieren 150 % des Gewinns und 40 % vernichten 33 % des möglichen Gewinns.	SHARMANN (ABC, 1996), S. 23
Katalogversand (anonymes Beispiel)	50 % der Kunden generieren 95 % der prognostizierten und abdiskontierten Cash-Flow-Summe aller aktuellen Kunden.	REINARTZ/KUMAR (Long-Life-Consumers, 2000), S. 25
Investitionsgüter (mehrere Unternehmen)	65 % der Kunden sind gewinnbringend, 12 % verlustbringend.	KRAFFT (VDI, 1997), S. 7

nehmens können die Eigentümer, aber auch Kunden, Mitarbeiter, Lieferanten und der Staat gezählt werden (Seeringer 2011, S. 24–25). Wenn von einer Wertorientierung gesprochen wird, ist also nicht eindeutig definiert, ob das Unternehmen die Steigerung seines eigenen Wertes oder die Verbesserung der Kundenbeziehung, also eine Kundenwertorientierung, forcieren möchte. Die Kundenwertorientierung kann somit dem Stakeholder-Ansatz zugeordnet werden (Seeringer 2011, S. 30–31).

Festzustellen ist, dass zwischen einer Markt- und einer Kundenorientierung ein direkter Zusammenhang besteht, die Begriffe jedoch nicht synonym verwendet werden dürfen. Beide Faktoren beeinflussen sich aber gegenseitig. Die Marktorientierung betrachtet das Unternehmensumfeld in dem sich ein Unternehmen bewegt, hierdurch können langfristig Wettbewerbsvorteile generiert werden. Hingegen beschränkt sich die Kundenorientierung auf die individuelle Kundenbeziehung und die Befriedigung der Kundenbedürfnisse. Es ist von großer Bedeutung, dass das Unternehmen Aktivitäten zur Pflege von Bestandskunden betreibt. Bereits bei der Neukundenakquise ist die Attraktivität der Kundenbeziehung berücksichtigt. Aber nicht nur Investitionen in die Beziehungspflege sollen so besser planbar sein, auch soll durch einen intensiveren Kundenkontakt und Verbesserung der Kommunikation die Kundenbeziehung verbessert werden (Bromberger 2004, S. 17). Die Kundenbindung spielt zudem eine zentrale Rolle, denn die Pflege von Bestandskunden ist für das Unternehmen oftmals günstiger als die Gewinnung neuer Kunden (Georgi und Hadwich 2010, 520 ff.).

Durch die gezielte Pflege der Kundenbeziehung sollen Wiederholungskäufe, zusätzliche Käufe oder auch ein positives Weiterempfehlungsverhalten gesteigert werden. Es ist für Unternehmen wichtig zu wissen, wie die wirtschaftliche und strategische Aufstellung des Kunden aussieht. Es sollte allerdings berücksichtigt werden, dass die Zeitdauer nicht unbedingt im positiven Zusammenhang mit dem Kundenwert steht. Eine Studie (Krafft 2007) kommt zu dem Ergebnis, dass der Kundenwert nicht unbedingt mit der Dauer der Geschäftsbeziehung zum Kunden in einem positiven Zusammenhang steht. Es zeigte sich ein Kundensegment, das eine kurze Geschäftsdauer aufwies und dennoch für das Unternehmen profitabel war. Die Studie kam weiterhin zum Ergebnis, dass Kunden mit geringem Kundenwert und kurzer Geschäftsdauer höhere Betreuungskosten für das Unternehmen verursachen.

Unternehmen sollten also genau prüfen, ob es bei Kunden mit geringem Wert nicht frühzeitig aufhören sollte, in die Pflege der Kundenbeziehung zu investieren, bzw. diese auf ein Minimum herunterzufahren. Hierzu kann auch ein Vergleich zum Investieren in die Betriebs- und Geschäftsausstattung gezogen werden, denn es sollte im Rahmen des marktorientierten Ansatzes auch eine planbare, erfolgversprechende Investition für das Unternehmen sein. Daher liegt folgende Definition des Begriffs Kundenwert nahe: „Kundenwert ist die Differenz zwischen den zum Aufbau und zur Aufrechterhaltung einer Kundenbeziehung entstehenden Kosten und den Erlösen, die vom Kunden über die gesamte Dauer der Kundenbeziehung generiert werden" (Bruhn 2016).

Neben dem Wert, der sich mittels Kosten und Erlösen bemessen lässt, gibt es noch weitere Faktoren, die zur Ermittlung des Kundenwerts mit einfließen müssen. Bspw. kann ein Kunde durch seine Geschäftsbeziehungen auch dem eigenen Unternehmen Zugang zu neuen Märkten verschaffen. Diese Wachstumspotenziale schlagen sich nicht unmittelbar in der Erfolgsrechnung für den Kunden nieder, aber die Pflege der Kundenbeziehung ist aus diesem Aspekt von großer Bedeutung (Bruhn 2016).

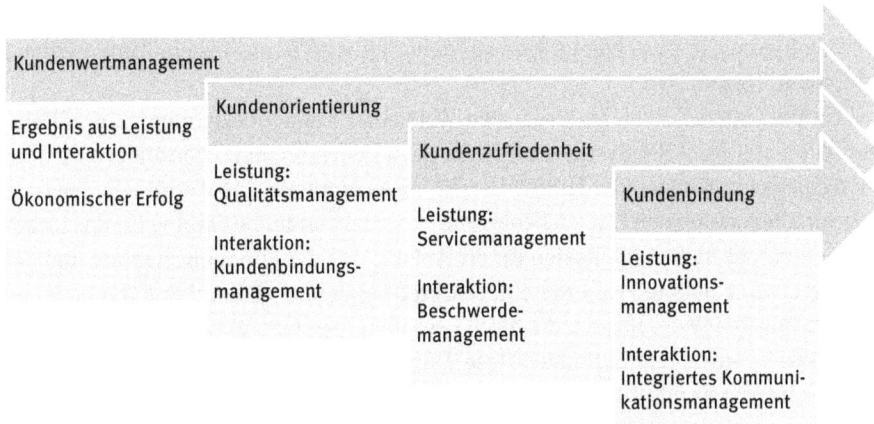

Abb. 4.3: Steuerungssysteme der Kundenorientierung (eigene Darstellung).

Die Abbildung 4.3 soll verdeutlichen, dass der Prozess des Kundenwertmanagements während des gesamten Kundenbindungsprozesses ablaufen muss. Bevor jedoch Kundenbindung entstehen kann, ist die Grundhaltung und das Umsetzen der Kundenorientierung zuerst nur Voraussetzung für das Entstehen von Kundenzufriedenheit. Um diesen Status zu erreichen, tragen Leistungen wie das Qualitätsmanagement und das Servicemanagement ihren wesentlichen Beitrag dazu bei, dass die Kundenzufriedenheit gehalten werden kann. Um eine Kundenbindung zu erreichen, müssen alle Interaktionen kundenorientiert und ganzheitlich in alle Prozesse des Unternehmens eingebettet sein. Die wichtigsten Mittel hierzu sind das Kundenbindungsmanagement und das Beschwerdemanagement. Möchte ein Unternehmen jedoch auch Kundenbindung erlangen, ist ein integriertes Kommunikationsmanagement und Innovationsmanagement gefordert. Alle Leistungen und Interaktionen müssen im Rahmen des Kundenwertmanagements gut aufeinander abgestimmt sein, sodass das Unternehmen wirtschaftlichen Erfolg erzielen kann. Denn das Unternehmen muss wissen, welche Maßnahmen sich zur Erhaltung der Kundenbindung lohnen und welche nicht. Das Kundenwertmanagement ist ein Kontrollinstrument aller kundenorientierten Aktivitäten (Bruhn 2016). Zentraler Gedanke der Kundenorientierung ist die ganzheitliche Ausrichtung der unternehmensinternen Aktivitäten auf den Kunden und auf dessen Bedürfnisse. Hierzu zählen nicht nur die Bereiche, die im direkten Kundenkontakt stehen, auch alle internen Leistungsprozesse müssen über ein intelligentes Informationsmanagement ihren Teil zur Kundenorientierung beitragen. Das Kundenwertmanagement soll hierbei sicherstellen, dass die Beziehungspflege zu dem Kunden auch erfolgversprechend ist (Bruhn 2016). Mittels CRM-Systemen lassen sich kundenbezogene Daten zwar dokumentieren, sie müssen aber auch in einen Kontext gebracht werden, um die Kundenorientierung durch gezielte Maßnahmen zu steigern. So soll das System zur Steuerung der Kundenbeziehung dienen. Voraussetzung hierbei ist, dass bereits eine kundenorientierte Denkweise im Unternehmen gelebt wird (Bruhn 2016).

Es gibt unterschiedliche Wege, den Wert einer Kundenbeziehung zu ermitteln. Die Daten aus den CRM-Systemen können dazu beitragen, eine Wertdimension aber auch eine Zeitdimension der Kundenbeziehung zu ermitteln. Die Wertdimension lässt sich vor allem durch den Nutzen bemessen, den eine Kundenbeziehung für das Unternehmen hat. Es fließen die Kosten für die Anbahnung der Kundenbeziehung und der bislang erwirtschaftete Profit mit ein. Der Profit errechnet sich anhand der erzielten Umsätze abzüglich der Kosten, die für die Kundenpflege entstehen. Zu unterscheiden sind hierbei direkte und indirekte Erlöse. Durch ein positives Weiterempfehlungsverhalten kann der Kunde auch indirekt die Anbahnung weiterer Geschäftsbeziehungen beeinflussen. Ergänzend soll das Potenzial des Kunden genau eingestuft werden, um zu ermitteln, was die Kundenbeziehung zukünftig wert sein wird. Ein weiterer Aspekt, welcher in die Ermittlung des Kundenwerts mit einfließen sollte, sind auch die möglichen Innovationen, welche durch die enge Zusammenarbeit und die Rückmeldung des Kunden von dem Unternehmen entwickelt wurden. Hierbei wird auch von Innovationserlösen gesprochen. Kosten, die zur Pflege der Kundenbeziehung, bspw. durch Messen oder Marketingaktivitäten entstehen, lassen sich oft nicht direkt zuordnen und werden daher als Gemeinkosten geführt.

Ein weiterer wichtiger Punkt im Rahmen der Wertermittlung sind direkte und indirekte Kundenpotenziale. Bei den direkten Potenzialen wird von einem zukünftig unveränderten Kaufverhalten ausgegangen, das sogenannte Wiederkaufpotenzial. Zudem lassen sich direkt auch mögliche Erlössteigerungen planen, welches auch als Beziehungsausbaupotenzial bezeichnet wird. Dieses kann durch eine Steigerung der Kauffrequenz (Up-Selling) und/oder durch Verkauf zusätzlicher Leistungen (Cross-Selling) erreicht werden (Bruhn 2016). Ein positives Weiterempfehlungsverhalten zählt hingegen zu den indirekten Kundenpotenzialen. Viel wichtiger hierbei ist der Einfluss der Kundenzufriedenheit. Denn unzufriedene Kunden geben diese Erfahrungen an drei- bis fünfmal so viele potenzielle Kunden weiter, wie es ein zufriedener Kunde machen würde. Diese Theorie findet aber vor allem im B2C-Bereich (Business to Customer) ihre Anwendung. Nicht zu unterschätzen ist jedoch, dass auch Kunden in der Industrie ihre Wege finden, sich auszutauschen und teilweise miteinander zu kooperieren (Link 1997, 144 ff.). Eine exakte Ermittlung des Kundenwerts, ausschließlich auf Kosten- und Erlösbasis, ist demnach nicht möglich. Die Zeitdimension umfasst hingegen die Dauer der Kundenbeziehung. Die Ausprägung kann hierbei vergangenheits- und ebenso zukunftsbezogen sein. Die Vorhersehbarkeit der zukünftigen Lebensdauer der Kundenbeziehung lässt sich aber nur schwer ermitteln (Bruhn 2016). Die Betrachtung der Wert- und Zeitdimension einer Kundenbeziehung macht deutlich, dass das Kundenwertmanagement hauptsächlich für Bestandskunden angewendet werden kann. Wie es jedoch bei der Anbahnung von Neukundengeschäften Anwendung findet, kann hier nicht näher betrachtet werden. Durch den starken

Preiskampf in der Branche lässt sich feststellen, dass das Kundenwertmanagement oftmals nur eine nachrangige Rolle spielt. An erster Stelle steht das Ziel, den Kunden durch ein gutes Preis-Leistungs-Verhältnis für sich zu gewinnen. Dieser Umstand macht deutlich, dass das Kundenwertmanagement ein wichtiges Instrument ist, aber ohne Kundenorientierung, Kundenzufriedenheit und Kundenbindung gar nicht zum Einsatz kommen kann. Es stellt sich die Frage, zu welchem Zeitpunkt und in welcher Dimension sich der Kundenwert überhaupt bemessen lässt. Sicherlich lassen sich Erfahrungswerte auch auf die Anbahnung von Neukundengeschäften übertragen. Ob sich bspw. ein zunächst günstigerer Preis zur Gewinnung von Neukunden lohnt, lässt sich erst im Laufe der Kundenbeziehung ermitteln. Neben einer preisbasierten Strategie, bspw. mittels einer reduzierten Gewinnspanne, kann sich ein Unternehmen zur Anbahnung einer neuen Geschäftsbeziehung auch durch Differenzierung, also durch eine erschwerte Nachahmung der eigenen Kernkompetenzen und Produkte gegenüber der Konkurrenz durchsetzen. Zudem ist es für Unternehmen, die Vorreiter im Markt sind und so eine höhere Dominanz und Größenvorteile nutzen können, besonders attraktiv einen Markt zu erschließen. Eine Ausführung der Preis- und Differenzierungsstrategien soll nicht Teil dieser Ausführungen sein, sie verdeutlichen aber in Bezug auf das Kundenwertmanagement einen direkten Zusammenhang zur Markt- und Ressourcenorientierung und deren Interdependenz (Johnson et al. 2011, S. 288 ff.).

4.3 Positiver Wirkungszusammenhang zwischen Kundenorientierung, -zufriedenheit, -bindung und -wert und maximiertem Unternehmenserfolg

4.3.1 Kundenorientierung

Vereinfacht gesagt ist Kundenorientierung die älteste und einfachste Form des Marketings. Wer die Wünsche und Erwartungen seiner Kunden unter Kosten-Nutzen-Bedingungen erfüllt, kann nicht mehr viel falsch machen. Zufriedene Kunden empfehlen das Unternehmen weiter, generieren mehr Umsatz und feilschen nicht um jeden Cent. Das Dilemma: Über Produkte können sich Unternehmen kaum noch von der Konkurrenz absetzen, da Produkte insbesondere im globalisierten Wettbewerb immer homogener und damit austauschbarer werden. Nur wenige Unternehmen verfügen tatsächlich über eine außerordentliche Technologieführerschaft. Somit ist der Bereich Kunden- und Serviceorientierung besonders interessant für eine Differenzierung vom Wettbewerb. Denn grundsätzlich führt eine höhere Kundenorientierung zu höheren Umsätzen. Der Grad der Kundenorientierung ist allerdings nicht zu maximieren, sondern zu optimieren, denn die zusätzlichen Umsätze oder die daraus resultierende Rendite müssen die zusätzlichen Kosten aus der Kundenorientierung überkompensieren, um einen ökonomischen Erfolg ausweisen zu können. Kundenorientierung kann somit wie folgt definiert werden:

Kundenorientierung bedeutet, das gesamte betrieblich Denken und Handeln auf den Kunden, d. h. auf seine Bedürfnisse, Wünsche und Probleme auszurichten (Raab und Werner 2009, S. 19).

Kundenorientierung findet demgemäß auf zwei Ebenen statt.

Ebene 1 ist die Kundenorientierung auf Unternehmensseite.

Dies bedeutet, dass die Aufbauorganisation (Wer ist wem unterstellt?) und die Ablauforganisation (Wie ist der Arbeitsablauf? Wer macht Was?) den kundenorientierten Belangen angepasst werden sollten. Die Organisation wird hier verstanden als eine dauerhafte, grundlegende Regelung, die die Zusammenarbeit von Menschen im Unternehmen beeinflusst. Sie legt fest wie die Gesamtaufgabe des Unternehmens auf Bereiche, Abteilungen, Gruppen und letztendlich Personen verteilt wird. Es sind zusammenfassend die Rahmenbedingungen für das Handeln von Menschen im Unternehmen. Vor diesem Hintergrund lässt sich kundenorientiertes Management als ein:

- systematisches,
- ganzheitliches,
- interaktives,
- potenzialorientiertes und
- und in der Regel längerfristig orientiertes

Unternehmensführungskonzept charakterisieren. Es handelt sich dabei zunächst um eine spezifische Denkhaltung der Unternehmensleitung, mit deren Hilfe die außerordentlich komplexen Beziehungs- und Wirkungszusammenhänge zwischen dem Unternehmen und dessen Markt bzw. Umfeld registriert, analysiert, und systematisch in Entscheidungen umgesetzt werden können. Auf Unternehmensseite ist hier eine Grundvoraussetzung, dass das Leitbild des Unternehmens deutlich wird. Dieses Leitbild besteht aus vier Elementen.

- Die Arena:
  Welche Kernkompetenzen besitzt das Unternehmen?
  Kennt der Unternehmer die Kundenbedürfnisse?
  In welchen Regionen (geografisch) befinde ich mich?
- Die Hauptstärken:
  Funktionale Stärken: Forschung und Entwicklung, Produktion, Marketing etc.
  Funktionsübergreifende Stärken: Flexibilität, Kooperationsbereitschaft.
- Die Wettbewerbsrolle:
  Marktführer, Schneller Zweiter, Spezialist, Generalist, Problemlöser, Innovator, Kostenführer etc.

- Die gesellschaftliche Verantwortung:
  gegenüber Mitarbeiter, Staat, Umwelt, Kunden.

Diese Unternehmensleitlinien bestimmen die Handlungsfreiräume der Mitarbeiter im Zielerreichungsprozess. Das Leitbild trifft Aussagen darüber, wie sich das Unternehmen selbst sieht und es von seiner Umwelt gesehen werden möchte. Es ist die individuelle Antwort darauf, wofür es überhaupt da ist. Dies bedingt des Weiteren die Personalführung, Informationssysteme, Planung und Kontrolle der Unternehmenskultur.

Ebene 2 ist die Kundenorientierung an der Kundenschnittstelle.

Wie muss die Beratungsqualität ausgestaltet werden?

Ein Unternehmen, dessen Produkte im Discount angesiedelt sind, hat eine andere Beratungsqualität wie ein Unternehmen, dessen Produkte im Luxussegment angesiedelt sind. Weswegen? Weil letztere eine besondere Schulung von Mitarbeitern voraussetzen. Und dies ist kostenintensiv. Bei margenschwachen Produkten, bspw. im Discount, wird wohl die Beratungsqualität eher niedriger sein als bei Unternehmen der gehobenen Marken.

Ist das Unternehmen offen für Anregungen von Kunden?

Wird dies durch z. B. Unternehmensblogs, Social-Media-Kanäle, eigene Smart Devices (Apps), oder Kundenbeiräte gefördert, um die Produktqualität zu verbessern?

Wie sieht es mit Kundenkontakten von nicht im Verkauf tätigem Personal aus?

Über firmeneigene Facebook-Seiten, Jobrotation, Personalrabatte. Lebt das Personal die Marke auch nach außen?

Die Basis der Erfolgsfaktoren ist in einem ersten Schritt eine konsequente Umsetzung der Kundenorientierung in allen Bereichen des Unternehmens.

4.3.2 Modelle zur Erläuterung der Kundenzufriedenheit

Die Kundenzufriedenheit ist eine der bedeutendsten Bindungsursachen. Dies wird daran deutlich, dass sie in den frühen Phasen der Kundenbindungsforschung mit Kundenbindung gleichgesetzt wurde (Gustaffsson, Johnson und Roos 2006, S. 210 f.). Dies kann darauf zurückgeführt werden, dass man lange Zeit einen linearen Zusammenhang zwischen Kundenzufriedenheit und Kundenbindung unterstellt hat. Mittlerweile ist man sich in der wissenschaftlichen Diskussion jedoch weitgehend einig, dass dieser Zusammenhang nicht immer und automatisch positiv ist (Gröppel-Klein und Königstorfer 2010, S. 55 ff.). Verschiedene Studien kommen zu dem Ergebnis, dass manche Kunden trotz Zufriedenheit abwandern (Gierl 1993; Hermann und Johnson 1999). Dennoch kann angenommen werden, dass mit zunehmender Kundenzufriedenheit auch die Kundenbindung zunimmt.

Kundenzufriedenheit selbst wird dabei definiert „als eine Einstellung, die sich aus dem abwägenden Vergleich zwischen der erwarteten Leistung (Soll) und der

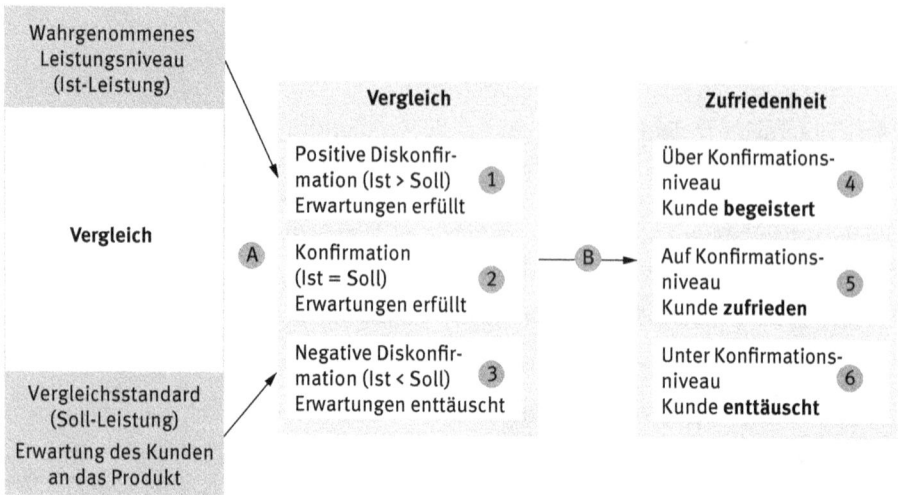

Abb. 4.4: Confirmation/Disconfirmation-Paradigma. Eigene Darstellung, in Anlehnung an Parasuraman et al. (1985).

tatsächlich wahrgenommenen Leistung (Ist) ergibt" (Stock-Homburg 2009, S. 26). Wesentlicher Bestandteil dieser und vieler anderer Definitionen (Stauss 1999; Meffert und Bruhn 2009) ist die Integration des Confirmation/Disconfirmation Paradigmas (C/D-Paradigma) (Parasuraman et al. 1985). Dabei wird davon ausgegangen, dass Kundenzufriedenheit durch einen Vergleich der Erwartungen an ein Produkt oder eine Dienstleistung mit den beim Konsum bzw. der Inanspruchnahme gemachten Erfahrungen entsteht. Werden die Erwartungen übererfüllt (positive Disconfirmation), ergibt sich Zufriedenheit. Werden die Erwartungen nicht erfüllt (negative Disconfirmation) entsteht Unzufriedenheit. Bei Erfüllung der Kundenerwartungen (Confirmation) wird bei den Kunden ein Gefühl der Indifferenz erzeugt (Schmidt 2008, S. 113).

Abbildung 4.4 zeigt schematisch den mentalen Vergleichsprozess, der dem C/D-Paradigma zu Grunde liegt.

Die Soll-Komponente bezeichnet die Vorstellungen und Erwartungen des Kunden hinsichtlich der Produkt- oder Dienstleistung. Diese können unter anderem durch die innere Einstellung, die Denkhaltung über eine Person, Sache, Verhaltensweise oder Idee, verbunden mit einer Wertung oder einer Erwartungshaltung. beeinflusst werden.

Zum Beispiel:

– die persönlichen Bedürfnisse oder das Ausmaß bisheriger Erfahrungen betreffend (Onlineshopping vs. Shopping am POS),
– über direkte Kommunikation über die Leistung: z. B. durch personalisierte E-Mails, Dialogmedien wie Mailings oder Geschäftsgespräche (Versprechen des Key Accounters), via Telefon durch den Kundenberater, im Webshop über einen Chatbot oder

- über die indirekte Kommunikation über die Leistung (Mund-zu-Mund-Propaganda, Kommunikation in unabhängigen Medien (Warentest), Forenbewertung, Celebrities, Influencer).

Die Ist-Komponente definiert sich als die nach dem Gebrauch oder Verbrauch des Produktes tatsächlich wahrgenommene, persönliche Erfahrung des Kunden. Dies wird beeinflusst durch:
- die objektive Leistung (habe ich die Ware erhalten, die ich auch bestellt habe) und
- die subjektive Wahrnehmung der Leistung (dies ergibt sich aus dem Anspruchsniveau und den Erwartungen – z. B.: Die Ware habe ich erhalten, aber die Lieferung kam nicht wie versprochen).

Dem „Confirmation-/Disconfirmation-Paradigma" („C/D-Paradigma") liegt die Annahme zugrunde, dass das Zufriedenheitsurteil eines Kunden das Ergebnis eines Vergleichs zwischen seinen Erwartungen an die Leistungen des Unternehmens (Sollwert) und den bei der Inanspruchnahme tatsächlich, subjektiv wahrgenommenen Leistungen des Unternehmens (Istwert) darstellt. Abbildung 4.4 zeigt das „C/D-Paradigma" zur Erklärung der Kundenzufriedenheit im Überblick. Das Modell dient zudem als integrativer Rahmen für weitere Theorien zur Erklärung der Zufriedenheit von Kunden, welche einzelne Aspekte der Zufriedenheitsbildung spezieller analysieren (Homburg und Stock-Homburg 2008, S. 22). Der Vergleich wird häufig als kognitiv geprägter Prozess angesehen, auf den eine emotionale Reaktion (Zufriedenheit-Unzufriedenheit) folgt (Scharnbacher und Kiefer 2003, S. 11). Die Annahme, Zufriedenheit sei lediglich das emotionale Ergebnis eines rein rationalen Vergleichsprozesses, entspricht allerdings wohl kaum der Realität des menschlichen Verhaltens. Der Vergleichsprozess wird natürlich auch von Emotionen beeinflusst, auch das Unbewusste spielt in diesem Zusammenhang eine nicht zu vernachlässigende Rolle. Vielfach wird dem Konsument gar nicht bewusst, welche Kriterien er bei der Beurteilung einer Leistung herangezogen hat (Lenz 2008, S. 84). In der Realität nehmen Kunden Unternehmensleistungen wahr, zu denen sie vorher keine bewussten Erwartungen gebildet haben. Das Zufriedenheitsniveau wird dennoch von diesen Wahrnehmungen auf direktem Wege beeinflusst. Wie im weiteren Verlauf näher erläutert wird, unterliegt etwa der Prozess der Wahrnehmung einer mehr oder weniger starken Verzerrung. Würde der Vergleich zwischen den Erwartungen und den tatsächlichen Leistungen ein rein rationaler, bewusster Vorgang sein, dürften solche Wahrnehmungsverzerrungen nicht existent sein. Kroeber-Riel, Weinberg und Gröppel-Klein formulieren hierzu treffend: „Die empirische Forschung hat nachgewiesen, dass selbst dann, wenn nach logischen Regeln verfahren wird und überlegte („rationale") Urteile gefällt werden, erhebliche Verzerrungen auftreten. Diese subjektiven Verzerrungen setzen die Logik der Urteilsbildung nicht außer Kraft, aber sie beeinflussen das Ergebnis der Urteilsbildung in vielfältiger Weise" (Kroeber-Riel und Gröppel-Klein 2013). Nun stellt das Herausbilden eines Zufriedenheitsurteils bei Kunden häufig gerade keine Urteilsbildung nach logischen Regeln dar, weshalb eine subjektive Verzerrung bei der Urteilsbildung regelmäßig auftreten wird. Zudem sind Erwartungen und Wahrnehmungen keine vollkommen voneinander unabhängigen Variablen (Homburg und Stock-Homburg 2008, S. 17). So nehmen Konsumenten etwa Dinge, die sie erwarten, bevorzugt wahr (Kroeber-Riel und Gröppel-Klein 2013, S. 324). Ein typisches Beispiel für die Rück-kopplung von Erwartungen auf Wahrnehmungen stellt die Wartezeit dar, die Kunden eines Onlineunternehmens überbrücken müssen, bis sie die Bestellung erhalten. So können drei Tage Wartezeit für den einen Kunden kurz sein, weil er erwartet hat-te, dass er fünf Tage auf die Ware warten muss, für einen anderen Kunden dagegen ist dieser Zeitraum sehr lang, weil er damit gerechnet hat, dass die Ware am Folgetag eintrifft. Im Falle von Diskrepanzen[2] zwischen wahrgenommener und erwarteter Leis-tung sind verschiedene psychische Anpassungsvorgänge möglich, die eine Erhöhung oder Verringerung der Diskrepanz zur Folge haben (Homburg und Stock-Homburg 2008, S. 17). So kann es beispielsweise im Fall einer geringfügigen Abweichung des Ist-Niveaus (wahrgenommene Leistungen des Unternehmens) vom ursprünglichen Soll-Niveau zu einer Anpassung der Erwartungen (Soll-Niveau) an das tatsächlich wahrgenommene Leistungsniveau oder zu einer Anpassung des wahrgenommenen Leistungsniveaus (Ist-Niveau) an die Erwartungen beim Kunden kommen (Homburg und Stock-Homburg 2008, S. 24 f.). Nachträgliche Anpassungen der Erwartungen bzw. der Wahrnehmungen können vom Kunden zur Vermeidung kognitiver Dissonanzen (Festinger 1957, 2001) vorgenommen werden. Nach Festinger besteht der Grundsatz: Personen streben nach kognitivem Gleichgewicht, d. h. einer Widerspruchsfreiheit der Wissens- und Denkstrukturen. Wir sind zufrieden. Die Assimilationstheorie ba-siert auf Festingers Dissonanztheorie, die nachfolgend erläutert wird.

4.3.2.1 Kundenzufriedenheit/-unzufriedenheit aus verhaltenswissenschaftlicher Sicht (Assimilation)

Es können Dissonanzen (Ungleichgewichte) entstehen, ein Ungleichgewicht der Kogni-tionen (Meinungen, Werte, Wissenselemente etc.). Kognitive Dissonanzen lösen Unbe-hagen bzw. unangenehme psychische Spannungen aus. Die Konsequenz, die hierauf folgt, sind das Streben nach Wiederherstellung der Harmonie/Konsonanz der Kognitio-nen durch Maßnahmen, die die Dissonanz reduzieren. Im Falle einer Konsumentenent-scheidung bedeutet dies durch nachträgliche Zielanpassung/Korrektur/Revidierung der Entscheidung. Die Suche nach Konsonanz fördert die Informationsverdrängung.

---

2 Eine Verringerung der Diskrepanz wird auch als Assimilation bezeichnet (Assimilationstheorie). Vor dem Hintergrund der Theorie der kognitiven Dissonanz ist der Konsument bei geringen Abweichungen bestrebt, wieder ein Gleichgewicht zwischen Soll- und Istwert herzustellen, d. h. er verschiebt nach-träglich seine ursprünglichen Erwartungen oder seine Wahrnehmungen. Bei größeren Abweichungen wird dagegen eine Verstärkung der Diskrepanz vorgenommen (Kontrasttheorie). Die Kombination bei-der Effekte wird als Assimilations-Kontrast-Theorie bezeichnet (vgl. Trommsdorff und Teichert 2011, S. 317; Homburg und Stock-Homburg 2008, S. 24 ff.; Richter 2005, S. 76 ff.).

Der Konsument nimmt nur das wahr, was er wahrnehmen will. Die Gefahr hierbei ist: Es können neue Wahrheiten entstehen. Auch wenn das Produkt eines Unternehmens nach objektiven Gesichtspunkten sehr gut ist, kann das Produkt durch negative Rezessionen im Internet schlecht bewertet sein. Man redet scheinbar vom Gleichen, beschäftigt sich aber jeweils mit einer anderen Wirklichkeit. Das sei an einem Beispiel aufgezeigt: Die Qualitätssicherung eines Herstellers hatte das neue Produkt sorgfältig getestet – auch im Vergleich mit den Angeboten der Konkurrenz. „Wir können damit auf den Markt gehen und es erfolgreich verkaufen", hieß die Schlussfolgerung, „unser Produkt ist perfekt und unter den meisten Gesichtspunkten auch deutlich besser als die Konkurrenzprodukte." Die ersten Kunden sahen dies aber offensichtlich anders. Sie äußerten sich in großer Zahl unzufrieden und waren alles andere als begeistert. Und was war die Reaktion des Anbieters? „Die Kunden sind offensichtlich zu dumm, um zu begreifen, welch gute Qualität sie in den Händen haben!"

Was lernen wir daraus? Die Welt unseres Erlebens, die Subjektivität menschlicher Wahrnehmung und Vorstellung, ist eine Wirklichkeit eigenen Rechts. Der Konsument gleicht seine Anspruchshaltung an die gesellschaftliche Gruppe an (Assimilation). In Bezug auf das C/D-Paradigma kommt die *Assimilationstheorie* (Mittal/Kumar/Tsiros/Festinger 1957; Morwitz und Pluzinski 1996; Anderson 1973) zum Tragen (Abbildung 4.4, A). Bei positiver oder negativer Reduzierung der Diskrepanz aus Erwartungen und wahrgenommener Leistung (Assimilationseffekt) über Anpassung der Erwartung oder der Wahrnehmung der Leistung und Angleichung der Zufriedenheit an das Konfirmationsniveau entsteht kognitive Dissonanz. Die Konsequenz, die hieraus entsteht, ist eine Reduzierung der Diskrepanz aus Erwartungen und wahrgenommener Leistung (Assimilationseffekt). Dies geschieht über die Anpassung der Erwartung oder Wahrnehmung der Leistung und anschließende Angleichung der Zufriedenheit an das Konfirmationsniveau[3]. Man kann drei Ausprägungen im Hinblick auf das Zufriedenheitsurteil des Kunden unterscheiden (Abbildung 4.4, 1–3). Liegt die vom Kunden tatsächlich wahrgenommene Leistung über den Erwartungen des Kunden, so findet eine positive Diskonfirmation statt (Ist > Soll, Abbildung 4.4, 1) und beim Kunden stellt sich eine entsprechende (hohe) Zufriedenheit ein. Man kann dann von Begeisterung oder auch von Zufriedenheit über dem Konfirmationsniveau sprechen. In der Folge kann sich eine Kundenbindung beim Kunden herausbilden (d. h. es kommt z. B. zu Wiederholungskäufen) und es kann zu positiven „Word-of-Mouth-Effekten kommen, bei denen der Kunde das Unternehmen Freunden und Bekannten weiterempfiehlt. Es ist in diesem Zusammenhang zu beachten, dass sich durch die für den Kunden überraschend positiven Leistungen des Unternehmens das Erwartungsniveau für zukünftige Käufe entsprechend erhöhen kann (Homburg und Stock-Homburg 2008, S. 21). Bestätigen sich die Erwartungen des Kunden in der wahrgenommenen Unternehmensleistung (Ist = Soll, Abbildung 4.4, 2), so spricht man von Bestätigung oder auch von

---

3 Diskonfirmation ist die Nichterfüllung einer Erwartung. Diese kann positiv oder negativ sein.

Zufriedenheit auf Konfirmationsniveau. Hier ist mit einem weitgehend neutralen Verhalten des Kunden zu rechnen. Wiederholungskäufe und Weiterempfehlungen sind möglich, jedoch weniger wahrscheinlich als im Falle von hoher Zufriedenheit. Bei negativer Nichtbestätigung (Ist < Soll, Abbildung 4.4, 3) entwickelt sich eine Unzufriedenheit. In der Folge sind unangekündigte Kundenabwanderungen, eine aktive Beschwerde gegenüber dem Anbieter oder gegenüber Dritten, negative „Word-of-Mouth-Effekte", möglich (Faullant 2007, S. 19). Das Modell wird in der Literatur meist ohne die hier berücksichtigten Feedbackeffekte und ohne den direkten Einfluss der individuellen Wahrnehmung des Kunden auf das Zufriedenheitsniveau dargestellt, obwohl diese in der Praxis durchaus von Relevanz sind. Dies wird auch als Anspruchsniveau-Inflation von Kundenerwartungen bezeichnet und muss von den Unternehmen entsprechend berücksichtigt werden (z. B. im Qualitätsmanagement: eine Verbesserung der Kommunikationsleistung kann unter Umständen zu höheren Erwartungshaltungen beim Kunden führen oder im Volksmund: „Gebe ich dem Kunden den Finger, so nimmt er den ganzen Arm.").

4.3.2.2 Kundenzufriedenheit/-unzufriedenheit aus verhaltenswissenschaftlicher Sicht – Kontrasttheorie

Im Falle einer Diskrepanz von Erwartungen und wahrgenommener Leistung korrigieren Kunden eine der beiden Größen. Der Unterschied wird übertrieben und die Diskonfirmation vergrößert sich (Kontrasteffekt, Abbildung 4.4, B). Bei positiver Diskonformität ergibt sich eine extrem positive Bewertung der wahrgenommenen Leistung und damit Erhöhung der Zufriedenheit bis zur „Fanposition" (Abbildung 4.4, 4). Bei negativer Diskonformität werden die Leistungen extrem schlecht wahrgenommen und die Unzufriedenheit wird verstärkt bis zur „Terroristenposition" (Abbildung 4.4, 6). Diese Theorie basiert auf der Adaptions-Level-Theorie (Helson 1964). Aus der Wahrnehmungspsychologie ergeht die Theorie, dass das Empfinden von Reizen, unabhängig davon, ob sie physiologisch oder psychisch begründet sind, durch Vorerfahrungen beeinflusst werden kann. Die Kontrasttheorie wurde zuerst von Hovland, Harvey und Sherif eingeführt (Sherif und Hovland 1961). Die Kontrasttheorie beschreibt die Tendenz, die Diskrepanz zwischen den eigenen Einstellungen und den Einstellungen, die durch Meinungsaussagen repräsentiert werden, zu vergrößern. Bei geringfügigen Abweichungen zwischen wahrgenommener und erwarteter Leistung, wird der Istwert dem Sollwert angeglichen, das heißt, innerhalb eines gegebenen Toleranzbereichs tritt die Konsistenztheorie in Kraft.

Ist die Erwartung also nur geringfügig höher (innerhalb der Toleranzzone) als die Ist-Leistung, wird die Ist-Leistung der Erwartung angeglichen – Zufriedenheit entsteht. Wird der Toleranzbereich überschritten, kommt es zur Polarisierung, das heißt, die Abweichungen von der erwarteten Leistung werden stärker wahrgenommen als sie tatsächlich sind. Ist die Leistung deutlich besser als die Erwartung, kommt es zu einer positiven Überraschung und damit verbunden zu hoher Zufriedenheit. Liegt die

Leistung unter dem erwarteten Niveau, kommt es zu einer Enttäuschung und damit zu Unzufriedenheit. Auch beim Soll-Ist-Vergleich finden also Wahrnehmungsverzerrungen statt, die die Entstehung von Zufriedenheit und Unzufriedenheit nachhaltig beeinflussen können. Die Kontrasttheorie ist das Gegenstück zur Theorie der kognitiven Dissonanz und besagt, dass Konsumenten nicht nach einem kognitiven Gleichgewicht streben. Vielmehr neigen Konsumenten dazu, Unstimmigkeiten noch zu vergrößern, indem diese die Unterschiede ins Positive oder Negative übertreiben. Diese Theorie würde so manchen Shitstorm im Internet erklären und weshalb dort schon Kleinigkeiten zu einem riesigen Imageschaden für Unternehmen führen können.

4.3.2.3 Kundenzufriedenheit/-unzufriedenheit aus verhaltenswissenschaftlicher Sicht – Assimilations-Kontrast-Theorie

Nun kommen wir zur Assimilations-Kontrast-Theorie (Sherif und Hovland 1961), die eine Mischung aus den beiden vorangegangenen Theorien darstellt. Nach der Assimilations-Kontrast-Theorie ist vor allem das Ausmaß der Inkonsistenz ausschlaggebend dafür, ob ein Konsument nach Konsonanz oder Dissonanz strebt. Die Theorie besagt, dass bei einer geringen Inkonsistenz der Konsument zu einem inneren Gleichgewicht strebt (siehe Theorie der kognitiven Dissonanz), währenddessen er bei einer größeren Inkonsistenz zu einem inneren Ungleichgewicht strebt (siehe Kontrasttheorie). Es gilt hier der Grundsatz: Die Höhe der Diskrepanz zwischen Erwartungen und wahrgenommener Leistung bestimmt, welche Mechanismen zur Reduzierung aktiviert werden. Wenn ein Konsument ein Produkt kauft und dieses Produkt weitestgehend den Erwartungen des Konsumenten entspricht, übersieht er gerne kleinere Fehler. Wenn das Produkt den Konsumenten aber stark enttäuscht, führt dies dazu, dass der Konsument die Qualität übertrieben schlecht darstellt und sich eventuell sogar in Social-Media-Netzwerken darüber beschwert. Sherif und Hovland gehen davon aus, dass sich hierbei die folgenden Bereiche unterscheiden lassen:

- Bereich der Akzeptanz: Liegt die Differenz in diesem Bereich, tritt der Assimilationseffekt ein, dies bedeutet, es erfolgt eine nachträgliche Anpassung der Erwartung bzw. der wahrgenommenen Leistung.
- Bereich der Neutralität: Hier zeigt sich keiner der beiden Effekte, die Erwartung bzw. die wahrgenommene Leistung werden nicht angepasst.
- Bereich der Ablehnung: In diesem Bereich setzt der Kontrasteffekt ein, d. h. die Differenz zwischen Ist- und Soll-Leistung wird vergrößert.

Die persönliche Bedeutung des Beurteilungsobjekts ist entscheidend für das Ausmaß der Zone. Ist ein Beurteilungsobjekt für einen Interessenten/Kunden persönlich bedeutsam, so wird der Bereich der Ablehnung größer sein als der Bereich der Akzeptanz. Wenn umgekehrt ein Beurteilungsobjekt persönlich weniger bedeutsam ist, so wird der Bereich der Akzeptanz größer sein und der Ablehnungsbereich entsprechend geringer.

4.3.2.4 Kundenzufriedenheit/-unzufriedenheit aus verhaltenswissenschaftlicher Sicht – Attributionstheorie

Wenn ein Kunde zufrieden ist oder zwischen Soll und Ist extremiert, führen Wissenschaftler und Neuroforscher dies häufig auf positive oder negative Emotionen zurück. Wenn wir Ereignisse wahrnehmen, so gehört es zu den vorrangigen Aktivitäten, dass wir Schlüsse über die Ursachen dieser Ereignisse ziehen. Welche Attributionen führen zu welchen Emotionen? Das ist die Frage, die sich eine attributionale Emotionstheorie stellt. Dafür müssen wir uns zunächst genauer klarmachen, was Attributionen denn überhaupt sind. Fritz Heider erkannte 1958 als erster, dass die Art und Weise, in der wir uns unsere Welt erklären, unser Verhalten bestimmt. Wenn ich ein Gewitter als Strafe von oben ansehe, werde ich mich ihm gegenüber wohl anders verhalten, als wenn ich dies auf ein Naturereignis zurückführe. Ebenso in zwischenmenschlichen Beziehungen, für die sich Heider besonders interessierte: Wenn mir eine Person im Straßenverkehr die Vorfahrt nimmt und ich bremsen muss, kann ich ihr Verhalten entweder als absichtsvoll oder als versehentlich deuten. Wieder werde ich mich unterschiedlich verhalten – und wohl auch unterschiedliche Emotionen haben. Schreibe ich der Person Absicht zu, werde ich ärgerlich. Schreibe ich keine Absicht zu, bin ich vielleicht nur erschrocken oder habe gar Mitleid mit der tölpelhaften Person. Es handelt sich um den Versuch, in der Realität zu beobachtende Tatbestände oder Vorgänge auf ihre Ursachen zurückzuführen. Solche Kausalerklärungen im Alltag nennt man kurz: Attributionen. Die Richtigkeit dieser Attributionen spielt dabei keine Rolle. Wie ich mich verhalte, hängt von meiner Meinung über die Realität ab – nicht von der Realität selbst (Heider 1958).

Im Gegensatz zu Ansätzen in der Sozialpsychologie, die sich mit der Entstehung von Attributionen beschäftigen, geht es in Ansätzen der Emotions- und Motivationspsychologie um die Auswirkungen von Attributionen, eben die Auswirkungen auf Emotion bzw. Motivation.

4.3.2.5 Kundenzufriedenheit/-unzufriedenheit aus verhaltenswissenschaftlicher Sicht – Mehrfaktorenmodell

Das Bewertungsmodell des Japaners Kano (Kano 1984, S. 39 ff.) stammt ursprünglich aus dem Total Quality Management (Müller-Hagedorn 2001b, S. 39). Heute wird das Modell von zahlreichen Autoren auf die Kundenzufriedenheitsforschung übertragen und hat eine hohe Bedeutung für die praktische Marktforschung. Das Kano-Modell ist merkmalsorientiert und stellt – ebenso wie das C/D-Paradigma – einen Zusammenhang zwischen der Erfüllung von Kundenerwartungen mit der Kundenzufriedenheit dar. Im Modell werden drei Kategorien von Produktanforderungen unterschieden, deren Erfüllung einen unterschiedlichen und nicht immer linearen Einfluss auf die Kundenzufriedenheit haben. Die drei Kategorien sind die „Basisanforderungen", die „Leistungsanforderungen" sowie die „Begeisterungsanforderungen" (Abbildung 4.5).

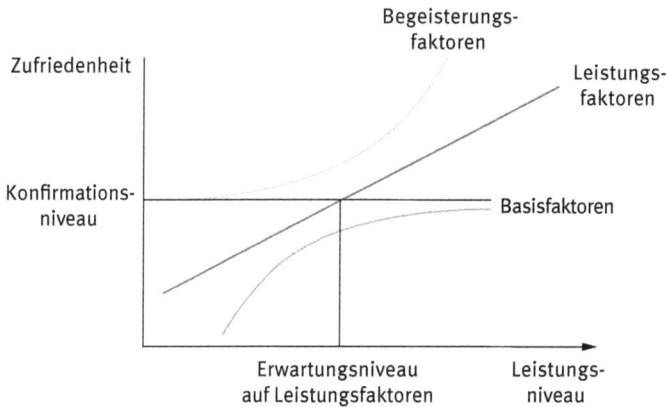

Abb. 4.5: Kano-Modell. In Anlehnung an Homburg und Stock-Homburg (2008, S. 33).

Hier gilt der Grundsatz, dass nicht alle Leistungskomponenten die Zufriedenheit in gleichem Maße beeinflussen.

Die Abbildung ist qualitativ zu verstehen, konkrete Messpunkte sind nicht angegeben. Gleichwohl ist davon auszugehen, dass der Schnittpunkt zwischen X- und Y-Achse als Nullpunkt zu verstehen ist. Die dargestellten Produktanforderungen werden im Modell durch unterschiedlich verlaufende Linien dargestellt:

– Basisanforderungen:

Die Erfüllung der Basisanforderungen wird vom Kunden als selbstverständlich vorausgesetzt. Diese Anforderungen werden vom Kunden nicht expliziert formuliert und ihre Erfüllung wird vom Kunden oftmals nicht bewusst wahrgenommen. Die Erfüllung der Basisanforderungen führt deshalb auch nicht zu Zufriedenheit, sondern lediglich zu „Nicht-Unzufriedenheit". Gleichwohl fällt die Nichterfüllung der Basisanforderungen dem Kunden umso deutlicher auf und kann zu extremer Unzufriedenheit führen (Müller-Hagedorn 2001a, S. 38).

– Leistungsanforderungen:

Die Leistungsanforderungen werden vom Kunden explizit verlangt. Werden die Leistungen angeboten, führt das zu Zufriedenheit, werden sie nicht angeboten, entsteht Unzufriedenheit. Die Zufriedenheit bei den Leistungsanforderungen verhält sich proportional zum Erfüllungsgrad. Je höher das Ausmaß der Leistungserfüllung ist, desto zufriedener ist der Kunde, bei geringerer Leistungserfüllung ist er entsprechend unzufrieden (Huber et al. 2000). Die im Modell dargestellte Linie verläuft linear.

– Begeisterungsanforderungen:

Die Begeisterungsanforderungen werden vom Kunden nicht ausdrücklich verlangt. Häufig handelt es sich dabei um innovative Leistungen, mit denen der Kunde gar nicht gerechnet hat. Verschiedene Autoren sprechen in diesem Zusammenhang deshalb auch nicht von Begeisterungsanforderungen, sondern von

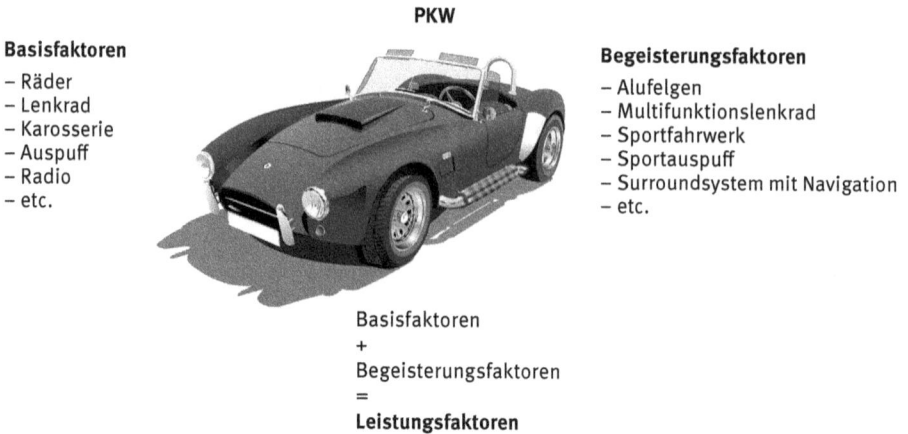

Abb. 4.6: Beispiel Kano-Modell neuerer Auffassung (eigene Darstellung).

„Begeisterungsfaktoren" (Huber et al. 2000). In Abbildung 4.5 wird ebenfalls dieser Begriff verwendet. Werden entsprechende Begeisterungsfaktoren, mit denen der Kunde nicht gerechnet hat, angeboten, so führt das zu überdurchschnittlicher Zufriedenheit. Das Fehlen der Begeisterungsfaktoren führt dagegen nicht zu Unzufriedenheit, denn diese Faktoren (z. B. besondere Ausstattungsmerkmale eines PKW) hat der Kunde nicht erwartet. In der Praxis verschieben sich die Anforderungen an die Produkte im Zeitablauf. So werden Leistungsanforderungen häufig nach einer gewissen Zeit zu Basisanforderungen und Begeisterungsfaktoren ändern sich zu Leistungsanforderungen. Besonders deutlich vollzieht sich die Verschiebung der Produktanforderungen im technischen Bereich, Beispiele sind die Ausstattung von PKWs, PCs, Mobiltelefonen.

Im Modell ist eine Indifferenzzone eingezeichnet, sie kennzeichnet den Bereich in dem die Erwartungen an die verschiedenen Anforderungen mehr oder weniger erfüllt werden. Die daraus resultierenden Zufriedenheitswerte verhalten sich moderat. Außerhalb der Indifferenzzone steigen bzw. sinken die Zufriedenheitswerte der Basisanforderungen und der Begeisterungsfaktoren überproportional. Insgesamt zeigt das Kano-Modell, dass an ein und dasselbe Produkt Anforderungen unterschiedlicher Kategorien gestellt werden können, die die Kundenzufriedenheit beeinflussen. Durch diese Klassifikation werden den Unternehmen bedeutsame Hinweise für die Produktgestaltung geliefert (Huber et al. 2000). Eine Gesamtzufriedenheit lässt sich aus dem Modell nicht ableiten. Da dieses Modell jedoch in der Zeit eines Nachfrageüberhangs entstanden ist, können wir in Märkten unter Wettbewerbsdruck und Informations-Overload nicht die Leistungsfaktoren als individuelle Zufriedenheit ableiten. Die Faktoren der Begeisterung sind ein entscheidender Kauffaktor. In unserem Beispiel (Abbildung 4.6): Der Kunde hat die Auswahl (auch bei Markentreue). Er kauft bei dem Autohändler sein Fahrzeug, der ihm die meisten Begeisterungsfaktoren anbietet.

4.3.2.6 Kundenbindung als mögliche Reaktion auf Kundenzufriedenheit/-unzufriedenheit

Vor dem Hintergrund des Postwachstums, zunehmender Konzentration der Werteorientierung auf Unternehmensseite und verändertem Konsumentenverhalten in den vergangenen Jahrzehnten gewinnen Konzepte zur Kundenbindung für die Unternehmen verstärkt an Bedeutung. In vielen Branchen ist sinkende Loyalität und Bindungsbereitschaft der Kunden festzustellen. Aktivitäten zur Kundenbindung sind deshalb vielfach unerlässlich für den unternehmerischen Erfolg. Eine einseitige Ausrichtung der ganzheitlichen Marketingaktivitäten auf die Neukundengewinnung wirkt sich auf Dauer negativ auf die Unternehmensgewinne aus, da gleichzeitig Stammkunden abwandern. Die Pflege loyaler Kunden erfordert gegenüber einer vergleichbaren Gewinnung neuer Kunden nur 15–20 % der Aufwendungen (Tietz et al. 1995, S. 1341) und ist damit weit kostengünstiger. Viele Unternehmen rücken mittlerweile die langfristige Bindung ihrer bereits bestehenden Kunden in den Mittelpunkt ihrer marktwirtschaftlichen Überlegungen, um durch systematische Kundenbindung den Unternehmenserfolg wesentlich zu steigern (Bruhn 2016).

In der Marketingsystematik ist Kundenbindung ein Teilaspekt des Beziehungsmarketings und hat verschiedene Facetten. Beziehungsmarketing bedeutet Anbahnung, Aufbau und Erhaltung einer dauerhaft vorteilhaften Geschäftsbeziehung zwischen Unternehmen und Kunden. Im Mittelpunkt muss deshalb der individuelle

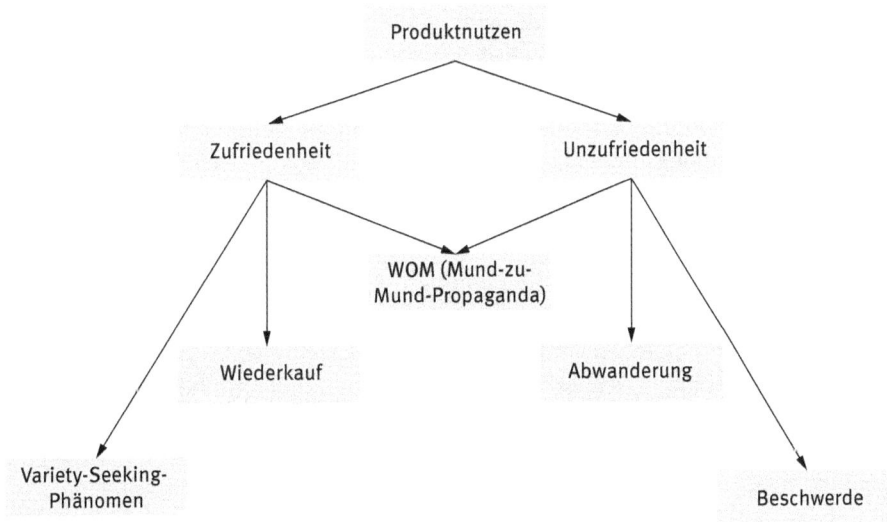

Abb. 4.7: Grundmuster: Formen der Kundenreaktion. Eigene Darstellung, in Anlehnung an Hippner und Wilde (2006).

Kunde mit seinen spezifischen Bedürfnissen und Wünschen stehen (Hippner und Wilde 2006). Der Kunde kann sich, je nach Situation, unterschiedlich verhalten (Abbildung 4.7).

Für das Unternehmen idealtypisch ist der Kunde zufrieden und kauft wieder das Produkt. Die Zufriedenheit kann allerdings beeinflusst werden zum Beispiel durch Mund-zu-Mund-Propaganda (Word-of-Mouth = WOM) oder auf digitalem Wege durch Kundenrezessionen bzw. Social-Media-Kampagnen (eWOM).

Fall 1:
Der Kunde ist auch weiterhin zufrieden. Wenn er immer häufiger das gleiche Produkt aufgrund der Zufriedenheit eingekauft hat, kann sich das Variety-Seeking-Phänomen einstellen. Hierunter verstehen wir die Wechselneigung des Konsumenten aufgrund des Bedürfnisses nach Abwechslung. Variety Seeking beschreibt das intrinsische Konsumentenverhalten, bei dem der Konsument einen Marken- oder Produktwechsel vornimmt, der ausschließlich auf der Suche nach Abwechslung basiert. Damit wird der Sättigung und Langeweile entgegengewirkt und ein individuelles, optimales Stimulationslevel aufrechterhalten. Die theoretische Basis bezieht sich auf die Optimum Stimulation Level Theory (Gierl et al. 1999, S. 217 f.). Hierunter verstehen wir das grundsätzliche menschliche Bedürfnis nach Stimulierung und Erreichen eines individuell optimalen inneren Reizniveaus. Bei Nichterfüllung entsteht inneres Ungleichgewicht, z. B. Neugier, Langeweile, Übersättigung, Bedürfnis nach Exklusivität – durch zum Beispiel Nutzung von Produktweiterentwicklungen, wie Produktmodifikation oder Produktvariationen, könnte die Balance wieder hergestellt werden.

Fall 2:
Nach dem Kauf ist der Kunde unzufrieden. Aufgrund der Unzufriedenheit kann diese durch WOM verstärkt oder abgeschwächt werden. Bei Abschwächung beschwert er sich über das Produkt beim Hersteller. Je nachdem wie die Mitarbeiter des Customer Contact Management hierauf reagieren, kann sich Zufriedenheit beim Kunden wieder einstellen. Der Kunde könnte allerdings nach der Einstellungsänderung durch WOM auch abwandern. Hier gilt es vonseiten des Customer Contact Management zu ergründen, was die Ursachen sind.

4.3.2.7 Verbundenheit und Gebundenheit

Verbundenheit beschreibt eine Bindung, die die Kunden freiwillig eingehen. Obwohl sie zu anderen Anbietern wechseln könnten, tun sie das nicht. Gründe können Zufriedenheit, Vertrauen oder „innere Verpflichtung" sein (Jeker 2002, S. 31). Verbundenheit ist auf affektive und normative Bindungsursachen zurückzuführen, d. h. der Zustand hat gefühls- und gewohnheitsmäßigen Charakter. Die Freiheit des Kunden ist „uneingeschränkt", das Bindungsinteresse geht vom Kunden aus. Die kundenbindenden Aktivitäten des Anbieters beinhalten in erster Linie das Management von Kundenzu-

Kunde bleibt in Beziehung,
weil er das „will"

Verbundenheit

| „Fan"-Position | Soll-Position |

Verbundenheit:
freiwillige Bindung – der Kunde hat jederzeit die freie Möglichkeit des Wechsels

Kunde bleibt in Beziehung,
weil er das „muss"

| Transaction Buying | „Ausbeutungs"-Position |

Gebundenheit

Gebundenheit:
Kunde besitzt keine faktische und rechtliche Möglichkeit des Wechsels bzw. ist dieser mit hohem Aufwand verbunden (z. B. bei oligopolistischen Märkten mangels alternativer Anbieter wie bei Strom oder Gas)

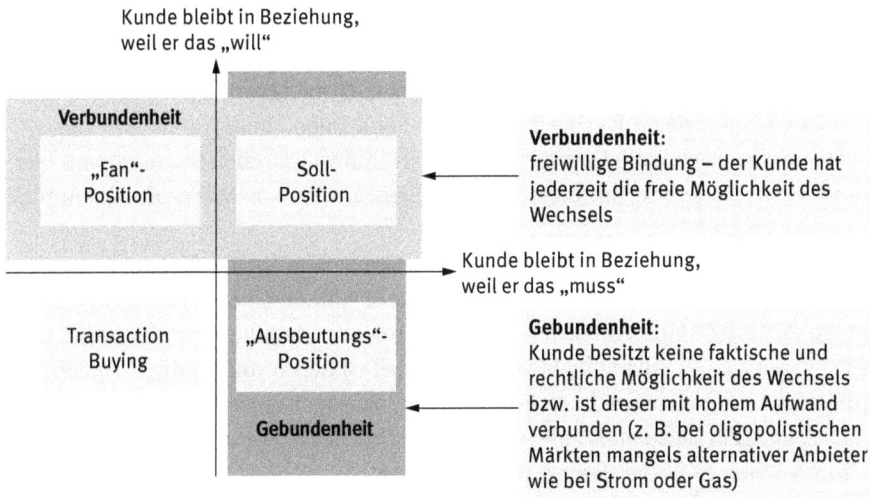

Abb. 4.8: Bindungsalternativen. In Anlehnung an Kleinaltenkamp und Plinke (1997, S. 50).

friedenheit und Kundenvertrauen. Bei der Gebundenheit ist die Freiheit des Kunden „eingeschränkt", das Bindungsinteresse geht vom Anbieter aus (Eggert 1999, S. 52). Die Gebundenheit des Kunden geht aus der Einschränkung seiner künftigen Wahlfreiheit durch den Aufbau von Wechselbarrieren hervor. Kunden akzeptieren zusätzliche Wechselbarrieren i. d. R. nur dann, wenn sie auf der anderen Seite über zusätzliche Vorteile ausgeglichen werden. Die Gebundenheit der Kunden hat damit deutlich kognitiven Charakter. Die kundenbindenden Aktivitäten des Anbieters bestehen in erster Linie im Aufbau von Wechselbarrieren.

Verbundenheit und Gebundenheit kann von ein und demselben Kunden gegenüber einem Anbieter auch nebeneinander vorkommen (Dittrich 2000, S. 59). In diesem Fall ist ein bestimmtes Angebot für den Kunden einerseits attraktiv, andererseits besteht auch ein gewisses Ausmaß an Abhängigkeit gegenüber dem Anbieter. Beispiele für (durchaus zufriedene) gebundene Kunden können Besitzer eines iPhones sein, die ihre Daten in einer Cloud gespeichert haben, und somit abhängig sind oder ein Smart Phone besitzen, die Benutzung allerdings an einen Vertrag gekoppelt ist. Folgende Abbildung soll dies verdeutlichen.

Verbundenheit wird durch den Aufbau von Wechselbarrieren erzeugt, Verbundenheit ist das Resultat von Zufriedenheit. Verbundenheit hat meist psychologische Ursachen. Es liegt meist kein unmittelbarer Vorteil sondern positive Empfindungen, Vertrauen, Tradition, Image, persönliche Beziehung, Fairness etc. gegenüber dem Anbieter vor.

Dagegen hat die Gebundenheit unterschiedliche Einflussgrößen wie:

– situative Ursachen (Faktoren, die von außen auf die Kundenbindung wirken, z. B. günstiger Standort – Bequemlichkeit),

- vertragliche Ursachen (verbindliche Vereinbarungen, die zeitweise keine rechtliche Möglichkeit zum Wechsel bieten, z. B. Mobilfunkvertrag, Buchclub),
- ökonomische Ursachen (Wechsel wäre finanziell nicht von Vorteil aufgrund zu hoher, empfundener Wechselkosten, z. B. Fond-Depot) oder
- technisch-funktionale Ursachen (Festlegung auf technischen Standard und hieraus bestehende Beschaffungsschwierigkeiten, z. B. PC von Microsoft oder Apple).

Transaction Buying nimmt laut Plinke eine Sonderposition ein. Der Kunde bleibt nicht in der Beziehung, weil er nicht will und nicht muss. Während die Beziehung in der Verbundenheit und Gebundenheit von der Vergangenheit beeinflusst werden kann, liegt dies bei Transaction Buying nicht vor. Das Modell ist durch vollständiges Fehlen von Einflussfaktoren gekennzeichnet. Es beschreibt sozusagen einen Einmal-und-nie-wieder-Einkauf. Zum Beispiel: Kunde ist leidenschaftlicher Motorradfahrer und benötigt im Winter einen PKW, der ihn von A nach B bringt.

Net Promoter System als Beispiel für die Überprüfung der Beziehungsfaktoren: Es sind in der heutigen Zeit, in der es kaum noch Wechselbarrieren und zahlreiche Mitbewerber gibt, vor allem die weichen Faktoren des Kundenwertes, die von großer Bedeutung für Unternehmen sind. Wie beschrieben gehört zu einem ganzheitlichen No-Line-Handel (Kapitel 6.5.2) vor allem eine kundenorientierte Unternehmenskultur. Kundenorientierung ist für den Handel heutzutage ein unumgänglicher Faktor, der Teil der Unternehmens-DNA eines jeden Unternehmens werden muss. Die Kundenbindung im Sinne einer langen Dauer einer Kundenbeziehung wirkt sich sehr positiv auf die Kundenwerte aus. Die Kundenzufriedenheit, die im Unternehmen vorliegt oder eben nicht vorliegt, ist somit entscheidend. Die Kunden sind über alle Kanäle hinweg dauerhaft zufriedenzustellen, bzw. durch Customer Experience ist Begeisterung beim Kunden zu schaffen. Neukundengewinnung ist im hart umkämpften Retailgeschäft ein zentraler Erfolgsfaktor. Daher ist eine hohe Weiterempfehlungsbereitschaft der Kunden und Mitarbeiter ein entscheidender Wettbewerbsvorteil. Bereits das Kano-Modell zeigt eine Unterscheidung zwischen den sogenannten Basis- und den Begeisterungsanforderungen auf. Genau bei dieser Unterscheidung zwischen den reinen Basisanforderungen und den deutlich weiterreichenden Begeisterungsanforderungen setzt die Grundidee des Net Promoter Score (NPS) bzw. des Net-Promoter-Systems an (Reichheld und Markey 2011). Die Aufgabe von Unternehmen in der heutigen Zeit liegt darin, die Kunden mit den angebotenen Produkten oder Dienstleistungen zu begeistern und nicht nur deren Grundbedürfnisse abzudecken. Über eine solche Begeisterung schafft ein Unternehmen ein gesundes und vor allem nachhaltiges Wachstum. Kunden, die begeistert wurden, erzählen in ihrem Umfeld von der erfahrenen Leistung und haben somit eine enorm hohe Weiterempfehlungsbereitschaft. Dies gilt besonders auch für Banken, die aufgrund der Vertrauensverluste den Kunden zunehmend in den Mittelpunkt stellen müssen. Der Net Promoter Score ist ein Index, der es dem Unternehmen ermöglicht, die Nettoweiterempfehlungsbereitschaft seiner Kunden zu messen und folglich den Anforderungen der heutigen Zeit gerecht zu werden, Begeisterung

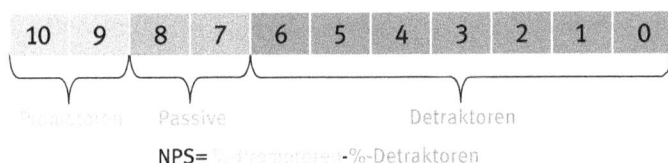

Abb. 4.9: Skalenverteilung und Berechnung des NPS-Konzepts. In Anlehnung an Reichheld (2006).

über alle Customer Touchpoints hinweg zu schaffen. Die Begrifflichkeit „Net Promoter Score" tauchte im Jahr 2003 erstmals in einem Artikel im Harvard Business Review auf. Der Net Promoter Score wurde von Fred Reichheld im Zuge seiner Tätigkeit in der Unternehmensberatungsgesellschaft Bain & Company entwickelt. Zahlreiche Unternehmen aus unterschiedlichsten Branchen verwenden das Instrumentarium des NPS inzwischen und haben dieses fest in ihre Unternehmensprozesse und -kultur verankert (Reichheld und Markey 2011). Neben Unternehmen wie Apple, Otto oder Amazon sind es auch zahlreiche Finanzdienstleister, die den NPS für sich entdeckt haben. Der NPS hat somit eine große Bedeutung für den Vertrieb und die Steuerung eines gesamten Unternehmens. Anhand von lediglich zwei schlichten Fragen liefert der Net Promoter Score seine Erkenntnisse. Die erste Frage wird dabei als „ultimative Frage" bezeichnet. Die zweite Frage ist eine Folgefrage, die ein offenes Kundenfeedback liefern soll. Die erste ultimative Frage, die ein Kunde gestellt bekommt, lautet wie folgt:

„Auf einer Skala von 0 bis 10, zu welcher Wahrscheinlichkeit würden Sie unser Produkt oder Unternehmen einem Freund oder Kollegen weiterempfehlen?" (Reichheld und Markey 2011, S. 19)

Wobei eine 10 bedeutet, dass eine Weiterempfehlung durch den Kunden äußerst wahrscheinlich ist, bei einer 0 ist diese folglich äußerst unwahrscheinlich. Die genaue Aufteilung in drei Kategorien, nämlich die Promotoren, die Passiven und die Detraktoren, ist in Abbildung 4.9 zu sehen (Reichheld und Markey 2011). Die Folgefrage ist als „offene Frage" formuliert und soll Aufschluss über die Hintergründe der Kundenbewertung geben. Diese zweite Frage sollte folgenden Charakter besitzen:

„Welche Gründe waren ausschlaggebend für diese Bewertung?" (Reichheld und Markey 2011, S. 19)

Diese Arten von Fragestellungen wirken für den Kunden unverbindlich und ungezwungen. Ihm werden keinerlei vorgefertigte Fragen vorgelegt, wie es oftmals bei stupiden Kundenbefragungen der Fall ist. Dadurch bekommt das Unternehmen ein offenes und direktes Kundenfeedback, welches die Gründe für eine positive oder auch negative Beurteilung aufzeigt (Reichheld und Markey 2011).

Der Index setzt sich, wie im folgenden Schaubild dargestellt, zusammen:

Somit ermöglicht das Net Promoter System eine Kontrolle der Aktivitäten über alle Kundenkontaktpunkte und Hierarchien hinweg und gibt dem Unternehmen die Chance, zeitnah einzugreifen und entsprechende Maßnahmen zu entwickeln. So können Kundenabwanderungen, negative Mund-zu-Mund-Propaganda und andere negative

Entwicklungen verhindert werden. Vor allem können so negative Erfahrungsaustausche im Social-Media-Netzwerk rechtzeitig abgewendet werden, indem die aufgezeigten Probleme im jeweiligen Unternehmensteil behoben werden. So können positive Kundenwerteffekte erreicht werden. Unzufriedenheit der Kunden und mögliche Beschwerdepotenziale müssen rechtzeitig entdeckt werden. Diese sind dann durch entsprechende Verfahren und Instrumente zu beseitigen, um Kundenabwanderung und negative WOM zu verhindern. Wenn so eine Kundenabwanderung vermieden wird, verfestigt sich die Kundenbeziehung deutlich. Diese Kunden äußern ihre Unzufriedenheit, sind also im Gegensatz zu schweigenden Kunden an einer Partnerschaft mit dem Unternehmen interessiert. Zudem weisen die Promotoren einen deutlich höheren Kundenwert als die unzufriedenen oder neutralen Kunden auf. Aus betriebswirtschaftlichen Gründen im Hinblick auf den Kundenwert ist daher eine hohe Anzahl an Promotoren im Unternehmen das Ziel. Diese weisen nicht nur selbst hohe Kundenwerte und eine breite Produktnutzung aus, sondern empfehlen aktiv das Unternehmen weiter.

Aussagekraft des Net Promoter Score
Basierend auf einer kundenorientierten Unternehmensführung ist der NPS ein Instrument, das der Kundenbindung und der Kundenzufriedenheit beisteuern soll, um langfristige Geschäftsbeziehungen anzustreben. Die Analyse einer leistungsbezogenen Kundenbefragung gibt Aufschluss über die Bedürfnisse der Kunden und deren Befinden im Kaufprozess. Diese Daten bilden eine wichtige Grundlage für die Analyse der Neukundenbewertung, die im Rahmen des Lead Managements hinzugewonnen wurden. Das Marketing beschreibt, dass jeder Kunde, der entweder einen nachweisbaren Besuch im Onlineshop oder im stationären Handel vollzogen oder gar einen Einkauf getätigt hat, im Unternehmen gehalten werden soll (Greve und Benning-Rohnke 2010). Der NPS sammelt deshalb wichtige Informationen für den weiteren Lead-Management-Prozess und nutzt die Stimmungen der Bestandskunden für die weitere Kontaktpflege. Den Kunden verstehen, mit ihm unternehmerisch wachsen und diesen an das Onlineangebot binden sind die wesentlichen Wertetreiber im NPS. Es soll stets die Begeisterungsfähigkeit für das Sortiment erhalten bleiben.

4.4 Bestimmungsfaktoren des Kundenwertes aus Unternehmersicht

Das Ziel von Unternehmen kann nicht darin liegen, alle Kunden zu halten und maximale Kundenzufriedenheit bei jedem Kunden zu erzielen. Schließlich sollten auch im Customer Contact Management neben Effektivitätsbemühungen stets Effizienzkriterien berücksichtigt werden. Damit rückt das Thema des Wertes von Kunden in den

Mittelpunkt des Interesses, wobei derzeit eine Intensivierung der wissenschaftlichen Diskussion zu beobachten ist, die vor allem Bausteine bzw. Determinanten des Kundenwerts, Ansätze zu dessen Messung sowie den Zusammenhang zwischen Kundenzufriedenheit, -bindung und -wert von verschiedenen Standpunkten aus beleuchtet. In den Grundlagen gehen wir zunächst auf die grundlegenden Bestimmungsfaktoren aus Unternehmersicht ein. Wir lehnen uns hier an die Autoren Hippner und Wilde (Hippner und Wilde 2006) an, da diese nach Auffassung des Autors für das Verständnis der Grundlagen das eingängigste Konzept beschreiben.

Wichtig für die Ermittlung des Kundenwertes sind bei der Identifikation und Analyse, dass auf die Quellen des Kundenwertes eingegangen wird, auf die sich die Determinanten des Kundenwertes in ihrer Ursache zurückführen lassen. Es ist vor allem für jedes Unternehmen wichtig zu realisieren, dass sich die Bedeutung eines Kunden nicht nur auf den Ertrag beschränkt, der sich durch diese Kundenbeziehung ergibt, sondern auch andere nicht monetäre Variablen mit einbezogen werden sollten. Diese Variablen können zum einen aus der WOM ergehen, die ein Kunde durch eine positive Erfahrung mit dem Unternehmen an seinen Freundeskreis und an seine soziale Umgebung weiter trägt und somit die Gewinnung von Neukunden vereinfacht. Ebenso zählen zu den nichtmonetären Variablen die Informationen, die ein Kunde dem Unternehmen bezüglich neuer Produktideen respektive Verbesserungsvorschläge bereitstellt. Zusammenfassend lässt sich demnach der Kundenwert in zwei allgemeine Überbegriffe einteilen:

1. Transaktionspotenzial
2. Relationspotenzial

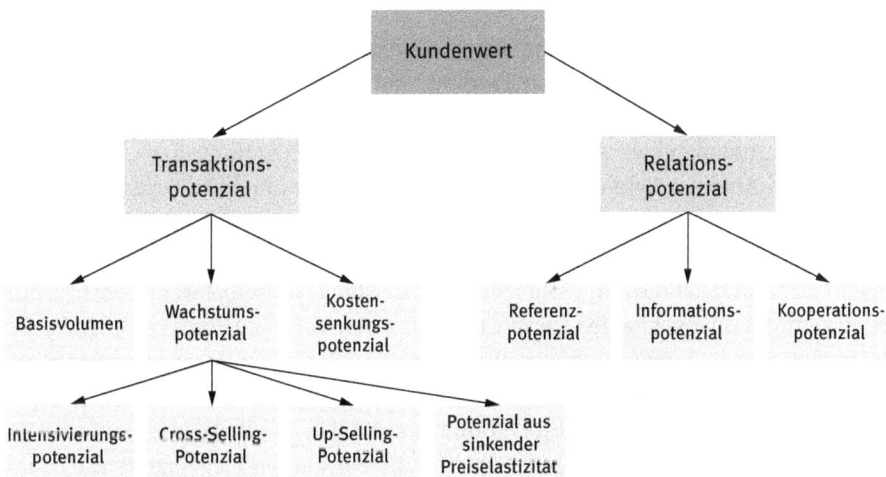

Abb. 4.10: Bestimmungsfaktoren des Kundenwerts. In Anlehnung an Hippner und Wilde (2006, S. 27).

Die Abbildung 4.10 veranschaulicht nochmals die spezifischen Komponenten des Kundenwertes, die den Begriff des Kundenwertes ausmachen und somit bei der Ermittlung und Identifikation den Kundenwert prägen. Das Transaktionspotenzial resultiert aus der direkten Abnahme von Leistungen und geringeren Betreuungskosten. Hierunter zählen wir die Komponenten:

- Basisvolumen: aktueller Umfang der Leistungsabnahme
- Wachstumspotenzial: Zuwachs (Rückgang) der Leistungsabnahme bei:
  - Intensivierungspotenzial: den gleichen Leistungen wie bisher (Wiederkaufrate, Steigerung Share of Wallet),
  - Cross-Selling-Potenzial: anderen Leistungen des Unternehmens,
  - Up-Selling-Potenzial: höherwertigen Leistungen des Unternehmens,
  - Potenzial aus sinkender Preiselastizität: reduzierte Preissensitivität bei starker Kundenbindung bzw.
- Kostensenkungspotenzial: geringere Transaktionskosten (Kundenkenntnis) und Kundengewinnungskosten.

Der Kundenwert kann ebenfalls durch das Relationspotenzial gesteigert werten. Das Relationspotenzial entsteht durch Weiterempfehlung oder Generierung von Kundeninformationen. Die Unterkomponenten sind

- Referenzpotenzial: Einfluss des Kunden auf Kaufentscheidungen Dritter,
- Informationspotenzial: Anregung zur Verbesserung von Unternehmensleistungen und Geschäftsprozessen z. B. aus Beschwerden und
- Kooperationspotenzial: generelle Vorteile des Unternehmens aus der Zusammenarbeit mit dem Kunden v. a. im B2B-Bereich, Efficient Customer Response.

Im Zeitalter von Social Media kommt dem *Referenzwert* eine zunehmende Bedeutung zu, weil sich Konsumenten über ihre Produkt- und Anbietererfahrungen offen austauschen können. Unternehmen haben den Stellenwert von Referenzen bzw. EWOM erkannt und zunehmend werden Kunden für Neukundengewinnungsbemühungen belohnt. Wenn Anbieter Referenzen in einem Kundenstamm nicht berücksichtigen, so führt dies dazu, dass der Referenzgeber unterbewertet und Kunden, die aufgrund von Referenzen gewonnen wurden, überbewertet werden. Schließlich hilft der Referenzgeber einem Anbieter die Akquisitionskosten zu reduzieren, selbst wenn er selber nur einen geringen oder gar keinen Umsatz tätigt. Insofern führt die Berücksichtigung des Referenzwertes zu einer gerechteren Bewertung von Kunden mit und ohne Referenzpotenzial. Allerdings erfordert die richtige Zuordnung von Referenzen eine Transparenz darüber, wer Referenzen gegeben und genutzt hat. Um diese Informationen zu erlangen und um positive Referenzen zu stimulieren, werden Instrumente wie „Kunden gewinnen Kunden" eingesetzt, bei denen Adressen gewonnen werden und die Referenzgeber eine entsprechende Prämie bekommen. Hieraus können dann Vertrauensprobleme resultieren, wenn Empfehlungen nicht aus persönlicher Überzeugung heraus, sondern nur zur Erlangung einer Prämie ausgesprochen werden, oder wenn Adressen von Personen an Anbieter weitergeleitet werden, die hiervon keine Kenntnis haben. Somit zeigt sich auch hier ein enger Zusammenhang von Vertrauen und Referenzwert.

Vertrauen hat auch einen erheblichen Einfluss auf das *Informationspotenzial*, denn hinter dem Informationswert verbirgt sich das aktive Informationsverhalten eines Kunden gegenüber einem Anbieter, positive wie auch negative Produkterfahrungen zurückzuspielen. Es kann grundsätzlich angenommen werden, dass in vertrauensvollen Beziehungen mehr Informationsinhalte ausgetauscht werden als in weniger vertrauensvollen Beziehungen. Im Rahmen einer dynamischen Betrachtung einer Kundenbeziehung kann aber auch beobachtet werden, dass bei Zufriedenheits- und damit einhergehenden Vertrauensproblemen die Kommunikationsintensität (z. B. Kundenbeschwerden) zunimmt, gerade weil Kundenerwartungen nicht erfüllt wurden. Hier haben Unternehmen dann die Chance, durch adäquate Reaktionen und Informationen das Vertrauen der Kunden wieder zurückzugewinnen bzw. zu stärken.

Eine unternehmensethische Betrachtung je nach Branche beim Informationspotenzial sollte jedoch dringend beachtet werden. Durch die Datenanreicherung generiert der Anbieter ein erhebliches Datenvolumen, um seine Leistungen besser auf die Kundenwünsche anzupassen. Allerdings besteht dabei auch die Gefahr die Kundeninformationen für vielfältige Zwecke zu nutzen (z. B. Cross-Selling), die der Kunde bei der Übermittlung der Informationen nicht im Sinne hatte. Gerade wenn es um für den Kunden sensible Daten geht, kann dies als Missbrauch des Vertrauens wahrgenommen werden, was zu einer Verschlechterung der Kundenbeziehung bis hin zum Abbruch führen kann. Einmal mehr zeigt sich hier, wie wichtig es ist, die berechtigten Vertrauenserwartungen angemessen zu berücksichtigen. Der Gesetzgeber hat hier hinlänglich mit Novellierung des Bundesdatenschutzgesetzes (BDSG) und die Erweiterung im europäischen Raum mit der Datenschutzgrundverordnung (DSVGO) und der noch folgenden E-Privacy-Verordnung reagiert (Kapitel 6.7.3).

Kundenwertberechnung

Wie im vorigen Kapitel erarbeitet, ist das vornehmliche Ziel von Unternehmen die Optimierung der Kundenwerte über den gesamten Lebenszyklus. In den Grundlagen werden wir zunächst anhand eines prominenten Beispiels die Berechnung des Customer Lifetime Value (CLV) kennenlernen. In der Praxis findet dieses Modell häufig in der Banken- und Versicherungsbranche und im Distanzhandel seine Anwendung, da in diesen Branchen naturgemäß alle Daten von Kunden vorliegen. Die Literatur definiert den Kundenwert (CLV) als den Barwert zukünftiger Ein- und Auszahlungen während einer Kundenbeziehung in das Unternehmen oder aus diesem heraus.

Customer Lifetime Value for a firm is the net profit or loss to the firm from a customer over the entire life of transactions of that customer with the firm. Hence the lifetime value of a customer for a firm is the net of the revenues obtained from that customer over the lifetime of transactions with that customer minus the cost of attracting, selling, and serving that customer, taken into account the time value of money. (Jain und Singh 2002, S. 37)

Mit der Verwendung des CLV als Kundenwertmodell erfüllen Untersuchungen die Anforderung, dass die Kundenwertberechnung den gesamten Kundenlebenszyklus berücksichtigt. Neben zurückliegenden Zahlungsströmen werden dank dieses Modells auch die aktuellen Zahlungsströme betrachtet. Somit wird in einer einzigen Zielgröße die Höhe aller anfallenden Zahlungsströme und der komplette Zeitraum, in dem diese anfallen, vereinigt. Der Kundenwert bietet als wissenschaftliches Konstrukt die Möglichkeit, unterschiedliche Maßnahmen zur Steigerung des Wertes der Kundenbasis nach Vorteilhaftigkeit zu vergleichen (Jain und Singh 2002). Ein solcher Vergleich ist möglich, da der Kundenwert eine Kombination aus periodenbezogenen Erfolgsmaßen und der Laufzeit der Kundenbeziehung ist. Des Weiteren erlaubt er eine Beurteilung der Maßnahmen, die die Dauer und den Ertrag einer Kundenbeziehung jeweils unterschiedlich beeinflussen. Der Kundenwert kann individuell auf Ebene eines einzelnen Kunden oder auch aggregiert für ganze Gruppen von Kunden berechnet werden. Auf individueller Ebene ist der Kundenwert der Wert eines Kunden für das Unternehmen und berechnet sich, indem über die komplette Laufzeit der Kundenbeziehung betrachtet, der Saldo der Ein- und Auszahlungen bzw. der Saldo der Erträge und Kosten pro Periode (Deckungsbeitrag) diskontiert wird. Außer dem Deckungsbeitrag können auch alternativ die Ein- und Auszahlungen verwendet werden (Abbildung 4.11).

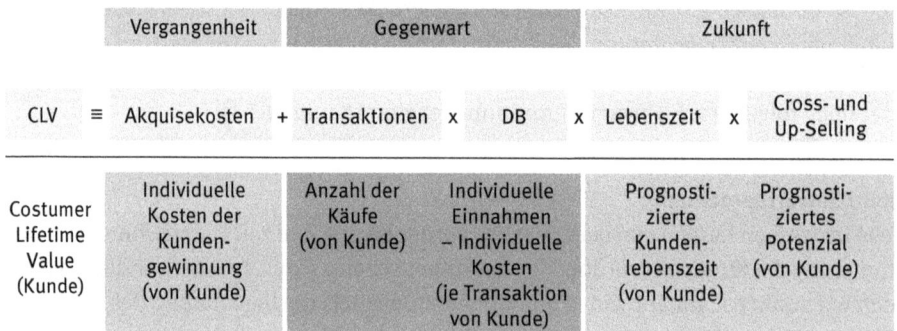

	Vergangenheit	Gegenwart		Zukunft	
CLV ≡	Akquisekosten +	Transaktionen x	DB x	Lebenszeit x	Cross- und Up-Selling
Costumer Lifetime Value (Kunde)	Individuelle Kosten der Kundengewinnung (von Kunde)	Anzahl der Käufe (von Kunde)	Individuelle Einnahmen – Individuelle Kosten (je Transaktion von Kunde)	Prognostizierte Kundenlebenszeit (von Kunde)	Prognostiziertes Potenzial (von Kunde)

Abb. 4.11: CLV. In Anlehnung an Jain und Singh (2002).

Obenstehend haben wir nun das Grundmodell erläutert. Nun ist allerdings interessant, wie wir dies in der Praxis umsetzen. Uns interessiert – und hierbei besonders – die Kundenbindungsrate (Retention Rate). Dazu folgende Berechnung:

Basismodell Customer Lifetime Value

$$CLV = \sum_{t=0}^{n} \frac{e_t - a_t}{(1+i)^t} = e_0 - a_0 + \frac{e_1 - a_1}{1+i} + \frac{e_2 - a_2}{(1+i)^2} + \cdots + \frac{e_n - a_n}{(1+i)^n}$$

Basismodell Customer Lifetime Value (mit Retention Rate)

$$CLV = \sum_{t=0}^{n} R^t \frac{e_t - a_t}{(1+i)^t} = e_0 - a_0 + R\frac{e_1 - a_1}{1+i} + R^2\frac{e_2 - a_2}{(1+i)^2} + \cdots + R^n\frac{e_n - a_n}{(1+i)^n}$$

e_t = (erwartete) Einzahlungen aus der Geschäftsbeziehung in der Periode t
a_t = (erwartete) Auszahlungen aus der Geschäftsbeziehung in der Periode t
i = Kalkulationszinsfuß zur Abzinsung auf einen einheitlichen Referenzzeitpunkt
t = Periode (t = 0, 1, 2, ..., n)
n = Dauer der Geschäftsbeziehung
R = Retention Rate

Abb. 4.12: CLV: Formel Basismodell und Formel mit Kundenbindungsrate. In Anlehnung an Homburg und Daum (1997, S. 402).

Die obenstehende Formel kann nur sehr einfach in einer Tabellenkalkulation für einen kompletten Kundenstamm oder für jeden einzelnen Kunden umgesetzt werden.

Tab. 4.2: Beispiel CLV (eigene Darstellung).

	1. Jahr (t = 0)	2. Jahr (t = 1)	3. Jahr (t = 2)	4. Jahr (t = 3)	Summe
Einzahlungen	40,00	60,00	100	150,00	350,00
Auszahlungen	32,00	48,00	68,00	88,00	236,00
Anfangsinvestition	50,00	–	–	–	50,00
Einzahlungs-überschuss	−42,00	12,00	32,00	62,00	64,00
Abzinsfaktor (i = 10 %)	1	1,1 $(1 + 0,1)^1$	1,21 $(1 + 0,1)^2$	1,33 $(1 + 0,1)^3$	
Einzahlungs-überschuss (diskontiert)	−42,00	10,91	26,45	46,58	41,94
Kundenbindungs-wahrscheinlichkeit (R = 75 %)	1	0,75 $(0,75^1)$	0,56 $(0,75^2)$	0,42 $(0,75^3)$	
Einzahlungs-überschuss (Diskontiert und mit Retention Rate)	−42,00	8,18 $(0,75 \cdot 10,091)$	14,88 $(0,56 \cdot 26,45)$	19,65 $(0,42 \cdot 46,58)$	0,71

Da aber nur für die bereits beendeten Kundenbeziehungen die gesamte Länge der Kundenbeziehung mit Sicherheit bestimmt werden kann, gibt es Methoden, bei denen die Gesamtlänge der Kundenbindung prognostiziert wird. Hierbei wird die Kündigungswahrscheinlichkeit bestimmt. Übersetzen wir dies nun auf die Betrachtung der Auswirkung am Beispiel des Onlinebanking-Einsatzes auf den Kundenwert und steigen hierzu in die bisherigen Untersuchungen und die resultierenden Forschungsergebnisse ein.

So schätzen beispielsweise Gupta und Lehmann in ihrer verwendeten Methode im Jahre 2003 den Kundenwert anhand des erwarteten, individuellen Deckungsbeitrags und verwenden dabei die erwartete durchschnittliche Kündigungswahrscheinlichkeit der Kundengruppe. Dank der Verwendung von Durchschnittswerten in Bezug auf eine Kundengruppe eignet sich diese Methode für einen Vergleich des durchschnittlichen Kundenwertes von Online- und Offlinekunden, sprich den Onlinebanking-Nutzern und den Nichtnutzern (Lambrecht 2005, S. 25 ff.; Simon 2005, S. 34 ff.). Um Näherungswerte des Kundenwertes durchführen zu können, müssen die Kundenbindungsrate und der Deckungsbeitrag bestimmt werden. Daher werden an dieser Stelle die Elemente kurz vorgestellt bzw. definiert. Eine Kundenbindung „[...] liegt dann vor, wenn innerhalb eines zweckmäßig definierten Zeitraums wiederholte Informations-, Güter- oder Finanztransaktionen zwischen zwei Geschäftspartnern stattgefunden haben (Ex-post-Betrachtung) bzw. geplant sind (Ex-ante-Betrachtung)" (Diller 1996).

Diese Definition findet einheitlich in der deutschen Kundenbindungsforschung Verwendung. Aus einer Kundenbindung erzielt die Bank einen Deckungsbeitrag. Der Deckungsbeitrag ergibt sich aus dem Gesamtertrag der Bank mit dem Kunden nach Abzug der dem Kunden direkt zurechenbaren Kosten. Nach der Beschreibung dieser Elemente wird nun noch auf den Selbstselektionseffekt eingegangen und kurz erklärt wie und warum dieser eliminiert werden muss. Selbstselektionseffekte sind Effekte, die dann auftreten, wenn Gruppen, die miteinander zu vergleichen sind, unterschiedlich sind (beispielsweise Unterschiede beim Einkommen, beim Alter oder beim Bildungsstand der zu vergleichenden Personen vorliegen) (Lambrecht 2005, S. 54 ff.; Simon 2005, S. 69).

Die Selbstselektion eines Kunden könnte folglich aufgrund der Einflüsse von soziodemografischen Daten und Einstellungen des Kunden für einen anderen Kundenwert bei Onlinekunden sorgen. So ist zum Beispiel bekannt, dass Kunden, die Onlinebanking nutzen, über ein höheres Einkommen als Offlinekunden verfügen. Dieser konkrete Selbstselektionseffekt ist daher zu eliminieren, um eine Verfälschung der Ergebnisse zu vermeiden. Diese Vermeidung kann durch die Verwendung einer sogenannten Matching-Stichprobe erfolgen. Beim Ansatz des Matchings werden eine Gruppe und eine sehr ähnliche Kontrollgruppe miteinander verglichen. Es werden beispielsweise Onlinebankingnutzer mit Kunden, die kein Onlinebanking nutzen, verglichen. Die angesprochene Kontrollgruppe besteht dabei aus den Nichtnutzern und wird dabei so zusammengestellt, dass sich Nutzer und Nichtnutzer möglichst ähnlich sind. Bei einem Vergleich zwischen Online- und Offlinekunden ist somit sichergestellt, dass andere Einflüsse außer der zu untersuchenden Onlinebankingnutzung keine Auswirkungen auf den Kundenwert haben. Nun werden im Folgenden die Erkenntnisse aus bisherigen empirischen Untersuchungen zum Einfluss des Einsatzes von Onlinebankinglösungen auf den Kundenwert dargestellt.

So untersuchten Hitt/Frei in einer Studie im Jahre 2002 die Entwicklung des durchschnittlichen Deckungsbeitrags von Online- und Offlinekunden und setzten diesen dabei in Abhängigkeit von der Länge der Kundenbeziehung. Diese Untersuchung der Online- und Offlinekunden geschah am Beispiel von vier US-amerikanischen Banken (Hitt und Frei 2002). Wenn Onlinekunden durchweg einen höheren Deckungsbeitrag als Offlinekunden aufwiesen, folgerten sie daraus, dass diese Onlinekunden dann auch einen höheren Kundenwert besitzen. Für ihre Untersuchung fassten die beiden in einer Stichprobe aus 45.890 Kunden die Online- und Offlinekunden jeweils zu Kohorten mit ungefähr gleicher Länge der Kundenbeziehung (Abweichung +/– drei Monate) zusammen. In jeweils 60 Kohorten wurden so mindestens 100 Online- bzw. Offlinekunden betrachtet. Die Kundenbindung reichte dabei von lediglich einem Monat bis zu 15 Jahren. Hitt und Frei berechneten für jede Kohorte den Mittelwert und die Varianz des Deckungsbeitrags der Online- und Offlinekunden. Sie untersuchten außerdem die Zielgrößen Kreditbetrag, Anlagebetrag und die Anzahl der genutzten Produkte eines Kunden. Hitt/Frei kamen in ihrer Studie zu dem Ergebnis, dass in fast jeder der insgesamt 60 betrachteten Kohorten der Onlinekunden im Durchschnitt ein höherer Deckungsbeitrag als bei den Offlinekunden auftrat. Zudem wiesen die Onlinekunden der vier untersuchten amerikanischen Banken stets höhere Werte der vier untersuchten Zielgrößen aus.

Daraus folgerten die beiden Autoren, dass Onlinekunden über die gesamte Länge einer Kundenbeziehung profitabler sind, und zogen die Schlussfolgerung, dass Onlinekunden einen höheren Kundenwert als Offlinekunden besitzen.

Es erfolgte allerdings in der Arbeit der beiden Autoren kein Ausschluss der Selbstselektion. Die Arbeit von Campbell untersuchte den Einfluss von Onlinebanking auf den Deckungsbeitrag (Campbell 2003). Eine Approximation des Kundenwerts führte Campbell dabei nicht durch. Er stellte in seiner Studie fest, dass eine Onlinebankingnutzung kurzfristig zu einem Rückgang des Deckungsbeitrags führt.

Allerdings kam Campbell zu dem Ergebnis, dass Onlinekunden eine längere Kundenbindung aufweisen. Sein Entschluss war, dass langfristig die Nutzung und somit der Einsatz von Onlinebanking positiv auf den Kundenwert wirkt. Allerdings überprüfte er diesen Entschluss empirisch nicht weiter. Dank der Verwendung instrumenteller Variablen berücksichtigte Campbell unterschiedliche regionale Verfügbarkeiten von Breitbandinternetanschlüssen. Durch dieses Vorgehen konnte er ausschließen, dass die unterschiedlichen Verfügbarkeiten der Breitbandinternetanschlüsse zu Selbstselektionseffekten der Onlinekunden führten. Da sehr ähnliche Werte für die Untersuchung unter Einbeziehung oder ohne Einbeziehung instrumenteller Variablen vorlagen, könnte dies ein Anzeichen gewesen sein, dass die Selbstselektion der Kunden die Kundenbindung lediglich geringfügig beeinflusst haben. Eine solche Vermutung müsste allerdings deutlich weitreichender geprüft werden.

Anhand eines multivariaten linearen Regressionsmodells führte Simon eine Prognose der Kundenwerte durch (Simon 2005). Er verwendete in seinen Rechnungen eine einheitliche Kündigungswahrscheinlichkeit der betrachteten Online- und Offlinekunden und ermittelte anhand der beobachteten Erträge und Kosten den individuellen Deckungsbeitrag pro Jahr und Kunde. Diesen errechneten Deckungsbeitrag und eine von ihm geschätzte Cross-Selling-Rate nutzte er dann wiederum für seine Prognose des Kundenwertes. Abschließend setzte Simon in seiner Arbeit den prognostizierten Kundenwert (CLV) eines Kunden mit dessen Onlinebankingnutzung in Bezug. Weiterhin verwendete er in seiner Arbeit eine Matching-Stichprobe, wodurch er vermeiden wollte, dass die Selbstselektion des Kunden seine Ergebnisse verfälschen würde.

Simon stellte in seiner Arbeit einen signifikant positiven Einfluss der Onlinebankingnutzung auf den Kundenwert für die Kunden der betrachteten deutschen Bank fest. Lambrecht arbeitete in seiner Arbeit mit einem Datensatz von 35.581 Privatkunden und betrachtete für seine empirischen Untersuchungen konkret die Kunden einer deutschen Großbank (Lambrecht 2005). Anhand einer Durchführung von drei unterschiedlichen empirischen Untersuchungen wollte er dabei unter Berücksichtigung einer Kündigungswahrscheinlichkeit und dem Deckungsbeitrag den Einfluss von Onlinebanking auf den Costumer Lifetime Value oder kurz den bereits vorgestellten CLV bestimmen. Für seine Berechnung des CLV verwendete Lambrecht die bereits vorgestellte Methode von Gupta und Lehmann aus dem Jahr 2003. Anhand seiner Untersuchung stellte er fest, dass sich durch eine Anmeldung zum Onlinebanking die Kündigungswahrscheinlichkeit eines Kunden halbiert und der Deckungsbeitrag um ca. 13 % zunimmt. Neben der Auswirkung einer Anmeldung zum Onlinebanking einer Bank untersuchte Lambrecht den Einfluss einer aktiven Onlinebankingnutzung auf den Kundenwert. Er kommt im Zuge dessen zu dem Ergebnis, dass die aktive Nutzung des Onlinebanking keine Auswirkung auf den Deckungsbeitrag des Kunden hat. Aber dennoch sei diese aktive Nutzung gemäß Lambrecht positiv zu bewerten, da die Kündigungswahrscheinlichkeit durch die Anmeldung zum Onlinebanking um 40 % gesenkt wird (Lambrecht 2005, S. 118 ff.).

Bei seiner Untersuchung spielte diese festgestellte Reduzierung der Kündigungswahrscheinlichkeit eine entscheidende Rolle. Wegen dieser Reduzierung kommt Lambrecht abschließend in seiner Arbeit zu dem Fazit, dass erst einmal bereits die Anmeldung zum Onlinebanking und weiterhin die aktive Nutzung dieses Onlinebankingzugangs positive Auswirkungen auf den Wert eines Kunden haben. Der Ausschluss der Selbstselektion erfolgt in der Arbeit von Lambrecht ebenfalls anhand einer Matching-Stichprobe.

Gensler, Skiera und Böhm untersuchten in ihrer Arbeit im Jahre 2007 einen Datensatz von 200.000 Bankkunden einer europäischen Retailbank (Gensler/Skiera/Böhm 2007). Die Autoren untersuchten beispielsweise den Einfluss der Nutzung vom

Tab. 4.3: Zusammenfassende Literatur (eigene Darstellung).

Arbeit:	Methodik:	Beachtung der Selbstselektion:	Erkenntnis:
Hitt/Frei (2002)	Eine Untersuchung des Deckungsbeitrages in Abhängigkeit von der Kundenbindung	Keine gesonderte Beachtung der Selbstselektion	Ein positiver Einfluss
Campbell (2003)	Der Einfluss auf Deckungsbeitrag und Länge der Kundenbindung wurde untersucht	Lediglich Beachtung einer unterschiedlichen Verbreitung von Breitband- Internetanschlüssen	Deckungsbeitrag fällt kurzfristig, langfristig längere Kundenbindung Positiver Einfluss
Simon (2004)	Ein prognostizierter Kundenwert wurde in Beziehung mit Onlinebanking gesetzt	Anhand des Matching-Ansatzes	Positiver Einfluss
Lambrecht (2005)	CLV-Berechnung anhand einer Kündigungswahrscheinlichkeit	Matching	Positiver Einfluss
Gensler/ Skiera/ Böhm (2007)	Berechnung des Kundenwertes anhand des Produktnutzungsverhaltens der Kunden	Matching-Verfahren	Positiver Einfluss

Onlinebanking-Angebot der Bank auf die Anzahl der genutzten Produkte oder Salden der Konten. Sie schlossen dann mit diesen Erkenntnissen auf die Profitabilität der Onlinekunden für die Bank. Auch sie verwendeten zum Ausschluss der Selbstselektion und für ihren Vergleich von Online und Offlinekunden einen Matching-Ansatz. Gensler, Skiera und Böhm kamen abschließend in ihrer Arbeit zu dem Ergebnis, dass der Kanaleffekt der Onlinebankingnutzung positiv für die Kundenprofitabilität ist. Tabelle 4.3 dient als Zusammenfassung der Arbeiten und jeweiligen Erkenntnisse.

Es wurden fünf empirische Untersuchungen zum Einfluss der Nutzung von Onlinebanking als Vertriebskanal auf den Kundenwert vorgestellt.

Hitt und Frei kommen in ihrer Arbeit zu der Erkenntnis, dass Onlinekunden für die untersuchten Zielgrößen stets höhere Werte besitzen und auch einen höheren Deckungsbeitrag als die ebenfalls betrachteten Offlinekunden besitzen. Daraus schlussfolgerten die beiden Autoren, dass bei Onlinekunden ein höherer Kundenwert vorliegt. Der Hauptkritikpunkt bei der Untersuchung ist aber, dass keinerlei Ausschluss jeglicher Selbstselektion eines Kunden und keine zukünftige Betrachtung stattfindet.

Campbell untersuchte ebenfalls den Deckungsbeitrag. Und kommt bei seiner Untersuchung anders als die Autoren Hitt und Frei zu dem Ergebnis, dass durch Onlinebankingnutzung der Deckungsbeitrag der Kunden kurzfristig zurückgeht. Er schließt allerdings aufgrund der längeren Kundenbindung der Onlinekunden auf eine Steigerung der Kundenwerte durch den Einsatz des Vertriebskanals Internet. Er schließt zwar die Selbstselektion in Bezug auf die Verfügbarkeit von Breitbandinternetverbindungen aus, führt aber keine weiteren empirischen Untersuchungen diesbezüglich durch. Simon und Lambrecht hingegen schließen in ihren späteren Arbeiten durch Verwendung eines Matching-Ansatzes den Selbstselektionseffekt aus.

Simon prognostiziert einen Kundenwert anhand einer Kündigungswahrscheinlichkeit, betrachtet also auch zukünftige Zahlungsströme (CLV-Modell). Die Prognose setzt Simon mit dem Onlinebanking in Bezug. Simon kommt auch auf einen positiven Effekt des Onlinebankings auf den Kundenwert. Zum einen untersucht Lambrecht die Auswirkung einer Anmeldung für das Onlinebanking und zum anderen untersucht er die aktive Nutzung des Onlinebanking-Angebots. Auch er arbeitet ähnlich wie Simon in seiner Arbeit mit einer Kündigungswahrscheinlichkeit und dem Deckungsbeitrag.

Auch Lambrecht kommt zu dem Ergebnis, dass der Kundenwert durch den Einsatz des Vertriebskanals Onlinebanking gesteigert wird. Durch eine Anmeldung und die aktive Nutzung erfolgt eine Reduktion der Kündigungswahrscheinlichkeit und die Anmeldung erhöht zudem den Deckungsbeitrag.

Die Autoren Gensler, Skiera und Böhm untersuchten den Kundenwert anhand des Produktnutzungsverhaltens. Auch diese Arbeit kommt im Ergebnis auf einen höheren Kundenwert der Onlinekunden. Aufgrund unterschiedlicher verwendeter Methoden können die Ergebnisse zwar in der Höhe nicht verglichen werden, dennoch ziehen alle vorgestellten Autoren aus ihren empirischen Untersuchungen den Entschluss, dass Onlinebankingnutzung den Kundenwert steigert. Wenn wir nun betrachten, dass mit dem im Vergleich zum Onlinebanking noch stärker wachsenden Mobile Banking dem Such- und Kaufverhalten (der bereits beschriebene RoPo-Effekt) der Bankkunden online eine noch höhere Bedeutung zukommt, dann ist die Erhöhung der Kundenwerte durch Online- und mobiles Banking ein festzustellender Effekt. Wenn wir andere Branchen vergleichen, die mit vielen Daten arbeiten, wie z. B. den Distanzhandel (Kapitel 6), kommen die führenden Autoren zu ähnlichen Ergebnissen.

Gerade im E-Commerce und Onlinemarketing, wo sich via Analytics unmittelbare Insights in das Kundenverhalten ergeben, hat der CLV großes Potenzial. Er ist nachweislich das Erfolgsmodell für viele erfolgreiche Pure Player im E-Commerce.

Allerdings ist der CLV keinesfalls die eierlegende Wollmilchsau, zu der sie so mancher Marketingexperte macht. Da der CLV eine zusammengesetzte und damit komplexe Kennziffer ist, können damit auch viele Fehler gemacht werden. Die Messung und Bestimmung des Customer Lifetime Value als Zielwert ist nicht ganz trivial.

Entscheidend dabei ist die Zuordnung von Akquisekosten zu individuellen Kunden bzw. Kundensegmenten. Das Modell impliziert ja, dass Akquisekosten und Erträge aus Kundenbeziehungen abhängig zueinander sein müssen. Entsprechend muss dieser Zusammenhang auch identifizierbar sein. Wie aber geht man mit einer Situation um, bei der ein nicht registrierter Kunde einen Zeitraum von z. B. drei Wochen zwischen Erstbesuch des Onlineshops und Erstbestellung verstreichen lässt? Auch die vollständige Erfassung der Akquisekosten ist nicht ganz einfach. Theoretisch sind die

$$CPO = \frac{\textit{Online-Marketing-Kosten}}{\textit{Anzahl Conversions}} = \frac{\textit{Visits} \times \textit{CPC}}{\textit{Visits} \times \textit{Conversion Rate}} = \frac{\textit{CPC}}{\textit{CR}}.$$

Abb. 4.13: Berechnung des CPO (Quelle: Große Holtforth 2017).

Akquisekosten einfach zu erfassen. Mit der einfachen Formel in Abbildung 4.13 lässt sich der Cost per Order (CPO) als Faustformel für die Akquisekosten einer Bestellung und damit eines Kunden bestimmen.

Allerdings ist das nur eine Näherungsrechnung. Wie lassen sich etwa die Kosten für Suchmaschinenoptimierung quantifizieren? Sind Suchmaschinenkosten direkte Kosten oder Gemeinkosten? Müssen für direkte Zugriffe Akquisekosten berücksichtigt werden oder nicht? Diese und andere Fragen sind komplex und erfordern Festlegungen, die auf unternehmensindividueller Grundlage erfolgen müssen. Es lohnt sich aber, die Grundlagen für den Customer Lifetime Value zu schaffen, denn damit hat jedes E-Commerce-Unternehmen ein Planungs- und Steuerungsinstrument in der Hand, das den Kundenwert als zentralen Bestandteil des Unternehmenswerts erhöhen helfen kann. Mit der oben vorgestellten Kundeninvestitionsrechnung ist der CLV zwar bestimmt, es ist aber noch nicht klar, wie er denn eingesetzt werden kann. Dazu gibt es zwei grundsätzliche Ansätze: Zum einen kann der CLV ein Planungsinstrument für Onlinemarketing und E-Commerce sein, zum anderen ein Steuerungsinstrument, das die Ergebnisse erfasst und analysieren hilft.

Der CLV als Planungsinstrument

Der Customer Lifetime Value enthält eine Vielzahl von Variablen, die es erschweren, den Istwert für einzelne Kunden zu ermitteln. Daher ist der einfachste Weg, in das Modell CLV einzusteigen, den CLV zunächst als Planungsinstrument zu verwenden. Dabei wird der CLV genutzt, um Ziele zu quantifizieren und um insbesondere den Onlinemarketingaufwand festzulegen. Zunächst muss dazu die durchschnittliche Kundenbindungsdauer, die Bindungswahrscheinlichkeit – also die Retention Rate (rr) – sowie die der durchschnittlich zu erwartende Deckungsbeitrag geplant werden. Der Diskontfaktor ergibt sich aus der internen Rendite, mit der das eingesetzte Kapital verzinst werden soll. Beispielhaft können folgende Werte unterstellt werden:

Kundenbindungsdauer: 2 Jahre
Retention Rate: 85 %
Deckungsbeitrag: 50 €
Rendite: 10 %
Gemeinkosten je Kunde: 30 €
Gewinn je Kunde: 5 €
Daraus ergibt sich ein Bruttokundenwert von

$$\text{Brutto-CLV} = 0{,}85 \cdot 50\,€ + 0{,}85 \cdot 50\,€ \cdot 1{,}1 - 1 = 81{,}14\,€.$$

Dieser Betrag lässt sich nun verwenden, um das Onlinebudget (OB) je Kunden zu bestimmen. Dieses lässt sich als Restgröße bestimmen, wenn vom CLV Gemeinkosten und Gewinn abgezogen wird:

$$OB = Brutto\text{-}CLV - Gemeinkosten - Gewinn$$
$$OB = 81{,}14\,€ - 30\,€ - 5\,€$$
$$OB = 46{,}14\,€$$

Mit diesem, hier beispielhaft abgeleiteten, Wert besteht ein Orientierungsrahmen für die Festlegung der Kosten für die Erstakquise als auch die anschließende Kundenbetreuung. Diese Budgetierungsrechnung für das Onlinemarketing ist zwar nicht sehr detailliert, greift aber konstruktiv den Gedanken des Kundenlebenszyklus auf. Innerhalb eines Zyklus sollte der Aufwand für Customer Service und Onlinemarketing also an der notwendigen Deckung der Gemeinkosten und der Finanzierung des Gewinns je Kunden ausgerichtet werden. Die Einsätze des CLV als Planungsinstrument hängen stark von Annahmen ab und bieten daher nur eine grobe Planungsgrundlage. Dagegen ist der CLV als Steuerungsinstrument deutlich konkreter, denn er vergleicht Zielgrößen in Onlinemarketing und E-Commerce mit tatsächlich erreichten Ergebnissen. Mittel- bis langfristig entstehen Entscheidungsgrundlagen, über die Kundenwerte auch den Unternehmenswert positiv zu beeinflussen.

So mächtig dieses Steuerungsinstrument auch ist, so herausfordernd ist der Einsatz des CLV als Steuerungsinstrument. Es müssen Daten aus fast allen Teilen des E-Commerce-Systems zugänglich sein und die Anforderungen an die Datenvalidität erfüllen. Dabei sind sowohl das Shopsystem, das Rechnungswesen, das Customer Relationship Management (CRM) als auch Web-Analytics-Daten involviert. Ziel ist es, kundenindividuell den Betreuungsaufwand mit den tatsächlich erzielten Erträgen abzugleichen. Wesentliche Voraussetzung dafür ist, dass Kunden einer Erfassung und Verknüpfung dieser Daten zugestimmt haben. Gelingt diese Verknüpfung, kann durch Optimierung von Onlinemarketing- und E-Commerce-Prozessen eine Steigerung der Kundenwertentwicklung durchgeführt werden. Da der CLV Akquisekosten und Erträge aus Kundenbindung ins Verhältnis setzt, ist die Richtung eindeutig vorgegeben: Die Akquisekosten müssen reduziert werden, die Erträge aus der Kundenbindung müssen entsprechend erhöht werden. Auch die Verlängerung der Laufzeit der Kundenbeziehung bei konstantem Kundenbudget gehört zur Optimierung des CLV. Damit ergibt sich eine besondere Aufgabe für das CRM. Dieses trägt qualitative Daten über Kundenpräferenzen zusammen und stellt diese für die Optimierung von Onlinemarketing und E-Commerce zur Verfügung.

Allerdings ist die individualisierte Erfassung des CLV auf Kundenbasis häufig erschwert oder unmöglich. Der Zugang von Nutzern über verschiedene technische Plattformen kann häufig nicht oder nur unscharf erfasst werden. Auch fehlt bei vielen Kunden die Bereitschaft, sich anzumelden und damit Daten preiszugeben. Damit wird der Einsatz des CLV als Steuerungsinstrument deutlich eingeschränkt. Ein Kompromiss ist die Segmentierung von Kunden, um Annahmen für das CLV-Modell zu präzisieren. Dabei werden je nach Fragestellung homogene Teilgruppen aus der Zielgruppe gebildet, für die belastbarere Aussagen gemacht werden können.

Ist Apple kundenzentriert? Die Idee, den Kunden ins Zentrum aller Bemühungen zu stellen, lebt vor allem im Marketing. Doch einige der erfolgreichsten Unternehmen der Welt agieren nicht kundenzentriert. Zumindest nicht im Sinne von „Was will der Kunde?" Denn den Kunden zu fragen, was er will, hilft einem Unternehmen nicht weiter, sagen einige Praktiker. Kunden denken in erster Linie generisch, also in Produktkategorien. Wer seine Kunden fragt, was sie für ein Produkt wollen, bekommt als Antwort meist Funktionen von Produkten eines direkten Konkurrenten aufgezählt. Weiter sind Kunden eher wenig kreativ. Sie wollen vor allem das, was sie schon kennen. Bekannt ist der Spruch von Henry Ford vor rund 100 Jahren: „Hätte ich die Konsumenten gefragt, was sie wollen, so hätten sie geantwortet: schnellere Pferde." In der Produktentwicklung kommt ein Unternehmen also nicht voran, wenn es den Kunden befragt.

Schlimmer noch sind die Auswirkungen auf die Markenführung: Würden alle Unternehmen diesen Weg einschlagen, wäre die Botschaft für alle Marken die gleiche. Das Unternehmen verliert dadurch seine Differenzierung. Die Marke wird austauschbar. Marktforschung ist also ist nicht der richtige Weg, um die Produktentwicklung eines Unternehmens und damit das Unternehmen selbst erfolgreich zu machen. Vielmehr braucht es Visionen – bei den Produkten und im Marketing.

Red Bull und Apple – nicht kundenzentriert und trotzdem erfolgreich. Und hierfür gibt es durchaus Beispiele: Red Bull, der Energydrink beispielsweise, wäre nie auf den Markt gekommen, wenn der Erfinder der Marktforschung geglaubt hätte. Denn die prophezeite damals, dass niemand diese Plörre trinken wolle. Aber mit geschicktem Marketing, das konsequent die Sehnsucht im Kunden nach höchster Leistungsfähigkeit ansprach, wurde der Welt das Gegenteil bewiesen.

Und auch Apple ist ein typisches Beispiel für ein Unternehmen, das sich wenig um die Kundenzentrierung schert. Schon das Firmenmotto drückt es aus: „Think different!" Im Mission Statement von Apple steht geschrieben: „We want to pursue ideas and opportunities that are meaningful to us." (Apple 2017). Der Kunde wird hier nicht erwähnt. Und dieses Selbstverständnis hat Auswirkungen auf den Umgang mit Kunden: Unlängst stand in London vor einem Apple Store ein Schild: „Wir belauschen heute jede Konversation hier im Laden. Wer das nicht möchte, möchte bitte draußen bleiben." Es ist nur eine Frage der Zeit, bis sich die Kunden so etwas nicht mehr gefallen lassen.

In Zukunft, wo Märkte immer dynamischer werden, benötigt das Marketing einen eigenen Kompass, der den Weg weist und an den sich das Unternehmen konsequent und konsistent halten muss (Prenzel 2018). Dieser Weg muss gekennzeichnet sein von Werten, die wiederum die Grundlage für die Glaubwürdigkeit des Unternehmens sind. Und auch wenn es Beispiele dafür gibt, dass ein paar Unternehmen ohne Kundenzentrierung auskommen, so gibt es mindestens ebenso viele Gegenbeispiele – darunter

Uber, der Haushaltsgerätehersteller BSH (Bosch-Siemens-Hausgeräte), der Kunden regelmäßig befragt, wie die Produkte, die gerade entwickelt werden, beim Kunden ankommen oder Mymuesli, wo der Kunde gleich selber mixt. Mehr Kundenwunsch geht nicht. Für die Zukunft im Marketing bedeutet das, dass das wichtigste Element im Marketing-Mix immer Ihr Produkt oder Ihre Dienstleistung ist. Darauf sollten wir fokussieren und optimieren und es im Idealfall zu einem Objekt der Begierde machen. Hierbei hilft, dass Kundenzentriertheit nicht als Projekt anzusehen ist, sondern dass der Kundenzentriertheit im Unternehmen eine feste Verankerung wiederfährt. Denn gerade wer seine Kunden mit ihren individuellen Wünschen und Bedürfnissen in den Mittelpunkt stellt, schafft es, eine langfristige und nachhaltige Kundenbeziehung zu etablieren. Letztendlich soll der Kunde zum Wiederkauf animiert werden, sodass der Erstkauf nicht den Abschluss, sondern den Beginn einer Kundenbeziehung darstellt. Nicht nur bei Amazon, Otto und Zalando, den führenden Vertretern kundenzentrierter E-Commerce-Unternehmen hat sich Kundenzentrierung als zentrale Strategie für die Unternehmenswertentwicklung etabliert. Die Strategie der Kundenzentrierung ist eng mit dem Customer Lifetime Value als Steuerungsinstrument verknüpft. Kundenzentrierung bedeutet keineswegs, wie gelegentlich angenommen, eine besonders intensive Form der Kundenorientierung. Kundenzentrierung meint vor allem eine Fokussierung auf bestimmte, wertvolle Kundensegmente. Und diese Kundensegmente werden so gut betreut, dass die Kundenbindungsdauer möglichst lange und die Kundenwerte möglichst hoch sind. Nachdem wir nun die Grundlagen abgeschlossen haben, kommen wir zum wesentlichen Instrumentenmix im Customer Contact Management.

5 Instrumentalmix im CCM

5.1 Kundenlebenszyklus

Um Kunden prospektiv über mehrere Perioden zu bewerten, sind i. d. R. detaillierte Prognosen über die Dauer der Geschäftsbeziehung und die Entwicklung der Nachfrage im Lauf der Zeit nötig (Cornelsen 2000, S. 134). Dabei können Kundenwertbestimmungsfaktoren wie Kundenzufriedenheit und Stand im Kundenlebenszyklus helfen. Wegen ihrer besonderen Bedeutung und relativ verbreiteten Messung werden diese beiden ausgewählten Bestimmungsfaktoren im Folgenden näher beleuchtet. Lebenszykluskonzepte modellieren die idealisierte Entwicklung von Nachfrage oder Deckungsbeitrag im Zeitverlauf, wobei sich der Lebenszyklus unter anderem auf Kunden, Produkte, Technologien und Organisationen beziehen kann. Für alle Lebenszyklusmodelle wird im Regelfall von einem rechtssteilen Verlauf ausgegangen, bei dem auf ein zu Beginn starkes Wachstum eine längere Phase schwächeren Wachstums und darauf eine Stagnation und Degeneration folgen (Stauss 2011, S. 327). „Der Kundenlebenszyklus beschreibt idealtypische Gesetzmäßigkeiten im zeitlichen Verlauf einer Kundenbeziehung [. . .]" (Bruhn 2001, S. 46). Solch einen idealisierten Verlauf des Kundenwertes und der Kundenbeziehung zeigt Abbildung 5.1. In der grafischen Darstellung finden sich auf der Ordinate die Beziehungsdauer bzw. das Alter, auf der Abszisse die Beziehungsintensität (rot) und der sich daraus ergebende Kundenwert (blau).

Bei natürlichen Personen lassen sich ein Bedarfs- und ein Beziehungslebenszyklus unterscheiden. Der Bedarfslebenszyklus resultiert daraus, dass Menschen je nach Lebensphase unterschiedliche Bedürfnisse und finanzielle Möglichkeiten haben. Diese hängen stark vom Lebensalter ab (Kapitel 2.3.2).

Mit jeder Lebensphase sind charakteristische Konsumvorlieben zu beobachten, die sich in Intensität und Art der Leistungsnachfrage niederschlagen. So werden bspw. Bausparverträge eher in jüngeren Jahren abgeschlossen, Ausbildungsversicherungen nach der Geburt eines Kindes und Pflegezusatzversicherungen in mittlerem bis fortgeschrittenem Alter, wenn auch die finanziellen Spielräume wachsen.

Eine Lebenszyklusbetrachtung kann dazu genutzt werden, Kunden alters- und bedürfnisgerechte Produktangebote zu unterbreiten und so den Kundenwert positiv zu beeinflussen. Die Lebenszyklusbetrachtung soll aber in erster Linie die Planung erleichtern, indem sie die typischerweise im Verlauf der Geschäftsbeziehung stark schwankenden Wachstumsraten zu antizipieren hilft (Stauss 2000a, S. 15). Bruhn betont den Nutzen des Bedarfslebenszyklus als Prognoseinstrument: „Aus den Bedürfnissen des Kunden in den verschiedenen Lebensphasen lässt sich das mittel- bis langfristige Erfolgspotenzial eines Kunden für das Unternehmen ablesen" (Bruhn 2001, S. 45). Der Beziehungslebenszyklus zielt auf die Beziehungsdauer des Kunden zum Unternehmen ab. Das Unternehmen hat in dieser Zeitspanne eine Chan-

https://doi.org/10.1515/9783110527179-005

ce, Vertrauen zum Kunden aufzubauen. Der Beziehungslebenszyklus ist demnach eher verhaltenspsychologisch als durchs Lebensalter bedingt (Bruhn 2001, S. 46–47). Nach Dwyer/Schurr/Oh lassen sich im Verlauf einer Geschäftsbeziehung die fünf Phasen Awareness, Exploration, Expansion, Commitment und Dissolution identifizieren (Dwyer et al. 1987, S. 15). Zu Beginn in der Awareness-Phase werden die Geschäftspartner aufeinander aufmerksam, tätigen aber noch keine Käufe. Es fallen Akquisekosten an, sodass der Kunde einen negativen Deckungsbeitrag generiert (Cornelsen 2000, S. 134). Mit dem ersten Testkauf tritt der Kunde in die Exploration-Phase ein. Der Kundenwert ist noch gering, weil der Kunde Nutzen und Risiken der Geschäftsbeziehung vorsichtig gegeneinander abwiegt. Wird der Anbieter den Kundenerwartungen gerecht, kann sich die anfänglich instabile Geschäftsbeziehung festigen. Dies führt zur Expansion-Phase, in der der Kundenwert stark steigt. Das Vertrauen zum Anbieter nimmt zu. Ihr Maximum erreichen Kundenvertrauen und -loyalität in der Commitment-Phase. Die Deckungsbeiträge steigen dann nur noch leicht, weil der Stammkunde annahmegemäß bereits den Großteil seines Bedarfs beim betrachteten Unternehmen deckt. Irgendwann endet die Geschäftsbeziehung modellgemäß in der Dissolution-Phase, sei es wegen Kündigung, Abwanderung oder Tod. Ziel des Anbieters ist, das Beziehungsende zu antizipieren, um ihm entweder mit Rückgewinnungsversuchen entgegenzuwirken oder Beziehungspflegekosten frühzeitig zurückzufahren. In der Praxis dürfte es bisweilen schwerfallen, Bedarfs- und Beziehungslebenszyklus überschneidungsfrei zu trennen. Wenn ein 40-Jähriger, der seit fünf Jahren Kunde bei einer Versicherung ist, stark steigende Prämien einbringt, lässt sich nicht zweifelsfrei klären, ob dieses Wachstum seinem altersbedingten Bedarf oder seinem beziehungsbedingten Vertrauen zu verdanken ist. Ein Ansatz zur Analyse könnte sein, das Vertrauen in die Beziehung zu messen (bspw. anhand der Kundenzufriedenheit oder Kundenbindung). Generell kritisch anzumerken ist bei Lebenszykluskonzepten, dass oft nicht zweifelsfrei ex ante festzustellen ist, welche Phase gerade vorliegt. Die im Lebenszyklus als unabhängige Variable herangezogenen Kriterien Zeitverlauf bzw. Alter sind zudem nicht alleine verantwortlich für die Wertentwicklung, denn auch die Kostensituation, Marktwachstum, Inflation, Konjunktur und individuelle Einkommensentwicklung spielen eine Rolle. Bei der Anwendung im Unternehmen ist zu berücksichtigen, dass es sich bei dem Konzept des Kundenlebenszyklus um eine idealisierte Darstellung des Verlaufs einer Kundenbeziehung handelt, die aus dem Produktlebenszyklus abgeleitet wurde. Sie ist nicht als deterministisch[1] zu verstehen (Cornelsen 2000, S. 135). Der Lebenszyklus eines individuellen Kunden kann stark davon abweichen, indem z. B. einzelne Phasen übersprungen werden, sich stark verkürzen oder die Beziehung zwischen Unternehmen und Kunde vorzeitig endet, bspw. wegen Enttäuschung über die Pro-

---

[1] Determinismus ist die Auffassung, dass alle – insbesondere auch zukünftige – Ereignisse durch Vorbedingungen eindeutig festgelegt sind (Jordan und Nimtz 2009, S. 63).

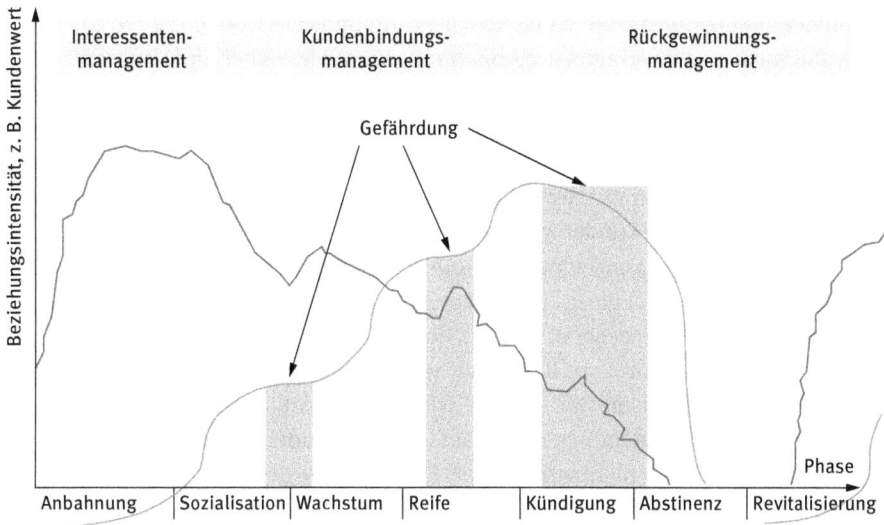

Abb. 5.1: Kundenlebenszyklus. In Anlehnung an Stauss (2000a).

duktleistung. Auch bei Betrachtung des durchschnittlichen Verlaufs über alle Kundenbeziehungen hinweg ist es plausibel, dass sich bei einem bestimmten Anbieter bspw. die Schiefe des Zyklusverlaufs deutlich von dem hier dargestellten, in der Literatur diskutierten, Lebenszyklusverlauf unterscheidet (Diller 1996, S. 10; 1996, S. 85). Verlauf und Dauer des Kundenlebenszyklus werden im Wesentlichen von Branche, Technologie, Geschäftsmodell sowie Interaktion zwischen Anbieter und Nachfrager beeinflusst, sodass eine unternehmensindividuelle Modellierung des Lebenszyklus angebracht ist (Jain und Singh 2002, S. 35). Für die Kundenbewertung erscheint das Lebenszykluskonzept insbesondere als Bedarfslebenszyklus dennoch wertvoll, weil es einen Anhaltspunkt für die Prognose des künftigen Nachfrageverlaufs bietet (Bruhn 2001, S. 45). Der Lebenszyklus bedingt, dass Bedarf und Nachfrage bei vielen Produkten ab einem gewissen Lebensalter sinken, auch wenn Kundenzufriedenheit und -bindung bisher hoch sind. Eine Lebenszyklusbetrachtung hilft, dies zu antizipieren. Das Konzept skizziert den finanziellen Beitrag des Kunden produktübergreifend und integriert dabei mehrere Kundenwertkomponenten: Ertrags- und Entwicklungswert, Cross-Selling-Wert und Loyalitätswert ergeben zusammen die Deckungsbeitragsentwicklung, die das Kundenlebenszykluskonzept beschreibt (Stauss 2000a, S. 17).

Betrachten wir uns jetzt den oben dargestellten idealtypischen Kundenlebenszyklus in Bezug auf Endkonsumenten etwas genauer. Der Beziehungslebenszyklus lässt sich in drei Kernphasen unterteilen:
- Kundenakquisitionsphase (Recruitment)
- Kundenbindungsphase (Retention)
- Kundenrückgewinnungsphase (Recovery)

Die Kundenakquisitionsphase bezeichnet die Aufnahme der Beziehung zwischen Anbieter und Nachfrager. Während der Anbahnungsphase holt der Kunde Informationen über den Anbieter ein und der Anbieter ergreift Maßnahmen zur Kundenakquisition. Zu diesem Zeitpunkt findet keine güteraustauschbezogene Transaktion zwischen den beiden beteiligten Parteien statt. Diese Anbahnung führt zur Sozialisation, in der der Kunde erste Erfahrungen mit der Leistung des Anbieters sammelt und der Anbieter Informationen über den Kunden gewinnt.

Das Interessentenmanagement oder auch Leadgenerierung genannt ist die kostenintensivste Phase. Hier muss ein Unternehmen aus einer Vielzahl von Kunden diejenigen selektieren (Mikrosegmentierung), die für ihn einen potenziell hohen Kundenwert darstellen. Dies könnten z. B. Kunden sein, deren Suchverhalten im World Wide Web ähnliche Verhaltensmuster aufzeigt wie die besten Kunden in einer bestehenden Datenbank. Die Beziehungsintensität ist hier besonders hoch und der Kundenwert niedrig, da er noch nicht gekauft hat. Eine Aufgabe des Marketings ist es, neue Interessenten zu finden und neue Kontakte herzustellen, die dann ab einer gewissen Stufe an den Vertrieb übergeben werden. Dabei hat sich die Art der Kundenansprache in den letzten Jahren sehr verändert, nicht zuletzt durch die breite Nutzung des Internets und seine Möglichkeiten. Die Massenkommunikation trat mehr und mehr in den Hintergrund und die Individualkommunikation gewann an Bedeutung. Das betrifft auch die Werbung. Im Fokus der Kommunikation und der Informationsbereitstellung steht der potenzielle Kunde mit seinen Interessen, seinen Lebensgewohnheiten und seiner Art des Medienkonsums. Interessenten informieren sich selbstständig über Produkte oder Dienstleitungen. Daher gilt es für Unternehmen den Interessenten auf seinem Entscheidungsweg zu begleiten und ihn näher an sich heranzuführen. Dazu müssen Marketer ihre Interessenten sehr genau kennen, um die richtigen Informationen (Schlagwort Content Marketing) zur richtigen Zeit am richtigen Ort bereitzustellen. Denn Ziel ist es, einfache Kontakte (Interessenten) in qualifizierte Kontakte umzuwandeln. Leads sind keine potenziellen Interessenten, sondern Verbraucher (B2C) oder Geschäftsleute (B2B), die Interesse an einem bestimmten Angebot durch bewusste Angabe ihrer Kontaktdaten für mehr Infos gezeigt haben. Das „Ja" zu weiterführenden Informationen ist oft an eine bestimmte Form der Übermittlung geknüpft, also zum Beispiel „Die besten Expertentipps zum Thema E-Mobilität" per Post, E-Mail (ohne/mit Anhang), Telefon, via Onlinemeeting oder persönlich (beim Interessenten oder Anbieter).

Qualifizierte Interessenten (Leads) können auf unterschiedliche Arten generiert, also erzeugt werden, wobei erzeugen nichts mit Druck ausüben oder gar „drücken" zu tun hat. Vielmehr ist es sinnvoll mit Vorteilsversprechen einen Sog zu erzeugen – und das am besten nicht (nur) über die Teilnahme an einem Gewinnspiel, das keinerlei inhaltlichen Bezug zum eigentlichen Angebot hat. KEINE Leads im eigentlichen Sinne sind Gewinnspielteilnehmer, die, um teilnehmen zu können, eine „Sponsorenliste" und mehrere Touchpoints bejahen mussten. Auf diese Weise generierte Datensätze werden häufig fälschlicherweise als Leads bezeichnet, aber tatsächlich handelt es sich nur um ein (je nach Art der technischen Umsetzung eines Gewinnspiels und Länge der Sponsorenliste) rechtlich relativ wackeliges Einverständnis zur Kontaktaufnahme per Post, E-Mail und/oder Telefon – und NICHT um an weiteren Informationen zu einem bestimmten Thema interessierte Personen. Eine rechtlich saubere Zustimmung zur Kontaktaufnahme ist (zumindest B2C, Kapitel 6.7.3) zwar notwendig, aber erst das zusätzliche Merkmal „Interesse an XY" macht Datensätze zu echten Leads mit wirklich hohen Abschlussquoten.

Wege der Leadgenerierung

Wie kann man Leads generieren? Wie werden Leads generiert? Zur Vorbereitung muss zunächst festgelegt werden, auf welchem Kanal die Leads generiert, danach, welche Vorteile für das Überlassen der Kontaktdaten ausgelobt und zuletzt, in welcher Form diese Vorteilsversprechen gehalten werden sollen.

Exemplarisch werden vier grundsätzliche Wege der Leadgenerierung vorgestellt. Die erste Variante ist jeweils eine Pull-/Sog-, die zweite eine Push-Variante:

– Outdoor-Leadgenerierung:
Verlosung: „Klassiker" ist der im Bahnhof präsentierte Neuwagen, den gewinnen kann, wer seine ausgefüllte Teilnahmekarte einwirft.
Persönliche Promotion: Jeder kennt in Fußgängerzonen die Stände, wo das Personal Passanten anspricht, um Interessenten zu gewinnen.

– Telefonische Leadgenerierung:
Inbound Call: Stark frequentierte Servicehotlines sind gut geeignet, um Leads für ein zusätzliches, wenig komplexes Thema zu generieren.
Outbound Call: Liegt ein valides Opt-in (Kapitel 7) mit Zusatzinformationen vor, können Leads auf diesem Weg ganz gezielt (z. B. selektiv nach PLZ und/oder Alter) generiert werden, sowohl für *ein* komplexes Thema als auch für mehrere Themen gleichzeitig.

– Online-Leadgenerierung:
Website: Anzeigen auf Seiten mit viel Traffic, die auf eine Landeseite mit Kontaktformular verlinken, eignen sich, um themenaffine Leads auch in großen Mengen zu generieren.
E-Mail: Wie bei Outbound Calls kann bei E-Mails (Anzeigen in E-Mail-Newslettern) der Empfängerkreis gut selektiert werden, aber auch für E-Mails an Verbraucher wird ein Opt-in benötigt.

– Print-Leadgenerierung:
Response-Anzeige: Print-Anzeigen mit prominenter Telefonnummer oder Antwortcoupons, die auf eine Postkarte geklebt oder im Kuvert eingesandt werden, sind Klassiker der Leadgenerierung.
Werbebrief: Postwurfsendungen und Mailings mit Antwortelement sind ebenfalls gut geeignet, um Leads für Termine oder Abschlüsse zu generieren.

Künftig wird es zunehmend Kombinationen aus diesen vier Wegen geben. Beispiel für einen Mix von Online und Outdoor bzw. Indoor ist eine App, über die das Betreten eines Ladens mit Rabattpunkten belohnt wird. Via GPS erkennt die App, wo sich der User befindet (solange er sich im Freien aufhält) und schickt ihm positionsbasiert Meldungen zu Shops (die am Programm teilnehmen) in seiner Umgebung. Im Shop selbst gibt es Sender deren Signal die App nur dann erkennt, wenn der Nutzer sich in unmittelbarer Nähe befindet. Mithilfe der App und der geldwerten Vorteile in Form von Rabattpunkten können User also gezielt in beliebige Sortimentsbereiche dirigiert werden.

Geeignete Vorteilsargumentation für die Leadgenerierung
Unabhängig vom Werbeweg können den Interessenten verschiedene Arten von Vorteilszusagen für das Hinterlassen der Kontaktdaten gemacht werden, die idealerweise nicht nur mithilfe zusätzlicher Incentives gehalten werden, sondern auch über das Produkt selbst (in Klammern typische Beispiele):
– Sachpreis, Geldgewinn (Glücksspiel, Sportwetten)
– Kostensenkung, Liquiditätssteigerung (Strom, Kredit)
– Zeitersparnis, Bequemlichkeitsvorteil (Onlinebanking, -shopping)
– höheres Ansehen (Premiumprodukte: Autos, Kleidung, Accessoires)
– Zeitvertreib, Erkenntnisgewinn (Spiele, Bücher, Reisen)
– Wissenserweiterung, mehr Erfolg (Aus- und Weiterbildung, Kurse)
– Einkommens-, Gewinnsteigerung (Steuer-, Unternehmensberatung)
– größere Sicherheit, bessere Absicherung (Versicherung, Vorsorge)
– mehr Gesundheit, Wohlbefinden (Nahrungsergänzung, Wellness)
– gutes Aussehen, größeres Selbstvertrauen (Kosmetik, Diät, Fitness)
– ruhiges Gewissen (Beitrag, Spende)

Incentives für die Leadgenerierung
Unabhängig vom Produkt sind zusätzliche Anreize dazu geeignet, die Attraktivität eines Angebots und damit auch den Erfolg der Leadgenerierung zu steigern, wobei nicht jedes Incentive zu jedem Produkt und jeder Zielgruppe passt:
– Gewinnspiel
– Gratisverlosung (keine Bedingungen für Teilnahme außer Kontaktdaten)
– Preisausschreiben (Voraussetzung für Teilnahme = richtige Lösung)
– Preisvorteil
– Gutschein (i. d. R. für nur einen Anbieter; als Prämie oft universell einlösbar)
– Couponcode (Eingabe am Ende der Onlinebestellung)
– Onlinerabatt (bei Bestellung im Internet statt im Einzelhandel)
– Neukundenrabatt (neuer Vertrag inklusive Smartphone für 0,- Euro)
– Frühbucherrabatt (Flug, Kreuzfahrt)

- Last-Minute-Rabatt (Pauschalreise)
- Mengenrabatt (10 x zahlen für 12 Ausgaben)
- Produktvorteil
- Preview (Tickets für neuen Kinofilm oder „ausverkaufte" Veranstaltung)
- Gratistest (Gratisausgabe, Probefahrt)
- Produktprobe (Software: zeitlich beschränkter Zugang zur Vollversion)
- Funktionserweiterung (Software: Features, Kreditkarte: Versicherungen)
- Produktzugabe (i. d. R. Hardwareprämie, aber auch Software/App denkbar)
- Produktinfo
- Katalog (Sortimentsneuheiten, speziell Mode und Technik sind interessant)
- Newsletter (Produktnews, Unternehmensnachrichten, wichtig: news2use)
- Servicevorteil
- Vorzugsbehandlung (Amazon Prime)
- Garantieerweiterung/-verlängerung (bei Autos, Handys)
- Expertenrat
- White Paper
- Audio Book
- Demo-Video
- Onlinetutorial
- Webinar
- Live-Seminar
- Vor-Ort-Termin (beim Anbieter oder beim Interessenten)
- individuelle Analyse (Hauttyp, Partnermatching)

Einflussfaktoren auf die Leadqualität

Welche Faktoren sind entscheidend für die Qualität von Leads? Für die Leadqualität, d. h. für die Quote, mit der Leads in Termine oder direkt in Verkäufe umgewandelt werden können, sind zahlreiche Faktoren relevant, meist aber die folgenden sieben Faktoren ausschlaggebend:

- Incentivierung der Leadgenerierung: Besteht ein wirkliches Interesse am Angebot, oder stand der Wunsch z. B. einen (themenfremden) Preis zu gewinnen im Vordergrund, als die Kontaktdaten hinterlassen wurden?
- Pull oder Push: Ist das Interesse an einem Angebot so groß bzw. akut, dass der potenzielle Kunde den ersten Schritt gemacht und – zumindest für weitere Infos – selbst den Kontakt zum Anbieter gesucht hat (Sog)? Oder hat der Anbieter den ersten Schritt gemacht und einen potenziellen Kunden angesprochen, angerufen oder angeschrieben, um auf ein für ihn mehr oder weniger interessantes Angebot aufmerksam zu machen?
- Mono oder Multi: Wird ein Angebot alleine und ausführlich präsentiert? Oder wird in einer einzigen Maßnahme – z. B. telefonische Befragung – das Interesse an mehreren Angeboten/Themen nacheinander abgefragt? Bei paralleler Abfra-

ge von mehreren Themen leidet die Ausführlichkeit der Präsentation und, ein Interesse an mehreren Angeboten vorausgesetzt, steigt gleichzeitig die spätere Kontaktfrequenz.

- Medienkonvergenz oder Medienbruch: Wird ein Interessent auf demselben Kanal aufgegriffen, auf dem auch die Leadgenerierung stattfand? Oder soll z. B. ein online generierter Lead telefonisch kontaktiert werden?
- Timing: Erfolgt das Aufgreifen der Interessenten (der Versuch die Leads in Kunden umzuwandeln) unmittelbar im Anschluss an die Generierung? Oder vergehen Wochen bis die Interessenten für weitere Informationen, die angekündigten Vorteile bzw. Incentives, kontaktiert werden?
- Frequenz: Werden Leads exklusiv generiert bzw. nur einmal verkauft? Oder werden Interessenten gleichzeitig an mehrere Abnehmer verkauft und von diesen praktisch parallel kontaktiert? Gewinnspiel-Interessenten werden oft an viele Abnehmer verkauft, sodass die Umwandlung sogar besser wird, wenn die „Leads" nicht von allen sofort kontaktiert werden.
- Erreichbarkeit: Gewinnspielteilnehmer, die zwar einen Preis gewinnen, nicht aber von 30 „Sponsoren" kontaktiert werden wollen, geben häufig einen speziellen E-Mail-Account und/oder eine Zweit-Telefonnummer an, um für die Mails und Calls der „Sponsoren" nicht erreichbar zu sein.

Beispiele für umwandlungsstarke Leads

Google Adwords ist eine Werbeform, bei der das Themeninteresse nicht nur im Vordergrund steht, sondern die Suche nach einem Thema quasi Ausgangspunkt ist und, zumindest zunächst, kein Medienbruch entsteht, weil der Interessent beim Klick auf die Anzeige auf einer Webseite mit Kontaktformular landet. Noch direkter ist nur die (von Google 2014 für einige Zeit getestete) Option, bereits in der zum Suchbegriff passenden Google-Anzeige seine Mail-Adresse für mehr Informationen einzugeben. In beiden Fällen werden Leads exklusiv generiert und von Google *nicht*, wie sonst bei online generierten Leads absolut üblich, gleichzeitig, oder zumindest nach ein bis zwei Monaten, noch an weitere Abnehmer bzw. Zweitabnehmer verkauft. Allerdings sind die Adwords-Klicks inzwischen oft so teuer und die Wandlungsquoten vergleichsweise gering geworden, dass Adwords-Leads sich für viele Angebote nur noch auf Webseiten die zum Google-Werbe-Netzwerk gehören wirklich lohnen, nicht mehr aber bei Google selbst. Auch bei Leads von Themen- und Vergleichsportalen, die ihre Websites auf Google & Co. und/oder im TV bewerben, besteht ein konkretes und gleichzeitig aktuelles Interesse. Werden diese meist hochpreisigen Leads nicht mehrfach verkauft und vom Abnehmer sofort frisch aufgegriffen, kann die Quote überdurchschnittlich sein. Wird dem Interessenten jedoch ein Onlinevergleich suggeriert, am Ende aber nicht geliefert, ist er sicher nicht glücklich. Werden die Kontaktdaten stattdessen an Versicherungs- und Finanzberater für die telefonische Kontaktaufnahme verkauft, sind diese mit einem Interessenten konfrontiert, der vielleicht erst mal nur Informationen sammeln, aber definitiv (noch) nicht aktiv angesprochen werden wollte. In diesem Fall dürfte die Umwandlung eher dürftig sein. Nachdem die Interessenten datentechnisch erfasst wurden, müssen diese aktiv beworben werden. Zum Beispiel über E-Mail-Marketing und/oder Google-Kampagnen.

Nun ist der Kunde sozialisiert und im Idealfall kauft er. Er befindet sich in der Kundenbindungsphase. Diese ist gekennzeichnet durch eine Intensivierung der Beziehung zwischen Anbieter und Nachfrager. Jetzt kommen uns die Erkenntnisse aus Kapitel 4.3.2 zugute. Denn der Kunde ist nicht automatisch zufrieden. Nach dem Kauf sinkt die Beziehungsintensität, da Unternehmen erlösorientiert arbeiten. Der Kundenwert steigt. Das Dilemma ist, dass wir nicht wissen, ob und wie zufrieden der Kunde ist. Somit ergibt sich das erste Gefahrenpotenzial für Unternehmen. Der Kunde unterliegt der kognitiven Dissonanz. Wenn diese nicht behoben wird, löst der Kunde die Beziehung. In der Wachstumsphase steigt zunächst die Leistungsnutzung durch den Kunden, Kundenwerte können abgeschöpft werden. Hier kann das Dilemma das Variety-Seeking-Phänomens entstehen (Abbildung 4.7). Unternehmen sollten hier aktiv den Produktmix ändern, um die Wechselbereitschaft des Kunden zu reduzieren. Ansonsten wendet der Kunde sich ab.

Das Unternehmen hat hier grundsätzlich vier Möglichkeiten, um zu reagieren.

- Produktinnovation: umfasst die Entwicklung und Einführung neuer Produkte oder Dienstleistungen und zählt zu den zentralen Entscheidungen im Rahmen der Produktpolitik. Dabei wird das Ziel verfolgt, ein wettbewerbsfähiges Produktportfolio am Markt zu platzieren.
- Produktmodifikationen: sind die Veränderungen von bereits bestehenden Produkten.
  Bei der *Produktvariation* handelt es sich um eine bewusste Veränderung an den Nutzenkomponenten, bis hin zur Ablösung durch ein neues Nachfolgeprodukt. (z. B. das Produkt Zahnbürste wird zu E-Zahnbürste. Die Variation kann sich hier auf Akku, Akku mit Display, Akku mit Display und App-Nutzung beziehen). Bei der *Produktdifferenzierung* wird das Produkt so verändert, dass es für eine zusätzliche Zielgruppe interessant wird und neue Segmente erschlossen werden (z. B. Tempo, Tempo Classic, Tempo mit Aloe Vera, Tempo mit Menthol, Tempo Kompakt für die Reise). Dabei ist die Veränderung nur so groß, dass die klare Zuordnung zur bisherigen Linie erhalten bleibt.
- Produkteliminierung: bedeutet die Einstellung des Angebots. Dabei kann die Elimination eine einzelne Produktvariante, ganze Produktgruppen oder auch eine gesamte Geschäftssparte betreffen.
- Produktdiversifikation: bedeutet (im Gegensatz zur Elimination) die Aufnahme neuer Produkte, Produktgruppen oder Geschäftsbereiche in das Absatzprogramm des Unternehmens.
- Horizontale Diversifikation: heißt, das Leistungsangebot wird mit neuen Produkten erweitert, die den bisherigen Produkten ähnlich sind und auf der gleichen

Wirtschaftsstufe stehen. Die neuen Produkte stehen mit den alten Produkten in Zusammenhang.
- Vertikale Diversifikation: sind vor-/nachgelagerte Veredelungsstufen.
- Laterale Diversifikation: bezieht sich auf unabhängige Geschäftsfelder.

In der Reifephase können dann die Potenziale des Kunden ausgeschöpft werden. Schließlich tritt die Kundenrückgewinnungsphase ein, die die Beendigung von Kundenbeziehungen durch den Kunden bezeichnet und die Gefährdungsphase, die Auflösungsphase sowie die Abstinenzphase umfasst.

Die Identifikation unterschiedlicher Phasen im Kundenbeziehungszyklus ist von großer Bedeutung für die Entscheidung, wie, wann und mit welchen Mitteln der Kunde angesprochen werden kann. Somit dient dieses Konzept des Kundenbeziehungszyklus dem CCM als wertvolle Basis.

5.2 Phasenbezogene Managementaufgaben

Im Folgenden geht es darum, geeignete Maßnahmen im Management zu ergreifen, um die Kunden in den unterschiedlichen Phasen zu begleiten und die Potenziale auszuschöpfen. Diese Managementaufgaben zeigt Tabelle 5.1. Hier wird das Kundenbeziehungsmanagement (CRM) auf die phasenbezogenen Aufgaben (3 Rs) angewendet.

Kundenstatus: Potenzielle Kunden

Über *Interessentenmanagement* werden neue wertversprechende Kunden für das Unternehmen identifiziert und gewonnen. Es ist als koordinierter Einsatz von Maßnahmen zur Neukundengewinnung zu verstehen. Hierdurch ergibt sich der zentrale Schwerpunkt, potenzielle und profitable Kunden zu identifizieren, zu bewerten und sie als tatsächliche Kunden zu gewinnen. Die Ziele des Interessentenmanagements sind somit:
- Interessenten zu gewinnen und in Neukunden zu transformieren,
- der Ausgleich natürlicher Kundenfluktuation und der
- Ausbau des Kundenstammes.

Das Interessentenmanagement zielt darauf ab, neue Geschäftsbeziehungen anzubahnen. Diese Aufgabe stand in der Vergangenheit im Mittelpunkt der Marketinganstrengungen. Bei potenziellen Kunden sollte Aufmerksamkeit bzw. Interesse geweckt werden, um sie zu einem Erstkauf zu motivieren (Stauss 2011). Da die potenziellen Kunden aus dem Zielmarkt in dieser frühen Phase der Geschäftsbeziehung kaum mit dem Unternehmen in Kontakt getreten sind, werden die typischen transaktionsorientierten Akquisitionskampagnen häufig nach dem „Massenprinzip" durchgeführt. Es erfolgt keine zielgruppenspezifische Ansprache durch die einzelnen, mikroseg-

Tab. 5.1: Phasenbezogene Aufgaben im CCM (eigene Darstellung).

Customer	Potenzielle Kunden (recruitment)	Aktuelle Kunden (retention)	Verlorene Kunden (recovery)
Kundenstatus / Beziehungsstatus (Contact)	Interessent	Neu; Stabil; Gefährdung aufgrund von Beschwerdevorfall; Gefährdung aus nicht artikulierten Gründen	Verloren, aber Revitalisierung möglich; Faktisch verloren
Management – Ziel	Lead	Festigen; Sichern	Wiedergewinnung
Management – Schwerpunkt	Touchpoints; Interessentenmanagement	Qualitätsmanagement; Innovationsmanagement; Kundenbindungsmangement; Präventionsmanagement; Kundenzufriedenheit	Kündigungsmanagement; Rückgewinnungsmanagement; Revitalisierungsmanagement

mentierten Kampagnen. Auch wenn zu diesem Zeitpunkt intern kaum auswertbare Informationen über die potenziellen Kunden vorliegen, kann Data Mining[2] doch dazu beitragen, die Akquisitionskampagnen zu optimieren. So können z. B. bereits durchgeführte Kampagnen dahingehend analysiert werden, welche Kundengruppen überproportional häufig reagiert haben (Response-Analysen). Mit dieser Kenntnis können bei folgenden Kampagnen nur die Kunden mit einer hohen Response-Wahrscheinlichkeit kontaktiert werden und somit bei nahezu gleichbleibendem Response die Kosten der Kampagnen erheblich gesenkt werden. Eine andere Möglichkeit, Kampagnen effizienter zu gestalten liegt in der vorgelagerten Analyse von aktiven Kunden (Zielgruppenselektion). Durch die Bildung von Kundensegmenten, die für das Unternehmen sehr profitabel sind, können die Akquisitionsanstrengungen dann auf solche potenziellen Neukunden beschränkt werden, die ein ähnliches Profil aufweisen. Obige Analysen werden schwerpunktmäßig für die Optimierung einer Kampagne herangezogen.

Der Prozess der Interessentengenerierung beginnt mit der Schaffung von Aufmerksamkeit. Neben relativ neuen Marketing-Strategien wie Influencer Marketing ist das AIDA-Prinzip ein alter Bekannter. Es wurde bereits im Jahr 1898 von dem amerikanischen Marketingspezialisten Elmo Lewis entwickelt und besteht aus vier Phasen. Ursprünglich wurde das Modell entwickelt als Gesprächsleitfaden für Verkäufer. Im Laufe der Zeit entdeckten die Werbepsychologen dieses Modell für sich, um klassische Werbung zu messen. Es existieren allerdings keine eindeutigen Belege dafür, ob die Funktionsweise fruchtet. Nach den neuesten Erkenntnissen der Kommunikations- und Werbewirkungsforschung gilt das Prinzip als überholt. Obwohl dieses Prinzip älter ist, kommt es heutzutage noch zum Einsatz und ist weiterhin eine der wichtigsten Grundlagen für modernes Marketing auf der Beziehungsebene.

Aber wofür steht die AIDA-Formel?

Der Name setzt sich aus den Anfangsbuchstaben der einzelnen Phasen zusammen (Akronym):

1) Phase: Attention (Aufmerksamkeit)
2) Phase: Interest (Interesse)
3) Phase: Desire (Verlangen/Wunsch)
4) Phase: Action (Aktion) → Act Again (Weiterempfehlung)

---

2 Database Marketing oder auch Data Mining genannt (datenbankgestütztes Marketing) ist eine Methode, Informationen und Kenntnisse über Kunden und Märkte für den Einsatz des Marketinginstrumentariums zielgerichtet zu nutzen. Es ist eine Voraussetzung für den Einsatz von Marketinginstrumenten. Das Database Marketing im Distanzhandel ist der Prozess des Suchens und Testens von datenbasierten Hypothesen über die eigenen und die potenziellen Kunden. Nur wenn die Reaktionen der Zielpersonen, auf die der Einsatz des Dialogmarketing ausgerichtet ist, in einer Datenbank erfasst werden, kann sich ein „Dialog" entwickeln. Durch Database Marketing kann eine größere Zielgenauigkeit bei der Segmentierung der Märkte erreicht werden, die Geschäfts- und Kundenbeziehungen lassen sich besser analysieren, steuern und nutzen. Dadurch wird es möglich, individuell und interaktiv mit den Kunden, Interessenten oder Zielpersonen zu kommunizieren (Lenz 2008, S. 42).

Abb. 5.2: AIDA-Formel mit Erweiterung Wiederkauf. Eigene Darstellung in Anlehnung an Kotler et al. (2017).

Die erste Phase ist am wichtigsten (und schwierigsten), da sich das eigene Marketing gegen andere Unternehmen und Ablenkungen durchsetzen muss. Zuerst muss der Werbetreibende also die Aufmerksamkeit eines potenziellen Kunden gewinnen. Das Prinzip unterscheidet hier nicht zwischen Online- oder Offlinemarketing. Sobald dies erreicht ist, sollte bei der beworbenen Person Interesse am Produkt geweckt werden. Nachdem die ersten beiden Phasen von potenziellen Kunden durchlaufen worden sind, kann der Werbetreibende durch verschiedene Maßnahmen dafür sorgen, dass bei dem Beworbenen ein Verlangen/Wunsch entsteht, das Produkt zu erwerben. In der vierten Phase wird die beworbene Person dazu ermutigt, seinem Verlangen nachzukommen und die gewünschte Aktion, z. B. den Kauf, auszuführen. Wer sich umschaut, wird merken, dass dieses Prinzip auch heute in vielen Werbekampagnen genutzt wird. Aus einem einfachen Grund: Es entspricht der menschlichen Natur. Das AIDA-Prinzip kann für die Interessentengenerierung eingesetzt werden wie Abbildung 5.2 zeigt. Der wesentliche Unterschied zum bisherigen AIDA-Prinzip ist, dass es um „Act Again" (Kotler et al. 2017) erweitert wird. Es handelt sich nicht mehr um eine einmalige Transaktion, sondern die Beziehung zum Kunden sollte analog und digital weitergeführt werden, um z. B. Weiterempfehlungen zu generieren und damit den Wert des Kunden zu steigern.

Zur Identifikation potenzieller Käufer sind Informationen über Interessenten notwendig. Diese Informationen werden im Data Mining verarbeitet. Hierzu gehören exemplarisch:

- Grunddaten:
  um den Kunden zu kontaktieren (Adresse, Strukturen, Ansprechpartner im Einkauf etc.) und seg-
  mentspezifisch bearbeiten zu können (Soziodemografie, Unternehmensdaten, Branche, Bonität
  etc.).
- Potenzialdaten:
  Informationen zum potenziellen Nachfragevolumen, Hinweise bzgl. Bedarfssituation.
- Aktionsdaten:
  interessentenspezifische Maßnahmen (Art, Zeitablauf).
- Reaktionsdaten:
  Verhalten des Interessenten auf Maßnahmen, Informationen bzgl. Auftragsnähe.

Die nun gewonnenen Interessenten werden sukzessive selektiert und zu Kunden weiterentwickelt. Hierzu zählen, um einen Neukunden zu gewinnen, im Management die
informationsseitigen Aufgaben wie:

- Identifizieren (Grunddaten),
- Qualifizieren (Potenzialdaten),
- Priorisieren (Reaktionsdaten)

und die aktionsseitigen Aufgaben wie:

- den Kaufprozess zu initiieren,
- Kaufwiderstände zu beseitigen und
- Kaufanreize zu schaffen.

Nun besteht die Aufgabe darin, weitere Informationen und Erkenntnisse von dem bestehenden Kunden zu erhalten und diese wiederum ins Data Mining einfließen zu lassen. Wir stellen fest, dass dieser Prozess ein Kreislaufsystem ist.

Grundsätzlich ist das Interessentenmanagement für jedes Unternehmen interessant, wenn die Anzahl der gewonnen Leads die sinnvolle Einführung eines arbeits-
teiligen Prozesses zulässt. Daneben ist die Bearbeitung einer größeren Anzahl qua-
lifizierter Interessenten für die sinnvolle Durchführung notwendig. Größenordnun-
gen ab denen sich die Aufwendungen für einen Managementprozess bezahlt machen,
sind von mehreren Faktoren abhängig. Werden beispielsweise von einem Unternehmen mit vielen Kontaktpunkten zum Kunden 100.000 Leads, meist im BtoC-Business
pro Monat erzeugt, so ist ein effizientes[3] Interessentenmanagement notwendig, um sicherzustellen, dass keines dieser Leads verloren geht, auch wenn jedes dieser Leads
evtl. nur einen geringen Umsatz erbringt. Ein Unternehmen, dessen Prozesse lediglich
100 Leads pro Monat, häufig BtoB, erzeugt, weil der Kundenkreis sehr klein ist, wird

---

3 Effizienz: lat. efficientia = Maß für die Wirtschaftlichkeit (Kosten-Nutzen-Relation), Optimierung einer definierten Produktionsfunktion: „doing the things right".

größeres Augenmerk auf die Effektivität[4] der Lead-Verfolgung legen, da jeder einzelne Vertragsabschluss einen hohen Wert darstellt. Entscheidend ist in der Regel das Produkt aus Anzahl der Leads und Value per Customer oder Value per Sale, aus dem sich ermitteln lässt, ob die Investitionen für einen Interessentenmanagement-Prozess durch eine erhöhte Anzahl oder einen erhöhten Wert von Abschlüssen wieder eingespielt werden können. Der Prozess kann auf verschiedene Weise an Unternehmen angepasst werden. Ein Consumer-Produkt mit einem geringen Wert wird die Investition eines Anrufes durch einen Call Agent und den Versand von Mailings oder Katalogen kaum lohnen, wohl aber die Versendung einer personalisierten E-Mail mit Vorteilsargumentation. Bei höherwertigen Gütern stellt sich dies anders dar. Für den Verkauf einer Immobilie können sicherlich mehrere Anrufe eines Kundenberaters, sowie der Versand von Informationsmaterial oder ein Vertreterbesuch in Frage kommen. Dabei ist es irrelevant, ob der Abnehmer ein Privat- oder Geschäftskunde ist. Wird ein Teilbereich von Marketing oder Vertrieb ausgelagert, so erscheint Interessentenmanagement nahezu zwingend notwendig, um eine kontinuierliche Weitergabe und Bearbeitung aller Daten und Leads zu erreichen. Dies gilt auch, wenn Daten innerhalb eines Unternehmens über mehrere Ebenen hinweg weitergegeben und verwaltet werden oder viele Mitarbeiter auf die Daten zugreifen müssen. Durch das Interessentenmanagement werden Daten zentral gespeichert, Schnittstellen klar formuliert und Datensätze in eindeutiger Weise abgelegt, sodass keine Fehlinterpretationen durch verschiedene Bearbeiter zustande kommen oder Leads verlorengehen. Mittels eines gut strukturierten Prozesses ist es möglich, neue Produkte zeitnah in Märkte einzuführen und neue Märkte binnen kurzer Zeit zu erschließen. Durch eine detaillierte Planung im Interessentenmanagement kann auf eine Phase langsamen Wachstums und in Stufen folgender Markterschließung verzichtet werden. Es liegt in der Natur der Sache, dass in solchen Prozessen Probleme entstehen können. Werden Leads durch die Marketingabteilung generiert und an den Vertrieb in Papierform weitergegeben, verschwinden sie dort nicht selten in einer Schreibtischschublade oder werden in der Datenbank vergessen. Welche Gründe stehen hinter diesem Verhalten? Vielfach beinhalten sie zu wenige Informationen, als dass sie verwendet werden könnten oder in der großen Menge der weitergegebenen Leads sind nur wenige Informationen enthalten deren Weiterverfolgung lohnt. Häufig fehlt auch eine exakte Definition der Datenqualitäten. Aber auch wenn ein Lead gut ist, ist eine Weiterleitung an die richtige Abteilung im Unternehmen mangels klar vorgegebener Abläufe meist nicht sichergestellt und somit ein Misserfolg vorprogrammiert. Aus Frustration über vergangene Fehlschläge vernachlässigen Vertriebsmitarbeiter daher häufig alle Leads, die sie aus dem Marketing erhalten. Dieser Zustand verbessert sich nicht, da in aller Regel wenig Kommunikation zwischen den

---

4 Effektivität: lat. effectivus = bewirkend, Maß für Wirksamkeit, das das Verhältnis von erreichtem Ziel zu definiertem Ziel beschreibt, Grad/Qualität der Zielerreichung: „doing the right things".

Abteilungen besteht und selten Feedbackschleifen zwischen Vertrieb und Marketing eingeplant sind. Fehlt eine gemeinsame Prozessplanung durch die beiden Abteilungen, die bei allen Beteiligten auch ein Wissen über den jeweils anderen Unternehmensbereich voraussetzt, laufen die Planungen von Marketing und Vertrieb aneinander vorbei oder es kommt zu getrennten, konkurrierenden Zielsetzungen. Das Marketing sieht eine Aufgabe darin, Leads zu generieren, berücksichtigt dabei aber nicht die Qualität sondern nur die Anzahl der Leads, der Vertrieb hingegen hat das Bestreben möglichst viele Verkäufe sicher abzuschließen und verwendet hierfür den schon bekannten Kundenstamm um evtl. Provisionen abzuschöpfen. So können große Summen im Marketing investiert werden, ohne den Kundenstamm wesentlich zu vergrößern, der Verkauf neuer Produkte wird genauso vernachlässigt wie neue Märkte. Eine Wissensgenerierung aus den im Vertrieb gewonnenen Informationen, die eine zielgerichtete Kampagnenplanung im Marketing ermöglichen würde, finden zumeist nicht statt, da Informationen in dieser Konkurrenzsituation monopolisiert und als Machtmittel missbraucht werden.

Die Konflikte zwischen Marketing und Vertrieb werden zudem von einer grundlegend unterschiedlichen Sichtweise der Unternehmensbereiche auf ihre Aufgaben geprägt. Im Marketing werden die Prozesse traditionell produktbezogen gesehen, da hier das transaktionsorientierte Denken noch vorherrschend ist. Der Vertrieb hingegen betrachtete die Prozesse üblicherweise kundenbezogen. Werden diese beiden Standpunkte nicht für eine gemeinsame Optimierung der Prozesse in Richtung Kundenwert genutzt, so kann auch daraus eine Konkurrenzsituation erwachsen. Optimales Interessentenmanagement kann daher nur funktionieren, wenn die Abteilungen Einkauf, Marketing und Vertrieb fusionieren, damit eine Kundenwertorientierung überhaupt entstehen kann. Da nicht alle Leads die gleichen Abschlussqualitäten vorweisen, bietet es sich hier an, die Ergebnisse in einer Matrix darzustellen, die an die BCG-Matrix angelehnt ist. Dies kann zum Beispiel durch Score-Verfahren erfolgen. Eine Feingliederung kann erfolgen, indem diese Matrix durch eine 9-Felder-Matrix erweitert wird.

Je höher die Aktivität des Interessenten und die Kaufwahrscheinlichkeit ausfällt, umso attraktiver ist der Interessent. Zur Berücksichtigung der Kriterien können wir auf Scoring-Modelle zurückgreifen (Diller 1996). Kaufwahrscheinlichkeit und die Aktivität der Interessenten werden anhand der wesentlichen Faktoren auf einer einheitlichen Bewertungsskala beurteilt. Wenn wir diese wiederum bewerten und gewichten, ergibt sich der Gesamtwert pro Achse (Abbildung 5.3). Aktivitäten-Faktoren könnten sein (in Anlehnung an: Diller 1996):
–   Stellung im Markt – Marketingziele
–   Geschäftsbeziehung – Beziehungsziele
–   Gewinnsituation – Ertragsziele

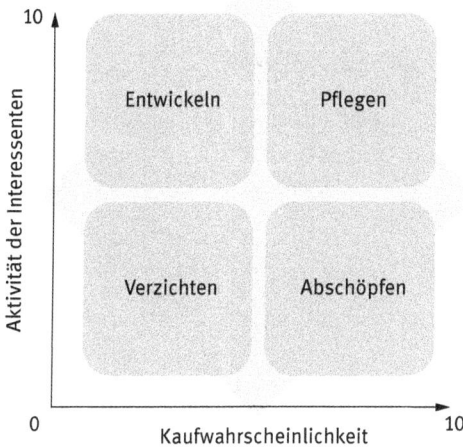

Abb. 5.3: Interessentenmatrix (eigene Darstellung).

- Influencer[5]
- Leistungsziele

Zu Leistungszielen von Unternehmen können Influencer beitragen, wenn sie sich mit den spezifischen Themen in z. B. kurzen Videos auseinandersetzen und Empfehlungen weitergeben. Bezüglich der Marketingziele könnten Aspekte wie das erwartete Absatzpotenzial, aber auch im Sinne von Referenzkunden, von Bedeutung sein. Das Erreichen von Ertragszielen hängt wesentlich von der Preisbereitschaft ab. Je stärker die Marke und Substitute, desto geringer ist die Preisempfindlichkeit. Die Kaufwahrscheinlichkeit hängt maßgeblich davon ab, ob dem Interessenten ausreichend finanzielle Mittel zur Verfügung stehen. Das Interessentenportfolio unterteilt Interessenten in vier Typen. Anhand dieser Typologie lassen sich grundsätzliche Aussagen zur Steuerung der Marketing/Vertriebsaktivitäten treffen. So erhalten wir zunächst Auskunft darüber, wie und mit welcher Priorität verfahren werden sollte. Aus wertorientierter Sicht sind solche Interessenten, die sowohl hohe Aktivitäten als auch eine hohe Kaufwahrscheinlichkeit aufweisen (Goal), am ehesten in Kunden umzuwandeln.

Dies sollte allerdings nicht als Abschlussautomatik verstanden werden. Auch die Entwickler sind für die Neukundengewinnung interessant. Allerdings impliziert die

---

5 Influencer-Marketing ist eine Marketingstrategie, bei der gezielt reichweitenstarke Meinungsmacher für Marketing- und Kommunikationszwecke eingesetzt werden. Bei dieser Marketingform will man von der reichweitenstarken Community der Influencer profitieren und die eigene Markenbotschaft soll aufgrund des Vertrauens der Follower in die Influencer glaubwürdig vermittelt und die Markenbekanntheit erhöht werden.

Faktorenkatalog:	Attraktivität									

Spalte 1: In welchem Ausmaß wird die Interessentenattraktivität von den einzelnen Kriterien beeinflusst?

3 = sehr stark	2 = stark	1 = schwach	0 = gar nicht

Spalte 2: Wie ist die Kaufwahrscheinlichkeit im Hinblick auf jedes einzelne Kriterium zu beurteilen?

5 = sehr positiv	4 = positiv	3 = weder noch	2 = negativ	1 = sehr negativ

Kriterien:
Attraktivität

Gewichtung: Beurteilung Punktewert
(0 bis 3)   (1 bis 5)

Berechnung:
Gewichtung * Beurteilung = Punktewert
Summe Punktewert/Summe der Gewichtung = Wertauf der Y-Achse

Abb. 5.4: Faktorenkatalog (eigene Darstellung).

geringe Kaufwahrscheinlichkeit, dass eine intensive Bearbeitung notwendig ist. Insgesamt kann diese Gruppe, wenn überhaupt, nur durch Inkaufnahme höherer Kosten zum Abschluss bewegt werden. Dies ist aber angesichts der hohen Attraktivität dieser Interessentengruppe in gewissen Umfang gerechtfertigt, zumal in den meisten Märkten eine Sättigung vorherrschend ist. Anders verhält es sich mit den Interessenten (Abschöpfen). Die geringe Attraktivität lässt intensive Marketing/Vertriebsaktivitäten nicht angebracht erscheinen. Dies ist auch gar nicht vonnöten, da diese Gruppe bereits eine große Kaufwahrscheinlichkeit besitzt. Dies könnten zum Beispiel Bedarfskäufer/ Einmalkäufer sein. Die Marketing/Vertriebsaktivitäten für diese Gruppe sind rein unter Rentabilitätskriterien auszurichten. Das vierte Segment betrifft Verzichten. Diese Gruppe sollte erst dann genauer analysiert werden wenn zu wenig Interessenten am Markt sind. Ansonsten könnte diese Interessentengruppe auch weitervermarktet werden, z. B. durch Weitergabe der Adressen an Adressbroker oder in andere Geschäftsbereiche.

Typisches Beispiel für einstufige Aktionen zur Interessentengewinnung sind Direct Mails. Diese können in Form von postalischen Mailings oder als E-Mail versendet werden. Sie bieten die Möglichkeit der persönlichen Direktansprache in Kombination mit zielgruppenspezifischen Produktangeboten. In der Regel werden zur Response-Steigerung verkaufsfördernde Elemente eingesetzt, wie z. B. Gewinnspiele, preisgünstige Artikel mit Order-Starter-Funktion, bestellabhängige Zugaben sowie Gutscheincoupons. Bei der Adress-Selektion kann sowohl auf Interessenten und ehemalige Kunden aus der unternehmenseigenen Datenbank als auch auf geeignete Fremdadressbestände zurückgegriffen werden. Im Distanzhandel werden im Rahmen der einstufigen Akquisition von Neukunden auch häufig sogenannte Kennenlernmailings eingesetzt. Diese beinhalten zum einen die umsatz- und zum anderen die frequenzstärksten Sortimente der aktuellen Kollektionen. Die Auswahl der Artikel sollte aber auch auf Basis vorhandener Erkenntnisse über Artikel- und Sortimentspräferenzen der bisher gewonnenen bzw. der potenziellen Neukunden getroffen werden. Deren Präferenzen können sich von denen der langjährigen Stammkunden manchmal deutlich unterscheiden. Die Distribution von einstufig ausgerichteten Neukundenaktionen kann außerdem als unadressierte oder teiladressierte Postwurfsendung erfolgen. Dem Nachteil der fehlenden Personalisierung stehen Kostenvorteile durch die wesentlich preisgünstigere Zustellform gegenüber. Verfügt das Unternehmen über eine hohe Marktdurchdringung, so ist allerdings zu berücksichtigen, dass über die relativ unkontrollierte Postwurfverteilung zum Großteil auch Bestandskunden beworben werden. In diesem Fall sollte die Sortimentierung und Artikelauswahl auch dem Ziel der Kundenausschöpfung genügen. Gelingt dies nicht, besteht die Gefahr, über Substitutionseffekte bei den Bestandskundenwerbemitteln das Gesamtergebnis zu verschlechtern. In die Kategorie der zweistufigen Aktionen zur Neukundengewinnung kann die altbewährte Freundschaftswerbung eingeordnet werden. Dabei stellt das Unternehmen seinen Bestandskunden eine Prämie (Sachprämie oder Einkaufsgutschein) für das Anwerben eines neuen Kunden in Aussicht. Zweistufig angelegt ist darüber hinaus die Interessentengewinnung, die im Versandhandel häufig als Kataloganfragerwerbung ausgestaltet ist. Distributionsformen sind u. a. Zeitschriftenanzeigen mit Anforderungsmöglichkeit, TV- und Funkwerbespots, Couponkataloge, Außenplakatierung oder Portale im Internet. Auch zweistufig konzipierte Mailings eignen sich zur Interessentengewinnung. Allen Formen ist gemeinsam, dass der potenzielle Neukunde nicht unaufgefordert mit Angeboten beworben wird, wie dies bei einstufigen Direktmarketingkampagnen der Fall ist, sondern aktiv sein Interesse am Unternehmen bekundet, indem er den Katalog anfordert. Er ist somit auf den Erhalt von Werbematerial vorbereitet. Insoweit handelt es sich hier um eine Variante des Permission Marketing, da die Einwilligung des Kunden zur Bewerbung vorliegt (zum Ansatz des Permission Marketing: vgl. Godin 2001, S. 49 ff.). Aufgrund dessen sind auch im Vergleich zu einstufigen Neukundenaktionen deutlich höhere Response-Werte auf das versendete Werbemittel zu erzielen. Bei zweistufigen Aktionen kann auf den Versand eines Printwerbemittels verzichtet werden, indem der Interessent gezielt auf die Website geführt wird. Dies kann entweder durch eine werbliche Aufforderung, z. B. bei einer Anzeige in einem Printmedium, oder durch einen gezielten Link in einer E-Mail erfolgen. Der Verzicht auf Produktion und Versand eines Kataloges führt zu erheblichen Kostenvorteilen. Diese müssen jedoch im Zusammenhang mit der Response- und Bestellwirkung einer reinen Online-Aktion betrachtet werden. Die Neukundengewinnung über das Internet kann sowohl einstufig als auch zweistufig erfolgen. Wird zum Beispiel ein Werbebanner auf der Internetseite eines Kooperationspartners geschaltet oder eine Buchung in einer Internet-Suchmaschine vorgenommen, so kann ein potenzieller Neukunde direkt von dieser Seite zu bestimmten Produktangeboten verlinkt und zum einstufigen Kauf animiert werden. Interessenten, die erst im zweiten Schritt kaufen, können z. B. über den Versand von E-Mail-Newslettern oder über die Platzierung von Coupons für aktuelle Kataloge gewonnen werden.

Verfügt man über die Erlaubnis eines Interessenten, diesen per E-Mail zu bewerben, eignet sich dieses Medium sehr gut, um kostengünstig, schnell und flexibel Produktangebote zu bewerben oder auf bereits beim Interessenten befindliche Werbemittel gezielt nachzufassen. Die Gewinnung eines Neukunden impliziert somit fast immer die Abwerbung dieses Kunden von einem Wettbewerber (Piller 2008, S. 48). Geht man von einer vergleichbaren Produkt- bzw. Servicequalität der Wettbewerber aus, muss eine Abwerbung durch zum Beispiel Preisvorteile oder massiven kommunikativen Druck erfolgen. Beides erhöht die Kosten, die mit einer Neukundenakquisition verbunden sind. Je nach Wettbewerb und Branche kann es mehrere Monate oder gar Jahre dauern, bis sich die Akquisitionskosten amortisiert haben.

Kundenstatus: Aktuelle Kunden

Im Beziehungsstatus haben wir jetzt einen neuen Kunden gewonnen. Wir befinden uns in der Sozialisationsphase des Kunden (Abbildung 5.1). Der Aufbau von Zufriedenheit und Vertrauen steht aufgrund fehlender Erfahrungen bei Neukunden im Fokus. Die Ziele und Aufgaben des Neukundenmanagements bestehen in der Festigung der Beziehung, damit eine Verbundenheit durch:
- Aufbau von Zufriedenheit,
- Aufbau von Vertrauen (Kunden empfinden höheres Risiko und Unsicherheit beim Erstkauf, da keine Erfahrungen vorliegen),
- Abbau kognitiver Dissonanzen,
- Förderung des Wiederkaufs,
- Förderung der Weiterempfehlung und
- Schaffung positiver Einstellung gegenüber Produkt oder Dienstleistung

entstehen kann (Hippner und Wilde 2006).

Die Hauptaufgabe, die gerade für das Neukundenmanagement gilt, ist der Aufbau der Zufriedenheit des Kunden. Und dies muss gesondert gemessen werden. Da hier das erste Gefahrenpotenzial lauert (kognitive Dissonanz), müssen wir diesem vorgreifen, um eine evtl. frühe Abwanderung zu vermeiden. Hierdurch können Unternehmen einen eindeutigen Wettbewerbsvorsprung erzielen. Hier stellt sich die Frage, wie Unternehmen dies erreichen. Dies geschieht durch beispielsweise drei Kategorien:
- Bedeutsamkeit – Vorteile aus Sicht der Kunden bzgl. der relevanten Kaufkriterien
- Wahrgenommen – Vorteile müssen vom Kunden erkannt werden
- Dauerhaft – Vorteile soll vor Nachahmern geschützt sein

Die Umsetzung erfolgt über 3 Ebenen:
- Ebene 1: Leistungsgestaltung durch Produktpolitik und Qualitätsmanagement. Dies sind die Grundvoraussetzungen für Zufriedenheit. Wenn allerdings Unternehmen ihre Produktpolitik derart gestalten, dass sie künstlich in den Produktlebenszyklus (geplante Obsoleszenz) eingreifen und das Produkt genau mit Ablauf

der Gewährleistung oder Garantien abläuft, hat dies lediglich kurzfristige Umsatzeffekte. Die Gefahr ist wesentlich größer, dass die Marke Schaden erleidet.
- Ebene 2: Erwartungsmanagement für Neukunden. Analyse und Steuerung der Erwartungen (durch Ankündigung, Werbeversprechen, Preis als Qualitätsindikator, Erfahrung mit anderen Produkten des Anbieters, Word-of-Mouth, Internetforen)
- Ebene 3: Gesonderte Zufriedenheitsmessung der Neukunden durch:
  - Transaktions- und Beziehungszufriedenheit,
  - Querschnittanalyse (Neu- vs. Stammkunden),
  - Längsschnittanalyse (Entwicklung der Zufriedenheiten über die Zeit) und
  - Novizenbefragung: neben Produkt-/Leistungszufriedenheit auch Zufriedenheit mit Merkmalen des Eintritts der Geschäftsbeziehung (Schnelligkeit, Bequemlichkeit des Vertragsabschlusses etc.).

Eine Stabilisierung des Kunden erreichen wir durch Signaling-Maßnahmen. Hierdurch wird kognitive Dissonanz in der Nachkaufphase abgebaut und Vertrauen erzeugt. Signaling bedeutet in diesem Zusammenhang, dass der Unternehmer positive Signale setzten sollte, um den Kunden in eine langfristige freiwillige Bindung zu bringen. Typische Instrumentarien könnten hier sein:

Neukundenbezogene Kommunikation:
- Nachkaufkommunikation (Begrüßungspakete, Gebrauchsanleitung, Willkommensveranstaltungen, Kundenzeitschriften, Hotline)
- Referenzen, Testimonials, Begrüßungsgeschenke, Guided Tour im Internet
- Problemhotline/Beschwerdemanagement

Selbstbindung:
- Zufriedenheitsgarantien
- Kulanz bei kritischen Ereignissen
- Reibungsloser Beschwerdemanagementprozess
- Kundenintegration (z. B. Kundenbeiräte, Kundenforen)

Kundenstatus: Aktuelle Kunden – Stabilisierung
Nun setzt die Phase des Kundenbindungsmanagement i. e. S. ein. Bindungsmanagement zielt auf die Intensivierung bestehender Kundenbeziehungen ab, um Werte abzuschöpfen. Es ist leichter und profitabler, die Beziehungen zu dem bereits existierenden Kundenstamm zu intensivieren, als Neukunden zu gewinnen. Kundenbindungsmanagement ist die systematische Analyse, Planung, Durchführung sowie Kontrolle sämtlicher auf den aktuellen Kundenstamm gerichteten Maßnahmen mit dem Ziel, dass diese Kunden auch in Zukunft die Geschäftsbeziehung aufrechterhalten oder intensivieren. Demnach ergeben sich hier folgende Managementziele:
- Steigerung der Profitabilität – profitabelste Kunden halten und zufriedenstellen und dadurch Verringerung des Abwanderungsrisikos,

- Förderung der Weiterempfehlung und
- Nutzung von Cross- und Up-Selling-Potenzialen.

Im Gegensatz zum Neukundenmanagement liegen im Rahmen des Kundenbindungsmanagements i. e. S. bereits mehrere Folgekäufe des Kunden und damit einhergehend eine weitgehend stabile Geschäftsbeziehung vor (Stauss 2011).

Maßnahmen können die Kundentreue, direkte Mehrumsätze oder positive Word-of-Mouth-Aktivitäten fördern.

Neben dem Nutzen für das Unternehmen muss auch der Nutzen für den Kunden im Blickpunkt der Aktivitäten stehen. Kunden werden nur dann bereit sein, eine intensive und langzeitorientierte Beziehung zum Unternehmen aufzubauen, wenn der Nutzen auch für sie höher ist als der entstehende Aufwand. Zur begrifflichen Unterscheidung wird der Wert der Beziehung aus Sicht des Kunden als Customer Value bezeichnet (Hippner und Wilde 2007b, S. 22 f.).

Der Vorteil für den Kunden, der durch den Beziehungsaufbau und die Langzeitperspektive der Beziehung für ihn entsteht, muss für ihn klar ersichtlich sein, sonst kann sich die Bemühung des Unternehmens schnell negativ auswirken, wenn sich der Kunde z. B. durch zu häufige Kontaktaufnahme oder nicht optimal auf ihn abgestimmte Kommunikation belästigt fühlt (Günter und Helm 2006, S. 627). Dies bedeutet, dass der Kunde der Nutzung seiner Daten explizit zustimmen muss, sodass eine Vertrauensbasis geschaffen werden kann. Auf dieser Basis kann dann durch positive Erfahrungen wirkliches Vertrauen aufgebaut werden (Hippner und Wilde 2007b, 126 ff.). Dies spielt vor allem bei Dienstleistungen eine Rolle, da sie durch ihre Immaterialität und das nicht vorhersehbare Ergebnis ein Vertrauensgut sind (Albers und Herrmann 2002, S. 15). Eine zusammenfassende Übersicht über die Einflussfaktoren auf Kundenwert und Customer Value sowie deren Zusammenhänge gibt Abbildung 5.5.

Wir verstehen Kundenbindung als komplexes Merkmal des Konsumentenverhaltens und in Anlehnung an Diller als die Einstellung eines Kunden zur Beziehung mit dem Leistungsanbieter, die dann idealerweise in der Bereitschaft zu loyalem Kaufverhalten ihren Höhepunkt hat. Damit wird sowohl einer anbieter- als auch einer nachfrageorientierten Sichtweise der Kundenbindung Rechnung getragen (Diller 1996, S. 83). Kundenbindung gilt als eines der am meisten beachteten Konstrukte im Marketing und ist Gegenstand zahlreicher konzeptioneller und empirischer Studien, was vor allem mit den erwarteten Auswirkungen der Kundenbindung zu tun hat. So wird davon ausgegangen, dass höhere Kundenbindung auch zu mehr Sicherheit, Wachstum und Rentabilität für den Leistungsanbieter führt (siehe Kapitel 4.3.2.6). Insbesondere im Vergleich zur Kundenakquisition vermag die Kundenbindung aufgrund der höheren Effizienz auch zu einem höheren Unternehmenserfolg zu führen, was zur Konsequenz hat, dass die Bedeutung der Kundenbindung in Zielsystemen von Unternehmen der Konsumgüterbranche deutlich an Wert gewinnen konnte. Eine Verschiebung der Gewichtung von der Kundenakquise hin zur -wertsteigerung in bestehenden Beziehungen war die Folge. Es gilt gemeinhin als bestätigt, dass die Kosten zur Erhaltung der

Kunden-
wert

Umsatz
– Kaufmenge
– Kaufhäufig-
keit
– Preis
– Rabatte

Cross-Selling-
Wert
– Leistungs-
affinitäten
– Lebens-
zyklusphase

Referenzwert
– Social Media
– Meinungs-
führer
– Zufriedenheit

Beziehungs-
dauer
– Wechsel-
barrieren
– Werbungs-
kosten
– Streuverluste

Customer
Value

Produkt-
eigen-
schaften
– Haltbarkeit
– Produkt-
ausstattung
– Design
– Funktionalität

Beziehungs-
gestaltung
– Beratungs-
qualität
– Empathie
– Beschwerde-
reaktion

Image
– Bekanntheit
– Vertrauens-
würdigkeit
– Kompetenz
– Reputation

Beziehungs-
dauer
– Bekanntheit
– Erfahrungs-
wert
– Vertrauen

Kundenwert-
orientierte
Steuerung

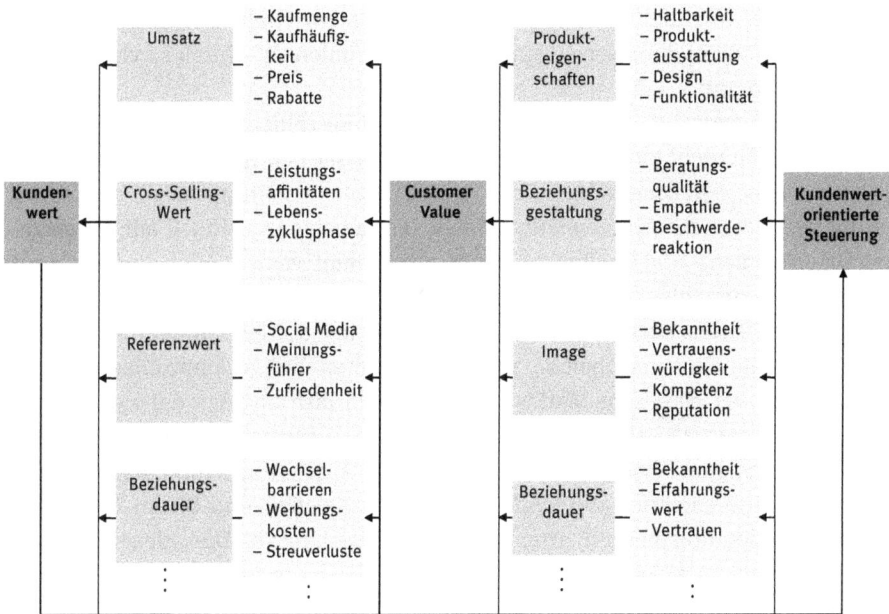

Abb. 5.5: Einflussfaktoren CV und Kundenwert. In Anlehnung an Hippner und Wilde (2007a, S. 24).

Kundenbeziehung mit deren Dauer sinken. Darüber hinaus nimmt die Preissensibilität gegenüber der Leistung des Unternehmens ab und die Bereitschaft zur Weiterempfehlung gleichzeitig zu. Gelingt es, eine hohe Bindungsrate zu erzielen, so kann dies
die Planungssicherheit eines Unternehmens entscheidend verbessern und Grundlage
eines stabilen Wettbewerbsvorteils werden. Dieser kristallisiert sich beispielsweise in
signifikant höheren Erlösen und Rentabilitäten heraus (Krafft 2007), die unter anderem durch das angesprochene Absinken der Preissensibilität der Verbraucher steigen.
Darüber hinaus kommt es zu habitualisierten Kaufhandlungen, sinkenden Toleranz-
schwellen gegenüber dem Fehlverhalten des Unternehmens und Weiterempfehlungen (Diller 1996). Es kann mithin davon ausgegangen werden, dass die Profitabilität
des Unternehmens mit der durchschnittlichen Intensität der Kundenbindung steigt
(Diller 2008). Dabei gilt es herauszustellen, dass bereits kleine Verbesserungen in Bezug auf die durchschnittliche Kundenbindung zu überproportionalen Rentabilitäts-
verbesserungen führen können. Durch die Einführung der Massenproduktion konnten sowohl Skaleneffekte (Economies of Scale) als auch Verbundeffekte (Economies
of Scope) realisiert werden. Die Produkte können so deutlich günstiger angeboten
werden, sie setzen jedoch auch eine gut planbare und konstante Nachfrage voraus.
Dies ist aus heutiger Sicht nicht mehr gegeben. Die Kunden haben heutzutage sehr
genaue Vorstellungen von Qualität und Preis der gewünschten Produkte. Zugleich sollen die Leistungen auf ihre speziellen Bedürfnisse abgestimmt sein. Der ursprüngliche
Trend, auf die wachsenden Ansprüche der Kunden mit einer größeren, gegebenenfalls

in einem Lager vorzuhaltenden Produkt- und Variantenvielfalt zu reagieren, hat sich auf dem Markt nicht durchsetzen können. Kunden fühlen sich durch zu viel Auswahl schnell überfordert.

Zu den strategischen Ansätzen der Kundenbindung zählt die Bestimmung der einzusetzenden Kundenbindungsinstrumente. Die klassischen Instrumente des Marketing-Mix stehen den Unternehmen hier in vielfältigen Gestaltungsmöglichkeiten zur Verfügung. Jedoch müssen die aufgeführten Instrumente individuell auf die einzelnen Unternehmens- und Kundenstrukturen abgestimmt werden. Auch dürfen die aufgeführten Instrumente nicht isoliert betrachtet werden, sie stehen in einer komplementären Beziehung zueinander. Im Rahmen eines integrierten Kundenbindungsmanagements sind sie zu erarbeiten, zu implementieren und zu kontrollieren (Bruhn 2003, S. 138). Der klassische Marketing-Mix mit den Instrumenten der vier „p" wird im Dienstleistungsmarketing durch die Gestaltung der Dienstleistungsprozesse (Process), die beteiligten Personen (Personnel) und die Ausstattungs- und Erscheinungspolitik (Physical Facilities and Evidence) erweitert (Meffert und Bruhn 2003). Aufgrund der Bedeutung dieser Instrumente für die Erstellung von Dienstleistungen und deren Wahrnehmung werden sie in die folgende Erläuterung der Marketinginstrumente des Kundenbindungsmanagements einbezogen.

Im Kundenbindungsmanagement erfüllt die *Kommunikationspolitik* vor allem das Ziel, einen Kundendialog aufzubauen. Zum einen lassen sich so Kundenwünsche ermitteln und zum anderen wird versucht, Kunden emotional einzubinden. Weiterhin können Kundenbindungsmaßnahmen der Kommunikationspolitik akquisitorische Anreize aussenden. So ziehen attraktive Kundenclubs oder Bonusprogramme neue Kunden an. Jedoch haben hierzu durchgeführte Untersuchungen ergeben, dass sich durch diese Akquise zwar in wachsenden Märkten zusätzliche Umsätze erzielen lassen, in stagnierenden Märkten hingegen eher Gegenreaktionen der Konkurrenz und Preiskämpfe zu erwarten sind. Nach Bruhn (2003, S. 121) erfüllt die Kommunikationspolitik innerhalb des Kundenbindungsmanagements vorrangig zwei Ziele:
1) Aufbau eines kontinuierlichen Dialoges mit dem Kunden zur Stabilisierung oder Veränderung der Kundenerwartung.
2) Vermeidung potenzieller Nachkaufdissonanzen durch die Verbreitung von kaufbeständigen Informationen.

Folgende kommunikationspolitische Kundenbindungsinstrumente sind weit verbreitet:

Direct Mail ist eines der klassischen Kundenbindungsinstrumente. Es handelt sich hier um eine adressierte Werbesendung aus unterschiedlichen Bestandteilen (z. B. Anschreiben, Katalog, Prospekt). Eingesetzt wird dieses Instrument zur direkten Ansprache der Kunden, um sie z. B. auf aktuelle Angebote und Ereignisse hinzuweisen. Auch können auf diesem Wege „Starkunden" individuell angesprochen werden (Bruhn 2003, S. 121).

Tab. 5.2: Marketinginstrumentarien für die Kundenbindung. In Anlehnung an Bruhn (2016).

	Fokus Interaktion	Fokus Zufriedenheit	Fokus Wechselbarrieren
Produkt-politik	– Produktgestaltung – Festlegung der Service- und Produktqualität	– Individuelle Angebote – Mass Customization (Kundenindividuelle Massenprodukte) – Leistungsgarantien	– Individuelle technische Standards – Value Added Service
Preispolitik	– Kundenkarten als Informationserhebung	– Preisgarantien – Zufriedenheits-abhängige Preisgestaltung	– Rabatt- und Bonussysteme: finanzielle Vergünstigung – Garantien: freiwillige Bindung – Anreize: Rückvergütung
Kommu-nikations-politik	– Direct Mail: direkte Ansprache der Kunden – Onlinemarketing: E-Mail, Chats, Website, Newsletter – Servicenummern – Kundenforen – Eventmarketing: Ausflüge, Themenabende	– Kundenzeitschriften: Infos, Unterhaltung, Identität, Interaktion – Kundenkarten: Verknüpfung Kaufdaten/Personen – Kundenclubs: integrierter Strategieansatz – Telefonmarketing: Nachfassaktion, Kundenbefragung, Be-schwerdemanagement	– Mailings, persönliche Ansprache – Mailings als Magaloge (Magazin und Katalog) – Online: Individuelle Landingpage, Einsatz von Social Media
Distributi-onspolitik	– Vertriebsorganisation: rückwärts-/ vorwärtsintegriert – Vertriebsweg: online, Multichannel, No Line	– Onlinebestellung – Distanzkauf (Katalogkauf) – Direktlieferung	– Kundenorientierte Standortwahl
Gestaltung der Dienst-leistungs-prozesse	– Gestaltung der Kun-denkontaktsituation	– Gestaltung der Geschäftsprozesse im Hintergrund – Zeitmanagement	– Kundenintegration Be-schwerdemanagement
Beteiligte Personen	– Personalintensität – Erscheinungsbild	– Leistungsfähigkeit der Mitarbeiter – Mitarbeiterkompetenz und -motivation	– Kundenorientiertes Verhalten der Mitarbeiter
Ausstattung- und Er-scheinungs-politik	– Gebäude- und Raumgestaltung – Netzgeschwindigkeit	– Gestaltung von Serviceinstrumenten (CAPI, CATI, CRM-System)	– Erreichbarkeit – Datenbankgestütztes Wissensmanagement

Kundenzeitschriften sind periodisch erscheinende Publikationen von Herstellern oder Handelsunternehmen. Kundenzeitschriften verfolgen vier grundsätzliche Ziele (Dittrich 2000, S. 160):

- Information: Es werden Firmen- und Angebotsinformationen übermittelt, jedoch dürfen Werbe- und Verkaufsangebote die Qualität der Zeitschrift nicht negativ beeinflussen. Kundenzeitschriften verfolgen das Ziel, dem Leser einen Informationsvorsprung z. B. über den Produkthersteller, verwendete Rohstoffe oder das soziale Engagement des Unternehmens zu vermitteln.
- Unterhaltung: Durch die Bereicherung mit Lifestyle-Stories, Berichten aus Kultur und Gesellschaft, Politik, Wirtschaft und Wissenschaft werden Kundenzeitschriften zu informativ-unterhaltenden Printmedien. Als Ziele werden besonders Sympathie, Imagetransfer und das die Unternehmung betreffende „Weitererzählen" anvisiert.
- Identität: Durch die regelmäßige, kostenlose Zustellung einer professionell gestalteten Zeitschrift kann eine Steigerung des Selbstwertgefühls des Kunden erreicht werden. Voraussetzung hierfür ist eine qualitativ hochwertige Zeitschrift, die mit anderen Kaufzeitschriften vergleichbar und auf die anvisierte Leserschaft ausgerichtet ist. Kundenrelevante Themen, die nicht unbedingt unternehmens- oder produktbezogen sind, und ein persönlicher, emotionaler Kommunikationsstil verstärken den Identifikationsprozess.
- Interaktion: Hinweise auf Telefon, Homepage und Faxnummern des Unternehmens müssen klar und regelmäßig kommuniziert werden, sodass eine Antwortmöglichkeit, aber auch ein Informationsaustausch unter den Kunden möglich ist.

Ergänzend schaffen Kundenzeitschriften durch die Berichterstattung über Erfahrungen anderer Kunden ein Gemeinschaftsgefühl. Kundenkarten haben in der Vergangenheit eine große Verbreitung gefunden. Die Ausgabe der Kundenkarte eröffnet dem Unternehmen zwei wesentliche Vorteile (Bruhn 2003, S. 122):

- Es besteht durch die Erfassung der Daten die Chance zum Aufbau eines individuellen Dialogs.
- Unternehmen können im Massenmarkt mittels Kundenkarte die bisher anonymen Kaufdaten mit Personen verknüpfen (Umsatz, Menge, Frequenz, Produkte usw.), ihr Kaufverhalten beobachten (Data Mining) und damit erstmals ihre Starkunden identifizieren.

Kundenclubs vereinen als integrierter Strategieansatz unterschiedliche Kundenbindungsmaßnahmen. In diesem Gesamtkonzept werden unter anderem die oben aufgeführten Maßnahmen zusammengefasst (Tomczak und Dittrich, S. 274). Weiterhin werden die Bedürfnisse der Kunden z. B. nach sozialen Kontakten, Akzeptanz und Selbstverwirklichung angesprochen. Durch die Vermittlung von Erlebnismehrwerten und dem Angebot individueller Serviceleistungen, wie auch dem Versprechen von

Sonderkonditionen und attraktiven Angeboten entsteht für den Kunden ein psychologischer Mehrwert (Kenzelmann 2003, S. 27). Kundenclubs tragen somit durch eine
emotionale Verbundenheit zu einer Verstärkung der Kundenbindung bei (Bruhn 2003,
S. 125).

Nach (Hartmann et al. 2004, S. 4) handelt es sich bei einem Kundenclub um ein
Leistungsangebot,
- das von einem Unternehmen initiiert und organisiert wird,
- das einen Teil der bestehenden und potenziellen Kunden einbezieht, denen exklusive Leistungen angeboten werden,
- das eine kontinuierliche, dialogorientierte Kommunikation aufweist und
- das Beitrittsaktivitäten seitens des Kunden erfordert.

Telefonmarketing ist eines der meistgenutzten Instrumente, um mit Kunden Kontakt aufzunehmen. Hierdurch lässt sich schnell und kostengünstig ein Dialog zu den
Kunden aufbauen. Als klassisches Einsatzgebiet des Telefonmarketings ist in diesem
Zusammenhang die Nachfassaktion zu nennen. Hier werden im Nachhinein Fragen
zur Zufriedenheit mit erworbenen Produkten gestellt. Da die Kundenbindung insbesondere im Anschluss an den Kaufentscheid relevant ist, sollten hierdurch die Käufer
in ihrem Entschluss nochmals bestätigt und mögliche Dissonanzen reduziert werden
(Dittrich 2000, S. 161). Auch im Anschluss an Direct-Mailing-Aktionen wird Telefonmarketing mit dem Ziel eingesetzt, die Rücklaufquote zu erhöhen. Die telefonische
Kundenbefragung zur Produkt- und Servicezufriedenheit der Kunden nach einem
Kauf bzw. einer Inanspruchnahme einer Dienstleistung ist als klassisches Einsatzgebiet zu nennen (Bruhn 2003, S. 126). Weiterhin bringen Telefonumfragen wichtige
Informationen und signalisieren Interesse am Kunden. Hier sind allerdings die recht-
lichen Rahmenbedingungen (Opt-in) zu beachten.

Onlinemarketing steht für das Marketing in Computernetzen und lässt sich dem
Direktmarketing (heute Dialogmarketing, Kapitel 6.4) zuordnen (Diller 2001, S. 1221).
Zu den beliebtesten elektronischen Kundenbindungsinstrumenten zählen u. a. die Gestaltung einer Unternehmenswebsite, elektronische Newsletter, E-Mails sowie Chats
und Kundenforen (Bruhn 2003, S. 127). Interaktive Internetseiten ermöglichen die Vermittlung von aktuellen Informationen und einen unmittelbaren Austausch zwischen
den Kunden untereinander und dem Unternehmen. Diese virtuellen Gemeinschaften im Internet können zeit- und ortsunabhängig unbegrenzt vielen Kunden ein „Wir-
Gefühl" geben. Auch periodisch erscheinende Newsletter per E-Mail versorgen Kunden kostengünstig mit aktuellen Informationen.

Eventmarketing umfasst eine zielgerichtete Planung, Organisation, Inszenierung
und Kontrolle von Unternehmensveranstaltungen, wie gemeinsame Ausflüge oder
Themenabende. Hier wird der Kunde vorrangig als Individuum angesprochen. Kun-
denfeste und Events können positive Stimmungen und Emotionen vermitteln. Eventmarketing dient der Wertschätzung „besonderer" Kunden.

Einsatz der Preispolitik zur Kundenbindung

Neben der Kommunikationspolitik mit direkten Kundenbindungsinstrumenten, wie Kundenclubs und -karten, kann auch der Preis als ein wirkungsvolles Marketinginstrument zur Steuerung der Erhöhung der Kundenbindung eingesetzt werden (Bruhn 2003, S. 339). Primär kommen Rabatt- und Bonussysteme, Verträge und Garantien sowie Preisdifferenzierungsstrategien als preispolitische Instrumente in Betracht. Erweitert im Onlinebereich kann hier Programmatic Pricing[6] eingesetzt werden. Preismanagement ist die Kunst:

- das Verhalten der Käufer aktiv und nachhaltig zu beeinflussen,
- Kapazitäten, Mengen und Erlöse zu steuern und
- damit Gewinne zu maximieren.

Pricing ist ein multidimensionales Zielsystem. Es spiegelt die Unternehmensstrategie und sich ergebende Kurzfristoptionen wider. Folgende Ziele können generiert werden:

- Menge pro Kunde erhöhen,
- Preis pro Kunde erhöhen,
- Einkaufsrate erhöhen,
- Lieferpreis pro Kunde erhöhen,
- Kundenloyalität erhöhen,
- Verlorene Kunden zurückgewinnen,
- Neue Kunden anziehen,
- Cross-Selling optimieren,
- Preistransparenz verringern,
- Preisvergleiche vermeiden und
- Preissensibilität verringern.

Pricing ist demnach nie unidirektional. Es können mehrere Ziele gleichzeitig erreicht werden. Durch diese preispolitischen Maßnahmen werden einerseits für den Kunden Anreize geschaffen, die Geschäftsbeziehung aufrecht zu erhalten und andererseits Wechselbarrieren errichtet, die dem Kunden einen Anbieterwechsel erschweren. Es bietet sich eine Erweiterung der oben genannten Maßnahmen durch die Schaffung finanzieller Anreize, wie z. B. Rückvergütungen, an (Kenzelmann 2003, S. 26). Für die Operationalisierung der oben genannten preispolitischen Kundenbindungsinstrumentarien ist eine differenzierte Darstellung von Vorteil, die für eine optimale Kundenbindungsstrategie kombiniert werden können (siehe Abbildung 5.6).

---

[6] Unter Progammatic Pricing verstehen wir, dass die Preise kundenindividuell (nach Anlayse des Warenkorbes) oder aufgrund der Nachfrage einer Dienstleistung oder eines Produktes zeitnah auf einer dynamischen Webseite angepasst werden können. Dies betrifft unter anderem auch die Nutzung von mobilen Endgeräten. Wenn der Kunde OS von Apple benutzt, kann der Anbieter hier mit anderen, meist höheren, Preisen agieren, als Nutzer, die ein Android-Endgerät benutzen.

**Preis = Zahl der Geldeinheiten, die pro Einheit des gekauften
Produktes zu zahlen sind**

Listenpreise	Nachlässe	System Pricing	Mehrkompo-nentenpreis	Festpreise/Preisgleit-klauseln
– Bruttopreise	– Rabatte	– Bündelpreise	– Fixe Preis-	
– Nettopreise	– Boni	– Systembonifi-	komponente	
	– Preispunkte	kation	– Variable Preis-	
	– Funktionale		komponente	
	Nachlässe			

Produkttypen-bezogene Preise	Zeitabhängige Preise	Regionen Preise	Minimalpreise/Maximalpreise Limitpreise
– Eckprodukt	– Spitzenzeiten	– Globale Preise	– Verkäufer
– Verbund-	– Normalzeit	– Nationale	– Regionalleiter
produkt	– Einführungs-	Preise	– Marktleiter
– Randprodukt	preise	– Lokale Preise	

Abb. 5.6: Pricingsystem in der Kundenbindung (eigene Darstellung).

Mengenabhängiges Pricing: Von einer mengenabhängigen Preisbildung wird gesprochen, wenn eine Preisdifferenzierung nach der gekauften Menge vorgenommen wird. Jedoch muss hier nicht die Menge maßgeblich sein, es kann auch der Umsatz sein, der sich rabattbestimmend auswirkt. Als Anwendungsformen kommen hier alle mengenabhängigen Pricings (System Pricing) in Frage. Das können z. B. zweiteilige Tarife (z. B. Telefon, Bahncard) oder auch Blocktarife (z. B. Strompreise, Internettarife) sein. Zeitabhängige Preise und Nachlässe: Dieser Ansatz der Preispolitik bildet den Schwerpunkt des Kundenbindungs-Pricing. Sie steht in Abhängigkeit von der Dauer der Geschäftsbeziehung des Unternehmens mit dem Kunden. Preisnachlässe werden in Abhängigkeit von der Dauer der Kundenbeziehung oder Loyalität gewährt. Die Gewährung von zeitabhängigen Preisen und Nachlässen wird besonders in Bereichen mit Vertragsbeziehungen zwischen Kunden und Unternehmen vollzogen. In Geschäftsbeziehungen, die über einen längeren Zeitraum ohne Vertragsbeziehungen laufen, lässt sich die Treue des Kunden nur schlecht ermitteln, sodass hier eine zeitabhängige Belohnung als riskant einzuschätzen ist. Hier stellt sich die Frage: Was ist eigentlich der Preis? Dies hängt letztendlich vom Standpunkt ab. Für den Kunden bedeutet der Preis etwas anderes als für Unternehmen und deren Wettbewerber. Für den Kunden ist der wahrgenommene Produktnutzen wichtig. Er stellt den Wert dar. Der optimale Preis ist somit für den Kunden die Honorierung dessen (Opfer).

Die zentrale Aufgabe und Zielsetzung des Pricings besteht darin, den durch Produkte und Dienstleitungen geschaffenen Wert für Kunden durch einen wettbewerbsfähigen und fairen Preis abzuschöpfen. Gerade im Hinblick auf den Onlinehandel kann konstatiert werden, dass wir „noch" ein Werteproblem haben.

Ist der Kunde „in Balance"?

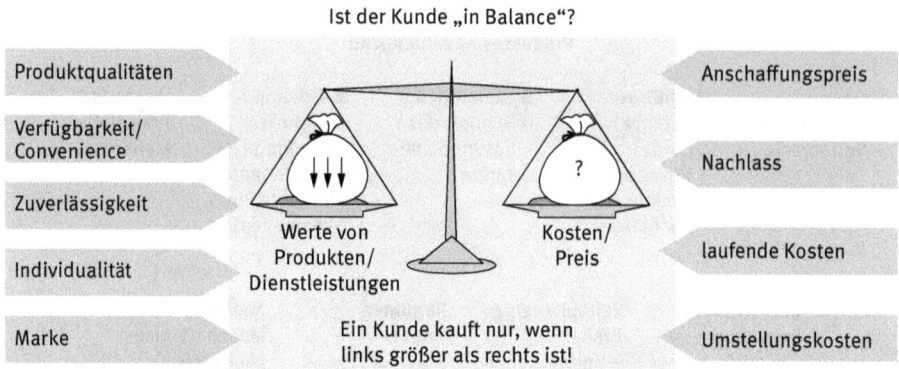

Produktqualitäten

Verfügbarkeit/
Convenience

Zuverlässigkeit

Individualität

Marke

Anschaffungspreis

Nachlass

laufende Kosten

Umstellungskosten

Werte von
Produkten/
Dienstleistungen

Kosten/
Preis

Ein Kunde kauft nur, wenn
links größer als rechts ist!

Abb. 5.7: Wahrgenommener Produktnutzen (eigene Darstellung).

Einsatz der Produktpolitik zur Kundenbindung

Da Kundenzufriedenheit als Basis einer erfolgreichen Kundenbindung angesehen wird, sollte sich das Leistungsangebot eines Unternehmens an den Kundenwünschen orientieren. Leistungspolitische Kundenbindungsinstrumente müssen folglich bei denjenigen Aspekten ansetzen, die für die Zufriedenheit der Kunden von besonderer Bedeutung sind. Innerhalb eines Unternehmens sind diejenigen Produkte oder Serviceleistungen zu identifizieren, die einen hohen Kundenzufriedenheitsgrad hervorrufen. Häufig werden diese Produkte und Serviceleistungen im Rahmen des Qualitäts- und Servicemanagements ausfindig gemacht, um hier gezielte Maßnahmen ergreifen zu können. Jedoch ist die alleinige Entwicklung eines hochwertigen Produkts kein Garant für eine dauerhafte Kundenbindung. Die zunehmende Homogenität der Produkte und ihrer Qualität erfordert vielmehr, zumindest in einer Zufriedenheitsdimension, einen vom Kunden wahrgenommenen Wettbewerbsvorteil zu erzielen. Ein hoher Qualitätsstandard ist heute für den Kunden selbstverständlich. Zu dem qualitativ hochwertigen Produkt wird seitens des Kunden ein Service erwartet, der sich nicht nur auf den Reparaturservice erstreckt, sondern als Zusatznutzen wahrgenommen wird. Kundenservice sollte somit für den Kunden einen Gewinn darstellen. Damit Kundenservice durch potenzielle Kunden wahrgenommen wird und sich somit positiv auf die Kundenbindung auswirken kann, muss er durch das Unternehmen kommuniziert werden. Für Unternehmen sollten zunächst folgende Aspekte abgewogen werden:

- Nutzen für den Kunden
- Nutzen für das Unternehmen
- Kosten
- gesetzliche Auflagen
- Inhaltsstoffe
- ethische Aspekte
- Sortimentstiefe/-breite

Produktpolitik			
Produktpolitik (engerer Sinn)	Sortimentspolitik	Service	Garantien
Qualität	Markenfamilie	Basisservice	Haltbarkeit
Nutzen	Größen	Pre-Sales	Verfügbarkeit
Eigenschaft	Line Extension	After-Sales	Beschwerden
Zusatznutzen	Diversifikation	Technischer Dienst	Umtausch
Physische Eigenschaft	Upward Stretch	Qualität des Services	
Gegenwartsbezug	Downward Stretch		

Abb. 5.8: Produktmix (eigene Darstellung).

Für Unternehmen stellt sich die zentrale Frage: beibehalten oder verändern? Dies soll Abbildung 5.8 verdeutlichen.

Wie in Abbildung 5.8 unter Produktpolitik im engeren Sinn betrachten wir nun den Sonderfall der Qualität. Der Qualitätsaspekt ist hier unterschiedlich zu sehen. Unter Qualität versteht jeder Kunde etwas anderes. Es verhält sich hier wie mit der Marke (Marken werden durch das Image manifestiert und dieses ist abhängig vom Kunden). Für den einen Kunden bedeutet Qualität in der Mode beste Stoffauswahl, für den Anderen sind die Farben oder der Schnitt ausschlaggebend. Für Wettbewerbsvorteile und die Generierung von Kundenbindung sind neben der Sortimentspolitik ebenfalls die service- und garantiebezogenen Maßnahmen auch bei produktbezogenen Maßnahmen zu finden. Unter den produktbezogenen Maßnahmen werden Entwicklungen von z. B. speziellem Zubehörprogramm, besonderem Produktdesign oder besonderen technischen Standards verstanden. Weiter zu nennen sind individualisierte Produktangebote, besonders hohe Qualitätsstandards und Produktentwicklungen unter Einbezug des Kunden als Kundenbindungsmaßnahmen in der Produkt- und Leistungspolitik (Kenzelmann 2003, S. 95). Unter servicebezogenen Maßnahmen werden alle produkt- und personenbezogenen Serviceleistungen, wie z. B. Reparatur- und Preisgarantien, Informationen und Hilfestellungen verstanden (Bruhn 2003, S. 134). Diese Maßnahmen werden häufig unter dem Begriff Servicemanagement diskutiert.

In Abbildung 5.9 haben wir das Beispiel eines PKW. Hier ist ebenfalls der Aspekt der Qualität sehr unterschiedlich zu sehen. Je nach Produkt variieren die Punkte 1 bis 6 im Qualitätsranking des Kunden.

Einsatz der Distributionspolitik zur Kundenbindung

Als weitere wichtige Maßnahme einer erfolgreichen Kundenbindung kann ein aktives Management der Distribution eines Unternehmens zum Erfolg führen (Bruhn 2003,

1. Leistung	Grundnutzen	Geschwindigkeit, Verbrauch
2. Eigenschaften	Zusatznutzen	Navi, Klima, Sound
3. Zuverlässigkeit	Industriestandard	keine Schwankung in Leistung
4. Haltbarkeit	Lebensdauer	Ersatz, Reparaturen
5. Ästhetik	Gefühle	Form, Geruch, Klang
6. Wahrnehmung	Image	Ruf der Marke, Status

Qualität

Abb. 5.9: Dimensionen der Qualität (eigene Darstellung).

S. 135). Als einem Teilbereich der Distributionspolitik kommt dem Vertriebsweg eine besondere Bedeutung zu. Aus Unternehmenssicht sind hier zwei generelle Ansatzpunkte zu unterscheiden: zum einen die handelsbezogenen und zum anderen die konsumentenbezogenen Aspekte der Vertriebswegepolitik. Von den handelsbezogenen Kundenbindungsmaßnahmen nehmen zwei eine besondere Stellung ein: die Bewertung der Handelspartner durch den Hersteller und das Angebot von Unterstützungsmaßnahmen, die speziell auf ausgewählte Händler ausgerichtet sind. Durch diese Maßnahmen wird sichergestellt, dass der individuelle Händler die vom Hersteller geforderten Maßnahmen hinsichtlich der Kundenorientierung erfüllt. Eine vom Hersteller durchgeführte Zufriedenheitsbefragung der Kundschaft zu den einzelnen Händlern (z. B. in der Automobilbranche) führt zu einer fundierten Bewertung der Handelspartner. Durch die Ableitung eines Händlerprofils können Vergleiche zwischen den einzelnen Händlern gezogen werden. Defizite werden auf diesem Wege frühzeitig aufgezeigt und Handlungsbedarf konkretisiert.

Ein kundenorientiertes Vertriebsmanagement des Herstellers sollte als weitere Hilfestellung das Angebot eines auf den einzelnen Händler zugeschnittenen Unterstützungsprogramms beinhalten. Dieses Angebot reicht von der Mitwirkung in der Umsetzung entsprechender Kundenbindungsmaßnahmen bis zu weiterführenden Programmen, wie z. B. der Bereich der Regalplatzoptimierung bis zu umfassenden Betriebsführungsprogrammen. Durch den konkreten Einsatz derartiger Konzepte wird die Geschäftsbeziehung zwischen Herstellung und Handel langfristig gefestigt. Auch trägt sie zu einer Steigerung der Kooperationsbereitschaft bezüglich der Umsetzung von Kundenbindungskonzepten bei.

Konkrete Maßnahmen können die Kundentreue, direkte Mehrumsätze oder positive Word-of-Mouth-Aktivitäten fördern (Abbildung 5.10).

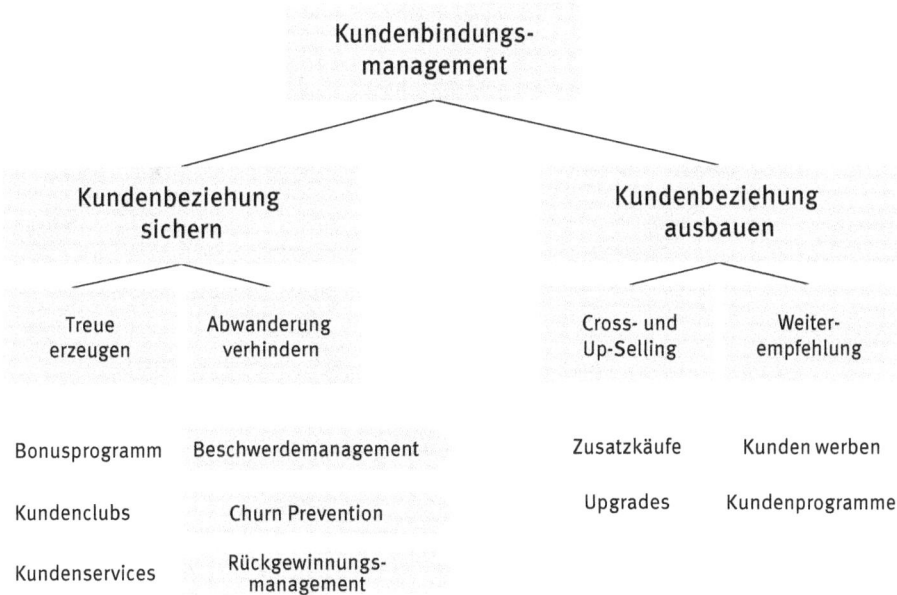

Abb. 5.10: Kundenbindungsinstrumentarien.

Die direkte Steigerung der Profitabilität der Kundenbeziehung erfolgt über die Generierung von Zusatzumsätzen.
–   More Sell: Der Kunde kauft mehr vom gleichen Produkt, z. B. häufigerer Kauf von Flug- oder Bahntickets.
–   Cross Sell: Der Kunde generiert Umsätze in anderen Angebotsfeldern des Unternehmens, z. B. Nahverkehrskunden kaufen Fernverkehrstickets.
–   Up Sell: Der Kunde kauft höherwertige Angebote des gleichen Unternehmens, z. B. Economy-Class-Kunde kauft Business-Class-Ticket, Bahncard-25-Kunde kauft Bahncard 50.

Um die Maßnahmen zu rechtfertigen, sollten sie messbar sein. Eine der wichtigsten Controlling-Kennzahlen ist hier die Bindungsquote (Kumar und Reinartz 2006 i. e. 2005, S. 96 f.)

Die Bindungsquote gibt an, wie viele Kunden durch eine Maßnahme vom Unternehmen in der Folgeperiode gebunden werden konnten. Die Überlebensquote ist der in Prozent ausgedrückte Wert, der uns sagt, wieviel Prozent der gebundenen Kunden in der Folge „überlebt" haben. Dies gibt uns ein Indiz darüber, ob die Maßnahme gewirkt hat und ob die Wirkung von Dauer gewesen ist.

Tab. 5.3: KPI-Bindungsquote, Überlebensquote. In Anlehnung an Kumar und Reinartz (2006).

$$\text{Bindungsquote } t(\%) = \frac{\text{Anzahl Kunden in } (t)}{\text{Anzahl Kunden in } (t-1)}$$

$$\text{Überlebensquote } t(\%) = \text{Bindungsquote } t \cdot \text{Überlebensquote } t-1$$

Beispiel:

Jahr	Bindungsquote	Überlebensquote	Anzahl Kunden
2013		1	1000
2014	0,6	0,60	600
2015	0,7	0,42	420
2016	0,8	0,34	336
2017	0,9	0,3	302

Kundenstatus: Aktuelle Kunden – Beschwerdevorfall

Ein Aspekt der Prozesspolitik ist die Gestaltung des Dienstleistungsprozesses (Dreyer und Dehner 2003, S. 18). Im Rahmen der Prozesspolitik gilt es, die Abgrenzung einzelner Schritte eines Dienstleistungsprozesses sicherzustellen. So sind zum einen die Aufgaben der einzelnen im Prozess involvierten Personen im Rahmen der Gestaltung der Ablauforganisation und zum anderen die Planungen des Dienstleistungsprozesses in zeitlicher Hinsicht festzulegen. Das Ziel der Prozesspolitik bezieht sich im Wesentlichen auf die Prozessqualität einer Dienstleistung. Als Grundlagen einer hohen Prozessqualität sind Fehlerfreiheit, Kostengünstigkeit und Transparenz eines Dienstleistungsprozesses zu nennen. Des Weiteren ist eine angemessene Zeitdauer des Dienstleistungsprozesses für den Kunden von zentraler Bedeutung, um eine Beurteilung der Prozessqualität vornehmen zu können. Neben der Gestaltung der Kundenkontaktsituationen und der im Hintergrund laufenden Geschäftsprozesse wird auch das Beschwerdemanagement zu den Aspekten der Prozesspolitik gezählt, da die Ursache für Beschwerden seitens der Verbraucher die subjektive Unzufriedenheit mit einem Produkt oder einer Leistung ist. Ein Großteil der unzufriedenen Kunden beschwert sich nicht – Unzufriedenheit ist für das Unternehmen nicht sichtbar. Wir sprechen hier auch vom Eisbergmodell.

Unzufriedenheit tritt bei einer negativen Diskrepanz zwischen der Erwartung des Kunden und der tatsächlich wahrgenommenen Leistungsqualität auf (Pepels 2013). Da Kunden, deren Beschwerden zu ihrer vollen Zufriedenheit behandelt wurden, eine höhere Loyalität gegenüber dem Unternehmen aufweisen, wird im Folgenden das Beschwerdemanagement als bedeutender Teilaspekt der Prozesspolitik sowie die Entstehung von Unzufriedenheit und ihre Auswirkungen auf das Kundenverhalten erläutert. Unter dem Beschwerdebegriff werden sämtliche Unzufriedenheitsäußerungen der Kunden bzw. anderer Anspruchsgruppen im Hinblick auf die Markttätigkeit des Unternehmens verstanden. Die Beschwerde ist von der Reklamation zu unter-

Nur 4 bis 6 % der unzufriedenen Kunden beschweren sich

- 70 bis 75 % gehen kommentarlos zur Konkurrenz über
  (Unvoiced Complaints)

- Nur 8 bis 20 % bleiben trotz Unzufriedenheit loyal

- 7 von 10 Kunden würden die Beziehung wieder aufnehmen,
  wenn ihre Probleme gelöst würden

- 1 unzufriedener Kunde erzählt es 8 bis 10 anderen Kunden

- Jedoch sind 12 positive Aussagen nötig, um eine
  negative Situation auszugleichen

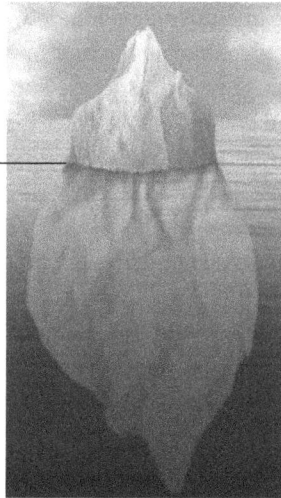

Abb. 5.11: Eisbergmodell ohne die Effekte der Digitalisierung. In Anlehnung an Dreyer und Dehner (2003).

scheiden, aus der sich ein gesetzlich verankerter Rechtsanspruch entwickelt (Bruhn 2003, S. 157). Beschwerdemanagement umfasst die Analyse, Planung, Durchführung und Kontrolle, die ein Unternehmen im Zusammenhang mit Beschwerden ergreift. Ziele eines professionellen Beschwerdemanagements sind somit:

- Vermeidung von negativen Kundenreaktionen (Abwanderung, Beschwerde bei Drittpartei, negative Mund-zu-Mund-Kommunikation, Inaktivität),
- Erzeugung von Ausstrahlungseffekten (Signalisierung einer hohen Kundenorientierung gegenüber Mitarbeitern und Kunden, Förderung Unternehmensimage),
- Wiederherstellung von Kundenzufriedenheit/-bindung (u. U. sogar Steigerung über das ursprüngliche Ausmaß hinaus) und
- Identifikation von Schwächen und Chancen (Nutzen der in Beschwerden enthaltenen Information bzgl. Mängel bei Produkten/Prozessen/Mitarbeitern, Verbesserungen des Leistungsangebots).

Eine Beschwerde stellt die Äußerung von Unzufriedenheit dar. Jedoch führt Unzufriedenheit nicht automatisch zu einer Beschwerde. So wird vor der Beschwerde von den unzufriedenen Kunden eine Abwägung zwischen der Erwartung des entstehenden Aufwands und der für wahrscheinlich gehaltenen Erfolgschance vorgenommen. Der Aufwand differenziert sich zum einen in die entstehenden Kosten und zum anderen in die psychische Belastung, die diese Beschwerde für den Kunden mit sich bringen kann. Des Weiteren wird die Dauer und Häufigkeit der Beschwerdekontakte bis zur Zielerreichung abgeschätzt. Je höher der Nettonutzen nach Abwägung dieser Faktoren für den Kunden ausfällt, desto eher wird Beschwerde erhoben (Pepels 2002, S. 121).

Die unzufriedenen Kunden, die für sich keinen Nettonutzen durch die Beschwerde erkennen, bleiben inaktiv. Sie werden im Beschwerdemanagement als Unvoiced Complaints bezeichnet. Diese Kunden teilen die Nichterfüllung ihrer Erwartungen nicht mit und bieten dem Anbieter keine Chance der Nachbesserung und Rehabilitation (Dreyer und Dehner 2003, S. 28). Gründe für fehlendes Beschwerdeverhalten können ein umständlicher Beschwerdeweg, hohe Beschwerdekosten oder ein erwarteter geringer Beschwerdenutzen sein. Beschwerden werden von weniger als 20 % der enttäuschten Kunden beim Anbieter vorgetragen, somit beschweren sich mehr als 80 % der unzufriedenen Kunden nicht – zumindest nicht beim Anbieter. Andere Verfasser kommen zu der Erkenntnis, dass der Anteil der sich beschwerenden Kunden sogar lediglich 5 % beträgt (Kenzelmann 2003, S. 105). Da sich nur ein geringer Teil der unzufriedenen Kunden äußert, wird hier aufgrund des Großteils der Beschwerden, die nicht an das Unternehmen herangetragen werden und somit nicht wahrgenommen werden können, von einem „Beschwerdeeisberg" gesprochen. Von den sich nicht beschwerenden Kunden gehen 70 bis 75 % erfahrungsgemäß kommentarlos zu Wettbewerbern über. Nur 8 bis 20 % bleiben dem Unternehmen gegenüber trotz Unzufriedenheit loyal. Aufgrund des Mitteilungsverhaltens der unzufriedenen Kunden muss das Hauptaugenmerk auf die unzufriedenen Kunden gerichtet werden, die sich nicht beim Unternehmen beschweren oder deren Beschwerde nicht zu ihrer Zufriedenheit behandelt wurde. Von diesen Kunden berichtet jeder im Durchschnitt bis zu zwölf Personen von seinen Problemen und negativen Erfahrungen. Nach Gündling (1999, S. 109 f.) berichten sogar 13 % ihre Negativerfahrungen an 20 weitere Menschen. Demgegenüber steht der zufriedene oder begeisterte Kunde, der seine positiven Erfahrungen nur durchschnittlich drei weiteren Personen mitteilt. Hier wird die Notwendigkeit eines professionellen Beschwerdemanagements deutlich. Denn ca. 85 % der Kunden, deren Beschwerden schnell und unbürokratisch gelöst wurden, kaufen erneut bei diesem Unternehmen (IAT, S. 6). Des Weiteren werden Kunden, deren Beschwerde schnell und zur vollsten Zufriedenheit gelöst worden ist, zu sehr loyalen Kunden mit einer überdurchschnittlich hohen Weiterempfehlungsrate. Zusammenfassend lässt sich festhalten, dass

- von 100 unzufriedenen Kunden, die sich nicht beschweren, mehr als zwei Drittel abwandern.
- von 100 Kunden, die sich zwar beschwert haben, deren Problem aber nicht gelöst worden ist, immer noch gut die Hälfte abwandert.
- von 100 Kunden, deren Problem gelöst worden ist, nur noch bis zu einem Viertel abwandert.
- von 100 Kunden, deren Probleme schnell gelöst worden sind, 85 % ihrem Unternehmen treu bleiben (vgl. Ploss 2001, S. 11 f.).

Dies hängt damit zusammen, dass Stammkunden, also gebundene Kunden, entsprechend der Pareto-Regel meist zwar nur einen kleinen Teil des gesamten Kundenpools, aber einen Großteil der Erlöse und Gewinne eines Unternehmens repräsentieren (Müller-Hagedorn 1999). Bei der Suche nach verlässlichen und konsistenten Informationen zu Kundenbindungsraten innerhalb der Konsumgüterbranche wird man allerdings enttäuscht, was sicher nicht zuletzt mit den unterschiedlichen Bezugsobjekten der Kundenbindung zusammenhängt. Es lassen sich insgesamt für die Konsumgüterbranche nur geringe Kundenbindungsraten postulieren, welche auf die Stagnation der Märkte und deren Transparenz zurückgeführt werden, wo sich Zuwächse nur durch einen Verdrängungswettbewerb erzielen lassen. Es ist zu beobachten, dass gerade bei schnelldrehenden Gütern (Güter, die einer Mode unterliegen) in der Konsumgüterbranche eine nachlassende Bindung zu beobachten ist. Dies liegt aber auch darin begründet, dass der Kunde für Neuheiten (Mode) und geringe Preise sehr empfänglich ist. Dies betrifft gerade die Kundengruppen in der Prägephase der Generationen Y und Z. In Warengruppen, die höher bepreist sind (häufig Spezialisten) und sich nicht jeder Mode unterordnen, ist bei Kunden in den höheren Reifegraden ein hoher Treuegrad zu beobachten.

Beschwerdezufriedenheit entsteht entsprechend der C/D-Paradigma-Determinanten (siehe Kapitel 4.3.2, Abbildung 4.4), welche die gewünschte und akzeptierte Antwort bestimmen. Determinanten der Beschwerde(un)zufriedenheit können somit folgendermaßen identifiziert werden:

- Rollenverständnis des Kunden: Mit zunehmender wahrgenommener Überlegenheit des Kunden (Vorstellung von Rechten und Pflichten des Anbieters, Drohpotenzial des Kunden etc.) steigen die Erwartungen bzgl. der gewünschten Beschwerdeantworten.
- Problemrelevanz: Je relevanter das Problem für den Kunden, desto höher wird die Erwartung der gewünschten Beschwerdeantwort.
- Wahrgenommene Schuld des Anbieters: Je stärker der Schuldner davon überzeugt ist, dass der Anbieter schuld ist am vermeintlichen Fehler, desto höher sind Ansprüche an die Antwort (entgegen Fällen höherer Gewalt).
- Explizites/implizites Reaktionsversprechen: Je höher explizite Zusagen des Unternehmens (Zufriedenheitsgarantien, Bearbeitungszeiten bzw. implizite Kundenorientierung durch offensive Beschwerdestimulierung), desto höher ist das Niveau der gewünschten Beschwerdeantwort.
- Beschwerdeerfahrung und Mund-zu-Mund-Propaganda: Bisherige Erfahrungen, Erfahrungsberichte Dritter und Lerneffekte bestimmen den künftigen Erwartungsstandard.

Beschwerden sind eine wertvolle Quelle für eine bessere Kundenbeziehung, besseren Service und bessere Produkte. Das setzt voraus, dass die Beschwerden systematisch erfasst und ausgewertet werden. Nur so kann das Unternehmen erkennen, wo möglicherweise systematische Fehler oder Schwachstellen verborgen liegen – und kann Gegenmaßnahmen einleiten. Wichtig dabei ist:

- alle Beschwerden systematisch nach einem vorgegebenen Schema zu erfassen,
- ein elektronisches Beschwerdemanagementsystem zu nutzen,

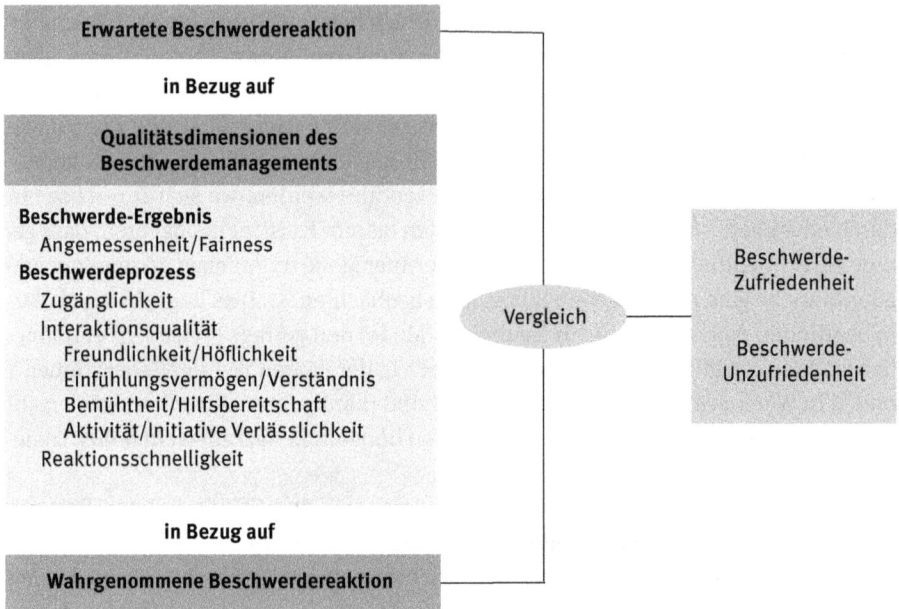

Erwartete Beschwerdereaktion		
in Bezug auf		
Qualitätsdimensionen des Beschwerdemanagements		

Beschwerde-Ergebnis
Angemessenheit/Fairness
Beschwerdeprozess
Zugänglichkeit
Interaktionsqualität
  Freundlichkeit/Höflichkeit
  Einfühlungsvermögen/Verständnis
  Bemühtheit/Hilfsbereitschaft
  Aktivität/Initiative Verlässlichkeit
Reaktionsschnelligkeit

Vergleich — Beschwerde-Zufriedenheit / Beschwerde-Unzufriedenheit

in Bezug auf

Wahrgenommene Beschwerdereaktion

Abb. 5.12: Entstehung von Beschwerde(un)zufriedenheit. In Anlehnung an Stauss und Seidel (2007, S. 72).

- erfasste Beschwerden bezüglich ihrer Art, Häufigkeit, Ursachen, Folgen etc. regelmäßig auszuwerten,
- Maßnahmen abzuleiten, um die Ursachen für die Beschwerden abzustellen (Maßnahmenkatalog entwickeln und pflegen) und
- Tendenzen und Trends zu erkennen und für die Weiterentwicklung (Relaunch oder Facelift) eines Produkts oder für Produktinnovationen zu nutzen.

Wenn dieser Prozess der Beschwerdeauswertung regelmäßig durchlaufen und gepflegt wird, ist dies eine besonders gute Möglichkeit für das Unternehmen und alle seine Mitarbeiter, zu lernen. Ein ausgeklügeltes und etabliertes Beschwerdemanagement ersetzt durchaus die eine oder andere Kundenbefragung.

Gefährdet sind Geschäftsbeziehungen dann, wenn Kunden die Möglichkeit des Beziehungsabbruchs erwägen. Dies ist vor allem dann der Fall, wenn Kunden mit Produkten, Dienstleistungen oder unternehmerischen Handlungsweisen unzufrieden sind. Denn Unzufriedenheit ist eine zentrale Ursache dafür, dass Kunden ihre Loyalität zum Unternehmen aufkündigen und für Angebote des Wettbewerbs empfänglich werden. Deshalb kommt es für Unternehmen in hohem Maße darauf an, Kundenunzufriedenheit zu entdecken, zu analysieren und mittels gezielter Maßnahmen wieder in Zufriedenheit umzuwandeln. Einen zentralen Ansatzpunkt hierfür stellen Beschwerden dar. Insofern zielt das Beschwerdemanagement auf die Stabilisierung der durch

Unzufriedenheit gefährdeten Geschäftsbeziehungen ab (Stauss und Seidel 2007). Beschwerden bieten neben der direkten Beschwerdebearbeitung gegenüber dem Kunden wertvolle Informationen für interne Optimierung. Um diese zielgerichtet zu steuern, benötigen wir im Unternehmen Prozesse.

Der Prozess im Unternehmen besteht aus zwei parallel laufenden Managementaufgaben. Die erste betrifft das Kundenbindungsmanagement und den direkten Beschwerdemanagementprozess (vgl. Stauss und Seidel 2007). Die zweite betrifft die Qualität des Prozesses und damit den indirekten Beschwerdemanagementprozess. Zum direkten Beschwerdemanagementprozess gehören die Beschwerdestimulierung, die Beschwerdeannahme, die Beschwerdebearbeitung und die Beschwerdereaktion. Im Folgenden sollten im Rahmen der Beschwerdestimulierung unzufriedene Kunden dazu bewegt werden, die von ihnen wahrgenommenen Probleme gegenüber dem Unternehmen vorzubringen. Dabei sind vor allem drei Teilaufgaben zu lösen. Erstens muss eine Entscheidung über den Beschwerdekanal getroffen, d. h. die Frage beantwortet werden, auf welche Weise (mündlich, telefonisch, schriftlich oder elektronisch) und gegenüber welcher Stelle Kunden ihre Beschwerde vorbringen sollen. Damit ein möglichst hoher Anteil der unzufriedenen Kunden die Reaktionsform Beschwerde und den geeigneten Beschwerdekanal wählt, muss zweitens eine aktive Kommunikation des Beschwerdewegs erfolgen. Drittens ist durch die Bereitstellung der erforderlichen Kapazitäten im Rahmen einer stufenweisen Beschwerdestimulierung die Erreichbarkeit der annehmenden Stellen sicherzustellen. Die Phase der Beschwerdeannahme betrifft vor allem die Organisation des Beschwerdeeingangs und die Erfassung der Beschwerdeinformationen. Bei mündlich und telefonisch vorgebrachten Beschwerden erfährt der Kunde im Erstkontakt bereits wichtige Aspekte der unternehmerischen Reaktion auf sein Anliegen. Bei schriftlichen Beschwerden findet der Erstkontakt mit dem Beschwerdeführer in Form von Zwischenbescheiden oder abschließenden Antworten statt. Wie der Kunde diese unternehmerische Reaktion wahrnimmt, entscheidet maßgeblich darüber, ob seine Unzufriedenheit abgebaut oder gar noch gesteigert wird. Deshalb kommt es bei der Organisation des Beschwerdeeingangs darauf an, klare Verantwortungsstrukturen festzulegen und die Mitarbeiter, die Beschwerden entgegennehmen, auf diese Situation vorzubereiten. Im Rahmen der Beschwerdeerfassung geht es darum, das vom Kunden vorgebrachte Problem vollständig, schnell und strukturiert aufzunehmen. Dabei sind Entscheidungen über die Erfassungsinhalte, die Kategorisierung und die Erfassungsform zu fällen. Grundlegende Erfassungsinhalte stellen die Beschwerdeinhaltsinformationen (Informationen über den Beschwerdeführer, das Beschwerdeproblem und das Beschwerdeobjekt) sowie die Beschwerdeabwicklungsinformationen (Informationen zur Beschwerdeannahme, Beschwerdebearbeitung und Beschwerdereaktion) dar. Zur systematischen Erfassung von Beschwerdeinformationen ist es erforderlich, dass ein sinnvolles Kategorienschema entwickelt wird, das Kriterien wie Handlungsorientierung, Vollständigkeit und leichte Handhabbarkeit erfüllt und bei umfangreichen Merkmalslisten eine hierarchische Zuordnung ermöglicht. Im Aufgabenfeld der Beschwerdebearbeitung geht es um die systematische Gestaltung der Beschwerdeabwicklung. In einem ersten Schritt müssen unterschiedliche Arten von Beschwerdebearbeitungsprozessen identifiziert und modelliert werden. Daraufhin sind Verantwortlichkeiten auf unterschiedlichen Ebenen festzulegen. In der Bearbeitungshistorie werden schließlich alle Bearbeitungsschritte mit ihren Inhalten, ausführenden Stellen und Terminen chronologisch für jeden einzelnen Beschwerdefall dokumentiert. Im Bereich der Beschwerdereaktion gilt es, grundsätzliche Leitlinien und Verhaltensregeln zu definieren, um das angestrebte Ziel einer Beruhigung der Situation und einer zufriedenstellenden Lösung zu erreichen. Dabei sind Differenzierungen vorzunehmen, je nachdem auf welchem Beschwerdeweg die Kundenkritik artikuliert wurde. Eine weitere zentrale Teilaufgabe im Rahmen der Beschwerdebearbeitung liegt in der Entscheidung, welche Lösung dem Kunden im Hinblick auf seine Beschwerde angeboten werden soll. Prinzipiell kommen finanzielle (Preisnachlass, Geldrückgabe, Schadensersatz), materielle (Umtausch, Reparatur, anderes Produkt, Geschenk) oder immaterielle (Entschuldigung, Information) Kompensationsangebote in Betracht. Um eine kunden- und problemgerechte Entscheidung treffen zu können, müssen informatorische Voraussetzungen gegeben bzw. hergestellt werden. Dazu gehören die Verfügbarkeit von detaillierten Daten über den Beschwerdeführer, seine Zugehörigkeit zu bestimmten Kundengruppen und seinen ökonomischen Wert für das Unternehmen. Zum Handlungsbereich der Beschwerdereaktion gehören auch Festlegungen zum Umfang und zur zeitlichen Gestaltung der Kommunikation nach dem Beschwerdeeingang. Hier ist zum einen zu bestimmen, welche Rückmeldungen (z. B. Eingangsbestätigung und Zwischenbescheid) in welcher Form (mündlich, telefonisch, schriftlich) erfolgen sollen, zum anderen sind eindeutige Standards für maximale Zeitspannen zu setzen, in denen diese Kommunikation durchgeführt sein muss.

Aufgaben des indirekten Beschwerdemanagementprozesses

Mit der Phase der Beschwerdereaktion ist der direkte Beschwerdemanagementprozess abgeschlossen. Beschwerdeauswertung, Beschwerdemanagement-Controlling, Beschwerde-Reporting und Beschwerdeinformationsnutzung machen den indirekten Beschwerdemanagementprozess aus, der ohne Kundenkontakt abgewickelt wird. Beschwerden enthalten konkrete Hinweise auf unternehmerische Schwächen bei der Planung, Produktion und Vermarktung von Produkten und Dienstleistungen sowie auf Änderungen in Kundenpräferenzen oder Marktchancen. Daher müssen die in Beschwerden enthaltenen Informationen quantitativ und qualitativ ausgewertet werden. Im Mittelpunkt einer quantitativen Beschwerdeauswertung stehen die Überwachung des Umfangs und der Verteilung des Beschwerdeaufkommens und die Priorisierung der von den Kunden wahrgenommenen Probleme. Zudem ist im Rahmen der qualitativen Beschwerdeauswertung eine systematische Ursachenanalyse zu betreiben, um auf dieser Basis unter Einsatz von Planungsinstrumenten Verbesserungsvorschläge entwickeln zu können. Der Aufgabenbereich des Beschwerdemanagement-Controllings umfasst drei wichtige Teilbereiche: Evidenz-Controlling, Aufgaben-Controlling und Kosten-Nutzen-Controlling. Zentrales Anliegen des Evidenz-Controllings ist die Ermittlung, inwieweit das Beschwerdemanagement in der Lage ist, das Ausmaß der unter den Kunden des Unternehmens verbreiteten Unzufriedenheit in Form von Beschwerden aufzudecken, d. h. für das Feedbackmanagement evident zu machen. Dabei sind zwei Ansatzpunkte zu unterscheiden. Zum einen muss das Ausmaß nicht artikulierter Beschwerden unzufriedener Kunden erfasst werden. Zum anderen gilt es, den Umfang der zwar artikulierten, aber im Unternehmen nicht registrierten (verborgenen) Beschwerden zu ermitteln. Das Aufgaben-Controlling überwacht, inwieweit die Aufgaben des Beschwerdemanagements erfüllt werden. Hier sind bezüglich aller Teilaufgaben Qualitätsindikatoren und -standards zu formulieren, deren Einhaltung und Angemessenheit laufend überprüft werden müssen. Nur für einen Teil der Qualitätsindikatoren können objektive Standards festgelegt werden (z. B. zeitliche Vorgaben für die Schnelligkeit der Beschwerdebearbeitung). In anderen Fällen bietet es sich an, Zufriedenheitswerte als Standards vorzugeben und im Rahmen der Beschwerdezufriedenheitsbefragung zu überprüfen. Darüber hinaus sind Produktivitätsindikatoren und -standards zu fixieren, die Aussagen über die Effizienz der Aufgabenerfüllung machen. Das Kosten-Nutzen-Controlling hat die Funktion, die Kosten- und Nutzeneffekte eines Beschwerdemanagementsystems abzuschätzen (Riemer 1986; Hoffmann 1991). Im Kosten-Controlling sind die Kosten zu berechnen, die bei der Annahme, Bearbeitung und Reaktion sowie im Rahmen des indirekten Beschwerdemanagementprozesses entstehen. Das Nutzen-Controlling quantifiziert die unterschiedlichen Nutzendimensionen des Beschwerdemanagements (Informations-, Einstellungs-, Wiederkauf- und Kommunikationsnutzen). Durch Gegenüberstellung der Kosten- und Nutzeneffekte lassen sich die Wirtschaftlichkeit und das Return-on-Complaint-Management berechnen. Die Ergebnisse der verschiedenen Bereiche des Beschwerdemanagement-Controllings dienen zur Steuerung und Überwachung des Bereichs Beschwerdemanagement. Die operative Steuerung erfolgt unter Nutzung eines Beschwerdemanagementindexes, die strategische Steuerung mithilfe einer Beschwerdemanagement-Balanced-Scorecard. Zur Überwachung des Bereichs sind regelmäßig systematische Beschwerdemanagement-Audits durchzuführen. Die Informationen aus der Beschwerdeauswertung sowie dem Beschwerdemanagement-Controlling müssen den verschiedenen unternehmensinternen Zielgruppen zugänglich gemacht werden. Daher sind im Rahmen des Beschwerdereportings Entscheidungen darüber zu treffen, für welche internen Kundensegmente (Geschäftsleitung, Qualitätssicherung, Marketing usw.) welche Auswertungen (quantitativ und qualitativ) in welchen Zeitintervallen verbreitet bzw. auf Anforderung bereit gestellt werden sollen. Ein zentrales Ziel des Beschwerdemanagements liegt darin, einen wesentlichen Beitrag für das Qualitätsmanagement zu leisten, indem es eine aktive Nutzung der erfassten Beschwerdeinformationen für Verbesserungsmaßnahmen gewährleistet. Insofern bedarf es nicht nur eines regelmäßigen Beschwerdereportings, sondern auch einer systematischen Beschwerdeinformationsnutzung unter Einsatz spezifischer Managementmaßnahmen und -instrumente. Dazu gehören die Anwendung von Qualitätsplanungstechniken zur Entwicklung von Problemlösungen, die Einbeziehung von Beschwerdeinformationen in die Arbeit von Qualitätsverbesserungsteams sowie die Nutzung des Ideenpotenzials. Um eine zielorientierte Aufgabenerfüllung zu gewährleisten, müssen auch die innerbetrieblichen Rahmenbedingungen so gestaltet werden, dass eine bestmögliche Aufgabenerfüllung möglich wird. Dazu gehören das systematische und sorgfältig aufeinander abgestimmte Management personalpolitischer, organisatorischer und informationstechnologischer Aspekte sowie die planvolle innerbetriebliche Implementierung des Beschwerdemanagements. Darüber hinaus ist grundlegend zu beachten, dass sowohl die Aufgabenwahrnehmung wie auch die Gestaltung der Rahmenbedingungen ganz konsequent auf die Realisierung der unternehmerischen Strategie des Kundenbeziehungsmanagements ausgerichtet werden. Zu klären sind insbesondere folgende Aspekte:

- Kontaktpunkte für den Kunden,
- erste Ansprechpartner, die Fachkenntnis und Befugnisse in Bezug auf die Lösung der Kundenbeschwerde haben,
- Aufnahme und Dokumentation einer Kundenbeschwerde,
- Anstoß eines Beschwerdebearbeitungsprozesses mit Fehlerbehebung und Lösung oder Kompensation für den Kunden,
- Kommunikation mit dem Kunden zum Stand und zur Lösung seiner Beschwerdebearbeitung (Zwischen- und Endbescheid),
- Erheben und Auswerten der Kennzahlen zu den Beschwerden (Reporting) sowie
- Ableitung von Maßnahmen zur Produktverbesserung, Prozessverbesserung oder für Produkt- und Prozessinnovationen.

Beschwerdemanagement beginnt mit der Reduzierung der Unvoiced Complaints über aktive Beschwerdestimulierung. Offene leicht zugängliche Beschwerdekanäle (persönlich, Brief, Telefon, Internet, E-Mail, Fax) und gebührenfreie Kanäle senken den Anteil der Unvoiced Complaints. Hierzu zählen des Weiteren:

- die aktive Kommunikation der Beschwerdekanäle (Call-to-Action-Button im Internet) und
- aktives Nachfragen im Nachkaufmarketing.

Abwanderung unzufriedener Kunden generiert Gewinnverluste, die durch Beschwerdemanagement reduziert werden können. Abbildung 5.13 soll dies verdeutlichen.

Gerade im Zeitalter des schnelllebigen World Wide Web ist die „Nichtartikulationsquote" enttäuschter Kunden laut unterschiedlicher Studien (unter anderem jährliche Befragung der ServiceBarometer AG) im Branchenmix hoch und ist vor allem abhängig von persönlichen Kosten/Nutzenabwägungen.

Zusammenfassend kann festgestellt werden, dass dem Beschwerdemanagement eine wichtige Bedeutung zukommt. Es konnte gezeigt werden, dass die qualitativen Merkmale im Beschwerdemanagement zu einer höheren Quote nicht artikulierter Un-

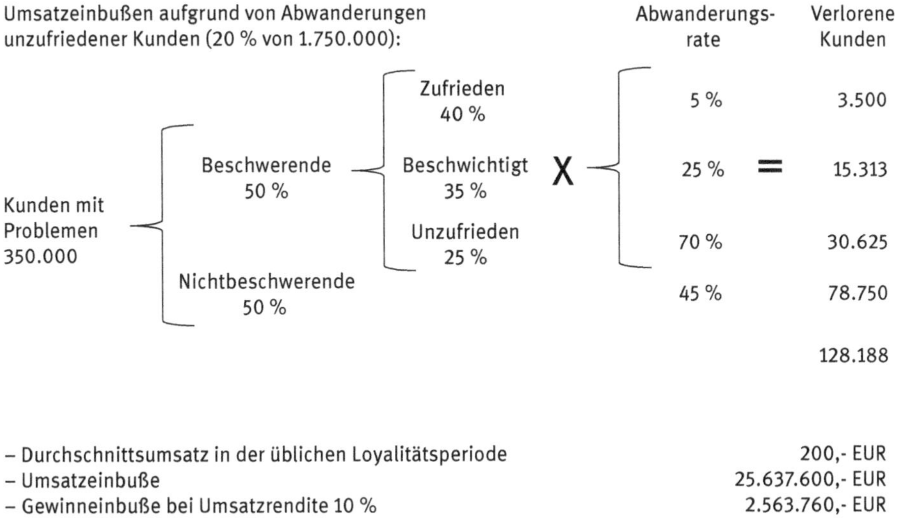

Umsatzeinbußen aufgrund von Abwanderungen
unzufriedener Kunden (20 % von 1.750.000):

				Abwanderungs-rate		Verlorene Kunden
			Zufrieden 40 %	5 %		3.500
Kunden mit Problemen 350.000	Beschwerende 50 %		Beschwichtigt 35 %	25 %	=	15.313
		X	Unzufrieden 25 %	70 %		30.625
	Nichtbeschwerende 50 %			45 %		78.750
						128.188

– Durchschnittsumsatz in der üblichen Loyalitätsperiode	200,- EUR
– Umsatzeinbuße	25.637.600,- EUR
– Gewinneinbuße bei Umsatzrendite 10 %	2.563.760,- EUR

Abb. 5.13: Beschwerdecontrolling (eigene Darstellung).

zufriedenheit führen können. Dies hat eine gesteigerte Wechselbereitschaft der Kunden nach einem negativen kritischen Vorfall zur Folge und kann zugleich zu einem höheren Engagement in Richtung negativer Word-of-Mouth-Kommunikation gegenüber Dritten führen. Diese Quote ist umso höher, je mehr das Unternehmen im Internet seine Produkte/Dienstleistungen anbietet. Gleichzeitig sind Multi-Channel-Anbieter jedoch aufgrund des erhöhten Kaufrisikos auf positive Kommunikation angewiesen. Erschwerend kommt hinzu, dass der persönlichen Kommunikation am Point of Sale weitaus mehr Glaubwürdigkeit geschenkt wird als den marketingpolitischen Kommunikationsmaßnahmen eines Anbieters. Es ist somit offensichtlich, dass ein effektives und effizientes Beschwerdemanagement mit geeigneten Maßnahmen zur Beschwerdestimulierung ein zentrales Instrument zur Identifikation und Stabilisierung gefährdeter Kundenbeziehungen darstellt.

Kundenstatus: Aktuelle Kunden – Beschwerdevorfall aus sonstigen Gründen (Churn Prevention)

Unter Churn Prevention versteht man eine systematische Bestandssicherung von profitablen Geschäftsbeziehungen durch frühzeitige Identifikation gefährdeter Beziehungen und Umsetzung geeigneter Maßnahme zur Verhinderung der Kundenabwanderung (Hippner und Wilde 2006). Hieraus ergeben sich folgende Ziele:

-   Identifikation von abwanderungsgefährdeten, profitablen Kunden,
-   Analyse der Abwanderungsgründe zur Leistungs- und Prozessoptimierung und
-   Verhinderung der Abwanderung.

„Churn" bezeichnet im Englischen den Wechsel eines Kunden zur Konkurrenz. Diese Kunden haben somit trotz formalem Fortbestehen der Beziehung innerlich gekündigt und werden als „Churner" bezeichnet (churn = change and turn).

Es gilt folgende Unterscheidung:
- Kündigung: Beendigung der vertraglichen Beziehungen, indem der letzte Vertrag beendet wird, bei der der Kunde eine definierte Rolle einnimmt.
- Churn: Ein Kunde stellt sein Engagement ein bzw. wendet sich von dem Unternehmen ab. Dies kann, muss aber nicht, einhergehen mit der Kündigung. Churn ist somit der weiter gefasste Begriff und deckt Kündigung mit ab.

Es gibt drei Formen des Churns:
1) Aktiver Churn: initiiert vom Kunden selbst. Maßnahmen des Direktmarketings können diesen abwehren.
2) Passiver Churn: wird vom Unternehmen initiiert und zielt auf die Abwanderung des Kunden aus Rentabilitätsgründen. Maßnahmen sind Restriktionen wie Mahnungen, absichtlich schlechter Service, wie z. B. bei Krankenkassen, illegale Risikoselektionsstrategien etc.
3) Rationaler Churn: wird vom Kunden kalkuliert angestoßen, indem er vor Vertragsende provisorisch kündigt, ohne dass er die Intention hat zu wechseln, sondern auf attraktive Angebote spekuliert.

Gerade die Flexibilität in Zeiten des E-Commerce führt zu einer weitgehend fehlenden Kundenloyalität, da das Abwandern zum Wettbewerber nur den Aufwand eines Mausklicks erfordert. Unter dem Begriff Churn Management fasst man folglich jene Marketingstrategien zusammen, die zur Kundenbindung und gegebenenfalls weiteren Entwicklung des Kunden entworfen werden. Die Art und Weise, wie das Ziel der Kundenrückgewinnung erreicht werden soll, wird in dem Begriff des Kundenrückgewinnungsmanagements (KRM) zusammengefasst. Das Ziel der Kundenrückgewinnung ist es, einen grundlegenden Prozess zu erstellen, mithilfe dessen die Aufgaben des KRM effizient und effektiv bearbeitet werden können. Die bisher in der Forschung vorliegenden Konzepte der Kundenrückgewinnung stützen sich auf das 5-Phasen-Modell (Stauss und Seidel 2007), bei dem Zielsetzung, Abwanderungsanalyse, Kundenrückgewinnungsaktivität, Kundenrückgewinnungs-Controlling, Kundenrückgewinnungsaufgaben/-prozesse im Zentrum stehen (Abbildung 5.14).

Durch praktische Erfahrungen, Gespräche mit Kundenrückgewinnungsexperten und empirischen Ergebnissen zur Kundenrückgewinnung wurde bereits in der Vergangenheit offengelegt, dass in der Kundenrückgewinnungspraxis noch mehr prozessorientiert gedacht werden muss. Beispielsweise wird in der Unternehmenspraxis die Analyse der Kundenabwanderungsgründe kaum durchgeführt, da sie nur dann bekannt sind, wenn der Kunde dies dem Unternehmen aktiv mitteilt. Bevor jedoch solche Befragungen durchgeführt werden können, müssen verschiedene Prozesse vorgelagert sein. In der Praxis wird somit nicht mit der Analyse der Gründe begonnen, die

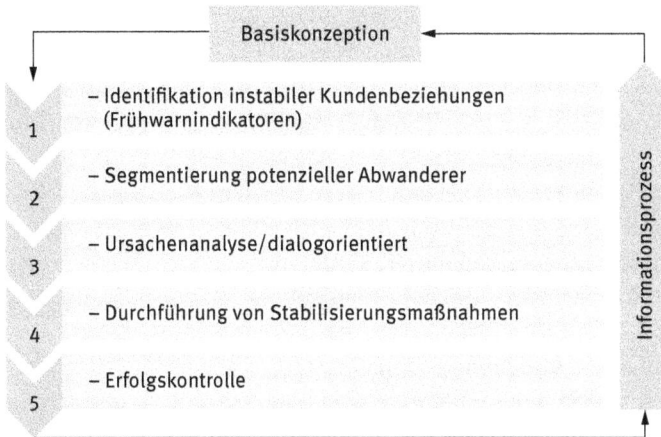

Abb. 5.14: Churn-Prozess. In Anlehnung an Schüller (2007).

zur Abwanderung führen, sondern mit der Identifikation der Kunden. Aufgrund dieser Problematik hat sich – wie zuvor dargestellt – ein praxistauglicher Gesamtprozess herausgebildet, der sich in folgende Unterprozesse einteilen lässt:

- Basiskonzept (Fokus: Planung von Strategien und abgeleiteten Zielen, Maßnahmen: Schaffung einer adäquaten Organisationslandschaft),
- Identifikation (Fokus: Kündigungsinformation, Maßnahme: Start des Informationsprozesses),
- Segmentierung (Fokus: Kundenprofitabilität und Erfolgswahrscheinlichkeit, Maßnahmen: Kundenwertanalyse und Rückgewinnungsportfolio),
- Dialoginitiierung (Fokus: Kontaktaufnahme und Erfolgschancen, Maßnahmen: Kündigungsgrundanalyse und Rückgewinnungsangebot),
- Kundenrückgewinnung (Fokus: Reaktivierung und Fehlervermeidung, Maßnahmen: Rückgewinnungsgespräch und interne Kommunikation) und
- Erfolgskontrolle (Fokus: Effektivität und Effizienz, Maßnahmen: Erfolgsanalyse und Kosten-Nutzen-Analyse).

Churn-Instrumentarium

Zielgerichtetes Churn Management baut auf den Methoden des modernen Marketings, namentlich des Customer Relationship Managements (CRM) auf. Es gilt, hochprofitable Kunden zu identifizieren, ihre Wünsche kennenzulernen und ihre Wechselwahrscheinlichkeit zu ermitteln. Mit den Instrumenten des Churn Managements gelingt es Unternehmen, aus den Daten der eigenen Kunden einen Informationsvorsprung gegenüber den Wettbewerbern zu erhalten. Das Wissen zahlt sich aus: eine Segmentierung des Kundenstammes, Bestimmung des Kundenwertes, die Profilierung hochprofitabler Kunden und die Antizipation eines Wechsels sowie der Gründe für den Wechsel – das sind die Ergebnisse von Churn Management. Mit diesem Wissen ist es

möglich, z. B. Werbekampagnen exakt auf die Bedürfnisse des Kunden zuzuschnei-
den. Ebenso ist ein feinabgestimmtes Timing möglich, wenn es beispielsweise um die
Veröffentlichung von neuen Angeboten, Service Packs oder ähnlichem geht. Dem potenziellen Wechsel zur Konkurrenz kann somit durch gezielte Verwertung der Kundeninformationen effizient vorgebeugt und entgegengewirkt werden (Kukat und Blümelhuber 2005, S. 136). Vor diesem Hintergrund kann die strategische Nutzung der Informationen über den eigenen Kunden zum entscheidenden Wettbewerbsvorteil werden.
Denn auch in Zeiten der New Economy gilt die alte Kaufmannsweisheit, dass es teurer
ist, einen neuen Kunden zu gewinnen, als einen alten Kunden zu halten (Stauss und
Seidel 2007).

Den ersten Schritt zu einem funktionierenden Churn Management stellt das Sam-
meln von Informationen mittels eines entsprechenden Systems dar. Voraussetzung
für eine strategische Nutzung der Kundendaten ist weiterhin eine Aufarbeitung der
Informationen, die folgenden Ansprüchen genügen muss:
- Segmentierung der Kundendatei nach bestimmten Kundentypen,
- Profilierung dieser Kundentypen, um individuelles Kundenverhalten kennen zu
  lernen,
- Identifikation von hochprofitablen und weniger profitablen Kunden und
- Ermittlung der Wechselwahrscheinlichkeit in Abhängigkeit von weiteren Fakto-
  ren (z. B. Jahreszeit etc.).

Der letzte Schritt besteht in der Darstellung der Informationen in dynamischen Mo-
dellen. Hier können in Echtzeit die Auswirkungen verschiedener Strategien simuliert
werden. Churn Management profitiert beim Sammeln, Auswerten und Darstellen der
Informationen von den Synergieeffekten dreier Technologien, um die zum Teil im-
mensen Datenmengen verfügbar zu machen, auszuwerten und darstellen zu können:
- Data Warehousing
- Data Mining
- Data Visualization (Kapitel 6.7)

Da der Schlüsselfaktor eines erfolgversprechenden Churn Managements möglichst
zahlreiche Informationen über den Kunden sind, ermöglichen moderne *Data-Ware-
housing-Systeme* eine breite Erfassung von Kundendaten quer über alle Kanäle. Egal
also, wie der Kunde mit dem Unternehmen in Verbindung tritt – ob über das Internet, Telefon oder klassisch per Post – das Data-Warehousing-System muss in der Lage sein, große Mengen von Informationen zu integrieren und zu erfassen. Das Churn
Management bedient sich dieser gesammelten und aufbereiteten Informationen aus
dem Data Warehouse, da sich aus z. B. soziodemografischen oder kaufverhaltensbe-
zogenen Segmentierungskriterien besonders relevante Informationen wie die Rentabilität des Kunden, Kundenwünsche, sowie die vermutete Wechsel-wahrscheinlich-
keit prognostizieren lässt. Idealerweise wird ein geschlossener Regelkreis vom analy-

tischen zum operativen CRM angestrebt, wie er beim Closed Loop Marketing der Fall ist, und der aufgrund der Wichtigkeit der Rückkopplung der gewonnenen Informationen (z. B. Kündigungsgründe) einen Schwerpunkt in jedem Kundenrückgewinnungsprozess bilden sollte. Eine unabdingbare Voraussetzung für funktionierendes Data Warehousing ist jedoch die Bedienerfreundlichkeit. Auf diese Weise können durch die große Zahl der Nutzer nicht nur möglichst viele Informationen erfasst werden, die Mitarbeiter haben auch immer einen leichten Zugriff auf die benötigten Kundendaten. Das setzt natürlich auf der technischen Seite große Speicherkapazitäten (meist im Terabyte-Bereich), hohe Rechengeschwindigkeit und generell eine ausgezeichnete Performance voraus. Gegenwärtig wird die Benutzung einer speziellen Systemarchitektur (neuronale Netze) erprobt.

Aufgabe des *Data Mining* ist das Verstehen und Vorhersagen des Kundenverhaltens (Cleve 2014). Zu diesem Zweck werden große Datenmengen unter Berücksichtigung vielzähliger Variablen durchforstet und auf versteckte Muster und Trends durchsucht. Das vertiefte Verständnis für die Beweggründe des individuellen Kundenwechsels geht Hand in Hand mit der Kompetenz, zukünftige Wechsel zu antizipieren. Weiterhin dient Data Mining zur Ermittlung des Kundenwertes und der Erstellung eines Kundenprofils, das hochprofitable Kunden identifiziert. Data-Mining-Programme sind als intelligente Systeme (Cleve 2014) konzipiert, die durch den beständigen Datenzulauf ihre prädiktiven Modelle ständig der neuen Datenlage anpassen. So bleiben sie aktuell angesichts einer sich stetig verändernden Marktsituation.

Eine nicht zu unterschätzende Entscheidungshilfe stellen die Programme zur *Visualisierung der Daten* dar. Die Ergebnisse des Data Mining werden von ihnen in intuitiv verständlichen Bildern wiedergegeben. Sehen und Verstehen reichen sich auf diese Weise die Hand. So erfasst der Benutzer beispielsweise geografische Zusammenhänge via Business Mapping[7] auf digitalen Landkarten, während hierarchische Strukturen analysiert werden, indem Objekte in einer 3D-Landschaft in Relation zueinander gezeigt werden. Zeitliche Entwicklungen können mittels Animationen verdeutlicht werden. Data Visualization dient jedoch nicht nur als Argumentationshilfe, sondern unterstützt direkt den strategischen Entscheidungsprozess. So können die Auswirkungen verschiedener Kampagnen durch die Data-Visualization-Programme in Echtzeit simuliert werden.

Die aufgezeigte Mechanik des Churn Managements greift den Kunden also vor Vertragsende oder dem möglichen Abwanderungszeitpunkt und versucht, die Abwanderung durch Maßnahmen zu verhindern. Vor Ansprache des Kunden sollte allerdings versucht werden, den Kundenwert (z. B. Customer Lifetime Value) zu ermitteln und festzustellen, ob die Churn-Maßnahme rentabel bzw. profitabel ist oder sogar die Ab-

---

7 Business Mapping oder digitales Mapping = Synonym für Strukturierungsmethoden, ähnlich Mindmapping.

wanderung des Kunden dem Unternehmen Vorteile bringt. In der Praxis werden besonders A-Account-Kunden attraktive Angebote unterbreitet, um sie weiterhin an das Unternehmen zu binden.

Kundenrückgewinnungsmanagement:
Hohe Fluktuationsraten haben einen weitreichenden, negativen Einfluss auf die ökonomische Stabilität eines Unternehmens. Wenn darüber hinaus noch die ertragreichsten Kunden das Unternehmen verlassen, kann dies existenzgefährdend für das Unternehmen sein. Eine kostengünstige Quelle, zusätzliche Erträge zu generieren, ist demgegenüber das Wiedergewinnen ehemaliger Kunden. Diese Reaktivierung der richtigen Kunden birgt eine Reihe von Vorteilen:

Kundenloyalität:
Bei einer noch vorhandenen „Restloyalität" aus der bisherigen Kundenbeziehung kann diese genutzt werden, um eine „zweite Loyalität" in der Geschäftsbeziehung aufzubauen. Eine Beseitigung von Unzulänglichkeiten und Mängeln kann durch eine höhere emotionale Bindung einen höheren Kundenwert als vor der Kündigung nach sich ziehen.

Ertrag:
Im Rahmen einer branchenübergreifenden Studie wurde festgestellt, dass die Kosten für die Neukundengewinnung bei über 90 % der Unternehmen mehr als doppelt so hoch sind wie bei der Kundenrückgewinnung. Bei rund 70 % der Unternehmen sind die Kosten der Neukundengewinnung drei Mal so hoch wie die der Rückgewinnung (Homburg und Schäfer 2006). Bei Multichannel-Händlern, die ebenfalls Onlineshops und Social Media einsetzen, werden diese Kosten für die Neukundenakquisition die Kosten für die Rückgewinnung um ein Vielfaches übersteigen. Durch diese günstigere Reaktivierung können Marketingbudgets geschont werden. Des Weiteren steigt in vielen Fällen der Umsatz der zurückgewonnenen Kunden und er bleibt dem Unternehmen länger treu als „normale", nicht zurückgewonnene, Kunden (vgl. Profitabilität zurückgewonnener und permanent treuer Kunden). Damit verbessert sich automatisch die Zusammensetzung des Kundenstammes und somit der gesamte Unternehmenswert (Homburg und Schäfer 2006). Empirische Erhebungen zeigen z. B. für den Dienstleistungsbereich auf, dass eine Reduzierung der Abwanderungsrate von 10 % auf 5 % über die gesamte durchschnittliche Kundenbindungsdauer hinweg zu einer 75prozentigen Erhöhung des Kundenwertes und damit auch des langfristigen Unternehmensertrages führen kann. Der Kundenwert (Bruhn 2016) entspricht dem Kapitalwert der Gewinnflüsse, die ein Kunde im durchschnittlichen Lauf einer Kundenbeziehung erzeugt. Bei einer Abwanderungsrate von 10 % dauert eine durchschnittliche Kundenbeziehung z. B. 10 Jahre (1 dividiert durch 0,1). Der durchschnittliche Kundenwert entspricht dann dem Kapitalwert der Gewinnflüsse für eine Spanne von 10 Jahren.

Wissen:

Probleme, die im Rahmen der Kundenrückgewinnung aufgedeckt werden, sind gute Anhaltspunkte, um Unternehmensprozesse zu optimieren. Die Wechselmotive der Kunden können mit geringem Aufwand von den Firmen analysiert werden. Professionell erstellte Kündigerbefragungen helfen somit, die Ursachen für die Beendigung der Geschäftsbeziehung zu erforschen. Die Leistungen des Unternehmens können damit für alle Kunden optimiert und die Kosten von Fehlern (Kundenabwanderung und unzufriedene Kunden) minimiert werden. Dies ist aber nur unter der Voraussetzung gegeben, dass die gewonnenen Informationen unternehmensübergreifend bereitgestellt werden, um somit zu einer Optimierung der Kundenrückgewinnungsprozesse beizutragen.

Image:

Wer sich um seine abgewanderten Kunden kümmert, wird eine negative Mund-zu-Mund-Propaganda eindämmen. Somit kann das Kundenrückgewinnungsmanagement einer negativen Mund-zu-Mund-Kommunikation seiner gefährdeten bzw. abgewanderten Kunden vorbeugen. Enttäuschte und verärgerte Verbraucher, die abwandern, kommunizieren dies aktiv mit ihrer Umgebung. Im Gegensatz dazu beginnt der gebundene Kunde mit positiver Mund-zu-Mund-Propaganda, welche den Firmen zu einer (kostenlosen) Imageverbesserung verhilft.

Konkurrenzvorsprung:

Durch das Betreiben eines aktiven Kundenrückgewinnungsmanagements kann eine Menge an Informationen über den Wettbewerb generiert werden. Im Fall eines abgewanderten Kunden kann dieser dem bisherigen Anbieter mitteilen, weshalb der neue Anbieter seine Kaufabsicht besser befriedigen kann. Teilbereiche der Geschäftspolitik sowie die Rückgewinnungsaktivitäten können durch die Nutzung dieser Informationen verbessert werden.

Nutzen des Kundenrückgewinnungsmanagements

Wie zuvor aufgezeigt, lohnen sich die Investitionen in den Einsatz eines erfolgreichen KRM für Unternehmen in der Regel unter folgenden nutzenstiftenden Aspekten:
- Erhöhung der Kundenbindung und Minimierung der Churn-Raten und Stornoquoten von profitablen Kunden, Steigerung der Effizienz von Cross- und Up-Selling-Kampagnen durch bedarfsgerechte Kundenklassifizierung und -ansprache,
- Identifizierung der relevanten Kündigungsgründe, Gewichtung der Attribute und Ableitung eines Vorhersagemodells zur Prognose zukünftiger Kündigungen,
- Festlegung von gezielten Maßnahmen, um prognostizierten Kündigungen profitabler Kunden entgegenzuwirken, z. B. durch Ableitung spezieller kundenspezifischer Angebote oder Services,

Tab. 5.4: Churn-Fallbeispiel. In Anlehnung an Hippner und Wilde (2007b, S. 594).

Frühwarnkategorie	*n*	Frühwarnindikator	*n*
Wechselankündigung	20	Androhung des Wechsels gegenüber Berater	20
Konflikte	18	Offizielle Beschwerden	14
		Streitgespräch	4
Transfers	14	Bargeldabhebungen	7
		Überweisungen auf die neue Bank	2
		Veränderung der Lohnzahlungen	2
		Veränderung von Daueraufträgen/Lastschriften	3
Teilankündigungen	8	Abbau des Depots/leeres Depot	3
		Kündigung von Konten	3
		Kündigung des Sparbuchs	2
Kontobewegungen	7	Fehlende Einzahlungen	7
Diskussion über Konditionen	4	Verhandlungen am Schalter	4

- Integration von Lernkurven in das Vorhersagemodell durch Berücksichtigung von Feedbackschleifen über den Erfolg entsprechender Maßnahmen und
- Planung, Implementierung und Optimierung eines nachhaltigen, kundenwertorientierten Servicemanagements.

Grundlage der Churn Prevention ist die Identifikation abwanderungsgefährdeter Kunden über Frühwarnindikatoren.

Die abrupte Beendigung der Kundenbeziehung kommt in der Realität nur selten vor. Eine Identifizierung verschiedener Handlungen der Kunden zwecks Vorbereitung der Kündigung können dem vorbeugen.

Fallbeispiel: Bankkunden
Die zentrale Frage, die sich hier stellt, ist: Warum kauft der Kunde nicht mehr? Die Gründe können sehr vielfältig sein, wenn Kunden von ihrem bisherigen Lieferanten abwandern. Manchmal reicht ein negatives Erlebnis, das einen verärgerten Kunden zurücklässt oder das Fass zum Überlaufen bringt. Oft ist es eine Gemengelage aus mehreren Gründen. Eine wichtige Rolle spielt das Empfinden des Kunden direkt nach dem Kauf des Produkts. Ist er mit seiner Entscheidung zufrieden? Oder macht er gleich schlechte Erfahrungen mit dem gewählten Anbieter? Käufer können schnell ihre Entscheidung bereuen, wenn sie beispielsweise das Kleingedruckte lesen, Fragen zum Produkt haben, die unbeantwortet bleiben, die kritische Meinung anderer Menschen aus ihrer Umgebung dazu hören. Baut sich hier eine negative Meinung auf, kann das zu der Entscheidung führen: „Beim nächsten Mal kaufe ich woanders!" Der Kunde ist innerlich schon abgewandert. Es lassen sich in Bezug auf den privaten Kunden drei Kategorien von Abwanderungsgründen unterscheiden, die im Kunden selbst, beim Anbieter oder beim Wettbewerber angesiedelt sein können.

Kundenbezogene Abwanderungsgründe (Hippner und Wilde 2007b)

Die soziodemografischen oder verhaltenspsychologischen Merkmale oder die Lebenssituation des Kunden ändern sich. So kann der Bedarf nach der Leistung Ihres Unternehmens einfach wegfallen, oder die Kunden scheiden als Marktakteure aus.

Beispiele für kundenbezogene Abwanderungsgründe sind:
- Eintritt in einen neuen Lebensabschnitt
- Umzug
- Arbeitsplatzwechsel
- Arbeitslosigkeit
- Renteneintritt
- finanzieller Engpass
- Hochzeit
- Nachwuchs
- Wunsch nach Veränderung und Abwechslung
- andere Erwartungen an Produkt und Dienstleistung aufgrund von höherem Einkommen
- (einmaliger) Kauf war nur ein Test oder Zufallskauf
- Tod des Kunden

Unternehmensbezogene Abwanderungsgründe (Hippner und Wilde 2007b)

Kunden wandern im Allgemeinen ab, wenn sie mit der Leistung ihres bisherigen Anbieters oder Lieferanten nicht mehr zufrieden sind. Sogenannte Preiskündiger sind mit einem zu hohen Preis unzufrieden und wechseln zu einem günstigeren Anbieter. Qualitätskündiger bemängeln die schlechte Qualität der Produkte oder der Dienstleistung. Oft sind sie auch mit dem begleitenden Service und dem Auftreten der Mitarbeiterinnen und Mitarbeiter des Anbieters nicht zufrieden.

Es gilt aber: Nicht jeder unzufriedene Kunde wandert ab und nicht jeder zufriedene Kunde bleibt dem Unternehmen treu. Es kommt auf zahlreiche Push- und Pull-Faktoren an, ob Kunden abwandern und verloren gehen. Wichtig sind vor allem Möglichkeiten und Hindernisse für einen Wechsel zu einem anderen Konkurrenzanbieter. Zudem können neben Produkt, Dienstleistung, Service und Preis auch andere Werte dazu führen, dass ein Kunde den Anbieter wechselt. Dazu zählen Image und Vertrauen. Schließlich muss es aus Sicht des Kunden echte Alternativen geben, wenn er nach wie vor Bedarf am Produkt hat.

Alles in allem kann es folgende Gründe für eine Kundenabwanderung geben:
- zu hoher Preis
- negatives Image
- schlechter Service
- unfreundliches Personal
- Standortlücken
- langsame Reaktionszeit

- schlechte Erreichbarkeit
- fehlende Termintreue
- mangelnde Flexibilität
- Wechsel des Ansprechpartners
- schlechte Reklamationsbearbeitung

Mit diesen Gründen wird unmittelbar sichtbar, welche Faktoren wichtig sind, wenn es darum geht, Kundenabwanderung zu vermeiden, die Kundenbindung zu verbessern und verlorene Kunden zurückzugewinnen.

Wettbewerbsbezogene Abwanderungsgründe (Hippner und Wilde 2007b)
Wenn ein Wettbewerber ein besseres Angebot hat und der Kunde das als attraktiver einschätzt, kann er ebenfalls abwandern. Beispiele sind:
- günstiger Preis
- besseres Preis-Leistungs-Verhältnis
- aktives Abwerben oder Wegkaufen durch den Wettbewerber
- attraktives Wechselangebot
- mehr oder bessere Werbung

Wenn gewerbliche Kunden Verträge kündigen
Bei gewerblichen Kunden (Business-to-Business, Investitionsgüter) lassen sich vergleichbare Kategorien bilden. So kann der Bedarf bei Unternehmen wegfallen, wenn diese selbst andere Produkte herstellen oder eine neue Technologie einsetzen. Manche Kunden werden insolvent oder ändern ihren Geschäftszweck. Sie verkleinern oder vergrößern sich oder verkaufen einzelne Unternehmenssparten. Unternehmensbezogene Gründe können folgende sein:
- Die Qualität stimmt nicht.
- Der Service lässt nach oder der Bedarf des Kunden steigt so stark an, dass der bisherige Lieferant diesen nicht mehr decken kann.
- Kunden wählen oft aus Sicherheitsgründen noch alternative Anbieter aus oder sie wechseln, weil ein Wettbewerber ein besseres Preis-Leistungsverhältnis oder einen besseren Service bietet.
- Es gibt persönliche Beziehungen zwischen Einkäufer oder Entscheider beim Kunden und dem Mitarbeiter des Lieferanten, der den Kunden betreut. Schon ein Wechsel des Ansprechpartners kann dazu führen, dass der Kunde abwandert oder die Beziehung nach und nach auflöst.

Die Beispiele zeigen, dass einige der Gründe und Wechselfaktoren miteinander verknüpft sind. So kann ein finanzieller Engpass dazu führen, dass das Leistungsangebot zu teuer wird. Gibt es einen günstigeren Wettbewerber, wechselt der Kunde. Die Analysen zeigen auch, dass die Rückgewinnung eines Kunden nicht in jedem Fall er-

Tab. 5.5: Fallbeispiel Telekommunikation. In Anlehnung an Prudys (2001, S. 11).

Segmentnummer	Anzahl Kunden	Kündiger	Nichtkündiger	Anteil
Gesamt	50.000	20.000	30.000	40,0 %
3	3803	3537	266	93,0 %
6	2482	2023	459	81,5 %
10	5185	4469	716	86,2 %
4	9561	7247	2314	75,8 %
9	2509	1262	1247	50,3 %
7	5891	1034	4857	17,6 %
11	4720	234	4486	5,6 %
2	7148	150	6998	2,1 %
5	1586	13	1573	0,8 %
1	6048	29	6019	0,5 %
8	1067	2	1065	0,2 %

folgversprechend oder wirtschaftlich ist. Das Unternehmen muss jeweils prüfen, ob sich Maßnahmen zur Kundenrückgewinnung überhaupt lohnen.

Die Analyse der Abwanderung gibt jedem Unternehmen wertvolle Einsichten in die Kunden und deren besondere Merkmale und Situationen. Sie macht außerdem sichtbar, welche Defizite im eigenen Unternehmen bestehen. Und sie gibt wichtige Hinweise darüber, wie Wettbewerber am Markt agieren. Das sind besonders hilfreiche Informationen, um das eigene Leistungsangebot zu verbessern. Die Maßnahmen zur Kundenrückgewinnung sind also immer wertvolle Quellen für Innovationen oder kontinuierliche Verbesserungen des eigenen Leistungsspektrums, der Servicequalität und der Prozesse in einem Unternehmen.

Fallbeispiel: Telekommunikation (Hippner und Wilde 2007b, S. 595)
In der Datenbank eines Telekommunikationskunden sind 50.000 Kunden gespeichert, deren 24-Monatsverträge bereits abgelaufen sind. 20.000 (40 %) dieser Kunden haben ihren Vertrag gekündigt, während 30.000 Kunden (60 %) ihren Vertrag verlängerten. Mithilfe von Data Mining wurde analysiert, welche Kundensegmente typischerweise kündigen.

Es zeigte sich, dass das Kundensegment 3 mit 3537 Kündigern identische Kundenmerkmale aufweist. Das Kündigungsprofil wurde daraufhin wie folgt definiert:
– Kunden mit Privattarif,
– unter 30 Jahre,
– Handy über 300 Euro.

Die Wahrscheinlichkeit, dass diese Kunden kündigen, berechnet das System mit 93 %.

Hinweis: Kundenabwanderung als Druckmittel

Nicht immer, wenn ein Kunde die Geschäftsbeziehung kündigt, will er auch von seinem Lieferanten wirklich abwandern. Er spekuliert darauf, dass der Lieferant im Zuge seiner Bemühungen zur Kundenrückgewinnung attraktivere Angebote macht.

Methoden für die Analyse der Kundenabwanderung

Wenn ein Kunde die Beziehung zu einem Unternehmen aufkündigt und abwandert, kann das ein kritisches Ereignis sein – je nach Bedeutung des Kunden für den Erfolg des Unternehmens. Das bedeutet, das Unternehmen muss aktiv werden und prüfen, wie es zu diesem Ereignis kommen konnte und was das Unternehmen nun tun kann, damit es keinen allzu großen Schaden verursacht. Dafür eignen sich die folgenden unterschiedlichen Methoden und Werkzeuge.

Critical Incident Technique

Dafür eignet sich die Methode Critical Incident Technique. Diese Methode nutzt unterschiedliche Werkzeuge zur Beobachtung von Personen und zur Erhebung und Dokumentation von Daten. Ziel ist es, durch eine genaue Beobachtung, intensives Nachfragen und umfassende Auswertung von Daten, den eigentlichen Ursachen für das kritische Ereignis auf die Spur zu kommen. Wichtige Arbeitsschritte nach einem kritischen Vorfall sind:

- möglichst vor Ort beobachten oder direkt mit den betroffenen oder beteiligten Menschen sprechen (Interviews),
- systematische Sammlung von Daten, die die Faktoren des Umfelds gut beschreiben (Data Mining),
- genaue Analyse der Beobachtungsergebnisse, der Befragungen und der Daten und
- Erkennen von Zusammenhängen und von Ursache-Wirkungs-Beziehungen.

Switching-Path-Analyse

Eine Weiterentwicklung dieser Methode ist die Switching-Path-Analyse (Roos 2006). Damit sollen direkt die Gründe für die Kundenabwanderung erforscht werden. Mögliche Fragen, die dem (ehemaligen) Kunden gestellt werden, sind:

- Wann hat der Kunde erstmalig über seine Abwanderung nachgedacht?
- Wie lange hat sich die Entscheidung hingezogen?
- Hat ein bestimmtes Ereignis den Abwanderungsprozess ausgelöst?
- Wie war die Beziehung vor der Entscheidung zur Abwanderung oder Vertragskündigung?
- Wie hat das Unternehmen reagiert, wenn der Kunde unzufrieden war?
- Aus welchen Gründen wurde der neue Anbieter gewählt?
- Wie bewertet der Kunde die alte Geschäftsbeziehung (zu seinem Unternehmen) im Vergleich zu der neuen (zum Wettbewerber seines Unternehmens)?

Hier geht es vor allem darum, den Prozess genauer zu beleuchten und zu verstehen, der dazu geführt hat, dass der Kunde die Beziehung zu seinem Lieferanten abgebrochen hat. Dazu wird der Kunde befragt. Oft erkennt man im Gespräch einen wesentlichen Grund für die Kundenabwanderung. Er kann durch weitere, nachrangige Gründe begleitet werden, die für sich genommen nicht zur Abwanderung geführt hätten. Folgend ein Beispiel eines Bankkunden (Hippner und Wilde 2007b, S. 591):

Ein 42 Jahre alter Kunde aus Köln ging 1994 eine Kundenbeziehung zu Bank X mit dem Ziel ein, eine langfristige Anlageberatung insbesondere hinsichtlich des Erwerbs von Aktien und Fonds zu erhalten. Der Abwanderungsprozess wurde unternehmensseitig ausgelöst, da der Kunde 1997 einen neuen Anlageberater erhielt. Es folgten einige Kontakte zu dem neuen Berater, die vom Kunden als „weniger zufriedenstellend" bewertet wurden. Der erste Gedanke, die Kundenbeziehung zu beenden, trat auf, nachdem der neue Berater nur noch Teilzeitarbeit verrichtete und aufgrund dessen auch noch die Erreichbarkeit eingeschränkt war. Der Kunde bat in dieser Situation den Filialleiter, einen Wechsel des Beraters vorzunehmen. Diese Bitte wurde abgelehnt. Es folgten Fehler hinsichtlich der Berücksichtigung eines Freistellungsauftrages, die zu einer offiziellen Beschwerde führten. Es folgten zwei weitere kritische Ereignisse, die dazu beitrugen, dass sich der Kunde aktiv über aktuelle Angebote von Online-Brokern informierte. Nach Abschluss der Informationssuche wurde die Entscheidung für einen Wechsel zu einem Onlineanbieter getroffen bzw. ein Konto bei der neuen Bank eröffnet. Die Kündigung des Kunden im Juni 2000 kennzeichnete das Ende des insgesamt ca. dreijährigen Abwanderungsprozesses.

Das Data Mining geht noch einen Schritt weiter, indem die Suche nach Wissen automatisiert wird (vgl. Berry/Linoff 2000; Hippner et al. 2001; Türling 2000). Im Rahmen des Data Mining geht es um die Suche nach unbekannten Strukturen bis hin zur automatischen Hypothesengenerierung. Von der traditionellen Statistik unterscheidet sich Data Mining insbesondere hinsichtlich der zu analysierenden Datenmenge, wobei Data Mining für sehr große Datenbestände (ab 50.000 Kundendaten) eingesetzt wird. Auch hier können wiederum unterschiedliche Berechnungsansätze zur Prognose von Abwanderungswahrscheinlichkeiten Anwendung finden, z. B. neuronale Netze oder Entscheidungsbaumverfahren.

Das Entscheidungsproblem der Praxis liegt nun darin, aus den unterschiedlichen am Markt vorhandenen CRM-Programmen zur Abwanderungsanalyse das geeignete auszuwählen. Die Entscheidung wird dadurch erschwert, dass Vergleiche zu den Vor- und Nachteilen der einzelnen Programme fehlen. Ferner ist häufig nicht klar ersichtlich, welche Methodik dem jeweiligen Programm zugrunde liegt. Data Mining wird im 21. Jahrhundert durch Wörter wie „Big Data" oder „Künstliche Intelligenz" (KI) getrieben. Ob dies zweckmäßig ist, sei jedem Unternehmen selbst überlassen. Entsprechend der Ursachen können verschiedene Maßnahmen und Strategien zur Kündigungsprävention gewählt werden:

- Anreizstrategie: Kleinere Anreize, z. B. Einladung zu einem Event, Zusatzleistung, kostenloses Upgrade,

Tab. 5.6: Musterleitfaden einer Switching-Path-Methode. Nach Gustaffsson und Roos (2006).

Fokus	Frage (auf Umgangssprache achten)
Prozessbeginn	Sehr geehrte(r) Frau/Herr Muster, bitte erzählen Sie, wie es zur Kündigung bei der Bank X kam?
Ereignis	Was ist anschließend passiert?
Ereignis	Gab es noch andere Ereignisse, über die Sie sich geärgert haben bzw. haben sich die Fehler wiederholt?
Ereignis	Ereignisse werden erzählt (Zeitpunkte erfassen)
Emotionen	Was haben Sie während der einzelnen Ereignisse empfunden? Bitte beschreiben Sie Ihre Emotionen.
Reaktion der Bank auf Ereignisse	Wie hat die Bank bzw. der Mitarbeiter reagiert bzw. gab es erkennbare Maßnahmen, die die Bank zur Verbesserung der Situation ergriffen hat?
Beschwerde	Haben Sie sich bei der Bank beschwert?
Beschwerde	Im Beschwerdefall: Wie hat die Bank auf Ihre Beschwerde reagiert?
Frühwarnindikator: Wechselankündigung	Haben Sie die Absicht zu wechseln vor der Kündigung mitgeteilt?
Frühwarnindikator: Transaktionen	Haben Sie die Kontakte mit der Bank eingeschränkt?
Frühwarnindikator: Geldtransfer	Haben Sie bereits vor der Kündigung Geld auf andere Konten transferiert und somit die Kündigung vorbereitet?
Wechselbarriere: Vertragliche Bindung	Gab es Bankverträge, die gekündigt werden mussten?
Wechselbarriere: Standort	Spielte der Standort Ihrer Filiale bei der Entscheidung eine Rolle?
Wechselbarriere: Emotionale Bindung	Gab es persönliche Bedenken, die Ihre Entscheidung zur Abwanderung beeinflusst haben?
Negative-Mund-zu-Mund-Kommunikation	Haben Sie bis zur Kündigung mit Dritten über Ihre Probleme mit der Bank gesprochen? (Mit wem?)
Kündigungssituation	Bitte erzählen Sie, wie Sie die Geschäftsbeziehung zur Bank beendet haben.
Kündigungssituation	Wie hat der Mitarbeiter reagiert, der Ihre Kündigung entgegengenommen hat?
Neue Bank	Zu welcher Bank sind Sie gewechselt und warum?
Einstellung zur Wiederaufnahme	Stellen Sie sich vor, einige Tage nach der Kündigung hätte Sie jemand angerufen und gefragt, ob Sie nicht wieder Kunde werden wollen. Wie hätten Sie reagiert?
Bedingungen zur Wiederaufnahme	Welche Bedingungen würden Sie an die Wiederaufnahme der Beziehung stellen?

- Kompensationsstrategie: Verlustausgleich bei Abwanderungsabsichten aufgrund finanzieller Verluste durch Fehler des Unternehmens (Fehlerkorrektur und Wiedergutmachung),
- Dialogstrategie: durch Interaktion soll Vertrauen aufgebaut werden (z. B. persönliches Gespräch mit Kundenberater), Kunden von Vorteilhaftigkeit bestimmter Produkte/Leistungen überzeugen und
- Abwanderungsbarrieren: vertragliche Bindung (z. B. Telekommunikationsbranche), Kündigungstermine, -fristen, -formalitäten, sehr aufwändig gestaltete Abwanderung.

Abwanderungsbarrieren sind langfristig wenig erfolgversprechend. Der Erfolg des Kündigungspräventionsmanagements muss die Profitabilität der Kunden berücksichtigen. Erfolg wird definiert über die Anzahl der Kunden, bei denen Kündigung verhindert werden konnte, bezogen auf Bindung der „richtigen" d. h. für das Unternehmen profitablen, Kunden.

Kundenstatus: Faktisch verlorene Kunden

Kundenrückgewinnung dient der Revitalisierung verlorener Kunden – dies ist meist günstiger als die Akquisition neuer Kunden. Hieraus ergibt sich das Begriffsverständnis: Rückgewinnungsmanagement umfasst die Planung, Durchführung und Kontrolle aller Maßnahmen, die das Unternehmen mit dem Zweck ergreift, profitable Kunden, die eine Geschäftsbeziehung bereits abgebrochen haben, zurückzugewinnen, mit folgenden Zielen (Stauss 2000a):
- Wiedergewinnung abgewanderter Kunden mit positivem Deckungsbeitrag,
- Sicherung der potenziellen zukünftigen Gewinne durch Wiederaufnahme der Geschäftsbeziehung,
- Vermeidung von Akquisitionskosten zum Ersatz abgewanderter Kunden (Rückgewinnung meist kostengünstiger als Neukundengewinnung),
- Gewinnung von Information über Abwanderungsgruppe zur Leistungs- und Prozessoptimierung und Reduzierung von Fehlerkosten und
- Reduzierung von negativer Mund-zu-Mund-Kommunikation von abgewanderten Kunden.

Während die Neukundengewinnung als i. d. R. kostenintensiv eingeschätzt wird, spricht für eine Rückgewinnung der abgewanderten Kunden die Beobachtung, dass bei einer 50%igen Reduktion der Kundenabwanderung Gewinnzuwächse von teilweise bis zu 85 % realisiert werden können (Reichheld/Sasser Jr. 1990, S. 108). Auch wenn diese Rückgewinnungserfolge bis dato empirisch nicht hinreichend belegt sind, wurde der Kundenrückgewinnung in der Unternehmenspraxis in den letzten Jahren eine immer wichtigere Rolle im Kundenmanagement zugewiesen. Dabei suchen die Unternehmen insbesondere nach Ansätzen für eine optimale Ausgestaltung der organisatorischen Strukturen und Prozesse ihrer Rückgewinnungsaktivitäten. Vor diesem Hintergrund avancierte die Kundenrückgewinnung zu einer zentralen Herausforderung in vielen Unternehmen (Homburg/Hoyer/Stock 2007, S. 462). Insbesondere setzt sich dabei allmählich die Erkenntnis durch, dass die Rückgewinnung eine essenzielle Maßnahme zur Optimierung des Kundenportfolios darstellt. Aufgrund der hohen praktischen Relevanz der Kundenrückgewinnung und der schon vorliegenden umfassenden Untersuchungen zum Phänomen der Kundenabwanderung ist das Rückgewinnungsmanagement aus konzeptioneller Perspektive bereits als systematisch durchdrungen einzuschätzen. Woran es aber nach wie vor mangelt, sind zum einen die Beschreibung des theoretischen Bezugsrahmens und zum anderen empirische Studien, in denen zentrale Einflussgrößen und Erfolgsfaktoren der Rückgewinnung in mehreren Branchen unter verschiedenen Situationen untersucht werden. Dies liegt unter anderem daran, dass Unternehmen ihre erfolgversprechenden Rückgewinnungsmaßnahmen nicht unbedingt öffentlich ausbreiten. Um die Jahrtausendwende erschienen die ersten konzeptionellen und empirischen Artikel zur Kundenabwanderung und zum Rückgewinnungsmanagement. Im Zuge der wissenschaftlichen Auseinandersetzung mit diesen beiden Forschungsbereichen haben sich zahlreiche unterschiedliche Termini herausgebildet, welche einzelne Facetten des hier beschriebenen Rückgewinnungsmanagements beleuchten. Ähnliche und oftmals synonym verwendete Begriffe für das Rückgewinnungsmanagement sind Customer Reacquisition (Tokman/Davis/Lemon 2007), Recovery Management (Büttgen 2001, 2003; Homburg und Schäfer 1999) und Regain Management (Helfert/Herrman/Zellner 2003; Stauss und Friege 1999). Im Kern unterscheiden sich die Zielsetzungen und Aufgabenfelder dieser Managementkonzeptionen nicht. Der einzige substanzielle Unterschied ist die Integration des Begriffs „abgewanderter Kunde" in die jeweilige Managementperspektive. So werden in einigen Publikationen sowohl Bestandskunden als auch ehemalige Kunden in das Rückgewinnungsmanagement einbezogen (u. a. Büttgen 2001, 2003; Krafft 2007; Rutsatz 2004; Stauss und Friege 1999), während andere Autoren nur diejenigen Kunden berücksichtigen, die ihre Geschäftsbeziehung de facto beendet haben (u. a. Homburg und Schäfer 1999; Michalski 2002; Pick 2008; Sieben 2002; Thomas/Blattberg/Fox 2004). Die erste Autorengruppe spricht dann von abgewanderten Kunden, wenn diese ihre Abwanderung implizit durch eine Reduktion des Kaufs der Leistungen eines Anbieters ausdrücken. Die zweite Autorengruppe geht indes davon aus, dass unter abgewanderten Kunden diejenigen zu verstehen sind, die eine Geschäftsbeziehung explizit durch eine Kündigung beendet haben (Definitionsansätze Pick 2008, S. 45 f.). Diese Unterteilung wird im Weiteren nicht mehr vorgenommen, da das Ziel des Beitrags in der komprimierten Darstellung der inhaltlichen Aspekte des Rückgewinnungsmanagements liegt und diese im Wesentlichen unabhängig von der Statusdefinition eines Kunden ist.

Rückgewinnungsmanagement umfasst demnach die in Abbildung 5.15 aufgeführten chronologischen kundenbegleitenden und unternehmensgerichteten Phasen.

Prozessphasen		Aufgaben		
Kunden-gerichtet	Identifikation der Kunden	Identifizierung der abgewanderten Kunden		
	Kundenindividuelle Rückgewinnungsanalyse	Ertragsorientierte Analyse	Analyse der Abwanderungs-gründe	Bedarfsorientierte Analyse
	Kundenindividuelle Rückgewinnungs-maßnahmen	Kontaktgestaltung	Evtl. Problembehebung	Rückgewinnungs-angebot
	Eingliederung der zurückgewonnenen Kunden	Übergabe an Kundenbindungs-management	Nachbetreung der zurückgewonnenen Kunden	
Unter-nehmens-gerichtet	Management des Rückgewinnungswissens	Aufbereitung und Nutzung des Infor-mationspotenzials		
	Controlling der Rückgewinnung	Aufgaben-controlling	Kosten-Nutzen-Controlling	

Abb. 5.15: Prozesse und Aufgaben des Managements. Eigene Darstellung in Anlehnung an Stauss und Friege (1999).

Die bisherige Forschung hat sich auf die Unternehmensseite des Rückgewinnungsmanagements fokussiert, also die Sicht der Kunden mit ihrer Reaktion auf die Marketingmaßnahmen weitestgehend vernachlässigt. Dabei ist es offensichtlich, dass das Rückgewinnungsmanagement nur dann erfolgreich ist, wenn dadurch Kunden zur tatsächlichen Wiederaufnahme der Geschäftsbeziehung motiviert werden. Diese Wiederaufnahme kann konzeptionell in die Wiederaufnahmebereitschaft und das Wiederaufnahmeverhalten differenziert werden. Die Forschung stimmt darin überein, dass ein Interesse der abgewanderten Kunden gegenüber dem früheren Unternehmen bzw. der Unternehmensleistung vorhanden sein muss, damit Rückgewinnungsaktivitäten überhaupt auf Resonanz stoßen können (Stauss und Friege 1999, S. 352). Dies wird daran deutlich, dass einige der Kunden gar nicht zurückzugewinnen sind, während andere abgewanderte Kunden nach einem bestimmten Zeitablauf durchaus zur Rückkehr bereit sind (Michalski 2002, S. 165 f.). Diese Rückkehr bzw. Wiederaufnahmebereitschaft kann in einer veränderten persönlichen Lage, der Veränderung der Bedürfnisse oder in einer Unzufriedenheit mit den Leistungen der Wettbewerber begründet sein. Für die Unternehmen stellt sich daher die Frage, wie die generelle Wiederaufnahmebereitschaft von abgewanderten Kunden gemessen und beeinflusst werden kann. Eine einfache Darstellungsform ist hier die Portfoliobetrachtung, um segmentspezifische Rückgewinnungspotenziale aufzudecken. Im ersten Schritt werden die Rückgewinnungskandidaten identifiziert (Abbildung 5.16).

- Ehemalige: Ehemalige Kunden haben bereits vor einiger Zeit explizit die Geschäftsbeziehung aufgelöst. Sie können im Datenbestand des Unternehmens

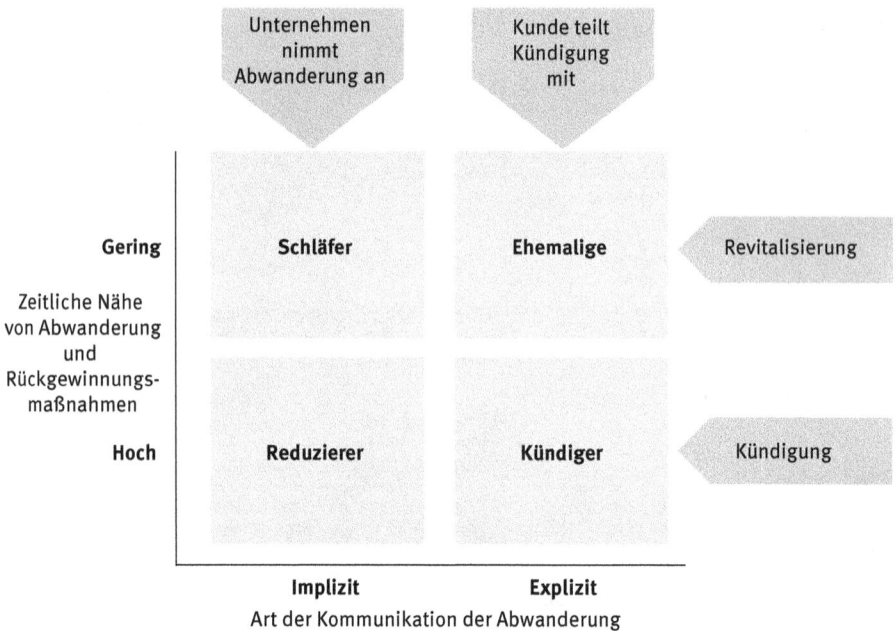

Abb. 5.16: Typologie Rückgewinnungskunden. Eigene Darstellung in Anlehnung an Stauss (2000b).

identifiziert und nach einiger Zeit anlässlich einer Wiederaufnahme der Geschäftsbeziehung angesprochen werden (Stauss 2000a, S. 455).

– Schläfer: Als „Schläfer" werden Kunden bezeichnet, die vormals aktive Kunden waren und mittlerweile aufgrund ausbleibender Umsätze praktisch als ausgeschieden betrachtet werden (Stauss 2000a, S. 453). Eine ausdrückliche Kündigung ist nicht erfolgt. Existiert eine Kundendatenbank, so werden diese „Schläfer" hier noch als Kunden geführt („Karteileichen") und können über entsprechende Abfragen und Selektionen bspw. nach Umsatzvolumen in einer Zeitperiode X identifiziert werden.

– Kündiger: „Kündiger" teilen dem Unternehmen die vollständige Aufgabe der Geschäftsbeziehung ausdrücklich mit und werden aus diesem Anlass zur Verhinderung der Abwanderung angesprochen (Stauss 2000a, S. 453). Wird ein „Kündiger" nicht unmittelbar zurückgewonnen, so geht er – sofern eine spätere Rückgewinnung unternehmensseitig erwünscht ist – in den Status eines „Ehemaligen" über.

– Reduzierer: „Reduzierer" sind insbesondere bei „Mehrfachkontrakten" relevant, wie sie bspw. bei Banken oder Versicherungen der Fall sind (Sauerbrey und Henning 2000, S. 21). Sie kündigen signifikante Teile ihrer Geschäftsbeziehung bzw. reduzieren ihr Geschäftsvolumen, sodass ein bestimmtes, unternehmensindividuell festzulegendes Niveau unterschritten wird, ab dem der Kunde als abgewandert gilt (Homburg und Schäfer 1999, S. 6) und entsprechend angesprochen wird.

„Reduzierer" sind aufgrund der impliziten und schleichenden Form der Abwanderung weniger einfach zu identifizieren. Hier muss eine kontinuierliche Überwachung der Kundenbeziehungen über die verschiedenen Produktgruppen hinweg möglich sein und ein Schwellenwert die Abgrenzung zum Kündigungspräventionsmanagement ermöglichen (Homburg und Schäfer 1999, S. 6).

Grundsätzlich können alle abgewanderten Kunden entsprechend der Zieltypen als Objekte der Rückgewinnung bzw. als Rückgewinnungskandidaten bezeichnet werden. Voraussetzung ist dabei, dass ein andauerndes Interesse dieser Kandidaten an der Unternehmensleistung vorhanden ist oder zumindest plausibel erscheint (Homburg und Schäfer 1999, S. 5; Stauss und Friege 1999, S. 352). Die Zieltypen lassen sich weiter nach den von Stauss (2000a, S. 453) vorgeschlagenen Teilbereichen Kündigungs- und Revitalisierungsmanagement differenzieren. „Schläfer" und „Ehemalige" können als Objekte des Revitalisierungsmanagement verstanden werden. Auslöser dieser Maßnahmen ist die unternehmensseitige Initiative. Die Rückgewinnung hat hier Kampagnencharakter, da sie unabhängig vom ordentlichen Geschäftsbetrieb geplant und durchgeführt werden kann. Bei „Reduzierern" und „Kündigern" reagiert ein Unternehmen mit Maßnahmen des Kündigungsmanagements unmittelbar auf ein Kundenverhalten und spricht Kunden aus Anlass ihrer Kündigung oder der signifikanten Reduzierung ihres Geschäftsvolumens an (Stauss 2000a, S. 453). Ausmaß und zeitliche Verteilung dieser Reaktionen sind damit weniger planbar und müssen in den allgemeinen Geschäftsbetrieb integriert werden.

Die von den Abwanderern genannten Gründe können allerdings auch branchen- und unternehmensspezifisch unterschiedlich wahrgenommen werden. Dementsprechend können auch die verlorenen Kunden in weitere Typologien unterteilt werden (Schöler 2006; Stauss und Friege 2006). Hiernach sind neun Typen verlorener Kunden zu unterscheiden:

- „Vertriebene Kunden": Sie wenden sich ab wegen eines negativen Erlebnisses mit den unternehmerischen Produkten und Dienstleistungen oder eines sonstigen Verhaltens des Unternehmens bzw. dessen Mitarbeitern.
- „Unabsichtlich vertriebene Kunden": Abwendungsgründe sind Schwachstellen in der individuellen Kundenbearbeitung, Schwachstellen von Angeboten, Schwachstellen von Leistungen, Schwachstellen von Prozessen, Schwachstellen im Beschwerdemanagement, Informationen zur Fehlermeldung.
- „Abgeworbene Kunden": Diese Kunden wechseln zum Wettbewerber, weil sie das Angebot in Bezug auf Qualität oder Preis für überlegen ansehen oder ihnen vom Wettbewerber für den Wechsel ein geldwerter Vorteil angeboten wurde.
- „Ungewollt abwandernde Kunden": Zu dieser Gruppe gehören Kunden, die sich die Aufrechterhaltung der Geschäftsbeziehung finanziell nicht mehr leisten können und daher – eher gegen ihren eigentlichen Wunsch – die Nutzung einstellen (Kundenprobleme, für die keine Lösungen angeboten oder kommuniziert werden).

- „Kunden mit Bedarfswegfall": Das sind diejenigen Kunden, die eine Geschäftsbeziehung beenden, weil der Bedarf nicht mehr besteht (Schwachstellen im Leistungsangebot, Schwachstellen in der Erfassung).
- „Weggekaufte Kunden": Damit bezeichnet man Profile und Verhaltensmuster il-
  loyaler „Schnäppchenjäger".
- „Nicht mehr gewollte Kunden": Hierbei handelt es sich um Kunden, deren Geschäftsbeziehung durch das Unternehmen selbst beendet wird, beispielsweise
  weil es zu Zahlungs- bzw. Inkassoproblemen gekommen ist.
- „Notwendigerweise ausscheidende Kunden": Die Geschäftsbeziehung dieser
  Kunden wird aufgrund natürlicher Fluktuationsursachen, z. B. Tod, Umzug oder
  kein Bedarf mehr, beendet.
- „Abwechslungssuchende Kunden": Zu dieser Gruppe gibt es Hinweise zur Erwei-
  terung/Variation des Leistungsangebots, Vermeidung des „Variety-Seeking-Phänomens".

Diese Typen verlorener Kunden unterscheiden sich stark im Hinblick auf die Vermeid-
barkeit der Abwanderung, d. h. der möglichen unternehmerischen Einflussnahme auf
die Verlustursache. Nicht oder kaum beeinflussbar sind das notwendigerweise Ausscheiden, der Wegfall des Bedarfs und die Ursachen, die Kunden dazu bewegen, die
eigentlich von ihnen gewünschte Geschäftsbeziehung zu beenden. Deshalb sind diese Kundenverluste als unvermeidbar zu akzeptieren. Zwar als beeinflussbar, jedoch
ebenfalls als unvermeidbar sind diejenigen Kundenverluste einzustufen, die auf die
bewusste Entscheidung des Unternehmens zurückzuführen sind, die Geschäftsbeziehung zu den „nicht mehr gewollten Kunden" aufzukündigen. Demgegenüber gehören
die „vertriebenen Kunden" zu den grundsätzlich vermeidbaren Kundenverlusten,
da negative Erlebnisse den Auslöser für das Ausscheiden aus der Geschäftsbeziehung darstellen. Der Abwanderung liegen somit unternehmensbezogene Ursachen
zugrunde (vgl. Michalski 2002, S. 44), die durch eine optimierte, konsequent kundenorientierte Ausrichtung von Leistungen, Prozessen und Mitarbeiterverhalten verhindert werden können. Auch die Kündigungsgründe der „abgeworbenen Kunden"
sind prinzipiell vermeidbar. Zwar geht hier der Impuls von einer externen Quelle –
nämlich dem Wettbewerber – aus, denn es liegen wettbewerbsbezogene Gründe
vor (vgl. Michalski 2002, S. 44), doch grundsätzlich ließe sich insbesondere durch
produkt- und preispolitische Maßnahmen die Wettbewerbsfähigkeit des Angebots
erhöhen.

Deshalb erscheint es angebracht, die folgende Betrachtung auf die Segmente der
vertriebenen und abgeworbenen Kunden zu beschränken. Allerdings ist eine weitere
Differenzierung vorzunehmen. Wie empirische Studien zum Abwanderungsverhalten
zeigen (Keaveney 1995; Colgate und Hedge 2001), haben die weitaus meisten Ursachen
für Kundenabwanderungen einen Bezug zu preislichen oder qualitätsbezogenen Aspekten des Leistungsangebots. Somit kann man je nach dem vorherrschenden Grund
auch von Preiskündigern und Qualitätskündigern sprechen.

Tab. 5.7: Rückgewinnungstypologien. Nach Stauss und Seidel (2007).

	Vertriebene Kunden	Abgeworbene Kunden
Qualitätskündiger	Vertriebene Qualitätskündiger	Abgeworbene Qualitätskündiger
Preiskündiger	Vertriebene Preiskündiger	Abgeworbene Preiskündiger

Sowohl Preis- als auch Qualitätskündiger können entweder durch eine als negativ wahrgenommene Verhaltensweise des Unternehmens verstoßen oder aber durch ein Wettbewerbsangebot weggelockt worden sein. So ist es denkbar, dass Kunden wegen einer plötzlichen Preiserhöhung oder erst im Verlauf der Geschäftsbeziehung erkannter Nebenkosten vertrieben oder durch ein attraktives Konkurrenzpreisangebot abgeworben wurden. Analog können Kunden durch Qualitätsmängel in der Kerndienstleistung oder im begleitenden Service vertrieben oder durch wahrgenommene Qualitätsüberlegenheit der Konkurrenz zur Kündigung bewogen worden sein. Daher ist von der Existenz von vier besonders relevanten Segmenten verlorener Kunden auszugehen (Tabelle 5.7).

Vertriebene Qualitätskündiger sind Kunden, die wegen eines Qualitätsmangels in der Kernleistung oder im begleitenden Service vergrault werden, während abgeworbene Qualitätskündiger durch die wahrgenommene Qualitätsüberlegenheit der Konkurrenz weggezogen werden. Vertriebene Preiskündiger wandern wegen eines Preisproblems, etwa eine unerwartete Preiserhöhung, ab, während abgeworbene Preiskündiger wegen der empfundenen preislichen Überlegenheit zum Wettbewerber wechseln. Es spricht viel dafür, dass sich die Segmente in ihrem Abwanderungsverhalten unterscheiden. Damit wird es erforderlich, sich zunächst allgemein mit dem Abwanderungsverhalten von Kunden zu befassen.

Neben den Abwanderungsgründen werden die Kandidaten entsprechend ihrer künftigen Attraktivität segmentiert. Eine einfache Unterscheidung ist folgende:
- Rückgewinnungsattraktivität und die Abhängigkeit vom jeweiligen Kundenwert
- Rückgewinnungswahrscheinlichkeit und die Abhängigkeit von den Abwanderungsgründen

Mittels Kennzahlen werden die Effektivität und Rentabilität der Rückgewinnungsmaßnahmen ermittelt. Hierbei sind es zwei zentrale Kennziffern, die als erachtenswert erscheinen – zum einen die Messung des Rückgewinnungserfolgs und zum anderen die Rückgewinnungswirtschaftlichkeit (Abbildung 5.17).

Rückgewinnungserfolg: Die Rückgewinnungsquote setzt die Anzahl der reaktivierten Kundenbeziehungen zu der Anzahl der abgewanderten Kunden abzüglich der Kunden, die nicht zurückgewonnen werden sollen ins Verhältnis und stellt damit die Abdeckung der abgewanderten Kunden durch die Rückgewinnung dar. Eine zu geringe Rückgewinnungsquote kann ein Hinweis auf eine zu geringe Kapazität des Rückgewinnungsmanagements sein. Die Eingliederungsquote stellt als Erfolgsquote das

Rückgewinnungserfolg

$$\text{Rückgewinnungsquote} = \frac{\text{Anzahl reaktivierter Kundenbeziehungen}}{\text{Anzahl abgewanderter Kunden} - \text{Kunden, die nicht zurückgewonnen werden sollen}}$$

$$\text{Eingliederungsquote} = \frac{\text{Anzahl reaktivierter Kundenbeziehungen, die nach Jahren noch Kunde sind}}{\text{Anzahl reaktivierte Kunden}}$$

Rückgewinnungswirtschaftlichkeit

$$\text{Rückgewinnungsprofitabilität} = \text{Rückgewinnungserlöse} - \text{Rückgewinnungskosten}$$

$$\text{Return on Regain Management (ROR)} = \frac{\text{Rückgewinnungsprofit}}{\text{Rückgewinnungskosten}}$$

Abb. 5.17: Erfolgsmessung der Rückgewinnung. In Anlehnung an Stauss und Seidel (2007).

Verhältnis der Anzahl der reaktivierten Kundenbeziehungen aus der Vergangenheit zur Anzahl der reaktivierten Kunden dar. Die Eingliederungsquote ist ein Indiz dafür, wie viele Schläfer zurückgewonnen werden konnten. Langfristig erfasst die Eingliederungsquote die Anzahl der zurückgewonnenen Kunden, die nach einem bestimmten Zeitintervall (bspw. $t = 1$ Jahr) noch als Kunden geführt werden. Je geringer diese Quote ist, umso eher sind diese Kunden weiter zu vermarkten und aus der Kundendatenbank zu entfernen (kennzeichnen mit Befehl „.tot": Kunden, die in einer Datenbank noch existieren, aber mindestens zwei Jahre inaktiv sind). Um der langfristigen Wirtschaftlichkeit der Rückgewinnung von Kunden gerecht zu werden, soll eine weitere Erfolgsquote eingeführt werden, die Rückgewinnungswirtschaftlichkeit. Aus der Rückgewinnungsprofitabilität ergibt sich ein Indiz dahingehend, wie wirtschaftlich die Maßnahmen waren. Der ROR betrachtet die Rückgewinnung im Verhältnis zu den Rückgewinnungskosten. Die Höhe des ROR sagt aus, dass mit einem investierten Euro durch das Kundenrückgewinnungsmanagement X € erwirtschaftet werden. Dieser Wert ist jedoch meist nicht nur auf die vergleichsweise höhere Bindungsdauer zurückgewonnener Kunden zurückzuführen, sondern ist auch durch eine hohe Erfolgsquote – d. h. durch eine hohe Kundenrückgewinnungs- und Kündigungsverhinderungsrate – begründet.

6 Instrumentarien im Customer Contact Management

6.1 Direktmarketing – Dialogmarketing – Distanzhandel

Die Wurzeln des Direktmarketings lagen in dem reinen Postversandgeschäft (Direct Mail), wobei Direct Mail einen Distributionskanal darstellte. Der Versandhandel verschickte auf dem Postweg Kataloge und Prospekte an seine Kunden. Die daraus bestellten Artikel wurden ebenfalls auf diesem Wege zugestellt. Direct Mail bedeutet also den Versand von Werbebriefen (Mailings). Daraus haben sich die Direktwerbung und schließlich das Direktmarketing entwickelt.

Direktwerbung umfasst neben den Mailings weitere Kommunikationsmedien wie beispielsweise das Telefon. Durch die Entwicklung des Telefonmarketings und Erschließung weiterer Medien passte der Begriff „Direct Mail" nicht mehr. Eine eindeutig anerkannte Begriffsbestimmung für Direktmarketing hat sich bis heute nicht durchgesetzt, da neue technische Möglichkeiten und Einsatzbereiche ständig dazu führen, dass sich die Definition verändert. Genauso uneinheitlich wie die Definition ist die Schreibweise des aus dem Englischen stammenden Begriffs. In der Literatur finden sich die Schreibweisen: Direct Marketing, Direkt-Marketing oder Direktmarketing. Die letztgenannte Schreibweise hat sich im deutschsprachigen Raum durchgesetzt, der sich auch der Deutsche Direktmarketing Verband (DDV) angeschlossen hat. Im Folgenden wollen wir eine Einordnung der Begriffe Direktmarketing und Direktwerbung vornehmen, um sie besser voneinander abzutrennen. Die Definition der Begriffe Direktmarketing und Direktwerbung ist aus mehreren Gründen problematisch: die Direktwerbung ist ein Bestandteil des Direktmarketing, durch neue Aufgaben haben sich die Inhalte des Direktmarketing erweitert. Die Möglichkeiten des Direktmarketings sind durch neue Techniken und die rasanten EDV-Entwicklungen ständig ausgeweitet worden.

Die neuen Medien haben zu neuen Formen der Kundenansprache geführt. Direktmarketing umfasst sowohl Marketingaktivitäten mit einer gezielten, direkten Ansprache der Zielpersonen als auch Marketingaktivitäten, die mit mehrstufigen Kommunikationen den direkten Kontakt herstellen wollen, und hat zum Ziel, eine messbare Reaktion (Response) auszulösen. Unter Direktmarketing versteht man heute alle Marketingaktivitäten, die auf eine gezielte Ansprache der Zielpersonen und eine Response ausgerichtet sind. Mit dieser weit gefassten Definition, die auch Aktivitäten mit dem Ziel der Kontaktherstellung beinhaltet, lassen sich neben dem Werbebrief (Direct Mail) auch weitere Medien zum Direktmarketing zählen, wie z. B. die Response-Anzeige, die Response-Beilage, das Direct Response Television (DRTV) und das Internet. Die direkte Ansprache erlaubt eine genaue Erfolgskontrolle, da die Reaktionen auf eine Kampagne schon nach wenigen Tagen eintreten und den Aussendungen genau zugeordnet werden können.

https://doi.org/10.1515/9783110527179-006

6.2 Direktmarketing versus klassisches Marketing

Das klassische Marketing richtet sich an eine Zielgruppe, die sich im Rahmen der Marketingsegmentierung herausfinden lässt. Diese Selektion geht aber nicht so weit, dass jeder Empfänger einer Werbebotschaft identifiziert werden kann. Die Zielpersonen werden durch Massenmedien angesprochen, wobei zum Teil große Streuverluste in Kauf genommen werden. Dagegen ist die Botschaft des Direktmarketing an einzelne, individuell bekannte Zielpersonen oder Gruppen (Social Media) gerichtet. Zumindest wird der Aufbau einer solchen individuellen Beziehung zwischen dem Absender und dem Empfänger der Botschaft angestrebt. Wegen der interaktiven Kommunikation spricht man beim Direktmarketing auch vom Dialogmarketing.

Als Dialogmarketing wird die direkte Marketingkommunikation von Unternehmen mit ihren Kunden bezeichnet. Neben E-Mail- und Telefonmarketing zählt zum Beispiel Werbung per Post zu den klassischen Disziplinen des Dialog- oder Direktmarketings. Im Jahr 2016 lag das Gesamtvolumen der Werbeaufwendungen im Dialogmarketing in Deutschland laut einer Studie der Deutschen Post bei rund 18,1 Milliarden Euro. Der größte Anteil davon entfiel auf das Onlinemarketing (rund 9 Milliarden Euro) sowie auf volladressierte Werbesendungen (rund 6,2 Milliarden Euro). Auf dem dritten und vierten Rang folgen teil- und unadressierte Werbesendungen und das Telefonmarketing. Die Umsätze mit digitaler Werbung sind in den letzten Jahren kontinuierlich gestiegen. Für das Jahr 2017 liegt die Umsatzerwartung bei 1,9 Milliarden Euro. Den größten Anteil im Bereich des Onlinemarketings investierten Unternehmen im Jahr 2016 in das Suchmaschinenmarketing (rund 3,8 Milliarden Euro), gefolgt vom Segment Display Advertising und Video Advertising (rund 2,8 Milliarden Euro). Die größten Nutzeranteile entfielen auf das E-Mail- sowie das Social-Media-Marketing. Das Dienstleistungsgewerbe ist die Branche mit dem größten Nutzeranteil hinsichtlich des Onlinemarketings. Der Umsatz mit Waren betrug laut EHI im Online- und klassischen Versandhandel im Jahr 2017 insgesamt 62,15 Milliarden €. Davon entfielen 58,47 Milliarden € auf den E-Commerce, der somit seinen Anteil von knapp 94 % am Gesamtumsatz der Branche des interaktiven Handels ausmacht. Insgesamt erwirtschaftet der deutsche Einzelhandel ca. 523 Mrd. € Umsatz. Damit hat der Online- und Distanzhandel einen Anteil von 11.8 %. Dies hört sich zwar nicht nach viel an, allerdings ist zu bedenken, dass der Lebensmitteleinzelhandel mit 183,5 Milliarden € seinen Anteil hat. Die Dunkelziffer des tatsächlichen Umsatzes von Dialogmarketing wird wohl wesentlich höher sein, da Statistiken keine Echtdaten, sondern nur hochgerechnete Daten ausweisen. Des Weiteren weist nicht jeder Händler (Ursache/Wirkung) seine Umsätze mit unterschiedlichen Verfahren aus. Beispiel: Der Händler kann nach Kundenherkunft (Werbeweg) oder Kundenzahlung (Transaktion) die Umsätze zuordnen. Des Weiteren existieren in jeder Branche Dialoginstrumentarien, die überhaupt nicht erfasst werden.

Wieso nennt man eine Marketingstrategie Above-the-Line- bzw. Below-the-Line-Strategie? Ihren Ursprung finden die Begriffe in der Wasserlinie eines Schiffes. „Above-

Abb. 6.1: Vom Massenmarketing zum Dialogmarketing (eigene Darstellung).

the-Line", auf Deutsch „über der Wasseroberfläche", und „Below-the-Line", was adäquat „unter der Wasseroberfläche" bedeutet, werden mit einem Schiff im Wasser verglichen (Gelbrich et al. 2008). Alles, was oberhalb der Wasserlinie liegt, ist für jedermann gut sichtbar. In der Agenturwelt der klassischen Medien lernte der Verfasser auch andere Definitionen kennen (Ogilvy und Mather, mündliche Mitteilung). Diese klassische Werbeform wird durch die Schaltung von Annoncen in den Printmedien, Radio- und Fernsehwerbung oder auch mittels Plakaten und der Außenwerbung umgesetzt. Das sich unter der Wasserlinie Befindliche ist nur einem selektierten Kreis zugänglich. Angewendet auf die Werbe- und Marketingkommunikation bedeutet dies nichts anderes, als dass es sich hier um Werbemaßnahmen handelt, die sich an ein bestimmtes Publikum richten.

Below-the-Line (BTL) bezieht sich in Abbildung 6.1 auf die Gesamtheit der kommunikativen Maßnahmen außerhalb des Bereichs der klassischen Medien bzw. eine gedankliche Linie der unter dem Strich nicht sichtbaren Maßnahmen, da sie in der Regel im direkten Dialog mit Kunden/Gruppen erfolgt. Typische BTL-Instrumente sind:
–   Verkaufsförderung (Sales Promotions am POS)
–   Öffentlichkeitsarbeit (PR)
–   Klassisches Direktmarketing
–   Messen und Ausstellungen
–   Sponsoring
–   Gewinnspiele
    Guerilla-Marketing (z. B.: Ambient Marketing, Ambush Marketing, Flashmob-Marketing)
–   Mobile Marketing
–   Product Placement

- Telefonmarketing
- Virales Marketing
- Eventmarketing und Product Placement
- Social-Media-Marketing

Nach dieser Auffassung zielt Dialogmarketing auf eine langfristige Kundenbeziehung ab. Below-the-Line-Werbung wird in der Regel subtiler wahrgenommen. Die Kommunikationspolitik ist direkter, persönlicher und auf die jeweilige Zielgruppe ausgerichtet. Häufig entsteht ein enger, in vielen Fällen sogar ein persönlicher, Kontakt zwischen Werbendem und Umworbenem. BTL-Marketing ist spezifisch auf das Publikum abgestimmt, das man erreichen möchte. Es ist eine Marketingstrategie, die darauf abzielt, nicht sofort als direkte Werbemaßnahme wahrgenommen zu werden. Der Versuch, die Zielgruppe direkt und persönlich anzusprechen, verspricht ein besseres Feedback. Es sind, dank vermehrter Rückmeldung, wesentlich genauere Aussagen über den Erfolg der Werbestrategie möglich.

Meist richtet sich Above-the-Line-Kommunikation an eine große, schwer zu definierende (bzw. abzugrenzende) Zielgruppe, auf die nicht individuell eingegangen wird. Häufig ist auch von klassischer Werbung die Rede. Hierzu wird auf streufähige Werbeträger (Massenmedien) zurückgegriffen:

- Printwerbung (Zeitungs- und Zeitschriftenanzeigen)
- Hörfunkwerbung (Radio-Spots)
- Kinowerbung (Kino-Spots)
- Fernsehwerbung (TV-Spots)
- Außenwerbung (Plakate)

Von der Wortbedeutung her beschreibt „Above-the-Line" vergütungsfähige Kommunikationsmaßnahmen, die „über dem Strich" liegen. Historisch entstanden ist die Abgrenzung von Above-the-Line (ATL) und Below-the-Line (BTL) im Bereich der Konsumgüter. In den 1950er- und 1960er-Jahren erfolgte bei Procter & Gamble und anderen führenden Markenherstellern die Bezahlung ausschließlich über Kommissionen für die Medienbuchungen, wohingegen die „über dem Strich" liegenden Kreativ- und Produktionskosten von den Werbeagenturen getragen wurden. ATL bezeichnet deshalb bis heute Kommunikationsmaßnahmen, bei denen die Agentur für medienbezogene Leistungen „über dem Strich" (neben dem heute selbstverständlich in Rechnung gestellten Honorar) eine Kommission erhält. Bei Below-the-Line-Kommunikation ist dies nicht der Fall.

Direktmarketing ist einer der ältesten Formen der Werbung und wird seit Beginn der zivilisierten Menschheit praktiziert und weiterentwickelt wie beispielsweise der Versand von geschriebenen Nachrichten auf Papyrus ca. 3000 v. Chr. in Ägypten. Erste Kataloge entstanden Mitte des 15. Jahrhunderts. Der Wegbereiter hierfür war Johannes Gutenberg um 1450 durch die Erfindung des Buchdrucks. Der älteste noch erhaltene Katalog stammt von dem englischen Gärtner William Lucas aus dem Jahre 1667. 1744

Kriterium	ATL	BTL
Reichweitenaufbau	hoch und schnell	gering und langsam
Wirtschaftlichkeit	standardisierte Messung	gute individuelle Messung
Steuerbarkeit: personell zeitlich räumlich	– schlecht, Streuverluste – gut – beschränkt auf Regionen	– gut, zielgruppengenau – mittelmäßig – exakt planbar
Stärken	– guter Reichweitenausbau – emotionale Markenbilder – schnelle Werbewirksamkeit	– individueller Dialog – Kundenbindung – hohe Relevanz
Schwächen	– Streuverluste – teure Herstellung – Übersättigung	– geringe Reichweite – CRM ist komplex – z. T. juristische Hürden

Abb. 6.2: Unterscheidungsmerkmale von ATL und BTL (eigene Darstellung).

brachte Benjamin Franklin einen Bücherkatalog mit 600 Angeboten heraus und zählte damit zu den Pionieren der Direktwerbung in Amerika.

Die Direktwerbung kam zu ihrem Durchbruch, als sich die Schreibmaschine in den 1860er-Jahren etablierte. 1823 wird als das Geburtsjahr des Direktmarketings erklärt, in dem die Anbringung des ersten Briefkastens genehmigt wurde. Damit wurde die technische Voraussetzung auf der Empfängerseite für eine direkte Ansprache geschaffen. Die darauf folgende Einführung der Briefmarken (ca. 1840) gewährleistete einen kostengünstigen, schnellen und flächendeckenden Versand. 1872 verschickte Aaron Montgomery Ward eine einseitige Preisliste, innerhalb der nächsten 12 Jahre entwickelte sich ein Bestellkatalog mit 240 Seiten und 10.000 Artikeln, mit dem Versprechen „satisfaction or your money back".

Die 1893 gegründete Sears Roebuck & Company, die bis heute einer der weltgrößten Versandhäuser ist, und im Jahr 2004 mit dem 1899 gegründeten Versandhaus Kmart fusionierte, versandte bereits 1897 750-seitige Kataloge mit 6000 Artikeln. Durch die steigende Nachfrage nach der gezielten Ansprache von potenziellen Versandkunden entwickelte sich bereits 1910 der Adresshandel in Deutschland. Ein weiterer Impuls ging von den Buchversendern und -clubs, wie beispielsweise dem 1926 in den USA gegründeten „Book of the Month Club", aus. Diese führten zum ersten Mal die negative Option ein. Durch die Einführung von Kreditkarten in den USA seit den 1950er-Jahren, welche sich in Deutschland erst in den letzten Jahren etablieren konnte, wurde die Abwicklung der Bezahlung wesentlich erleichtert.

Die Erfolgsgeschichte des Direktmarketings in Deutschland hat seinen Anfang im Versandhandel genommen (Hell 1989, Schaller 1986, Thieme 2006). Laut Heinz Hell fanden sich im Katalog des Welt-Adress-Verlags Emil Reiss, Leipzig, aus dem Jahre 1915 die ersten begrifflichen Spuren. In diesem Katalog sprach man von der „direkten Offerte". Direktmarketing hat im Laufe der Epochen unterschiedliche Begrifflichkeiten miterlebt. Wer sich über Direktmarketing informiert, stößt zwangsläufig auf Begriff-lichkeiten wie Direktwerbung, Response-Werbung, direkte Kommunikation und seit dem Durchbruch von CRM (Customer Relationship Marketing) und dem Durchbruch des Internets als Bestellkanal auch auf die Begriffe Direct-Mail-Marketing, Dialogmar-keting und One-to-One-Marketing. Nachfolgend verwendet der Autor den Begriff des Dialogmarketing, da dieser Begriff in der heutigen Zeit den Kern am besten trifft. Es wird mit dem Kunden ein Dialog geführt, d. h. nicht passiv sondern aktiv, er wird be-wusst dazu animiert – im Idealfall – über seine normale Bestellung hinaus den Dialog mit dem Unternehmen aufzunehmen.

Dialogmarketing umfasst alle Customer-Contact-Instrumente, die darauf gerich-tet sind, eine gezielte und direkte Interaktion mit Zielpersonen aufzubauen und dau-erhaft zu erhalten. Zugleich wird durch Dialogmarketing das Ziel verfolgt, eine mess-bare Reaktion (Response) auszulösen. Dabei wird der Aufbau einer individuellen Beziehung zwischen dem Absender und dem Empfänger der Botschaft angestrebt. Wie auch der klassische Marketingbegriff beinhaltet Dialogmarketing die Werbung als Bestandteil. Darunter sind auch Medien der Massenkommunikation enthalten. Die Bedingung dafür, dass das entsprechende Medium dem Dialogmarketing zuge-rechnet werden kann, ist allerdings ein Element, das eine Aufforderung zur Reaktion und damit zum Dialog beinhaltet.

6.3 Informationsgewinnung durch den Dialog mit Kunden

Die Ausrichtung der Unternehmensaktivitäten an den Bedürfnissen, Erwartungen und Verhaltensweisen der Kunden erfordert ein umfassendes Kundenwissen. Zur Generierung von Kundenwissen sind Interaktionen zwischen Kunden und Anbie-tern erforderlich. Hierzu eignen sich die Instrumentarien des Dialogmarketings. Der Vorteil der Wissensgenerierung durch Interaktionen mit den Kunden liegt im Ver-gleich zu Wissen aus Transaktionsdaten darin, dass hier Wissen über Bedürfnisse/Erwartungen, Erfahrungen mit den Produkten des Unternehmens (auch im Vergleich zu Wettbewerbsprodukten) sowie Präferenzen der Kunden generiert wird (Böcker-mann 2013, S. 29).

Ursprünglich war Dialogmarketing auf die Interaktivität zwischen Unternehmen und Kunde gerichtet. Durch die herrschende Bedeutung von Social Media wird die Interaktivität zwischen Kunden als integrativer Bestandteil von Dialogmarketing ver-standen. Zudem kann Kundenwissen durch Kunde-Kunde-Interaktionen generiert werden. Dies kann beispielweise durch den Aufbau von Brand Communitys erfolgen. Diese stellen Markennetzwerke mit Kunden dar, die ein gemeinsames Interesse an einer angebotenen Marke haben und sich innerhalb dieses Netzwerkes austauschen (Gerdes et al. 2013, S. 51). Durch diesen Austausch zwischen den Kunden über den Anbieter und seine Produkte entsteht ein kollektives Wissen des Kunden, das für den Anbieter nutzbar werden kann (Stauss 2011).

Ein „Social-Media-Screening" in Verbindung mit einem partizipativen Dialog mit dem Kunden kann zusätzlich zu den konventionellen Marktforschungsmethoden dazu verhelfen, dass entsprechende Kundenerwartungen in der Breite und Tiefe eruiert werden. Durch ein Matching des Angebotes mit den daraus gewonnenen Anforderungen kann Zufriedenheit als Basis eines dauerhaft loyalen Konsumverhaltens entstehen. Dieses kann sich wiederum auf den individuellen Kundenwert auswirken. Darüber hinaus kann Dialogmarketing auch auf unterschiedliche Stakeholdergruppen (z. B. Gesellschaft, Handwerkerinnung, Parteien, Umwelt-, Verbraucher- und sonstige Interessenverbände) gerichtet sein, die einen unternehmenspolitischen Nutzen liefern. Dabei bietet der Dialog mit verschiedenen Stakeholdergruppen dahingehend einen Mehrwert für das Unternehmen, dass es beispielsweise durch die frühzeitige Informationsgewinnung aus dem Dialog über sich abzeichnende Marktchancen oder Marktrisiken ermöglicht wird, schnell innerhalb des relevanten Marktes reagieren zu können.

6.4 Dialogmarketing und Customer Relationship Management

Es wurde mangelnde Kundennähe als Problembereich von Unternehmen aufgeführt. Vor diesem Hintergrund bezieht sich dieser Gliederungspunkt auf die dyadische Beziehung zwischen einem Anbieter und seinen (potenziellen) Kunden.

Unter diesem Aspekt kann Dialogmarketing als interaktive, verständigungsorientierte Form der Kundenorientierung interpretiert werden. Im Zuge der sich aktuell immer stärker vollziehenden Etablierung des CRM-Ansatzes in Unternehmen gewinnt Dialogmarketing an Bedeutung, denn CRM ist das Instrumentarium von Dialogmarketing. Im Mittelpunkt von CRM stehen die Pflege und der Aufbau langfristiger Kundenbeziehungen. Klassisches Marketing (vgl. auch Transaktionsmarketing) geht vom Produkt und vereinfacht ausgedrückt von der Zielsetzung aus, möglichst viele Kunden für das angebotene Produkt zu finden, um dieses in kurzer Zeit maximal abzusetzen. Der produktorientierte Geschäftsfokus des klassischen Marketings konzentriert sich demnach auf die Entwicklung und das Angebot bestmöglicher Produkte, die dem Kunden ein angemessenes Preis-Leistungs-Verhältnis bieten und sich innerhalb des relevanten Marktes zügig absetzen lassen. Dementsprechend ist die Unternehmensstrategie von innen nach außen gerichtet. Dieser von innen nach außen gerichtete produktorientierte Geschäftsfokus führt dazu, dass der Bedarf von Kunden aus Anbietersicht oftmals durch unbestimmte Aussagen über Kundenwünsche, Ziele, Bedürfnisse oder generelle Aussagen über die Kundenzufriedenheit oder Problembereiche lediglich vermutet wird. Die Bedürfnisse einer Vielzahl von Kunden sind meist unterschiedlich und nicht jeder interessiert sich für das gleiche Produkt oder für den gleichen Produktnutzen. Aus diesem Grund sind Produkte oftmals mit vielen Eigenschaften ausgestattet, um einen möglichst hohen Kundenkreis anzusprechen.

Innerhalb des CRM-Ansatzes erfolgt ein Perspektivenwechsel und setzt an die Stelle des produktorientierten Denkens das kundenwertschöpfende Denken. Es wird versucht, den Wertschöpfungsprozess des Kunden zu unterstützen, mit dem Ziel einer langfristigen Geschäftsverbindung. Dabei erfolgt ein Wechsel der Perspektive von der unternehmerischen (produktorientierten) Seite auf die Kundenseite. Das Denken bzw. die Perspektive verläuft bei CRM von außen nach innen und geht demnach vom Kunden und seinen Bedürfnissen aus. Damit ergänzt der CRM-Ansatz das Customer Contact Management und das Produktmanagement und unterstützt die Abkehr vom rein produktorientierten hin zum kundenorientierten Denken.

Der persönliche Dialog bildet die Basis eines jeden Kundenbindungsmanagements und verhilft dem Anbieter dazu, Nähe zu seinen Kunden aufzubauen. Die Beziehung zum Kunden soll durch den Dialog optimiert werden, der beiden Seiten, Kunde und Anbieter, einen Mehrwert schafft. Die durch den Dialog gewonnenen Informationen können dazu verhelfen, dass Kundenprozesse permanent verbessert werden. Dadurch profitiert der Kunde. Dem Anbieter wird es ermöglicht, sein Wissen über den Kunden auszubauen und dieses in geplante Marketingmaßnahmen einfließen zu lassen.

Kundennutzen ist auf die Bindung von Kunden an ihren Anbieter gerichtet. Diese Überlegungen resultieren aus der Auffassung, dass Unternehmen über eine höhere Kundenbindung den Geschäftserfolg (höhere Umsätze, steigende Deckungsbeiträge etc.) positiv beeinflussen können. Vor diesem Hintergrund leistet Dialogmarketing, das auf Kundenbindung zielt, einen unterstützenden Beitrag zum Customer Value.

6.5 Produktentwicklung im Dialog mit Kunden

Durch die Produktentwicklung im Dialog mit Kunden wird eine spezielle Anwendungsperspektive des Dialogs mit Kunden betrachtet. Einen Ansatz bietet die Ideengewinnung zur Neuproduktentwicklung. Dabei bildet die aktive Integration des Kunden in die Unternehmensprozesse eine Möglichkeit, um das Wissen von Kunden direkt zu erhalten. Durch Kundenintegration kann erreicht werden, dass die Leistung eines Anbieters tatsächlich an die spezifischen Kundenbedürfnisse angepasst wird (Bruhn 2016). Hierzu werden Kunden bzw. Konsumenten ermittelt, die den Bedarf für Neuprodukte frühzeitig erkennen und zudem einen besonderen Nutzen aus dem Neuprodukt erzielen können, um diese als Wissensquellen in den Prozess der Neuproduktentwicklung zu integrieren (vgl. Lead-User-Ansatz) (Böckermann 2013). Zur Ideengenerierung und Leistungs- bzw. Produktentwicklung werden Ideen und Konzepte von diversen Kunden eingebracht. Die gesammelten Vorschläge werden wiederum durch Kunden bewertet. Neuproduktentwicklungen und Produktinnovationen, die von zahlreichen Kunden positiv bewertet wurden, können ein besonders hohes Akzeptanzpotenzial am Markt aufweisen. Werden kundenseitig eingebrachte Produktideen realisiert („Pull-Innovationen"), ist die Wahrscheinlichkeit der Marktakzeptanz bei diesen Innovationen in der Regel höher als bei denen, die unternehmensseitig getrieben sind („Push-Innovationen") (Büttgen 2010). Ein Grund dafür kann darin liegen, dass zur Ideengewinnung insbesondere sogenannte „Lead User" (Leitkunden) herangezogen werden, die über ein besonders hohes nutzungsorientiertes Produkt-Know-how verfügen und deswegen dazu in der Lage sind, fundierte Vorschläge für Nachfolgeinnovationen abzugeben (Meffert et al. 2015). Dadurch, dass sie Kundenbedürfnisse für die Problemlösungseigenschaft des Neuproduktes frühzeitig erkennen, sind sie geeignet, Entscheidungen über zu entwickelnde Produkte effektiv zu beeinflussen (Böckermann 2013). Diese Leitkunden zeichnen sich durch ein hohes Produktinteresse, ausgeprägtes produktspezifisches Fachwissen und dementsprechendes Potenzial für kreative Neuprodukt- und Produktverbesserungsideen aus. Der Einsatz dieser „Experten" ist insbesondere dann erforderlich, wenn Ideen zur Generierung von Lösungen komplizierter Probleme benötigt werden, bei denen die Einbeziehung von „Normalkunden" an Grenzen stößt (Meffert et al. 2015).

Derartige Kundenintegrationen können beispielsweise in Form von persönlichen Interviews, Workshops oder auch durch mediale Anwendungen, wie webbasierte Konfigurations- und Innovationstools, realisiert werden. Bezüglich Letzteren bieten virtuelle Designwerkzeuge Interaktionsplattformen an, die es den eingesetzten Kunden ermöglichen, Wünsche zu artikulieren und zu bedarfsgerechten Lösungen beizutragen. Kunden (auch Leitkunden), die sich in dieser Form an der Entwicklung von Produkten und Dienstleistungen beteiligen, sind in der Regel durch ein hohes produkt- und anbieterbezogenes Involvement gekennzeichnet und fühlen sich meist mit dem Unternehmen verbunden. Soweit es dem Anbieter gelingt, qualifizierte Kunden bereits in frühen Phasen der Leistungsentwicklung zu integrieren, kann er dadurch die Kundenbindung erhöhen. Neben der Integration von Kunden, denen ein hohes produkt- und anbieterbezogenes Involvement zu unterstellen ist, erscheint es zudem sinnvoll, das Wissen ausgewählter latent unzufriedener und kritischer Kunden in den Prozess der Produkt- und Leistungsentwicklung zu integrieren. Kunden, die eine latente Unzufriedenheit hinsichtlich des Produkt- und Leistungsangebotes des Anbieters aufweisen, verfügen möglicherweise über wichtiges Wissen hinsichtlich des Angebotes von Wettbewerbern, das ihren Bedürfnissen besser entspricht, oder können Hinweise über Problembereiche des aktuellen Angebotes des Unternehmens liefern. Dagegen besitzen kritische Kunden oftmals eine ausgeprägte Fähigkeit zur Diskussion und zeigen im günstigen Fall die Bereitschaft, aktiv an der Leistungsentwicklung teilzuhaben (Böckermann 2013). Dissonanztheoretisch stellt die Unzufriedenheit oftmals ein Motiv von Kunden da, mit Unternehmen zu kommunizieren. Neben der Einbeziehung des Kunden in die Produktentwicklung sind weitere Ausgestaltungsformen den Kunden mit seinem Wissen zu integrieren möglich, wie beispielweise die Einbeziehung des Kunden in die Serviceentwicklung bis hin zu komplexeren Ausgestaltungsformen, wie die Kundenintegration in die Entwicklung von Leistungsinnovationen. Durch die Einbeziehung des Kunden mit seinem Wissen können die Unternehmensleistungen optimal an die Kundenbedürfnisse angepasst werden (Bruhn und Hadwich 2013a).

Ein weiterer Nutzen besteht darin, dass das Unternehmen mit dem Kunden in einer Austauschbeziehung steht und gemeinsam mit dem Kunden lernt. Dadurch werden neues Wissen und Innovationen entwickelt. Dies beeinflusst den Kundenwert positiv.

6.5.1 Customer Experience Management als Strategie zur Kundenwertoptimierung

Der Handel ist im Wandel. Neue technische Entwicklungen führen zu neuen Möglichkeiten und Herausforderungen. So führt die steigende Beliebtheit von Preisvergleichs- und Einkaufsportalen wie Ebay oder Amazon zu einem grundlegenden Wandel der Einkaufsgewohnheiten (Heinemann 2017b). Der stationäre Handel verliert dadurch den Kontakt zum Kunden, dessen Bindung zum Händler sinkt (Heinemann 2017b). Verschiedene Experten haben sich in den vergangenen Jahren mit diesem Begriff befasst und ihre unterschiedlichen Definitionen dazu erarbeitet. Der Begriff Customer Experience Management (CEM) wird zuerst von Pine und Gilmore (1998) in einem Artikel für die Harvard Business Review (HBR) verwendet (Pine und Gilmore 1998). Im Jahr 2007 definieren die Autoren C. Meyer und A. Schwager den Begriff wie folgt: „Customer experience encompasses every aspect of a company's offering – the quality of Customer Care of course, but also advertising, packaging, product and service features, ease of use, and reliability" (Meyer 2007, S. 639; Übersetzung: „Customer Experience vereint jeden Aspekt des Angebotes eines Unternehmens in sich – natürlich die Qualität des Customer Care, aber auch Werbung, Verpackung, Produkt- und Servicemerkmale, Benutzerfreundlichkeit und Zuverlässigkeit"). Es ist immer wichtig, wieder die Kundenperspektive einzunehmen (Peppers und Rogers 2008). Auf diese Weise können die wirklich relevanten Fragen gestellt werden:
– Wie ist es, euer Kunde zu sein?
– Wie sehen tägliche Kundenerfahrungen mit eurem Unternehmen aus?

Und wie fühlt man sich im Gegensatz dazu,
– wenn man als Kunde problemlos wiedererkannt wird und man sich an frühere Kontaktaufnahmen erinnert oder wenn man einen hilfreichen Ratschlag erhält?
– wenn alles so ist, wie es versprochen wurde, und man sicher sein kann, dass die Antworten und Lösungen, die man erhält, die optimalen für den aktuellen Fall sind?

Nur diejenigen, die CEM strategisch innerhalb des Unternehmens verankern und mit CRM-Erfahrungen kombinieren, können das Potenzial gelebter Kundenorientierung voll ausschöpfen. Nur wenn customer-are-relevante Initiativen in die unternehmensweite Strategie eingebettet werden, ist eine dauerhafte Umsetzung möglich. Das Customer Experience Management erfordert im Umgang mit den Kunden somit neue Ansätze, um die Bindung zu festigen. Dazu sind die Kundenzentrierung, die Personalisierung der Dienstleistungen und Warensortimente auf der einen Seite und die

Tab. 6.1: Kriterien für Customer Centricity aus Kundensicht. In Anlehnung an KPMG (2016).

Produktqualität	69 %	Individuelle Rabatte	30 %
Kulante Retouren	62 %	Treuerabatte	28 %
Individuelle Beratung	51 %	Flexible Lieferzeiten	24 %
Transparente Produktinformationen	47 %	Abholung von Onlinebestellungen im stationären Geschäft	23 %
Mitarbeiterverfügbarkeit	47 %	Individuelle Angebote im Onlineshop	22 %
Schnelle Kommunikation mit Kundenservice	33 %	Zeit- und ortsunabhängiger Einkauf	21 %

stetige Entwicklung hin zum Handel ohne Grenzen nach dem Konzept des No-Line-Handels auf der anderen Seite notwendig. Das Customer Experience Management greift diese Entwicklungen auf und gibt einen Handlungsrahmen vor, um die Kunden zu begeistern und zu binden. Um die Wirksamkeit zu messen, steht am Ende des Kapitels der Entwurf einer BSC (Balance Score Card) bereit.

Im Gegensatz zur Kundenorientierung im Rahmen des produktorientierten Ansatzes benötigt die Kundenzentrierung eine komplette Umstellung der Aktivitäten eines Unternehmens auf die zentralen Bedürfnisse des Kunden. Diese Umstellung erfordert grundlegende Änderungen in allen Abteilungen eines Unternehmens (Shah et al. 2016). Folgen des Wandels sind u. a. eine steigende Innovationsfähigkeit, eine höhere Kundenzufriedenheit und ein besseres Kundenerlebnis.

Was die Kunden unter der Kundenzentrierung verstehen, erforschte KPMG in Zusammenarbeit mit dem IFH Köln und untersuchte die Kundenzentrierung im Handel mit dem Schwerpunkt auf dem Konsumgütermarkt. In Tabelle 6.1 werden die von den Kunden genannten Kriterien für eine Kundenzentrierung dargestellt.

Die Kundenzentrierung muss die Basis für einen stationären Händler sein (Heinemann 2017b). So wünschen sich 94 % der Kunden, dass sie in den Mittelpunkt gestellt werden, aber 92 % finden eine Umsetzung schwierig (KPMG 2016). Daraus folgt die Chance die Vorteile der Kundenzentrierung zu nutzen, ohne Gefahr zu laufen, Kunden zu verlieren, wenn die Umsetzung nicht von Beginn an perfekt ist. 85 % der Kunden fühlen sich im stationären Handel eher in den Mittelpunkt gestellt als im Onlinehandel, aber 81 % erwarten Omni-Channel als Zeichen der Kundenzentrierung (KPMG 2016). Ein weiteres Kriterium für die Kunden ist der Umgang mit Retouren. Ein gutes Retourenmanagement erzeugt höhere Verkäufe, steigende Rentabilität und Kundenzufriedenheit. Bezogen auf den CLV führen erhöhte Retourenkosten hingegen zu einem geringeren Kundenwert. Anderseits führen Rückgaben zu einem sinkenden Kundenwert, wenn diese für den Kunden nicht zufriedenstellend durchgeführt werden. Weiterhin kann die Kundenzentrierung durch die Integration von digitalen Inhalten im stationären Handel gesteigert werden. Zu beachten ist dabei die Schaffung eines Mehrwertes für den Kunden und die Integration sämtlicher Kanäle, um das Umsatzpotenzial auszuschöpfen (Heinemann 2017b). Für die Kunden zeigt sich die Kun-

Tab. 6.2: Phasen der Einführung der Kundenzentrierung. In Anlehnung an Heinemann (2017b).

Phase 1: Kundenverständnis	Kundensegmentierung
	Kundenwünsche ermitteln
	Kundenzufriedenheit ermitteln
	Kundenzufriedenheit mit dem Wettbewerb vergleichen
Phase 2: Unternehmensziel formulieren	Wachstumsquellen identifizieren
	Differenzierung nach Produkten und Kundensegmenten
Phase 3: Maßnahmen erarbeiten	Maßnahmen festlegen, die die Kundenweiterempfehlung erhöhen $\Rightarrow$ Pareto-Regel (80–20)
	Controlling der Maßnahmen festlegen und durchführen
Phase 4: Voraussetzungen schaffen	Identifizierung von Meinungsführern im Unternehmen
	Meinungsführer schulen, sensibilisieren oder ggf. ersetzen
	Identifizierung und Anpassung der Prozesse im Unternehmen

denzentrierung weiterhin im Rahmen des Kundenservice. Speziell das Personal beeinflusst diesen durch Freundlichkeit, Kompetenz, Aufmerksamkeit und gute Erreichbarkeit (KPMG 2016). Um die Kundenzentrierung in einem Unternehmen umzusetzen, schlägt Heinemann die in Tabelle 6.2 genannten aufeinander aufbauenden Phasen vor.

Soll das Umdenken von der produktorientierten Organisation weg und hin zur Kundenzentrierung gelingen, ist es förderlich, die gesammelten Daten über die Kunden zum Personalisieren der Customer Experience zu verwenden. Durch die technologische Entwicklung kommt es zu immer neuen Möglichkeiten der Anpassung der Angebote an die Vorlieben der Kunden mit einem echten Mehrwert für den Kunden, einer höheren Einkaufswahrscheinlichkeit und einem gesteigerten Cross-Selling-Potenzial. So ist es über Mobiltelefone möglich, die sonst eher im Onlinehandel übliche Personalisierung auch in die Läden zu bringen (Heinemann und Gaiser 2016). So kann, ein Kundenkonto vorausgesetzt, dem Kunden per App oder SMS ein Angebot zugesendet werden, wenn er in Reichweite des Geschäftes ist (Heinemann und Gaiser 2016). Auch gibt es erste Ansätze bei denen Servicemitarbeiter via App sehen können, welche Kunden sich im Geschäft befinden. Sie können auf das individuelle Profil zugreifen und so eine personalisierte Beratung anbieten, z. B. Media Markt. Ebenso können die Kunden bei der Erstellung eines Produktes oder einer Dienstleistung aktiv beteiligt werden (Mass Customization). Ausgehend davon, wie der Kunde sein Produkt gestaltet, können daraus Präferenzen abgeleitet und so zur personalisierten Werbung und für neue Produktangebote genutzt werden. Je besser die Personalisierung umgesetzt wird, desto besser ist auch die Wirkung auf die Kundenbindung. Jedoch ist es ökonomisch nicht sinnvoll, jeden Kunden einzeln zu betrachten und daher empfiehlt sich die Zuweisung des Individuums zu statistisch relevanten Segmenten (Heinemann 2017b).

Für den Kunden bietet die Individualisierung jedoch nicht nur Vorteile. So erlischt bei einem individuell hergestellten Produkt das Widerrufsrecht. Zudem muss bei der

Erhebung und Nutzung der Daten die neue und verschärfte Datenschutzverordnung der EU beachtet werden (Abschnitt 6.7.3).

6.5.2 Vom Multi-Channel- zum No-Line-Handel

Durch die Digitalisierung findet ein stetiges Zusammenwachsen der Vertriebskanäle eines Unternehmens vom rein stationären Vertrieb hin zum voll integrierten No-Line-Handel statt (Heinemann 2017b). Unter „Multi-Channel" wird dabei die Erweiterung der Offlinekanäle um Onlinekanäle verstanden, wobei diese unter einheitlichem Markenauftritt, jedoch voneinander unabhängig und ohne Informationsaustausch betrieben werden. Die Folge sind Zielkonflikte wie steigende Umsatzvorgaben bei gleichzeitig sinkenden Kosten (Bühler und Maas 2017). Diese Sichtweise entspricht jedoch nicht mehr den Wünschen der Kunden (Schramm-Klein et al. 2014). Werden die Kanäle um einen Mobile Channel erweitert, komplett integriert und vernetzt, spricht man vom No-Line-Channel (Heinemann 2017b). Dabei steigen mit zunehmender Integration der Kanäle die Kundenzufriedenheit und die Kundenzentrierung (Rusnjak und Schallmo 2018). Finales Ziel ist es, dem Kunden ein einheitliches Erlebnis zu bieten und alle Verkaufsformen als eine Einheit darzustellen (Heinemann 2017b). Dies ermöglicht insbesondere eine einfache, schnelle personalisierte Ansprache der Kunden. Ebenso führt die steigende Integration zu einer Automatisierung der Prozesse, was wiederum zu beschleunigten Betriebsabläufen führt, die Customer Journey des Kunden verkürzt und zu mehr Zufriedenheit und weniger Kaufabbrüchen führt (Heinemann 2017b). Kritisch sind dabei die Phasen, in denen ein Kanalwechsel stattfindet. Dies bedarf einer zentralen Datenbank, die On- und Offlinekanäle erfasst und zuordnet. Falls diese Wechsel nicht in den Customer Touchpoints erfasst werden, kann das Einkaufserlebnis leiden.

Im Kontext des CEM bieten sich durch die zunehmende Integration der Kanäle und neue technische Möglichkeiten vielfältige Möglichkeiten der individuellen Erlebnisgestaltung für den Kunden. Mit Bezug zur Erlebnisverbesserung ergeben sich aktuell zwei Entwicklungen im Rahmen des Multi-Channel-Ansatzes mit der Tendenz zum No-Line-Handel (Heinemann 2017b). Zum einen sind dies Digital-in-Stores als Strategie der Offlineanbieter und zum anderen die Outside-in-Digitalisierung der reinen Online-Anbieter (Heinemann und Gaiser 2016). Die Ansätze werden in Tabelle 6.3 dargestellt. Diese Ansätze verbinden den Wunsch des Kunden nach einem schnellen Einkauf mit den Vorzügen des Touch & Feel des stationären Handels (Heinemann 2017a). Die Anzahl an Flagshipstores und Showrooms, deren Modelle auf den o. a. Ansätzen basieren, steigt stetig. Aus diesen Betrachtungen ergeben sich wichtige Folgerungen für den Handel. Zum einen widerspricht das Festhalten am stationären Geschäft als einzigem Absatzkanal den aktuellen Kundenerwartungen (Heinemann 2017a).

Tab. 6.3: Inside-Out-/Outside-In-Digitalisierung, in Anlehnung an Heinemann und Gaiser (2016).

	Ansatz	Beschreibung	Beispiele
Inside-Out-Digitali-sierung	Web-to-Store-Services (Kaufvor-bereitung online)	Services die der Kaufvorbereitung dienen und im Internet angeboten und genutzt werden	– Store-Locator – Echtzeitverfügbarkeits-anzeige – Click & Collect – Geo-Targeting
	Store-to-Web (Kaufvorbereitung offline)	Maßnahmen, die unentschlossene Kunden beim Nichtkauf im Kaufprozess halten	– Coupons für den Onlineshop – Terminvereinbarung online – Beratung online
	Digital-in-Store-Services	Verbesserung des Service durch digitale Zusatzleistungen	– In-Store-Navigation per App – Augmented-Reality – Virtual-Reality – Onlinekauf im stationären Shop via QR-Codes – Mobile Payment
	Smarte Kanalsyn-ergien	Verknüpfung der Kanäle durch Terminals und Apps im lokalen Store	– lokale Werbung – Smart Pricing – smarte Regalverlängerung des Offlinesortiments
Outside-In-Digitali-sierung	Tracking in Store	Übertragen der online Tracking- und Analysemethoden auf den Offlinehandel mit automatischer Erfassung	– Verweildauer messen – Laufwegeerkennung
	Smarte Navigation fördern	Kunden sollen sich besser zurecht finden	– NFC-Chips in Ware führen Kunden – MA können Kunden lokalisieren und basierend auf Käufen Empfehlungen geben
	Usability in Store erhöhen	Convenience des Onlineshoppen auf den Onlinekanal übertragen	– ergänzende Produktinfos online – digitaler Kassenbon – Produktempfehlungen basierend auf Off- und Onlinekäufen

Ebenso erwarten die Kunden ein Onlinesortiment des Händlers, das über das Angebot im stationären Geschäft hinausgeht (Heinemann 2017a). Kann dies nicht gewährleistet werden und sind die Kosten für den Händler nicht tragbar, ist es effektiver, das Erlebnis des stationären Handels zu maximieren, um Anreize für den Kunden zu schaffen. Jedoch sollten bei Reklamationen mehrere integrierte Kanäle zur Verfügung stehen, da dies die Kundenzufriedenheit erhöht (Schramm-Klein et al. 2014). Ferner ist die Basis für die Integration und das Schaffen von Erlebnissen ein leistungsfähiges CRM-System, um die Datenmengen zu verwalten und für das Unternehmen nutzbar zu machen.

Diese Investitionen in IT-Systeme sind nicht zu umgehen (Heinemann 2017a). Allerdings ist ein solches CRM-System laut einer IHK-Umfrage nur bei 50 % der kleinen, bei 69 % der mittleren und bei 73 % der großen Unternehmen im Einsatz (Wittmann et al., 2017). Unter den rein stationären Unternehmen haben nur 54 %, bei den Multi-Channel-Anbietern 63 % und bei den rein online vertretenen Händlern 54 % ein CRM-System im Einsatz. (Wittmann, Georg, Listl, Carmen, Stahl, Ernst, Seidenschwarz, Holger 2017)

Wofür steht „Customer Experience"?
Die Customer Experience ist die Summe aller Erfahrungen einer Person, welche diese durch die Kommunikation des Unternehmens, durch den Konsum bzw. die Verwendung von Produkten und Leistungen sowie durch die Interaktion mit dem Unternehmen über alle Kontaktpunkte hinweg erfährt. Die subjektive Beurteilung dieser Erfahrungen dient der Person als Entscheidungsgrundlage bzw. als Referenzwert für weitere Transaktionen mit diesem oder anderen Unternehmen. Die Customer Experience wird über den gesamten Kundenlebenszyklus wahrgenommen und beginnt mit den Werbeversprechen des Unternehmens und reicht bis hin zu funktionierenden Produkten über den Garantiezeitraum hinaus. Während Unternehmen Daten über ihre Kunden sammeln, sind letztere bereits auf Augenhöhe zu den Anbietern. Besser noch als die Anbieterseite verfügen die Kunden über immer mehr und leichter zugängliche Informationen über Unternehmen, deren Leistungsfähigkeit, Angebote und mögliche Alternativen. Das begrenzte Warenangebot des stationären Vertriebs wird quasi über Nacht durch die unendlich wirkende Vielfalt im Internet bedroht. Dementsprechend ändern die Kunden generationenübergreifend ihre Präferenzen und ihr Einkaufsverhalten, situativ und in fast unberechenbarer Weise. Die Kunden von heute sind deutlich besser informiert als bisher, was zu einer generell höheren Erwartungshaltung an die Customer Experience führt. Auch heute steht ein Wunsch oder ein konkreter Bedarf am Anfang der Customer Journey, sprich der Evaluierungsphase. In deren Verlauf erweitert sich die Anzahl der möglichen Optionen eher, als sich zu verringern. Zusätzlich haben die im Internet veröffentlichten Erfahrungen anderer Käufer und Nutzer häufig einen bedeutenden Einfluss auf die eigene Kaufentscheidung. Social Media ermöglicht es den Verbrauchern, aus der Anonymität heraus eine neue Marktmacht

auszuüben. Die persönlichen Erfahrungen mit Unternehmen und deren Leistungen werden nicht mehr nur im eigenen Bekanntenkreis weitergegeben, sondern sind mit einer Veröffentlichung im Internet für jedermann zugänglich. Dies ist eine gefährliche Situation für Unternehmen, vor allem, wenn auf die Anliegen unzufriedener Kunden nicht reagiert wird und es zur Eskalation kommt.

Ein Perspektivwechsel vom CRM zum CEM

Grundlage für das CEM ist das Verständnis und die Analyse der Interaktion der Kunden mit den unterschiedlichen Touchpoints über die komplette Customer Journey (Lemon und Verhoef 2016). Dabei ist besonderer Wert auf die Moments of Truth zu legen (Bruhn und Hadwich 2013a). Insbesondere die steigende Relevanz von Smartphones im Kontext des No-Line ist immer stärker zu berücksichtigen, da diese einen erheblichen Einfluss auf die individuelle Customer Journey hat (Lemon und Verhoef 2016). Je stärker die Integration der Kanäle ist, desto positiver wird die Customer Experience. Ebenso müssen die Unternehmensprozesse auf die kundenzentrierte Sicht umgestellt werden und ein hohes Maß an Kooperation zwischen den Abteilungen eines Unternehmens möglich sein. Insbesondere müssen die Mitarbeiter den grundlegenden Wandel zur Kundenzentrierung verinnerlicht haben und diesen leben. Um die grundlegenden Informationen über das Kundenverhalten und die Vorlieben der Kunden zu erfassen, speichern und auswerten zu können, muss ein leistungsfähiges und kanalübergreifendes CRM-System vorhanden sein. Dies ist die Grundlage, um ein hohes Level an Customer Experience zu erzeugen. Darunter verstehen Kunden heutzutage ein individuelles, persönliches Erlebnis, welches sofort und überall vorhanden sein muss.

Beim CEM handelt es sich somit um ein Managementkonzept, welches die Kundenerlebnisse aus einer ganzeinheitlichen Perspektive gestaltet. Homburg et al. (2017) entwarfen einen Rahmen für das CEM als Managementkonzept mit drei Säulen. Die erste Säule basiert auf der kulturellen Orientierung eines Unternehmens. Diese muss fokussiert werden auf die Kundenzentrierung. Dabei werden durch die Beobachtung der Reaktionen der Kunden bei der Nutzung von Touchpoints (TP) monetäre Aspekte nicht beachtet, sondern die Konsequenzen der TP-Nutzung auf die Loyalität und Kundenbindung. Die Relevanz der langfristigen Erinnerung der Kunden an die Erlebnisse und die Abwendung der rein monetären Effekte hin zu einer kundenzentrierten und erlebnisreichen Gestaltung von TP steht im Vordergrund (Homburg et al. 2017). Die Allianzorientierung fordert die Zusammenarbeit des Unternehmens mit anderen Dienstleistern. Ziel ist die Nutzung der verschiedenen Ressourcen, um dem Kunden eine erweiterte Customer Journey zu bieten mit weiteren für ihn relevanten TP. Dabei müssen die Allianzpartner jedoch die gleichen Werte und Kundenzentrierung bieten, um negative Rückwirkungen auf das eigene Unternehmen zu vermeiden. Regelmäßige Kontrollen sind dazu notwendig.

Die strategische Richtungsvorgabe beschreibt als zweite Säule die Verankerung der Kundenzentrierung in grundlegenden strategischen Vorgaben. Im Rahmen der

Allianzkooperation fördern Kooperationen die Unterstützung eines thematischen Zusammenhalts der TP. Dieses Element fordert die Erweiterung der Kernangebote eines Unternehmens um thematisch relevante TP und ermöglicht die Steigerung des Lifestylegefühls der Kunden (Homburg et al. 2017). Dabei ist Forderung nach Konsistenz sehr relevant, um das Kundenerlebnis über sämtliche TP gleichbleibend zu gestalten. Im Vordergrund steht dabei die einfache Verarbeitung sämtlicher Informationen für den Kunden. Unter dem Aspekt der Kundenzentralisierung und Personalisierung sollen die Touchpoints interaktiv angepasst werden können an die aktuellen Bedürfnisse und Umstände des Kunden. Ferner ist der nahtlose Übergang zwischen allen TP zu gewährleisten, um das Erlebnis nicht zu stören. Homburg et al. unterscheiden dabei die datenbasierte (z. B. die Frage, ob alle Daten im CRM überall identisch sind), die funktionale (z. B. online bestellen und offline abholen) und die inhaltliche Konnektivität wie z. B. eine Echtzeitverfügbarkeitsanzeige. Die dritte Säule umfasst die Fähigkeiten und Ressourcen der Firma. Aufbauend auf vorhergehenden Ausführungen werden zur Umsetzung des Konzepts vier strategische Fähigkeiten gefordert um das CEM umzusetzen. Als Basis dient die Customer Journey. Sie dient der Koordination und Steuerung sämtlicher TP und ist den anderen Fähigkeiten übergeordnet. Ebenso wird die Journey geplant, angepasst und erweitert.

Grundlage sollten die Bedürfnisse der Kunden sein, welche die Grundlage für immer neue Erlebnisse sind und zusätzlich die Interaktion mit den TP erleichtern. Diese Fähigkeit wird im obersten Management und idealerweise einer weisungsbefugten und eigenständigen Abteilung umgesetzt. Ausgehend vom Design werden durch die TP-Priorisierung interne Ressourcen wie Kapital und Arbeitsleistung zugewiesen. Die Vorgabe basiert auf den strategischen Vorgaben und umfasst die Anpassung und Implementierung der TP auf der Basis von Kennzahlen aus der Customer Journey und der Adaption der TP, sowie externen Trendstudien. Die Umsetzung der TP erfolgt in Abteilungen mit operativer Verantwortung. Diese setzen die Vorgaben aus der Priorisierung um und implementieren die TP. Im Rahmen der Fähigkeit des Monitoring werden ebenso auf Basis der Customer-Journey-Orientierung an den Schnittstellen von Kunden und TP Daten erfasst und gespeichert. Dies können z. B. Nutzungshäufigkeit, Beliebtheit oder auch anfallende Kosten sein. Diese Daten werden im Rahmen der TP-Adaption interpretiert. Ebenso werden hier Daten aus Kundenbefragungen, Kundenbeobachtungen, Bewertungen in Onlineforen und unternehmensinterne Vorschläge gesammelt und mit den Indikatoren verknüpft. Dies ermöglicht es, die Touchpoints zu optimieren und neue zu identifizieren. Dazu erfolgt eine Rückmeldung an das Customer-Journey-Design und die Priorisierung.

Tabelle 6.4 fasst die Erläuterungen zusammen und nennt die Ziele, die im Rahmen der BSC (Balance Score Card) aufgegriffen und um Maßnahmen zur Zielerreichung und deren Messbarkeit ergänzt werden. Diese unternehmerischen Fähigkeiten werden auch unter dem Begriff des TP-Managements zusammengefasst und von anderen Autoren ebenfalls als zentrales Handlungsfeld erkannt. Primäres Ziel ist dabei die Optimierung des Austauschs von Informationen und der Verbindungen untereinander.

Tab. 6.4: CEM-Rahmen. In Anlehnung an Homburg et al. (2017).

Säule	Kategorien	Ziel
Kulturelle Orientierung	Allianzorientierung	– Besseres Erlebnis für den Kunden durch zusätzliche und für den Kunden relevante TP in der Customer Journey, die nicht selbst vom Unternehmen angeboten werden
	Orientierung an der Customer Journey des Kunden	– Besserer und ganzeinheitlicher Überblick über sämtliche TP und Identifikation von Brüchen in der Customer Journey
	Feedback der Kunden am TP beachten	– Sich die Wirkung von Maßnahmen bewusst machen, die nicht direkt am Umsatz messbar sind (z. B. Grußkarten an Kunden) – Weiterempfehlungsrate und NPS erhöhen – Berücksichtigung der unterschiedlichen Wirkung auf alle Erlebnisdimensionen
Strategische Richtung	Thematischer Zusammenhalt der TP	– Verbinden von TP, um ganzheitliches Erlebnis für den Kunden zu schaffen
	TP-Konsistenz	– Markenimage über sämtliche TP vereinheitlichen – Nur passende TP auswählen
	Konnektivität der TP	– Schaffung eines No-Line, um Komfort für Kunden zu erhöhen
	TP-Sensitivität	– Anpassung der TP an die Situation des Kunden zur Erhöhung des Nutzens
Fähigkeiten	Customer Journey Design	– Sich des Designs einer Customer Journey bewusst sein und dieses erstellen können
	Priorisierung von Touchpoints	– Ressourcenallokation durchführen und optimieren – Aus Monitoring Relevanz der TP ableiten
	Monitoring der Customer Journey	– Performance der TP erfassen
	Anpassen der TP	– Messungen mit weiteren Daten aus CRM und Marktdaten verknüpfen und Verbesserungsmöglichkeiten erfassen und durchführen

Sollte dies nicht beachtet werden, hat dies für ein erfolgreiches Customer Experience Management durchweg negative Auswirkungen, da positive Erfahrungen weniger lange im Gedächtnis der Kunden verbleiben als negative. Zusammenfassend zeigt Tabelle 6.5 einen Überblick über die Folgen einer CEM-Implementierung:

Tab. 6.5: Folgen einer CEM-Implementierung. In Anlehnung an Bruhn und Hadwich (2013a).

Input des Un-ternehmens	Psychologische Wirkung	Auswirkung auf das Verhalten der Kunden	Folgen für das Unternehmen
Customer Experience Management	Steigerung der Kundenzufriedenheit	Steigende Weiterempfehlungsraten	Steigerung des Kundenwertes
	Steigerung und Erschaffung einer emotionalen Kundenbindung	Steigende Zusatzverkäufe	Steigerung des Markenwertes
	Verbesserung des Markenimage	Toleranz bei Preiserhöhungen Häufigere Einkäufe	Umsatzsteigerung

6.5.3 Ziele und deren Messbarkeit

Primäres Ziel ist die Gestaltung eines kompletten Kundenlebenszyklusses, welcher den Kunden in den Mittelpunkt stellt, sein Bedürfnis nach einem umfangreichen Einkaufserlebnis stillt und so zur Steigerung der Kundenzufriedenheit und zur nachhaltigen Erreichung der Unternehmensziele führt. Elementar dafür ist die Schaffung von nachhaltigen Kundenbeziehungen unter den Oberzielen Wertschöpfung, Konsistenz und Wertschätzung.

Zur Beschreibung und Zielformulierung wird eine BSC von Kim et al. weiterentwickelt. Diese wurde unter dem Aspekt der Kundenzentrierung und der Messung der Effektivität für das CRM konzipiert und umfasst die in Tabelle 6.6 genannten Perspektiven (Kim et al. 2003). Im Rahmen der Studie wurde gezeigt, dass sich die Effektivität und die Kundenzentrierung durch den Einsatz der BSC verbessert haben (Kim et al. 2003).

Durch die Digitalisierung können die Kunden über immer neue Kanäle und TP mit einem Unternehmen in Kontakt treten. Zur Steigerung des Kundenerlebnisses ist eine nahtlose Verschmelzung der Kanäle bis hin zum No-Line notwendig.

Des Weiteren sind die Kundenzentrierung und die Personalisierung als Kern der Kundenzentrierung für eine erfolgreiche Kundenbeziehung unverzichtbar geworden. Das CEM dient dabei als Rahmenmodell, um die Unternehmenskultur auf die Kundenzentrierung einzustellen und sämtliche Erfahrungen entlang der Customer Journey des Kunden und die Interaktion mit jedem einzelnen TP zu erfassen, zu analysieren und an den Kunden in Echtzeit anzupassen und sodas Kundenerlebnis zu maximieren. Dadurch wird die Kundenzufriedenheit gesteigert, der Kunde langfristig loyal und das Unternehmen für den Kunden wertvoll und einzigartig. Im Umkehrschluss kauft der Kunde mehr, erhöht die Weiterempfehlungsrate, steigert seinen Nutzen für das Unternehmen und sichert die Unternehmensziele und den Gewinn.

Tab. 6.6: BSC kundenzentriert. In Anlehnung an Kaplan et al. (1997); Kim et al. (2003).

Perspektiven nach Kaplan	Perspektiven nach Kim	Ziele	Kennzahlen
Finanz-perspektive	Kundenwert	– Kundenbindung erhöhen – Kundenservice verbessern – CLV erhöhen – Gewinne steigern	– Bindungsrate – CLV – Gewinn erhöhen
Kunden-perspektive	Kunden-zufriedenheit	– Servicequalität erhöhen – Kundenbeziehungen stärken – Beschwerde- und Retourenmanagement einführen	– Servqual – Fan-Quote – Mitarbeiterzufriedenheit – Weiterempfehlungsrate – Net Promoter Score – Anzahl Beschwerden und gelöste Beschwerden
Prozess-perspektive	Kunden-interaktion	– Personalisierung der Produkte und Dienstleistungen steigern – Kanalmanagement verbessern – Marketingmaßnahmen optimieren	– Anzahl und Nutzung der Touchpoints – Anzahl und Nutzung der Kanäle – Anzahl und Effektivität der Werbemaßnahmen – Conversion Rate

6.6 Verbreitung, Interpretation und Integration von Kundenwissen

Nachdem das Kundenwissen durch den Dialog generiert ist, wird dieses unter der Bedingung nutzbar, dass es im Unternehmen funktionsübergreifend verbreitet, interpretiert und mit bereits vorhandenem Wissen integriert wird. Zum systematischen Management von Wissen sind entsprechende Datenmanagementsysteme erforderlich, durch deren Einsatz die Zielsetzung der Optimierung bzw. Erhöhung der Effektivität und Effizienz von Marketingprozessen verfolgt wird. Hierzu dienen beispielsweise sogenannte „Marketinginformationssysteme", die der Gewinnung, Analyse, Bewertung und Weitergabe von Informationen dienlich sind und die Entscheidungsträger bei Marketingentscheidungen unterstützen. Neben allgemeinen Marktinformationen (Marktforschung, -beobachtungen, Informationen über Wettbewerber etc.) werden auch Daten aus Kundenkontakten gespeichert. Die Zusammenführung aller kundenbezogenen Informationen in Kundendatenbanken kann als wesentlicher Teilsektor von Marketinginformationssystemen verstanden werden. Durch Kundendatenbanken wird es ermöglicht, Kundenaktivitäten ganzheitlich abzubilden, und sie verhelfen zu einer integrierten Bearbeitung individueller Kunden. Allerdings ist die Zielsetzung dabei nicht die Maximierung von Daten, sondern besteht vielmehr darin, bei einer meist übergroßen Anzahl an Daten durch Systematisierung, Komprimierung und Visualisierung eine Informationsarmut zu vermeiden, um methodisch korrekt erarbeitete Informationen bereitzustellen. Damit gewonnene Daten im Rahmen von Customer Contact Management, sowohl durch den Hersteller als auch durch den Handel gleichermaßen und insbesondere systematisch, genutzt werden können, ist demnach eine EDV-gestützte Informationsvernetzung erforderlich, die mit entsprechenden Investitionen in die Informationstechnologie verbunden ist. Daraus entsteht die Problematik, dass kleinere Unternehmen womöglich nicht in der Lage sind, diese Investitionen zu tätigen. Für diese Unternehmen besteht die Gefahr, dass eine Mindestleistungsfähigkeit im IT-Bereich zunehmend zu einer Marktzugangsvoraussetzung wird. Die durch den anhaltenden Konzentrationsprozess zunehmend größer gewordenen Handelsunternehmen arbeiten in der Regel mit modernen Informationssystemen. Dies führt dazu, dass diese nicht mehr in der Lage sind, kleinere Hersteller ohne adäquate Systeme administrativ zu handhaben. Wesentliche Aspekte des Informationsaustausches kooperierender Unternehmen sind die Art und das Niveau der Informationen. Wird durch den Informationsaustausch ein zusätzlicher Wert generiert, ist es für die Partner grundsätzlich in Erwägung zu ziehen, alle verfügbaren Informationen auszutauschen. Dieser Überlegung stehen allerdings nach (Schneckenberger/Pötzl 1999) drei Aussagen entgegen: Der Grenznutzen beider Partner nimmt mit zunehmendem Umfang des Informationsaustausches ab. Zudem beeinflusst der Informationsaustausch eine weitere Dimension der Beziehung zwischen Hersteller und Handel, nämlich die relative Verhandlungsmacht beider Parteien. Darüber hinaus können sich die ausgetauschten Informationen auf die Wettbewerbsposition gegenüber einem potenziellen Konkurrenten (Hersteller/Hersteller und Händler/Händler) auswirken.

Die Ausführungen haben gezeigt, inwieweit Dialogmarketing durch Informationsgewinnung dazu beitragen kann die Unternehmensaktivitäten näher an den Erwartungen der Kunden auszurichten und Konsumentenbedürfnisse optimal befriedigen zu können. Im Rahmen von Customer Contact Management bietet Dialogmarketing einen Ansatz, die oftmals in der Praxis eingeschränkte Möglichkeit zur Datengewinnung über Scannerdaten und Warenkorbanalysen entsprechend zu erweitern, um eine bestmögliche Gestaltung des Waren- und Leistungsangebotes vornehmen zu können. Zudem beeinflusst der persönliche Dialog mit Kunden deren Bindung an den Anbieter. Damit bietet Dialogmarketing einen Mehrwert für die absatzorientierten Maßnahmen. Der Schwerpunkt dieser absatzorientierten Maßnahmen liegt auf der Realisierung von originärem Wachstum durch Erhöhung des Absatzvolumens. Unter Absatzvolumen ist die Gesamtheit der Absetzmengen bzw. Absatzerlöse eines konkreten Unternehmens bezogen auf ein bestimmtes Produkt oder eine Produktkategorie zu verstehen. Vor diesem Hintergrund werden in den nachfolgenden Abschnitten Ansatzpunkte herausgearbeitet, die trotz der aktuellen Entwicklung der Postwachstumsgesellschaft zur Steigerung des Absatzvolumens von Unternehmen, die innerhalb des vertikalen Vertriebsweges agieren, beitragen.

6.7 Implementierung und Wirkweisen von Customer Relationship Management im Dialogmarketing

Um den CRM-Ansatz erfolgreich im Unternehmen zu implementieren, ist es wichtig, zunächst eine grundlegende, kundenorientierte Strategie auszuarbeiten, sodass die Reorganisation einem klaren Konzept folgt (Hippner und Wilde 2007a, S. 35). Diese muss sich auch in der Unternehmensphilosophie und dem Leitbild ausdrücken. Ohne die ganzheitliche Integration des CRM-Gedankens kann eine Implementierung dieses Ansatzes sehr schnell scheitern.

Im Rahmen der Strategie muss nicht nur herausgearbeitet werden, wie ein möglichst hoher Grad an Kundenzufriedenheit und Customer Value erreicht werden kann. Vorsorgemaßnahmen sind auch im Sinne eines Beschwerdemanagements, eines Abwanderungspräventionsmanagements und eines Vorgehensplanes zur Rückgewinnung von Kunden zu treffen (Hippner und Wilde 2007a). Des Weiteren sind Konzepte zur Ansprache und zum Umgang mit Interessenten und Neukunden zu entwickeln. Wichtig ist in diesem Kontext auch die Definition der Schnittstellen, über welche Wege und auf welche Art und Weise der Kontakt zu den Kunden gepflegt werden soll. Die einzelnen Aspekte der Kundenbeziehungsstrategie können als Basisstrategien bezeichnet werden (Hippner und Wilde 2007b). Bei der Entwicklung der Unternehmensstrategie müssen auch externe Einflussfaktoren wie Marktbesonderheiten, die Wettbewerbsstruktur sowie rechtliche Rahmenbedingungen beachtet werden. Ergänzt wird sie durch kundenorientierte Managementkonzepte und Multi-Channel-Management. Letzteres bezeichnet den Aufbau multipler Interaktionskanäle (z. B. Webshop, Telefon, Post, Kundenbetreuer, Filiale und Social Media), sodass der Kunde die seinen Präferenzen entsprechende Kommunikation und Leistungserstellung wählen kann. Gleichzeitig ist es Aufgabe des Multi-Channel-Managements bei der Bereitstellung der unterschiedlichen Kanäle auf eine kosteneffiziente Lösung für das Unternehmen zu achten.

Die zentralen Herausforderungen bei vertriebspolitischen Entscheidungen für Multi-Channel gehen in drei Richtungen, die berücksichtigt werden sollten:
- Eingeschränkte Reversibilität:
  Vertriebspolitische Entscheidungen lassen sich nur schwer rückgängig machen, Handelsstruktur ist historisch gewachsen.
- Konfliktpotenzial Hersteller/Handel:
  Vertriebspartner verfolgen eigene Ziele, die im Konflikt mit den Zielen des Herstellers stehen können,
  Vertikalisierung im Absatzkanal führt zu einer Doppelrolle von Hersteller bzw. Handel (Geschäftspartner und zugleich Wettbewerber).
- Erfordernis eines integrierten Marketingmanagements:
  Absatzwege müssen zu den anderen Instrumenten des Marketing-Mix passen, vertriebspolitische Maßnahmen mit Kommunikationswirkung müssen sich in eine konsistente Markenbotschaft einfügen.

In der Literatur werden die Begriffe Multi-Channel-Systeme, Mehrkanalsysteme, Mehrwegesysteme oder auch Multiple-Channel-Systeme oftmals synonym verwendet. Der aus dem angelsächsischen stammende Begriffe Channel (Deutsch: Kanal) definiert sich dabei als voneinander abhängige Prozessstrukturen, die das Ziel verfolgen, Produkte oder Dienstleistungen zum Ge- oder Verbrauch bereitzustellen (Coughlan et al. 2006). Die Prozesse sind also transaktionsorientiert und besitzen sowohl absatzorientierte als auch kommunikative Eigenschaften. Im Fokus steht dabei die Bedürfnisbefriedigung von Konsumenten, weshalb der Transaktionsprozess auch als Kaufentscheidungsprozess bezeichnet wird. Dieser Prozess erhält eine zeitliche Unterteilung in Vorkauf-, Kauf- und Nachkaufphase. Während in der Vorkaufphase die Abläufe vor der Transaktion (z. B. Informationssuche, Anbahnung und Kaufimpuls) zusammengefasst werden, findet die zentrale Transaktionsabwicklung in der Kaufphase statt. Die Nachkaufphase beschäftigt sich daraufhin mit den Vorgängen nach der Transaktion (wie z. B. Umtausch, Garantie). Ein Kanal kann also entlang des Transaktionsprozesses verschiedene Informations-, Kommunikations- und Distributionsleistungen übernehmen.

Das Präfix „Multi-" (lat. für „viele"), deutet auf die allgemeine Nutzung mehrerer Kanäle (mindestens zwei) hin. Spezifische Funktionen der Kanäle sind dabei vorerst nicht definiert und werden erst in der erweiterten Komposition des Begriffs erkennbar (z. B. Multiple Channel Distribution). In der wissenschaftlichen Forschung ist der Multi-Channel-Begriff insbesondere durch den Umgang und die Integration des Kanals Internet in bestehende Kanalsysteme geprägt (Ehrlich 2011). Das Multi-Channel-Management ist ein Begriff aus der Distributionspolitik. Das Multi-Channel-Management – zu Deutsch Mehrkanal-Vertriebsmanagement – bezeichnet die Koordination von verschiedenen Vertriebskanälen. Hier unterscheiden wir zwischen der traditionellen Single-Channel-Distribution, z. B. Verkauf in eigenen Geschäften und der Multi-Channel-Distribution, dem Verkauf mittels mehrerer Vertriebskanäle. Beispiele für unterschiedliche Absatzkanäle sind neben den eigenen Geschäften der Verkauf über einen eigenen Außendienst (Sales Force), Katalogverkauf oder über Partneragenturen bzw. Absatzmittler. In einem Mehrkanalsystem kann es eine Reihe von Akteuren geben, die den Vertrieb von Produkten oder Dienstleistungen direkt oder indirekt unterstützen. Abbildung 6.3 gibt eine Übersicht über mögliche Vertriebswege und Vertriebskanäle und mögliche Akteure in diesem Netzwerk. Für den Hersteller bedeutet dies, die für ihn passenden Vertriebskanäle zu identifizieren und im Rahmen des Multi-Channel-Managements zu bearbeiten. Neben dem Warenfluss (Distribution) spielt auch der Informationsfluss (Kommunikation) für Kunden eine wichtige Rolle. So informieren sich viele zunächst im Internet über ein Produkt, bevor sie es dann im Ladengeschäft kaufen. Oder sie lassen sich zunächst persönlich beraten und kaufen das Produkt dann online beim günstigsten Anbieter. Das zeigt: Die Kunden nutzen immer öfter unterschiedliche Vertriebskanäle für ihre jeweiligen Zwecke. Für den Hersteller sind damit Chancen und Risiken gleichermaßen verbunden. Das bedeutet vor allem: Hersteller müssen immer mehr auf mehrere Vertriebskanäle gleichzeitig setzen.

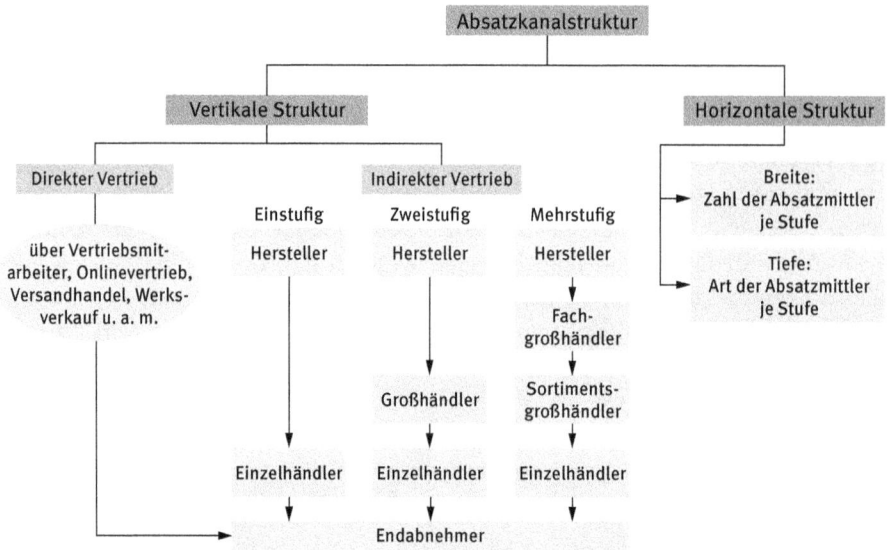

Abb. 6.3: Absatzkanalgestaltung. In Anlehnung an Bruhn (2004, S. 250).

Nachfolgend werden daher die für diese Arbeit maßgeblichen Schwerpunkte Multi-Channel-Management, Multi-Channel-Handel sowie Multi-Channel-Marketing mit Bezug zum Internetkanal genauer skizziert.

Das Multi-Channel-Management befasst sich mit unternehmens- und kanalbezogenen Fragen im Hinblick auf den Aufbau und die Integration einzelner Kanäle in Multi-Channel-Systeme. In der Literatur wird jedoch stellenweise eine aktive, übergreifende Koordinationsleistung seitens der Anbieter nicht klar definiert. So bezeichnen Levy und Weitz (2009) Multi-Channel-Management als Zusammenfassung von Aktivitäten, die „an dem Verkauf von Produkten oder Dienstleistungen an Konsumenten über mehr als einen Kanal" beteiligt sind. Neslin und Shankar (2009) sprechen hingegen von einem Cross-Channel-Management mit einer zentralen, übergeordneten Führung der einzelnen Kanäle. Zwischen den einzelnen Kanälen existieren schließlich vielfältige Interdependenzen, die sowohl für die strategische Ausrichtung als auch für die operative Umsetzung berücksichtigt werden müssen (Blunck 2013). Eine maßgebliche Einflussgröße hierfür nimmt das Konsumentenverhalten im Mehrkanalumfeld ein, das dynamische Veränderungen aufweist und einer konstanten Analyse bedarf. Levy und Weitz (2009) definieren daher drei Betrachtungsebenen des Multi- bzw. Cross-Channel-Managements:

- Kundenebene: übergreifende Abstimmung der Instrumente zur Kundenakquisition, -bindung und -rückgewinnung über den gesamten Kaufentscheidungsprozess.
- interne Ebene: strategische und operative Koordination aller Vertriebs-, Marketing-, Service- und Logistikleistungen, die vom Unternehmen stationär oder interaktiv betrieben werden.

– Ergebnisebene: Optimierung der Leistung unterschiedlicher Absatzkanäle durch aktive Prüfung von Konflikten innerhalb sowie zwischen den Kanälen.

Im Sinne einer ganzheitlichen marktorientierten Unternehmensführung umfasst das Multi-Channel-Management also alle kommunikativen und absatzorientierten Funktionen und führt diese sowohl auf strategischer als auch auf operativer Ebene in integrativer und konsistenter Weise. Das übergeordnete Ziel ist dabei, Kunden einen additiven Nutzen anzubieten.

Der Multi-Channel-Handel, der gleichbedeutend mit dem englischen Begriff „Multi Channel Retailing" ist, beschreibt die Kombination mehrerer Betriebs- und/ oder Vertriebstypen. Hierbei können wir verschiedene Formen unterscheiden:
– Paralleler Einsatz mehrerer stationärer Absatzkanäle (z. B. Kombination von Discountern, Supermärkten und Verbrauchermärkten),
– Kombination mehrerer nichtstationärer Absatzkanäle des Handels, wie z. B. Onlineshops, Katalogversand und
– Mischung von stationären und nichtstationären Absatzkanälen. In der Praxis ist die Kombination stationärer Ladengeschäfte mit Onlineshops am häufigsten zu vorzufinden.

Heinemann (2013) grenzt den Multi-Channel-Handel hingegen stärker gegenüber klassischen Mehrkanalsystemen ein. Nach seiner Auffassung hat dasselbe Handelsunternehmen (nicht nur die gesamte Unternehmensgruppe) mindestens über einen stationären sowie einen internetbasierten Kanal, die miteinander verknüpft sind, zu verfügen. Hierbei muss jeder Kanal Nachfrage zulassen und somit Kaufabschlussmöglichkeiten bieten, um eine rechtlich gesehene verbindliche Spezifizierung zur Güterübertragung zu erfüllen (z. B. Menge, Preis, Zahlungsbedingungen, Lieferung etc.) (Heinemann 2013). Ausschließliche Kommunikationskanäle, die keine Transaktionen ermöglichen, stellen keinen Absatzkanal dar und sind somit kein eigenständiger Kanal im Multi-Channel-System (Bohlmann 2007). Das Handelsunternehmen kann dabei sowohl unterschiedliche Namen pro Kanal oder eine übergreifende Store-Brand verwenden. Letzteres wird von Heinemann empfohlen, um weitere Cross-Channel-Potenziale nutzen zu können.

Multi-Channel-Handel kann somit als die Antwort der Unternehmen auf den Trend des „Omni-Channel" gesehen werden, der die simultane und dynamische Nutzung verschiedener Medien- und Vertriebskanäle im Konsumentenverhalten beschreibt (Heinemann 2013). Heinemann prägt darüber hinaus unter dem Begriff „No-Line-Handel" eine weitere, maximal vernetzte Stufe des Multi-Channel-Systems, die zusätzlich einen Mobile-Commerce-Kanal enthält und der wachsenden Nutzung von Smartphones zur Kaufabwicklung begegnet.

Mit der Entwicklung des Internet zu E-Commerce kommen weiterhin der Online-Channel und auch der Verkauf über mobile Endgeräte (Mobile Channel) als zusätzliche Absatzkanäle hinzu. Eine abgestimmte Steuerung hinsichtlich der Preispolitik und des Marketing (Multi-Channel-Marketing) über mehrere Absatzkanäle erfordert eine klare Multi-Channel-Strategie des Unternehmens mit einer durchsetzungsstarken Koordinationsinstanz. Die Stagnation im stationären Handel und der Machtzuwachs der Händler bringen Hersteller vermehrt dazu, ihre klassischen Vertriebsstrategien zu ändern und näher an den Nachfrager zu rücken. Es führt zu einer Vertikalisierung des Absatzkanals. Die Vertikalisierung des Absatzkanals kann je nach Perspektive in eine Vorwärts- oder eine Rückwärtsintegration aufgeteilt werden:

- Bei der Rückwärtsintegration übernimmt der Händler Funktionen eines Herstellers, z. B. durch die Auftragsproduktion von Eigenmarken (z. B. H&M, DM, REWE, Zara, Marc O'Polo etc.).
- Die Hersteller wiederum übernehmen im Rahmen der Vorwärtsintegration distributionspolitische Aufgaben, die traditionell dem Handel zugeschrieben werden (Apple, Beiersdorf [Nivea Store], Hugo Boss, Nike etc.).

Auch wenn nicht jede Form der Vorwärtsintegration als Direktvertrieb beschrieben werden kann, so ist eine zunehmende Tendenz hin zu direkteren Absatzkanälen zu erkennen.

Historisch kann Multi-Channel wie nachfolgend definiert werden:

Mehrkanalvertrieb (Multi-Channel-Marketing) ist die abgestimmte Steuerung paralleler Vertriebskanäle.

Das Cross-Channel-Management kann als eine Weiterentwicklung des Multi-Channel-Managements betrachtet werden. Hierbei werden die einzelnen Kanäle miteinander verknüpft. Der Kaufprozess findet nicht wie beim Multi-Channel-Management durchgehend in einem Kanal statt (z. B. Click and Collect/Reserve and Collect).

Omnichannel ist eine Weiterentwicklung des Cross-Channel-Managements. Bei diesem Vertriebssystem existieren verschiedene Absatzkanäle, jedoch nur ein Kontaktpunkt (Datenbank). Die Kunden nehmen beim Kaufprozess (teilweise unbewusst) parallel und gleichzeitig mehrere Kanäle in Anspruch.

Multi-Channel-Marketing verkörpert somit den Vertrieb von Produkten und/oder Dienstleistungen unter einem Markennamen über mehrere stationäre oder nichtstationäre Vertriebskanäle überwiegend an Endverbraucher. Die Kanäle sind dabei miteinander verknüpft mit dem Ziel, positive Wechselwirkungen zu erzeugen.

„Echte" Multi-Channel-Systeme liegen vor, wenn die Kanäle gleichberechtigt nebeneinander stehen und die „gewachsenen" Steuerungssysteme der Einzelkanäle synchronisiert werden.

No-Line-System repräsentiert die maximale Vernetzung und Integration aller Kanäle und ist somit die stärkste Entwicklungsstufe der kombinierten Einkaufskanäle. No-Line bedeutet, dass es keine Trennung der Online- und Offline-Channel in der Parallelnutzung der Kommunikations- und Vertriebskanäle gibt. Online + Offline + Mobil = No-Line-System. Die Customer Experience steht im Vordergrund (vgl. Winkelmann 2003, S. 468., Hurth 2001, S. 464., Heinemann 2012, S. 174., Wegener 2004, S. 214, Emmrich 2011, Jäger 2016).

Ziel muss es sein, dass die Kanäle zueinander passen, sich ergänzen und entsprechend stark anziehend auf den Kunden wirken.

6.7.1 Planung einer Kampagne

Dialogmarketingmaßnahmen werden entlang eines klaren Prozesses geplant – Kernpunkt ist häufig die Qualität der Kundenadressen. Die Dialogmedien müssen mit den anderen vernetzt werden, und ständig kommen neue Kommunikationskanäle hinzu. Die Konvergenz der Medien erfordert eine optimale Kombination und Integration von Online und Offline. Crossmediale Kampagnen müssen durch die Organisationsstruktur ermöglicht werden. Die Maßnahmen der Unternehmenskommunikation müssen integriert und aufeinander abgestimmt werden, wenn sie ihre volle Wirkung entfalten sollen. „Silodenken", bei dem die verschiedenen Disziplinen und Kanäle, wie klassische Kommunikation, Dialogmarketing, Online-, Mobile- und Social-Media-Kommunikation, isoliert betrachtet werden, steht einer optimalen Gesamtwirkung entgegen. Die Planung zur Operationalisierung der Strategie beinhaltet Ziele und Maßnahmen, die einzelnen Organisationsbereichen obliegen und von diesen umgesetzt werden sollen. Crossmediale Kampagnen, als Teilgebiet integrierter Kommunikation, fordern von der Organisation, die Ressourcen und Aktivitäten sämtlicher relevanter Aktivitäten zu integrieren und zu koordinieren. Eine Voraussetzung dafür ist, dass die Organisationsstruktur dementsprechend aufgestellt ist. Die Kampagnenplanung sollte zugunsten einer effizienten Verzahnung auf Grundlage zuvor definierter Prozessschritte erfolgen.

Abbildung 6.4 zeigt den Prozess der Planung und Realisierung einer crossmedialen Dialogmarketingkampagne. Neben einer genauen Situationsanalyse und an-

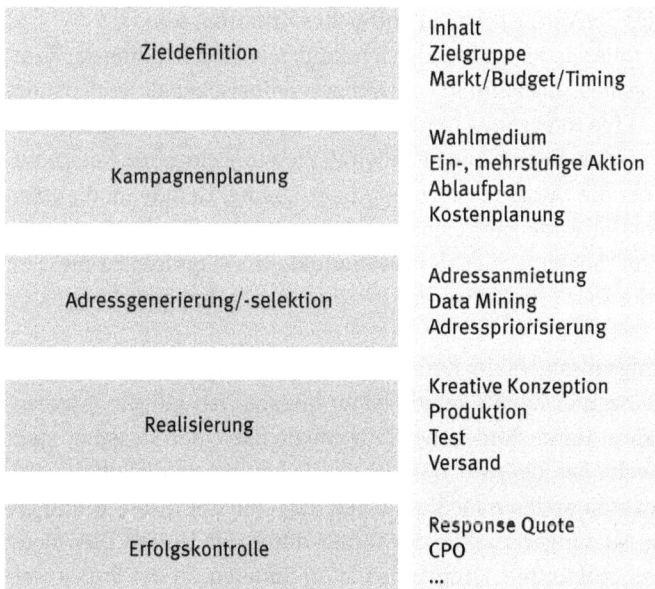

Zieldefinition	Inhalt Zielgruppe Markt/Budget/Timing
Kampagnenplanung	Wahlmedium Ein-, mehrstufige Aktion Ablaufplan Kostenplanung
Adressgenerierung/-selektion	Adressanmietung Data Mining Adresspriorisierung
Realisierung	Kreative Konzeption Produktion Test Versand
Erfolgskontrolle	Response Quote CPO ...

Abb. 6.4: Prozess einer Dialogmarketingkampagne (eigene Darstellung).

schließender Zieldefinition sind weitere wichtige Teilschritte und Meilensteine bei der crossmedialen Kampagnenplanung zu beachten. Die Strategieplanung umfasst unter anderem eine umfassende Mediaplanung, bei der ein strukturiertes Vorgehen notwendig ist, um das optimale Medienangebot für die jeweilige Zielgruppe anbieten zu können. Auch oder gerade für das crossmediale Kampagnenmanagement ist die Mediaplanung ein zentrales Aufgabengebiet.

Die Detailplanung umfasst die Realisationsplanung in den zielgruppenrelevanten Dialogmedien und Mediakanälen. Ebenso sollten Tests in die Planung aufgenommen werden, um anhand von Marktforschungsergebnissen getätigter Kampagnen Rückschlüsse auf künftige Verbesserungs- beziehungsweise Optimierungspotenziale ziehen zu können. Als Teil des strategischen Managements ist die strategische Kontrolle eine immens wichtige Führungsaufgabe. In einem iterativen Prozess muss stetig geprüft werden, ob die eingesetzten Ressourcen den gewünschten Erfolg erzielten. Neben der Planung des Dialogmarketings müssen geeignete Prüf-, Kontroll- und Feedbackinstrumente regelmäßig eingesetzt werden. Auf operativer Ebene sind dies in der Regel Soll-Ist-Vergleiche anhand geeigneter Kennzahlen.

Wir unterscheiden im Controlling zwischen Prozesskontrolle, Effektivitätskontrolle und Effizienzkontrolle.

Bei der Prozesskontrolle geht es vorwiegend um die Frage der Integration der unterschiedlichen Disziplinen und Prozesse im Rahmen der crossmedialen Kampagnengestaltung. Cross-Impact-Analysen und Scoring-Modelle können dazu beitragen, Aufschluss über den Erfolg oder Misserfolg der crossmedialen Kampagnenplanung und das Ausmaß der Vernetzung auf Prozessebene zu geben. Hier kann für die Bewertung beispielsweise des Grades der Vernetzung ein hilfreiches Kriterium sein.

Die Effektivitätskontrolle wiederum bezieht sich explizit auf die Wirkung der Kommunikation. Die Wirkungsmessung kann sowohl auf psychologischer als auch ökonomischer Ebene erfolgen. Eine integrative Analyse kann Aufschluss über die effektive Kombination der Trägermedien liefern. Die Effektivitätsmessung einzelner Kommunikationskanäle erfolgt über die Nutzung geeigneter Instrumente. Gerade im digitalen Bereich gibt es für Werbetreibende zahlreiche Tools, um die Kommunikationsintensität über das eigene Unternehmen oder dessen Produkte und Services zu messen. Beispielhaft sei hier in der Disziplin Online das Internet Monitoring oder Blogsearch genannt.

Die Wirkungsmessung crossmedialer Kampagnen ist ein komplexes Unterfangen. Während die Wirkung einzelner Kanäle relativ leicht messbar ist, gilt die Crossmedia-Messung als besondere Herausforderung. Eine Möglichkeit der Messung stellt die crossmediale Reichweite dar, die jedoch in der Praxis kontrovers diskutiert wird. Transferraten von einem zum anderen Medium wiederum sind gut messbar und geben Aufschluss über das Nutzungsverhalten der Kanäle durch den Nutzer. Dies bietet vor allem die Möglichkeit, zukünftige Kampagnen zu optimieren. In der Praxis werden beispielsweise eigens verschiedene URLs auf unterschiedlichen Medien platziert, um explizit deren Wirkung auf die erfolgreiche Lenkung von Zielkanälen getrennt zu

Response Quote:
Anteil der versandten Werbemittel mit Rückantwort oder Fragebögen, die innerhalb eines festgesetzten Zeitintervalls zurückgesandt wurden

$$RQ = \frac{\text{Anzahl der Reagierer}}{\text{Gesamtzahl angesprochener Adressaten}}$$

Cost per Order:
Kennzahl für die Kosten der Gewinnung eines Kunden, durchschnittliche Kosten je erreichtem Auftrag/Bestellung/Kauf

$$CpO = \frac{\text{Gesamtkosten der Aktion/Kampagne}}{\text{Anzahl der Aufträge}}$$

Cost per Interest:
Kennzahl für die durchschnittlichen Kosten der Gewinnung eines Interessenten

$$CpI = \frac{\text{Gesamtkosten der Aktion/Kampagne}}{\text{Anzahl der Reagierer}}$$

Deckungsbeitrag:
Kennzahl für Kosten-Nutzen-Betrachtung einer Kampagne
Betrag, der zur Deckung der Fixkosten zur Verfügung steht

$$DB = \quad \text{Erlöse Kampagne – variable Kosten}$$

Abb. 6.5: Kennziffern im Dialogmarketing. Quelle: Kreutzer (2017).

prüfen. Auch unterschiedliche Telefonnummern dienen dem Tracking von Nutzerströmen.

Die Effizienzkontrolle bezieht sich auf die Leistungsfähigkeit im ökonomischen Sinn, um die Wertigkeit des gesamten Kommunikationsprozesses ins Verhältnis zum damit verbundenen Aufwand zu setzen. In diesem Zusammenhang stellt sich die Frage, ob der vermeintliche Synergieeffekt der crossmedialen Kampagne den erhöhten Komplexitätsaufwand kompensiert. Hier sind im Rahmen der Effizienzkontrolle die Prozesskostenrechnung oder Total-Cost-of-Ownership-Rechnung nennenswerte Optionen, den Nutzen von Crossmedia zu kalkulieren. Bei den Maßeinheiten für den Kommunikationsnutzen mangelt es vor allem an einheitlichen Definitionen, was die Rechtfertigung crossmedialer Kampagnen auf Effizienzseite erschwert.

Conversions stellen eine gute Messgröße zur Steuerung crossmedialer Kampagnen dar. Die größte Reichweite oder Response nützt nichts, wenn die Kampagne keinen Mehrumsatz generieren konnte. Deshalb sind es vor allem performanceorientierte Kenngrößen, die einen hohen praktischen Stellenwert haben. Mögliche Messungen funktionieren beispielsweise über die Nullmessung einer Vergleichsgruppe und einen Abgleich mit Erfahrungswerten bei Messungen nach der Kampagne.

In dem oben genannten Beispiel würden wir unter kostenrechnerischer Haltung die E-Mail-Aktion vorziehen, da diese einen positiven Deckungsbeitrag erwirtschaftet.

Tab. 6.7: Vergleich einer Neukundenaktion (eigene Darstellung).

Aktion	Postalisches Mailing mit beigefügtem Angebot	E-Mail-Aktion mit beigefügtem Link	Zeitschriftenanzeige mit aufgespendeter Katalog-anfrage
Auflage:	100.000 Stück	100.000 Stück	500.000 Exemplare
Response:	2,5 %	20 % Klickrate 5 % Conversion-Rate	1,5 % Kataloganforderung 14 % Conversion-Rate
Werbekosten:	Produktion, Konzeption und Versand 90.000 €	Versand 0,1 € pro E-Mail	Anzeigenschaltung: 15.000 € Produktion und Versand pro Katalog: 5 €
Kosten pro Neukunde (Cost per Order):	36 €	10 €	50 €
Durchschnittlicher Bestellwert:	80 €	80 €	200 €
Durchschnittlicher Deckungsbeitrag/ Kunde (20 %):	−20 €	6 €	−10 €

Der Maßnahmenerfolg kann anhand des Deckungsbeitrags/Kunde bewertet werden – langfristig entscheidend ist allerdings der Kundenwert. Wenn das Management in unserem Beispiel eine Entscheidung auf Basis eines Kundenrückgangs treffen müsste, wäre die Entscheidung eine andere. Entweder würde sie für das postalische Mailing mit 2500 Neukunden ausfallen, die allerdings einen negativen DB von −20 € ausweist, oder alternativ für die E-Mail-Aktion und die Anzeige, die zusammen 2.050 Neukunden generieren mit einem negativen DB von −4 € in der Summe. Der Effekt ist aber, dass wir Online- und Offlinekunden gewinnen. Die Entscheidung ist immer abhängig vom Ziel, das erreicht werden soll, denn unterschiedliche Kanäle können sich gegenseitig ergänzen, aber auch schädigen.

Sind die Rahmenbedingungen geklärt und die Basis geschaffen, kann mit der Reorganisation der Unternehmensausrichtung begonnen werden. Hier sind im Besonderen die internen Einflussfaktoren zu beachten. Eine erfolgreiche Implementierung kann nur dann stattfinden, wenn die Änderungen sowohl vom Management als auch von den einzelnen Mitarbeitern getragen werden. Dies erfordert ein kompetentes Projekt- und Change-Management. Bei der Einrichtung von unterstützenden CRM-Systemen spielt die Integration bestehender Systeme eine wichtige Rolle. Gegebenenfalls müssen die Mitarbeiter in der Nutzung der neuen Systeme ausführlich geschult werden, was in der Praxis ein häufig sehr langer Weg ist.

6.7.2 CRM-Systeme im Customer Contact Management

Database Marketing oder auch Data Mining genannt (datenbankgestütztes Marketing) ist eine Methode, Informationen und Kenntnisse über Kunden und Märkte für den Einsatz des Marketinginstrumentariums zielgerichtet zu nutzen. Es ist eine Voraussetzung für den Einsatz von Marketinginstrumenten. Das Database Marketing im Versandhandel ist der Prozess des Suchens und Testens von datenbasierten Hypothesen über die eigenen und die potenziellen Kunden. Nur wenn die Reaktionen der Zielpersonen, auf die der Einsatz des Dialogmarketing ausgerichtet ist, in einer Datenbank erfasst werden, kann sich ein „Dialog" entwickeln. Durch Database Marketing kann eine größere Zielgenauigkeit bei der Segmentierung der Märkte erreicht werden, die Geschäfts- und Kundenbeziehungen lassen sich besser analysieren, steuern und nutzen. Dadurch wird es möglich, individuell und interaktiv mit den Kunden, Interessenten oder Zielpersonen zu kommunizieren. Die Aussagen des Database Marketings über eine konkrete Kundengruppe sind stets Wahrscheinlichkeitsaussagen.

Da zum Beispiel im Distanzhandel die Werbebudgets begrenzt sind, kann nur eine bestimmte Anzahl von Kunden mit Mailings versorgt werden. Die Kunden werden hier nach ihrer Bestellwahrscheinlichkeit beschickt, die gerade noch mit dem Werbebudget erreichbar sind. Die übrigen Kunden werden bei dieser Werbeaktion abgeschnitten (optimaler Cutoff).

Das Database Marketing lässt sich durch vier wesentliche Merkmale bestimmen (Lenz 2008):
- Der Einsatz von Database-Technologie dient zur Erfassung, Bearbeitung und zur Bereitstellung von Adressen und weiteren Informationen über Zielpersonen.
- Database Marketing ermöglicht die Nutzung der Daten und Informationen für den Einsatz der Dialogmarketinginstrumente.
- Mit dem Database Marketing soll die Ausgestaltung eines Dialogs zwischen dem Unternehmen und der Zielperson ermöglicht werden. Die Zielperson kann sich im Consumer-Bereich oder auch im Business befinden. Wichtig ist, dass dieser Dialog vom ersten Kontakt bis hin zur Bildung eines Stammkundenverhältnisses bzw. dem Ende der konkreten Beziehung aufrechterhalten wird.
- Das Database Marketing hat einen Systemcharakter, der durch die permanente Sammlung kommunikationsnotwendiger Daten und die langfristige Perspektive beschrieben wird.

Mittels des Database Marketings eröffnet sich ein strategischer Spielraum. Die für eine gezielte und differenzierte Ansprache notwendigen Informationen werden systematisch generiert, aufbereitet und verarbeitet. Durch das Database-Management wird dafür Sorge getragen, dass die Daten immer aktuell bleiben und konsequent genutzt werden. Durch die Bereitstellung von Informationen und deren Koordination kann eine größtmögliche Effizienz der Dialogmarketing-Instrumente bei minimierten Streuverlusten erreicht werden. Die Inhaberin eines „Tante-Emma-Ladens" kann noch alle wichtigen Informationen über ihre Käufer im Kopf haben und ist damit in der Lage, die Bedürfnisse der Kunden zu berücksichtigen und jeden einzelnen individuell anzusprechen. Große Unternehmen mit unüberschaubaren Kundenzahlen haben häufig Probleme, die Informationsflut zu kanalisieren und handhabbar zu machen. Informationen über Kunden sind aber ein wichtiges Betriebskapital und sollten auch produktiv genutzt werden, um Wettbewerbsvorteile zu erreichen. Mit dieser Technik der Entscheidungsunterstützung durch Databases können Unternehmen mit großer Kundenzahl die Kundendaten und -reaktionen auf frühere Aktionen für den Einsatz des Marketinginstrumentariums nutzen und damit eine stärkere Zielgruppenorientierung erreichen. Database Marketing schafft die Voraussetzungen für die effiziente Koordination und Erfolgskontrolle der Medien im Dialogmarketing und ist ein bedeutendes Hilfsmittel bei der Vertriebssteuerung. Der Kunde kann individuell in personalisierten Werbemitteln angesprochen werden, und seine Präferenzen können in den zugesandten Angeboten Berücksichtigung finden, um eine gefestigte Kundenbindung zu erreichen. Durch die Nutzung des Database Marketings lässt sich ein strategisches Denken in die Praxis umsetzen. In diesem strategischen Ansatz wird berücksichtigt, dass mit dem Dialogmarketing im Allgemeinen nicht ein einmaliger Kauf, sondern eine langfristige Kundenbeziehung angestrebt wird. Das Ziel besteht darin, einen Neukunden auf der „Beziehungsleiter" Schritt für Schritt empor zu führen, denn viele Aktionen erreichen erst nach mehreren Saisons ihren Break Even Point.

Die illustrierte Darstellung in Abbildung 6.6 gibt einen Überblick des Data-Mining-Prozesses im CRM-Kontext. Alle kunden- bzw. unternehmensinitiierten Aktionen und Reaktionen werden kontinuierlich erfasst und in das Customer Data Ware-

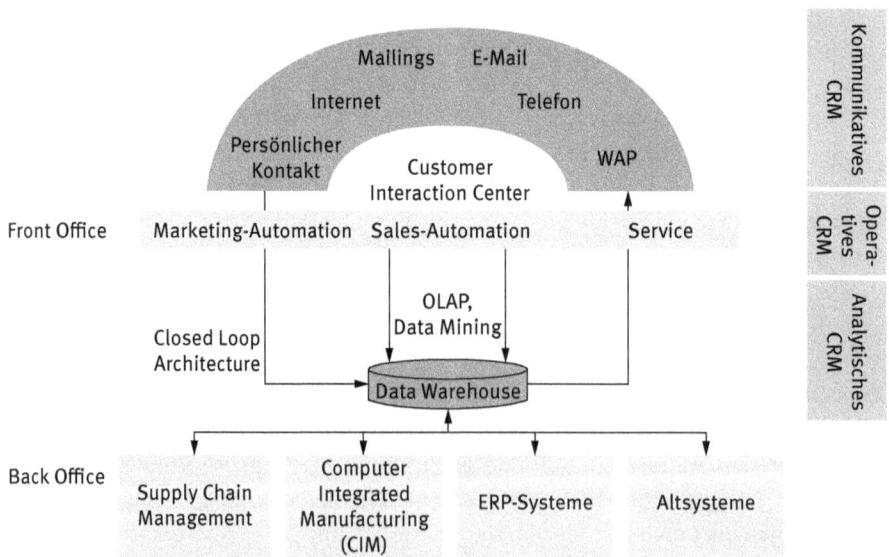

Abb. 6.6: CRM-System. In Anlehnung an Hippner und Wilde (2008, S. 207).

house eingespeist. In Abhängigkeit von den Zielsetzungen und Problemen aus den Bereichen Marketing, Sales und Service werden entsprechende Analyseaufgaben abgeleitet und dadurch der Data-Mining-Prozess angestoßen. Die solcherart gewonnenen Erkenntnisse stellen den Ausgangspunkt für weiterführende Aktionen bzw. Optimierungen an den Customer Touch Points dar. Darüber hinaus werden sie dazu genutzt, um das Wissen über die Kunden im Customer Data Warehouse anzureichern.

Ziel ist es, den Prozess in Teilen zu automatisieren. Die Basis des analytischen CRM sind die Kundendaten und das Customer Data Warehouse. Die Aufgabe des analytischen CRM ist die systematische Aufzeichnung und Auswertung detaillierter Informationen über vorhandene und potenzielle Kunden zur kontinuierlichen Optimierung der kundenbezogenen Geschäftsprozesse. Ebenfalls fällt in diesen Bereich des analytischen CRM die Bewahrung, Bereitstellung und Analyse des Wissens bzgl. der Struktur, des Verhaltens und der Bedürfnisse der Kunden.

Die Teilelemente des Systems beziehen sich auf:

– Customer Data Warehouse: Aufzeichnung und Zusammenführung aller Kundendaten bzgl. Kundenkontakte und -reaktionen der Customer Touch Points (Marketing, Vertrieb, Service) und
– OLAP und Data Mining: Analyse von Strukturen und Zusammenhängen der Kundendaten.

Unterschieden werden Daten zur Identifikation des Kunden, zu seinen Eigenschaften und Informationen zum Kaufverhalten:

– Identifikationsdaten:
  sind Daten zur Identifikation des individuellen Kunden (Identifikationsdaten i. e. S.: Kundennummer, Name, Vorname, Anrede, akademische Titel) und Adress- und Kontaktdaten, um die Erreichbarkeit des Kunden zu sichern.
– Deskriptionsdaten:
  sind Daten zur Beschreibung geschäftsrelevanter Eigenschaften individueller Kunden (Kundenprofil) und ihres sozialen Umfeldes (Soziografie).
– Transaktionsdaten:
  sind Daten zur Dokumentation aller Transaktionen, die innerhalb einer Kundenbeziehung stattfinden (Kaufakte des Kunden (Kaufhistorie), alle vor- und nachgelagerten Kommunikationsepisoden zwischen Unternehmen und Kunden (Kontakthistorie) sowie Daten über das Produktnutzungsverhalten des Kunden).

Die unternehmensinternen Kundendaten können über externe Quellen angereichert werden. Hierzu gehören unter anderem die interne Kundendatenbasis (Kundenhistorie) sowie Daten von aktuellen und ehemaligen Kunden. Des Weiteren sollten die existierenden Daten durch externe Daten angereichert werden wie z. B.:

– Telefon- und Adressverzeichnisse
– Firmendatenbanken (v. a. für B2B-Marketing)
– Listbroker

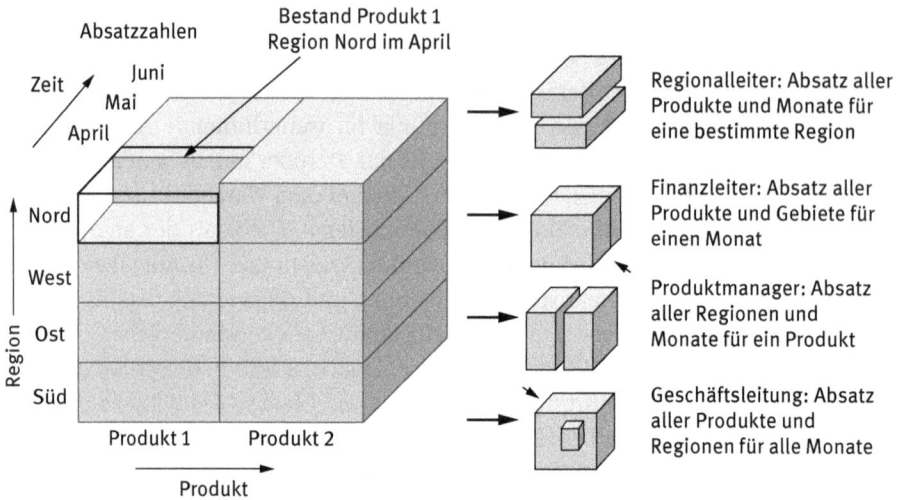

Abb. 6.7: OLAP. In Anlehnung an Hippner und Wilde (2008).

- Lifestyledaten aus flächendeckenden Haushaltsbefragungen zur Anreicherung der eigenen Datenbasis
- Datenaustausch mit kooperierenden Unternehmen
- Wohngebäudedatenbanken
- Daten aus Social-Media- und Webshopanalysen

OLAP (On-Line Analytical Processing) ermöglicht die Darstellung ausgewählter Kennzahlen aus den Daten des Data-Warehouse. Hierunter verstehen wir das Aufdecken der in den Daten verborgenen erfolgsrelevanten Geschäftserfahrungen durch Analyse umfangreicher multidimensionaler Datenbestände (Hippner und Wilde 2007a). Wie in Abbildung 6.7 illustriert, werden hier betriebswirtschaftlich relevante Messgrößen (z. B. Absatz, Umsatz, Kosten, Deckungsbeiträge etc.) in Form eines multidimensionalen Datenwürfels dargestellt, dessen Dimensionen betriebswirtschaftlich relevante Gliederungskriterien sind (z. B. Produktgruppe, Kundengruppe, Vertriebskanal).
Die Darstellung ist rein deskriptiver Natur und lässt keine Zusammenhänge erkennen. Je nach Fragestellung können entlang der Dimensionen „Scheiben", „Ebenen" oder „Teilwürfel" extrahiert und angezeigt werden.
Das operative CRM umfasst die Prozesse am Frontoffice, d. h. Marketing-, Sales- und Serviceautomation. Hier stellt sich die Aufgabe, die Unterstützung der operativen Prozesse aller Bereiche, die direkten Kontakt mit dem Kunden haben, d. h. Marketing-, Sales- und Serviceautomation zu gewährleisten. Im Einzelnen sind dies:
- Marketing-Automation:
  Kampagnenmanagement (Campaign Management): Basierend auf Kauf- und Kontakthistorien werden kunden-, kundengruppen- und zeitpunktspezifische Marke-

tingaktionen definiert. Voraussetzung ist Kundenwertbestimmung und Marktsegmentierung aus dem analytischen CRM.
– Sales-Automation:
  ist die Unterstützung des Verkaufsgesprächs, z. B. durch elektronische Produkt-
  kataloge und Produktkonfiguratoren,
  Sales-Cycle-Analyse zur Vormerkung von Wiederbeschaffungszeitpunkten, Lost-
  Order-Analyse, welche die Gründe für das Scheitern von Angeboten suchen.
– Serviceautomation:
  ist die Unterstützung eines effektiven Beschwerdemanagements.

Das System des Closed-Loop-Marketing verbindet das operative und analytische CRM.
Es ist der Regelkreis zwischen operativem und analytischem CRM.

Das kommunikative CRM stellt die einheitliche Kommunikation zum Kunden sicher. Hierbei wird im Rahmen eines kundenorientierten Ansatzes – ausgehend von
Kauf- und Kontakthistorien – für jeden Kunden die optimale (Folge-)Aktion und der
optimale Zeitpunkt bestimmt (Hippner und Wilde 2006). Die Aktionen werden also
nicht zeitlich geblockt abgewickelt, sondern orientieren sich zeitlich versetzt an den
tatsächlichen Bedürfnissen des einzelnen Kunden. Dabei werden alle Customer Touch
Points im Hinblick auf die Forderung nach „one face to the customer" synchronisiert,
indem alle Werbemaßnahmen (z. B. Direct Mailings, E-Mail- oder Telemarketing bzw.
Printanzeigen, Wurfsendungen, Social-Media-Aktionen etc.) sowie die Kundenkontakte über Service, Vertrieb oder E-Commerce einbezogen werden. Standen bisher
im Rahmen des „klassischen" Database Marketing zumeist isolierte Marketingak-
tionen im Vordergrund, so strebt das Kampagnenmanagement nun die Umsetzung
integrierter Kontaktketten an, die aus dem kombinierten Einsatz der einzelnen Kommunikationskanäle bestehen können (Multi-Channel-Integration). Im Wesentlichen
besteht das Kampagnenmanagement dabei aus den Phasen Kampagnenplanung,
Kampagnensteuerung sowie der abschließenden Kampagnenauswertung. Dem KCRM
kommen somit folgende Aufgaben zu:
– Multi-Channel-Management:
  Synchronisation, Steuerung und zielgerichteter Einsatz aller Kommunikationskanäle (Telefonie, Internet, E-Mail, Direct Mailing, Social Media etc.), um eine bidi-
  rektionale Kommunikation zwischen Kunden und Unternehmen zu ermöglichen.
  Eine einheitliche Sicht über alle Kanäle des Kunden auf das Unternehmen (one
  face to the customer) ist unabdingbar.
– Synchronisierung der Customer Touch Points:
  alle Berührungspunkte, an denen es zum Kontakt zwischen einem Unternehmen
  und seinen Kunden kommen kann, z. B. Filiale, Website, Außendienst, Customer
  Interaction Center,
  Verfügbarkeit von Kauf-, Kontakt- und Nutzungshistorien an allen Kundenkontaktpunkten sowie einheitliche Sicht des Unternehmens auf den Kunden (one
  face of the customer).

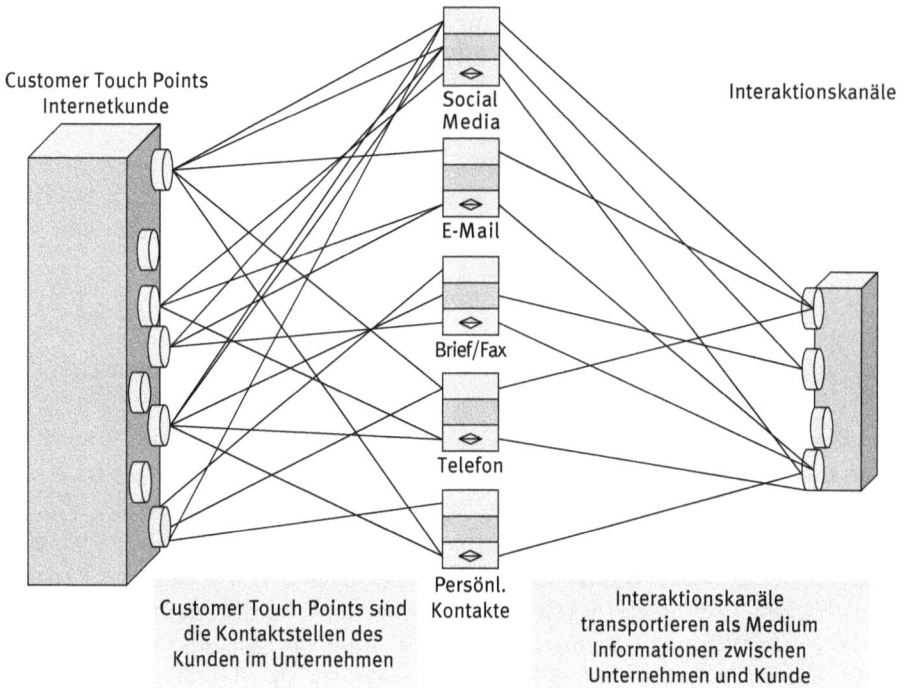

Customer Touch Points
Internetkunde

Interaktionskanäle

Social Media

E-Mail

Brief/Fax

Telefon

Persönl. Kontakte

Customer Touch Points sind
die Kontaktstellen des
Kunden im Unternehmen

Interaktionskanäle
transportieren als Medium
Informationen zwischen
Unternehmen und Kunde

Abb. 6.8: Zusammenhang Customer Touch Points und Interaktionskanäle. In Anlehnung an Hippner und Wilde (2006).

Durch systematische Nutzung der Kundenreaktionen wird die Abstimmung von Kundenkommunikation, Produkten und Dienstleistungen auf Kundenbedürfnisse kontinuierlich verbessert, es ist somit ein lernendes System. Hierzu müssen eine Vielzahl von Kanälen und Kundenkontaktpunkten harmonisiert werden.

6.7.3 Rechtliche Aspekte

Gemäß Betriebsverfassungsgesetz hat der Arbeitgeber die Pflicht, den Betriebsrat bei Änderungen von Arbeitsverfahren oder Arbeitsabläufen frühzeitig zu informieren, damit dieser die Möglichkeit hat, Bedenken zu äußern, welche bei der weiteren Planung berücksichtigt werden können (Winkelmann 2008). Da eine CRM-Einführung den Arbeitsablauf der betroffenen Mitarbeiter wesentlich verändern kann und das CRM-System zudem als Instrument zur Verhaltens- und Leistungskontrolle genutzt werden kann, ist es wichtig, den Betriebsrat frühzeitig, möglichst noch in der Konzeptionsphase, zu involvieren. Dem Betriebsrat wird so die Möglichkeit gegeben, bei etwaig aufkommenden Bedenken zusammen mit dem Projektteam Lösungen zu finden. Geschieht dies nicht, kann der Betriebsrat im Nachhinein die Einführung behindern.

Ebenso sollten bei der Konzeption einer CRM-Strategie datenschutzrechtliche Aspekte berücksichtigt werden. Häufig werden personenbezogene Daten, welche über für die Geschäftsbeziehung notwendigen Daten hinausgehen, gespeichert, um eine persönliche Beziehung zum Kunden aufzubauen. Hierbei sollte beachtet werden, dass das Speichern dieser Daten gemäß Datenschutzgesetz die Zustimmung der Betroffenen voraussetzt. Bei der Konzeption der CRM-Strategien sollte daher nicht lediglich auf den Einsatz von CRM-Maßnahmen gebaut werden, welche auf persönlichen Daten beruhen. Ebenfalls sollte sichergestellt werden, dass Daten nur im Zusammenhang mit einer Einverständniserklärung gespeichert werden. Außerdem sollten personenbezogene Daten durch entsprechende Datenverschlüsselungen und Passwörter geschützt werden, damit Dritte keinen Zugang zu diesen Daten erhalten. Seit Einführung der Novellierung des BDSG 2009 gilt für alle Dialogmarketingmaßnahmen der Grundsatz des Opt-In.

6.7.3.1 Die Novellierung des Gesetzes gegen unlauteren Wettbewerb als Ausgangspunkt

Das Bundeskabinett hat am 21.05.2008 den Entwurf zur Änderung des Gesetzes gegen den unlauteren Wettbewerb (UWG) beschlossen. Damit wollte die Bundesregierung gegen unerlaubte Telefonwerbung vorgehen und eine Verbesserung des Verbraucherschutzes bei besonderen Vertriebsformen herbeiführen. Das Gesetz ist am 1. Januar 2009 in Kraft getreten.

Werbern und Händlern stand bis dahin das „Listenprivileg" zu. Danach durften Listen mit persönlichen Daten potenzieller Kunden geführt und diese auch persönlich angeschrieben werden. Nach dem UWG muss seit dem 01.01.2009 bei Neukunden vorab eine Einwilligungserklärung vorliegen, die sogenannte Opt-in-Regelung. Dieser direkte Kontakt zum Kunden gehört in den Bereich Direktmarketing. Eine Studie der Deutschen Post zeigt, welche Wichtigkeit dem Bereich im Vorjahr zukam und folglich lässt sich sehen, dass ein Großteil des Marketings in Deutschlang von der Novellierung des UWG betroffen war. Die Studie ergab, dass 2007 ganze 71 Prozent der gesamten deutschen Werbeausgaben auf Direktmarketing entfielen. Von den Änderungen waren neben Werbern im Allgemeinen speziell auch Adresshändler, Verlage bei der Anwerbung neuer Abonnenten oder Versandhäuser betroffen.

Wer keine Lust auf adressierte Werbebriefe hat, kann sich in der „Robinson-Liste" des Deutschen Direktmarketing Verbandes (DDV) eintragen lassen, das wäre die sogenannte „Opt-out-Lösung". Die Werbewilligen sollen selbst aktiv werden. Darüber hinaus dürfen Firmen seit dem Inkrafttreten des UWG nicht mehr mit unterdrückter Telefonnummer anrufen. Das in der Branche bis dahin übliche Unterdrücken der eigenen Rufnummer kann den Call-Centern eine Buße von 10.000 € einbringen.

6.7.3.2 Übersicht Inhalte Bundesdatenschutzgesetz

Zweck des Bundesdatenschutzgesetzes (BDSG) ist es, den Einzelnen davor zu schützen, dass er durch den Umgang mit seinen personenbezogenen Daten in seinen Persönlichkeitsrechten beeinträchtigt wird.

Novellierung seit dem 1. September 2009

Novelle I: Tätigkeit von Auskunfteien und ihrer Vertragspartner
Novelle II: Datenhandel
Novelle III: Ergänzung EU-Verbraucherkreditrichtlinie

Alte Gesetzeslage

Das Listenprivileg erlaubt die Übermittlung und Vermietung von Adresslisten bestimmter, durch ein gemeinsames Merkmal gekennzeichneter, Personengruppen für Werbezwecke nach dem Opt-out-Prinzip. Die Kundendaten werden automatisch in eine Verteilerliste aufgenommen, z. B. nach dem Kauf in einem Internetladen oder der Anmeldung in einer Online-Community. Die Datenverwendung ist solange zulässig, bis der Kunde widerspricht. Für postalische Aktionen sind jedoch Ausnahmen möglich, die den Spielraum für Dialogmarketingmaßnahmen erhöhen.

Prinzip des Opt-in und Ausnahmenregelung

Kerninhalte der Novelle II für Dialogmarketing

Grundsatz des Einwilligungsvorbehalts: Werbliche Ansprachen im adressierten Dialogmarketing sind nur mit Zustimmung (Permission) des Empfängers möglich, d. h. Opt-in. Opt-in bedeutet, die aktive, explizite Bestätigung des Kunden von Werbekontaktaufnahmen – durch E-Mail, SMS, Telefon oder Post. Mündlich erteilte Opt-ins sind schriftlich zu bestätigen. Es existieren jedoch Ausnahmen bei der Postwerbung. Die Einwilligung (§ 28 Absatz 3 BDSG) ist bei Bestandskunden und Interessenten nicht erforderlich (wenn ein rechtsgeschäftsähnliches Schuldverhältnis entstanden ist) – hier besteht das Recht, Daten hinzuzuspeichern (z. B. Selektionskriterien): Daten aus allgemein zugänglichen Quellen (Rufnummern-/Branchenverzeichnisse), B2B-Kontakte (auch Daten der direkten Ansprechpartner). Bei Spendenwerbung bleibt – bei Transparenz der Übermittlung oder Nutzung zu Werbezwecken – das Listenprivileg mit Auflagen erhalten (die für die Nutzung der Daten verantwortliche Stelle, die die Daten erstmals erhoben hat, muss eindeutig erkennbar sein, außerdem wird die Datenübermittlung für zwei Jahre gespeichert). Beipackwerbung/Empfehlungswerbung sind erlaubt, solange klar wird, wer die Werbung abgesendet hat. Bei elektronischer Werbung (Telefon, Fax, E-Mail oder SMS) gilt der wettbewerbsrechtliche Einwilligungsvorbehalt weiterhin. Einfaches Opt-in bei E-Mail-Marketing birgt in der praktischen Umsetzung Risiken. Das Double-Opt-in-Verfahren ist für eine kontinuierliche Datenpflege empfehlenswert. Das Problem bei einfachem Opt-in bei E-Mail-Marketings ist, dass von Interessenten- oder Kundenseite beliebige Kontaktdaten zur Anmeldung verwendet werden können. Dabei können fehlerhafte Daten oder Daten dritter Personen oder Organisationen übermittelt werden, die eine erneute Kontaktaufnahme verhindern oder bei Bestellung von Waren erhöhte Retouren wegen Nichtzustellbarkeit verursachen. Es ist in der Praxis sinnvoll, Closed-Loop Opt-in (Double Opt-in) durchzuführen. Hierunter verstehen wir die Bestätigung des Eintrags der Abonnentenliste in einem zweiten Schritt, z. B. durch Versand einer E-Mail-Nachricht mit Bitte um Bestätigung, wodurch die Registrierung erst dann wirksam wird, wenn sie bestätigt wird. Bei erwünschtem Opt-in erfolgt die Bestätigung der angegebenen Kontaktdaten. Bei missbräuchlichem Eintrag bedeutet dies einen Schutz vor dem unfreiwilligen Eintrag in die Abonnementliste. Eine Bestätigung ist auch per Post, telefonisch oder per Banküberweisung möglich. Auch telefonische Werbekontakte dürfen nur nach vorheriger Einverständniserklärung des Kunden erfolgen. Die Kerninhalte lauten:

- Verbot von Werbeanrufen bei Verbrauchern, wenn diese nicht vorher ausdrücklich ihre Einwilligung erklärt haben (§ 7 Abs. 2 Nr. 2 UWG),
- Verbot der Unterdrückung der Telefonnummer für Werbeanrufer (TKG), Verstöße werden mit Geldbußen von bis zu 50.000 € geahndet und
- erweiterte Widerrufsrechte von Verbrauchern bei telefonischen Vertragsschlüssen.

6.7.3.3 Datenschutzgrundverordnung
Die folgenden Ausführungen und Empfehlungen wurden von den Redakteuren des HighText-Verlages (Versandhausberater mit Unterstützung des Deutschen Dialogmarketing Verbands) netterweise zur Verfügung gestellt.

Die Uhr tickt! Am 25. Mai 2018 tritt die EU-Datenschutz-Grundverordnung (bekannt als DSGVO) in Kraft. Viele aus unserer Branche schieben das Thema vor sich her. Unternehmen glauben sogar, dass sie schlecht vorbereitet seien. Das ergab bereits vor ein paar Wochen eine Studie von Veritas Technologies. Der Versandhausberater unterstützt Sie in den nächsten Monaten – in Zusammenarbeit mit dem Deutschen Dialogmarketing Verband – mit einer Serie in loser Reihenfolge zum DSGVO und den entscheidenden Rechtsthemen und -anforderungen.

Die Angst wird seitens der EU bereits geschürt. Wer gegen die Vorgaben der EU-Datenschutzgrundverordnung verstößt, dem drohen im Ernstfall Strafzahlungen in Höhe von bis zu 20 Millionen € oder 4 % des Gesamtumsatzes – die höhere Summe ist ausschlaggebend. Bereiten Sie sich also rechtzeitig auf die kommenden Datenschutzregeln vor. Übrigens: Die DSGVO gilt nicht nur innerhalb der EU, sondern ist genauso für alle Organisationen und Unternehmen rechtskräftig, die personenbezogene Daten von EU-Bürgern speichern.

Der Zweck der DSGVO ist es, die Datenschutz-, Aufbewahrungs- und Governance-Gesetzgebung innerhalb der Europäischen Union zu vereinheitlichen. Allgemein formuliert muss besonders bei personenbezogenen Daten transparent sein, wo Unternehmen sie speichern und wer sie auf welche Weise weiterverarbeitet. Dies betrifft alle Unternehmen, die Produkte und Services in der EU anbieten oder das Kundenverhalten beobachten, wie zum Beispiel bei Onlinekäufen. Probleme bereitet Unternehmen vor allem der Umgang mit Datenschutzverletzungen, beispielsweise durch den Verlust personenbezogener Daten, die künftig binnen 72 Stunden gemeldet werden müssen. Auch das kommende

„Recht auf Vergessenwerden", nach dem Verbraucher eine vollständige Löschung ihrer Daten einfordern können, kann längst nicht jedes Unternehmen umsetzen. Zudem schätzen Unternehmen häufig die Aufteilung der Verantwortung für Daten in der Cloud zwischen Cloud-Anbieter und -Nutzer falsch ein. Viele sind der Meinung, dass die Verantwortung komplett beim Cloud-Betreiber liegt. Ein schwerwiegender Irrtum, der ab Ende Mai teuer werden könnte.

Die DSGVO-Serie

Verfahrensverzeichnis

Eine der Anforderungen besteht darin, dass Unternehmen und ihre Dienstleister die von ihnen durchgeführte Datenverarbeitung überblicken sollen. Hierzu müssen Sie Verzeichnisse über die Verarbeitungstätigkeiten führen. Davon ausgenommen sind Unternehmen, die weniger als 250 Mitarbeiter beschäftigen. Achtung: Die Ausnahme gilt aber nicht, wenn ein besonderes Risiko mit der Verarbeitung verbunden ist, sie nicht nur gelegentlich erfolgt oder besonders sensible Daten verarbeitet werden (Artikel 30 Abs. 5). Im Bereich Versandhandel und E-Commerce beschäftigen Unternehmen und insbesondere Dienstleister zwar hier und da weniger als 250 Mitarbeiter, jedoch finden die Verarbeitungen in der Regel „nicht nur gelegentlich" statt. Das heißt: In diesem Fall müssen Sie ein Verfahrensverzeichnis kontinuierlich führen.

Jeder Verantwortliche oder gegebenenfalls sein Vertreter müssen das Verzeichnis mit folgenden Angaben führen: Name und Kontaktdaten des Verantwortlichen bzw. gegebenenfalls des gemeinsam mit ihm Verantwortlichen, seines Vertreters sowie eines etwaigen Datenschutzbeauftragten, Zwecke der Verarbeitung, Beschreibung der Kategorien betroffener Personen und deren personenbezogener Daten, Kategorien von Empfängern, gegenüber denen die personenbezogenen Daten offengelegt worden sind oder noch offengelegt werden, einschließlich Empfängern in Drittländern, gegebenenfalls Übermittlung von personenbezogenen Daten an ein Drittland oder an eine internationale Organisation, wenn möglich, vorgesehene Löschungsfristen der verschiedenen Datenkategorien, wenn möglich, allgemeine Beschreibung der technischen und organisatorischen Maßnahmen zur Sicherheit der Verarbeitung gemäß Art. 32 Abs. 1.

Neu gegenüber dem Bundesdatenschutzgesetz (BDSG) ist, dass auch die eingeschalteten Auftragsverarbeiter und deren Vertreter ein Verfahrensverzeichnis zu führen haben (Einzelheiten siehe Artikel 30 Abs. 2).

Die DSGVO schreibt eindeutig vor, wie Sie das Verzeichnis führen müssen – nämlich schriftlich, was allerdings auch in elektronischer Form erfolgen kann (Artikel 30 Abs. 3). Auf Anforderung ist es der zuständigen Aufsichtsbehörde zur Verfügung zu stellen.

Informationspflichten

Die Verordnung bringt im Vergleich zum bisherigen Recht strengere Informationspflichten und unterscheidet zwischen der Erhebung der Daten bei der betroffenen Person (Artikel 13) und der aus anderen Quellen (Artikel 14). Bei der Erhebung beim Betroffenen sind die Pflichten strikter als bei der Erhebung aus anderen Quellen, hier gelten Ausnahmen.

Unterschieden wird weiter nach Mindestinformationen und zusätzlichen Informationen. Die Mindestinformationen müssen Sie stets geben, zusätzliche Informationen dann, wenn sie für eine faire und transparente Verarbeitung notwendig bzw. erforderlich sind. Da die Abgrenzung schwierig ist, empfehle ich Ihnen stets eine umfassende Information ihrer Kunden, insbesondere dann, wenn dies technisch einfach umsetzbar ist (z. B. Datenschutzinformation auf der Internetseite).

Laut Erwägungsgrund 58 können Datenschutzinformationen auch auf einer öffentlich zugänglichen Internetseite erfolgen. Daher bietet sich an, die Informationen in zwei Schichten zu geben, z. B.: gesetzlich zwingende Informationen unmittelbar im Werbeschreiben und die weiteren Informationen im Internet. Dort können dann auch Informationen erfolgen, die Änderungen unterliegen (z. B. Nennung des Datenschutzbeauftragten, der Konzernunternehmen oder der Kategorien von Branchen möglicher Empfänger der Daten).

Mein Tipp:

Auf das Widerspruchsrecht gegen die Marketingnutzung sollte möglichst frühzeitig hingewiesen werden, obgleich ein Hinweis in der ersten Kommunikation ausreichend ist (Artikel 21, Abs. 4). Wenn eine Einwilligung eingeholt wird, sind die nötigen Informationen gleichzeitig zu geben.

Verfügt der Betroffene bereits über eine Information, bedarf es keiner nochmaligen Information (Artikel 13 Absatz 4 und 14 Abs. Sa). Es ist allgemein bekannt, dass im kommerziellen Umfeld erhobene Daten auch zu Zwecken des Dialogmarketings verwendet werden, deshalb stellt sich die Frage, ob hierüber überhaupt informiert werden muss.

Vom Auslassen der Information rate ich aber dennoch entschieden ab. Überdies sollte auf das Widerspruchsrecht möglichst in jeder Werbeanspräche hingewiesen werden. Der Hinweis muss in verständlicher Form erfolgen und muss von anderen Informationen getrennt sein (Artikel 21, Abs. 4).

Hinweis:

Auch mit Blick auf das im Mai 2017 verabschiedete Gesetz zur Anpassung des Bundesdatenschutzgesetzes an die Datenschutzgrundverordnung verbleibt es für das Dialogmarketing bezüglich der Informationspflichten bei den oben dargestellten Regeln der Grundverordnung. Zwar enthält das Anpassungsgesetz einige Ausnahmen von den Informationspflichten, jedoch sind diese für das Dialogmarketing nicht anwendbar. Das Gesetz soll am 25. Mai 2018 in Kraft treten und das bisherige BDSG ersetzen.

Teil III: Auslegungstipps für Dialogmarketer

Bei der Datenschutzinformation ist zu unterscheiden, ob die Daten direkt beim Betroffenen oder aber aus einer öffentlich zugänglichen Quelle erhoben wurden. Auf das Widerspruchsrecht ist dabei stets hinzuweisen. Folgend gebe ich Ihnen einige Formulierungsbeispiele.

1) Erhebung beim Betroffenen:

Ein Werbetreibender setzt Adressdaten eigener Kunden und Interessenten zur Werbung für eigene Waren und Dienstleistungen ein und möchte sie auch Dritten im Lettershop-Verfahren zur Neukundengewinnung zur Verfügung stellen. Schon bei der Datenerhebung sollte über Zwecke und Widerspruchsrecht informiert werden:

„Wir sind daran interessiert, die Kundenbeziehung mit Ihnen zu pflegen und Ihnen Informationen und Angebote zukommen zu lassen. Deshalb verarbeiten wir auf Grundlage von Artikel 6 (1) (t) der Europäischen Datenschutzgrundverordnung (auch mithilfe von Dienstleistern) Ihre Daten, um Ihnen Informationen und Angebote von uns und anderen Unternehmen zuzusenden. Wenn Sie dies nicht wünschen, können Sie jederzeit bei uns der Verwendung Ihrer Daten für Werbezwecke widersprechen."

2) Erhebung nicht beim Betroffenen:

Ein Werbetreibender erhebt Adressdaten aus öffentlich zugänglichen Quellen und setzt sie für Werbekampagnen ein. Im ersten Schreiben sollte informiert werden:

„Wir sind daran interessiert, Sie als Kunden zu gewinnen, die Kundenbeziehung mit Ihnen zu pflegen und Ihnen Informationen und Angebote zukommen zu lassen. Deshalb verarbeiten wir auf Grundlage von Artikel 6 (1) (t) der Europäischen Datenschutzgrundverordnung (auch mithilfe von Dienstleistern) Ihre Adressdaten und Kriterien zur interessengerechten Werbeselektion, um Ihnen solche Informationen und Angebote von uns und anderen Unternehmen zuzusenden. Wenn Sie dies nicht wünschen, können Sie bei uns jederzeit der Verwendung Ihrer Daten für Werbezwecke widersprechen. Sie erleichtern uns die schnelle Bearbeitung eines Widerspruchs, wenn Sie das Werbemittel beifügen (optional: Sie können den Widerspruch auch per E-Mail senden an: *E-Mail-Adresse*. Weitere Informationen zum Datenschutz erhalten Sie unter *Internetlink zur ausführlichen Datenschutzinformation*). Unseren Datenschutzbeauftragten erreichen Sie unter unserer Anschrift.

Recht auf Auskunft

Art. 15 regelt das Auskunftsrecht des Betroffenen. Ergänzend gilt § 34 des zeitgleich mit der Verordnung im Mai 2018 in Kraft tretenden BDSG-Anpassungsgesetzes. Wie nach heutigem Bundesdatenschutzgesetz ist dies die Basis, um künftig insbesondere Berichtigung, Löschung oder Sperrung geltend zu machen.

Nach Art. 15 Abs. 1 hat der Betroffene das Recht, von dem Verantwortlichen eine Bestätigung zu verlangen, ob dort ihn betreffende personenbezogene Daten verarbeitet werden. Ist dies der Fall, so hat er ein Recht auf unentgeltliche Auskunft über diese Daten. Zusätzlich erfasst das Auskunftsrecht auch noch folgende Informationen:

Die Verarbeitungszwecke, die Kategorien der verarbeiteten personenbezogenen Daten (neu), die Empfänger oder Kategorien von Empfängern, gegenüber denen die Daten offengelegt wurden oder noch werden, falls möglich die geplante Speicherdauer (neu), das Recht auf Berichtigung, Löschung und Sperrung der Daten, ebenso das Widerspruchsrecht (neu), das bestehende Beschwerderecht bei einer Aufsichtsbehörde (neu), falls die Daten nicht beim Betroffenen erhoben wurden, die Information über die Datenherkunft und ggf. das Bestehen einer automatisierten Entscheidungsfindung einschließlich Profiling (neu).

Bei Datenübermittlung in EU-Drittländer hat der Betroffene das Recht, über die geeigneten Garantien gemäß Art. 46 (z. B. Standardvertragsklauseln) unterrichtet zu werden.

Nach Art. 12 Abs. 1 sind die Auskünfte in präziser, transparenter, verständlicher und leicht zugänglicher Form in klarer und einfacher Sprache zu übermitteln – je nach Fall schriftlich, elektronisch oder auch mündlich (Art. 12 Abs. l Satz 2 und 3). Die Auskunft muss nach Art. 12 Abs. 3 unverzüglich erfolgen, spätestens einen Monat nach Antragseingang. Ausnahmsweise ist bei Begründung (Komplexität, hohe Zahl von Anträgen) eine Fristverlängerung um zwei Monate möglich. Hat der Verantwortliche begründete Zweifel an der Identität des Auskunftsersuchenden, so kann er zur Klärung zusätzliche Informationen anfordern.

Praxistipp:

In einem typischen CRM-System umfasst die Auskunftspflicht – in Bezug auf den Anfragenden – insbesondere Rechnungs- und Lieferanschriften, Bestellhistorie und Informationen zur Zahlungsabwicklung. Kein Anspruch auf Auskunft besteht aber bezüglich zum Kunden gespeicherter Analysen (Europäischer Gerichtshof vom 17. Juli 2014) und Meinungsäußerungen (BGH, 28. Januar 2014). Das Auskunftsrecht findet seine Grenze, wenn Geschäftsgeheimnisse oder Rechte Dritter tangiert werden (Art.15 Abs. 4).

Recht auf Datenportabilität

Der Anspruch ist im Vergleich zum Auskunftsanspruch teils erweitert und teils eingeschränkt. Erweitert insofern, als die Kopie der Daten in einem „strukturierten, gängigen und maschinenlesbaren Format" bereitzustellen ist. Es kann verlangt werden, die Daten direkt an einen anderen Verantwortlichen zu übermitteln, sofern technisch machbar. Die Einschränkung betrifft den Umfang der zu übermittelnden Daten. Erfasst werden nur die von der betroffenen Person selbst bereitgestellten Daten. Zu in einem CRM-System aus öffentlich zugänglichen Quellen hinzugefügten Daten besteht so ein Auskunfts-, nicht aber ein Portabilitätsanspruch.

Die Daten, die in elektronischer Form zu übermitteln sind, stellen nur eine Untergruppe der im Rahmen eines Auskunftsanspruches relevanten Daten dar. Daher kann auf der Basis der bei einer Auskunft bereitzustellenden Daten entschieden werden, welche dieser Daten für den Anspruch auf Datenportabilität gestrichen werden können. In der Praxis ist denkbar, schlicht alle Daten zu übermitteln, die auch im Rahmen einer Auskunft übermittelt werden. Denn es schadet datenschutzrechtlich nicht, wenn im Rahmen der Datenportabilität alle Daten übermittelt werden, die auch dem Auskunftsanspruch unterliegen.

Bei einer direkten Übermittlung an ein anderes Unternehmen ist jedoch Vorsicht geboten. Wenn Datendienstleister dem übermittelnden Unternehmen die Daten zur Verfügung gestellt haben, könnten lizenzrechtliche Beschränkungen einer Übermittlung entgegenstehen. Im weiteren Schritt ist ein technisches Verfahren auszuwählen. Hier bieten sich einfache Formate (wie ASCII) an. Im Bereich des Dialogmarketings sind auch PDF-Formate denkbar.

Im Ergebnis zeigt sich, dass die Umsetzung des Anspruches auf Datenportabilität schon deshalb keinen erheblichen Aufwand im Bereich des Dialogmarketings verursachen dürfte, weil er dem Auskunftsanspruch weitgehend gleicht. Nur in Einzelfällen ist zu erwarten, dass Ansprüche auf Datenportabilität geltend gemacht werden. Vollautomatische Verfahren zur Erfüllung des Anspruchs sind für die meisten Unternehmen deshalb nicht geboten.

Praxistipp:
Aus Sicherheitsgründen bietet sich an, die Daten elektronisch zum Abruf zur Verfügung zu stellen. Die Zugangsdaten für den Abruf können per Post oder E-Mail zugesendet werden. Will die betroffene Person die Daten einem anderen Unternehmen überlassen, kann sie die Nachricht mit den Zugangsdaten entsprechend an dieses Unternehmen weiterleiten.

Checkliste:
Es gibt sechs Punkte, die Sie für eine EU-DSGVO-konforme Newsletter-Anmeldung beachten müssen (04.05.18, von Susanne Fricke). Die meisten Anmeldeseiten für E-Mail-Newsletter entsprechen in ihrer jetzigen Form nicht den Anforderungen der EU-DSGVO, die ab dem 25. Mai gültig ist. Folgende Checkliste klärt, was Sie dann zwingend beachten müssen.

1) Pflicht-Checkbox
   Integrieren Sie in Ihre Anmeldeseite eine Pflicht-Checkbox, die auf Ihre Datenschutzerklärung verlinkt. Diese darf in der Voreinstellung nicht aktiviert sein. Nur wenn der Interessent sie aktiviert, sollte die Newsletter-Anmeldung erfolgreich abgeschlossen werden können.
   Begründung: Artikel 13 der EU-DSGVO fordert, dass betroffene Personen schon bei der Erhebung von personenbezogenen Daten umfassend informiert werden müssen. Zu den geforderten Informationen zählen unter anderem die Kontaktdaten des Versenders und dessen Datenschutzbeauftragten, der Verarbeitungszweck und deren Rechtsgrundlage, die Speicherdauer, das Recht auf Auskunft, Berichtigung, Löschung und Widerspruch, sowie das Recht auf Widerruf.
   Aufgrund des Umfangs dieser Informationspflichten empfiehlt sich die Auslagerung in eine gesonderte Datenschutzerklärung.

2) Tracking-Checkbox
   Nehmen Sie in Ihre Anmeldeseite eine Checkbox auf, über die der Interessent angeben kann, ob er getrackt werden möchte. Dies gilt zumindest dann, wenn Sie Mail-Öffnungen und Link-Klicks standardmäßig personenbezogen messen, und/oder wenn Sie über Ihre E-Mails individuelle Cookies verteilen und darüber Aufrufe auf Websites personenbezogen messen.
   Begründung: Generell ist das Tracking möglich, denn Erwägungsgrund 47 der EU-DSGVO erlaubt die Verarbeitung personenbezogener Daten, wenn der Versender daran ein berechtigtes Interesse hat. Dies gilt selbst für Werbung.
   Ein berechtigtes Interesse des E-Mail-Versenders am personenbezogenen Tracking ist vorhanden, denn er möchte seine Empfänger besser kennenlernen, um ihnen individuelle Inhalte anbieten zu können und damit die Kommunikation relevanter zu machen.
   Allerdings gilt in diesem Zusammenhang auch Artikel 21 der EU-DSGVO: Betroffene Personen müssen das Recht haben, Widerspruch gegen die Erhebung ihrer Daten einzulegen. Auf dieses Widerspruchsrecht müssen sie spätestens zum Zeitpunkt der ersten Kommunikation (sprich: der Anmeldung) hingewiesen werden. Dazu bietet sich die empfohlene Checkbox an.

3) Kopplungsverbot

Sie dürfen den Versand Ihres Newsletters nicht an die Zustimmung des Empfängers zum Tracking knüpfen, denn Artikel 7 Absatz 4 der EU-DSGVO definiert ein Kopplungsverbot: „Bei der Beurteilung, ob die Einwilligung freiwillig erteilt wurde, muss dem Umstand in größtmöglichem Umfang Rechnung getragen werden, ob unter anderem die Erfüllung eines Vertrags, einschließlich der Erbringung einer Dienstleistung, von der Einwilligung zu einer Verarbeitung von personenbezogenen Daten abhängig ist, die für die Erfüllung des Vertrags nicht erforderlich sind".

Da es für die Erfüllung der Dienstleistung, d. h. den Versand des Newsletters, nicht erforderlich ist, Mail-Öffnungen und Klicks personenbezogen zu messen, dürfen Sie auch nicht dessen Versand an die Zustimmung zum Tracking knüpfen.

4) Link zum Tracking

Integrieren Sie in jeder E-Mail einen Link auf eine Profilseite bzw. ein Preference Center, wo der Newsletter-Empfänger das Tracking über eine Checkbox abwählen kann.

Begründung: Artikel 13 fordert das Recht auf Widerruf der Einwilligung. Erfolgt dieser, dürfen auch die vorhandenen Tracking-Daten gemäß Artikel 21 Absatz 3 nicht mehr genutzt werden: „Widerspricht die betroffene Person der Verarbeitung für Zwecke der Direktwerbung, so werden die personenbezogenen Daten nicht mehr für diese Zwecke verarbeitet".

Auf der sicheren Seite ist, wer Tracking-Daten bei einem Widerruf auch rückwirkend löscht.

5) Nur HTTPS

Bieten Sie An- und Abmeldeformulare sowie ein Preference Center nur über Websites mit dem sichereren HTTPS-Protokoll an.

Begründung: Das HTTPS-Protokoll stellt sicher, dass Daten, die über das Internet übertragen werden, verschlüsselt sind, denn Artikel 32 Absatz 1 der EU-DSGVO fordert „[…] geeignete technische und organisatorische Maßnahmen, um ein dem Risiko angemessenes Schutzniveau zu gewährleisten; diese Maßnahmen schließen unter anderem Folgendes ein: a) die Pseudonymisierung und Verschlüsselung personenbezogener Daten […]."

Die unverschlüsselte Übertragung von personenbezogenen Daten über das Internet ist damit nicht zulässig, weil ein angemessenes Schutzniveau fehlt.

6) Screenshot archivieren

Archivieren Sie einen Screenshot Ihrer Anmeldeseite, Ihrer Datenschutzerklärung, Ihrer Double-opt-in-Mails sowie die Anmeldelogik hinter den Formularen mit Zeitstempel. Immer dann, wenn sich an der Anmeldung etwas ändert, archivieren Sie die geänderte Version erneut.

Begründung: Artikel 7 Absatz 1 der EU-DSGVO fordert: „Beruht die Verarbeitung auf einer Einwilligung, muss der Verantwortliche nachweisen können, dass die betroffene Person in die Verarbeitung ihrer personenbezogenen Daten eingewilligt hat".

Je besser Sie für diesen Nachweis vorbereitet sind, desto höher sind Ihre Chancen im Streitfall.

E-Privacy Verordnung

Kampf um die Datenhoheit:

Deutsche Großkonzerne rüsten sich für die E-Privacy-Verordnung (E-PVO)

Gegen die erwartete Werbezensur Brüssels zieht nun die ProSiebenSat.1-Gruppe ins Feld. Login-Generalschlüssel und Retail-Media sind dabei die Instrumente der Zukunft. Mit der Übernahme des E-Commerce-Vermarkters Kairion vergrößern die Münchener ihr AdTech-Portfolio und sichern sich wichtige Handelssätze im Kampf gegen die Datensammler aus den USA.

Dass die Verordnung kommt, steht fest. Nur der konkrete Zeitraum der neuen E-Privacy-Verordnung (E-PVO), die als Schreckensgespenst die Ad-Branche aufrüttelt, steht noch aus (Der Versandhausberater Nr.49/2017). Damit wird das Sammeln von Daten via Cookies deutlich erschwert.

Third-Party Cookies sollen mit Brüssels Geißel im kommenden Jahr, ohne die Zustimmung des Nutzers, passé sein. Damit können wohl nur noch harte Login-Mechanismen, über die beispielsweise Google und Facebook verfügen, den User dazu bewegen, das Sammeln von Drittanbietern zuzulassen. Bedingung hierfür ist die Zustimmung des Users. Simpler bleibt es über First-Login-Mechanismen und der Zustimmung der AGB, direkt auf die Daten zuzugreifen – sogenannte First-Party Cookies.

ProSiebenSat.1 möchte gemeinsam mit weiteren Partnern die Datenhoheit auf dem europäischen Markt herausfordern und schmiedet an seiner Login-Allianz. Dies erklärt auch die im Laufe des Jahres geschlossene Liaison mit der Retail Media Group, RTL, United Internet Media (u. a. GMX und Web.de) und Zalando. Ein weiteres Bündnis, das sich gegen die Datenkrake aus dem Silicon Valley positioniert hat, ist Verimi.

Das Netzwerk aus Allianz, Axel Springer, den führenden deutschen Autokonzernen, der Lufthansa, der Deutschen Telekom und anderen Unternehmen möchte dabei, wie die ProSiebenSat.1-Allianz, einen General-Login-Schlüssel etablieren, der die zeitraubende Eingabe persönlicher Login-Daten für verschiedene Anwendungen mit nur einem Single Sign-in obsolet macht.

Die Nutzer sollen dabei selbst entscheiden können, wer ihre Daten bekommt. Dieser Generalschlüssel, der das Multi-Login verschiedener Dienste oder Apps ermöglicht, erlaubt es den Anbietern, weiteres Targeting, beispielsweise über die Geodaten eines Nutzers, zu betreiben.

ProSiebenSat.1 setzt mit der jüngsten Errungenschaft seiner Tochterfirma Advertising Platform Solutions auf die Anreicherung seiner Datensätze und das Instrument Retail Media. Kairion bietet Werbekunden die Möglichkeit, die Werbeflächen von über 80 Onlineshops in Echtzeit zu buchen. Bereits im Jahr 2017 hat das Unternehmen über 1.000 Kampagnen verwirklicht, darunter für Branchengrößen wie Bayer, Bosch, Nestlé und Ratiopharm. Die Aufrufe der angebotenen E-Commerce-Plattformen liegen dabei im Bereich von 30 Millionen Visits.

Ein Vorteil, wenn Onlinehändler selbst ihre Werbeflächen für andere öffnen: Branding-Kampagnen können via Realtime Tracking auf den aktuellen Kaufprozess zugeschnitten werden. So können zielgerichtete Werbebotschaften die Kaufentscheidung im letzten Moment günstig beeinflussen und die Kaufentscheidung bestärken. Es bleibt der deutschen Ad-Branche löblich anzurechnen, dass sie sich schon früh auf Brüssels Diktat eingestellt hat. Der bisherige Mut zur Zusammenarbeit wird aber, um gegen die US-Größen langfristig zu bestehen, nicht ausreichen. Vielmehr kann es nur darauf hinauslaufen, dass sich die bisher namenlose ProSiebenSat.1-Allianz mit Verimi zusammenschließt.

Per se könnten die Bedingungen für eine derartige Kooperation nicht besser sein: Schon lange beschweren sich die Datenschutzhüter über den fahrlässigen Umgang der US-Amerikaner mit erhobenen Daten. Ein einzelner General-Login-Schlüssel, Made in Germany, der einen sicheren und selbstbestimmten Umgang von Daten im Internet preist, könnte für den User eine echte Alternative zu Google oder Facebook beim Login sein.

7 Interaktive Wertschöpfung – Mass Customization

Interaktive Wertschöpfung bezeichnet die aktive Partizipation von externen Akteuren, z. B. den Kunden, in der Wertschöpfungskette eines Unternehmens. In diesem Konzept werden die Kunden bewusst zum Partner des Unternehmens, die das Produkt bzw. die Dienstleistung mit entwickeln und/oder gestalten. Laut Reichwald und Piller steht der Begriff der interaktiven Wertschöpfung für Kooperation und sozialen Austausch. Wichtiges Merkmal der interaktiven Wertschöpfung ist die Bereitstellung von Kommunikationsschnittstellen zum Kunden, um den Wunsch nach aktiver Mitarbeit zu signalisieren und die Kunden zur Aktivität zu motivieren (Reichwald und Piller 2009).

Das Modell der interaktiven Wertschöpfung baut auf Prinzipien auf, die der Organisationsforschung entstammen. Hieraus haben sich über die Jahre hinweg zahlreiche Ansätze entwickelt, welche sich vor allem auf die produzierende Industrie beziehen. Es soll aufgezeigt werden, welche Auswirkungen die neuen Entwicklungen in der IuK-Technologie auf den Produktionsprozess haben und welche Möglichkeiten sie eröffnen. Unter Produktion verstehen Piller et al. „[...] das effiziente Zusammenwirken von Gütern und Dienstleistungen in einem Prozess zur Erstellung einer bestimmten Menge von Gütern [...]" (Reichwald und Piller 2009, S. 46). Der Ansatz der Mass Customization bezieht sich in erster Linie auf materielle Güter. Die grundlegende Idee, die hinter der interaktiven Wertschöpfung steht, lässt sich jedoch auch auf Dienstleistungen übertragen (Reichwald und Piller 2006). Neben den klassischen Zielen der Massenproduktion, der „Produktivität" und der „Kostenwirtschaftlichkeit", treten die Ziele „Flexibilität", „Qualität" und „Zeit" in den Vordergrund. Die Organisationsform des Netzwerkes gewinnt in diesem Kontext stark an Bedeutung, um die Anforderungen der Kunden erreichbar werden zu lassen (Reichwald und Piller 2009). Das Netzwerk bildet die Grundlage, auf deren Boden die interaktive Wertschöpfung aufsetzt. Die Entwicklung der interaktiven Wertschöpfung wird in Abbildung 7.1 verdeutlicht.

Im klassischen Modell der tayloristischen Produktion gilt die Trennung in Aufbau- und Ablauforganisation. Im Mittelpunkt steht nicht der Kunde, sondern die Prozess- und Kostenoptimierung. Durch die Einführung der Massenproduktion konnten sowohl Skaleneffekte (Economies of Scale) als auch Verbundeffekte (Economies of Scope) realisiert werden. Die Produkte können so deutlich günstiger angeboten werden; sie setzen jedoch auch eine gut planbare und konstante Nachfrage voraus (Reichwald und Piller 2006). Diese ist in der heutigen Zeit nicht mehr gegeben. Die Kunden haben heutzutage sehr genaue Vorstellungen von Qualität und Preis der gewünschten Produkte. Zugleich sollen die Leistungen auf ihre speziellen Bedürfnisse abgestimmt sein. Der ursprüngliche Trend, auf die wachsenden Ansprüche der Kunden mit einer größeren, gegebenenfalls in einem Lager vorzuhaltenden Produkt- und Variantenvielfalt zu reagieren, hat sich auf dem Markt nicht durchsetzen können. Kunden fühlen

https://doi.org/10.1515/9783110527179-007

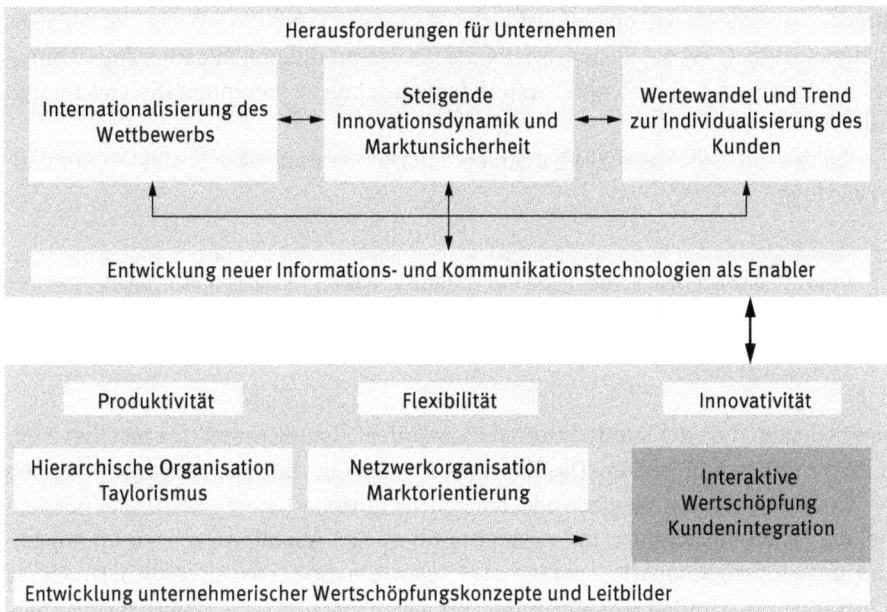

Abb. 7.1: Entwicklung der interaktiven Wertschöpfung. In Anlehnung an Reichwald und Piller (2009).

sich durch zu viel Auswahl schnell überfordert. Zudem trifft auch die Vielzahl an Varianten oft nicht genau die Vorstellungen der Nachfrager (Reichwald und Piller 2009).

7.1 Mass Customization – ein Schwerpunkt der interaktiven Wertschöpfung

Eine spezifische Ausarbeitung der interaktiven Wertschöpfung, aus der Produktion kommend und in der Industrie vielfach angewandt, ist die Entwicklung der kundenindividuellen Massenproduktion, im Englischen als „Mass Customization" bekannt. Die Bezeichnung „Mass Customization" ist eine Kombination der englischen Begriffe „Mass Production" und „Customization". Es bezeichnet die Vereinigung von Massenproduktion und Individualisierung (Reichwald und Piller 2009). Unter Massenproduktion versteht man die Herstellung eines einheitlichen Produktes in großen Mengen unter Verwendung standardisierter Einzelteile, um die Produktionskosten möglichst gering zu halten und Skaleneffekte zu nutzen. Hierbei sollen möglichst die Ansprüche vieler Kunden befriedigt werden, um einen breiten Absatzmarkt zu bedienen. Individualisierung in der Industrie steht hingegen für die Ausrichtung des Produktes an den Wünschen eines einzelnen Kunden. Das Produkt wird so angepasst, dass es möglichst alle Wünsche des Kunden befriedigt, zwei Begriffe, die sich zunächst zu widersprechen scheinen. Wie kann ein Produkt den Wünschen möglichst vieler Kunden entsprechen und gleichzeitig möglichst vielen Wünschen eines Einzelnen? Ziel der Mass Customization ist es, die Kostenvorteile der Massenproduktion mit einer Ausrichtung des Produktes an den individuellen Kundenwünschen zu verbinden (Reichwald und Piller 2009).

Reichwaldt und Piller (2006) definieren die kundenindividuelle Massenproduktion wie folgt:

> Mass Customization bezeichnet die Produktion von Gütern und Leistungen, welche die unterschiedlichen Bedürfnisse jedes einzelnen Nachfragers dieser Produkte treffen, mit der Effizienz einer vergleichbaren Massen- bzw. Serienproduktion. Grundlage des Wertschöpfungsprozesses ist dabei ein Co-Design-Prozess zur Definition der individuellen Leistung in Interaktion zwischen Anbieter und Nutzer.

Dies bedeutet, dass der Kunde aktiv am Prozess der Leistungserstellung beteiligt wird, er wird zum Co-Produzenten. Das Konzept der Mass Customization kann in Betrieben der Massenproduktion ansetzen oder auch in der Einzelfertigung – in Ersterer mit dem Ziel der Individualisierung, in Letzterer mit dem Ziel Ablaufprozesse zu optimieren und eine größere Produktionsmenge zu erzielen, um die Kosten zu senken. Durch die Integration des Kunden entsteht zudem die Möglichkeit für ein aktives Beziehungsmanagement, um die Kunden langfristig an das Unternehmen zu binden.

Schnäbele (1997) erweitert den Begriff der Mass Customization, indem er die Vermarktung des angebotenen Produktes in das Konzept mit aufnimmt. Der Übergang zum One-to-One-Marketing (Dialogmarketing) wird hier fließend. Der Ansatzpunkt für die Mass Customization liegt in der integrierten Wertschöpfungskette. Zum erfolgreichen Einsatz des Konzeptes ist es wichtig, prozessorientiert und sektorenübergreifend zu denken und den Wertschöpfungsprozess ganzheitlich zu betrachten. Beinhaltet sind hierin sowohl die Optimierung der internen Informationsflüsse und der Kommunikation mit den Kunden als auch dessen Integration. Ebenso wichtig ist es, alle Mitarbeiter, die direkt und indirekt am Wertschöpfungsprozess beteiligt sind, in der Anwendung des Konzeptes und der Kommunikation mit den Kunden zu schulen. Mass Customization kann ohne die Bildung stabiler Netzwerkstrukturen und die Zusammenarbeit aller direkt und indirekt beteiligten Parteien nicht funktionieren (Reichwald und Piller 2006). Es erfordert Flexibilität und Offenheit für schnelle Veränderungen von allen involvierten Gruppen. Die stabilen, etablierten Prozesse sind Basis für die kundenindividuelle Produktion. Sie sind durch die Vordefinition des Möglichen und eine dadurch erfolgende Einschränkung des Individualisierungsrahmens Charakteristikum der Mass Customization und bilden die Abgrenzung zur traditionellen Einzelfertigung (Reichwald und Piller 2009).

Diese grundlegenden Strukturen ermöglichen eine Umsetzung der Individualisierung zu Kosten auf dem Niveau einer Massenproduktion, wenngleich die Kunden oftmals bereit wären, für eine Individualisierung einen Aufpreis zu zahlen. Durch die Anpassung der einzelnen Elemente eines Produktes bzw. einer Dienstleistung wird dennoch eine Individualisierung ermöglicht, welche zu einem Differenzierungsvorteil gegenüber der Konkurrenz wird. Diese Individualisierung wird durch eine Integration des Kunden geschaffen, welcher sich mit Unterstützung durch den Anbieter aus dem gegebenen Lösungsraum das für ihn passende Produkt zusammenstellt (Co-Design). Der Co-Design-Prozess erfordert die Zusammenarbeit zwischen Hersteller und Kunde. Dies erleichtert den Einstieg in den Aufbau einer intensiven Beziehung mit dem Kunden, welche im Rahmen eines CRM ausgebaut und ausgeschöpft werden kann. Der kundenspezifische Wissensaufbau führt zu freiwilligen Wechselbarrieren, welche die Entwicklung von Kundenloyalität begünstigen (Reichwald und Piller 2009). Abbildung 7.2 stellt die Prinzipien der Mass Customization nochmals genauer dar.

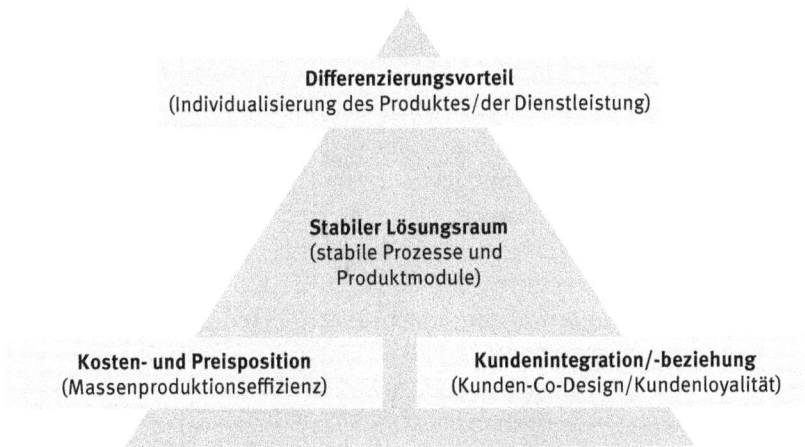

Differenzierungsvorteil
(Individualisierung des Produktes/der Dienstleistung)

Stabiler Lösungsraum
(stabile Prozesse und Produktmodule)

Kosten- und Preisposition
(Massenproduktionseffizienz)

Kundenintegration/-beziehung
(Kunden-Co-Design/Kundenloyalität)

Abb. 7.2: Prinzipien der Mass Customization. In Anlehnung an Reichwald und Piller (2009).

Die Vorgehensweise des Mass-Customization-Ansatzes besteht in der Segmentierung des Marktes in Zielgruppen. Genau genommen wird der Absatzmarkt eines Produktes in Segmente unterteilt, die immer kleiner werden, bis ein einzelnes Marktsegment aus genau einem Kunden besteht. Diese Segmentierung ist unter dem Begriff Mikrosegmentierung bekannt. Es gibt verschiedene Varianten der Mass Customization, je nachdem auf welcher Ebene und in welcher Form der Kunde in den Prozess der Leistungserstellung integriert wird. Gilmore und Pine unterteilen den Ansatz in die „vier Gesichter" der Mass Customization (Pine und Gilmore 2006). Gemeint sind hierbei vier unterschiedliche Ausprägungen bzw. Methoden des Ansatzes:
- kooperativ (collaborative)
- anpassungsfähig (adaptive)
- kosmetisch (cosmetic)
- transparent (transparent)

Sie unterscheiden sich im Umfang der Anwendung der Mass Customization. Vollständige Mass Customization liegt lediglich im kooperativen und transparenten Ansatz vor. Im Rahmen der verbleibenden zwei Methoden kann von „Soft Customization" gesprochen werden, da die Informationen hier nicht unbedingt gespeichert und wiederverwendet werden (Grasmugg 2006).

Der kooperative Ansatz steht für eine enge Zusammenarbeit zwischen Kunde und Leistungserbringer. Basis dieser Ausprägung ist die Bereitstellung von flexiblen Bausteinen, welche in Zusammenarbeit mit dem Kunden nach dessen Wünschen zusammengesetzt werden, um das individuelle Produkt zu erstellen. Hierbei wird der Kunde durch einen Berater und/oder mit technischer Hilfe in Form eines Konfigurators bei der Erstellung des Produkts unterstützt. Der Kunde erhält Einfluss auf das Design oder auch die Passform des Produktes. Zugleich spart der Leistungserbringer Kosten, da er keine fertigen Endprodukte in der Hoffnung auf Absatz vorproduziert und lagert, sondern die Produkte je nach Bedarf fertigt und liefert (Pine und Gilmore 2006).

Die anpassungsfähige Variante der Mass Customization bezieht sich auf Produkte, die durch den Kunden selbst verschiedenen Rahmenbedingungen bzw. Gelegenheiten entsprechend angepasst werden können (Pine und Gilmore 2006). In diesem Fall kommuniziert das Unternehmen nicht direkt mit dem Kunden. Der Kunde kauft ein Standardprodukt, welches sich – entweder automatisch oder durch Bedienung durch den Kunden – an dessen Bedürfnisse anpasst. Ein Beispiel hierfür sind z. B. Matratzen, deren Form sich an die Körperform des jeweiligen Menschen anpasst (Pine und Gilmore 2006). Adaptive Mass Customization beinhaltet jedoch auch Produkte, die der Kunde in seinem eigenen Design fertigstellt. Möglich ist dies z. B. über Computer oder Automaten (Social Curated Marketplaces, Vgl. Abb. 10.1). Als Beispiel sei hier die individuelle Anfertigung von Visitenkarten mit sofortigem Druck genannt.

Als Dritter kann der kosmetische Ansatz genannt werden. Der Begriff „kosmetisch" bezieht sich auf die Art der Präsentation des Produktes. Hierbei wird dem Kunden ein standardisiertes Produkt auf unterschiedliche Weise angeboten. Dieser Aspekt kann sich auf die individuell gestaltete Verpackung oder die Personalisierung durch Gravuren/Beschriftung des Produktes beziehen. Neben dem Design der Verpackung zählen hier auch unterschiedliche Packungsgrößen oder Verpackungsarten als Customization. Diese Methode ist dann am geeignetsten, wenn das Standardprodukt an sich eine große Anzahl unterschiedlicher Kunden befriedigt. Als Beispiel lassen sich hierfür Chips heranziehen. Je nach Situation und Hunger wünschen sich Kunden das gleiche Produkt in unterschiedlichen Packungsgrößen oder Verpackungsmaterialien.

Die letzte der vier Varianten ist die transparente Mass Customization. Die Transparenz bezieht sich hierbei nicht auf den Produktionsprozess des Leistungserbringers, sondern auf die Wünsche der Kunden. Lassen sich die Bedürfnisse eines einzelnen Kunden leicht durch Beobachtung feststellen und empfinden sie es als störend, wenn sie ihre Wünsche wiederholt formulieren müssen, so ist der transparente Ansatz die richtige Wahl. Der Leistungserbringer analysiert die Wünsche des Kunden durch Beobachtung und bietet dem Kunden das entsprechend angepasste Produkt an, ohne darauf hinzuweisen, dass es individualisiert ist. Hierbei übernimmt der Leistungserbringer die Aufgabe der Bereitstellung und Nachlieferung des Produktes, ohne das der

Kunde exakt darüber Bescheid weiß, wie das verwendete Produkt zusammengesetzt ist. Dem Kunden ist hierbei nur wichtig, dass das Produkt immer verfügbar ist und dass es funktioniert. Ein Hotel, welches mit jedem Aufenthalt mehr über die Wünsche eines einzelnen Gastes lernt, und die Ausstattung des Zimmers oder den Service entsprechend anpasst, erweckt die Aufmerksamkeit und Zufriedenheit des Gastes, ohne ihn speziell auf die Änderungen hinzuweisen. Die Tatsache, dass dieser Gast bei der Ankunft alles zu seiner Zufriedenheit vorfindet, erhöht die Kundenbindung. Da der Leistungsanbieter die Wünsche der Kunden selbst durch Beobachtung ermittelt, besteht die Chance, dass der Kunde diese Vorlieben selbst noch gar nicht explizit als solche erkannt hat. Da er auch nicht dazu angeregt wird, darüber nachzudenken, sinkt das Risiko, dass der Kunde die einzelnen Wünsche an die Konkurrenz weitergibt.

7.1.1 Die Bedeutung von Mass Customization im E-Commerce

Dieses Kapitel befasst sich zunächst mit den Begriffsdefinitionen Mass Customization (MC) und Produktindividualisierung. Nach der Definition des Konzepts folgen die Eigenschaften von MC und die Eingrenzung zu den anderen Managementansätzen. Abschließend wird auf die Bedeutung von MC im E-Commerce eingegangen.

7.1.2 Definition Mass Customization und aktive Produktindividualisierung

Der Ausdruck Mass Customization ist ein Oxymoron, welches die beiden Begriffe „Mass Production" und „Customization" verbindet. Der Begriff wurde von Stanley Davis im Jahre 1987 zum ersten Mal anhand eines Beispiels in der Bekleidungsindustrie verwendet. Im Rahmen einer Forschungsarbeit am MIT (Massachusetts Institute of Technology) hat B. Joseph Pine MC ausführlich untersucht (Gilmore und Pine 1998). Er sieht MC als eine Synthese der beiden Systeme, Massenfertigung und individuelle kundenbezogene Güter- und Dienstleistungen, an. Dabei wird angestrebt, individuelle Produkte herzustellen, welche die persönlichen Kundenwünsche erfüllen (Kaluza 1996). Pine kann als der eigentliche geistige Vater der MC angesehen werden und ist der prominenteste Vertreter dieses Konzeptes. Als deutsche Übersetzung von MC trifft der Ausdruck kundenindividueller Massenproduktion am prägnantesten zu. Das MC-Konzept hat seinen Ursprung in der Produktion und Wettbewerbsstrategie und soll aus diesem Grund zunächst aus dieser Perspektive erläutert werden. Die vorliegenden Ausführungen bedienen sich der Definition von Piller, welche im deutschen Sprachraum Anerkennung und Verwendung findet (Düll 2009). Piller (1998) definiert MC als

[…] Produktion von Gütern und Leistungen für einen (relativ) großen Absatzmarkt, welche die unterschiedlichen Bedürfnisse jedes einzelnen Nachfragers dieser Produkte bedienen, zu Kosten, die ungefähr denen einer massenhaften Fertigung vergleichbarer Standardgüter entsprechen. Die Informationen, die im Zuge des Individualisierungsprozesses erhoben werden, dienen dem Aufbau einer dauerhaften, individuellen Beziehung zu jedem Abnehmer.

Da hier aus der Sicht der Konsumenten untersucht wird, ist es wichtig auch noch den Begriff Produktindividualisierung zu definieren. Die Konsumenten nehmen eine aktive Rolle im MC ein und haben die Möglichkeit zur Individualisierung eines Produkts. Ausgehend davon wird die Definition von Düll (2009) übernommen:

> Eine Option zur aktiven Produktindividualisierung ermöglicht es einem Konsumenten, (vor Kauf und Produktfertigstellung) bewusst eine (vom Umfang her begrenzte) Anpassung eines Standardprodukts (materieller Art im Konsumgütermarkt) an seine Ansprüche zu initiieren. Die aktive Produktindividualisierung setzt ein Mindestmaß an „Customer-Participation" voraus und hat ein individualisiertes Produkt zum Ergebnis.

Eigenschaften und Abgrenzung zu anderen Managementansätzen

MC ist eine sogenannte hybride Wettbewerbsstrategie. Dabei werden die alternativen Hypothesen von Porter seit einigen Jahren in Frage gestellt, wonach ein Unternehmen sich zwischen Kostenführerschaft und Differenzierung entscheiden muss (Düll 2009). Die Wettbewerbsstrategie der Kostenführerschaft zielt darauf ab, der kostengünstigste Hersteller der Branche zu werden. Dies soll durch Bündelung aller strategischen Aktivitäten und einen relativen Kostenvorsprung gegenüber den Konkurrenten erreicht werden (Porter 2014). Der zweite Strategietyp von Porter ist die Differenzierung. Diese Form der Wettbewerbsstrategie strebt an, Produkte oder Dienstleistungen anzubieten, welche von den Kunden innerhalb der Branche als einzigartig angesehen werden. Um diese Strategie zu verfolgen, müssen sich Unternehmen von ihren Wettbewerbern abheben und bessere Produkte und Dienstleistungen anbieten (Porter 2013). Jedoch werden diese beiden Strategieformulierungen kritisch betrachtet, da die Konzepte nur statisch angelegt sind und die dynamischen Veränderungen nicht berücksichtigt werden. In diesem Zusammenhang ist der Begriff der hybriden Wettbewerbsstrategie entstanden. Das Konzept zeichnet sich dadurch aus, dass gleichzeitig mehrere Strategietypen verfolgt werden. Die Unvereinbarkeitshypothese von Porter wird aufgehoben und die Strategietypen Kostenführerschaft und Differenzierung werden kombiniert und realisiert (Slamanig 2011). Zahlreiche empirische Untersuchungen können belegen, dass hybride Wettbewerbsstrategien erfolgreich in der Praxis eingesetzt werden können. Dabei wird zwischen simultan hybriden oder sequenziell hybriden Wettbewerbsstrategien mit lokaler oder globaler Optimierung unterschieden (Kaluza 1996). Maßgeschneiderte Massenfertigung gehört zu den sequenziell hybriden Wettbewerbsstrategien (Abbildung 7.3), da Unternehmen sich zwischen zwei unterschiedlichen Zielen entscheiden können, um MC zu erreichen. Dies kann zum einen durch Kundenorientierung, unter Berücksichtigung von Kostenvorteilen, erreicht werden und zum anderen durch Kostenorientierung, unter Bewahrung von Leistungsvorteilen (Kaluza 1996).

Ausgehend von Pillers Definition lassen sich folgende Eigenschaften und Charakteristika der kundenindividuellen Massenproduktion ableiten. MC wird vielfach als eine neue Stufe in der Evolutionsgeschichte der Fertigung gesehen. Es erfordert ei-

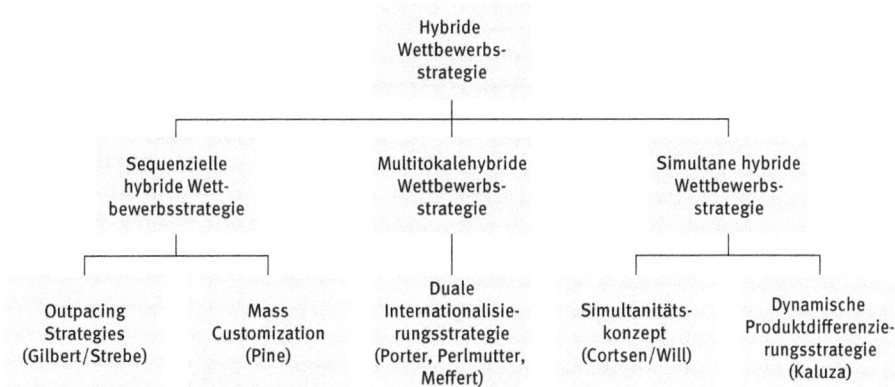

Abb. 7.3: Hybride Wettbewerbsstrategien. In Anlehnung an Kaluza (1996).

ne kundenindividuelle Herstellung jedes einzelnen Produkts von Grund auf. Dabei ist das Ziel, die Produktion von Gütern und Leistungen für die Konsumenten erschwinglich zu machen. Die Voraussetzung dafür ist eine Interaktion mit jedem einzelnen Kunden, wobei Individualisierungsinformationen erhoben werden. Die Produkte und Leistungen werden exakt anhand der Kundenbedürfnisse erstellt (Reichwald und Piller 2006).

In Tabelle 7.1 werden die verschiedenen Produktionsansätze dargestellt. Dabei hängt die Produktionsherstellung von der Variationsbestimmung und der Produktspezifikation ab.

Die Gestaltungsvariable wird nach der Produktspezifikation ausgerichtet. Dementsprechend wird die Herstellung entweder standardisiert oder individualisiert. Weitere Produktionsansätze (Scheer und Loos 2006) sind:

–   Massenfertigung: In der Massenfertigung wird nach Marktprognose und Schätzungen produziert. Es wird die Strategie Kostenführerschaft verfolgt. Dabei werden Design, Verkauf und Distribution standardisiert.
–   Variantenfertigung: In der Variantenfertigung werden standardisierte Produkte in einer Vielzahl von Varianten in Massen- bzw. Serien- oder Sortenfertigung hergestellt. Basierend auf Marktprognosen und Schätzungen wird jede Produktvariation durchschnittlich auf die Kundenbedürfnisse eines Kundensegmentes ausgerichtet.
–   Einzelfertigung: In der Einzelfertigung (Individualfertigung) werden in einem auftragsspezifischen Prozess individuelle Produkte entwickelt und hergestellt. Der Kunde äußert gegenüber dem Anbieter seine Anforderungen und Wünsche und das Produkt wird dann kundenindividualisiert produziert. Es ist eine enge Zusammenarbeit und die Produktion beginnt mit der Vorlage des Kundenauftrages sowie mit der Produktionsspezifikation. Es wird davon ausgegangen, dass bei solchen Produktionen aus Anbietersicht ein höherer Preis erwartet wird.

Tab. 7.1: Merkmale der Individualisierung und Standardisierung auf Produktebene (eigene Darstellung).

Merkmal	Extremstrategie Individualisierung	Standardisierung
Ausrichtung der Leistungsgestaltung	Extreme Ausrichtung der Leistungsgestaltung an den Anforderungen des einzelnen Nachfragers	Konjekturale Ausrichtung der Leistung an den Durchschnittsansprüchen einer großen Zahl von Nachfragern
Zahl der Nachfrager je Leistung	Einer bzw. sehr wenige	Viele
Kontakt zum Nachfrager	Eng: Kundenintegration in den Leistungserstellungsprozess	Nicht oder kaum vorhanden (anonyme Abnehmerschaft)
Erstellung der Leistung	Nach der Bestellung	Vor der Bestellung, auf Vorrat
Quelle der Informationen über die Anforderungen der Nachfrager	Informationen stammen direkt vom Nachfrager	Informationen werden über Marktforschung und Handel erfasst
Gleichartigkeit der Leistungen einer Produktlinie	Nicht (oder nur zufällig) gegeben: maßgeschneiderte Leistung, häufig Losgröße 1	Vollständig gegeben: homogenes Massenprodukt/kollektive Dienstleistung
Leistungsvielfalt	Sehr groß	Nur eine Leistung

– Produktbündelung: Bei der Produktbündelung fasst der Anbieter mehrere (Teil-)Produkte zu einem (Gesamt-)Produkt zusammen und bietet dieses zu einem Bündelpreis an. Dabei ist das Ziel, individuelle und technische sowie ökonomisch komplexe Produkte anzubieten.

Neben diesen genannten Produktionsansätzen gibt es unter anderem noch die dynamische Produktdifferenzierung, Outpacing-Strategien und die kundennahe und die dynamische Produktion.

7.1.3 Mass Customization im E-Commerce

Aufgrund steigender Nutzung des „World Wide Web" als Informationsmedium nehmen die Umsätze im Onlinehandel weiterhin rasant zu. Weltweit nutzen über 3,4 Mrd. Menschen das Internet und davon rund 85 Mio. User in der DACH-Region. Deutschland gehört zu den acht größten Internetnationen (Heinemann 2017a).

Unter Electronic Commerce (E-Commerce) wird der Einsatz des Internets als Verkaufsinstrument verstanden. Der Begriff wird jedoch sehr uneinheitlich verwendet (Böing 2001). Die Dynamik im E-Commerce gehört zu den meist diskutierten Themen der Wirtschaft. Branchenabgrenzung und Wertschöpfungsketten haben sich grundle-

```
                        Fertigungstypen


    ┌───────────────────────┼───────────────────────┐

 Einzelfertigung      Mass Customization      Mehrfachfertigung

                                                     │

                                                 Serien-/
                                            Variantenfertigung

                                                     │

                                             Sortenfertigung

                                                     │

                                             Massenfertigung
```

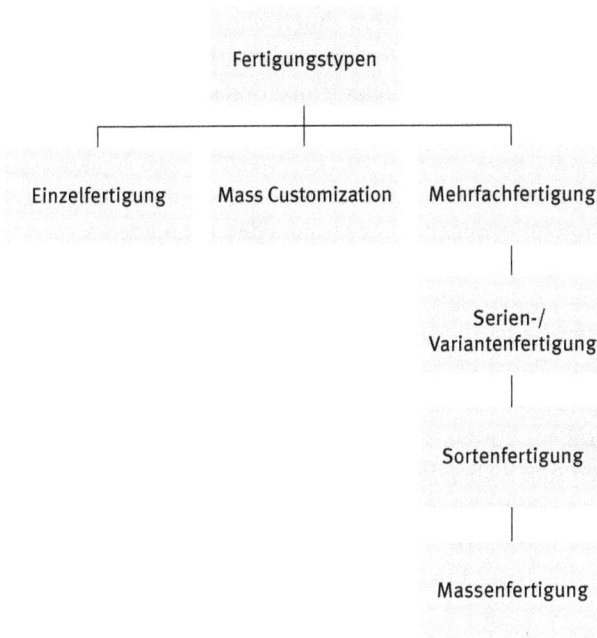

Abb. 7.4: Mass Customization als eigenständiger Fertigungstyp. In Anlehnung an Oestreich (2009).

gend verändert. Durch gezielte Nutzung des Internets ergreifen innovative Unternehmen, wie beispielsweise Amazon und Dell, die Chance zu wachsen und können so eine steigende Umsatzentwicklung vorweisen.

MC kann aus konzeptioneller Sicht als eine Anwendung des Electronic Business (E-Business) eingeordnet werden. Da die individuelle bzw. kundenspezifische Leistungserstellung im Vordergrund steht, kann es auch als Individual E-Business bezeichnet werden. Viele etablierte E-Business-Lösungen verlagern massenhafte Wertschöpfungsprozesse ins Internet mit dem Fokus auf Transaktionskostenreduktion. Individual E-Business bietet dagegen in Form einer informations- und kommunikationstechnikgestützten MC individuelle Produkte zum Standardpreis an. Abhängig vom Produkt oder der Leistung des Kunden und der dazugehörigen Marktbedingungen werden verschiedene Individualisierungsbedürfnisse angesprochen, die jeweils unterschiedlich umgesetzt werden. Bei MC findet die kundenbezogene Wertschöpfung auf der Informationsebene statt. Es findet eine Interaktion im Leistungserstellungsprozess zwischen Anbieter und Abnehmer statt, um die Wünsche und Bedürfnisse des Kunden in eine konkrete Produkt- oder Dienstleistungskonfiguration umzusetzen. Dabei ist es wichtig, die Information über die genaue Spezifizierung des Kundenwunsches zur richtigen Zeit am richtigen Ort im Wertschöpfungsprozess bereitzustellen. Mithilfe von Softwarelösungen können die Kundenwünsche mit dem Leistungspotenzial des Herstellers abgestimmt werden. Besonders bei niedrigpreisigen Produkten ist eine längere Beratung oder eine Konfiguration durch einen Vertriebsmitarbeiter nicht möglich. Im Internet können solche Produkte vermarktet werden, indem der Abnehmer den Produktkonfigurator des Anbieters nutzt und so direkt die Anwendungssysteme weiterleitet (Reichwald und Piller 2006). Bei MC können Informationen als ein wichtiger Umsetzungsfaktor gesehen werden. Die verschiedenen MC-Konzeptionen haben unterschiedliche Ansprüche an die Produktion und führen dazu, dass die Informations- und Kommunikationsintensität zwischen den Beteiligten ansteigt. Dabei ist es wichtig, den Informations- sowie den Kommunikationsbedarf zielgerecht und effizient zu decken (Reichwald und Piller 2002).

Eine zentrale Herausforderung ist die Balance zwischen Variantenvielfalt und Kundenbedürfnissen zu finden. Dabei ist es wichtig, dass die Kunden nicht überfordert sind und den Bestellprozess nicht abbrechen. Des Weiteren ist ein bedienerfreundliches Interface von großem Vorteil. Es soll an kritischen Stellen für Entwirrung bei dem Bediener sorgen und sicherstellen, dass der Kunde seine tatsächlich gewünschte Zusammenstellung erhält (Ternès et al. 2015).

Basierend auf Befragungen modellierte Müller die Phasen der Kundeninteraktion bei MC. Nicht nur die Konfiguration des Produkts, sondern auch vor- und nachgelagerte Phasen beeinflussen das gesamte Kauferlebnis des Kunden. Beispielsweise informieren sie sich vorab über das Unternehmen und das Produkt, bevor sie sich auf die Konfiguration einlassen. Aber auch die Wartezeit, After-Sales sowie die Rebuy-Phase werden von den Kunden unterschiedlich wahrgenommen. Es existieren sechs Phasen, in denen der Abnehmer mit dem Unternehmen in Interaktion tritt. Dabei kann das entwickelte Modell sowohl auf Online- als auch auf Offline-Interaktionsprozesse angewendet werden. Das Phasenmodell beinhaltet laut Müller sechs Phasen, die miteinander interagieren (Abbildung 7.5) (Müller 2007).

–   Die erste Phase der Interaktion zwischen Kunden und Unternehmen ist die Kommunikation. In dieser Phase ist es das Ziel, die Aufmerksamkeit neuer potenzieller Kunden zu gewinnen und es sollen grundlegende Informationen übermittelt werden.

– Kommunikation

– Exploration

– Konfiguration

– Wartezeit und Lieferung

– After Sales

– Rebuy

Abb. 7.5: Phasen der Kundeninteraktion. In Anlehnung an Müller (2007).

– In der zweiten Phase (Exploring) sollen vertiefende Informationen zum Angebot vermittelt werden. Zudem soll der Kunde Vertrauen gegenüber dem Anbieter aufbauen.
– Es folgt die Phase der Konfiguration. Diese Phase steht bei jedem MC-Angebot im Mittelpunkt und dient zur Erstellung der individuellen Leistung.
– Nachdem der Kunde sein persönliches Produkt konfiguriert hat, erfolgt die finale Produktion oder Zusammenstellung. In der Wartephase ergibt sich für den Kunden eine Wartezeit bis zur Lieferung oder Abholung des Produkts.
– Es folgt die Phase des Aftersales. In dieser Phase geht es darum, die gesammelte Kundeninformation für zusätzliche Angebote und weiterführende Kundenbetreuung zu verwenden.
– In der letzten Phase (Rebuy) soll der Kunde die Möglichkeit haben, auf seine gespeicherten Kundendaten zurückzugreifen.

7.1.4 Kundennutzen bei Mass Customization

Dieses Kapitel befasst sich zunächst mit dem Kundennutzen. Darauffolgend werden unterschiedliche Erklärungsansätze hinsichtlich des Kundennutzens im MC erörtert. Die Produkt-, sowie die Prozessnutzen im MC bilden die Kernthemen dieses Kapitels.

Kundennutzen entsteht dort, wo sich das Angebot und die Bedürfnisse der Kunden decken (Belz 2016). Anbieter, die den Nutzen einer Dienstleistung oder eines Produkts am besten erfüllen und ihre Kunden damit zufriedenstellen und sie begeistern, werden langfristig den erforderlichen Wettbewerbsvorteil mit entsprechenden Gewinnchancen erzielen. Tragen diese Produkte jedoch nicht mehr zur Begeisterung bei, steht der Preis mehr im Vordergrund. Neben dem Begeisterungsfaktor gibt es noch weitere Faktoren, die dazu führen, dass die Kundenzufriedenheit steigt (Klein 2002). Vershofen, der Begründer der Nutzenlehre, beschreibt, dass sofern ein Produkt als geeignet eingeschätzt wird und seine Bedürfnisse dadurch befriedigt werden, es für den Konsumenten eine individuelle Nutzenstiftung erbringt. Grundsätzlich unterscheidet Vershofen zwischen Grundnutzen und Zusatznutzen. Der Grundnutzen bezieht sich auf die objektivierbaren technisch-stofflichen und funktionalen Gebrauchseigenschaften eines Produkts. Der Zusatznutzen beinhaltet dagegen einen Geltungsnutzen sowie Erbauungsnutzen oder Erlebnisnutzen (Vershofen 1959).

Eine internationale Studie von ca. 1000 Unternehmen hat aufgezeigt, dass bei der Bestimmung des Nettokundennutzens der Preis eine untergeordnete Rolle spielt. Dabei sind der Grund- und der Zusatznutzen die wichtigsten Aspekte bei der Beurteilung des Nettonutzens. Die Konsumenten treffen ihre Kaufentscheidungen anhand ihres Kundennutzens (Homburg und Beutin 2000).

Unternehmen haben zwei Möglichkeiten, um eine Kaufentscheidung zu ihren Gunsten zu beeinflussen. Zum einen können sie an der Preis-/Kostenschraube drehen und zum anderen den Nutzen des Produkts erhöhen. Wie schon im oberen Abschnitt erwähnt, werden zwei Arten von Nutzen unterschieden, der Grundnutzen und der Zusatznutzen. Der Grundnutzen (Basis- oder Kernnutzen) ist die minimale Anforderung, den der Kunde vom Produkt und der Geschäftsbeziehung erwartet. Darüberhinausgehende Nutzenaspekte werden als Zusatznutzen bezeichnet. Die Anbieter haben verschiedene Möglichkeiten, die Bedürfnisse des Kunden durch Nutzenschaffung zu befriedigen (Homburg und Beutin 2000).

Wachter fasst im Rahmen einer empirischen Arbeit zusammen, dass der Kundennutzen sich in funktional-rationale, emotional-hedonistische, funktional-ökonomische und sozial-holistische Dimensionen aufteilt. Der funktionale Kundennutzen entsteht bei funktionaler Leistungserfüllung. Er verkörpert den Basisnutzen sowie die Zweck- oder auch Gebrauchstauglichkeit des Produkts bzw. der Dienstleistung. Der soziale Kundennutzen wird als symbolischer Nutzen verstanden, welcher nach außen sowie nach innen gerichtet ist. Der nach außen gerichtete soziale Kundennutzen kann in Form einer Selbstdarstellung über eine Marke dargestellt werden, der nach innen gerichtete durch Selbstausdruck und der Identifikation mit dem Produkt bzw. der Leistung. Unter emotionalem Kundennutzen versteht man, wenn ein Produkt Emotionen wie Vergnügen, Spaß, Freude, Genuss oder Wohlbefinden auslöst und vermittelt (Wachter 2006). Der Kunde hat verschiedene Lösungsmöglichkeiten, welche der Anbieter vorher festgelegt hat. Dabei kann er kreativ werden und das Produkt selbst gestalten. Aus einer Auswahl von verschiedenen Optionen kann der Endverbraucher die Eigenschaften, die seinen Vorstellungen am ehesten entsprechen, auswählen. Diese interaktive Wertschöpfung weist eine große Ähnlichkeit mit der Kundenintegration bei Dienstleistungen auf (Walcher und Piller 2016). Doch beim Individualisierungsprozess können auch Probleme auftreten. Zum einen können Konsumenten Schwierigkeiten haben, angesichts zahlreicher Optionen, sich für das Richtige zu entscheiden und zum anderen benötigen sie Zeit, um ein individualisiertes Produkt zu erstellen. Darüber hinaus müssen sie zunächst lernen, die Logiken des Produkts sowie die Einkaufsumgebung zu verstehen.

7.2 Erklärungsansätze des Kundennutzens bei Mass-Customization-Produkten

Neben dem ökonomischen Nutzen spielt bei der freiwilligen Partizipation auch der psychologische Nutzen eine Rolle. Dieser kann in Form von Freude auftreten, welche dann auch als ein Nutzenvorteil für den Kunden gesehen werden kann. Der Kunde beurteilt sich bei seiner Partizipation und je höher die Eigeneffektivität des Kunden beurteilt wird, desto stärker ist die Freude (Meik 2015).

Qualität und Funktionalität eines Produkts sind für den Kunden sehr wichtige Aspekte, welche der Anbieter erfüllen muss. Aber auch das Bedürfnis nach Spaß/Hedonismus und das Bedürfnis nach Selbstverwirklichung können durch den Anbieter gestillt werden (Homburg und Beutin 2000). Die ergonomische Qualität bezieht sich auf den Gebrauch und auf den Verwendungszweck des Produkts, wobei die hedonistische Qualität durch Neuheitswert, sozialen Status oder Originalität des Produkts gekennzeichnet ist. MC ist aus wettbewerbsstrategischer Sicht eine Differenzierungsstrategie, da der Nutzenzuwachs durch eine bessere Übereinstimmung der Leistung mit den speziellen Bedürfnissen der Kunden entsteht. Die Individualisierung kann bei Funktionalität und der visuellen Wahrnehmung angesetzt werden. Werden eine oder mehrere dieser Eigenschaften an die Wünsche des Kunden angepasst, sollte die wahrgenommene Produktqualität steigen. Die hedonistischen Aspekte eines Produkts sind nicht-aufgabenbezogene Eigenschaften, welche sich positiv auf die Zufriedenheit auswirken. Diese können dem Wunsch nach Einmaligkeit, Abwechslung oder dem Erreichen eines besonderen Status in der Gesellschaft nachkommen (Ihl et al. 2006).

Bei MC werden die Produkte und Dienstleistungen zwischen dem Anbieter und dem Kunden während des Interaktionsprozesses gemeinsam definiert. Dabei sollten die Preise der kundenindividuellen Produkte sich an denen der massenhaften Standardprodukte richten und keine teuren Nischenprodukte sein (Walcher 2010).

Der Kunde nimmt aktiv an der Wertschöpfung teil und kann innerhalb der vom Anbieter festgelegten Lösungsvorschläge kreativ und selbstständig gestalten. Mithilfe einer Auswahl von Optionen kann der Kunde die Eigenschaften auswählen, die seinen Vorstellungen am ehesten entsprechen. Die Kundenzufriedenheit und damit in weiterer Folge die Zahlungsbereitschaft lässt sich zu 50 % mit der Zufriedenheit mit dem Produkt und zu 50 % mit der Zufriedenheit mit dem Erstellungsprozess erklären. Beim Selbstkreieren ergeben sich Herausforderungen, die dem Kunden eine gewisse Kreativität abverlangt (Walcher und Piller 2016). Diese Kreativität ist technisch und sozial unterstützbar. Viele Anbieter bieten den Kunden einen Konfigurator oder andere Toolkits an, um ihre Kreativität zu entfalten. Durch soziale Interaktion kann auch die Kreativität unterstützt werden. Dabei wird die menschliche Komponente im Umgang mit den Kunden betont. Die Kombination von sozialer und technischer Unterstützung ermöglicht eine für den Kunden und den Anbieter zielführende Prozessgestaltung (Möslein und Piller 2014). Der Wert des Individualisierungsprozesses entspricht per Definition dem Zusatznutzen, den das individualisierte Produkt im Vergleich zum Standardprodukt stiftet. Ist dieser wahrgenommene Nutzen für den Kunden groß genug, dass er bereit ist, mehr zu zahlen, hat der Anbieter die Möglichkeit, einen entsprechenden Aufpreis zu erheben (Schreier 2005).

Der Prozess des Selbstkreierens bereitet jedoch auch Spaß und erfüllt den Kunden nach der Fertigstellung mit einem gewissen Stolz, eine besondere Leistung erbracht zu haben. Laut Walcher und Piller lässt sich mithilfe der 3 Fs (of MC Product): Function, Fit, Form und der 3 Es (of MC Process): Extended Self, Express Myself und Effort Justification der Kundennutzen und somit die Kundenzufriedenheit steigern. Dies zeigt sich schlussendlich auch in der erhöhten Zahlungsbereitschaft von MC-Produkten (Walcher und Piller 2016). Abbildung 7.6 fasst die Kundennutzensteigerung auf Produkt-

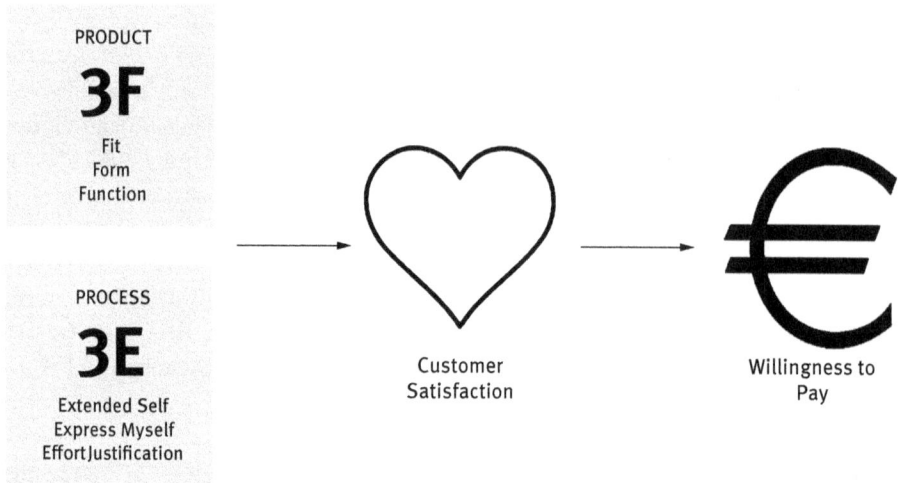

Abb. 7.6: Kundennutzen und Zahlungsbereitschaft bei MC-Angeboten. In Anlehnung an Walcher und Piller (2016).

und Prozessebene bei MC-Produkten zusammen. In den nächsten beiden Unterkapiteln wird auf Produkt- und Prozessnutzen bei MC genauer eingegangen.

Schreier unterteilt die Nutzenkomponente bei selbst designten Toolkit-Produkten generell in eine funktionale und in eine psychologische Komponente (Abbildung 7.7):
- Der funktionale Nutzen umfasst die bessere Übereinstimmung zwischen individuellen Bedürfnissen und Produkteigenschaften.
- Der psychologische Nutzen setzt sich durch das Erstellen des Produkts (Prozessnutzen) und dem Ergebnis des selbst designten Produkts (output-orientierter Nutzen) zusammen. Der Prozessnutzen kann positiv wie auch negativ ausfallen.

Bei dem negativen Prozessnutzen sind die zusätzlichen Kosten zu finden, die beim User entstehen, um ein Produkt selbst zu gestalten, anstatt es einfach in einem Laden zu kaufen. Der Prozessnutzen wird positiv wahrgenommen, wenn das eigene Designen als lohnend empfunden wird. Der output-orientierte Nutzen beinhaltet zwei Aspekte, die wahrgenommene Einzigartigkeit und der „Pride of Authorship". Das Ergebnis kann einerseits ein Gefühl von Stolz beim Käufer auslösen, den Stolz auf die Eigenleistung, der in Folge als „Pride of Authorship" bezeichnet wird, andererseits wird das Produkt als einzigartig wahrgenommen (Schreier 2005).

Hagenmaier gibt anhand von verschiedenen Forschungsbereichen im MC einen Überblick über die treibenden Einflussfaktoren der Wertsteigerung aus Kundensicht von individualisierten Produkten (Hagenmaier 2016). Er unterscheidet dabei zwischen produktbezogenem und prozessbezogenem Nutzen. Produktbezogene Kundennutzen sind Nutzen, welche direkt dem Produkt zugeordnet werden können. Dazu gehört zum einen das Preference Fit, welches an die individuellen Bedürfnisse der

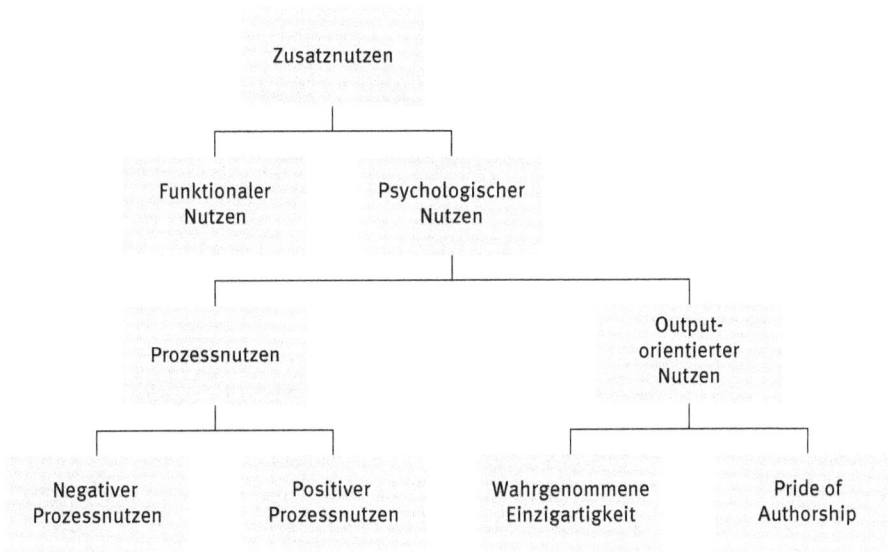

Abb. 7.7: Nutzenkomponenten bei selbst designten Toolkit-Produkten. In Anlehnung an Schreier (2005).

Kunden abgestimmt ist, sowie der Mehrwert der wahrgenommenen Einzigartigkeit, Value of Uniqueness und Self-Expressiveness, sich durch die Möglichkeit der Differenzierung von anderen Käufern von Standardprodukten zu unterscheiden. Neben diesen produktbezogenen Vorteilen existieren auch noch prozessbezogene Kundennutzen, die sich aus dem Co-Designprozess ergeben und zwar der hedonistische Mehrwert und die Freude am Anpassungsprozess, Process Enjoyment, und Creative Achievement, der durch die eigene Leistung während der Anpassung entsteht. Basierend auf dieser Einteilung wird in den folgenden Abschnitten auf den einzelnen Nutzen eingegangen (Abbildung 7.8).

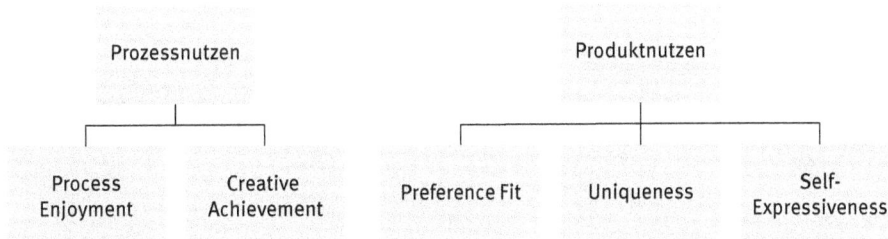

Abb. 7.8: Kundennutzen im Mass-Customization-Bereich. In Anlehnung an Hagenmaier (2016).

7.2.1 Produktnutzen bei Mass Customization

Vor und während des Anpassungsprozesses bei MC-Produkten antizipieren die Kunden den Wert, den sie aus dem Verbrauch des Produkts ziehen. Drei Kundennutzen wurden identifiziert: Uniqueness, Preference Fit und Self-Expressiveness (Merle et al. 2010).

7.2.1.1 Einzigartigkeit

Für eine erfolgreiche Positionierung am Markt ist es wichtig, die segmentspezifischen Bedürfnisse und Präferenzen der bestehenden und potenziellen Kunden optimal zu befriedigen. Eines dieser Bedürfnisse kann das Verlangen sein, sich mit einem bestimmten Produkt gegenüber der Masse zu differenzieren. Das Streben nach Einzigartigkeit und Selbstverwirklichung wird auch als Need for Uniqueness bezeichnet. Dabei handelt es sich um das Bedürfnis, sich von anderen abzuheben und ein individuelles Selbst zu schaffen. Die Verbraucher möchten sich von anderen unterscheiden, damit sie ihre Individualität ausdrücken können. Um ihre Einzigartigkeit zu gewährleisten, kaufen sie die neuesten Produkte, die auf dem Markt angeboten werden, Originalwaren, handgefertigte Waren, Vintage oder Antiquitäten. Dabei ist es wichtig, dass die Produkte nicht in Massen verfügbar sind.

Konsumenten verwenden Produkte nicht ausschließlich aufgrund ihres funktionalen Nutzens, sondern auch um ihr Selbst zu definieren und es nach außen zu kommunizieren. Im Rahmen des symbolischen Konsums verstehen Individuen ihren Besitz als Teil ihres Selbst. Der Begriff „erweitertes Selbst" steht für ein Selbstbild, worüber sich das Individuum in der modernen Zivilisation definiert und zwar über seinen Besitz. Aus diesem Grund wird die Attraktivität eines Produkts im jeweiligen Kontext auf die eigene Person projiziert. Im Rahmen der Uniqueness-Theorie werden sowohl intern moderierende Gründe (wie z. B. eigene Werte), als auch extern moderierende Faktoren (z. B. motivierende Gründe) aufgeführt. Zum einen lernen Menschen in ihrem sozialen Umfeld, dass sich Individuen beispielsweise aus genetischen, sozialen oder kulturellen Gründen unterscheiden und zum anderen sind Individuen extrinsisch motiviert, sich von anderen zu unterscheiden.

Uniqueness Value wird wie folgt definiert: Generierung von Werten aus Kundensicht durch die Möglichkeit, mit dem maßgeschneiderten Produkt seine Einzigartigkeit darzustellen.

7.2.1.2 Vorlieben

Der Utilitarian Value eines Produkts beschreibt den Nützlichkeitswert oder den funktionalen Wert eines Produkts. Es umfasst die funktionalen Vor- und Nachteile eines Produkts. Einer der Vorteile bei MC besteht darin, den Fit mit eigenen Präferenzen oder Wünschen anpassen zu können. Gegenüber einem Standardprodukt stellt bei angepassten Produkten der Utilitarian Value ein Hauptargument dar, sich für das angepasste Produkt zu entscheiden (Appelmann et al. 2015). Seit Jahrzehnten wird in der Literatur darüber diskutiert, dass die Zahlungsbereitschaft und Produktzufriedenheit von Kunden vom Fit der Produkteigenschaften mit den Präferenzen der Nutzer abhängt (Reichwald und Piller 2009). Der Werttreiber bei MC ist der wahrgenommene Nutzen, der sich aus den Präferenzen des Verbrauchers ergibt. Standardprodukte haben das Ziel, die Bedürfnisse der Durchschnittsverbraucher zu befriedigen. Durch die Anpassung können sie ihre Vorlieben genauer modellieren (Hagenmaier 2016). Generell kann ein Kunde mithilfe eines bestimmten Produkts in der Lage sein, bestimmte Aufgaben zu erfüllen. Daher sind es die Eigenschaften des Produkts, wie z. B. seine physikalischen Eigenschaften und Merkmale, die dem Benutzer dabei helfen, ein bestimmtes Ergebnis in zufriedenstellender Weise zu erreichen. In diesem Zusammenhang ist der Wert der Individualisierung definiert als die Steigerung des Nutzens, der sich für den Kunden aus dem individualisierten Produkt ergibt, verglichen mit dem besten verfügbaren Standardprodukt. Bisher war dieser funktionale Nutzen das wichtigste Argument für MC: Produktlösungen, die vom Kunden selbst entworfen werden, liegen potenziell viel näher an seinen individuellen Bedürfnissen. Diese bessere Anpassung zwischen Produkt und individuellen Präferenzen kann sowohl technische als auch Designaspekte beinhalten und damit ein breites Spektrum möglicher Eigenschaften in Abhängigkeit von der jeweiligen Produktkategorie abdecken. Dem Kunden ist es zum einen wichtig, die Produkte entsprechend seiner (Gebrauchs-)Vorstellungen (Function, Fit und Form) zu finden und zum anderen streben sie mit dem Produkt nach Einzigartigkeit. Die Firma Dell oder das Handelsunternehmen Alternate z. B. ermöglicht es ihren Kunden, Computer zusammenzustellen, welche ihren funktionalen (function) und ästhetischen (form) Bedürfnissen entsprechen. Nicht genutzte Komponenten und vom Kunden abgelehnte Zusatzkomponenten müssen die Kunden nicht zusätzlich bezahlen. Aber auch die körperlichen Ansprüche (Fit), wie z. B. Hals-, Brust- oder Bauchumfang werden bei MC-Produkten berücksichtigt. Nicht nur die physiognomischen oder gustatorischen Anforderungen (Fit) werden angestrebt, sondern auch die Imagewirkung nach außen.

Zusammenfassend kann festgehalten werden, dass die Kundenbedürfnisse auf der Produktebene durch die 3 Fs (Funktion, Fit und Form) befriedigt werden können bei gleichzeitigem Streben nach Einzigartigkeit (Walcher und Piller 2016).

Der Begriff Preference fit wird bei Merle et al. (2010) als Utilitarian Value aufgeführt. Sie definieren es folgendermaßen: „Generierung von Werten aus Kundensicht, der durch die Produkteigenschaften und individuellen Präferenzen gewonnen werden."

7.2.1.3 Selbstdarstellung

Ein weiterer Produktnutzen ist Self-Expressiveness. Darunter versteht man die Selbstdarstellung durch ein Produkt. Es geht um eine Inszenierung eines erwünschten Selbst, damit der soziale Einfluss größer wird. Es handelt sich letztendlich um die

Wirkung des Produkts im sozialen Kontext. Dieses kann zum Beispiel mit den Produkten einer großen Marke realisiert werden, indem der Kunde seinen Namen oder Initialen auf das Produkt schreibt. Der Besitzer strebt nach einem positiven Imageeffekt (Walcher und Piller 2016). Je stärker ein Produkt das eigene Selbstbild vom Eigentümer repräsentiert, desto höher ist folglich der Nutzen, den dieses Produkt dem Besitzer stiftet (Appelmann et al. 2015). Weiterhin zeigen Atakan et al. auf, dass die Konsumenten eine größere emotionale Bindung mit dem Produkt eingehen, wenn sie während der Umsetzungsphase physisch beteiligt sind. Diese Beteiligung kann z. B. in Form von körperlicher Anstrengung stattfinden, wie Hämmern oder schwere Teile tragen. Bei der Entwurfsphase muss der Konsument eigene Entscheidungen treffen, z. B. hinsichtlich Form oder Farbe oder er muss seine eigene Kreativität einsetzen, dabei entsteht eine kognitive Bindung zum Produkt (Atakan et al. 2014). Jahrzehntelang haben Abnehmer bei einigen Marken eine Beziehung aufgebaut und haben dabei bestimmte Assoziationen und Wertvorstellungen entwickelt. Durch das Tragen der Marken haben die Kunden die Möglichkeit ihr Selbstbild und ihren Status in der Öffentlichkeit zu zeigen. Marken werden als Persönlichkeiten wahrgenommen und werden als ein Teil von sich selbst gesehen (Walcher und Piller 2016). Konfiguratoren bieten die Möglichkeit an, Produkte den eigenen Vorstellungen entsprechend selbst zu gestalten. Somit könnte theoretisch ein Produkt erstellt werden, welches dem eigenen Image mehr entspricht und den eigenen Lifestyle noch besser ausdrückt (Appelmann et al. 2015). Das Bedürfnis, sich durch den Konsum zu inszenieren bzw. sich mit der Marke zu identifizieren, ist bereits mehrfach und detailliert untersucht worden. Unter Self-Expressiveness Value verstehen Merle et al. (2010): Generierung von Werten aus Kundensicht, ein Produkt zu besitzen, das eine Persönlichkeit widerspiegelt.

7.2.2 Prozessnutzen bei Mass Customization

Der Erfahrungswert bei MC-Produkten betrifft die Interaktion zwischen dem Kunden und dem Produktdesign. Marketingwissenschaftler haben aufgezeigt, dass der Co-Design-Prozess für den Konsumenten einen intrinsischen Wert haben kann. Zwei wahrgenommene Kundennutzen dieses Prozesses wurden identifiziert: Process Enjoyment und Creative Achievement (Merle et al. 2010).

7.2.2.1 Prozessgenuss

In jüngster Vergangenheit werden auch die hedonistischen Elemente von Konfigurationsprozessen im Internet thematisiert. Als Grundbasis wird das Technologie-Akzeptanz-Modell (TAM) genutzt. Es beschreibt in seiner Grundform die starken Verhaltensabsichten neue Technologie zu nutzen. Dabei hängt diese Verhaltensabsicht, z. B. ein neues Softwareprodukt, von dessen zweckbezogenem Nutzen sowie von dessen wahrgenommener Bedienfreundlichkeit ab. Beim hedonistischen Nutzen geht es um das

Vergnügen und die Freude am Vorgang oder am Prozess der Verwendung des Mediums und nicht in erster Linie um aufgaben- bzw. zweckbezogene Eigenschaften einer Leistung. Die meisten Kunden empfinden Spaß und Freude beim Selbstkreieren ihrer eigenen Produkte. Dabei macht es ihnen Spaß, sich selbst auszudrücken und sich selbst zu verwirklichen. Es gibt einerseits keinen fest vorgeschriebenen Weg zur Lösung, weswegen kreative Menschen es als Freiheit sehen und andererseits wird die neue Tätigkeit als eine Herausforderung gesehen (Walcher 2010).

Beim Konfigurieren der persönlichen Produkte werden die Emotionen Spaß, Flow und intellektuelle Stimulation hervorgerufen. Bei einem erfolgreichen Abschluss der Konfiguration wird zumeist das Gefühl des Stolzes auf die Eigenleistung empfunden. Dieses Gefühl entspringt der Gewissheit, eine besondere Leistung vollbracht zu haben und die Kunden sind mit sich selbst zufrieden. All diese emotionalen Prozesseffekte werden durch die Gestaltung und Qualität des Online-Konfigurationssystems unterstützt (Walcher 2010). Viele Forscher versuchen mithilfe des Flow-Konstruktes die Zufriedenheit mit einem Prozess zu erklären. Der Benutzer befindet sich in einem Flow, wenn er einen Prozess als optimal wahrnimmt und seine Fähigkeiten mit den Anforderungen übereinstimmen. In diesem Flow-Zustand ist er von seinen Aufgaben gefesselt. Online-Shopper, welche ein Flow-Erlebnis erfahren, tätigen eher einen Kaufabschluss, als die, die es nicht erlebt haben. Weiterhin steigt währenddessen noch das Selbstvertrauen und gibt dem Benutzer ein Gefühl von Selbstzufriedenheit (Reichwald und Piller 2009). Das theoretische Konstrukt Flow beschreibt somit, dass Personen, die sich im „Fluss" befinden, tief in eine Tätigkeit versunken sind und ein positives Bewusstsein erleben.

Es gibt einen eindeutigen Zusammenhang zwischen Produktzufriedenheit und den durch den Konfigurationsprozess erzeugten positiven Emotionen (Spaß, Flow, Stimulation und Stolz) mit der Zahlungsbereitschaft. Studien zeigen, dass die Kundenzufriedenheit und die Zahlungsbereitschaft bei MC zu 50 % auf die Zufriedenheit mit dem Produkt und zu 50 % auf die Zufriedenheit mit dem Erstellungsprozess zurückzuführen sind. Etwas selbst zu kreieren stellt eine Herausforderung dar und verlangt Kreativität. Des Weiteren bereitet es Spaß und Stolz, etwas erbracht zu haben (Walcher und Piller 2016).

Merle et al. (2010) ordnen den Begriff Process Enjoyment zu den Hedonic Values, welches sie folgendermaßen definieren: Generierung von Werten aus Kundensicht, die sich aus den Fähigkeiten und Erfahrungen ergeben, Bedürfnisse in Bezug auf – Genuss, Spaß oder Vergnügen – zu sehen.

7.2.2.2 Kreative Leistung

Ein weiterer prozessbezogener Kundennutzen beim Erstellen von individualisierten Produkten ist der Prozessnutzen (Creative Achievement). Das Creative Achievement bezieht sich auf den von Schreier identifizierten „Pride of Authorship"(Schreier 2005). Ein „Pride-of-Authorship-Effekt" beschreibt die Zufriedenheit mit dem Ergebnis als

Resultat des eigenen Problemlösungsprozesses. Im Do-it-yourself-Bereich ist das ein wesentliches Motiv. Jedoch hängt dieser Effekt stark von den Eigenschaften des Benutzers ab. Er muss diese adäquaten Fähigkeiten besitzen, um die Aufgabe zu bewältigen. Sind diese nicht vorhanden, kann die Zufriedenheit aufgrund einer mangelhaften Prozesswahrnehmung negativ beeinflusst werden (Reichwald und Piller 2009). Ein wesentlicher Antrieb für Konsumenten mit handwerklichen Vorlieben ist die positive Prozesswahrnehmung bei ihrer Tätigkeit. Sie geben an, nicht nur von dem selbst erstellten vollendeten Werk motiviert zu sein, sondern auch das Erleben des Arbeitsvollzugs zu genießen (Reichwald und Piller 2009). Der Pride of Authorship bezieht sich auf den Konfigurator, die Schaffensfreude eines Users, der ein Produkt selbst erstellt hat (z. B. der Pure Player Shirtinator).

Die Prozessgestaltung des eigenen Produkts nehmen die Kunden als Nutzen wahr, wenn sie es als einen selbstbelohnenden Prozess einschätzen. Selbstbelohnende Aktivitäten werden u. a. mit den Eigenschaften Befriedigung der Neugier, Möglichkeiten zum Erleben, Unterhaltungswert und Neuheit verbunden. Es wurde empirisch belegt, dass die Menschen einen intrinsischen Nutzen daraus ziehen, wenn sie etwas selber tun. Im Bereich des MC ist es wahrscheinlich, dass Kunden, die ihr eigenes Produkt designen, den Akt des Designens ebenfalls positiv bewerten. Bei der Gestaltung des Konfigurators sollten die Anbieter berücksichtigen, dass aus dem Prozess der Gestaltung Gefühle entstehen und dadurch den subjektiven Wert des Produkts beeinflussen. Diesen Effekt nennen Franke et al. (2010) „I Designed It Myself". Dieser Effekt ist auch beim traditionellen Heimwerkermarkt im Do-it-yourself-Bereich zu finden, da die Menschen an den Aktivitäten beteiligt sind und sie das Selbermachen wahrnehmen. Den Begriff Creative Achievement Value beschreiben Merle et al. (2010) wie folgt: Generierung von Werten aus Kundensicht, die sich aus dem Zusammenhang mit der kreativen Aufgabe der Gestaltung ergeben.

8 Social Media

Die Weiterentwicklungen des Internets haben in den vergangenen beiden Jahrzehnten eine große Anzahl neuer Anwendungen und Plattformen entstehen lassen, welche die Rolle und das Selbstverständnis der Nutzer, aber auch deren Interaktionsmuster verändert haben (Pindur 2013). Durch den ermöglichten asynchronen, aber doch zeitnahen Informationsaustausch ist ein flexibler und wirkungsvoller Kommunikationsraum entstanden. Dabei hat insbesondere der Aufstieg von Social Media eine zunehmende Verknüpfung zwischen den Nutzern und damit einen enormen Bedeutungszuwachs von kundenseitiger Kommunikation bzw. Word-of-Mouth ausgelöst (Blazevic et al. 2013). Social Media kann im Sinne des S-O-R-Modells nach Howard und Sheth und des für die Kommunikationspolitik abgeleiteten Kommunikationsmodells (Schnettler und Wendt 2010) als Übertragungskanal und gleichzeitig auch Inkubator für kundenseitige Signale bzw. Word-of-Mouth betrachtet werden. Es findet somit ein Dialog statt. Die einfache sowie kostengünstige Erreichbarkeit und die hohe Anzahl der über Social Media miteinander verbundenen Personen haben die Häufigkeit und den Umfang des Meinungsaustauschs, dessen Geschwindigkeit und vor allem dessen Reichweite unter den Nachfragern deutlich erhöht. In diesem Zusammenhang erscheint es für viele Unternehmen daher auch zweckmäßig, Social Media zur Gestaltung der kundenseitigen Kommunikation im Customer Contact Management zu nutzen. Darauf aufbauend, wird insbesondere der Zusammenhang zwischen kundenseitiger Kommunikation bzw. Word-of-Mouth und Social Media als Übertragungskanal hergestellt. Der folgende Abschnitt dient damit der Beantwortung folgender Fragestellungen:

- Was ist Social Media?
- Welche Motive für die Nutzung von Social Media bestehen auf User-/Nutzer- und Unternehmensseite?
- Welche Rolle spielt Social Media bei der Entstehung und Verbreitung kundenseitiger Kommunikation?

Aufgrund der vielfältigen Erscheinungsformen von Social Media und der verschiedenartigen Möglichkeiten des Einbezugs in das Marketing ist eine umfassende begriffliche Auseinandersetzung erforderlich. Daher beginnt das folgende Kapitel zunächst mit einer definitorischen Begriffsabgrenzung, in deren Rahmen Social Media bzw. „soziale Medien" von den häufig im gleichen Kontext genannten Begriffen Web 2.0 und User Generated Content abgegrenzt wird. Auf Basis verschiedener Definitionsansätze werden anschließend zentrale Prinzipien abgeleitet und, darauf aufbauend, die in der Literatur am häufigsten unter Social Media gefassten Formen erläutert und analysiert. Die folgenden Abschnitte analysieren die Gründe für ein Engagement im Social Media aus Sicht von Unternehmen sowie aus Sicht des Users. Eine begriffliche und motivorientierte Auseinandersetzung mit den Grundlagen der Word-of-Mouth-Forschung

https://doi.org/10.1515/9783110527179-008

stellt abschließend die Besonderheiten der kundenseitigen Kommunikation sowie deren Einsatzmöglichkeiten für unternehmerische Zwecke dar.

8.1 Was ist Social Media?

Der Begriff Social Media nimmt eine zentrale Rolle im Kontext der digitalen Informationsverteilung ein und wird dementsprechend auch von Forschung und Praxis gleichermaßen als wichtig klassifiziert. Wir sprechen hier sogar von einer revolutionierten Kommunikation und deutlichen Veränderungen in der Dynamik des Kommunikationsverhaltens. Doch trotz dieses Interesses herrscht aufgrund der vielfältigen Anwendungsgebiete ein diffuses Begriffsverständnis darüber, was „Social Media" genau bedeutet (Hippner und Wilde 2005; Kaplan und Haenlein 2010). Bevor eine zweckmäßige Definition für Social Media entwickelt werden kann, ist es zunächst hilfreich, mit „Web 2.0" sowie „2User Generated Content" zwei häufig im gleichen Kontext genannte Begriffe zu erläutern und voneinander abzugrenzen. Anstelle einer einheitlichen Definition des Begriffs Web 2.0 existiert aktuell in der wissenschaftlichen Literatur eine Vielzahl an Verständnissen und Auslegungen. Zum ersten Mal wurde der Begriff Web 2.0 von Eric Knorr, dem Chefredakteur des IDG Magazins InfoWorld, im Jahr 2003 in der amerikanischen Zeitschrift CIO publik gemacht. Knorr beschreibt das Web 2.0 als eine universale, standardbasierte Vernetzungsplattform („universal, standards-based integration platform"). Erstmals wurde der Terminus 2004 von Tim O'Reilly, Gründer des O'Reilly-Verlages, von O'Reilly Media und Graig Cline von Media Live, im Rahmen eines Brainstormings für eine Konferenz zum Thema Internetentwicklung genannt. Nach dem Zusammenbruch der „New Economy"[1] und dem Platzen der Dotcom-Blase im Jahr 2001 stellten sie einen Wandel der Internetfirmen fest, die sich zunehmend auf die Bedürfnisse der Benutzer-/innen einstellten und sie an den Entwicklungen neuer Dienste teilhaben ließen. Daher sollte der Begriff also primär Innovationen bezeichnen, die das Internet in den vergangen Jahren durchlaufen und verändert haben. Gemeint waren hauptsächlich Softwaretechnologien, Geschäftsmodelle bzw. onlinebasiertes Wirtschaften sowie das dadurch gekennzeichnete generelle Nutzungsverhalten. Demnach handelt es sich um keine grundlegend neuen Ideen von Web 1.0, sondern vielmehr um Weiterentwicklungen und Neuzusammensetzungen von bereits bestehenden Möglichkeiten. Ursprünglich als eine Art Marketingbegriff gedacht, verbreitete sich der Begriff Web 2.0 durch die Konferenzteilnehmer-/innen und den von O'Reilly in 2005 verfassten Artikel „What is Web 2.0" innerhalb kürzester Zeit. Ursprünglich wurde der Begriff von O'Reilly nicht im Sinne einer Versionsnummer konzipiert, sondern als ein Hinweis auf eine ideologische Neupositionierung von Unternehmen und Geschäftsmodellen

---

1 Der Begriff New Economy beschreibt die neu entstandenen Wirtschaftsmöglichkeiten, die es seit der Verbreitung des Internets gibt.

nach dem Scheitern der sog. Dotcom-Blase (O'Reilly 2009). Dabei konnte O'Reilly bei den Unternehmen, die den Crash ohne größeren Schaden überstanden haben, übereinstimmende Charakteristika identifizieren, die sowohl auf strategische wie auch auf operative Entwicklungsvorschriften und Ergebnisideale abzielen (Blank und Reisdorf 2012):

- Das Internet wird als systemunabhängige Plattform eingesetzt. Dies ermöglicht es, von Endgeräten unabhängige Anwendungen zu entwickeln und anzubieten, und führt gleichzeitig zu einem Ende von statischen Versionsnummern und stattdessen zu kontinuierlichen Entwicklungszyklen.
- Die kollektive Intelligenz der Endnutzer wird im Rahmen der Geschäftsmodelle eingesetzt.
- Der Besitz und die Ansammlung von großen Datenmengen gewinnen zunehmend an Wichtigkeit für die Geschäftstätigkeit und an Relevanz für den (monetären) Unternehmenserfolg.

Gerade der letzte Punkt macht klar, dass viele Social-Media-Plattformen wie Facebook, Twitter, Instagram etc. oder auch Plattformunternehmen wie Amazon, Otto, Zalando etc. auf die Analyse der Datenmengen setzen, um genaue Erkenntnisse von potenziellen Kunden zu erhalten, um diese monetär zu nutzen.

In der Folge wird der Begriff Web 2.0 in der wissenschaftlichen Auseinandersetzung stetig modifiziert und erweitert. Mittlerweile hat das Verständnis von Kaplan und Haenlein (2010) eine weite Anerkennung gefunden, die darunter eine neuartige Nutzung des Internets verstehen, weg von der individuellen Erstellung von Inhalten und hin zu kollektiver Teilnahme und Kommunikation.

Unter dem Begriff User Generated Content (UGC) wird hingegen die Gesamtheit der verschiedenartigen Formen der durch Nutzer erstellten Medieninhalte verstanden (Krumm et al. 2008). User Generated Content sind kreative und multimediale Inhalte, die freiwillig und außerhalb professioneller Routinen von Internetnutzern erstellt und über öffentliche Systeme bereitgestellt werden. Medien, deren Inhalt primär aus User Generated Content besteht, werden analog auch als User Generated Media bezeichnet (Shao 2009). Der Begriff User Generated Media wird in diesem Lehrbuch synonym zu den Begriffen Social Media, soziale Medien und partizipative Medien verwendet.

Aufbauend auf den zuvor erläuterten Begrifflichkeiten kann nun eine zweckmäßige Definition für Social Media entwickelt werden. Ebenso wie Web 2.0 und User Generated Content wird auch dieser Begriff aufgrund des noch recht jungen Forschungsfeldes in der aktuellen Literatur heterogen verstanden. Einen Überblick über die Zusammenhänge und Abhängigkeiten der Begriffe Web 2.0, Social Media und UGC (User Generated Content) gibt Abbildung 8.1.

Um der Heterogenität des Begriffs gerecht zu werden und einen übergeordneten Eindruck der verschiedenen Begriffsverständnisse zu erlangen, werden zunächst häufig verwendete Definitionsansätze hinsichtlich ihrer Gemeinsamkeiten angeführt. Die verwendeten Definitionsansätze repräsentieren dabei bewusst ein möglichst breites

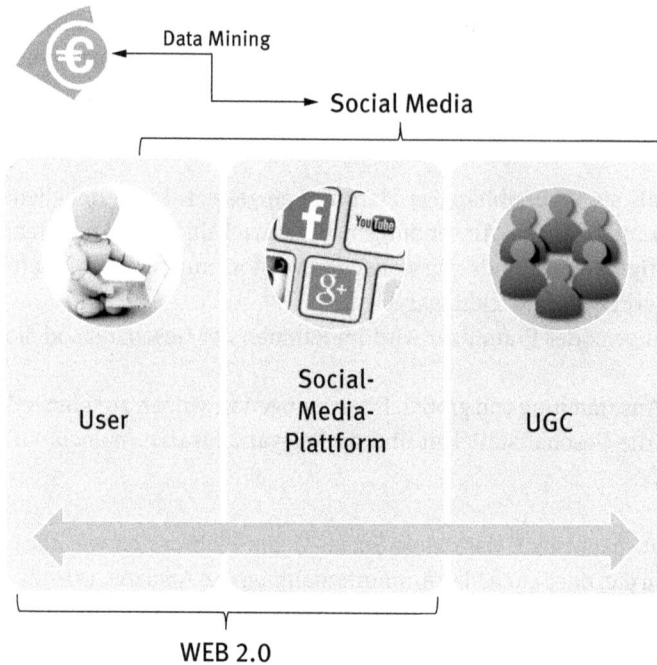

Abb. 8.1: Wirkzusammenhang Web 2.0, USC, Social Media und Monetarisierung (eigene Darstellung).

Begriffsverständnis, um sowohl regionalen Unterschieden wie auch der hohen Bedeutung für die unternehmerische Praxis gerecht zu werden.

– Kaplan und Haenlein (2010, S. 61) definieren Social Media als Gruppe internetbasierter Anwendungen „that allow the creation and exchange of User Generated Content" und stellen damit die besondere Bedeutung der nutzergenerierten Inhalte in den Vordergrund.

– Seebohn (2011) versteht hingegen Social Media als einen Sammelbegriff für Kommunikations- und Interaktionsmöglichkeiten über Onlinemedien und fokussiert dabei auf den Interaktionsaspekt.

– Hettler (2012) beschreibt Social Media als persönlich erstellte, auf Interaktion abzielende Beiträge, die in Form von Text, Bildern, Video oder Audio über Onlinemedien für einen ausgewählten Adressatenkreis einer virtuellen Gemeinschaft oder für die Allgemeinheit veröffentlicht werden, sowie zugrunde liegende und unterstützende Dienste des Web 2.0.

– Dutta (2010) spricht in diesem Zusammenhang auch von „media for social interaction".

– Poynter (2010) sieht einen neuen Medientyp und einen damit verbundenen Übergang vom „One-to-Many"- hin zum „Many-to-Many-Ansatz" postuliert. Interaktion (Many-to-Many) bezeichnet dabei eine wechselseitige, mittelbare oder unmittelbare Beziehung zwischen zwei oder mehreren Personen, mit dem Ziel der Verhaltensbeeinflussung.

Somit wird Social Media in allen Definitionen als Teil des Web 2.0 gesehen. Es dient als Bezeichnung für eine neue Generation des Internets bzw. seiner Nutzung, die sich in den letzten 20 Jahren herausgebildet hat.

Auch der Begriff „Social Web" gilt als Teilbereich des Web 2.0. Hierbei geht es um den Bereich, der den Aufbau sozialer Strukturen und Interaktionen im Internet unterstützt. Als Ausgangspunkt für diese Definition des Social Webs wiederum sehen Ebersbach et al. (2011) die Definition von Social Software von Hippner (2006):

– Unter webbasierten Anwendungen verstehen wir Software, die für Menschen den Informationsaustausch, den Beziehungsaufbau und die Kommunikation in einem sozialen Kontext unterstützt.

Es geht darum, dass Software die technischen Gegebenheiten des Internets als Trägermedium nutzt, um Menschen dabei zu helfen, zwischenmenschliche Interaktionen durchzuführen – insbesondere in Bezug auf den Austausch von Informationen und Wissen sowie der Kontaktaufnahme zu anderen Menschen und der Kommunikation zwischen ihnen über das Internet. Daraus lässt sich schließen, dass Social Web und Social Media synonym verwendete Begriffe sind, da sie in ihrer Definition den gleichen Ursprung, nämlich Social Software, haben. Social Media sind die Plattformen im Web 2.0, über die sich die Nutzer austauschen können. Social Software gilt als Vorläufer von Social Media und lässt sich dadurch von Social Media abgrenzen, dass die Kommunikation zwischen den Nutzern in einem privaten Raum, unter Ausschluss der Öffentlichkeit, stattfindet (Hettler 2012).

Zusammenfassend basieren Social Media also maßgeblich auf den Interaktionen zwischen den Nutzern, wobei diese im Rahmen der stattfindenden interaktiven Kommunikation zugleich Empfänger und Sender von Botschaften sind (Evans 2008).

Die historische Entwicklung bis heute gibt Social Media einen praktischen Rahmen.

– 1978: Bulletin Board System:
  Ende der 1970er-Jahre entwickelten Randy Suess und Ward Christensen das Bulletin Board System (BBS). Damit konnten Nutzer Daten, Nachrichten und andere Informationen auf öffentlichen Boards posten. Wegen der hohen Kosten handelte es sich bei BBS aber meistens um regionale Communities. Trotzdem lassen sich die BBS einwandfrei als Geburtsstunde des Social Web identifizieren.
– 1995: Classmates:
  1995 geht eine Webseite online, die die Ingredienzen eines heutigen Social Networks bereits in sich trägt. Auf Classmates.com können sich alte Schulfreunde wiederfinden. Die soziale Komponente des Webs wird hier das erste Mal erfolgreich hervorgehoben.

- 1996/97: ICQ und AOL Messenger:
  Mit der Veröffentlichung von ICQ wird ein weiterer Baustein von sozialen Netzwerken einer breiten Masse zugänglich. Dass das Internet ein Kommunikationswerkzeug ist, machen in den Anfangszeiten neben ICQ auch der AOL Messenger und andere Tools dieser Art deutlich.
- 1999: Blogs:
  Der Bloggerservice Blogger.com öffnet seine Pforten. Zwar gibt es schon viele Blogs, aber mit Blogger.com ist es ab sofort jedem Nutzer relativ einfach möglich, einen Blog zu unterhalten. 2003 kauft Google Blogger.com.
- 2000: Friendster:
  Das soziale Netzwerk Friendster startet und kann innerhalb weniger Monate Millionen Nutzer anlocken.
- 2003: LinkedIn, Myspace und Wordpress:
  LinkedIn wird 2003 ins Leben gerufen. Es ist die erste Seite, die explizit auf Berufstätige setzt. Im deutschsprachigen Raum gründet sich im selben Jahr XING. MySpace legt einen der erfolgreichsten Starts der Social-Media-Geschichte hin – bis zu 230.000 Mitglieder gewinnt das Netzwerk in Anfangszeiten pro Tag. Mit dem Erscheinen von Wordpress gibt es ab 2003 außerdem eine Software, die das Bloggen noch einfacher und mächtiger macht. Mit facemash.com geht 2003 außerdem der direkte Vorgänger von Facebook ans Netz.
- 2004: Facebook, Flickr:
  Das heute größte soziale Netzwerk der Welt geht 2004 online. Die Verbreitung erfolgte zu Beginn hauptsächlich über Universitäten. Mit Flickr erscheint außerdem ein Dienst, der das Hochladen und Teilen von Bildern vereinfacht und so dem visuellen Social-Media-Trend den Erfolg ebnet.
- 2005: YouTube:
  YouTube wird 2005 gegründet. Das erste Video zeigt zwei Elefanten. 2006 kauft Google YouTube.
- 2006: Twitter:
  Twitter startet 2006 und revolutioniert mit 140-Zeichen-Restriktion und Echtzeitkommunikation das Social Web.
- 2007: Tumblr:
  Die Blogging-Plattform Tumblr startet. Später wird sie von Yahoo gekauft.
- 2009: Likes und Unfriend:
  Facebook kreiert den Like-Button, gleichzeitig wird „Unfriend" vom New Oxford American Dictionary zum Wort des Jahres gekürt.
- 2010: Pinterest, Google Buzz und Instagram:
  Das soziale Netzwerk Pinterest wird gegründet und fokussiert sich auf Bilder.
  Google versucht mit Google Buzz, einer Erweiterung für GMail, Fuß im Bereich Social Media zu fassen.
  Instagram wird als Video- und Foto-Sharing-App veröffentlicht, 2012 wird Instagram von Facebook gekauft.

- 2011: Google+ und Snapchat:
  Nach dem Scheitern von Buzz veröffentlicht Google+. Mit Snapchat kommt eine proprietäre Instant-Messaging-Anwendung, die Nachrichten nach kurzer Anzeigezeit wieder löscht, auf den Markt.
- 2012: Vine:
  Der Video-Sharing-Dienst Vine wird 2012 gegründet – und wenige Monate später, noch vor dem offiziellen Start, von Twitter übernommen. Mittlerweile wurde der Dienst von Twitter eingestellt.
- 2014: Whatsapp:
  Facebook kauft den 2009 gestarteten Messaging-Dienst Whatsapp. Whatsapp hat mittlerweile mehr als eine Milliarde Nutzer.
- 2016: Facebook Messenger:
  Die Messaging-App von Facebook überschreitet die Marke von einer Milliarde Nutzer (Steinbrenner 2017).

Eine aktive Teilhabe in interaktiven Medien ist dementsprechend auch nur dann zweckmäßig, wenn eine größere Gruppe von Individuen bereit ist, diese gemeinschaftlich und kontinuierlich zu nutzen. Aus diesem Zusammenspiel von Handeln und Teilhaben sowie den erweiterten Möglichkeiten, Informationen miteinander zu teilen (Weinberg et al. 2014), lässt sich zusammenfassend als weiteres und zentrales Charakteristikum die vermehrte Zusammenarbeit der Teilnehmer ableiten (Bruhn und Hadwich 2013b). Diese zunehmenden Möglichkeiten der Kommunikation finden sich daher auch in vielfacher Weise in diversen Definitionen wieder. Evans (2008) erläutert in diesem Zusammenhang, dass Social Media die Weisheit der Masse nutzen, um Informationen miteinander in kommunikativer Weise zu verbinden. Die Partizipation ist somit nicht nur Nutzern mit Expertenwissen vorbehalten.

Die in den Ausführungen herausgestellten drei Kernmerkmale Handeln, Teilhaben und Kommunikation werden in ihrer Interdependenz hier auch als Social-Media-Dreiklang bezeichnet (vgl. Abbildung 8.2).

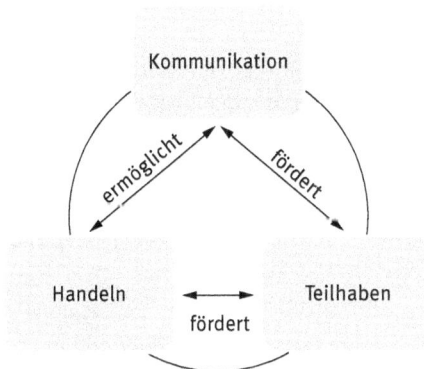

Abb. 8.2: Social-Media-Dreiklang (eigene Darstellung).

Unter Rückgriff auf den Konsens der vorgestellten Literatur und mit Bezug auf den Dreiklang wird Social Media vorliegend daher wie folgt definiert:

Social Media lässt als Austausch von Informationen, Erfahrungen und Sichtweisen (User Generated Content) mithilfe webbasierter Netzwerke definieren, welche die gegenseitige Vernetzung ihrer Nutzer sowie die aktive und gemeinsame Erstellung von Inhalten und deren anschließende Verbreitung erlauben.

8.2 Anwendungsfelder

Die sich in der zuvor entwickelten Definition widerspiegelnde Zunahme von Kommunikation, Teilhaben und Handeln der Nutzer eröffnet große Potenziale für Unternehmen. So motiviert Social Media die Verwender dazu, sich aufgrund der Interaktion mit anderen Nutzern mit Produkten und Marken zu beschäftigen. Über diese Auseinandersetzung werden Kundenbeziehungen entwickelt und gestärkt und wichtige Kundeninformationen gewonnen. Dabei wird unter dem Begriff von Social Media in der wissenschaftlichen Fach- sowie Praxisliteratur eine große Bandbreite an Erscheinungsformen und Angeboten zusammengefasst. Es können vier Erscheinungsformen herausgebildet werden.

– Social Networks sind online zugängliche Gemeinschaften, welche den Aufbau bzw. die Aufrechterhaltung von gesellschaftlichen Beziehungen zwischen den Nutzern zum Ziel haben (Hippner und Wilde 2005). Auf Plattformen wie Facebook können die Teilnehmer persönliche Profile erstellen, Kontaktlisten anlegen und anschließend über das eigene Profil Informationen und multimediale Inhalte mit Freunden und Bekannten teilen. Der Fokus dieser Anwendungen liegt insbesondere auf der durch die Plattform ermöglichte Teilhabe der Anwender (Bruhn und Hadwich 2013b).

– Als Weblogs (auch Blogs) werden Internetseiten von Einzelpersonen oder Gruppen bezeichnet, die sich einem spezifischen Themengebiet widmen und in Form von Berichten, Kommentaren oder Verlinkungen die Meinung des Betreibenden darstellen. Dabei stehen hier primär die Erzeugung von UGC (User Generated Content) und das Teilhaben und Handeln im Vordergrund. Der Betreiber möchte sein Wissen bzw. seine Erfahrungen zu einem bestimmten Sachverhalt veröffentlichen, ohne auf die Kommunikation mit anderen Nutzern angewiesen zu sein. Eine Besonderheit unter den Blogs stellen sog. Microblogging-Dienste dar, in welchen den Nutzern nur eine begrenzte Zeichenanzahl zur Verfügung steht (i. d. R. maximal 140 Zeichen). Der bekannteste Vertreter dieser Art ist der Dienst Twitter.

– Kommunikative Projekte ermöglichen die gemeinsame und simultane Erstellung von Inhalten durch eine große Anzahl an Endnutzern (Kaplan und Haenlein 2010). Aufgabe der jeweiligen Plattform ist es, die Kommunikations- und Koordinationsprozesse zwischen den räumlich getrennten Anwendern zu ermöglichen

und zu ergänzen. Die Richtigkeit der Inhalte wird nicht redaktionell überprüft. In diese Kategorie fallen alle Arten von Wikis (u. a. Wikipedia).
- Content Sharing Sites ermöglichen den Nutzern das Tauschen medialer Inhalte (z. B. Videos, Bilder, Präsentationen, Texte etc.) oder auch realer Güter (z. B. Werkzeug, Fahrzeuge etc.) untereinander. Ein zentraler Unterschied gegenüber den Social Networks ist insbesondere die fehlende Notwendigkeit eine eigene Profilseite zu erstellen bzw. eine Gegenleistung für das Verwenden der Inhalte zu erbringen (Kaplan und Haenlein 2010). Dementsprechend liegt der Fokus hier auch weniger auf der Kommunikation der Teilnehmer als vielmehr auf der gemeinsamen Erstellung von Inhalten sowie der aktiven Teilnahme (Teilhaben).

Wenngleich die drei zentralen Social-Media-Charakteristika (Social-Media-Dreiklang) je nach Zielsetzung unterschiedlich stark in den Vordergrund treten, ist die Kommuni-

Tab. 8.1: Grundlegende Formen von Social Media (eigene Darstellung).

Anwendung	Beschreibung
Social Network *Fokus: Teilhaben*	Soziale Netzwerke sind interaktive Portale, welche Anwendern die Möglichkeit zur Erstellung eigener Profile und die Verbindung mit anderen Anwendern ermöglichen. *Zentrale Charakteristika:* Nutzer interagieren mit Freunden und Bekannten und teilen Informationen über öffentliche und/oder private Nachrichten. *Beispiel:* Facebook, Twitter
Weblogs *Fokus: Handeln* *Kommunikation*	Weblogs beinhalten Kommentare zu einer breiten Anzahl an Themenfeldern und berichten über aktuelle Ereignisse bzw. persönliche Erfahrungen. *Zentrale Charakteristika:* „Blogger" schreiben gewöhnlich über ein bestimmtes Thema. I. d. R. können Beiträge durch Leser kommentiert werden. *Beispiel:* Blog.de, wordpress.de
Kommunikative Projekte *Fokus: Kommunikation* *Teilhaben*	Kommunikative Projekte umfassen Onlineplattformen, welche einer Vielzahl von Nutzern das gemeinsame Erstellen und Überarbeiten von Inhalten über bestimmte Themen ermöglichen. *Zentrale Charakteristika:* Nutzer können Informationen über ein Thema einstellen, welche fortlaufend von anderen Nutzern ergänzt, überarbeitet oder auch gelöscht werden können. *Beispiel:* Wikipedia, Wikileaks
„Sharing"-Angebote *Fokus: Kommunikation*	Interaktive Webseiten, auf denen Nutzer verschiedenartige Informationen oder sonstige Güter in einer Vielzahl an Formaten mit anderen Nutzern teilen können. *Zentrale Charakteristika:* Nutzer teilen Links, Videos, Fotos oder andere Inhalte bzw. Güter. *Beispiel:* YouTube; Vimeo.com, Vevo, DailyMotion

kation zwischen den Teilnehmern ein zentraler Auslöser aller stattfindenden Social-Media-Prozesse:

- Social Networks – Teilhaben
- Weblogs – Teilhaben und Handeln
- Kommunikative Projekte – Kommunikation und Handeln
- Sharing – Teilhaben

8.3 Social-Media-Grundsätze

Wie zuvor dargestellt, existiert eine große Vielfalt sozialer Medien mit unterschiedlich starken Gewichtungen von Handeln, Kommunikation und Teilhaben. Abbildung 8.2 zeigt, dass dies die zentralen Elemente sind. Werden Quellen zur Funktionsweise von Social Media betrachtet, so lassen sich trotz dieser Vielfalt zentral festgestellt werden, dass auf deren Basis alle Offerten beschrieben und charakterisiert werden können. Die identifizierten Grundsätze sind in der nachfolgenden Abbildung 8.3 als Closed Loop dargestellt, da sie nicht nur eine innere Verbindung aufweisen, sondern auch aufeinander aufbauen.

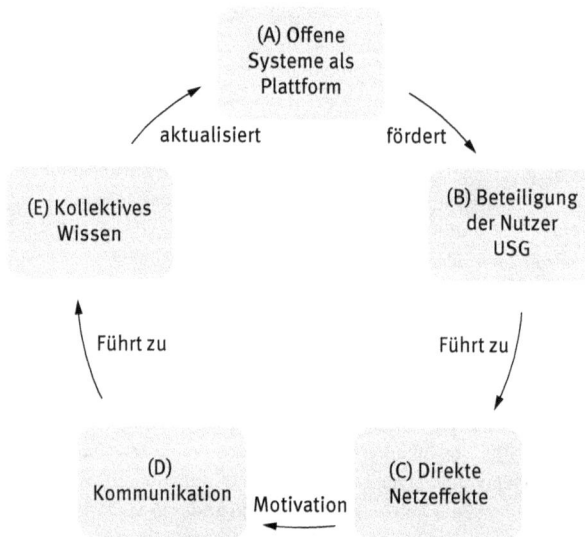

Abb. 8.3: Social Media Closed Loop (eigene Darstellung).

A) Offene Systeme als Plattform
Die Entwicklungen von Social Media basieren maßgeblich auf dezentraler Informationsspeicherung und einer daraus folgenden veränderten Bereitstellung von Daten und Anwendungen, die so i. d. R. unabhängig von einzelnen Betriebssystemen und

Endgeräten aufgerufen werden können (Blank und Reisdorf 2012; O'Reilly 2009). Im Vordergrund steht hier also die angebotene Leistung und nicht die zugrundeliegende Software oder Hardware. In diesem Kontext werden auch häufig die Begriffe Software as a Service (SaaS) bzw. Infrastructure as a Service (IaaS) genannt, welche gleichermaßen auf das Konzept des Cloud Computing abzielen. Solche Ansammlungen von unabhängigen Rechnerleistungen, die den Nutzern wie ein großes zusammenhängendes System erscheinen, werden dabei auch als verteilte Systeme bezeichnet. Die dezentrale Datenvorhaltung und leicht zu bedienende Benutzeroberfläche erlauben einen einfachen Zugang zu den Anwendungen, der es großen Nutzergruppen auch ohne besondere Expertise ermöglicht, sich zu beteiligen (z. B. Apple Cloud, Samsung Cloud, Telekom Cloud, Dropbox etc.). Diese Möglichkeiten werden mittlerweile auch auf unterschiedlichen Endgeräten dargeboten.

B) Nutzer (UGC)
Das primäre Ziel von Social Media ist es, den Nutzern vielfältige Möglichkeiten der Erstellung bzw. des Teilens von Inhalten zu offerieren (Kietzmann et al. 2011). Dies lässt sich in zwei Eigenschaften von Social-Media-Plattformen wiederfinden:

Der User Generated Content stellt das primäre inhaltliche Element dar (Kietzmann et al. 2011). Der eigentliche Betreiber des Angebots dient in diesem Fall nur als Mittler zwischen den beteiligten Nutzern. Die Inhalte sind allerdings nicht alleine den End Usern vorbehalten, sondern werden heute in vermehrtem Maße auch von Verwendern mit unternehmerischem Interesse erstellt.

Die generierten Inhalte können durch integrierte Evaluationsmechanismen und -funktionen beurteilt, bewertet und verbreitet werden (z. B. „Gefällt-mir"-oder „Folgen"-Button). Dies ermöglicht eine schnelle Verdichtung bzw. Vernetzung individueller Meinungen und führt in finaler Konsequenz zu einem umfangreichen Meinungspool, der die Mehrheitsmeinung abbildet (Stanoevska-Slabeva 2015). Aufgrund der eigenen Beiträge und der umfänglichen Beteiligungsmöglichkeiten kommt es zu einer zunehmenden Nutzerintegration. Gegensätzlich zu klassischen Medienkanälen One-to-Many durch den Anbieter, sondern die Masse der Nutzer erstellt und personalisiert die benötigten Inhalte selbst (Many-to-Many). Aufgrund der Einfachheit der Systeme, anwenderfreundlich und offen, ist hierfür keine besondere Expertise auf Seiten der Nutzer notwendig. Social Media eröffnen damit den normalen und technisch nicht oder nur wenig versierten Nutzern Möglichkeiten der Partizipation und machen sie damit zu (Co-)Produzenten. Deswegen sprechen wir umgangssprachlich auch vom Mitmach-Web.

C) Netzeffekte
Social Media basieren auf dem Prinzip der Netzeffekte (Katona et al. 2011). Hiermit verbunden ist die Idee, dass der Nutzen bei bestimmten Leistungskategorien zunimmt, wenn die Menge an Verwendern wächst (z. B. iTunes). Die Anwenderzahl, die für einen ausreichend hohen Nutzen notwendig ist und somit ein langfristiges Angebot sicher-

stellt, wird in diesem Zusammenhang als kritische Masse[2] bezeichnet. Da der Erfolg von Social Media primär durch die aktive Beteiligung der Nutzer bestimmt wird, handelt es sich hierbei um sog. Kritische-Masse-Systeme. Für diese Einordnung können zwei Mechanismen verantwortlich gemacht werden:

– Steigt die Anzahl bzw. der Umfang der durch einen Nutzer eingebrachten Inhalte, so steigen aufgrund der investierten Ressourcen auch dessen individuelle Kosten für einen Wechsel des Angebots – Prinzip der Sunk Cost[3]. Der einzelne Nutzer tendiert somit dazu, dem verwendeten System treu zu bleiben.

– Steigt die Teilnehmerzahl eines Systems, so erhöhen sich auch der Umfang der insgesamt durch die Nutzer generierten Inhalte sowie deren inhaltliche Relevanz. Aufgrund der daraus resultierenden Vorteile für neue Nutzer steigt die Systemattraktivität. Beispiel Downloaden von Musik: Dieser originäre Nutzen ist nur durch das rein physische Beitreten zu der Tauschbörse recht gering. Erst durch die steigende Nutzerzahl entsteht ein steigender direkter abgeleiteter Nutzen in Form von größerem Angebot, der für die Attraktivität des Netzwerks entscheidend ist.

Beide Mechanismen begünstigen ein schnelles Vernetzen von Benutzern. Dabei senken professionell geführte Plattformen wie Facebook oder Twitter durch die anwenderfreundliche Oberfläche die individuellen Kosten der Partizipation und begünstigen somit die Entstehung von Netzeffekten und das Überschreiten der kritischen Masse.

So kann nur dann ein hochwertiges Angebot existieren, wenn auch eine ausreichend hohe Teilnehmerzahl vorhanden ist. Eine individuelle Entscheidung eines potenziellen Nutzers zur Social-Media-Nutzung wird wiederum nach den Netzeffekten wesentlich durch die Gesamtnutzerzahl der Plattform bestimmt. Die durch eine größere Nutzerzahl erhöhte Attraktivität wirkt wiederum stimulierend auf die weitere Vergrößerung der Teilnehmerzahl. Dementsprechend werden neue Nutzer primär zu einem etablierten System wechseln, um von den Vorteilen der großen installierten Basis zu profitieren (Massenphänomen).

D) Kommunikation

Die erweiterten Beteiligungsmöglichkeiten der Nutzer sowie deren zunehmende Vernetzung können in der Summe zu einer vermehrten Zusammenarbeit bzw. Kommunikation auf den Plattformen führen (Blank und Reisdorf 2012). Die zentrale Idee der Kommunikation liegt hierbei in der Annahme, dass ein gemeinsamer Aufwand von vielen Akteuren zu einem besseren Ergebnis führt als die Leistung einzelner Nutzer

---

2 Eine kritische Masse bedeutet, dass nicht die gesamte Gruppe von einer Leistung (Produkt/ Dienstleistung) überzeugt werden muss, sondern dass es ausreicht, nur eine bestimmte Anzahl von Teilnehmern von dieser Leistung zu überzeugen. Ist dieser Schwellenwert überschritten, die kritische Masse also erreicht, wird sich diese Leistung selbsttragend durchsetzen.
3 Dies sind Kosten, die bereits entstanden sind und nicht (beispielsweise durch Verkauf) rückgängig gemacht werden können.

(Kaplan und Haenlein 2010). Die Kommunikation der Nutzer hängt direkt mit dem individuellen Aktivitätsniveau zusammen. Einige Studien konnten nachweisen, dass die Anzahl der passiven, nur konsumierenden Nutzer überwiegt und somit ein Großteil der Inhalte auf eine Minderheit entfällt (Shao 2009).

E) Kollektives Wissen
Die Verwender der Plattformen erstellen permanent neue Inhalte und neue Verknüpfungen dieser Inhalte. Die Aufgabe von Social-Media-Anwendungen liegt dementsprechend darin, den Prozess der gemeinschaftlichen Teilhabe zu unterstützen. Aufgrund der höheren Geschwindigkeit und Reichweite *kann* komplexes Wissen entstehen. Zunächst ist es lediglich mehr Information. Durch den aktiven Beitrag der Nutzer und den somit stetigen Zuwachs an Daten werden Informationen stärker miteinander verknüpft und damit ergibt sich eine Herausforderung für Data Mining.

8.4 Gründe aus der Unternehmensperspektive

Immer häufiger werden die in den vorherigen Abschnitten dargestellten Social-Media-Anwendungen in die unternehmerischen Tätigkeiten eingebunden (Bruhn und Hadwich 2013a). Dabei führt die primäre Ausrichtung dieser Plattformen auf das gemeinsame Gestalten und Verbreiten von Informationen durch die Nutzer zu vielfältigen und innovativen Einsatzmöglichkeiten von Kundeninteraktionen in den Geschäftsprozessen.

Es herrscht weitestgehend Konsens darüber, dass dem Einbezug von Kundeninteraktionen in die unternehmerischen Prozesse und der Nutzung von Social Media je nach Integrationstiefe eine Vielzahl an möglichen internen und externen Zielsetzungen bzw. Nutzungspotenzialen zugrunde liegt.

Hier werden vier zentrale Nutzungspotenziale aufgeführt (Wolf 2017):

1) Das frühzeitige Erkennen von wichtigen Ereignissen: Themen und Ereignisse, die auf Resonanz bei den Nutzern stoßen, können häufig bereits zu einem sehr frühen Zeitpunkt aus den Interaktionen identifiziert werden. Eine kontinuierliche „Überwachung" der Kommunikation, insbesondere auch unter Berücksichtigung wichtiger Multiplikatoren, ermöglicht es den Unternehmen, frühzeitig zu reagieren.

2) Die Marktanalyse: Das Überwachen der Kundenkommunikation in Social Media kann für die Unternehmen weiterhin wichtige Rückschlüsse auf Markt- und Trendentwicklungen beinhalten und so frühzeitig auf veränderte Konsumentenerwartungen hinweisen. Ist das Unternehmen selbst sehr aktiv in diversen Medien, können auch die Ergebnisse dieser Bemühungen erfasst und für die weitere Optimierung verwendet werden. So werden Informationen über Kundeninteressen sowie Kundenverhalten aus den stattfindenden Interaktionen gewonnen, worüber dann wieder neue Marktchancen realisiert werden können.

3) Das Entdecken von Innovationspotenzialen bzw. die Entwicklung von Innovationen: Beiträge aus Nutzerinteraktionen können relevante Informationen über Kundenanforderungen enthalten und darüber wichtige Erkenntnisse hinsichtlich der Identifikation von z. B. Innovationsideen erbringen. Diese Innovationspotenziale können insbesondere auch über den Einbezug von Communities erschlossen werden. Werden solche Communities von den Unternehmen direkt angesprochen und entsprechend in den Innovationsprozess mit einbezogen, können die hierin entstehenden Ideen unter Mitwirkung der Nutzer sogar bis zur Marktreife gebracht werden.

4) Das Kundenbeziehungsmanagement (Kapitel 4.3): Aufgrund der umfassenden Nutzerinteraktionen und der Nutzerintegration liegt im Kundenbeziehungsmanagement das große Potenzial eines Engagements in Social-Media-Kundenproblemen bzw. können Reaktionen auf angebotene Leistungen umfassender identifiziert und schneller bearbeitet werden. Darüber hinaus bestehen natürlich Potenziale hinsichtlich klassischer Marketingziele, wie z. B. die Steigerung der Markenbekanntheit oder die Verbesserung des Markenimages durch zielgruppenspezifische Werbung oder Interaktionen in Social-Media-Anwendungen. Daneben können vertriebsunterstützende Maßnahmen, wie z. B. optimierte Produktinformationen und Preisdifferenzierungen für die Nutzer von mitwirkenden Medien (z. B. Crowdsourcing) eingesetzt werden. Weiterhin motiviert Social Media die Nutzer dazu, sich durch Interaktion mit anderen Nutzern mit Produkten und Marken zu beschäftigen. Über diese Auseinandersetzung werden Kundenbeziehungen entwickelt und gestärkt. Aus unternehmerischer Sicht entstehen so Potenziale in Social Media, die deutlich über die reine Kommunikations- und Vertriebspolitik hinausgehen. Vielmehr entsteht hier Raum, in dem Unternehmen mehr über ihre tatsächlichen und potenziellen Kunden und deren Vorstellungen bzgl. der vermarkteten Leistungen erfahren können. Dies setzt allerdings den Einsatz eines zentralen CRM-Systems voraus.

8.5 Gründe für das Engagement von Nutzern

Teilhaben und Kommunikation in Social-Media-Kanälen können auf vielfältigen motivationalen Auslösern basieren. Die verschiedenen Theorien der Verhaltens- und Motivationsforschung bieten hier Ansatzpunkte, die individuellen und kollektiven Bedürfnisse der Mediennutzung zu bestimmen (Schürmann 2013). Die Theorien zum Selbstbild von Personen fokussieren dabei primär auf die Selbstwahrnehmung und Selbstdarstellung von einzelnen Individuen, wohingegen die Theorien zum Gruppenverhalten bzw. Gruppendenken sich mit dem Individuum als Mitglied eines Kollektivs auseinandersetzen und das Verhalten in diesem Kollektiv analysieren.

Das Nutzungsverhalten innerhalb Social Media ist wesentlich durch die Selbstwahrnehmung der Teilnehmer bestimmt, da hier diverse Möglichkeiten existieren, das Selbstbild entsprechend der gewünschten Außenwahrnehmung anzupassen.

Psychologische Theorien zum Selbstbild liefern hilfreiche Ansatzpunkte hinsichtlich der Analyse entsprechender Bedürfnisse, wobei insbesondere die Self Perception Theory von Bem (1972) und die Impression Management Theory (Schlenker 1980) aufgrund ihrer Auseinandersetzung mit der Außendarstellung des Selbst für den Bereich von Social Media bereits häufige Anwendung fanden. Individuen kontrollieren in sozialen Interaktionen den Eindruck, den sie auf andere Personen machen. Die Theorie der Selbstwahrnehmung oder auch Self Perception Theory betrachtet daher die Fähigkeiten von Individuen, sich mit dem eigenen Verhalten auseinanderzusetzen und dieses zu reflektieren. Bem stellt in diesem Zusammenhang zwei grundlegende Charakteristika der Selbstwahrnehmung vor (Bem 1972):

1) Beobachtbares Verhalten analysieren:

    Dabei ist das Individuum zunächst immer bemüht, ein bereits existierendes Selbstbild durch konformes Verhalten aufrechtzuerhalten (Heider 1977). Aufbauend auf dieser Prämisse erklärt nun die Impression Management Theory die Beweggründe dafür, mehr oder weniger wahrheitsgemäße Angaben über die eigene Person gegenüber anderen preiszugeben. Hierbei wird davon ausgegangen, dass Individuen gewollt oder ungewollt über ihre verbalen und nonverbalen Handlungen ihrem Umfeld einen Eindruck – die sog. Impression – übermitteln. Die Kontrolle über diese Impressionen und deren Gestaltung nach den eigenen Vorstellungen über das Selbst stellen ein grundlegendes Bedürfnis des Individuums dar.

2) Die Betrachtungsposition eines externen Beobachters einnehmen:

    Da das eigene Verhalten die persönliche Wahrnehmung anderer Menschen beeinflusst, besteht ein grundsätzliches Interesse daran, über entsprechende Verhaltensweisen ein kontrolliertes Selbstbild nach außen hin zu präsentieren. Ansatzpunkte hierfür liefert die bereits aufgeführte Self Perception Theory. Dabei kann eine wahrgenommene Differenz zwischen präsentiertem Selbstbild und tatsächlichem Verhalten eine Motivation darstellen, durch ein entsprechendes Verhalten die Außenwahrnehmung aktiv zu beeinflussen.

Die Nutzung von Social Media sowie die darin stattfindende Kommunikation werden weiterhin auch wesentlich durch das Gruppenverhalten der Teilnehmer bestimmt. Dabei bieten Social Media vielfache Möglichkeiten, mit anderen Individuen in Kontakt zu treten und diesen Kontakt zu pflegen.

Die psychologischen Theorien zur sozialen Wahrnehmung liefern hilfreiche Ansatzpunkte zur Erklärung von Gruppenverhalten, Gruppendenken und der Befriedigung kollektiver Bedürfnisse und erfahren auch bereits vielfältige Anwendung im

Kontext sozialer Medien (Rapp et al. 2013). So lässt sich aus der Psychologie der Massen ableiten, dass Mitglieder in Netzwerken aus Angst vor Ablehnung der Gruppe zu Verhaltenskonformität neigen. Hier besteht hinsichtlich der Nutzung von Social Media jedoch ein individuelles Spannungsfeld zwischen dem Wunsch der Teilnehmer, die eigene Individualität auszudrücken (siehe Ausführungen zum Impression Management), und andererseits ein konformes Verhalten in der sozialen Gruppe zu zeigen.

Die Verhaltensweisen der Nutzer tendieren, je nach Prägephase (Kapitel 2), zu einer deutlichen Orientierung des Einzelnen an die Gruppenmehrheit. Bedingt durch den Zwang der Verhaltenskonformität wird der Einzelne zum Sammler von Informationen, empfindet die Entscheidungen des Kollektivs als gut und schließt sich diesen an. Die eigenen Handlungen folgen der Maxime des „Dabeiseins". Die daraus resultierende Passivität führt zu einer Spirale der Pseudoaktivität, in welcher der Einzelne zunehmend unfähig wird, eigengesteuert zu handeln (Russ 2010) und der Masse folgt (Crowdsourcing). Eine objektive Richtigkeit der Aussagen wird oftmals nicht mehr überprüft.

Werden die vorgestellten Theorien auf den spezifischen Kontext von Social Media übertragen, so ist zu erwarten, dass auch hier die Teilnehmer aus Angst vor Ablehnung durch das Kollektiv zur Meinungsadaption und zu einer mehr oder weniger starken Verhaltenskonformität tendieren. Die Eigenschaften des Individuums treten hierbei zugunsten einer konsistenten Gruppenmeinung in den Hintergrund. Es kann zudem unterstellt werden, dass die Nutzer fehlende Informationen durch Wissensübernahme beschaffen (Social Learning). Werden die so adaptierten Inhalte anschließend unreflektiert weitergegeben, kann es zu unerwünschten Massenphänomenen im Kollektiv kommen, z. B. den sogenannten Shitstorms.

8.6 E-Word-of-Mouth-Kommunikation

Nachdem bereits sehr frühzeitig Sozialwissenschaften und Psychologie den persönlichen Empfehlungen eine hohe Wirksamkeit auf die individuellen Entscheidungen zusprechen, wird dieser Zusammenhang auch in der betriebswirtschaftlichen Literatur seit langer Zeit intensiv diskutiert (Arndt 1967b; Herr/Kardes/Kim 1991; Helm 2000; Weiber und Meyer 2004; Cheung und Thadani 2010). Werden im Marketing Kommunikationsprozesse unter Kunden betrachtet, so geschieht dies zumeist unter Rückgriff auf die Word-of-Mouth-Forschung und die dort postulierten Effizienz- und Effektivitätsvorteile, auf die in den folgenden Abschnitten noch genauer eingegangen wird. Nach dem Grundsatz der Effizienz müssen die eingesetzten Ressourcen in einem möglichst günstigen Input-Output-Verhältnis stehen. Neben einer Verbesserung der Kostensituation kann sich eine Effizienzsteigerung dabei auch auf eine Leistungsverbesserung bei konstantem Faktoreinsatz oder aber auf die gleichzeitige Veränderung beider Größen beziehen. Der Grundsatz der Effektivität hingegen besagt, dass die unternehmerischen Aktivitäten nur dann einen echten Erfolgsbeitrag im Wettbewerb liefern können, wenn sie von besonderer Bedeutung hinsichtlich der Erfüllung von Kundenanforderungen sind. Zusammenfassend fokussiert demnach der Effektivitätsvorteil die Gestaltung eines aus Sicht der Nachfrager der Konkurrenz überlegenen Leistungsbündels, wohingegen der Effizienzvorteil die Potenziale und Prozesse und die Wirtschaftlichkeit der Leistungserstellung in den Vordergrund stellt (vgl. Drucker 1955).

Mit dieser wachsenden Bedeutung als Informationsquelle haben Internet und Social Media auch den klassischen Kaufprozess verändert. Die Zeitpunkte der Leistungsbeurteilung werden durch Word-of-Mouth um einen sog. „Zero Moment of Truth" (ZMOT) ergänzt: Dem eigentlichen Zeitpunkt der Leistungsbeurteilung werden online zugängliche Informationen von Dritten über deren Erfahrungen vor, während und nach den Kauf- und Nutzungsakten vorangestellt. Bisher bildeten der Zeitpunkt, zu dem ein potenzieller Käufer eine Leistung zum ersten Mal physisch überprüfen kann, sowie der Zeitpunkt der ersten tatsächlichen Nutzung wird deshalb gesprochen, da diese Situationen zeigen, ob die durch Werbung, Angebotspräsentation oder Beratung am POS (Point of Sale) geschaffenen Erwartungen auch erfüllt werden (vgl. hierzu auch die Ausführungen zum CD-Paradigma).

Die Informationen aus Netzwerken, Blogs und Communities bieten so die Gelegenheit, die eigenen Erfahrungen durch die Verwendung von Erfahrungen unbekannter Dritter zu übernehmen. Bereits 1967 definiert Arndt (1967a, S. 190) den Begriff in Abgrenzung zur klassischen Massenkommunikation und betont damit die geringe Förmlichkeit des Informationsaustauschs sowie die Zugehörigkeit der Akteure zur Gruppe der Konsumenten.

Ähnlich wird dies auch von Helm hervorgehoben, die Word-of-Mouth als „[...] anbieterunabhängige, informelle Kommunikation – in negativer oder positiver Ausrichtung – über Eigenschaften und Leistungen von Unternehmen zwischen aktuellen und potenziellen Kunden" versteht und damit auch den Fall der negativen Kommunikation miteinschließt (Günter und Helm 2006). Anhand dieser Definitionen lassen sich bereits zwei zentrale Charakteristika identifizieren:
– WOM erlaubt im Gegensatz zu klassischen Mitteln der Massenkommunikation direkte Rückkopplungen und ist damit nicht auf die traditionelle Unterteilung zwischen aktivem Sender und passivem Empfänger beschränkt.
– Die Informationsweitergabe des Senders folgt im Grundsatz ohne die Motive des Unternehmens und den direkten Vorteil für den Empfehlenden und ist somit vertrauenswürdiger.

Übertragen wir die Charakteristiken auf den digitalen Bereich und verstehen hier unter elektronischem WOM (eWOM) jede positive oder negative Aussage, die von potenziellen, aktuellen oder ehemaligen Kunden (3 Rs) über ein Unternehmen oder dessen Leistungsangebot getroffen wird und einer großen Menge von potenziellen Empfängern über das Internet zur Verfügung steht (Hennig-Thurau et al. 2004). Die eWOM-

Kommunikation kann hierbei in verschiedenen Formen und Varianten auftreten, und Konsumenten können ihre Meinungen, Kommentare und Bewertungen über verschiedenste Leistungen auf sämtlichen Social-Media-Plattformen platzieren. Wenngleich eWOM-Kommunikation viele Gemeinsamkeiten mit traditionellem WOM aufweist, so existieren auch zentrale Unterschiede:

- eWOM kann synchron wie auch asynchron stattfinden, dadurch ist der Umfang deutlich besser skalierbar als auch die Geschwindigkeit höher.
- eWOM ist besser zugänglich und bleibt länger bestehen.

Zuletzt besteht aufgrund der genannten Gründe nicht zwingend eine persönliche Verbindung zwischen Sender und Empfänger, was bei traditionellem WOM in der Regel der Fall ist. Wenngleich die Vertrauenswürdigkeit der Botschaft so für den Empfänger weniger gut nachvollziehbar ist, steigt gleichzeitig die vorhandene Informationsmenge (Cheung und Thadani 2010).

Im weiteren Verlauf erfolgt trotz dieser Unterschiede keine differenzierte Verwendung der Begriffe WOM und eWOM, da im hier vorliegenden Kontext insbesondere der elektronische Austausch über Social Media betrachtet wird. Stattdessen wird unter WOM sowohl die analoge wie auch digitale Kommunikation unter potenziellen Kunden zusammengefasst, weshalb in Abgrenzung zur Unternehmenskommunikation auch der Begriff „kundenseitige Kommunikation" synonym eingesetzt wird.

Unter Rückgriff auf den Konsens der vorgestellten Literatur und die herausgestellten zentralen Charakteristika wird Word-of-Mouth im vorliegenden Zusammenhang daher wie folgt definiert:

---

eWOM sind authentisch wahrgenommene Äußerungen von tatsächlichen oder potenziellen Kunden über ein Leistungsbündel, welche für andere Konsumenten persönlich oder elektronisch zugänglich gemacht werden.

Dabei ist zu beachten, dass WOM sowohl positive wie auch negative Informationen transportieren kann.

8.6.1 Gründe der Informationsaufnahme – Empfängerseite

Die Gründe für die Motivation der Empfängerseite, Informationen über andere Nachfrager aufzunehmen, liegt zumeist in den Vorteilen einer höheren Glaubwürdigkeit, einer größeren Flexibilität sowie der aus diesen Aspekten resultierenden selektiven Informationsaufnahme (Weiber; Wolf 2013). Wie bereits in den betrachteten eWOM-Definitionen einheitlich herausgestellt wurde, werden der WoM-Kommunikation i. d. R. keine kommerziellen Ziele unterstellt. Dementsprechend empfindet der Empfänger die Informationen aus nachfragerseitiger Kommunikation auch glaubwürdiger als Werbebotschaften von Unternehmen (Weiber; Meyer 2005). Der Sender wird hierbei als neutrale und unabhängige Informationsquelle eingestuft, die dementsprechend auch vertrauenswürdiger als die unter direkter Beeinflussung des Anbieters stehenden Quellen erscheint (Assael 1998). Eine solche Vertrauenswürdigkeit entsteht nur bei einer starken Überzeugung des Empfängers, dass der Sender seine Informationen weitestgehend unverfälscht weitergibt und nicht zum Ziel hat, die Entscheidungsfindung des Empfängers direkt zu beeinflussen (Kroeber-Riel und Gröppel-Klein 2013). Der Vorteil einer höheren Glaubwürdigkeit tritt insbesondere im Rahmen von wertenden Informationen in den Vordergrund, welche auf subjektiven Einschätzungen basieren.

Einen weiteren Einflussfaktor der Informationsaufnahme durch den Empfänger bildet die flexible Ausgestaltung des Informationstransfers. Während des Informationsaustauschs ist es den Kommunikationspartnern möglich, die Themenschwerpunkte gemäß den eigenen Präferenzen zu setzen und über Rückkopplungen im Kommunikationsprozess ein direktes Feedback zu erhalten (Kroeber-Riel und Gröppel-Klein 2013). Die ausgesendeten Inhalte sind zumeist sehr zielgerichtet, da der Aussender der Information die Interessen des Empfängers i. d. R. einschätzen und so die Botschaft besser auf diesen anpassen kann. Weiterhin kann der Empfänger im laufenden Informationsaustausch gezielt die für ihn relevanten Informationen abrufen und so seinen eigenen Informationsstand optimieren. Im Ergebnis erhält er überwiegend individualisierte und für seine individuelle Entscheidung relevante Informationen. Höhere Glaubwürdigkeit und flexiblere Informationsausgestaltung münden in Vorteile bei der selektiven Informationswahl. So setzen sich Nachfrager bei der Suche nach relevanten Produktinformationen i. d. R. nur einer Auswahl von bestimmten Quellen aus, um eine kognitive Überlastung zu vermeiden (siehe „kognitive Dissonanz" in Abschnitt 4.3.2.1). Aus der so wahrgenommenen Informationsmenge wird wiederum nur ein geringer Anteil für die finale Kaufentscheidung herausgefiltert (Kroeber-Riel und Gröppel-Klein 2013). Während eine Produktwerbung ohne Weiteres unbeachtet bleiben kann, ist dies für die Erzählungen einer bekannten Person über dasselbe Produkt nicht immer möglich (Kroeber-Riel und Gröppel-Klein 2013).

8.6.2 Gründe der Informationsabgabe – Senderseite

Obwohl kein allgemeingültiger Erklärungsansatz zur Entstehung der positiven wie negativen Kommunikation existiert, stellt die Motivforschung einen zweckmäßigen Ansatzpunkt dar, die elementaren Ursachen auf der Senderseite zu systematisieren (Hennig-Thurau et al. 2004). Hierbei ist zunächst die von Dichter (1966) entwickelte und auf positive und traditionelle Mundpropaganda beschränkte Motivtypologie hervorzuheben, die in späteren Forschungsarbeiten immer wieder repliziert und durch weitere Motivfaktoren der negativen, positiven und elektronisch übermittelten Mundpropaganda erweitert wurde. Werden die in diesem Forschungsbereich identifizierten Motive der Informationsabgabe verdichtet, so lassen sich drei Basisdimensionen identifizieren, die sowohl für die Weitergabe von positiven wie auch negativen Informationen gelten (Abschnitt 2.4.2):

1) Die Weitergabe von Informationen hat zum Ziel, einer anderen Person zu helfen bzw. diese zu unterstützen.
2) Die Begeisterung für eine Leistung oder eine Information löst den Wunsch der Informationsverteilung aus und dient dem Abbau von positiven Spannungen.
3) Mit der Äußerung positiver Informationen oder Erfahrungen wird angestrebt, sich vor anderen Personen auszuzeichnen. Das Ziel hierfür kann zum einen darin liegen, die eigene Stellung innerhalb einer sozialen Gruppe zu „demonstrieren" oder aber sich von einer bestimmten Gruppe abzugrenzen.

Zusammenfassend lassen sich positive sowie negative Artikulationen demnach nicht auf eine Ursache reduzieren, sondern werden vielmehr durch unterschiedliche Antriebskräfte motiviert. In der Marketingliteratur wird neben den drei zuvor genannten Motivbereichen häufig auch die Bedeutung von Emotionen herausgestellt (Kapitel 2.4). Als Emotionen werden mehr oder weniger bewusste Erregungsvorgänge bezeichnet, die sowohl angenehme als auch unangenehme Empfindungen in einem Menschen auslösen (Kroeber-Riel und Gröppel-Klein 2013). Dementsprechend können Emotionen genutzt werden, um eine Weitergabe von Informationen zu initiieren, wobei eine Weitergabe in der Regel bereits kurz nach dem Erlebnis stattfinden. Hierbei können Erfahrungen, im Einklang mit dem CD Paradigma (Abbildung 4.4) häufig als das Resultat einer wahrgenommenen Zufriedenheit oder Unzufriedenheit begriffen werden. So führt wahrgenommene Zufriedenheit zu dem Wunsch die positiven Erfahrungen zu teilen, wohingegen Unzufriedenheit zu negativen Äußerungen führen kann. weist nach, dass die Bereitwilligkeit für negatives eWOM mit dem Grad an Unzufriedenheit eines Konsumenten steigt, jedoch fällt, sobald ein Unternehmen auf eine Beschwerde mit entsprechenden Maßnahmen reagiert.

Die digitale Zeit ist schnell. Sie treibt technologische Prozesse kontinuierlich voran und konfrontiert das Management aller Unternehmen mit großen Herausforderungen in ihrer digitalen Transformation. Der Wandel geht weg von eindimensionaler Produktwerbung und hin zum Kunden als zentralem Bezugspunkt der Markenkommunikation. Und der ist heute als Digital Native oder Empowered Customer nicht nur umfassend informiert und sehr anspruchsvoll, sondern immer auf der Suche nach einer individualisierten Bedürfnisbefriedigung. Viele Unternehmen haben das bereits verstanden. Aber längst nicht alle Player können mithalten – und verschenken ihr Potenzial. Big Data ist die rettende Lösung – und Segen und Fluch zugleich.

Marketer von heute wissen: Einseitige, lineare Marketingkampagnen funktionieren nicht mehr – jedenfalls nicht allein. Wo Markenmanagement früher vor allem den Abverkauf zum Ziel hatte, gilt es jetzt, Beziehungen aufzubauen – und zu pflegen. Aus dem Whitepaper „Die Illusion der Kundenzentrierung" von Roland Berger und SAS geht hervor: Zwei Drittel der Interaktionen entstehen heute durch die Kunden, nicht durch die Marketing-Organisation. Anhaltende Interaktion ist der Schlüssel, der den Kunden in Prozesse einbezieht und in die Geschichte integriert, die eine Marke erzählen will. Um diese Geschichte zu erzählen, ist Content Marketing schon jetzt das Werkzeug der Wahl für viele Unternehmen. Relevante Inhalte befriedigen die Bedürfnisse der Zielgruppe und schaffen es, sie dauerhaft zu binden. Gleichzeitig wirken sie beim vernetzten Gegenüber als Belohnung und zahlen somit auf das Markenimage ein. Der Kunde verbindet positive Erfahrungen damit. Content Marketing bietet Lösungen und Antworten auf die Fragen, die die User umtreiben. Sie schenken den Inhalten Glauben. Entscheidend ist also, was eine Marke bedeutet, und was Kunden mit ihr verbinden. Sie ist ein kulturelles Angebot, das Erlebnisse bietet. Aber: Jeder Kunde ist individuell und schlägt einen eigenen Weg durch das vielschichtige Angebot ein. In Anbetracht der großen Informationsflut der digitalen Zeit sollten Marketing-Organisationen also vor allem eins tun: Orientierung schaffen. Nur so sind ihre Botschaften eine hilfreiche Navigation für den Customer durch das vielschichtige Bedeutungsgeflecht der Marke.

Die verschiedenen Wege potenzieller Kunden in der Markeninteraktion zu verstehen, wird immer wichtiger. Moderne Analysetechnologien bieten die notwendigen Informationen, diese nachzuverfolgen. Mit Omni-Kanal-Strategien können Unternehmen umfangreiche Verhaltens- und Feedbackdaten über ihre Kunden sammeln, um die Customer Journeys zu rekonstruieren und sie vollständig zu verstehen. Dabei helfen beispielsweise Experience Maps, die die Reise der Nutzer widerspiegeln. 90 % der Marketer bestätigen laut Roland Berger und SAS (2016), dass Individualisierung höchste Priorität in der Kundeninteraktion hat.

Mit den digitalen Fußspuren, die die Kunden auf ihrer Reise hinterlassen, haben Marketing-Organisationen den dicken Big-Data-Fisch sozusagen schon an der Angel – und damit großes Potenzial. Die Realität ist heute leider noch eine andere: Oft sind nicht einmal die einfachsten Daten miteinander verknüpft, zum Beispiel solche, die in unterschiedlichen Abteilungen einer Firma verteilt sind. Dabei wird Big-Data-Management immer wichtiger. Marketer und IT-Fachleute müssen ihre Fähigkeiten im Bereich Analytics deutlich ausbauen und miteinander verzahnen, denn (Content) Marketing ist Teamsport – geeinte Kräfte führen schneller zum Ziel. Der Schritt von Big zu Smart Data ist für die Marketing-Zukunft richtungweisend. Im Silicon Valley will man bereits wissen, dass künstliche Intelligenz die Zukunft der Mensch-Computer-Interaktion sein wird. Marken sollten deshalb nachziehen und die Chancen intelligenter Systeme auch für sich nutzen.

Während fast die Hälfte aller Befragten Big-Data-Analytik als die wichtigste Fähigkeit des Marketings betrachten, glauben nur knapp 7 % daran, diese Herausforderung bewältigen zu können. Ein erschreckendes Ergebnis, vor allem wenn die Daten doch längst bereit liegen – auf der Webseite und allen anderen Kanälen. Die Frage stellt sich, wieso diese Möglichkeiten nicht ausgeschöpft werden, wenn doch die Verknüpfung der Daten einen ökonomischen Fortschritt bedeutet. Die Antwort: Big Data ist Fluch und Segen gleichzeitig. Die Technologien sollten zuerst noch intelligenter werden, ihre Ergebnisse schneller les- und anwendbar. Genau hier setzt einer der größten Softwarehersteller mit höchster Geschäftsdurchdringung bis in die Chefetagen an. SAP will mit SAP XM alle Echtzeitgeschäftsdaten mit Nutzerdaten zusammenbringen – mit dem Ziel, ausschließlich relevante Botschaften in die Zielgruppe zu bringen. Die Mediaagenturen als Mittler zwischen den beiden sollen dabei gleich mit wegfallen. Ein für die Chefetage kompetent nachvollziehbarer Weg, weil es lediglich die logische Erweiterung eines bestehenden Modells ist. Verfügbar sollen diese Lösungen ab Ende 2016 sein. Bis dahin bleibt die Herausforderung, intern die Entwicklung und Nutzung von Big Data voranzutreiben und gleichzeitig mehr Budget dafür einzuräumen. Fehler zu machen gehört zur Transformation dazu – nur so entstehen innovative Systeme. Der Mittelstand sollte die Macht der Daten nutzen, um seine Marken strategisch sinnvoll, auf fundierten Daten basierend auf dem Markt zu positionieren. Nur wer seine Kunden kennt, kann sie für seine Inhalte oder Produkte begeistern.

Diese Erkenntnisse sind für Unternehmer und ihre digitale Strategie relevant. Der Kunde ist König und muss (wieder) in den Fokus der Markenkommunikation rücken. Kundeninteraktion ist der Schlüssel zum Erfolg, der die Marke nicht nur sichtbar, sondern vor allem erlebbar macht. Smarte Daten und eine geschickte Analyse helfen dabei, die Bedürfnisse und Erfahrungen der Kunden in Bezug auf die Marke zu verstehen und die User Experience zu verbessern – und damit zahlen sie wiederum auf das Imagekonto ihres kundenzentrierten Unternehmens ein.

9 Social-Media-Netzwerke

Social Networks ermöglichen die Vernetzung von Menschen über selbst erstellte Profile innerhalb des Netzwerkes, die mit Fotos, Interessen und Lebensläufen gefüllt werden können. Kerngedanke ist die Verbindung mit anderen Nutzern, das können Freunde, Bekannte oder Kollegen sein. Der Zugriff auf die sozialen Netzwerke ist nicht nur über einen PC, sondern auch über mobile Anwendungen mittels eines Smartphones oder Tablets möglich. Primär nutzen Menschen soziale Netzwerke zur Kontaktpflege und den Austausch untereinander (Weinberg 1981). Das größte soziale Netzwerk ist Facebook mit über einer Milliarde Mitgliedern weltweit. In Deutschland sind laut statista über 28 Millionen Menschen bei Facebook angemeldet. Neben privaten Nutzerprofilen verfügt auch ein Großteil der Firmen über eine eigene Facebook-Seite, die das Veröffentlichen von aktuellen Themen und die Vorstellung neuer Produkte oder Diskussionen ermöglicht. Weitere soziale Netzwerke, auch genannt Social Communities, sind exemplarisch Google+, XING oder LinkedIn (Schütt 2013).

In Mobile Communities findet ein kommunikativer Datenaustausch innerhalb einer Interessensgemeinschaft statt. Die Kommunikation erfolgt ortsungebunden. Ein Beispiel für eine Mobile Community ist Instagram. Mobile Communities gewinnen als Social-Media-Kanal immer mehr an Bedeutung. Anhaltspunkte für diese These lassen sich aus einer bitkom-Studie ableiten. Anfang 2014 wurden Smartphones bereits von über 55 % der Deutschen ab 14 Jahren mindestens gelegentlich genutzt, die Tendenz ist steigend. Die mobilen Endgeräte verfügen über weitaus mehr Funktionen als herkömmliche Mobiltelefone. Neben dem Telefonieren sind mobiles Surfen, Foto- und Videoanwendungen und Navigation nur ein kleiner Teil der technischen Möglichkeiten (Grabs/Bannour/Vogl 2014). Zu einer weiteren Social-Media-Plattform zählt das Social Bookmarking. Bookmarks sind Lesezeichen, die sich Internetnutzer im eigenen Webbrowser abspeichern, um interessante Links wiederzufinden oder einen schnelleren Zugriff auf diese zu erreichen. Diese Lesezeichen sind lokal über den eigenen Internetbrowser gespeichert und haben den Nachteil bei Datenverlust abhandenzukommen, sind nicht mobil und unübersichtlich. Social-Bookmarking-Dienste gewähren die Online-Anlage von Links mit einer Beschreibung. Die online abgespeicherten Bookmarks lassen sich schnell wiederfinden und sind für andere Nutzer des Social-Bookmarking-Dienstes zugänglich. Durch die Anlage der Informationen profitieren die Nutzer voneinander. Ein bekanntes Beispiel für einen Social-Bookmarking-Dienst ist die Plattform Delicious (Grabs/Bannour/Vogl 2014).

Die bekannteste Open-Source-Plattform ist Wikipedia. Open Source (offener Quellcode) ist eine Software, die zum Beispiel für die Anlage eines Blogs genutzt werden kann. Die Anwender der Open-Source-Plattform können ohne Programmierkenntnisse eigene Inhalte generieren. Mit dem Erwerb einer Lizenz können die eigenen Inhalte verändert, geteilt und genutzt werden. Wikipedia nutzt dieses System als Wissensplattform, auf der die Nutzer Informationen in Form einer Enzyklopädie anlegen können.

https://doi.org/10.1515/9783110527179-009

Foto- und Videoplattformen bieten die Möglichkeit, Videos und Bilder auf einer Webseite online zu stellen und diese für andere Internetnutzer zugänglich zu machen. YouTube ist für die Mehrheit der privaten Internetnutzer, aber auch für Unternehmen, die am meisten gebrauchte Plattform für diesen Zweck. Das Videoportal kann kostenfrei genutzt werden und das Hochladen von Videos oder Bildern ist innerhalb kürzester Zeit möglich. Eine Vielzahl von Unternehmen produziert Werbespots ausschließlich für Videoplattformen, da die gewünschte Zielgruppe hier am besten erreichbar ist. Durch ein vermehrtes Anschauen der Videos durch die Nutzer wird das Video publik gemacht. Weiterhin besteht die Möglichkeit, die Videos zu kommentieren oder diese innerhalb anderer sozialer Netzwerke mit anderen Nutzern zu teilen (Ceyp und Scupin 2013).

Foren- und Bewertungsplattformen existieren bereits seit Ende der 1970er-Jahre und gehören zu den ursprünglichen Social-Media-Portalen. Foren haben ihren Fokus häufig auf ein bestimmtes Thema gelegt und dienen dem Meinungs- und Informationsaustausch. Foren verfügen über ein kleineres Publikum als soziale Netzwerke, dafür halten sich in den Foren mehrheitlich interessierte und auch fachkundige Nutzer auf. Beispielsweise tauschen sich in der Ratgeber-Community gutefrage.net User über bestimmte Fragestellungen aus und bieten ein Forum zur Diskussion (Grabs/Bannour/Vogl 2014). Bei unternehmensgeführten Foren beantworten zuständige Mitarbeiter Fragen. Foren können auch unternehmensintern verwaltet werden (Schütt 2013).

Blogs existieren schon seit mehr als 15 Jahren, sind aber erst seit geraumer Zeit populär. Blog ist die Kurzform für Weblog (Wortkreuzung aus „web" und „logbook" = Logbuch, vgl. Duden) und fungiert als Tagebuch im World Wide Web. Sie können von Privatpersonen oder Unternehmen genutzt werden. Im privaten Bereich existieren beispielsweise Food-Blogs, auf denen eigene Rezepte und Anleitungen mit Fotos präsentiert werden können. Unternehmen nutzen Blogs, um Geschichten aus dem Unternehmen zu erzählen, Neuigkeiten und Trends bekanntzugeben oder neue Produkte vorzustellen. Im Rahmen einer Social-Media-Strategie können sie für Unternehmen eine Schlüsselrolle einnehmen, da über einen Blog Videos, Fotos und Texte dargestellt werden können. Der Blog kann als Kommunikationsinstrument Kundenbeziehungen aufrechterhalten und neues Interesse bei potenziellen Kunden wecken (Grabs/Bannour/Vogl 2014). Eine Unterform des Blogs ist ein Microblog. Die Anzahl der zu veröffentlichenden Zeichen ist bei einem Microblog begrenzt und es wird hauptsächlich in Textform kommuniziert. Ein bekanntes Beispiel für einen Microblog ist Twitter (Ceyp und Scupin 2013).

9.1 Abgrenzung Kundenbindung und Social Customer Relationship Management

Der Begriff „sozial" beschreibt die Beziehung von Menschen innerhalb einer Gruppe oder von Einzelpersonen zu einer Gruppe. Darüber hinaus versteht man unter sozial gegenseitige Hilfe und Unterstützung (Schütt 2013). Social Media basieren auf einer gegenseitigen Kooperation und Kommunikation der Nutzer. Die sozialen Medien werden unter anderem auch als Mitmachweb bezeichnet, das die Merkmale einer sozialen Gemeinschaft und deren gerechten Umgang untereinander aufweist. Insofern wird das Mitmachweb dem Begriff „sozial" gerecht. Es existieren dennoch Aspekte, die dieser These in wesentlichen Punkten widersprechen. Eine Vielzahl der Social-Media-Initiatoren nutzt die sozialen Netzwerke überwiegend, um Daten zu sammeln, als Informationsquelle oder als Plattform für Manipulation und Propaganda.

Betrachtet man alle Attribute der sozialen Medien, können Unternehmen, insbesondere Dienstleistungsunternehmen, diese für den Aufbau einer Kundenbeziehung nutzen. Die Frage, die sich hierbei stellt, ist, inwieweit eine über Social Media geführte Kundenbeziehung auch nachhaltig sein und zum Unternehmenserfolg beitragen kann.

Vor der Einführung des Webs erfolgte eine Ein-Weg-Kommunikation vom Unternehmen an die Kunden, um die Produkte oder Dienstleistungen zu verkaufen. Eine persönliche Ansprache oder eine Beziehung vom Unternehmen zum Kunden war meistens nicht vorhanden, da das Unternehmen den Auf- und Ausbau einer Marke fokussierte. Durch die Entwicklung der sozialen Netzwerke wird die Beziehung zum Kunden immer wichtiger. Gerade bei Dienstleistungen suchen Nutzer nach Erfahrungsberichten, um sich zu informieren. Social Media unterstützen den Erfahrungsaustausch und geben Unternehmen die Chance eine nachhaltige Bindung zum Kunden aufzubauen (Scott 2014).

Die umfassende Betreuung der Kunden über Social-Media-Kanäle bezeichnet man als Social CRM (Customer Relationship Management). Kritik, Wünsche und Anregungen werden von den Usern über Social-Media-Kanäle kommuniziert und durch die Social-Media-Betreuer der Unternehmen bearbeitet. Kundenfragen können schnell beantwortet, Ideen aufgenommen und negative Äußerungen abgemildert werden. Schnelle Reaktionen tragen zu mehr Kundennähe bei und können den Kunden in der Wahl des Unternehmens bestärken. Auch die Neukundengewinnung kann durch eine umfassende Betreuung der unternehmenseigenen Social-Media-Kanäle positiv beeinflusst werden, da die Dialoge zwischen Kunden und Unternehmen von anderen Nutzern mitverfolgt werden können (Grabs/Bannour/Vogl 2014).

Grundlage für eine gute Kundenbindung ist der Aufbau einer ausgeprägten und wechselseitigen Kundenbeziehung. Mittels Social Media können Unternehmen die Beziehung zum Kunden weiter ausbauen und die Kundenbindung als Wettbewerbsvorteil nutzen. Der Aufbau der Kundenbeziehung kann in einem Dialog aus Vertrauen, Aufklärung und Meinungsbildung erreicht werden. Der Verkauf der Ware oder Dienstleistung steht erst am Ende der Social-Media-Bemühungen (Grabs/Bannour/Vogl 2014).

9.1.1 Social-Media-Marketing

In der Handels- und Dienstleistungsbranche wenden bereits eine Vielzahl von Unternehmen Social Media im Rahmen ihrer Marketingstrategie an. Social-Media-Marketing versucht, das eigene Unternehmen, dessen Produkte oder Dienstleistungen sowie selbst generierte Inhalte in sozialen Netzwerken populär zu machen. Im Vordergrund steht die effektive Kommunikation mit Kunden und potenziellen Kunden, anderen Unternehmen und Partnern. Entgegen dem klassischen Marketing, das ein großes Publikum anspricht, besteht über Social-Media-Portale auch die Option, sich mit einem einzigen Kunden oder Geschäftspartner auszutauschen. Darüber hinaus vermitteln klassische Marketingkampagnen weniger Vertrauen und konzentrieren sich nicht darauf, eine direkte Bindung zum Kunden aufzubauen. Gerade die Entwicklung einer Kundenbindung, die Weiterempfehlung und die Aufnahme von Kritik sind das Grundgerüst des Social-Media-Marketings. Auch die Kosten für das Social-Media-Marketing sind wesentlich geringer. Erfolge können jedoch erst langfristig messbar gemacht werden. Die Weiterempfehlungen, das Ansteigen der Zugriffszahlen auf die unternehmenseigenen Profile oder das Teilen unternehmensbezogener Inhalte stehen in Abhängigkeit zur Aktivität der Internetnutzer (Weinberg et al. 2014).

Die stetige Weiterentwicklung des Internets und die Veränderungen in der Dienstleistungsbranche sind geprägt durch eine steigende Dienstleistungsorientierung und stellen Unternehmen vor neue Herausforderungen. Ein Engagement im Social Web auf ausgewählten Social-Media-Plattformen kann für Unternehmen, insbesondere Dienstleister, ein erfolgversprechender Lösungsansatz sein. Besonders der Prozess zur Erhöhung der Kundenbindung kann durch Social-Media-Marketing positiv beeinflusst werden. Grundlage für ein erfolgreiches Social-Media-Marketing ist eine auf das Unternehmen individuell zugeschnittene Social-Media-Strategie.

9.1.2 Strategische Ausrichtung von Social Media im Unternehmen

Vor der Einführung einer Social-Media-Strategie sollte eine kritische Auseinandersetzung mit der Ausgangsituation des Unternehmens erfolgen. Das beinhaltet eine Analyse der bis dato ausgeführten Kommunikationspolitik, des Onlineauftrittes und der Wahrnehmung des Unternehmens im Internet. Es ist relevant zu wissen, ob die Zielgruppe des Unternehmens Social Media nutzt und welche Social-Media-Maßnahmen die Konkurrenz des Unternehmens anwendet. Des Weiteren sollten vor der Planung einer Social-Media-Strategie die finanziellen und personellen Ressourcen des Unternehmens überprüft werden. Im Vorfeld sollte sich ein Unternehmen bewusst machen, dass die Einführung einer Social-Media-Strategie eine Machtverschiebung zwischen Anbieter und Nachfrager zur Folge hat, da nur wenig bis kein Einfluss auf die sozialmediale Kommunikation der Nutzer genommen werden kann. Entscheidet sich ein Unternehmen nach einer abschließenden Prüfung der Chancen und Risiken für die Einführung einer Social-Media-Strategie, kann die Planung und Durchführung eines Social-Media-Engagements erfolgen.

Eine Strategie definiert sich als langfristig ausgerichtetes Handeln eines Unternehmens mit dem Zweck, die Unternehmensziele zu erreichen. Für Social-Media-Aktivitäten dient eine in den Marketing-Mix einbezogene Social-Media-Strategie als Orientierungsrahmen für das gesamte Unternehmen. Eine wichtige Grundlage für die Integration von Social Media im Unternehmen ist eine langfristige Ausrichtung der Strategie. Wird die Strategie nicht langfristig ausgerichtet, kann dies zu Verlusten von Marketingressourcen und Verschwendung des Budgets für Social-Media-Bemühungen führen.

Die Strategie sollte sich nicht an den Social-Media-Aktivitäten der Konkurrenz orientieren, da sie ein individuell auf das Unternehmen zugeschnittener Lösungsprozess ist. Wichtig ist dennoch eine Untersuchung des Wettbewerbs und der aktuellen Trends. Der Schwerpunkt liegt sowohl auf der Berücksichtigung der Unternehmensziele und der relevanten Zielgruppen, als auch auf der Integration in die Gesamtmarketingstrategie. Zielführend kann ein Social-Media-Engagement nur sein, wenn sich die Zielgruppe des Unternehmens in den von dem Unternehmen gewählten Social-Media-Plattformen aufhält und Social Media zur Grundhaltung des Unternehmens passt (Bruhn 2016).

Eine geeignete Methode für die Entwicklung einer Social-Media-Strategie ist die POST-Methode oder das POST-Framework von Josh Bernoff und Charlene Li. Die Abkürzung POST steht für die Begriffe People, Objectives, Strategy und Technology. Das Aufeinanderfolgen der Begriffe stellt das Vorgehen zur Erstellung einer Social-Media-Strategie dar (Grabs/Bannour/Vogl 2014).

1) People

   Der erste Schritt zum Aufbau einer Social-Media-Strategie befasst sich mit den Zielgruppen des Unternehmens. Die Zielgruppen werden definiert und es wird untersucht, auf welchen Plattformen sich die Zielkunden im Netz bewegen. Anhaltspunkte für die genutzten Plattformen der Zielgruppe bieten Recherchen im Social Web, Kundenumfragen oder bereits erfasste Statistiken.

2) Objectives

   Objectives beinhalten fünf Hauptziele für den Aufbau einer langfristigen Kundenbeziehung. Die Ziele sind Zuhören, Kommunizieren, Motivieren, Unterstützen und Integrieren. Das Ziel Zuhören befasst sich mit der Untersuchung der Internetaktivitäten der relevanten Zielgruppe. Durch Bewertungen und Erfahrungsberichte im Social Web lassen sich Analysen über für Zielkunden relevante Probleme oder Interessen erstellen. Darüber hinaus können durch Crowdsourcing, das Beobachten der Internetaktivitäten der Nutzer und Kunden, Denkanstöße für Produktinnovationen und -verbesserungen gewonnen werden. Den Abgleich zwischen der Werbebotschaft des Unternehmens und die Reaktion der Kunden darauf, bezeichnet man als Monitoring. Monitoring ermöglicht auch Untersuchungen der Aktivitäten von Konkurrenzunternehmen und das Erkennen von potenziellen Reputationsverlusten durch negative Kommentare der Internetnutzer. Social-Media-Aktivitäten basieren auf einem Dialog zwischen Kunden und Unternehmen. Das zweite Ziel Kommunizieren beschäftigt sich mit den Social-Media-Kommunikationskanälen. Unternehmen können beispielsweise ein

Profil in einem sozialen Netzwerk anlegen, Videos über eine Videoplattform verbreiten oder über einen eigenen Unternehmensblog kommunizieren. Das Ziel Motivieren bedient sich des viralen Marketings, um Kunden als Markenbotschafter zu gewinnen. Empfehlungen und Bewertungen von Kunden erhöhen den Bekanntheitsgrad des Unternehmens und vermitteln potenziellen Kunden eine vertrauenswürdige Empfehlung ohne Kosten zu verursachen. Das vierte Ziel Unterstützen bietet Kosteneinsparungspotenziale. Die Kunden unterstützen sich auf den Social-Media-Plattformen auch mithilfe von Mitarbeitern des Unternehmens gegenseitig. Durch den Austausch von Informationen kann eine Wissensdatenbank aufgebaut werden, die besonders für erklärungsbedürftige Güter, wie beispielsweise Versicherungen, förderlich sein kann. Das wichtigste Ziel ist die Integration der Kunden in die Unternehmensaktivitäten. Der direkte Austausch und die Zusammenarbeit mit dem Kunden schaffen die Möglichkeit, Produkte schneller zu verbessern oder Prozesse zu optimieren, als es das Unternehmen allein kann.

3) Strategy

Ziel der POST-Methode ist die Darstellung der Unternehmenskommunikation über soziale Netzwerke. Der Punkt Strategy befasst sich mit den Veränderungen der Beziehung zwischen dem Kunden und dem Unternehmen sowie mit der Integration des Kunden in das Unternehmen.

4) Technology

Technology behandelt die für Social Media geeigneten Technologien, die Social-Media-Plattformen. Die vom Unternehmen ausgewählten Plattformen im Rahmen des Strategieplanungsprozesses sollten regelmäßig an Trends oder Änderungen des Kundenverhaltens angepasst werden (Hilker 2010). Unter Berücksichtigung der Unternehmensziele und der anfallenden Kosten kann die Implementierung einer Social-Media-Strategie vom Unternehmen selbst oder durch eine Agentur erfolgen (Hilker 2010).

9.2 Aufbau und Entwicklung einer Social-Media-Strategie

Der erste Schritt zum Aufbau einer Social-Media-Strategie beschäftigt sich mit dem Punkt People der POST-Methode. Das Unternehmen analysiert die Social-Media-Aktivitäten der relevanten Zielgruppe im Internet, um herauszufinden, welche Plattformen genutzt werden, welche Informationen gesucht oder ausgetauscht werden und in welcher Dimension dies geschieht. Sinus-Milieus liefern Daten über Einkommen, Bildung, Geschlecht und Interessen zur Bestimmung der Zielgruppe. Die Sinus-Milieus stellen Basis-Zielgruppen dar und machen es möglich, die Kundengruppen zu definieren. Die Besonderheiten von Sinus-Milieus sind die Berücksichtigung von Lebensstilen, sozialem Status, Werten und ästhetischen Vorlieben der Menschen (Kotler et al. 2017). Über das Nutzungsverhalten können Studien sowie Mediadateien der sozialen

Netzwerke Erkenntnisse liefern. Li und Bernhoff untergliedern die Nutzertypen im Social Web in sogenannte Social Technographics Profiles (Grabs/Bannour/Vogl 2014):

- Creators (Kreative)
  Die Kreativen verfügen über eine eigene Webseite, formulieren Beiträge in Blogs, erstellen und konsumieren Videos.
- Conversationalists (Diskutanten)
  Die Diskutanten erstellen Beiträge in Mikroblogs und sozialen Netzwerken.
- Critics (Kritiker)
  Kritiker geben Bewertungen über Produkte und Dienstleistungen ab oder nehmen an Diskussionen in Foren teil.
- Collectors (Sammler)
  Sammler abonnieren Blogs und Newsletter und kategorisieren diese.
- Joiners (Teilnehmer)
  Teilnehmer nutzen aktiv soziale Netzwerke.
- Spectators (Zuschauer)
  Zuschauer informieren sich über Blogs, Foren, Videos oder Kundenbewertungen.
- Inactives (Inaktive)
  Inaktive sind nicht im Social Web aktiv.

Die Zielgruppe des Unternehmens kann in die verschiedenen Nutzertypen eingeteilt und die Maßnahmen können darauf ausgerichtet werden. Sofern die Zielgruppe des Unternehmens ausschließlich zu den inaktiven Usern gehört, besteht die Möglichkeit, ein Forum oder eine Community einzurichten, in denen Fragen beantwortet oder Ideen diskutiert werden können, um sie somit zu einer der aktiven Usergruppen zu machen.

Der Schritt Objectives nutzt die Ergebnisse der Zielgruppenanalyse zur Definition der Ziele. Analog dem klassischen Marketing sollten die Ziele anhand von Kennzahlen messbar sein. Das Social-Media-Marketing kann qualitative Kommunikationsziele in Form von Markenimage oder Commitment und quantitative Marketingziele, z. B. die Erhöhung des Absatzes, festlegen. Qualitative Kommunikationsziele sind durch Kennzahlen, beispielsweise die Anzahl der User, Reaktionen und Auftritte der User im Social Web, messbar. Die Ziele sollten realistisch, für das Unternehmen erreichbar, messbar und zeitlich bestimmt sein (Grabs/Bannour/Vogl 2014).

Mittels Social Media steht entgegen dem klassischen Marketing nicht ausschließlich die Erhöhung des Absatzes im Vordergrund. Hauptziele sind der Aufbau einer soliden langfristigen Kundenbeziehung, einer ausgeprägten Markenwahrnehmung und eines positiven Images im Netz. Die Hauptziele tragen im weiteren Verlauf zu einer langfristigen Erhöhung des Umsatzes bei. Der Dialog zum Kunden ist dabei die Basis für die Bildung der qualitativen Ziele. Durch den Dialog mit den Kunden kann beispielsweise ein Dienstleistungsunternehmen eruieren, in welchem Umfang bereits über die Dienstleistung auf Social-Media-Plattformen gesprochen wird oder welche Bewertungen existieren und die Gemeinschaft im Netz beeinflussen. Qualitative Ziele im Rahmen einer Social-Media-Strategie können zum Beispiel die Erhöhung der Bekanntheit der Marke, die Steigerung der Kundenloyalität zur Marke (Brand Loyalty), der Markenaufbau (Brand Awareness) oder das Empfehlungsmarketing (Brand Advocacy) sein.

Ein quantitatives Ziel kann beispielsweise die Erhöhung der Leseranzahl eines eigenen Unternehmensblogs sein. Ob die quantitativen Ziele erfüllt wurden, kann über die Reichweite von unternehmenseigenen Social-Media-Plattformen, geposteten Beiträgen, geteilten Inhalten, Anzahl der Facebook-Fans oder über den Download von Videos gemessen werden.

Bei qualitativen und quantitativen Zielen sollte permanent die Zielgruppe in Bezug auf Veränderungen oder Trends beobachtet werden (Grabs/Bannour/Vogl 2014).

9.2.1 Konzeption der Strategie

Gemäß der POST-Methode werden im Abschnitt Objectives nach der Zieldeklaration die Social-Media-Maßnahmen geplant. Im Vorfeld ist eine Aufnahme des Istzustandes des Unternehmens über den aktuellen Wissensstand und den benötigten Personalaufwand unerlässlich. Auch die Eignung des Unternehmens für die Einführung einer Social-Media-Strategie, insbesondere im Hinblick auf die Unternehmenskultur, sollte überprüft werden. Da Social-Media-Maßnahmen die Einstellung der Kunden zum Unternehmen langfristig beeinflussen, ist es empfehlenswert, dass die Social-Media-Werte Ehrlichkeit, Teilen und Gemeinschaft zur Unternehmensphilosophie und den angestrebten Unternehmenszielen passen. Für eine Veränderung der Kundenbeziehung ist vor allem die dialogorientierte Kommunikation zwischen Kunden und Unternehmen verantwortlich, die jedoch nur mit einer strategischen Ausrichtung der Social-Media-Bemühungen erfolgen kann (Grabs/Bannour/Vogl 2014).

Ein zentraler Aspekt bei der Strategiekonzeption ist die Entwicklung einer Content-Strategie. Gemäß der POST-Methode gehört diese Entwicklung zum Punkt Strategy. Das Content Marketing generiert Informationen für die Nutzer der Social-Media-Auftritte, die keinen werblichen Hintergrund haben. Es geht darum, den Nutzern einen Mehrwert zur Verfügung zu stellen, der erforderlich ist, um im Internet von Usern gefunden oder in Social-Media-Plattformen geteilt zu werden. Das Unternehmen kann den Nutzern mit den informativen Inhalten die Unternehmensgeschichte erzählen sowie Unternehmenskultur, Werte und Traditionen vermitteln. Der Content sollte mit den Interessen der Zielgruppe und den Zielen des Unternehmens übereinstimmen, um die Aufmerksamkeit der Social-Media-Nutzer aufrecht zu erhalten. Auch das Anbieten von Problemlösungen für Produkte und Dienstleistungen kann spannender und mitteilenswerter Content für den User sein.

Viele Unternehmen nutzen Content Marketing beispielsweise auf ihrem unternehmenseigenen Blog. Mitarbeiter haben die Möglichkeit, ihre eigene Geschichte zu erzählen. Der Stellenwert des Content Marketings wird insbesondere durch den Aufbau einer Vertrauensbasis zum Kunden, durch die Emotionalisierung der Dienstleistungen und Produkte und auch vom Unternehmen selbst beeinflusst. Die stetige Weiterentwicklung des Internets und die steigende Abhängigkeit von sozialen und mobilen Technologien wird die Bedeutung von Content Marketing im Rahmen einer Social-Media-Strategie auf Kaufentscheidungen zunehmend beeinflussen. Trotzdem wird es für Unternehmen nicht immer leicht sein, den für User spannenden Content regelmäßig zu generieren und zur Verfügung zu stellen, da sich die Vorlieben und Interessen der Nutzer ändern können (Grabs/Bannour/Vogl 2014).

Im letzten Punkt Technology der POST-Methode werden die für das Unternehmen passenden Social-Media-Plattformen identifiziert. Zielführend ist die Auswahl von Plattformen, auf denen die relevante Zielgruppe aktiv ist und die für die Kunden von zentraler Bedeutung sind. Die Plattformen sollten auf deren Merkmale und Nutzen für das Unternehmen überprüft werden, was bedeutet, die Eigenschaften und Themengebiete der Plattformen sollten mit den Strategiezielen des Unternehmens übereinstimmen und zur Unternehmensphilosophie passen. Nicht jede Plattform dient der Kommunikationsstrategie des Unternehmens und trägt zur Zielerfüllung bei. Businessnetzwerke, wie beispielsweise XING, sind nur bedingt für die Kundenansprache geeignet und finden eher im B2B-Bereich Anwendung. Weiterhin sollte hinter der gewählten Plattform eine Zielvorstellung stehen, die über das Social Media Tool erreicht werden kann. Welchen Content möchte das Unternehmen präsentieren? Für Fotos eignen sich Fotoplattformen, beispielsweise Instagram, für Videos kann YouTube die richtige Option sein. Gleichermaßen ist auch die Anzahl der Social-Media-Plattformen, die ein Unternehmen nutzen möchte, wichtig. Sie sollte an die Unternehmensgröße, Anzahl der zur Verfügung stehenden Mitarbeiter und Ressourcen angepasst werden. Besonders geeignet für den Einstieg in die Social-Media-Welt ist eine Auswahl aus den bekannten Social-Media-Tools wie Facebook, Twitter, Google+, LinkedIn, YouTube oder Pinterest.

9.2.2 Überprüfung der Ressourcen und Planung der Maßnahmen

Vor der endgültigen Implementierung einer Social-Media-Strategie, dem sogenannten Launch, sollte noch einmal überprüft werden, ob im Unternehmen alle benötigten Ressourcen vorhanden sind. Dies kommt de facto nur zum Tragen, wenn das Unternehmen keine externe Agentur mit der Einführung von Social Media beauftragt hat. Es ist erforderlich, einen Plan zu erstellen, der die zu veröffentlichenden Inhalte auf den Plattformen für die nächsten Wochen dokumentiert. Weiterhin sollte festgelegt werden, wer die Inhalte publiziert und wer die Verantwortung für die Veröffentlichungen zu tragen hat. Sowohl eine ausreichende Kompetenz der Mitarbeiter, als auch Kenntnisse über das Agieren im Social Web sind von zentraler Bedeutung. Die Planung der Inhalte ist erforderlich, damit die gewonnenen Nutzer der Plattform nicht auf Informationen warten müssen oder durch mangelnden Content nicht das Interesse verlieren.

Weiterhin ist es von hoher Bedeutung, dass jede vom Unternehmen gewählte Plattform der Corporate Identity des Unternehmens entspricht und die Aktualität der Informationen gewährleistet ist.

Vorab ist es sinnvoll, einen Pretest einer Plattform durchzuführen, um herauszufinden, ob die Plattform zum Unternehmen passt und für die zu erreichenden Ziele geeignet ist. Auch der Zeitpunkt des Launchs sollte strategisch geplant werden. Wird der Launch an einem Freitag vorgenommen, kann es dazu kommen, dass User Fehler feststellen oder negative Äußerungen vornehmen, die erst nach dem Wochenende bearbeitet werden können. Dies kann direkt in der Anfangsphase zu Imageschäden führen. Eine Einführung ist zu Wochenbeginn wesentlich sinnvoller und sollte einer permanenten Beobachtung und Betreuung unterliegen.

Die Implementierung einer Social-Media-Strategie ist auch für den Marketing-Mix, die Kommunikations-, Distributions-, Preis- und Produktpolitik eines Unternehmens, relevant. Häufiger gebraucht werden die englischen Begriffe der 4 Ps: Promotion, Place, Price und Product. Je nach Branche wird der Marketing-Mix auf bis zu 7 Ps erweitert. Für Dienstleistungen sind das Personnel (Personalpolitik), Physical Facilities (Ausstattungspolitik) und Process Management (Prozesspolitik; Meffert et al. 2015). Eine Verbindung der Instrumente des Marketing-Mix mit Social Media ermöglicht es, Mehrwerte zu generieren.

Gleichermaßen spielt vor der endgültigen Einführung die Höhe des Social-Media-Budgets eine wichtige Rolle. Die Maßnahmen sollten dementsprechend im Rahmen des vorgegeben Budgets ausgewählt werden. Sofern die Möglichkeit besteht, können weitere Mitarbeiter und auch die Geschäftsleitung in die Social-Media-Strategie eingebunden werden. Insbesondere die Geschäftsleitung sollte hinter der Social-Media-Strategie stehen. Wie bereits erwähnt, sollte sichergestellt werden, dass für den Start genügend Content für die Social-Media-Plattformen zur Verfügung steht. Flauen die Informationen und Inhalte auf den Plattformen ab, besteht die Gefahr, dass die Social-Media-Nutzer das Interesse an der Plattform verlieren. Hat man im Social Web bereits eine Gemeinschaft aufgespürt, die Interesse an dem unternehmenseigenen Social-Media-Auftritt hat, sollte versucht werden, die Community zu Interaktionen und bestmöglicher Verbreitung der unternehmensrelevanten Inhalte zu bewegen. Darüber hinaus spielt der Informationsfluss eine große Rolle. Alle Beteiligten des Social-Media-Engagements sollten regelmäßig über Änderungen und den aktuellen Stand instruiert werden. Für Mitarbeiter kann es von Vorteil sein, vor der Einführung einen Orientierungsrahmen zu schaffen, der über den Umgang und rechtliche Themen informiert.

Die rechtlichen Rahmenbedingungen dürfen bei der Planung und Durchführung einer Social-Media-Strategie nicht außer Acht gelassen werden, damit beispielsweise Datenschutzbestimmungen eingehalten werden können. Sollte es trotz aller vorab getroffenen Maßnahmen zu einer Krise oder einem sogenannten Shitstorm, einer Vielzahl von kritischen Äußerungen auf einer Plattform, kommen, sollte ein Unternehmen einen Notfallplan für die Bewältigung dieser Problemsituation bereithalten.

Der Start einer Social-Media-Strategie ist besonders arbeitsintensiv und lässt meistens nicht umgehend einen Nutzen erkennen. Es benötigt eine gewisse Zeit, Kunden der Produkte oder Dienstleistungen zu einem Befürworter des Social-Media-Auftrittes werden zu lassen. Ist der Zeitpunkt erreicht, an dem sich die Kunden mit dem Unternehmen identifizieren und das Unternehmen auch anderen empfehlen, beginnen die Social-Media-Bemühungen sich auszuzahlen (Ceyp und Scupin 2013).

9.2.3 Erfolgskontrolle

Sind alle Maßnahmen geplant und Ressourcen überprüft, kann der Markteintritt der ausgearbeiteten Social-Media-Inhalte auf den Plattformen erfolgen. Über zeitgleich geschaltete Werbemaßnahmen und Anreize sollte versucht werden, einen Dialog mit den Zielgruppen aufzubauen. Besonders in der Anfangsphase ist es von großer Bedeutung, die Plattformen permanent mit neuen Inhalten zu füllen, um die Kommunikation mit den Nutzern aufrecht zu erhalten (Lammenett 2014). Ist der Markteintritt vollzogen, ist eine Erfolgskontrolle im Sinne des Social Media Controllings unerlässlich, der Erfolg der Marketingmaßnahme ist jedoch schwer messbar zu machen. Es muss festgelegt werden, was gemessen werden soll und inwieweit der Erfolg den gesetzten Zielen entspricht (Ceyp und Scupin 2013).

Die Analyse und Untersuchung des Meinungsaustausches der Nutzer, der Aktivitäten und der nutzergenerierten Inhalte wird als Social Media Monitoring bezeichnet. Für das Monitoring existieren Tools, die Unternehmen bei der Auswertung der Social-Media-Bemühungen unterstützen können. Die Messung von positivem Meinungsaustausch kann die Maßnahmen der Strategie bestätigen, negative Kommentare können als Grundlage für eine Verbesserung der Maßnahmen dienen. Weiterhin eignet sich Social Media Monitoring im Strategieplanungsprozess, um das geeignete Zielpublikum und die Plattformen festzustellen. Darüber hinaus dient das Monitoring einer laufenden Kontrolle der Plattformen. Ist die Zielgruppe auf der Plattform aktiv oder ist die Plattform noch für meine Zielgruppe geeignet? Rückschlüsse, die durch das Monitoring gezogen werden können, können das Unternehmen unterstützen, Erfolge messbar zu machen (Weinberg et al. 2014).

Die Implementierung einer Social-Media-Strategie ermöglicht keinen direkten Return on Investment. Das Erfolgspotenzial und die Einführung von Social Media ist an verschiedene externe Faktoren gebunden und wird vom Markt und der Branche beeinflusst. Gerade im Dienstleistungssektor können Wettbewerbsvorteile erreicht werden, da Social Media durch die Aktualität und Innovationsmöglichkeiten Geschäftsbereiche im Unternehmen unterstützen kann. Zu den Geschäftsbereichen zählen beispielsweise die Personalabteilung, das Marketing, der Vertrieb, der Service oder das Produktmanagement.

Ein wesentlicher Erfolgsfaktor ist der Imagegewinn und die Erhöhung der Kundenbindung. Erste Erfolge lassen sich anhand von Likes, Anzahl der Follower oder

Fans erkennen. Für Dienstleistungen ist nicht allein die Anzahl der Fans von Bedeutung, viel einflussreicher ist die Qualität der Reaktionen in Form von Kommentaren oder Rezensionen.

Werden von den Unternehmen Links auf den Plattformen oder Videoportalen veröffentlicht, besteht die Möglichkeit, mittels Unique URLs die Zugriffe auf die Links zu messen. Bei Blogs können Tracking Tools verwendet werden, die das Scrollen der Nutzer, Mausklicks und die Verweildauer auf einer Seite feststellen können. Bei Verwendung dieser Tools ist besonders auf den Datenschutz zu achten, da personenbezogene Daten verwendet werden (Ceyp und Scupin 2013). Das Monitoring und das Social Media Controlling sind keine notwendigen Auflagen für ein Unternehmen im Rahmen der Social-Media-Strategie, sie können jedoch Instrumente zur Messung des Erfolgs und der Zielerfüllung sein (Weinberg et al. 2014).

9.3 Kundenbindung mit Social-Media-Strategien

Kundenbeziehungen sind für Unternehmen von unschätzbarem Wert. Social Media ermöglicht es den Unternehmen, die Kommunikation mit den Kunden und die Pflege von Kundenbeziehungen, neben den klassischen Kanälen wie der Webseite, dem Telefon, Filialen oder den persönlichen Kontakt im Außendienst, um einen weiteren interaktiven Kanal zu erweitern. Aus diesem Grund sollte das CRM ein wesentlicher Bestandteil der Social-Media-Strategie sein. Das veränderte Nutzungsverhalten der Kunden nimmt Unternehmen in die Pflicht, sich auf Social-Media-Kanälen zu bewegen, damit der Kundenservice und die Kundenzufriedenheit verbessert werden kann.

Ein neues Potenzial zur Steigerung der Kundenbindung bietet das überwiegend partizipative Nutzungsverhalten der Social-Media-Nutzer. Das bedeutet, Social-Media-Nutzer kreieren eigene Inhalte, teilen und kommentieren diese oder teilen Inhalte von Unternehmen. Unternehmen können an dieses Nutzungsverhalten anknüpfen und selbst partizipativ im Web auftreten, um sich aktiv an Diskussionen und Interaktionen zu beteiligen. Bereits 2008 wurde die kundenorientierte Aktivität von Unternehmen im Social Web anhand einer McKinsey-Studie, bei der fast 2000 Manager befragt wurden, deutlich. 71 % der Befragten nutzen Social Media zur Kundengewinnung. Über die Hälfte der Befragten setzen Social Media darüber hinaus zur Interaktion und Einbindung des Kunden in die Produktentwicklung ein. Der Anteil der Social-Media-Nutzung hat sich dieser Studie zufolge mit einer Steigerung der Kundenzufriedenheit und Kundenbindung um 20 % zudem positiv auf den Unternehmenserfolg ausgewirkt. Das Social CRM kann somit als erfolgversprechend eingestuft werden (Bauer et al. 2011).

Die steigende Bedeutung des Social Customer Relationship Management lässt den Rückschluss zu, dass Unternehmen und Kunden gemeinsam zur Wertschöpfung und Verbesserung der Unternehmensprozesse beitragen. Eine weitere Tendenz lässt die 90-9-1-Regel nach Nielsen (2006) erkennen. Die Regel besagt, dass lediglich 1 % der aktiven Social-Media-Nutzer 90 % der Beiträge im Social Web generieren. 9 % der Nutzer sind zeitweise aktiv und 90 %, der Großteil der Social-Media-Nutzer, liest überwiegend Beiträge und beobachtet das Geschehen in den Netzwerken. Erfolgreiche Social-Media-Bemühungen zeichnen sich somit nicht ausschließlich durch quantitative Zielgrößen aus, die zum Beispiel durch die Reichweite der sozialen Netzwerke festgestellt werden. Der Fokus sollte auch auf qualitativen Größen im Zusammenhang mit der Kundenbindung liegen. Das Social CRM kann zu einem Social Customer Value Management weiterentwickelt werden. Kunden, die besonders aktiv in Social-Media-Portalen der Unternehmen sind, sollten vermehrt in die Geschäftsprozesse einbezogen werden, um eine höhere Wertschöpfung und langfristige Kundenbindung zu erreichen.

Die Einführung einer Social-Media-Strategie bietet große Erfolgspotenziale, da Wettbewerbsvorteile generiert werden können. Die Wettbewerbsvorteile lassen sich durch Umsatzsteigerungen messbar machen. Es wird ein Mehrwert durch den Aufbau eines Dialogs zwischen Kunde und Unternehmen geschaffen, der nicht nur die Befürworter des Unternehmens, sondern auch Kritiker erreicht. Besonders die hohe Reichweite der Kundenansprache mit vergleichsweise geringen Kosten ist ein wesentlicher Vorteil der Einführung von Social-Media-Strategien im Unternehmen. Die Kommunikation in den sozialen Netzwerken lässt das Unternehmen erkennen, welche Interessen die Kunden verfolgen und ist auch Bestandteil der Marktforschung eines Unternehmens. Das Berücksichtigen von Kundeninteressen steigert die Zufriedenheit und baut eine Vertrauensbasis auf, die zu einer langfristigen Geschäftsbeziehung zum Kunden führen kann. Auch das Branding wird durch Social Media intensiviert, da die Kunden Unternehmen, Dienstleistung, Produkt und Marke zunehmend wahrnehmen. Weiterhin kann auch Personal durch Social-Media-Recruiting-Maßnahmen gewonnen werden (Hilker 2010). Unternehmen können durch Recherche auf den eigenen Social-Media-Plattformen die Wahrnehmung der Gesellschaft nach außen eruieren und bei einem negativen Image entsprechende Gegenmaßnahmen ergreifen.

Mithilfe von Social Media kann eine solide Kundenbindung aufgebaut werden, die in Weiterempfehlungen des Unternehmens oder dessen Produkte münden kann. Die Bindung wird vor allem durch eine optimale Betreuung der Interessenten und Kunden auf den Social-Media-Plattformen gewährleistet. Auf diese Weise kommen auch andere Mitglieder der Plattformen mit dem Unternehmen in Kontakt, die ohne Social Media möglicherweise zu keiner Zeit auf das Unternehmen gestoßen wären. Die Einführung einer Social-Media-Strategie birgt jedoch auch Risiken für Unternehmen. Die Risiken können insbesondere durch die ausgedehnten Kommunikationsmöglichkeiten der Nutzer entstehen. Für negative Äußerungen und Kommentare auf den gewählten Social-Media-Plattformen muss das Unternehmen gewappnet sein. Weiterhin können auch Diskussionen und Fragen aufkommen, mit denen sich ein Unternehmen ungern öffentlich auseinandersetzen möchte. Richtlinien für Mitarbeiter und Pläne können die Bewältigung von Eskalationen in den Netzwerken im Voraus festlegen (Lammenett 2014). Die Machtverschiebung von Unternehmen an den Kunden kann zu einem

Kontrollverlust der Marke führen. Auch die Gefahr von Fake-Accounts öffnet Wege für kriminelle Handlungen, die das Unternehmen in ein schlechtes Licht rücken können. Neben Imageschäden besteht für Unternehmen das Risiko, den Überblick im Social Web zu verlieren, da die Verwaltung von der Vielzahl an Links, Kommentaren und Postings in unterschiedlichen Plattformen sehr zeit- und arbeitsintensiv ist. Nicht zu unterschätzen sind die durch den Gesetzgeber vorgeschriebenen Datenschutzricht-linien, die zum Schutz des Unternehmens, der Kunden und der Nutzer eingehalten werden müssen. Die Erfolge einer Social-Media-Strategie sind nicht direkt sichtbar zu machen, sodass es für Befürworter im Unternehmen schwierig werden kann, die Strategie fortwährend zu vertreten. Weiterhin gibt es das Risiko banaler Postings der User auf den Social-Media-Plattformen der Unternehmen, die einen seriösen Unter-nehmensauftritt negativ beeinflussen können (Hilker 2010).

Der Aufbau einer Social-Media-Strategie gestaltet sich als langfristig ausgerichtete Handlung mit einem hohen Erfolgspotenzial. Das Schaubild in Abbildung 9.1 stellt den Weg zu einer erfolgreichen Strategie grafisch dar. Der Kreis hat, im Gegensatz zu einer Strategie, keinen Anfang und kein Ende. Eine Social-Media-Strategie gestaltet sich demzufolge als stetiger Prozess.

Abb. 9.1: Der Weg zur Social-Media-Strate-gie. In Anlehnung an Grabs/Bannour/Vogl (2014).

Durch aktives Zuhören im Social Web kann ein Unternehmen die Plattformen er-mitteln, auf denen die zu erreichende Zielgruppe aktiv ist und welche Interessen die Zielgruppe verfolgt. Das Zuhören kann jedoch nur zielführend sein, wenn das Unter-nehmen auf den ausgewählten Plattformen aktiv ist und den für den Nutzer interes-santen Content erstellt. Besonders wichtig ist das Sharing im Social-Media-Strategie-Prozess. Das Unternehmen wird in sozialen Medien hauptsächlich durch das Teilen von Interesse weckenden Beiträgen für die Nutzer interessant. Auch auf den unter-

nehmenseigenen Plattformen darf kein Stillstand eintreten. Mithilfe von Audience Engagement versuchen Unternehmen, ihre Zielgruppe von sich zu begeistern und eine
langfristige Bindung aufzubauen. Aussichtsvoll kann eine Social-Media-Strategie jedoch nur sein, sofern durch Monitoring aktuelle Trends, erreichte Ziele, Erfolge und
Misserfolge erkannt und reflektiert werden.

9.4 Social Media vs. soziale Medien

Social Media lässt sich somit als Austausch von Informationen, Erfahrungen und
Sichtweisen (User Generated Content) mithilfe webbasierter Netzwerke definieren.
Immer wieder wird es auch mit „soziale Medien" übersetzt, was jedoch falsch oder
zumindest missverständlich ist. Denn unter „sozial" versteht man im Deutschen
auch gemeinnützig, hilfsbereit oder selbstlos, während im Kontext von Social Media
„social" als menschliches Bedürfnis nach sozialer Interaktion aufgefasst wird (vgl.
Kaplan und Haenlein 2010). Demzufolge lässt sich Social Media am ehesten mit „gesellschaftliche Medien" übersetzen, denn uneigennützig oder selbstlos – das zeigt
das Beispiel Facebook – sind sie ganz gewiss nicht. Apropos Facebook: Im Grunde
ist das erfolgreichste aller gesellschaftlichen Medien nichts anderes als ein digitales
Poesiealbum oder Freundschaftsbuch, wie es viele während der Grundschulzeit be-
saßen. Je höher die Zahl der Einträge, desto größer das Ansehen im Freundeskreis –
ganz ähnlich wie bei den Mitgliedern von Facebook und Twitter.

Der Begriff „Social Media", beziehungsweise die wörtliche Übersetzung „soziale
Medien", beinhaltet das Wort „sozial". Hier stellt sich nun die Frage, was das Wort
„sozial" genau bedeutet.

Laut Duden wird „sozial" aufgefasst als „das (geregelte) Zusammenleben der
Menschen in Staat und Gesellschaft betreffend; auf die menschliche Gemeinschaft
bezogen, zu ihr gehörend", „die Gesellschaft und besonders ihre ökonomische und
politische Struktur betreffend", „die Zugehörigkeit des Menschen zu einer der verschiedenen Gruppen innerhalb der Gesellschaft betreffend" und „dem Gemeinwohl,
der Allgemeinheit dienend; die menschlichen Beziehungen in der Gemeinschaft re-
gelnd und fördernd und den [wirtschaftlich] Schwächeren schützend" (Ebersbach
et al. 2011). Zusammengefasst beschreibt der Duden das Wort „sozial" also als das
Funktionieren einer Gemeinschaft bzw. Gruppe innerhalb der Gesellschaft, in der
das Gemeinwohl im Vordergrund steht, zwischenmenschliche Beziehungen gefördert
werden und die Schwächeren geschützt werden.

Um eine Gemeinschaft zu etablieren, bedarf es der Kommunikation und der
Möglichkeit, Wissen zu verbreiten und sich innerhalb der Gesellschaft zu vervoll-
ständigen. Nur durch Kommunikation ist es mehreren Lebewesen möglich, sich
zusammenzuschließen, Regeln zu entwickeln, sich umeinander zu kümmern, sich
gegenseitig zu warnen und Wissen weiterzugeben. Nach einer modernen, demokratischen Denkweise können sich im Idealfall alle Gruppenmitglieder einer solchen Ge-

meinschaft miteinander austauschen und in gleichem Maße an der Kommunikation beteiligen. Diese Art der Kommunikation, bei der jedes Gesellschaftsmitglied gleichermaßen am Austausch teilnehmen kann, wird als partizipative Kultur bezeichnet. Hier kann sich also jedes Individuum einer Gesellschaft öffentlich äußern, Medieninhalte kreieren und veröffentlichen und diese Inhalte massenhaft verbreiten (Stiegler 2015).

Münker beschreibt alle Medien grundsätzlich als sozial, da Medien Inhalte vermitteln. Auch wenn die Mittler und Mittel innerhalb des Tauschprozesses von Inhalten unterschiedlich sind, so haben sie trotzdem eine verbindende Art. Auf den ersten Blick erscheinen Medien wie das Telefon sozialer als Massenmedien wie Radio oder TV, da sie stärker auf die Interaktion zwischen Menschen ausgelegt sind (Münker 2009). Der Unterschied zwischen klassischen Massenmedien und sozialen Medien liegt darin, dass die Anwendung von klassischen Massenmedien für professionelle Benutzer bestimmt ist und die Nutzung von sozialen Medien der breiten Öffentlichkeit zur Verfügung steht (Kreutzer 2016, 2015).

Mit der Verbreitung des Internets als alltägliches „Gebrauchsmittel" entstand die Möglichkeit, sich öffentlich zu äußern. Diese Möglichkeit wurde durch die Einführung von Social Media noch einfacher und schneller realisierbar (Stiegler 2015). Im Hinblick auf die partizipative Kultur kann Social Media durchaus als „sozial", sogar sozialer als traditionelle Medien bezeichnet werden. Problematisch ist jedoch, dass es bei Social Media nicht – wie es bei klassischen Medien der Fall ist – eine grundsätzliche Berufsethik gibt, da jedes Mitglied der Social Media Community erst einmal willkürlich Inhalte veröffentlichen kann (Schweer 2012).

Auch der Aspekt des Schutzes von Schwächeren wird auf Social-Media-Plattformen häufig außer Acht gelassen. Denn wie aus einer gemeinsamen Studie des Institutes YouGov und des Unternehmens Vodafone aus dem Jahr 2015 hervorgeht, wurden 18 % der Jugendlichen zwischen 13 und 18 Jahren bereits über Social-Media-Plattformen wie Facebook oder Twitter gemobbt. Das Mobbing im Netz wird von den befragten Jugendlichen schlimmer empfunden, als „persönlich" gemobbt zu werden.

Anhand dieses Beispiels wird deutlich, dass Social Media nicht gemäß der vollständigen Definition des Wortes „sozial" ist. Auch wenn es bei Facebook beispielsweise die Möglichkeit gibt, Mobbing-Kommentare zu melden, die daraufhin von einem Team auf Verstöße gegen die Nutzungsbedingungen geprüft werden, werden Kommentare oder Inhalte, die das Ziel des Mobbings oder der Hetze und Verbreitung von Hass haben, oft gar nicht oder sehr spät gelöscht.

Ein weiterer Punkt, der verdeutlicht, dass Social Media nicht in jeder Hinsicht sozial sind, ist die Tatsache, dass fast jeder Mensch ein Smartphone besitzt und somit dauerhaft mit dem Internet verbunden ist. Daraus hat sich bei den meisten Smartphone-Nutzern die Angewohnheit entwickelt, die Kommunikation auf Social Media zu verlagern und in kurzen Abständen auf das Smartphone zu schauen oder über das Gerät zu kommunizieren. Durch diese Verlegung der Kommunikation in Social Media ist die direkte zwischenmenschliche Kommunikation bedroht und es besteht die Gefahr, dass das soziale Miteinander jenseits von Social Media vernachlässigt wird und Menschen am nichtvirtuellen sozialen Leben kaum teilnehmen.

Insbesondere unter jüngeren Mitgliedern der Gesellschaft, die den Generationen Y und Z zuzuordnen sind, geht der Trend dahin, dass diese immer schlechter persönlich interagieren können. Gerade in Problemsituationen weichen junge Erwachsene häufiger auf die Kommunikation via Messenger-Dienste oder Social-Media-Kommentare aus, anstatt das persönliche Gespräch zu suchen (Qualman 2010).

Ebersbach et al. hingegen sehen in Social Media die Möglichkeit der Wiederherstellung des Sozialen. Klassische Familienstrukturen gehen zurück, es gibt immer mehr Patchwork-Familien. Auch freundschaftliche Bindungen lösen sich schneller auf als früher. Außerdem findet zunehmend eine Arbeitsmigration statt. Durch die Globalisierung sind Familien und Freunde geografisch immer mehr verteilt. Social Media hilft Kommunikationsbarrieren zu überwinden und trägt auch dazu bei, ehemalige Freunde wiederzufinden, wie dies zum Beispiel über Facebook oder StayFriends möglich ist.

Zudem hilft Social Media dabei, bestehende Netzwerke aufrecht zu erhalten und es lassen sich neue Beziehungen aufbauen (Ebersbach et al. 2011).

Zusammenfassend lässt sich sagen, dass es in der Fachliteratur unterschiedliche Ansichten gibt, wie „sozial" Social Media sind bzw. ob Social Media das soziale Zusammenleben fördern oder diesem entgegenstehen. Unter Bezugnahme auf die Duden-Definition des Wortes „sozial" konnte gezeigt werden, dass Social Media nicht als „sozial" bezeichnet werden können, da der Schutz des Schwächeren nicht gewährleistet ist.

Rein in Bezug auf die partizipative Kultur können Social Media als sozial bezeichnet werden, da es allen Beteiligten der Gesellschaft die Möglichkeit gibt, am Dialog teilzunehmen. Zudem unterstützen Social Media die Kommunikation über örtliche Entfernungen hinweg. Gleichzeitig ist das soziale Zusammenleben jedoch gerade dadurch gefährdet. Denn der Dialog findet größtenteils digital statt und das persönliche Gespräch wird oftmals vernachlässigt.

9.4.1 Social Media in Unternehmen

Eine eindeutige Zuordnung von Social Media gibt es in Unternehmen nicht. Es ist sowohl für den Vertrieb als auch für das Marketing von Bedeutung. Wenn man beide Unternehmensbereiche betrachtet, wird Social Media in Unternehmen in der Kommunikation, sprich im Marketing, stärker eingesetzt als im Vertrieb.

Der Begriff E-Business wird von Kotler et al. als die Durchführung von Geschäften eines Unternehmens mithilfe von elektronischen Plattformen definiert. Hierzu gehören Intranet, Extranet und Internet. Via Internet und mittels weiterer Technologien können Transaktionen schneller, genauer und über eine größere Zeitspanne sowie eine größere Entfernung ausgeführt werden. Auf den Webseiten von Unternehmen werden Stakeholder über deren angebotene Produkte und Dienstleistungen informiert. Im Intranet können Angestellte innerhalb eines Unternehmens miteinander kommunizieren und auf Informationen zugreifen, die auf einem zentralen Server liegen. In Extranets können Unternehmen mit ihren größten Lieferanten und Händlern Informationen austauschen sowie Bestellungen, Transaktionen und Zahlungen durchführen. Einige große IT-Unternehmen, wie beispielsweise Microsoft, haben ihre Kommunikation fast ausschließlich auf eine digitale Form umgestellt.

Auch wenn die Begriffe E-Commerce und E-Business oft synonym verwendet werden, gibt es Unterschiede. Der Begriff E-Business beinhaltet alle Geschäftsprozesse, die über das Internet oder Intranet einer Firma ablaufen. E-Commerce hingegen beinhaltet die „neuen Einkaufsmöglichkeiten" für die Kunden eines Unternehmens (Kotler et al. 2017). Daraus lässt sich ableiten, dass E-Commerce ein Teil des E-Business ist und die Begriffe differenziert zu betrachten sind.

In den letzten 20 Jahren ist der Umsatz im E-Commerce um das Zehnfache gestiegen. In dieser Zeit hat sich der E-Commerce von seiner ursprünglichen Form des Onlinehandels hin zu einer Plattform für Medien und neue Dienstleistungen entwickelt, welche es so in der physischen Welt nicht gibt (Kotler et al. 2017).

Seit 2013 hat der E-Commerce auch die Social Networks sowie die mobilen Plattformen für Smartphones und Tablets im Fokus. Des Weiteren wurden durch den E-Commerce Umgebungen geschaffen, in denen Preise transparent, Märkte global und der Handel hocheffizient sind (Laudon und Traver 2014).

E-Commerce umfasst die Kauf- und Verkaufsprozesse eines Unternehmens, die durch elektronische Mittel, insbesondere durch das Internet, unterstützt werden. Zudem gehören auch E-Marketing und E-Purchasing (Einkauf) zum E-Commerce. Auf E-Märkten, also virtuellen Plattformen, werden Produkte und Dienstleistungen online angeboten. Käufer holen sich hier die nötigen Informationen und geben online Bestellungen auf (Kotler et al. 2017).

9.4.2 Social Media als Teil des Marketings

Kotler und Bliemel (1995) definieren den Begriff Marketing als „Prozess im Wirtschafts- und Sozialgefüge, durch den Einzelpersonen und Gruppen ihre Bedürfnisse und Wünsche befriedigen, indem sie Produkte und andere Dinge von Wert erzeugen, anbieten und miteinander austauschen".

In diesem Abschnitt stellt sich die Frage, ob Social Media in Unternehmen als Teil des Marketings gesehen werden kann.

Als Marketing-Mix wird die Kombination aller absatzpolitischen Instrumente für die Bereiche Produktpolitik, Kommunikationspolitik, Kontrahierungspolitik und Distributionspolitik bezeichnet, die vom Unternehmen eingesetzt werden können, um die marktorientierten Ziele zu erreichen. Der Marketing-Mix ist für die Umsetzung der Marketingstrategie auf operativer Ebene und innerhalb der Submixe, also der einzelnen Instrumente, zuständig.

Da Social Media primär als ein zusätzlicher Kommunikationskanal gesehen werden kann, wird im weiteren Verlauf des Abschnitts der Fokus auf die Kommunikationspolitik sowie die Funktion von Social Media innerhalb der Kommunikationspolitik gelegt und am Ende des Abschnitts nur kurz auf die Funktion von Social Media in Bezug auf die anderen drei Instrumente des Marketing-Mix eingegangen.

Die Kommunikationspolitik beinhaltet alle marktorientierten Maßnahmen, welche die Öffentlichkeit über das Angebot informieren. Diese Maßnahmen sind Werbung, Verkaufsförderung, Öffentlichkeitsarbeit, persönlicher Verkauf und Dialogmarketing.

Die Kommunikationspolitik kann als „Sprachrohr des Marketings" bezeichnet werden. Durch sie werden Informationen bereitgestellt, die ein bestimmtes Bild des Unternehmens bekanntmachen sollen – ein Bild, das zu Aktivitäten führt, die der Erreichung des Unternehmensziels dienen. Hierbei unterscheidet man zwischen der externen Kommunikation in Form von Anzeigenwerbung und der interaktiven Kommunikation zwischen Mitarbeitern und Kunden in Form von Beratungsgesprächen oder der Kommunikation im Social Web (Bruhn und Hadwich 2013c). Damit ist die interaktive Kommunikation mit Kunden und weiteren Stakeholdern innerhalb von sozialen Netzwerken und Plattformen gemeint (Hilker 2010).

Das Ziel dieser Social-Media-Kommunikation ist es, Informationen, Meinungen, Eindrücke, Erfahrungen auszutauschen und an der Erstellung von unternehmensrelevanten Inhalten, Produkten oder Dienstleistungen mitzuwirken (Bruhn und Hadwich 2013a). Daraus folgt, dass Social Media als Teil des Marketings, insbesondere der Kommunikationspolitik, angesehen werden kann. Social-Media-Kommunikation hat auf die Unternehmens- und Marketingkommunikation unterschiedlichen Einfluss (Bruhn und Hadwich 2013a).

In Netzwerken wird auch der Ruf von Unternehmen und Marken beeinflusst, daher wird das Thema Onlinereputation heutzutage von Unternehmen ernst genommen und Social Media wird als erweitertes Kundenbeziehungsmanagementsystem betrachtet. Soziale Netzwerke bieten für Unternehmen neben der Möglichkeit zu Branding und Werbung auch die Möglichkeit, neue Kunden anzusprechen (Laudon und Traver 2014). Durch die direkte Verbindung zur Öffentlichkeit sind soziale Netzwerke insbesondere für Marketingzwecke von großer Bedeutung für Unternehmen (Böker et al. 2013).

Um auf Social-Media-Plattformen professionell agieren zu können, sollten Unternehmen eine Social-Media-Strategie entwerfen und etablieren. Hierbei sollten die Ziele klar gesetzt sein. Das bedeutet, es muss definiert sein, für welche Produkte, Märkte und Zielgruppen Social Media eingesetzt werden soll. Social-Media-Marketingstrategien richten sich in der Regel wie folgt aus: Aufmerksamkeitssteigerung für die Marke, Generieren von Onlinegesprächen über die Marke und Motivation der Nutzer zum Teilen von Inhalten in ihren persönlichen Netzwerken.

Daher ist die sichtbarste Form der Social-Media-Nutzung von Unternehmen die des Marketings. Über 90 % der großen Firmen haben Facebook-Seiten, über die sie mit ihren „Fans" kommunizieren und wo diese ihre Meinung öffentlich, für weitere Nutzer sichtbar, kundtun können. Über 80 % der großen Firmen nutzen zusätzlich Twitter für Marketingzwecke (Laudon und Traver 2014).

Eine subtilere Weise, wie Unternehmen Social Media in der Kommunikation nutzen können, ist das „Zuhören" (Laudon und Traver 2014). Durch diese Art der Marktbeobachtung erlangen Unternehmen ungefilterte Informationen über die Meinung der Konsumenten, die diese in Social Media über Produkte und Dienstleistungen veröffentlichen (Böker et al. 2013). Diese Informationen können in das Unternehmen einfließen und das Angebot kann entsprechend angepasst werden (Laudon und Traver 2014). Denn nur Unternehmen, die es schaffen, ihren Kunden zeitgemäße und innovative Produkte und Dienstleistungen anzubieten, können ihre Position im Wettbewerb langfristig verteidigen oder verbessern. Nichtsdestoweniger sollte Social Media nicht ausschließlich innerhalb der Kommunikationspolitik eingesetzt werden, sondern fest in den Marketing-Mix bzw. den Teilbereich des Onlinemarketings integriert werden.

In der Produktpolitik kann Social Media z. B. für Crowdsourcing, für Produktentwicklung und -ideen oder für Onlineproduktbewertungen eingesetzt werden. In der Kontrahierungspolitik kann Social Media benutzt werden, um z. B. Rabatte oder spezielle Preise abhängig von der Anzahl der Follower zu gewähren. Und in der Distributionspolitik kann Social Media in Form von Social Commerce genutzt werden.

9.5 Best-Practice-Beispiel zur Nutzung von Social Media in Unternehmen

Ein Unternehmen, welches Social Media aktiv nutzt, ist das Startup eve. Das Unternehmen stellt Matratzen her und betreibt einen reinen Onlineverkauf. Da es keine unterschiedlichen Arten von Matratzen zum Ausprobieren gibt, verzichtet das Unternehmen auf stationären Verkauf (Bakir 2018).

Dadurch erreicht das Unternehmen eve eine Kostenreduktion von 70 %. Diese 70 % Mehrkosten wären beim Verkauf über Zwischenhändler, wie beispielsweise den Einzelhandel, gegeben. Ein weiterer Vorteil, den der Verzicht auf stationären Handel mit sich bringt, ist die Kontrolle, die das Unternehmen somit auch über die Supply Chain hat. Aufgrund der Kontrolle über die Supply Chain kann eve seinen Kunden eine kostenlose Lieferung der Matratze nach wenigen Tagen garantieren (www.evesleep.co.uk).

Wie bereits erwähnt, betreibt eve als reines E-Commerce-Unternehmen auch aktiven Social Commerce: Neben dem Onlineshop betreibt eve auf seiner Homepage den Blog „Bettgeflüster". Über diesen Blog werden zum einen neue Produkte, zum anderen Aktionen beworben. Im vergangenen Herbst warb das Unternehmen mit der Aktion „Papavember". Bei dieser Aktion wurden insbesondere Familienväter angesprochen, herbstliche Fotos mit der Familie auf Facebook oder Instagram zu posten und mit @eve_sleep zu verlinken. Ist dies geschehen, bekommen Väter beim Kauf einer Matratze ein Bettwäscheset gratis dazu (blog.evesleep.co.uk/).

Das Unternehmen eve betreibt also eine aktive Social-Media-Kommunikation und sucht die Interaktion mit seinen Kunden via Social Media. Indem die Teilnehmer der „Papavember-Aktion" ihre Fotos in Social Networks posten und diese mit dem Unternehmen verlinken, fungieren sie als Multiplikator. Denn wenn ein einzelner Nutzer das Unternehmen eve in seinen Beiträgen, wie zum Beispiel bei der „Papavember-Aktion" in Social-Media-Beiträgen wie Facebook oder Twitter verlinkt, werden im Idealfall alle Personen, die wiederum mit dem Nutzer verlinkt sind, auf das Unternehmen aufmerksam.

Auch in der Kontrahierungspolitik bindet eve Social Media im Rahmen der „Papavember-Aktion" ein. Verlinkt der Kunde das Unternehmen in seinem Beitrag auf verschiedenen Social-Media-Plattformen, erhält er ein Bettwäscheset gratis dazu und spart somit Geld.

Auch was die Werbung betrifft, setzt das Unternehmen auf Social Media und veröffentlicht auf seiner Website Ausschreibungen für geschäftliche Partnerschaften. Beispielsweise bietet eve Bloggern und Webseitenbetreibern ein Affiliate-Marketing-Programm an. Affiliate Marketing ist ein Vertriebskonzept im Internet, bei dem Webseitenbetreiber das Produkt des Partnerunternehmens auf ihren Webseiten bewerben und somit Interessenten für dieses Produkt gewinnen.

Wie sich zeigt, ist die Social-Media-Nutzung im Unternehmen eve tief verankert und wird in verschiedenen Bereichen angewandt. Eve ist damit erfolgreich, wie CEO und Co-Gründer Jas Bagniewski mitteilt: „Seit unserem Launch im Februar 2015 [. . .] verzeichnen wir von Monat zu Monat ein Wachstum von 25 %, das vor allem auf Word-of-Mouth-Propaganda und Weiterempfehlungen basiert" (www.ecommerce-news-magazin.de).

9.5.1 Analyse – Einfluss von Social Media auf den Nutzer und die daraus resultierenden Gefahrenpotenziale

Grundsätzlich wird die Meinungsbildung von Wertvorstellungen, Lebenslage, Wissen und Erfahrungen des Einzelnen beeinflusst. Informationen, die durch die Medien, insbesondere journalistische Massenmedien, verbreitet werden, haben Auswirkungen auf den Prozess der Meinungsbildung. Der Einfluss der Meinung anderer Menschen kann sogar mehr ins Gewicht fallen als der eigene Standpunkt.

Medien im Allgemeinen haben auf folgende Art und Weise Einfluss auf die Meinungsbildung: Sie können Wissen vermitteln, können Themen auf die Tagesordnung setzen und dabei Teilaspekte eines Themas in den Vordergrund stellen, wodurch ein gewisser Interpretationsrahmen gegeben wird. Zudem können Medien einen Eindruck darüber vermitteln, wie die Meinung der Öffentlichkeit zu einem bestimmten Thema aussieht. Sie können direkt oder indirekt die Einstellung der Nutzer zu kritischen Fragen beeinflussen und sogar Handlungen auslösen (www.bpb.de).

In den „traditionellen Massenmedien" hat der Journalismus eine Schlüsselfunktion zwischen Nachrichtenquellen und Öffentlichkeit. Es existiert eine einseitige Beziehung zum Publikum, da es kaum Feedbackmöglichkeiten gibt. Lange Zeit konnte nur der Journalismus die überschaubare Anzahl an Zugangswegen zur Öffentlichkeit kontrollieren, die durch Presse und Rundfunk geboten wurden (Neuberger et al. 2014). Durch die klassischen Massenmedien wurde bisher die „One-to-Many-Kommunikation" betrieben. Das heißt, dass wenige Individuen einer Gesellschaft, wie Redakteure, Künstler oder Autoren, Inhalte erstellen und verbreiten konnten (Stiegler 2015). Den traditionellen Medien liegen Normen der Verpflichtungen und Freiheiten der Presse zugrunde, die sich seit der philosophischen Diskussion im 18. Jahrhundert entwickelt und etabliert haben. Diese Normen sind in der Verfassung aufgenommen, es sind: Gedankenfreiheit, Meinungsfreiheit und Pressefreiheit (Schweer 2012).

Ab Mitte der 1990er-Jahre vollzog sich ein Wandel und durch die Einführung des Internets wurde eine große technische Hürde beseitigt. Inzwischen kann jeder ohne großen Aufwand Inhalte veröffentlichen. Somit muss öffentliche Kommunikation nicht mehr selektiv, einseitig, linear und zentral sein, wie sie es unter den Bedingungen von Presse und Rundfunk ist, sondern kann sich zu einer partizipativen, interaktiven, netzartigen und dezentralen Kommunikation entwickeln.

Es existiert nun also eine „Many-to-Many-Kommunikation". Somit bestimmen nicht mehr nur Redakteure, welche Informationen wann gesendet werden, sondern jeder Internetnutzer kann dies nun selbst bestimmen und am öffentlichen Diskurs teilnehmen. Diese partizipative Kommunikationskultur wird maßgeblich durch zwei Effekte begünstigt: der Demokratisierung von Information und der Vernetzung des Einzelnen (Stiegler 2015).

Mit der Einführung des Web 2.0 entstanden soziale Netzwerke wie StudiVZ, Facebook usw., die es allen Internetnutzern ermöglicht haben, sich untereinander auszutauschen. Dieser Effekt wurde mit der Entwicklung von Smartphones verstärkt. Mit den Smartphones ist es möglich, jederzeit mit dem Internet verbunden zu sein und jederzeit auf die sozialen Netzwerke zuzugreifen und sich untereinander auszutauschen.

Jüngere Internetnutzer nutzen dies in erster Linie zur Unterhaltung oder zum Austausch. Ältere Nutzer hingegen holen im Internet primär Informationen ein. Im Schnitt ist jeder Nutzer 60 Minuten täglich auf Facebook eingeloggt und aktiv.

Social Media verändert also die Lebensweise, den Konsum und die Art der Informationsbeschaffung. Beispielsweise gelten Blogs in der Öffentlichkeit als unabhängige, nicht durch marktpolitische Interessen geprägte Form der Berichterstattung. Neben der Entwicklung zur partizipativen Kommunikation hat sich Social Media auch zu einer Plattform für Selbstdarstellungszwecke entwickelt.

Mithilfe von Blogs, Twitter oder YouTube können Einzelpersonen private Inhalte ins Internet stellen, diese über soziale Netzwerke wie Facebook streuen und der Öffentlichkeit zugänglich machen. Prominente Personen, wie Politiker, nutzen diese Kanäle, um direkt mit den Bürgern zu kommunizieren und Informationen z. B. zu politischen Veranstaltungen weiterzugeben (Beißwenger 2010).

Die Einführung und steigende Akzeptanz der Smartphones hat auch die Aktivität in Social Media erhöht. Smartphone-Nutzer haben selbst unterwegs fast jederzeit Zugriff auf das Internet und somit auch auf ihre Social-Media-Plattformen. Der Trend geht dahin, dass sich die Nutzung der mobilen Social Media als ein fester und unverzichtbarer Bestandteil in das Leben der Menschen integriert (Hilker 2010).

Somit entsteht auch der Effekt der Echtzeitkommunikation. Vor der Zeit von Social Media und Smartphones erfuhr die Bevölkerung in den abendlichen Nachrichten von den Ereignissen der Welt. Heute sind Smartphone-Nutzer einem permanenten Informationsfluss ausgesetzt und werden ohne Zeitverzögerung über die Ereignisse in der Welt benachrichtigt. Dadurch wird die Halbwertszeit von Informationen extrem verkürzt und Unternehmen haben weniger Zeit, auf sie betreffende Nachrichten zu reagieren. Gerade durch Twitter werden aufgrund der begrenzten Zeichenzahl kurze Nachrichten schnell erfasst und verbreitet. Wer auf Twitter vielen Profilen folgt, hat auf seiner Timeline einen hohen Nachrichtendurchsatz. Relevante Nachrichten können somit durch das „Retweeten" über Twitter in kurzer Zeit eine große Anzahl an Nutzern erreichen (Stiegler 2015).

Der Präsident der USA, Donald Trump, hat dieses Phänomen für seinen Wahlkampf benutzt. Donald Trump war auf Facebook und Twitter sehr aktiv und erreichte durch seine emotionalen Posts (www.faz.de) direkt Millionen von Nutzern (www.zeit.de).

Es hängt stark von der Qualität des Meinungsaustausches ab, ob dieser als Basis für politische Entscheidungen genutzt werden kann bzw. genutzt werden sollte. Die am meisten genannte Meinung sollte nicht zwingend die sein, auf deren Basis Entscheidungen getroffen werden, sondern die Qualität sollte die Basis darstellen (www.zeit.de).

Jedoch ist gerade im Internet die Qualität des Meinungsaustausches bedroht. Durch die Anonymität und die uneingeschränkte Möglichkeit, am öffentlichen Dialog teilzunehmen, sinkt die Hemmschwelle, verleumdende oder beleidigende Aussagen zu treffen oder Falschmeldungen in Umlauf zu bringen. Grundsätzlich sind populistische Gruppen auf Facebook weitaus beliebter als nüchterne Politiker, was den Schluss zulässt, dass Social Media nicht in erster Linie zur Aufklärung genutzt wird, sondern zum emotionalen Austausch (www.faz.net).

Hierfür werden immer häufiger sogenannte „Social Bots" genutzt. Wie die Bezeichnung „Bots" (Kurzform für „Roboter") schon andeutet, handelt es sich bei Social Bots um Softwareroboter, die zum einen Daten und Informationen sammeln, zum anderen Topthemen in Social Media setzen, ohne dass die Nutzer dies bemerken (www.kas.de).

Social Bots haben Fake-Profile, beispielsweise auf Facebook oder Twitter, womit sie automatisiert Nachrichten verbreiten (handelsblatt.com). Eine Studie der University of Southern California zeigt, dass in den vier Wochen vor der Präsidentenwahl im Oktober 2016 in den USA ca. 20 % der Nachrichten auf Twitter von solchen Social Bots in das Internet gestellt wurden mit dem Zweck, Falschmeldungen zu verbreiten oder in der politischen Debatte stärker zu polarisieren (www.firstmonday.org).

Die Gefahren, die laut der Konrad-Adenauer-Stiftung daraus entstehen, sind zum einen, dass die Trends, welche durch Social Bots in den Social Networks manipuliert werden, in politische und wirtschaftliche Debatten und folglich auch in Entscheidungen einfließen können. Zum anderen können Nutzer von Social Networks, in denen Social Bots manipulierend aktiv sind, in ihrer Meinungsbildung beeinflusst werden (www.kas.de).

Auffallend ist, dass Social Bots häufig Kommentare gegen die linksgrüne Politik und ausländerfeindliche Kommentare posten. Durch die massenhafte Abgabe von Kommentaren über Fake-Profile kann die öffentliche Meinung in diese Richtung beeinflusst werden (www.deutschlandfunk.de).

Da die künstliche Intelligenz so weit fortgeschritten ist, dass Social Bots in der Lage sind, neben dem Posten von Kommentaren auch längere politische Diskussionen in Chats zu führen, sieht Politikberater Walter Fuchs sogar eine Gefahr für die Demokratie durch Social Bots (www.welt.de). Das Ziel einer demokratischen Gesellschaft ist es, dass eine vorherrschende Meinungsmacht verhindert wird (www.bpb.de).

Eine Studie der bitkom zeigt, dass 76 % der Teilnehmer Onlinenachrichten nutzen. Davon informieren sich 19 % der Befragten über Nachrichten in Social Media (www.bitkom.org) Das bedeutet, dass sich eine große Anzahl Nutzer via Social Media über politische Geschehnisse informieren und daher auch Social Bots ausgeliefert sind.

Inhalte von bekannten Personen werden in Onlinegemeinschaften stärker wahrgenommen als die von Unbekannten. Wenn ein neuer Nutzer in eine Community eintritt, sind noch alle Nutzer mit ihm unbekannt. Daraus resultiert, dass der neue Nutzer gegenüber den bereits existierenden Nutzern oftmals offener ist als umgekehrt, da die bereits existierenden Nutzer schon einen Bekanntenkreis haben, der ihre Aufmerksamkeit gewinnt. Neue Nutzer treten mit ihrem ersten Kommentar in den Kommunikationsraum ein und etablieren sich im Verlauf der weiteren Kommunikation. Das heißt, wenn ein Social Bot erstmalig einen Inhalt postet, wird dieser von den anderen Nutzern nicht so stark wahrgenommen. Erst durch die Häufigkeit des Postens und die emotionalen Inhalte werden die Social Bots „bekannt" und gewinnen die Aufmerksamkeit der anderen Nutzer.

9.5.2 Einfluss von Social Media auf das Konsumverhalten der Nutzer

Die Ursache für menschliches Handeln sind Motive. Es gibt jedoch keine festgelegte Anzahl an Motiven, die das Verhalten beeinflussen. Es gibt stark unterschiedliche Persönlichkeitsmodelle, die von wenigen bis hin zu fast unendlich vielen Handlungsmotiven ausgehen. Weitere Begriffe, die das menschliche Handeln erklären, sind beispielsweise Absicht, Bedürfnis, Begierde, Drang, Impuls, Interesse, Neigung, Streben, Sucht, Verlangen, Wunsch und Zwang.

Laut Kotler et al. (2017) haben folgende Faktoren Einfluss auf das Konsumverhalten: kulturelle Faktoren (Kultur, Subkultur und soziale Schicht), soziale Faktoren (Gruppen, Familie, Rollen und Status), persönliche Faktoren (Alter, Lebensphase, Beruf, finanzielle Situation, Lebensstil, Persönlichkeit und Selbstbild) und psychologische Faktoren (Motivation, Wahrnehmung, Lernen, Überzeugungen und Einstellungen). Des Weiteren motivieren Nutzen und Bedürfnisse Käufer zum Kauf.

Neben den persönlichen Faktoren gibt es auch externe Faktoren, die Einfluss auf das Kaufverhalten von Konsumenten haben, wie zum Beispiel Referenzgruppen. Referenzgruppen sind Einzelpersonen oder Gruppen – real oder fiktiv – die ein Individuum in Bezug auf Bewertungen, Bestrebungen oder Verhaltensweisen beeinflussen. Dies kann in informativer, nutzenbringender oder wertevermittelnder Form sein. Das heißt, dass Kaufentscheidungen einer einzelnen Person durch ihr Umfeld bzw. die Referenzgruppe maßgeblich beeinflusst werden können (Raab und Werner 2009).

Mit der Einführung des Internets blieben anfangs die Strukturen der Massenmedien bestehen: Unternehmen oder Institutionen wie z. B. Universitäten stellten Internetnutzern Informationen zur Verfügung. Im nächsten Schritt wurde das Internet auch kommerziell genutzt und es entstanden Shoppingportale wie Amazon. Somit war erstmals die Möglichkeit gegeben, Produkte über das Internet einzukaufen. Durch die neuen Technologien und Entwicklungen wie Smartphones und Tablets wurden Märkte, Industrien, persönliche Geschäfte und die Gesellschaft im Ganzen beeinflusst (Laudon und Traver 2014). Social Media beeinflusst nicht nur die Markenwahrnehmung, sondern hat direkt Einfluss auf die Meinungsbildung und somit auch auf den Prozess der Kaufentscheidung.

Bei Kaufentscheidungen im Internet unterscheidet man – wie bei anderen Kaufentscheidungen auch – zwischen zwei Arten: alltägliche Kaufentscheidungen und längerfristige Kaufentscheidungen. Die alltäglichen Kaufentscheidungen sind schnell und kurzfristig und werden mit wenigen Klicks durchgeführt. Die längerfristigen Entscheidungen betreffen meist größere Anschaffungen und beinhalten Recherche und Entscheidungshilfen aus Online-Communities oder Kundenbewertungen (Pispers und Rode 2013).

Des Weiteren lassen sich Kaufentscheidungen in folgende vier Kategorien aufteilen: impulsive, habitualisierte, limitierte und extensive Kaufentscheidungen. Diese Unterteilung erfolgt nach dem Ausmaß der kognitiven Steuerung beim Kauf. Kotler et al. hingegen unterteilen Kaufentscheidungen in folgende vier Arten: komplexes Kaufverhalten, Variety Seeking, Dissonanz reduzierendes Kaufverhalten und habitualisierendes Kaufverhalten. Diese Unterteilung basiert darauf, ob es zwischen den Marken geringe oder große Unterschiede gibt und wie hoch das Involvement ist. Involvement beschreibt die Anzahl der an der Entscheidung beteiligten Personen und die Intensität der Überlegungen vor dem Kauf (Kotler et al. 2017).

Komplexes Kaufverhalten bedeutet, dass der Konsument sich in einer High-Involvement-Situation befindet und die Unterschiede zwischen den verschiedenen Marken groß ist oder es sich um einen kostspieligen und risikoreichen Kauf handelt. Typischerweise informiert sich der Konsument im Vorfeld intensiv über das zu kaufende Produkt. Ähnlich ist der Verlauf beim extensiven Kaufverhalten. Das Involvement ist hoch und es handelt sich um eine seltene Anschaffung. Das Internet hat hierbei die Funktion, dass es den Käufer beim Involvieren weiterer Personen, zum Beispiel über einen Aufruf zu Empfehlungen in einem sozialen Netzwerk, unterstützt (Pispers und Rode 2013). Social Media bietet dem Konsumenten dabei über diese Empfehlungen und Bewertungen hinaus auch die Möglichkeit, Diskussionen über bestimmte Produkte oder Dienstleistungen zu führen. Dies führt zu tieferen sozialen Interaktionen zwischen Gleichgesinnten z. B. bei Reklamationen oder bei Internetauktionen.

Dissonanz reduzierendes Kaufverhalten beschreibt das Verhalten des Konsumenten, wenn ein Kauf bevorsteht, der ein hohes Risiko aufweist oder selten durchgeführt wird, wobei allerdings der Unterschied zwischen den verschiedenen Marken sehr gering ist. Typischerweise kaufen die Konsumenten diese Produkte entweder im erstbesten Geschäft ein oder entscheiden sich für das Produkt mit dem günstigsten Preis. Der Ablauf bei limitierten Kaufentscheidungen verläuft hier ähnlich. Sobald der Käufer das erste Produkt gefunden hat, das zu seinen Ansprüchen passt, entscheidet er sich zum Kauf. Meistens wird die Kaufentscheidung innerhalb des Evoked Set gefällt (Pispers und Rode 2013). Das Evoked Set ist die begrenzte Anzahl an Marken, die dem Konsumenten bei der Kaufentscheidung bewusst sind. Insbesondere bei sehr technischen, innovativen oder komplexen Produkten oder Dienstleistungen nimmt Social Media hinsichtlich der Recherche für die Kaufentscheidung einen hohen Stellenwert ein, da vielerlei Meinungen von anderen Konsumenten abrufbar sind, auch wenn deren Käufe bereits in der Vergangenheit stattfanden (Beißwenger 2010).

Bei alltäglichen Gewohnheitskäufen spricht man von habitualisiertem Kaufverhalten. Sowohl das Involvement als auch der Unterschied zwischen den Marken ist hier gering. Die kognitive Steuerung ist ebenfalls sehr gering, da die zu kaufenden Produkte bekannt sind. Bei habitualisierten Onlinekäufen hat das Internet die Aufgabe, diese Käufe durch entsprechende Funktionen in Onlineshops zu vereinfachen (Pispers und Rode 2013).

Variety Seeking bedeutet, dass das Involvement bei Kaufentscheidungen gering ist, jedoch große Unterschiede zwischen den Marken existieren. Käufer wechseln häufig die Marke, was aber weniger mit Unzufriedenheit, sondern mehr mit dem Wunsch nach Abwechslung zu tun hat.

Beim Impulskauf kommt es spontan zu dem Drang, ein gewisses Produkt zu kaufen, ohne dass dies vorher geplant war. Meist hängt dies mit einem günstigen Angebotspreis zusammen. Das Internet hat dabei die Rolle, Impulskäufe auszulösen. Hierbei sind zum einen Aktionen geeignet, die zeitlich begrenzt sind, zum anderen spielt Vertrauen eine große Rolle, gerade wenn es eine große Zahl im Wettbewerb stehender Onlineshops gibt (Pispers und Rode 2013).

Grundsätzlich lässt sich der Kaufentscheidungsprozess vereinfacht so darstellen: Der Konsument hat einen Bedarf und begibt sich daraufhin auf die Suche nach Informationen, in dem er die ihm zur Verfügung stehenden Alternativen vergleicht. Hierbei hatte schon immer die Mund-zu-Mund-Propaganda eine große Bedeutung im Hinblick auf Kaufentscheidungen (Beißwenger 2010), insbesondere, wenn sich der Konsument mit dem zu kaufenden Produkt nicht auskennt (Solomon 2016).

Durch Social Media jedoch wird die Möglichkeit der Mund-zu-Mund-Propaganda erweitert und die ganze Gesellschaft kann daran teilnehmen. Durch die öffentliche Meinungsäußerung zu Produkten, Dienstleistungen, Marken oder Unternehmen wird dem Konsumenten das Wesentliche dargelegt. Die Erfahrungsberichte und Empfehlungen der Community in Social Media sind authentisch und glaubhaft und finden auf Augenhöhe statt (Beißwenger 2010). Unternehmen können dies für sich nutzen und über Social Media mit ihren Kunden auf Augenhöhe kommunizieren und somit den Konsumenten zu ihren Gunsten beeinflussen. Auch nach dem Kauf bietet Social Media weiterhin die Basis zur Meinungsäußerung des Käufers zum gekauften Produkt, was wiederum Einfluss auf weitere Interessenten haben kann. Grundsätzlich gilt, dass negative Bewertungen hinsichtlich eines Produktes größere Wirkung auf Konsumenten und deren Kaufentscheidung haben als positive Bewertungen (Solomon 2016).

Jedoch ist bei der Recherche in Form von Kundenbewertungen zu beachten, dass Bewertungen von anderen Nutzern nur begrenzt aussagekräftig sind, da diese anderen Nutzer gegebenenfalls nicht über ausreichende Fachkompetenz verfügen, um verschiedene Produkte objektiv und professionell zu beurteilen.

Nicht mehr die Werbung im TV prägt die Kaufentscheidung, sondern wichtiger sind die Meinungen und Bewertungen von Menschen in Social Media (Qualman 2010). Diesen Trend belegt eine Studie der bitkom von November 2015, die besagt, dass ca. drei Viertel der Konsumenten, die online Produkte kaufen, vor dem Kauf Produktbewertungen durchlesen. Ein Drittel der Konsumenten hält die Bewertungen von anderen Personen im Internet für genauso wertvoll wie die Empfehlungen von Freunden und Bekannten. Das bedeutet, für eine große Anzahl von Konsumenten haben Produktbewertungen einen hohen Stellenwert, auch wenn sie die Verfasser dieser Bewertungen und deren Kompetenz nicht kennen.

Hier stellt sich die Frage, ob auch in der Werbung Social Bots benutzt werden, um Kaufentscheidungen beispielsweise mit gefälschten Produktbewertungen zu beeinflussen. Statistiken zufolge sind Produktbewertungen zum größten Teil reale Bewertungen von Nutzern. Jedoch ist es nicht auszuschließen, dass auch Fake-Bewertungen auf Shoppingportalen im Internet kursieren. Diese sind oftmals daran zu erkennen, dass sie in ähnlicher Form häufig auftreten oder einen werbenden Charakter haben. Daraus lässt sich schließen, dass neben der Meinungsbildung auch das Kaufverhalten der Nutzer durch Social Bots und regelmäßig platzierten Fake-Bewertungen beeinflusst werden kann.

Ein weiterer Einflussfaktor ist, dass Unternehmen immer mehr auf Mittelmänner verzichten können. Das Geld, das dadurch gespart wird, kommt dem Unternehmen selbst und den Kunden zu Gute. Die Kunden profitieren auf der einen Seite davon, dass Unternehmen günstigere Produkte und Dienste anbieten können. Auf der anderen Seite profitieren Kunden durch Provisionen, die sie für Weiterempfehlungen erhalten (Qualman 2010). Dies kann beispielsweise auch durch Affiliate-Marketing-Aktivitäten geschehen oder durch Produkttester-Clubs, wie beispielsweise Amazon Vine. Nach Angaben von Amazon werden die Mitglieder von Amazon selbst dazu eingeladen, dem Club beizutreten. Das Kriterium für diese Einladungen ist der Rezensenten-Rang des Nutzers, also das Maß an Qualität und Nützlichkeit der bereits getätigten Bewertungen. Amazon sagt aus, dass die Testprodukte von den Herstellern und Anbietern für die Mitglieder des Amazon-Vine-Clubs bereitgestellt werden und die Produkttester angehalten sind, ehrliche Bewertungen zu schreiben. Die Verbraucherzentrale NRW stellt jedoch die Unabhängigkeit der Produkttester in Frage und macht auf einen Trend dahingehend aufmerksam, dass die Bewertungen von Amazon-Vine-Mitgliedern für gewisse Produkte besser ausfallen als die Bewertung von Nichtmitgliedern. Zudem werden laut Verbraucherzentrale insbesondere Verfasser von positiven Bewertungen in den Amazon-Vine-Club eingeladen, auch wenn sie erst eine geringe Anzahl an Bewertungen verfasst haben. Verfasser hingegen, die in ihren Bewertungen nicht sonderlich positiv auffallen, werden nicht in den Club aufgenommen, selbst wenn sie bereits eine weitaus höhere Anzahl an Bewertungen geschrieben haben und diese sogar als hilfreich markiert wurden.

Daraus lässt sich schließen, dass Konsumenten sich auch von Produkttestern beeinflussen lassen, die nicht unabhängig und neutral sind. Anders als z. B. bei TV-Werbespots ist die fehlende Neutralität jedoch für die Konsumenten bei ihrer Produktrecherche nicht zwangsläufig zu erkennen. Da den Onlineproduktbewertungen vonseiten der Konsumenten meist ein hoher Stellenwert zugeschrieben wird und auch die Bewertungen von nur vermeintlich anderen Kunden real erscheinen, birgt Social Media aus Sicht des Konsumenten die Gefahr einer Fehlsteuerung seines Konsumverhaltens.

10 Social Commerce

Social Commerce galt lange Zeit als reiner Medienhype – zu Unrecht, wie erfolgreiche Geschäftsmodelle wie Spreadshirt, DaWanda/Etsy oder Outfittery zeigen. Inzwischen ist es ein fester Bestandteil des E-Commerce, dessen Vorzüge und Potenziale allerdings von vielen Unternehmen immer noch unterschätzt werden, obwohl man sich der steigenden Bedeutung der digitalen Kommunikation und der sozialen Medien durchaus bewusst ist. Dieses mangelnde Wissen führt dann oft zu einer falschen Herangehensweise beim Versuch, Social-Media- und Social-Commerce-Strategien umzusetzen (Heinemann und Gaiser 2016).

Der Einfluss der Social Media auf das Kaufverhalten der Konsumenten wird – gerade bei der Generation Y – immer größer und übertrifft bereits heute alle anderen digitalen Medien (Barnes und Lescault 2014). So stiegen die Verkäufe, die durch Empfehlungen auf Social-Media-Plattformen zustande kamen, zwischen dem ersten Quartal 2014 und dem ersten Quartal 2015 um fast 200 Prozent (Business Insider Australia 2015). Neuere Studien belegen, dass auch die Verkäufe am Point of Sale (PoS), also in der realen Welt, durch Social Media einen Schub erfahren, und zwar über alle Generationen hinweg. Gerade bei den Millennials, bei denen man es nicht erwartet, ist der PoS-Anteil an den Käufen mit 80 % überraschend hoch, während bei den Älteren die Bereitschaft schwindet, ein Ladengeschäft aufzusuchen (Optimizely 2016). Besonders vielversprechend scheint Social Commerce auf schnell drehenden Märkten zu sein, die rasch wechselnden Moden unterliegen.

Aber was genau ist Social Commerce überhaupt und wie kann man es erfolgreich anwenden? Als der britische Physiker Tim Berners-Lee in den 1990er-Jahren das World Wide Web entwickelte, dachte er vor allem an eine Kommunikationsplattform für Wissenschaftler (Berners-Lee 2015). Doch anders als gedacht, hat sich das Internet längst zu einem Netzwerk für jedermann entwickelt. Ein Meilenstein in der Entwicklung war das Web 2.0: Wurde das Internet in den 1990er Jahren hauptsächlich als einseitiger Kommunikationskanal genutzt, so ist es dank der Web-2.0-Technologie heute möglich, selber als Sender und Empfänger von Informationen zu agieren (Bruhn und Hadwich 2013a). Die One-to-Many-Kommunikation wurde von der Many-to-Many-Kommunikation abgelöst und damit der Grundstein für das Social Web gelegt (Grabs/Bannour/Vogl 2014). Damit verbunden war ein Wechsel vom transaktionsorientierten Marketing bzw. von der Push-Orientierung (sell what you buy) mit dem Fokus auf hoher Auslastung und schnellen Umsätzen zur heute vorherrschenden Pull-Orientierung (buy what you sell), also zum Prinzip „Erst verkaufen, dann produzieren", um Leistungen anzubieten, die der Kunde tatsächlich wünscht und kauft (Pfohl 2004).

Der Siegeszug des Web 2.0 hat dazu geführt, dass soziale Netzwerke wie Facebook (B2C) und XING (B2B) sowie Wissensplattformen wie Wikipedia heute hunderte Millionen Menschen verbinden. Die schnelle Verbreitung hat vor allem zwei Gründe. Zum einen hat sich die technische Infrastruktur stark verbessert: Immer mehr Haushalte ha-

https://doi.org/10.1515/9783110527179-010

ben zu geringen Kosten Zugang zu (schnellem) Internet. Zum anderen hat sich durch die Verfügbarkeit das Nutzungsverhalten geändert: Immer mehr Menschen möchten an den Netzwerken teilhaben und selbstständig Inhalte konsumieren, produzieren und verbreiten (Bruhn und Hadwich 2013c). Dank Social Media hat der Austausch von Erfahrungen, Standpunkten und Informationen keine geografischen und zeitlichen Grenzen mehr. Die auf den Social-Media-Plattformen von den Nutzern erstellten und ausgetauschten Inhalte bezeichnet man als nutzergenerierten Content (Weinberg et al. 2014). Inzwischen wird aus dem Mitmach-Internet Web 2.0 immer mehr ein Web 3.0, auch als semantisches Internet bezeichnet. Unter Semantik versteht man die Relation von Wörtern und Sätzen und deren Bedeutung. Die Web-3.0-Technologie kategorisiert Wörter und Informationen in Form von Daten und stellt gegenseitige Beziehungen her. Dadurch kann zum Beispiel eine Reiseroute mit Angaben zu Verkehr und Wetter verknüpft werden (Stapelkamp 2010).

10.1 Herleitung und Definition

Social Commerce ist ein Kunstwort, das sich aus Social Media und E-Commerce zusammensetzt. Im Zusammenhang mit E-Business wurde es vermutlich erstmals 2005 von dem Blogger Steve Rubel erwähnt (Rubel 2005). Als sein „Erfinder" kommt Rubel aber nicht in Betracht. Eher schon der französische Dramatiker Molière, der im 17. Jahrhundert den Begriff „Social Commerce" benutzte, um damit gesellschaftliche Transaktionen zu beschreiben, bei denen anstelle von Geld persönliche Reputation und öffentliche Bilder als Tauschmittel verwendet wurden (Norman 1999).

Unter E-Commerce versteht man die digitale Anbahnung, Aushandlung und/oder Abwicklung von Transaktionen zwischen Wirtschaftssubjekten (Clement und Runte 1999). Social Commerce ist eine spezielle Form des E-Commerce bzw. des Dialoghandels mit einer neuartigen Rollenverteilung zwischen den beteiligten Akteuren, bei der die zwischenmenschlichen Beziehungen und Interaktionen rund um eine Transaktion – etwa Empfehlungen und Bewertungen – im Mittelpunkt stehen. Der E-Commerce wird somit um eine Kooperations- und Kommunikationsebene ergänzt.

Social E-Commerce oder auch Social Commerce ist Teil des E-Commerce und bedeutet, dass Unternehmen die Interaktion mit ihren Kunden mit Einkaufen und sozialen Netzwerken verbinden. Diese sozialen Netzwerke dienen Firmen als Plattform für Werbung und Vertrieb. Beim Social Commerce geht es dem Unternehmen um den Gewinn durch den Einsatz von Social Media. Durch die persönliche Beziehung zum Kunden werden dessen Vernetzungen für virales Marketing genutzt. Plattformen wie Ebay oder Amazon mit ihrem Bewertungssystem für Produkte, Käufer und Verkäufer dienen hier als Vorbilder.

Social Commerce kann wie folgt unterteilt werden:
1) Verkäufer 2.0: hier wird Social Media im klassischen Vertrieb eingesetzt,
2) E-Commerce mit Onlineshops, die mit Social-Media-Netzwerken verbunden sind,

3) F-Commerce und M-Commerce mit dem Einsatz von Facebook, YouTube, Twitter und Blogs,
4) neue Geschäftsmodelle, die auf sozialen Netzwerken basieren, sowie
5) Förderung des Vertriebs durch die Bildung von Communities, Servicediensten und viralen Auswirkungen.

Profit entsteht dann im Endeffekt dadurch, dass Anbieter Social Media zur Erreichung ihrer Verkaufsziele einsetzen. Beispielsweise lässt sich durch den Einsatz von Facebook mit geringen Mitteln die Reichweite vergrößern, wobei der Wert eines Facebook-Fans umstritten ist. Durch den Gebrauch eines Onlinekundenservices via Twitter oder eines Blogs lässt sich die Zufriedenheit der Kunden steigern, da sie das Unternehmen rund um die Uhr direkt kontaktieren können und nicht an spezifische Anrufzeiten gebunden sind. Zufriedene Kunden sprechen auch Empfehlungen über diese Plattformen aus und kommen wieder.

10.2 Kommerzieller Nutzen

Die Generation der Digital Natives (Generation Y) schaut immer weniger TV, hört seltener Radio und liest nicht mehr so häufig Zeitungen und Zeitschriften. Mit TV-, Radio- und Printwerbung ist sie also immer schwieriger zu erreichen. Hinzu kommt, dass die Millennials aufgrund der Informationsüberflutung Werbung kaum noch wahrnehmen. Für immer mehr von ihnen sind dagegen die gesellschaftlichen Medien die erste Anlaufstelle, wenn es darum geht, sich inspirieren zu lassen und weiterführende Produktinformationen einzuholen. Angesichts dieser Entwicklung stellt sich die Frage, wie die Unternehmen ihre Marketing- und Vertriebsstrategien ändern und welche Rolle die neuen Medien dabei spielen (können).

Durch Social Media und Social Commerce ergeben sich für Unternehmen neue Möglichkeiten, in bestimmten Phasen des Kundenlebenszyklus die Beziehungen zu den Kunden zu verbessern, kognitive Dissonanzen zu vermeiden und neue Kunden zu gewinnen. Das kann beispielsweise durch Kooperation mit Influencern geschehen. Dabei handelt es sich um Personen, die aufgrund ihrer starken Präsenz und ihres hohen Ansehens in gesellschaftlichen Medien wie YouTube, Instagram oder Snapchat eine starke und nachhaltige Wirkung auf das Kaufverhalten der Konsumenten ausüben. Dadurch nimmt nicht nur die Bedeutung des Word-of-Mouth-Marketings zu, auch die Bedeutung der Netzwerke als Vertriebskanal wächst, zumal neue Zahlungsmöglichkeiten das Einkaufen im Internet noch attraktiver machen.

Kein Wunder, dass Social Commerce und Social Selling in vielen Unternehmen heiß diskutierte Themen sind. Der Trend geht dahin, E-Commerce und Social Media immer stärker zu verschmelzen und die verschiedenen Social-Media-Kanäle kommerziell nutzbar zu machen (Abbildung 10.1). Das gilt sowohl für die Unternehmen als auch für die Betreiber der Netzwerke. Bereits 2015 wurden viele in Richtung einer grö-

Social Media
Dialog

Social Commerce
Die Verkaufsanbahnung
durch Dialoge
verstärken

E-Commerce
Verkaufsanbahnung

– **Facebook Commerce** (z. B. Shopify – Integration von Shopinhalten und Buy-Buttons)
– **Mobile Commerce** (z. B. Nutzung von mobilen Endgeräten für Transaktionen wie Kauf oder Verkauf)
– **LocalCommerce** (z. B. Apps mit Rabattaktionen – Verzahnung von Onlinehandel
   und dem Verkauf am POS; ROPO Research Online, Purchase Offline – online finden,
   im Geschäft kaufen)
– **TV Commerce** (z. B. Teleshopping oder Red-Button-Funktionen, die über Smart TV aktiviert
   werden können)
– **Augmented Reality** (erweiterte Realität, z. B. Smartfunktionen in der mobilen Fotografie,
   Haushaltsgeräte, die ihren Inhalt kennen, Smartwatches & Wearables)
– **Curated Social Marketplaces** (z. B. Spreadshirt, Erweiterung von Mass Customization,
   d. h. kundenindividuelle Massenfertigung)
– **Click & Collect/Click & Reserve** (online bestellen und in der Filiale abholen oder reservieren,
   z. B. um Versandkosten zu sparen auf Kundenseite und Impulskauf
   zu fördern auf Handelsseite)

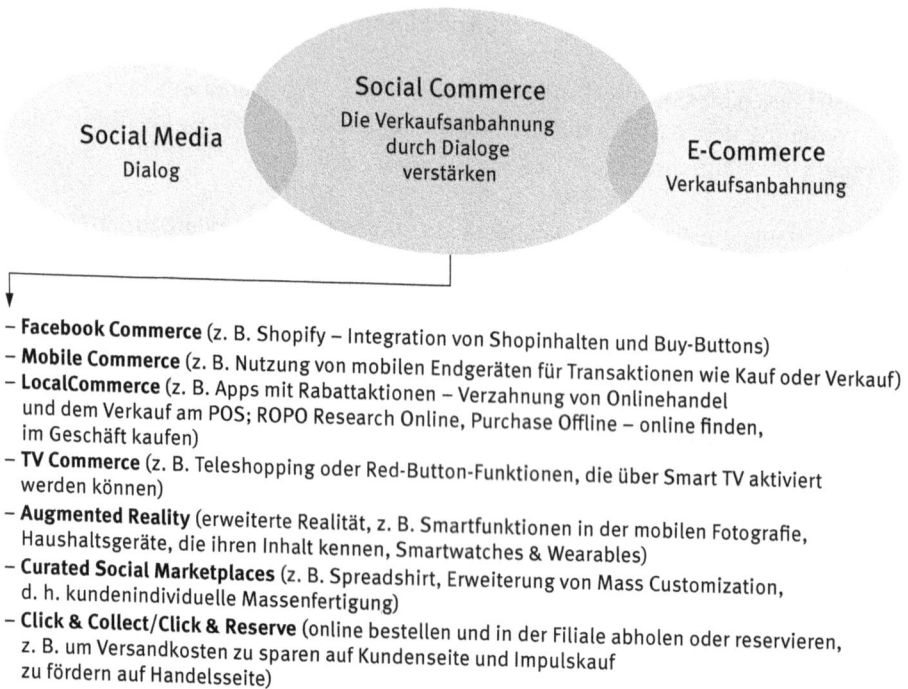

Abb. 10.1: Typologien im Social Commerce. Nach Lenz (2017).

ßeren „E-Commerce-Freundlichkeit" umgestaltet. Bislang sind die neuen Funktionen und Features nur in den USA verfügbar. Es dürfte jedoch nur eine Frage der Zeit sein, wann dies weltweit der Fall ist. Zu verlockend sind die Nutzerzahlen und die Aufmerksamkeit, die ihnen zuteil wird.

10.3 Social Commerce und Handel

Vor allem der Handel kann kräftig vom Social Commerce profitieren. Laut Internet Retailer's Social Media 500 Report nahmen die Umsätze der 500 größten Retailer dank Social Shopping (Social Commerce) bereits 2014 um 26 % zu (vgl. Vertical Web Media). Der gesamte E-Commerce wuchs im selben Jahr um lediglich 16 %. Daraus folgt, dass die zusätzliche Wertschöpfung durch Social Media weit über den Onlinehandel hinaus in den stationären Handel reicht. Dazu passt, dass laut einer Studie der WP-Gesellschaft PricewaterhouseCoopers 64 % der deutschen Konsumenten ROPO-Kunden (Research Online, Purchase Offline) sind, die das Internet im Vorfeld eines (Offline-)Kaufs als Informationsquelle nutzen (vgl. PwC 2014). Auch eine Studie der University of Massachusetts, die 5.900 Konsumenten nach dem Einfluss von Social Media auf ihr Kaufverhalten befragte, bestätigt diesen Befund. So gaben 70 % an, sich bei Kaufentscheidungen von Postings ihrer Freunde in Netzwerken beeinflussen zu lassen (vgl. Barnes und Lescault 2014).

10.4 Social Commerce im Marketing-Mix

Für Unternehmen geht es heutzutage mehr denn je darum, von potenziellen Kunden wahrgenommen zu werden. Dabei können Social Media helfen. Social Commerce kann aber nur gelingen, wenn der klassische, transaktionsorientierte Marketing-Mix durch kundenwertorientierte Ansätze, die auf langfristige Kundenbeziehungen abzielen, ergänzt wird (Abbildung 10.2).

Der äußere Kreis beschreibt den Ablauf beim traditionellen, push-orientierten Marketing-Mix: Der Hersteller produziert die Ware, der Händler bietet sie an und der Endkunde kauft sie. Das klassische (Massen-)Marketing zielt somit auf eine einmalige Transaktion ab. Das Problem: Viele Produkte floppen und müssen, um überhaupt Abnehmer zu finden, zu deutlich reduzierten Preisen verkauft werden. Anders beim Dialogmarketing, dem auch der Social Commerce zugeordnet werden kann. Märkte werden hier als Gespräche aufgefasst und die Kunden in den Herstellungsprozess einbezogen (Pull-Orientierung). Dadurch können langfristige Kundenbeziehungen

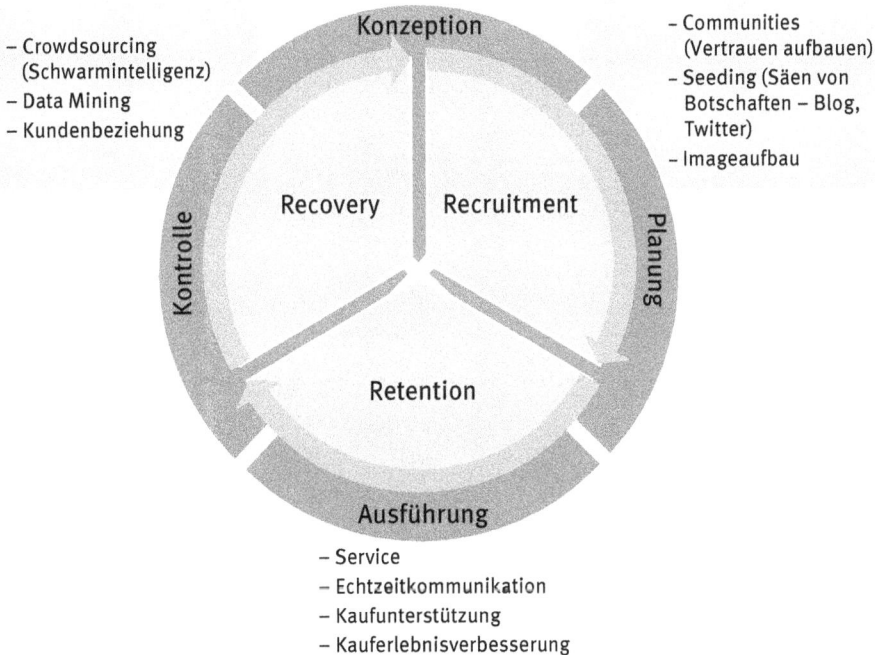

Abb. 10.2: Verkaufsunterstützung durch Social Commerce. Nach Lenz (2017).

aufgebaut werden. Kennzeichnend für diesen Ansatz (innerer Kreis) sind die drei R: Recruitment, Retention und Recovery. Recruitment bedeutet, Interessenten zu gewinnen, etwa indem man mithilfe der Social Media Vertrauen herstellt. Retention heißt, eine Beziehung zum Kunden aufzubauen und ihn idealerweise an sich zu binden, etwa indem man ihn durch einen guten Service oder Kauferlebnisse begeistert. Hier kann Social Commerce besonders gewinnbringend eingesetzt werden. Die Wiedergewinnung der Kunden (Recovery) erreicht man am besten durch Customer-Care-Maßnahmen wie ein systematisches Beschwerdemanagement.

Alle Maßnahmen werden jedoch nur dann ihre volle Wirkung entfalten, wenn sie durch Data Mining und ausgereifte CRM-Systeme unterstützt werden.

11 Smart Voices

Smart Voice Assistants, Geräte die per Stimmbefehl Assistenzaufgaben erfüllen, rü-cken immer weiter in das öffentliche Interesse. Zu den bekanntesten Assistenten ge-hören Alexa vom Vermarkter Amazon, Google Assistant von Google, Siri von Apple, und Cortana von Microsoft. Jede zweite Person, die in Deutschland online aktiv ist, hat bereits praktische Erfahrungen mit Smart Voice Assistants gesammelt. Während viele Menschen von den Funktionen und damit einhergehenden Erleichterungen im All-tag schwärmen, verteufeln andere die Geräte als Wanze im Hinblick auf Privatsphäre und Datensicherheit. Auch wird von Entmündigung, Nutzlosigkeit und Big-Brother-ähnlichen Zuständen gesprochen. 25 % der Deutschen können sich die Nutzung ei-nes Smart Voice Assistants daher keinesfalls vorstellen (Bundesverband Digitale Wirt-schaft 2017). Dies zeigt: Smart Voice Assistants polarisieren.

Auch in den Nachrichten, der Werbung und öffentlichen Unterhaltungen nimmt die technologische Innovation zunehmend Raum ein. Das spiegelt sich wiederum im Absatz von Geräten mit integrierten Smart Voice Assistants wider. Während im Jahr 2015 weltweit 1,7 Millionen Stück verkauft wurden, stieg die Anzahl verkaufter Geräte auf 6,5 Millionen Stück im Jahr 2016. Für 2017 wurden sogar 24,5 Millionen verkaufte Geräte mit integrierten Sprachassistenten prognostiziert (Statista, Digitale Sprachas-sistenten). Die steigenden Absatzzahlen erklären sich durch die zunehmende Integra-tion von Smart Voice Assistants in technischen Geräten. Sie finden sich nicht mehr nur in Smartphones, sondern vermehrt auch in Laptops, Tablets, Fernsehern und Laut-sprechern wieder. Viele weitere Geräte im Haushalt sind mit Smart Voice Assistants verknüpfbar, sodass sich auch diese per Stimmbefehl steuern lassen. Auch in den Be-reichen der Altenpflege und der Produktion werden vermehrt Sprachassistenten ein-gesetzt. Somit entsteht um die Smart Voice Assistants ein immer größer werdender After-Sales-Markt.

Zu den genutzten Funktionen von derzeitigen Smart Voice Assistants im Alltag gehören unter anderem das Abrufen von Informationen aus Suchmaschinen, das Er-innern an persönliche Termine, das Abspielen von Musik, das Steuern der Haushalts-geräte oder die Kommunikation mit Dienstleistern wie z. B. das Bestellen eines Ta-xis. Dies alles erfolgt per Stimmbefehl des Nutzers und endsprechender Reaktion des Sprachassistenten in Form von Sprachausgabe. Die Funktionen der Assistenten stre-ben damit allesamt eine Erleichterung und Automatisierung des Alltags an.

Neben den Verbrauchern profitieren auch Unternehmen von Smart Voice Assi-stants. Mit ihnen werden neue Produkteigenschaften und alternative Formen des E-Commerce realisierbar. Die Erweiterung der physischen Produkteigenschaften durch Smart Voice Assistants ermöglicht die Abhebung aus Commodity-Märkten durch die Schaffung immer neuer Produktbündel und Customization. Diese ist mög-lich, da die Produkte nach dem Kauf nicht mehr in ihren Eigenschaften limitiert sind. Sie können durch entsprechende Softwareanpassungen jederzeit optimiert und an-

https://doi.org/10.1515/9783110527179-011

gepasst werden. Sogar das Zufügen von Funktionen, sogenannter Skills, durch den Nutzer sind möglich. Zudem können Anwendungsdaten aus der Produktnutzung für zukünftige Produktentwicklungen übernommen werden. Dadurch können Unternehmen gezielt auf die Bedürfnisse der Anwender eingehen (Porter 2014). Darüber hinaus erschaffen Smart Voice Assistants neue Formen der Anpreisung und Vermarktung von Produkten. Der Einkauf per Zuruf sowie das spontane Anbieten von Produkten per Sprache ist möglich.

Um diese Funktionen erfüllen zu können, sind Smart Voice Assistants in Smart Products integriert. Smart Products sind jene Geräte, die Systeme und Sensoren enthalten, die es ermöglichen, Daten zu sammeln, zu verarbeiten, zu kommunizieren und sich mit anderen Geräten über das Internet zu verbinden.

Smart Products, insbesondere solche, die integrierte Smart Voice Assistants beinhalten, weichen in ihren Eigenschaften erheblich vom herkömmlichen Computern und rein physischen Produkten ab. Sie bilden ein völlig anderes Anwendungserlebnis für den Nutzer, da sie sich sowohl in ihren physischen Eigenschaften, dem Einsatzgebiet als auch in der Funktionsweise unterscheiden. Sie können in den Alltag integriert werden, werden dabei fast unsichtbar und sind dennoch allgegenwärtig. Einige Smart Voice Assistants sind mit menschlichen Charakterzügen wie Humor versehen, verstehen Umgangssprache und Ironie. Die Bedienung ist bereits von Kleinkindern zu erlernen. Es handelt sich nicht mehr um einen Bildschirm, auf welchem mittels Maus und Tastatur ausgeführte Befehle optisch verfolgt werden müssen, sondern um ein mit Sensoren versehenes interaktives Erlebnis. Die Vermenschlichung eines technischen Gerätes findet statt.

Den Funktionen und Vorteilen stehen jedoch auch Ängste der Verbraucher hinsichtlich Datensicherheit und Abhängigkeit sowie unbefriedigte Erwartungen und Probleme gegenüber. Insbesondere den in Lautsprechern integrierten Smart Voice Assistants scheinen die Verbraucher dabei kritisch gegenüber zu stehen. Obwohl viele Verbraucher bereits seit mehreren Jahren über Smart Voice Assistants in ihren Smartphones verfügen, scheinen sie die Funktion in Lautsprechern stärker abzulehnen. Lautsprecher mit integriertem Smart Voice Assistant, auch genannt Smart Speaker, sind im Unterschied zu anderen Integrationen permanent mit dem Internet verbunden, werden nicht ein- und ausgeschaltet, sondern mit einem gesprochenen Schlüsselwort aktiviert.

11.1 Smart Voice Assistants

Um in die Thematik einzuleiten und ein Grundverständnis für Smart Voice Assistants zu bilden, werden zuvor die Begriffe Smart Environment und Smart Product vorgestellt. Smart Voice Assistants sind in Smart Products integriert, welche wiederum in Smart Environments arbeiten.

Smart Products in Smart Environments

Die Ursprünge von Smart Environments sind auf die späten 1980er-Jahre, auf das Xerox Palo Alto Research Centrum (PARC), zurückzuführen. Damalige Forschungen standen unter der Thematik des Ubiquitous Computing, der allgegenwärtigen elektronischen Datenverarbeitung (Weiser 1980). Ubiquitous Computing strebt die Realisierung einer technischen Umgebung an, welche Menschen selbstständig und proaktiv unterstützt. Dabei ist die elektronische Umgebung nicht ablenkend. Vielmehr erkennt sie die Bedürfnisse der Menschen und plant daraufhin passende Unterstützungsstrategien, ohne eine explizite Interaktion notwendig zu machen (Burghardt et al. 2008).

Die Vision der Entwickler des PARC war es, Computer auf unsichtbare Art omnipräsent zu gestalten. Zudem stand die vereinfachte Bedienung von Computern, sowie deren Integration in das soziale Leben, im Mittelpunkt der Forschungsarbeit. Computer, die damals sehr viel Raum und Aufmerksamkeit erforderten, sollten in den Hintergrund rücken, mehr menschliche Interaktion zulassen, dabei jedoch jederzeit zugänglich bleiben (Weiser 1980). Entwickelt wurde u. a. eine elektronische Tafel. Diese konnte handschriftliche Notizen speichern, die notiert wurden. Ebenfalls war das Scannen und Speichern externer Dokumente möglich, welche vor die Tafeln gehalten wurden. Später entwickelte, handlichere Geräte mit erweiterten Eigenschaften konnten mittels einer elektronischen Karte einem Besitzer zugeordnet werden und benutzerspezifische Informationen auf die Tafeln übertragen. Ebenfalls entwickelten die Spezialisten im Xerox Palo Alto Research Centrum eine Kaffeemaschine, welche selbstständig an alle Computer des Büros eine Nachricht sendete, sobald frischer Kaffee gebrüht war (Weiser 1980).

Mark Weiser et al., Entwickler am PARC, definierten diese spezielle Form des Ubiquitous Computing, welche heute unter dem Begriff des Smart Environment bekannt ist, folgendermaßen: „A physical world richly and invisibly interwoven with sensors, actuators, displays, and computational elements, embedded seamlessly in the everyday objects of our lives and connected through a continuous network" (Weiser 1980). Die Entwicklung der Smart Environments hatte damit begonnen.

Während Weiser et al. davon ausgingen, dass Datenströme in Smart Environments hauptsächlich lokal verbleiben würden und nur eine begrenzte Verbindung zum Internet notwendig sei, entwickelten sich Smart Environments in den Folgejahren anders. Heutige Smart Environments, wie z. B. Küchen, Büros, Wohnzimmern, Fabriken oder Fahrzeuge, sind nicht mehr nur lokal und durch die einzelnen Gegenstände innerhalb der Umgebung miteinander vernetzt, sondern auch mit der Cloud und ihren Datenbanken zum Internet der Dinge (Sprenger und Engemann 2015).

Cloud bezeichnet dabei eine Infrastruktur, sei es zum Zweck der Datenspeicherung oder Nutzung von Softwareanwendungen, welche jederzeit, von überall und über jeden Browser per Internet zugänglich ist (Jaatun et al. 2009). Das Internet der Dinge, auch Internet of Things (IoT) genannt, benennt die Anbindung von Gegenständen an das Internet sowie die Sammlung und Verteilung von Daten über eben diese Gegenstände (Lopez et al. 2017). Das Internet der Dinge differenziert sich insofern von

Smart Environments, indem eine Vielzahl von Smart Environments im Internet der Dinge miteinander verbunden sind und voneinander profitieren (Shahrestani 2017). Smart Environments bezeichnen somit beschränkte Funktionsbereiche wie z. B. Smart Home oder Smart Factory.

Aktuelle Smart Environments können mittels dieser Technologie unter anderem den Stimmbefehl eines Menschen mittels Sensoren wahrnehmen, die menschliche Sprache zu einer Information verarbeiten und entsprechende Befehle ausführen, wie z. B. eine Glühbirne zur Regulierung der Beleuchtung ansteuern oder in Suchmaschinen Informationen nachschlagen. Dabei wird auf Informationen außerhalb des lokalen Netzwerkes zugegriffen.

Spätere Definitionen von Smart Environments gehen daher darauf ein, dass Wissen nicht nur generiert, sondern auch angewendet wird. Auch rückt der Mensch als Nutznießer vermehrt in den Fokus, wie folgende Definition von Cook et al. (2007) zeigt: A smart environment is „one that is able to acquire and apply knowledge about the environment and its inhabitants in order to improve their experience in that environment".

Die intelligenten, vernetzten Gegenstände, welche Smart Environments überhaupt erst ermöglichen, werden als Smart Products, oder auch Smart Devices bzw. Digital Devices, bezeichnet. Smart Products definiert Mühlhäuser (2008) als:

> „[…] an entity (tangible object, software, or service) designed and made for self-organized embedding into different (smart) environments in the course of its lifecycle, providing improved simplicity and openness through improved p2u [product to user; Anm. d. Verf.] and p2p [product to product; Anm. d. Verf.] interaction by means of context-awareness, semantic self-description, proactive behavior, multimodal natural interfaces, AI [Artificial Intelligence; Anm. d. Verf.] planning, and machine learning."

Smart Products sind damit in die Kategorie der cyber-physischen Systeme (CPS) einzuordnen, welche sich dadurch charakterisieren, dass sie internetbasierte Services nutzen, um Funktionen auszuführen. Cyber-physische Systeme verbinden physikalische Komponenten mit Informationstechnik. Resultierend ermöglichen die eingebetteten Softwaresysteme die Überwachung und Steuerung der physikalischen Komponenten mittels Sensoren und Aktuatoren über Kommunikationseinrichtungen (Broy 2010).

Viele der unter dem Begriff „Smart Products" zusammengefassten Artikel tragen das Wort „smart" auch im Namen. Der Begriff indiziert dabei die künstliche Intelligenz der Produkte, die Fähigkeit Wissen zu kreieren und (auch externes Wissen) kontextgemäß anzuwenden. Bekannte Smart Products im Konsumgüterbereich sind dabei u. a. Smartphones, Smart TVs, Tablets, Laptops, Smart Watches und Smart Voice Assistants.

Smart Products sind ebenfalls im Zusammenhang der Produktion und Logistik anzutreffen. Bekannte Stichwörter sind u. a. Smart Factory und Industrie 4.0. Innerhalb dieser Arbeit wird der Fokus jedoch auf Smart Products, insbesondere Lautsprecher mit integriertem Smart Voice Assistant, im Konsumgüter- bzw. Endanwenderbereich gelegt.

11.2 Funktionen des Smart Voice Assistant

Smart Voice Assistants, spezielle Smart Products, welche per Stimmbefehl Assistenzaufgaben ausführen und eine Konversation mit dem Nutzer eingehen, verfügen über
ein großes Anwendungsgebiet. Derzeitige Ausführungen verstehen die menschliche
Sprache, spielen Musikstücke auf Befehl ab, tragen Nachrichten vor, finden Antworten zu Fragen in Suchmaschinen, steuern Smart Home Equipment wie Glühbirnen
und Heizungen, erstellen Kalendereinträge, und initiieren Telefonanrufe. Die Liste der
Funktionen, der sogenannten Skills, verlängert sich permanent. Denn Smart Voice Assistants arbeiten mit künstlicher Intelligenz, welche sich durch maschinelles Lernen
ständig erweitert.

   Smart Voice Assistants werden derzeit in Smartphones, Laptops, Wearables, Smart
TVs und Lautsprechern integriert. Die Software wird von unterschiedlichen Herstellern
angeboten, die sich in der Funktions- und Leistungsweise jedoch nur geringfügig voneinander abhebt. Zu den bekanntesten Smart Voice Assistants zählen u. a. Siri von Apple, Google Assistant von Google, Cortana von Microsoft und Alexa Voice Service von
Amazon. Ebenfalls sehr bekannt ist das Produkt Watson von IBM, welches jedoch nicht
im Konsumgüterbereich anzusiedeln ist. Watson beeindruckte bereits im Jahr 2011 mit
der Fähigkeit, alle Fragen der Quizshow Jeopardy! richtig beantworten zu können und
damit gegen seine menschlichen Kontrahenten zu gewinnen.

   Um die Funktion der Mensch-Maschinen-Interaktion zu erfüllen, ist die Ausstattung der Geräte mit Mikrofonen, Lautsprechern sowie cloudverbundenen Re-
chenelementen erforderlich. Denn aus technischer Perspektive handelt es sich bei
einem Smart Voice Assistant nicht nur um die Software, sondern vielmehr um das
Zusammenspiel dieser mit den Hardwarekomponenten. Nur durch das Zusammenspiel erkennen die Smart Voice Assistants die menschliche Sprache, verstehen und
sprechen diese. Mittels der natürlichen Sprachverarbeitung, auch Natural Language
Processing (NLP) genannt, werden die gesprochenen Befehle in Text umgewandelt,
welcher daraufhin analysiert wird. Software prüft den Text im Kontext auf sogenannte Utterances, Formulierungen bzw. Schlagwörter, welche die Absicht des Nutzers
darstellen. Ebenfalls erkennt die Software sogenannte Slots, welche die Absicht bzw.
Frage konkretisieren. Dies kann bei der Frage nach dem Bedarf eines Regenschirms
eine Orts- oder Zeitangabe sein. Im Rahmen der künstlichen Intelligenz wird immer
der Kontext berücksichtigt, wodurch die unterschiedlichsten Formulierungen und
sogar Ironie von den Smart Voice Assistants verstanden werden können. Innerhalb
des Servers wird mit dem entsprechenden Skill nach der Antwort bzw. Reaktion auf
die Anfrage gesucht. Die Skills sind dabei in Textform bzw. Codes hinterlegt. Mittels
NLP wird die Antwort daraufhin in Sprache umgewandelt und über den Lautsprecher
ausgegeben. Von diesem Prozess bemerkt der Nutzer nichts, da er nur die Antwort
in Sprachform bzw. Ausführung des Befehls wahrnimmt. Die Sprachsteuerung ersetzt damit die haptische Bedienung mittels Tastatur, Maus oder Touch-Bedienfeld.
In Abbildung 11.1 ist der Prozess der Funktionsweise von Voice over IP dargestellt.

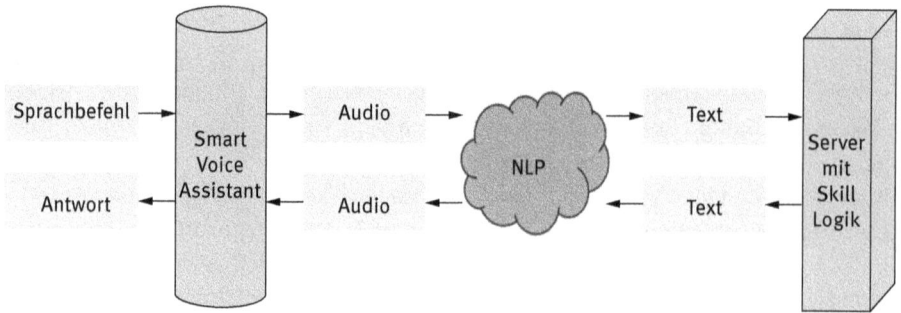

Abb. 11.1: Voice over IP, Funktionsweise. In Anlehnung an Wölk (2017).

In der existenten Literatur, in Publikationen und Fachberichten wurde bisher kein einheitlicher Begriff für die spezifische Funktionsweise von Smart Products verwendet. Die Bezeichnungen variieren.

Begriff (nach alphabetischer Sortierung)	Kurze Zusammenfassung des Kontextes
Digitaler Assistent/ Digital Agent	Microsoft nennt die Software *Cortana*, welche auf Geräten mit den Betriebssystemen Windows 10 und auf Windows-Phones 8.1 betrieben wird, eine digitale Assistentin. Cortana ist sowohl per Text- als auch Spracheingabe bedienbar. Sie verfügt u. a. über Funktionen wie das Recherchieren von Fragen, Erstellen von Erinnerungen und Senden von E-Mails. [a]
Digitaler Sprachassistent	Der Bundesverband Digitale Wirtschaft hat eine Umfrage ($n = 1.034$) zur Bekanntheit, Nutzung und Bedenken von Sprachassistenten durchgeführt. Zu den analysierten Sprachassistenten gehörten dabei *Google Now*, *Siri*, *Alexa*, *Cortana* und *Bixby*. [b]
Smart Voice Assistant	Bhalerao et al. erläutern die Softwareentwicklung zur Sprachsteuerung jeglicher Applikationen (Apps) auf Android-betriebenen Geräten. Die Software, die auf Smartphones und Tablets unter anderem Telefonanrufe, E-Mails, Weck- und Erinnerungsfunktionen, Wettervorhersagen und Google-Suchen per Sprachbefehl ausführen soll, wird hier Smart Voice Assistant bzw. auch Voice Control Assistant genannt. [c]
Virtual Assistant	Martínez Cámara et al. beschreiben den Virtual Assistant als virtuelle Entität, welche durch einen Avatar repräsentiert wird. Dieser ist fähig auf natürliche Sprache zu reagieren. Dabei nutzt der virtuelle Assistent Spracherkennungstechniken. Diese befähigen ihn Fragen zu verstehen, die passendste Antwort im Internet zu suchen und den Anwender auf eine entsprechende Website weiterzuleiten, auf welcher die Antwort auf die Frage zu finden ist. Der virtuelle Assistent charakterisiert sich durch das Verstehen von natürlicher Sprache sowie der Fähigkeit der Erweiterung der Funktionen. Antworten werden im Format von Text- oder Sprachausgabe auf die Fragestellung abgestimmt. [d]

Begriff (nach alphabetischer Sortierung)	Kurze Zusammenfassung des Kontextes
Virtual Assistant/ personal Assistant	Tanay Pant beschreibt die Programmierung eines sprachgesteuerten virtuellen Assistenten auf einem Rasperry Pi (spezieller Minicomputer). Der virtuelle Assistent wird in dieser Arbeit als nützlich für Nutzer von Computersystemen beschrieben. Aufgaben werden automatisiert und bedürfen nur noch minimaler menschliche Interaktion. Beispielsweise können Notizen gespeichert, der Wetterbericht vorgetragen, Musik abgespielt und Informationen abgefragt werden. Die Interaktion zwischen Mensch und Computer erfolgt dabei über natürliche Sprache. Als Beispiele bereits vorhandener virtueller Assistenten werden die Produkte *Google Now, Cortana* und *Siri* vorgestellt. Innerhalb der Quelle wird neben dem Begriff des virtuellen Assistenten auch die Bezeichnung des persönlichen Assistenten verwendet. [e]
Cognitive Assistant	Der von Helal et al. beschriebene Cognitive Assistant wird im Zusammenhang mit der Altenpflege im heimischen Umfeld vorgestellt. Dabei handelt es sich um eine smartphonebetriebene Applikation, die in Zusammenarbeit mit weiteren Sensoren und Kontrollinstrumenten wie z. B. Kameras einen möglichst langen Aufenthalt von Alzheimerpatienten im heimischen Umfeld ermöglichen soll. Der kognitive Assistent dient dabei per Sprachsteuerung zur Erinnerung von Medikamenteneinnahme, per Fotoscan zur Überprüfung der einzunehmenden Medikamente, ggf. zur Nachbestellung von Medikamenten, zur Reaktion auf Signalwörter wie Hilfe und Übermittlung des Hilferufs an Verwandte bzw. Pflegestellen, sowie zur generellen Reaktionsüberprüfung. Sofern notwendig, werden Aufforderungen und Erklärungen durch in der Wohnung vorinstallierte Monitore verdeutlicht. [f]

[a] Vgl. Microsoft (2018).
[b] Vgl. Bundesverband Digitale Wirtschaft (2017, S. 1–21).
[c] Vgl. Bhalerao (2017, S. 1713–1720).
[d] Vgl. Martínez-Cámara (2011, S. 309).
[e] Vgl. Pant (2016, S. 1 f.).
[f] Vgl. Bodine (2015).

Die Tabelle verdeutlicht, dass keine Abgrenzung zwischen den Begriffen hinsichtlich der Funktionsweise zu finden ist. Die Quellen geben häufig die gleichen Funktionen und Applikationen (Apps) als Beispiele an, benennen die Technologie daraufhin dann jedoch unterschiedlich. In dieser Abhandlung wird durchgängig der Begriff Smart Voice Assistant verwendet, um ein Smart Product mit den genannten Funktionen und Komponenten zu benennen.

Lautsprecher mit integriertem Smart Voice Assistant sind erst seit Anfang 2017 in Deutschland erwerbbar. Vorreiter war dabei der echo von Amazon auf welchen kurze Zeit später auch das Produkt Google Home von Google folgte. Seit Dezember 2017 ist von Apple das Produkt HomePod zu erwerben. Auch andere Hersteller von Lautsprechern ziehen nach. Unter anderem bieten Sony, Panasonic und JBL Lautsprecher an, in denen der Sprachassistent Google Assistant integriert ist. Sonos greift auf den Alexa Voice Assistant zurück.

12 Kartensysteme und Clubsysteme

Neben der Analyse der Zielgruppe ist die Erläuterung der Kundenbindung und die Bedeutung von Kundenbindungsprogrammen ein Bestandteil von CCM. Kundenbindungsprogramme werden ebenfalls Bonusprogramme und Loyalty-Programme genannt. Zunächst erfolgen die Abgrenzung der Kundenbindung und die damit in Beziehung stehenden Kundenbindungsprogramme. Darauffolgend werden die Ziele und Zielgruppen von Kundenbindungsprogrammen dargestellt.

12.1 Begriffliche Abgrenzung

Einen Kunden, der durch die Kundenakquise gewonnen werden kann, gilt es mittels Maßnahmen der Kundenbindung langfristig an das Unternehmen zu binden und diese Beziehung stetig auszubauen und zu intensivieren (Diller 1996). Doch bis ein Kunde als gebundener Kunde klassifiziert werden kann, sind zeitliche und monetäre Investitionen notwendig. Während dieses Prozesses durchläuft der Kunde verschiedene Phasen vom Erstkontakt über die Zufriedenheit mit der Leistung und dem Produkt bis hin zur Kundenloyalität und der angestrebten Kundenbindung (Meffert et al. 2015). Ist er nach Beanspruchung der Leistung zufrieden, also decken sich seine Erwartungen und die tatsächlich wahrgenommene Qualität, entsteht Kundenzufriedenheit. In Folge dessen steigt die Wahrscheinlichkeit, dass der Kunde erneut einen Kauf tätigt (Leußer et al. 2011). Dabei gilt die Zufriedenheit als notwendige Komponente, um überhaupt den Zielzustand der Kundenbindung erreichen zu können, sodass sich das Produkt vom Total Set über das Awareness Set, also allen in Betracht kommenden Produkten bis hin zum Choice Set entwickelt (Gilligan und Wilson 2003). Im Stadium des Choice Set wird eine zielgerichtete Kaufentscheidung getroffen.

In der Literatur existieren unterschiedliche Ansätze, um den Verlauf der Beziehung zwischen Unternehmen und Kunden zu beschreiben (Kapitel 2.5).

In allen Ansätzen wird von Zyklen gesprochen:
- Kundenlebenszeitzyklus: Dieser beschreibt die sich ändernden Bedürfnisse im Verlauf des Alters des Kunden, oder der sich wandelnden Lebensphasen.
- Kundenepisodenzyklus: Hier lässt sich die Kundenbeziehung in unterschiedliche Episoden klassifizieren. Sich wiederholende Ereignisse unterteilen dabei den Zyklus und bieten dem Unternehmen wiederkehrende Möglichkeiten der Ansprache.
- Kundenbeziehungszyklus: Dieser ist der wohl am meist gewählte Ansatz im Kundenbindungsmanagement. Kunde und Unternehmen durchlaufen während der Beziehung unterschiedliche Stadien, die sich in der Stärke der Kundenbindung unterscheiden. Des Weiteren wechseln während des Zyklus die Bedürfnisse des Kunden, auf welche das Unternehmen eingehen sollte. In diesem Zeitverlauf bie-

https://doi.org/10.1515/9783110527179-012

ten sich dem Unternehmen verschiedenste Ansätze für Maßnahmen des Beziehungsmarketings. Diese können unter anderem durch Kundenbindungsprogramme initiiert und unterstützt werden.

Der zuletzt beschriebene Kundenbeziehungszyklus kann im idealtypischen Verlauf in drei Phasen unterteilt werden:
– Kundenakquise
– Kundenbindung
– Kundenrückgewinnung (Kapitel 2.5)

In der ersten Phase baut sich die Beziehungsintensität über den Erstkontakt und die eintretende Kundenzufriedenheit auf. Durch wiederkehrende positive Erfahrungen entsteht aus Vertrauen und Loyalität schließlich Kundenbindung, wobei die Beziehungsintensität hier ihren Höhepunkt erreicht hat. In der Phase der Rückgewinnung nimmt die Bindung ab.

Auch die Kundenbindung kann als solche weiter differenziert werden. Zur Beschreibung der Intensität der Kundenbeziehung gibt es unterschiedliche Konstrukte. Zu den drei Belegen für die Intensität der Beziehung werden zum einen psychologische Indikatoren zu Rate gezogen. Diese zeichnen sich durch die Preiswahrnehmung oder auch die Zufriedenheit des Kunden aus (Bruhn 2003). Zum anderen sagen Indikatoren, die das Verhalten des Kunden analysieren, etwas über das Informationsverhalten und das Kommunikationsverhalten aus. Hier spielt die Art der Bindung eine Rolle. Ein Kunde kann sowohl gebunden als auch verbunden sein. Im ersten Fall liegt eine vertragliche, ökonomische oder technische Bindung vor, welche zu Wechselbarrieren führt. Bei Verbundenheit kann von emotionaler Bindung gesprochen werden, die maßgeblich von der Qualität der Beziehung und des Produktes beeinflusst wird.

Damit ein Unternehmen eine hohe Intensität der Kundenbindung aufbauen kann, gibt es ein breites Maßnahmenportfolio, das in den einzelnen Phasen des Kundenlebenszyklus angewendet werden kann. Das Konstrukt des Zyklus bietet die Basis für das Customer Relationship Management (CRM). Hierunter ist die aktive und systematische Analyse, Selektion, Planung, Gestaltung und Kontrolle von Geschäftsbeziehungen im Sinne eines ganzheitlichen Konzeptes von Zielen, Leitbildern, Einzelaktivitäten und Systemen zu verstehen. Im Rahmen des CRM werden also Maßnahmen verfolgt, die die zuvor genannten Stufen von Akquise, Bindung und Rückgewinnung begleiten.

Neben Preisgarantien, kundenindividuellen Produkten und angepassten Vertriebsstrukturen zählen Kundenbindungsprogramme – auch Bonusprogramme genannt – ebenfalls als Instrument der Kundenbindung (Raab und Werner 2009). Differenziert werden muss dabei zwischen Kundenbindungsprogrammen und weiteren Kundenbindungssystemen wie Rabattkarten, Coupons, Treuerabatten und Kundenclubs (Musiol und Kühling 2009). In der späteren Betrachtung bestehender Kundenbindungsprogramme wird ersichtlich, dass die Instrumente oftmals parallel verwendet werden oder gesammelt über ein Kundenbindungsprogramm zugänglich sind.

Kundenbindungsprogramme verfolgen das Ziel, den Kunden durch verschiedene Anreize, die monetär, materiell und immateriell geprägt sein können, an das Unternehmen zu binden, die Wiederkaufrate zu erhöhen, sowie die Weiterempfehlung anzuregen. Programmangebote, wie z. B. Gutscheinaktionen und Events, können darüber hinaus dabei unterstützen, die Kundenbeziehung zu deanonymisieren und durch den erbrachten Zusatznutzen die Wechselbereitschaft zum Wettbewerber abzuschwächen. Im Folgenden soll durch die Betrachtung der Einflussfaktoren der Kundenbindung die Herausforderung deutlich gemacht werden, die Kundenbindungsprogrammen gegenüberstehen.

12.2 Ziele von Kundenbindungsprogrammen

Der eingangs beschriebene Kundenbeziehungszyklus hat die Intensität der Kundenbindung in verschiedene Phasen unterteilt. Kundenbindungsprogramme verfolgen dabei innerhalb dieses Zyklus folgende grundlegende Ziele, und Unterziele, die im Anschluss näher erläutert werden.

Es existieren drei Gründe für die Installation von Kundenprogrammen mit positiver Wirkung auf die Kundenbindung:

Kundenselektion:
- Fokussierung des Programms auf anvisierte Zielgruppe und
- Segmentierung über Gestaltung des Leistungsangebotes oder Offenheit bzw. Geschlossenheit des Programms.

Verbesserung der Kundenkenntnis:
- durch Informationen über Kundeneigenschaften und -präferenzen und
- Basis für Database Marketing (Teilnahme am Programm darf jedoch nicht abhängig gemacht werden von Zustimmung des Kunden zur Datennutzung).

Verbesserung des Unternehmensimages:
- Identifikation der Kunden mit dem Unternehmen.

Hierdurch ergeben sich Unterziele (Abbildung 12.1), die im Folgenden erläutert werden.

Das zentrale Ziel von Kundenbindungsprogrammen ist, die Beziehung zum Kunden positiv zu beeinflussen und die Zeitdauer und Tiefe der Kundenbeziehung zu intensivieren (Hippner und Wilde 2006). Die hat eine unmittelbare positive Wirkung auf die Kundenbindung selbst, reduziert Abwanderungen von Kunden. Des Weiteren können bei gebundenen Kunden Cross- und Up-Selling-Potenziale realisiert werden.

Ziele von Kundenbindungsprogrammen

– Intensivierung und Verlängerung der Kundenbeziehung
– Positive Erlebnisse durch das Programm
– Erhöhung Wiederkaufrate
– Differenzierung zu anderen Anbietern
– Cross-Selling und Up-Selling
– Kommunikation mit dem Kunden
– Einblick in das Kaufverhalten des Kunden

Abb. 12.1: Unterziele von Kundenbindungsprogrammen (eigene Darstellung).

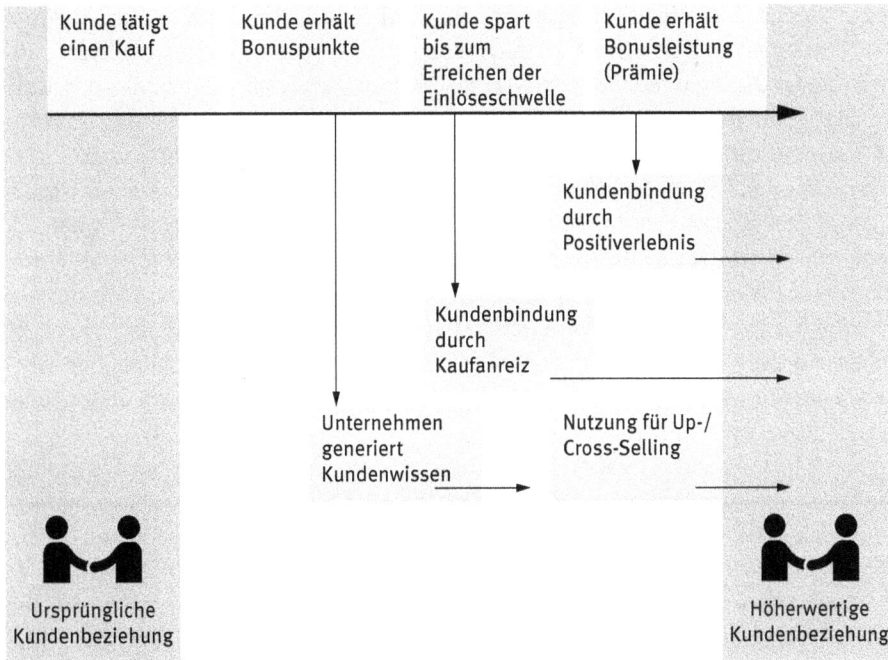

Kunde tätigt einen Kauf

Kunde erhält Bonuspunkte

Kunde spart bis zum Erreichen der Einlöseschwelle

Kunde erhält Bonusleistung (Prämie)

Kundenbindung durch Positiverlebnis

Kundenbindung durch Kaufanreiz

Unternehmen generiert Kundenwissen

Nutzung für Up-/ Cross-Selling

Ursprüngliche Kundenbeziehung

Höherwertige Kundenbeziehung

Abb. 12.2: Mechanik Kundenbindungsprogramme. In Anlehnung an Lauer (2011).

Kundenbindungsprogramme weisen dabei die in Abbildung 12.2 aufgezeigte Grundmechanik auf.

Durch die Komponenten des Programms soll die Zielsetzung der Kundenbindung und der höherwertigen Kundenbeziehung erreicht werden.

Zum einen kann das über die Steigerung der Kauffrequenz erreicht werden (Braun et al. 2017). Zum anderen können die Potenziale des Kunden über Cross-Selling und Up-Selling ausgeschöpft werden (Hippner und Wilde 2005). Ziel ist es, den maximalen Anteil des Share-of-Wallet des Kunden zu erreichen (Braun et al. 2017). Hierunter ist der Anteil zu verstehen, den ein Konsument für eine Produktgruppe bei einem Anbieter investiert. Im Besonderen bei Produkten, die sich mittels ihrer Eigenschaften nur schwer voneinander abgrenzen, nutzen Unternehmen die Möglichkeit der Differenzierung über Kundenbindungsprogramme. Vor dem Hintergrund, dass sich jedoch auch die Programme weiter verbreiten, wird auch diese Art der Abgrenzung schwieriger.

72 % der Nutzer von Kundenbindungsprogrammen geben an, eher bei einem Unternehmen mit einem solchen Programm einzukaufen, wenn die restlichen Bedingungen vergleichbar sind (Nielsen 2016).

Durch ein Programm entsteht ein neuer Kommunikationskanal, der dem Unternehmen neue Möglichkeiten bietet. Der Kunde kann hierüber stärker integriert werden, indem das Kundenbindungsprogramm als Feedback- und Dialogkanal verwendet wird. Unternehmen können so die Produkte besser an die Kundenbedürfnisse anpassen oder diese gar individualisieren. Professionalisiert werden kann dieser Ansatz durch die Nutzung der Kundendaten wie Stammdaten und Kaufinformationen (Lauer 2011). Interessen und Erkenntnisse über das Kaufverhalten sind dabei wichtige Informationsgeber für die Umsatzsteigerung durch Kundenbindungsprogramme (Braun et al. 2017). Dabei können die vorliegenden Informationen nicht nur für die Aussteuerung von Rabattinstrumenten verwendet werden, sondern dienen ebenfalls der weiteren Personalisierung des Programms und der Kundenkommunikation. Die Grundlage für eine Individualisierung in Kommunikation, Produkt und Kaufanreizen bietet die Analyse der durch das Programm zur Verfügung stehenden Kundendaten. Zum Vorgehen der Kundendatenanalyse für die Erhebung der Bedürfnisse soll an dieser Stelle nicht eingegangen werden.

Ein Ergebnis der Datenanalyse ist dabei die Segmentierung der Kunden in profitable Kundengruppen, sodass die Kommunikation und Anreize des Programmes erfolgversprechend und wirtschaftlich an die Bedürfnisse angepasst werden können (Braun et al. 2017). Darüber hinaus können Prognosen erstellt werden, die eine Änderung des Kaufverhaltens vorhersagen. So können Unternehmen frühzeitig intervenieren. Die einfache Sammlung von Kundendaten ermöglicht es dem Kundenservice auf die Historie des Kunden zu blicken und mithilfe dessen eine gezielte und zufriedenstellende Beratungsleistung zu erbringen (Musiol und Kühling 2009).

Erwähnt werden muss, dass der Kunde einen gewissen Aufwand aufbringen muss, um bestmöglich von den Vorteilen zu profitieren. Dazu zählt bspw. die Anmeldung, das Vorzeigen der Sammelkarte oder der Einstieg über die Programmseite zum Sammeln bei Programmpartnern. Hier sind die Herausforderung und gleichermaßen das Ziel des Unternehmens, die Attraktivität und den Nutzen des Programms für den Kunden aufrecht zu erhalten.

Ein Einflussfaktor auf die Kundenbindung, der ebenfalls durch Kundenbindungsprogramme relativiert werden kann, ist das Unternehmens- und Markenimage. Wie die englische Verwendung „Loyalty-Program" bereits mit sich führt, kann die emotionale Kundenbindung und Loyalität des Kunden durch aufgeführten Komponenten des Programmes gesteigert werden.

12.3 Kundenclubs und Kartensysteme

Kundenclubs zielen auf die Kreation emotionaler Verbundenheit über die Kommunikation ab. Warum sind Kundenbindungsprogramme bei Marketingverantwortlichen so beliebt? Die Gründe liegen auf der Hand:

– Marktsättigung: In vielen traditionellen Branchen ist der Markt weitgehend gesättigt. Gleichzeitig stagnieren Konsum- und Investitionsbereitschaft. Damit kommt der Ausschöpfung bestehender Kundenpotenziale durch gezieltes Cross-Selling und Up-Selling eine im Vergleich zur Neukundenakquisition immer größere Bedeutung zu.

– Vergleichbarkeit der Produkte: In vielen Branchen müssen Unternehmen der zunehmenden Vergleichbarkeit ihrer Produkte entgegenwirken, indem sie kundenspezifische Angebote auf den Markt bringen und eine emotionale Bindung zwischen Kunden und Produkt schaffen.

– Preissensitivität: Die Loyalität der Konsumenten in B2C-Märkten weicht einer zunehmenden Preissensitivität. Gezielte Treueanreize und Wechselbarrieren sollen daher auch „Smart Shopper" langfristig als Kunden halten.

– Sparbudgets: Der Sparzwang hat in den Unternehmen den Druck auf die Marketingbudgets deutlich erhöht. Angesichts der Erkenntnis, dass es meist günstiger kommt, vorhandene Kunden zu binden als neue zu gewinnen, entpuppen sich Kundenbindungsprogramme auch aus Effizienzüberlegungen oft als nahe liegende Option.

Unternehmen nutzen typischerweise drei Arten von Kundenbindungsinstrumenten: klassische Loyalty-Instrumente (z. B. Bonusprogramme oder Exklusivverträge), emotionale Instrumente (z. B. Markenkommunikation, Events, persönliche Kundenansprache) und rationale Instrumente (z. B. kundenspezifische Preis-/Leistungsangebote und Services). Dabei werden diese Instrumente zunehmend kombiniert eingesetzt. So erhält zum Beispiel ein Vielflieger bei den Bonusprogrammen der Fluggesellschaften für seine Treue in der Regel nicht nur Bonusmeilen, sondern auch ein besseres Produkt – separate Lounges, verkürzte Wartezeiten, Buchungsgarantie, eigene Hotlines und Check-in-Terminals. Zudem versuchen die Airlines, ihre besten Kunden durch vielfältige Maßnahmen emotional an sich zu binden, etwa durch gezielte namentliche Ansprache und exklusive Events.

Kundenclub als mögliche Form eines Kundenprogramms

Der Kundenclub ist eine Vereinigung von Kunden, denen spezielle Leistungen angeboten werden. Die Kreation von emotionalem Mehrwert, Exklusivität und Zusatznutzen stehen im Vordergrund. Der Fokus liegt auf dem kommunikativem Element und dem Aufbau emotionaler Bindung, freiwilliger Verbundenheit. Die Bindungsfunktion ist relativ gering, aufgrund der Selbstselektion der Kunden – tendenziell treten bereits treue Kunden den Clubs bei. Wir können hier zwei Typen unterscheiden:

Offene Clubs:

– freie Zugänglichkeit für alle Kunden und
– natürliche Selektion durch Anreize (Miles & More grundsätzlich offen, durch die Höhe der Prämienschwellen jedoch eher Nutzung durch Vielflieger).

Bei fehlender Steuerung besteht die Gefahr von Trittbrettfahrern/Streuverlusten.

Geschlossene Clubs:

– Beschränkungen des Beitritts, z. B. über Aufnahmegebühren für Mitglieder und
– genaue Steuerung bzgl. Zielgruppe über Gestaltung der Zutrittsbeschränkungen.

Das Leistungsportfolio von Clubsystemen kann um weitere Funktionalitäten erweitert werden. Hier unterscheiden wir:

Spezielle Leistungen:

– aktuelle Informationen,
– finanzielle Vergünstigungen,
– besonderer Service (spezielle Hotline),
– attraktive exklusive Angebote,
– Veranstaltungen und
– Infoaustausch mit anderen Mitgliedern (Foren).

Mögliche Funktionalitäten von Kundenkarten:

– Identifikationsmedium/Ausweisfunktion,
– Informationsträger zur Erfassung der Kundendaten,
– Zahlungsfunktion (Kombination anonymer ec-Karten-Funktion mit kundenbezogenen Daten),
– Bonusfunktion,
– Rabattfunktion,
– Kreditkartenfunktion und
– Statussymbol.

Im Unterschied zu den Clubsystemen kommen auch Bonussysteme zum Einsatz. Bonusprogramme binden den Kunden über finanzielle Vorteile. Die Kunden können für bestimmte Verhaltensweisen Werteinheiten (Bonuspunkte) sammeln, die ab einer Einlöseschwelle in Vorteile (Boni) umgewandelt werden können. Die emotionale Bindung erfolgt über die Statuskomponente, die allerdings als geringer eingeschätzt werden kann.

Bonusprogramm:

– Fokus auf finanziellen Anreizen, Erschließung von Cross- und Up-Selling-Potenzialen, Förderung der Wieder- und Zusatzkaufabsicht,
– Bindung durch Aufbau von Wechselbarrieren (Belohnung) sowie

– gleichzeitige Steigerung der Kundenzufriedenheit durch Prämien (d. h. auch Verbundenheitseffekte).

Statuskomponente:
– konsequente Orientierung am Kundenwert,
– exklusive Leistungen für wertvollste Kunden (höhere Sammelpunkte, Zusatzleistungen),
– Definition einer Umsatz-/Punkteschwelle zum Erreichen des Mitgliederstatus und
– Schaffung emotionaler Verbundenheit durch Exklusivität.

Richtig angelegt erweisen sich Kundenbindungsprogramme also nach wie vor als wertvolles Marketinginstrument. Innovative Methoden räumen mit den bisher üblichen Problemfeldern auf. Sie verhelfen Unternehmen zu einem detaillierten Einblick in die Struktur ihrer Kundenbasis und die Wirksamkeit ihrer Maßnahmen, steigern die Attraktivität der Programme und verknüpfen die Bindung bestehender Kunden mit der Neukundengewinnung auf profitable Weise.

Stets jedoch gilt Aufwand und Nutzen abzuwägen. Kundenbindungsmaßnahmen können nur dann in vollem Umfang greifen, wenn die, immer komplexeren und multidimensionalen, Modelle sich in der Praxis ohne erhebliche Zusatzkosten umsetzen lassen.

12.4 Zielgruppen von Kundenbindungsprogrammen

Kundenbindungsprogramme können nicht so gestaltet werden, dass sie jedem Konsumententypen gefallen und jeder den besten Nutzen erfährt (Braun et al. 2017). Wie bereits erwähnt, können die durch das Programm generierten Daten bei der Differenzierung der Zielgruppen und der Analyse der Kundenbedürfnisse unterstützen. Neben den durch das Programm entstehenden Zielgruppen gibt es ebenfalls jene, die sich bereits vor der Anmeldung zum Programm durch eine hohe Loyalität auszeichnet. Meist profitieren diese Kunden von den Programmvorteilen am meisten. Aus diesem Grund ist es wichtig, die Programmvorteile für Kunden, die eine geringere Nutzung vorweisen, gleichermaßen attraktiv zu gestalten. Andernfalls steigt die Unzufriedenheit und der Kunde meldet sich vom Programm ab (Braun et al. 2017).

Neben der Kauffrequenz kann ebenfalls zwischen Rabattkäufern und emotional gebundenen Kunden unterschieden werden. Im Besonderen bei der Gestaltung der Kommunikation ist das ein entscheidender Punkt. Zum einen kann der Rabattkäufer über die preisliche Incentivierung angesprochen werden. Zum anderen kann der emotional gebundene Käufer über eine wertschätzende Ansprache gewonnen werden. Aus diesem Grund sollten Kundenbindungsprogramme für die Segmentierung der Zielgruppen genutzt werden, sodass die Bestandteile nach der Zielgruppe und ihrer Lebenszyklusphase ausgerichtet werden können.

13 Schluss

Ein wesentlicher Treiber der digitalen Transformation ist die Disruption im Wettbewerb. Immer neue Marktteilnehmer drängen in zunehmend gesättigte Märkte. Dies liegt zum einen an der Globalisierung, in deren Rahmen internationale Unternehmen – oft auch ohne physische Präsenz – in lokale Märkte eindringen. Zum anderen hat der technologische Fortschritt – insbesondere die Digitalisierung – Markteintrittsbarrieren teils signifikant gesenkt, neue Geschäftsmodelle ermöglicht und Wertschöpfungsketten verändert. Große Unternehmen konkurrieren online immer mehr mit zahlreichen kleinen und mittelständischen, teils hochspezialisierten Unternehmen und sogar Privatleuten, die Auktions- und Handelsplattformen zum Vertrieb nutzen. Disruptive digitale Plattformen wie Uber oder Airbnb stellen ganze Geschäftsmodelle in Frage. Markenartikler setzen auf Direktvertrieb und eigene Kundenbindungsinstrumente und überspringen so Teile der „traditionellen" Wertschöpfungskette. In dieser zunehmend komplexen, dynamischen Welt gewinnt der Wettbewerb kontinuierlich an Schärfe. Es wird für Unternehmen immer schwieriger, sich zu differenzieren. Die Fähigkeit einen kundenzentrierten Zugang zu Märkten zu haben, wird entscheidend, denn die Digitalisierung schafft einen transparenteren Markt. Kunden können Angebote schnell recherchieren und miteinander vergleichen. Hinzu kommen immer neue Entscheidungsmöglichkeiten zwischen verschiedenen (auch internationalen) Anbietern. Die Wechselbarrieren sind gering. Mit einem Klick ist der Kunde beim nächsten Anbieter, mit dem für ihn passenderen Angebot oder dem ansprechenderen Nutzungsgefühl. Die Markttransparenz hat noch eine weitere Konsequenz. Die Kunden kennen die Best-in-Class-Ansätze verschiedener Anbieter. Dadurch steigen die Anforderungen auch an alle anderen Unternehmen. Kunden erwarten nicht weniger als ein Best-in-Class-Erlebnis in Service und Kommunikation, immer und überall. Gleichzeitig stehen Marketingabteilungen vor der Aufgabe, ihre Maßnahmen unter wirtschaftlichen Gesichtspunkten zu optimieren, d. h. insbesondere Kosten zu senken und ihre Investitionen zu rechtfertigen. Marketing muss seine Rentabilität eindeutig belegen können. Von den erwähnten Treibern ist der Kunde der wesentlichste. Aktuelle Studien von IBM und econsultancy verdeutlichen, dass die meisten Unternehmen (laut der Studie etwa 90 %) grundsätzlich verstanden haben, dass im Marketing der Kunde und seine individuelle Customer Experience in den Mittelpunkt gehören. Nichtsdestotrotz fühlen sich 80 % der Kunden – Stand heute – vom erlebten Marketing nicht als Individuum wahrgenommen. Es besteht also noch ein Graben zwischen Anspruch und Wirklichkeit, d. h. in der praktischen Umsetzung kundenzentrierter Marketing- und Serviceerlebnisse.

https://doi.org/10.1515/9783110527179-013

Literatur

Albers S., Herrmann A. (2002): Handbuch Produktmanagement. Strategieentwicklung – Produktplanung – Organisation – Kontrolle. 2., überarbeitete und erweiterte Auflage, S. 1. Wiesbaden: Gabler Verlag. Online verfügbar unter http://dx.doi.org/10.1007/978-3-663-05752-9.

Anderson R. E. (1973): Consumer dissatisfaction. The effect of disconfirmed expectancy on perceived product performance. *Journal of Marketing Research: JMR* 10(1):38–44.

Ansoff H. I. (1965): Checklist for Competitive and Checklist for Competitive and Competence Profiles; Corporate Strategy. New York: McGraw-Hill.

Appelmann E., Schmid D., Geuecke F., Huber F. (2015): Eine Frage des Charakters?! Die Rolle der Persönlichkeitsmerkmale für den Erfolg von Mass Customization. Mainz: CMPP Center of Market Oriented Product and Production Management (Managementorientierte Arbeitspapiere), S. 26.

Apple (2017) Mission Statement. Online verfügbar unter https://medium.com/the-mission/transform-like-steve-jobs-into-the-apple-of-your-niche-with-this-secret-sauce-8-ways-to-implement-821462dcd895 (28.11.2017)

ARD/ZDF/GfK Media and Communication Research: Anteil der Internetnutzer in Deutschland in den Jahren 1997 bis 2016, 2017, 2018. Online verfügbar unter https://de.statista.com/statistik/daten/studie/36009/umfrage/anteil-der-internetnutzer-in-deutschland-seit-1997, zuletzt geprüft am 10.08.2017.

Arp A. (2014): Von der skeptischen zur überforderten Generation? Online verfügbar unter http://www.deutschlandfunkkultur.de/soziologie-von-der-skeptischen-zur-ueberforderten-generation.976.de.html?dram:article_id=300254, zuletzt geprüft am 09.11.2017.

Atakan S. S., Bagozzi R. P., Yoon C. (2014). Consumer participation in the design and realization stages of production. How self-production shapes consumer evaluations and relationships to products. *International Journal of Research in Marketing: IJRM: official journal of the European Marketing Academy* 31(4):395–408.

Bagozzi R. P. (1982): A field investigation of causal relations among cognitions, affect, intentions, and behavior. *Journal of Marketing Research* 19(4):562, http://dx.doi.org/10.2307/3151727.

Bakir D. (2018) eve – Wie eine Matratzenfirma die Macht der Stiftung Warentest zu spüren bekam. *Stern* 02.04.2018, https://www.stern.de/wirtschaft/news/eve--wie-eine-matratzenfirma-die-macht-der-stiftung-warentest-zu-spueren-bekam-7920978.html

Baltes P. B., Mittelstraß J. (Hrsg.) (1994): Alter und Altern. Ein interdisziplinärer Studientext zur Gerontologie. Sonderausg. des 1992 erschienenen 5. Forschungsberichts der Akad. der Wiss. zu Berlin. Berlin: De Gruyter.

Barnes N. G., Lescault A. M. (2014): Millennials drive social commerce: turning Their likes, follows or pins into a sale. University of Massachusetts. Online verfügbar unter http://www.umassd.edu/cmr/socialmediaresearch/socialcommerce/, zuletzt aktualisiert am 31.10.2016.

Bauer C., Frings K., Harsche J. (2011): Social Media in der mittelständischen Wirtschaft Hessens. Wiesbaden: HA Hessen Agentur (Report/HA Hessen Agentur GmbH, 817).

Beißwenger A. (Hrsg.) (2010): YouTube und seine Kinder. Wie Online-Video, Web TV und Social Media die Kommunikation von Marken, Medien und Menschen revolutionieren. Audiovisual Media Days. Baden-Baden: Nomos-Verl.-Ges. Edition Fischer.

Belz C. (2016): Value Selling. Kundennutzen sichtbar machen; Interaktion gestalten; Wertschöpfung optimieren. 1. Aufl. Stuttgart: Schäffer-Poeschel Verlag, S. 1. Online verfügbar unter http://ghv.eblib.com/patron/FullRecord.aspx?p=4459647.

Bem D. J. (1972): Self-Perception Theory. In: Advances in Experimental Social Psychology Volume 6, Bd. 6. Amsterdam: Elsevier (Advances in Experimental Social Psychology), S. 1–62.

https://doi.org/10.1515/9783110527179-014

Berners-Lee T. (2015): Tim Berners-Lee. Inventor de la World Wide Web: exposición organizada por la Biblioteca de la E. T. S. Ingenierías Informática y de Telecomunicación de la Universidad de Granada: catálogo de la exposición. Granada: [s.n.].

Best Patterns Marketing: Erfolgsmuster für Innovations-, Kommunikations- und Markenmanagement. Neuwied [u. a.]: Luchterhand.

Bhalerao A. et al. (2017), Smart Voice Assistant: A Universal Voice Control Solution for Non-Visual Access to the Android Operating System, S. 1713–1720.

Bhattacharya C. B., Bolton R. N. (2000): Relationship marketing in mass markets. In: Handbook of relationship marketing. Thousand Oaks, Calif. [u. a.]: Sage Publ.

Binckebanck L., Elste R. (Hrsg.) (2016): Digitalisierung im Vertrieb. Strategien zum Einsatz neuer Technologien in Vertriebsorganisationen. Wiesbaden: Springer Gabler.

Blackwell R. D., Engel J. F., Kollat D. T. (1973): Consumer Behavior. 2. Aufl. Hinsdale: Dryden Press.

Blank G., Reisdorf B. C. (2012): The participatory web. *Information, Communication & Society* 15(4):537–554. http://dx.doi.org/10.1080/1369118X.2012.665935.

Blazevic V., Hammedi W., Garnefeld I., Rust R. T., Keiningham T. L. (2013): Beyond traditional word-of-mouth. An expanded model of customer-driven influence. *Journal of Service Management* 24(3):294–313.

Blunck D. E. (2013): Integriertes Kanaldesign im Multi-Channel-Marketing des Einzelhandels. In: Handel in Theorie und Praxis: Festschrift zum 60. Geburtstag von Prof. Dr. Dirk Möhlenbruch. Wiesbaden: Springer-Gabler, S. 513–541.

Blut M. (2008): Der Einfluss von Wechselkosten auf die Kundenbindung. Verhaltenstheoretische Fundierung und empirische Analyse. Wiesbaden: Betriebswirtschaftlicher Verlag Dr. Thomas Gabler/GWV Fachverlage GmbH Wiesbaden (Gabler Edition Wissenschaft). Online verfügbar unter http://dx.doi.org/10.1007/978-3-8349-9795-1.

Bodine C., Helal S., Gu T., Mokhtari M. (Hrsg.) (2015): Smart homes and health telematics. 12th international conference, ICOST 2014, Denver, CO, USA, June25–27, 2014; revised papers.

Böckermann F. (2013): Customer Knowledge Management in der Konzeptphase der Neuproduktentwicklung. Zugl.: Münster, Univ., Diss., 2011. Wiesbaden: Springer Gabler (Kundenmanagement & Electronic Commerce). Online verfügbar unter http://dx.doi.org/10.1007/978-3-8349-3946-3.

Bohlmann A. (2007): Multi-Channel-Retailing und Kaufbarrieren. Wie Kunden Kaufrisiken wahrnehmen und überwinden. Zugl.: Essen, Univ., Diss., 2007 u. d. T.: Bohlmann, Annette: Die Überwindung von Kaufbarrieren im Multi-Channel-Retailing – eine kundenorientierte Analyse anhand des wahrgenommenen Kaufrisikos. 1. Aufl. Lohmar: Eul (Kundenorientierte Unternehmensführung, 3). Online verfügbar unter http://deposit.d-nb.de/cgi-bin/dokserv?id=2945526&prov=M&dok_var=1&dok_ext=htm.

Böing C. (2001): Erfolgsfaktoren im Business-to-Consumer-E-Commerce. Wiesbaden: Gabler Verlag (Unternehmensführung und Marketing, 38). Online verfügbar unter http://dx.doi.org/10.1007/978-3-322-96453-3.

Böker K. H., Demuth U., Thannheiser A., Werner N. (2013): Social Media – Soziale Medien? Neue Handlungsfelder für Interessenvertretungen. Düsseldorf: Hans-Böckler-Stiftung (Edition/Hans-Böckler-Stiftung Betriebliche Mitbestimmung und betriebliche Handlungshilfen, 281). Online verfügbar unter http://www.boeckler.de/pdf/p_edition_hbs_281.pdf.

Braun L., Reinecke S., Tomczak T. (2017): Kundenbindung durch Loyalitätsprogramme. In: Handbuch Kundenbindungsmanagement: Strategien und Instrumente für ein erfolgreiches CRM. Wiesbaden: Springer Gabler, S. 335–364.

Bromberger J. (2004): Internetgestütztes Customer Relationship Management. Internationale Fallstudien zu erfolgreichen Konzepten und deren Umsetzung in der Praxis. Gabler Edition Wissenschaft. Wiesbaden: Deutscher Universitätsverlag (Kundenmanagement & Electronic Commerce). Online verfügbar unter http://dx.doi.org/10.1007/978-3-322-81714-3.

Broy M. (2010): Towards a formal engineering approach for SOA. Hannover, München: Technische Informationsbibliothek u. Universitätsbibliothek (TUM-I/Institut für Informatik, Technische Universität München, 1024). Online verfügbar unter http://edok01.tib.uni-hannover.de/edoks/e01fn12/682211540.pdf.

Bruhn M. (2001): Relationship Marketing. Das Management von Kundenbeziehungen. München: Vahlen (Vahlens Handbücher der Wirtschafts- und Sozialwissenschaften).

Bruhn M. (Hrsg.) (2003): Handbuch Kundenbindungsmanagement. Strategien und Instrumente für ein erfolgreiches CRM. 4., überarb. und erw. Aufl. Wiesbaden: Gabler.

Bruhn M. (2006): Integrierte Kommunikation in den deutschsprachigen Ländern. 1. Aufl. Wiesbaden: Gabler Verlag, S. 1 (Basler Schriften zum Marketing). Online verfügbar unter http://gbv.eblib.com/patron/FullRecord.aspx?p=748002.

Bruhn M. (2016): Relationship Marketing. Das Management von Kundenbeziehungen. 5. Aufl. München: Vahlen, Franz (Vahlens Handbücher der Wirtschafts- und Sozialwissenschaften).

Bruhn M., Hadwich K. (2013a): Dienstleistungsmanagement und Social Media. Eine Einführung in die theoretischen und prakatischen Problemstellungen. In: Dienstleistungsmanagement und Social Media: Potenziale, Strategien und Instrumente. Wiesbaden: Springer Gabler, S. 3–40.

Bruhn M., Hadwich K. (Hrsg.) (2013b): Dienstleistungsmanagement und Social Media. Potenziale, Strategien und Instrumente. Wiesbaden: Springer Gabler (Forum Dienstleistungsmanagement).

Bruhn M., Hadwich K. (2013c): Dienstleistungsmanagement und Social Media. Potenziale, Strategien und Instrumente Forum Dienstleistungsmanagement. Wiesbaden: Springer Gabler. Online verfügbar unter http://site.ebrary.com/lib/alltitles/docDetail.action?docID=10695449.

Bühler P., Maas P. (2017): Transformation von Geschäftsmodellen in einer digitalisierten Welt. In: Dienstleistungen 4.0, S. 43–70.

Burghardt C., Plociennik C., Heider T., Giersich M., Kirste T. (2008): Implementing scenarios in a smart learning environment. *Sixth Annual IEEE International Conference on Pervasive Computing and Communications, 2008: PerCom 2008: Hong Kong, March 17–21, 2008; PerCom 2008 papers, workshop papers*, S. 377–382. http://dx.doi.org/10.1109/PERCOM.2008.96.

Bundesverband Digitale Wirtschaft (2017) Digitale Trends – Umfrage zu digitalen Sprachassistenten. Online verfügbar unter https://www.bvdw.org/fileadmin/user_upload/BVDW_Digital_Trends_Sprachassistenten.pdf, S. 1–21

Business Insider Australia (2015) It's time for retailers to start paying close attention to social media. Online verfügbar unter www.businessinsider.com.au/social-commerce-2015-report-2015-6.

Büttgen M. (2010): Kundenbindung durch Kundenintegration. In: Handbuch Kundenbindungsmanagement. Wiesbaden: Gabler, S. 165–188.

Calmbach M., Borgstedt S., Borchard I., Thomas P. M., Flaig B. B. (2016): Wie ticken Jugendliche 2016? Lebenswelten von Jugendlichen im Alter von 14 bis 17 Jahren in Deutschland. s.l.: Wiesbaden: Springer. Online verfügbar unter http://www.doabooks.org/doab?func=fulltext&rid=19074.

Campbell D. (2003): The Cost Structure and Consumer Profitability Implications of Electronic. *Job Talk Paper, Boston*.

Ceyp M. H., Scupin J.-P. (2013): Erfolgreiches Social Media Marketing. Konzepte, Maßnahmen und Praxisbeispiele. Wiesbaden: Springer. Online verfügbar unter http://dx.doi.org/10.1007/978-3-658-00035-6.

Cleve J., Lämmel U. (2014): Data Mining. [Elektronische Resource]. München: De Gruyter Oldenbourg, S. 16 f.

Chircu A. M., Kauffmann R. J. (1999): Strategies for Internet Middleman in the Intermediation/Disintermediation/Reintermediation Cycle. *International Journal of Electronic Markets* (9:1&2) S. 109–117.

Clement M., Runte M. (1999): Intelligente Software-Agenten. Implikationen für das Marketing im eCommerce. Kiel: Inst. für Betriebswirtschaftslehre (Manuskripte aus den Instituten für Betriebswirtschaftslehre der Universität Kiel, 498).

Cook D. J. et al. (2007): Design and use of smart environments. Amsterdam: Elsevier (Pervasive and mobile computing Special issue, 3.2007,2).

Cornelsen J. (2000): Kundenwertanalysen im Beziehungsmarketing. Theoretische Grundlegung und Ergebnisse einer empirischen Studie im Automobilbereich. Nürnberg: GIM Gesellschaft für Innovatives Marketing (Schriften zum innovativen Marketing, 3).

Coughlan A. T., Anderson E., Stern L. W., El-Ansary A. I. (2006): Marketing channels. 7. edn., international edn. Upper Saddle River, NJ: Pearson/Prentice Hall.

Digitalization Think:Lab; Roland Berger Strategy Consultings: German Digitalization Consumer Report 2014. Online verfügbar unter http://www.socialmediathinklab.com/wp-content/uploads/2014/07/WWU_German-Digitalization-Consumer-Report-2014.pdf, zuletzt geprüft am 25.05.17.

DigitasLBI (2016): Connected Commerce 2016. Online verfügbar unter http://www.digitaslbi.com/connectedcommerce2015data/#/, zuletzt geprüft am 25.11.2017.

Diller H. (1996): Kundenbindung Als Marketingziel. *Marketing: Zeitschrift Für Forschung* 18(2):81–94. Online verfügbar unter www.jstor.org/stable/41918490.

Diller H. (Hrsg.) (2001): Vahlens großes Marketinglexikon. 2., völlig überarb. und erw. Aufl. München: Beck.

Diller H. (2008): Preisstrategien im Handel. Ein Kommunikationskonzept für die Zukunft? Hamburg: Helmut-Schmidt-Universität (Arbeitspapier/Institut für Marketing, Universität der Bundeswehr Hamburg, 4).

Dittrich S. (2000): Kundenbindung als Kernaufgabe im Marketing. KundenPotenziale langfristig ausschöpfen. Zugl.: St. Gallen, Univ., Diss., 2000. St. Gallen: Verl. THEXIS.

Dreyer A., Dehner C. (2003): Kundenzufriedenheit im Tourismus. Entstehung, Messung und Sicherung mit Beispielen aus der Hotelbranche. 2., unwesentl. veränd. Aufl. München: Oldenbourg (Lehr- und Handbücher zu Tourismus, Verkehr und Freizeit). Online verfügbar unter http://dx.doi.org/10.1524/9783486700558.

Düll A. (2009): Aktive Produktindividualisierung. Ansatzpunkte zur nutzerorientierten Konzeption von Mass-Customization-Angeboten im Konsumgütermarkt. Zugl.: Mannheim, Univ., Diss., 2008. 1. Aufl. Wiesbaden: Gabler (Gabler Edition Wissenschaft Schriftenreihe des Instituts für Marktorientierte Unternehmensführung (IMU), Universität Mannheim).

Dutta S. (2010): What's your personal Social Media strategy? *Harvard Business Review: HBR* 88 (11):127–130.

Dwyer F. R., Schurr P. H., Oh S. (1987): Developing Buyer-Seller Relationships. *Journal of Marketing* 51(2):11. http://dx.doi.org/10.2307/1251126.

Ebersbach A., Glaser M., Heigl R. (2011): Social Web. 2., völlig überarb. Aufl. Konstanz, Stuttgart: UVK Verl.-Ges; UTB GmbH (UTB Medien- und Kommunikationswissenschaft, Soziologie, Pädagogik, Informatik, 3065). Online verfügbar unter http://www.utb-studi-e-book.de/9783838530659.

Ederer G., Seiwert L., Küstenmacher W. T. (2000): Der Kunde ist König. Das 1x1 der Kundenorientierung, das Strategiebuch für kundenorientierte Unternehmen; Firmenbeiträge von REWE, Sparda-Bank, OBI, Ritz-Carlton, tempus und Neuland. 3. Aufl. Offenbach: GABAL.

Eggert A. (1999): Kundenbindung aus Kundensicht. Konzeptualisierung – Operationalisierung – Verhaltenswirksamkeit. Gabler Edition Wissenschaft. Wiesbaden, s.l.: Deutscher Universitätsverlag. Online verfügbar unter http://dx.doi.org/10.1007/978-3-663-08677-2.

Ehrlich O. (2011): Determinanten der Kanalwahl im Multichannel-Kontext. Eine branchenübergreifende Untersuchung. Zugl.: Leipzig, HHL – Leipzig Graduate School of Management, Diss., 2011.

1. Aufl. Wiesbaden: Gabler Verlag/Springer Fachmedien Wiesbaden GmbH Wiesbaden. Online verfügbar unter http://dx.doi.org/10.1007/978-3-8349-6807-4.

Evans D. (2008): Social Media marketing. An hour a day. Indianapolis, Ind.: Wiley.

Ewert O., Thomae H. (Hrsg.) (1983): Theorien und Formen der Motivation. Ergebnisse und Probleme der Emotionsforschung. Göttingen, Toronto, Zürich: Hogrefe.

Faullant R. (2007): Psychologische Determinanten der Kundenzufriedenheit. 1. Aufl. s.l.: DUV Deutscher Universitäts-Verlag. Online verfügbar unter http://gbv.eblib.com/patron/FullRecord. aspx?p=748470.

Festinger L. (1957): A Theory of Cognitive Dissonance. 1. publ. Stanford, Calif.: Stanford Univ. Press.

Festinger L. (2001): A Theory of Cognitive Dissonance. Reissued by Stanford Univ. Press in 1962, renewed 1985 by author, [Nachdr.]. Stanford: Stanford Univ. Press.

Fishbein M., Ajzen I. (1975): Belief, Attitude, Intention and Behavior. An Introduction to Theory and Research. Reading, Mass.: Addison-Wesley (Addison-Wesley Series in Social Psychology).

Foscht T., Schramm-Klein H., Swoboda B. (2015a): Käuferverhalten. Grundlagen, Perspektiven, Anwendungen. 5., überarb. und erw. Aufl. Wiesbaden: Springer Gabler (Lehrbuch).

Foscht T., Schramm-Klein H., Swoboda B. (2015b): Käuferverhalten. Grundlagen – Perspektiven – Anwendungen. 5., überarbeitete und erweiterte Auflage. Wiesbaden: Springer Gabler.

gbs-reutlingen.de

Gelbrich K., Wünschmann S. (2008) Erfolgsfaktoren des Marketing. München: Vahlen.

Gensler S., Skiera B., Böhm M. (2007): Einfluss der Nutzung des Online-Bankings auf das Produktnutzungsverhalten der Kunden. *Zeitschrift für Betriebswirtschaft/ZfB-Repetitorium*, S. 675–695.

Georgi D. (2000): Entwicklung von Kundenbeziehungen. Theoretische und empirische Analysen unter dynamischen Aspekten. Wiesbaden, s.l.: Gabler Verlag (Basler Schriften zum Marketing, 9). Online verfügbar unter http://dx.doi.org/10.1007/978-3-663-09942-0.

Georgi D., Hadwich K. (2010): Management von Kundenbeziehungen. Perspektiven – Analysen – Strategien – Instrumente; Manfred Bruhn zum 60. Geburtstag. Unter Mitarbeit von Manfred Bruhn. 1. Aufl. Wiesbaden: Gabler Verlag/GWV Fachverlage GmbH Wiesbaden. Online verfügbar unter http://dx.doi.org/10.1007/978-3-8349-8745-7.

Gerdes J., Hesse J., Vögele S. (Hrsg.) (2013): Dialogmarketing im Dialog. Festschrift zum 10-jährigen Bestehen des Siegfried Vögele Instituts. Wiesbaden: Springer Gabler.

GfK (2012): GfK, Consumer Panels. Auf der Suche nach einem kohärenten Qualitätsversprechen. Online verfügbar unter http://www.markant-magazin.com/sites/default/files/downloads/GfK-Studie%20zum%20Thema%20, zuletzt geprüft am 09.11.2017.

Gierl H., Helm R., Stumpp S. (1999): Erklärung des Konsumentenverhaltens durch die Optimum Stimulation Level Theorie. *Marketing: ZFP: Journal of Research and Management* 21(3):217–235.

Gierl H. (1993): Zufriedene Kunden als Markenwechsler. *Absatzwirtschaft* 36(2):90–94.

Gilligan C., Wilson R. M. S. (2003): Strategic marketing planning. Amsterdam: Butterworth-Heinemann. Online verfügbar unter http://www.loc.gov/catdir/description/els031/2003045188.html.

Godson M. (2009): Relationship Marketing. Oxford: Oxford Univiverity Press.

Grabs A., Bannour K. P., Vogl E. (2014): Follow me! Erfolgreiches Social Media Marketing mit Facebook, Twitter und Co. 3. Auflage. Bonn.

Grasmugg S. (2006): Mass Customization als strategische Anwendung des Electronic Business. Eine empirische Untersuchung zu Status, Determinanten und Erfolgswirksamkeit. Zugl.: Vallendar, WHU, Diss., 2004 u. d. T.: Grasmugg, Stefan: Mass Customization als strategische Anwendung des Electronic Business – Status, Determinanten und Erfolgswirksamkeit. 1. Aufl. Lohmar: Eul (Reihe, 33). Online verfügbar unter http://deposit.ddb.de/cgi-bin/dokserv?id=2824913&prov= M&dok_var=1&dok_ext=htm.

Greve G., Benning-Rohnke E. (2010): Kundenorientierte Unternehmensführung. Konzept und Anwendung des Net Promoter® Score in der Praxis. Wiesbaden: Gabler Verlag/Springer Fachmedien. Online verfügbar unter http://dx.doi.org/10.1007/978-3-8349-8851-5.

Grinstein A. (2008): The effect of market orientation and its components on innovation consequences. A meta-analysis. *J. of the Acad. Mark. Sci.* 36(2):166–173.

Gröppel-Klein A., Königstorfer J. (2010): Die Bedeutung von Emotionen für die Bindung an Marken und Handelsunternehmen. In: Dominik Georgi und Karsten Hadwich (Hrsg.): Management von Kundenbeziehungen. Wiesbaden: Gabler Verlag, S. 55–79.

Große Holtforth D. (2017) Customer Lifetime Value – eine Kennzahl und ihre Tücken. *Ryte Magazine.* Online verfügbar unter https://de.ryte.com/magazine/customer-lifetime-value-eine-kennzahl-und-ihre-tuecken, zuletzt aufgerufen am 08.02.2019.

Günter B., Helm S. (Hrsg.) (2006): Kundenwert. Grundlagen – Innovative Konzepte – Praktische Umsetzungen. 3., überarbeitete und erweiterte Auflage. Wiesbaden: Betriebswirtschaftlicher Verlag Dr. Th. Gabler | GWV Fachverlage GmbH Wiesbaden. Online verfügbar unter http://dx.doi.org/10.1007/978-3-8349-9288-8.

Gustaffsson A., Johnson M. J., Roos I. (2006): The effects of customer satisfaction, relationship commitment dimensions, and triggers on customer retention. *Journal of Marketing* 69:210–218. Online verfügbar unter http://scholarship.sha.cornell.edu/articles/434/.

Haenlein M., Kaplan A. M. (2010): An empirical analysis of attitudinal and behavioral reactions toward the abandonment of unprofitable customer relationships. *Journal of Relationship Marketing: Innovations & Enhancements for Customer Service, Relations & Satisfaction* 9(4):200–228.

Hagenmaier M. A. (2016): Determinants of Consumers' Choices and Perceived Value in Mass Customization. Empirical Studies in the Automotive and Sports Apparel Industries. München.

Hartmann W., Kreutzer R. T., Kuhfuß H. (2004): Kundenclubs & More. Innovative Konzepte zur Kundenbindung. Wiesbaden: Gabler Verlag. Online verfügbar unter http://dx.doi.org/10.1007/978-3-322-82478-3.

Heckhausen J., Heckhausen H. (2008): Motivation and Action. [2nd English edn.]. New York: Cambridge University Press.

Heider F. (1977): Attitudes and cognitive organisation. In: Social networks: a developing paradigm. New York [u. a.]: Acad. Press, S. 3–8.

Heinemann G. (2013): No-Line-Systeme als höchste Evolutionsstufe des Multi-Channel-Handels. In: Digitalisierung und Innovation: Planung, Entstehung, Entwicklungsperspektiven. Wiesbaden: Springer-Gabler, S. 169–184.

Heinemann G. (2017a): Die Neuerfindung des stationären Einzelhandels. Kundenzentralität und ultimative Usability für Stadt und Handel der Zukunft. Wiesbaden: Springer Fachmedien. Online verfügbar unter https://ebookcentral.proquest.com/lib/gbv/detail.action?docID=4813347.

Heinemann G. (2017b): Offline 4.0. Die Neuerfindung des stationären Handels. In: Dienstleistungen 4.0, S. 523–546.

Heinemann G., Gaiser C. W. (2016): SoLoMo – Always-on im Handel. Die soziale, lokale und mobile Zukunft des Omnichannel-Shopping. 3., überarbeitete und aktualisierte Auflage. Wiesbaden: Springer Gabler. Online verfügbar unter http://dx.doi.org/10.1007/978-3-658-13545-4.

Helal S. et al.: Smart Phone Based Cognitive Assistant. Online verfügbar unter https://pdfs.semanticscholar.org/8630/58d9d9edf0b42e52570a315260eb182865a7.pdf.

Helson H. (1964.): Adaptation-level Theory. an Experimental and Systematic Approach to Behavior. New York: Harper and Row.

Henderson B. (1970): The Product Portfolio. Online verfügbar unter https://www.bcg.com/de-de/publications/1970/strategy-the-product-portfolio.aspx.

Hennig-Thurau T., Gwinner K. P., Walsh G., Gremler D. D. (2004): Electronic word-of-mouth via con-
    sumer-opinion platforms. What motivates consumers to articulate themselves on the Internet?
    Journal of Interactive Marketing 18(1):38–52. Online verfügbar unter http://dx.doi.org/10.1002/
    dir.10073.

Hermann A., Johnson M. (1999): Die Kundenzufriedenheit als Bestimmungsfaktor der Kundenbin-
    dung. *Schmalenbachs Zeitschrift für betriebswirtschaftliche Forschung zfbf* 51(6).

Hettler U. (2012): Social Media Marketing. Marketing mit Blogs, Sozialen Netzwerken und weiteren
    Anwendungen des Web 2.0. s.l.: München: Oldenbourg Wissenschaftsverlag. Online verfügbar
    unter http://lib.myilibrary.com/detail.asp?id=610357.

Hilker C. (2010): Social Media für Unternehmer. Wie man Xing, Twitter, YouTube und Co. erfolgreich
    im Business einsetzt. Wien: Linde (Linde international).

Hippner H., Wilde K. D. (2005): Informationstechnologische Grundlagen der Kundenbindung. In:
    Handbuch Kundenbindungsmanagement: Strategien und Instrumente für ein erfolgreiches
    CRM. Wiesbaden: Gabler, S. 463–499.

Hippner H., Wilde K. D. (Hrsg.) (2006): Grundlagen des CRM. Konzepte und Gestaltung. 2., überar-
    beitete und erweiterte Auflage. Wiesbaden: Betriebswirtschaftlicher Verlag Dr. Th. Gabler/GWV
    Fachverlage GmbH Wiesbaden. Online verfügbar unter http://site.ebrary.com/lib/alltitles/
    docDetail.action?docID=10203843.

Hippner H., Wilde K. D. (Hrsg.) (2007a): Grundlagen des CRM. Konzepte und Gestaltung. 2., überarb.
    und erw. Aufl., Nachdr. Juli 2007. Wiesbaden: Gabler. Online verfügbar unter http://deposit.
    ddb.de/cgi-bin/dokserv?id=2670823&prov=M&dok_var=1&dok_ext=htm.

Hippner H., Wilde K. D. (Hrsg.) (2007b): Grundlagen des CRM. Konzepte und Gestaltung. 2., überarb.
    und erw. Aufl., Nachdr. Juli 2007. Wiesbaden: Gabler. Online verfügbar unter http://deposit.
    ddb.de/cgi-bin/dokserv?id=2670823&prov=M&dok_var=1&dok_ext=htm.

Hippner H., Wilde K. D. (2008): Data Mining im CRM. In: Effektives Customer Relationship Manage-
    ment: Instrumente, Einführungskonzepte, Organisation. Wiesbaden: Gabler, S. 205–225.

Hitt L., Frei F. (2002): Do better customers utilize electronic distribution channels? The case of PC
    banking. *Management Sience* 48:732–748.

Hoffmann S., Akbar P. (2016): Konsumentenverhalten. Konsumenten verstehen – Marketingmaßnah-
    men gestalten. Wiesbaden, Springer Gabler. Online verfügbar unter http://dx.doi.org/10.1007/
    978-3-658-05628-5.

Homburg C. (2017): Marketingmanagement. Strategie – Instrumente – Umsetzung – Unternehmens-
    führung. 6., überarbeitete und erweiterte Auflage. Wiesbaden: Springer Gabler. Online verfüg-
    bar unter http://dx.doi.org/10.1007/978-3-658-13656-7.

Homburg C., Beutin N. (2000): Value-Based Marketing. Die Ausrichtung der Marktbearbeitung am
    Kundennutzen. Mannheim: Inst. für Marktorientierte Unternehmensführung (Management
    Know-how, M49).

Homburg C., Daum D. (1997) Die Kundenstruktur als Controlling-Herausforderung. *Controlling* 6:
    394–405.

Homburg C., Jozić D., Kuehnl C. (2017): Customer experience management. Toward implementing
    an evolving marketing concept. *J. of the Acad. Mark. Sci.* 45(3):377–401. http://dx.doi.org/10.
    1007/s11747-015-0460-7.

Homburg C., Schäfer H. (2006): Die Erschließung von Kundenwertpotenzialen durch Cross-Selling.
    In: Kundenwert: Grundlagen, innovative Konzepte, praktische Umsetzungen. Wiesbaden: Gab-
    ler, S. 157–181.

Homburg C., Stock-Homburg R. (2008): Theoretische Perspektiven zur Kundenzufriedenheit. In:
    Kundenzufriedenheit: Konzepte – Methoden – Erfahrungen. Wiesbaden: Gabler, S. 17–51.

Huber F., Herrmann A., Braunstein C. (2000): Der Zusammenhang zwischen Produktqualität, Kundenzufriedenheit und Unternehmenserfolg. In: Kundenorientierte Unternehmensführung: Kundenorientierung, Kundenzufriedenheit, Kundenbindung. Wiesbaden: Gabler, S. 49–66.

Hurrelmann K., Albrecht E. (2014): Die heimlichen Revolutionäre. Wie die Generation Y unsere Welt verändert. Weinheim: Beltz. Online verfügbar unter http://www.vlb.de/GetBlob.aspx?strDisposition=a&strIsbn=9783407859761.

ICOST: International Conference on Smart Homes and Health Telematics. Cham: Springer (Lecture notes in computer science, 8456), S. 200 f.

Ihl C., Müller M., Piller F. T., Reichwald R. (2006): Kundenzufriedenheit bei Mass Customization. Eine empirische Untersuchung zur Bedeutung des Co-Design-Prozesses aus Kundensicht. *Die Unternehmung: Swiss journal of business research and practice: Organ der Schweizerischen Gesellschaft für Betriebswirtschaft (SGB)* 60(3):165–184.

Izard C. E. (1977): Human emotions. New York (N. Y.) [etc.]: Plenum Press (Emotions, personality and psychotherapy).

Jaatun M. G., Zhao G., Rong C. (Hrsg.) (2009): Cloud computing. First international conference, CloudCom 2009, Beijing, China, December 1–4, 2009; proceedings. CloudCom; International Conference on Cloud Computing. Berlin: Springer (Lecture notes in computer science, 5931).

Jain D., Singh S. S. (2002): Customer lifetime value research in marketing. A review and future directions. *Journal of Interactive Marketing* 16(2):34–46. http://dx.doi.org/10.1002/dir.10032.

Jeker K. (2002): Das Bindungsverhalten von Kunden in Geschäftsbeziehungen. Theoretische und empirische Betrachtung der Kundenbindung aus Kundensicht. Zugl.: Bern, Univ., Diss., 2002. Bern: Haupt (Berner betriebswirtschaftliche Schriften, 28).

Johnson G., Scholes K., Whittington R. (2011): Strategisches Management. Eine Einführung; Analyse, Entscheidung und Umsetzung. 9., aktualisierte Aufl. [der engl. Orig.-Ausg.]. München: Pearson Studium (wi – Wirtschaft).

Jordan S., Nimtz C. (2009) Lexikon Philosophie. Hundert Grundbegriffe. Stuttgart: Reclam

Kaluza B. (1996): Dynamische Produktdifferenzierungsstrategie und moderne Produktionskonzepte. Duisburg (Diskussionsbeiträge des Fachbereichs Wirtschaftswissenschaft der Gerhard-Mercator-Universität – Gesamthochschule Duisburg Fachbereich Wirtschaftswissenschaft, Universität Duisburg, Gesamthochschule, 211).

Kano N. (1984): Attractive Quality and Must-be Quality. *The Journal of Japanese Society*, S. 39–48.

Kaplan A. M., Haenlein M. (2010): Users of the world, unite! The challenges and opportunities of Social Media. In: *Business horizons* 53(1):59–68. http://dx.doi.org/10.1016/j.bushor.2009.09.003.

Kaplan R. S., Norton D. P., Horváth P. (1997): Balanced scorecard. Strategien erfolgreich umsetzen. Stuttgart: Schäffer-Poeschel (Handelsblatt-Reihe).

Kaschek B. (2014): Vertrieb für Logistikdienstleister. Aufgaben, Organisation und Instrumente. 2., überarb. Aufl. Wiesbaden: Springer Gabler.

Katona Z., Zubcsek P. P., Sárváry M. (2011): Network effects and personal influences. The diffusion of an online social network. *Journal of marketing research: JMR*.

Kenzelmann P. (2003): Kundenbindung. Kunden begeistern und nachhaltig binden. 1. Aufl. Berlin: Cornelsen (Pocket-Business).

Kietzmann J. H., Hermkens K., McCarthy I. P., Silvestre B. S. (2011): Social Media? Get serious!; understanding the functional building blocks of Social Media. *Business horizons* 54(3):241–251.

Kim J., Suh E., Hwang H. (2003): A model for evaluating the effectiveness of CRM using the balanced scorecard. In: *Journal of Interactive Marketing* 17(2):5–19. http://dx.doi.org/10.1002/dir.10051.

Klaffke M. (Hrsg.) (2014): Generationen-Management. Konzepte, Instrumente, Good-Practice-Ansätze. Wiesbaden: Springer Gabler. Online verfügbar unter http://dx.doi.org/10.1007/978-3-658-02325-6.

Klein M.: Innovationsmanagement und Usability. Die Kundenbedürfnisse im Focus der Produktent-wicklung. In: Best Patterns Marketing: [Erfolgsmuster für Innovations-, Kommunikations- und Markenmanagement]. Neuwied [u. a.]: Luchterhand.

Kleinaltenkamp M., Plinke W. (Hrsg.) (1997): Geschäftsbeziehungsmanagement im Technischen Vertrieb. 28 Tabellen. Berlin: Springer-Verlag.

Kohli A. K., Jaworski B. J. (1990a): Market orientation. The construct, research propositions, and ma-nagerial implications. Cambridge, Mass.: Marketing Science Institute (Report, 90–113, 1990).

Kohli A. K., Jaworski B. J. (1990b): Market Orientation. The Construct, Research Propositions, and Managerial Implications. In: *Journal of Marketing* 54(2):1. http://dx.doi.org/10.2307/1251866.

Kotler P., Bliemel F. (1995): Marketing-Management. Analyse, Planung, Umsetzung und Steuerung. 8., vollst. neu bearb. und erw. Aufl. Stuttgart: Schäffer-Poeschel.

Kotler P., Kartajaya H., Setiawan I. (2017): Marketing 4.0. Moving from traditional to digital. Hobo-ken, New Jersey: John Wiley & Sons Inc. Online verfügbar unter http://search.ebscohost.com/login.aspx?direct=true&scope=site&db=nlebk&AN=1424256.

KPMG (2014): Global Consumer Executive Top of Mind Survey 2014. Online verfügbar unter https://assets.kpmg.com/content/dam/kpmg/pdf/2014/07/Transforming-for-growth-Consumer-business-in-the-digital-age-O-201407.pdf, zuletzt geprüft am 10.08.2017.

KPMG (2016): Trends im Handel 2025. Online verfügbar unter http://hub.kpmg.de/trends-im-handel-2025.

Krafft M. (2007): Kundenbindung und Kundenwert. Zugl.: Kiel, Univ., Habil.-Schr., 1999. 2., überarb. und erw. Aufl. Heidelberg: Physica-Verlag.

Kraigher-Krainer J. (2007): Das ECID-modell. Fünf Kaufentscheidungstypen als Grundlage der Strate-gischen Unternehmensplanung. Wiesbaden: Springer Fachmedien.

Krämer A., Tachilzik T., Bongaerts R. (2016): Automatisierung im Kundenbeziehungsmanagement. Chance oder Risiko für Unternehmen? *Marketing Review St. Gallen: die neue Thexis-Marketing-fachzeitschrift für Theorie und Praxis* 33(4):10–17.

Kreutzer R. T. (2015): Digitale Revolution. Auswirkungen auf das Marketing. Wiesbaden: Springer Gabler (Essentials).

Kreutzer R. T. (2016): Kundenbeziehungsmanagement im digitalen Zeitalter. Konzepte, Erfolgsfakto-ren, Handlungsideen. 1. Auflage. Stuttgart: Verlag W. Kohlhammer (Kundenzentrierte Unterneh-mensführung).

Kreutzer R. T. (2917): Praxisorientiertes Marketing. Wiesbaden: Springer Fachmedien.

Kroeber-Riel W., Gröppel-Klein A. (2013): Konsumentenverhalten. 10., überarb., aktualisierte und erg. Aufl. München: Vahlen. Online verfügbar unter http://lib.myilibrary.com/detail.asp?id=625395.

Krumm J., Davies N., Narayanaswami C. (2008): User Generated Content. Online verfügbar unter https://ieeexplore.ieee.org/stamp/stamp.jsp?arnumber=4653465.

Kukat F., Blümelhuber C. (Hrsg.) (2005): Beschwerdemanagement in der Praxis. Kundenkritik als Chance nutzen. 1. Aufl. Düsseldorf, Symposion Publ. Online verfügbar unter http://www.socialnet.de/rezensionen/isbn.php?isbn=978-3-936608-64-9.

Kumar V., Reinartz W. J. (2006): Customer Relationship Management. A databased approach. Hobo-ken, NJ: Wiley [i. e. 2005].

Kurzweil R., Meyer C. (2003): Understanding the Accelerating Rate of Change. Online verfügbar un-ter http://www.kurzweilai.net/understanding-the-accelerating-rate-of-change, zuletzt geprüft am 22.05.2017.

Kuß A., Tomczak T. (2007): Käuferverhalten: Eine marketingorientierte Einführung. 4., überarb. Aufl. Stuttgart: Lucius & Lucius (Grundwissen der Ökonomik Betriebswirtschaftslehre, 1604).

Lambrecht J. S. (2005): Einsatz des Online-Bankings zur Steigerung des Kundenwerts. Frankfurt am Main: Shaker Verlag.

Lammenett E. (2014): Praxiswissen Online-Marketing. Affiliate- und E-Mail-Marketing, Suchmaschinenmarketing, Online-Werbung, Social Media, Online-PR. 4., vollst. überarb. u. erw. Aufl. 2014. Wiesbaden: Springer Gabler (SpringerLink: Bücher).

Laudon K. C., Traver C. G. (2014): E-Commerce. Business, Technology, Society. 10. edn., global edn. Boston: Pearson (Always learning). Online verfügbar unter http://www.myilibrary.com?id= 613620.

Lauer T. (2011): Bonusprogramme. Rabattsysteme für Kunden erfolgreich gestalten. 2., überarb. und erw. Aufl. Berlin, Heidelberg: Springer-Verlag. Online verfügbar unter http://site.ebrary.com/ lib/alltitles/docDetail.action?docID=10476573.

Lemon K. N., Verhoef P. C. (2016): Understanding Customer Experience Throughout the Customer Journey. *Journal of Marketing* 80(6):69–96. http://dx.doi.org/10.1509/jm.15.0420.

Lenz R. (2008): Dialogmarketing unter den Vorzeichen des geänderten Konsumentenverhaltens: Werbemittelstrategien im Versandhandel, dargestellt anhand von Analysen aus der Feldforschung zwischen neurophysiologischen Messungen der emphatischen Reaktionen von Dialogmarketing unter den Vorzeichen des geänderten Konsumentenverhaltens: Werbemittelstrategien im Versandhandel, dargestellt anhand von Analysen aus der Feldforschung zwischen neurophysiologischen Messungen der emphatischen Reaktionen von Konsumenten auf mediale Reize im Vergleich zu anderen im Gebrauch befindlichen Messsystemen. Dissertation. Berg Universität Kosice, Kosice.

Lenz R. (2017): Social commerce. In: *Das Wirtschaftsstudium: wisu: Zeitschrift für Ausbildung, Prüfung, Berufseinstieg und Fortbildung* 46(1):49–51.

Leußer W., Hippner H., Wilde K. D. (2011): CRM. Grundlagen, Konzepte und Prozesse. In: Grundlagen des CRM: Strategie, Geschäftsprozesse und IT-Unterstützung. Wiesbaden: Gabler, S. 15–55.

Levy M., Weitz B. A. (2009): Retailing management. 7. edn., internat. edn. Boston, Mass.: McGraw-Hill Irwin. Online verfügbar unter http://www.loc.gov/catdir/enhancements/fy0810/ 2008006472-d.html.

Link J. (Hrsg.) (1997): Handbuch Database-Marketing. 2., korr. Aufl. Ettlingen: IM-Fachverl. Marketing-Forum.

Lissautzki M. (2007): Kundenwertorientierte Unternehmenssteuerung. Voraussetzungen, Aufgaben, Werttreiberanalysen. Zugl.: Vallendar, Otto Beisheim School of Management, Diss., 2006. 1. Aufl. Wiesbaden: Deutscher Universitäts Verlag (Gabler Edition Wissenschaft Schriften des Center for Controlling & Management (CCM), 28).

Lopez J., Fischer-Hübner S., Lambrinoudakis C. (Hrsg.) (2017): Trust, Privacy and Security in Digital Business. 14th International Conference, TrustBus 2017, Lyon, France, August 30–31, 2017, Proceedings. Cham: Springer (SpringerLink Bücher, 10442). Online verfügbar unter http://dx. doi.org/10.1007/978-3-319-64483-7.

Lux W. (2012): Innovationen im Handel. Verpassen wir die Megatrends der Zukunft? Berlin: Springer Gabler.

Mannheim K. (1928): Das Problem der Generationen. *Kölner Vierteljahrshefte für Soziologie; Jg 7, [1928.], H. 2/3.*

Markowitz H. (1952): Portfolio selection. *The journal of finance: the journal of the American Finance Association* 7(1):77–91.

Martínez-Cámara E., Ureña-López L. A., Perea-Ortega J. M. (2011): MarUja: Virtual Assistant Prototype for the Computing Service Catalogue of the University of Jáen, S. 309.

Maslow A. (1943): A theory of human motivation. *Psychological Review* 50(4):370–396.

Meffert H., Bruhn M. (2003): Dienstleistungsmarketing. Grundlagen – Konzepte – Methoden Mit Fallstudien. 4., vollständig überarbeitete und erweiterte Auflage. Wiesbaden: Gabler Verlag; Imprint.

Meffert H., Burmann C., Kirchgeorg M. (2015): Marketing. Grundlagen marktorientierter Unternehmensführung; Konzepte – Instrumente – Praxisbeispiele. 12., überarbeitete und aktualisierte Auflage. Wiesbaden: Springer Gabler (Lehrbuch).

Meik J. (2015): Kundenintegration und Kundenbeziehungen. Dissertation. Wiesbaden: Springer Fachmedien GmbH.

Merle A., Chandon J.-L., Roux E., Alizon F. (2010): Perceived value of the mass-customized product and mass customization experience for individual consumers. *Production and operations management: an international journal of the Production and Operations Management Society* 19(5):503–514.

Meyer C. (2007): Understanding customer experience. *Harvard Business Review* 01-FEB-2007.

Microsoft (2018): Was ist Cortana?

Mittal V., Kumar P., Tsiros M. (1999): Attribute-level performance, satisfaction, and behavioral intentions over time: A consumption-system approach. *Journal of Marketing* 63(2):88–101.

Morwitz V. G., Pluzinski C. (1996): Do polls reflect opinions or do opinions reflect polls? The impact of political polling on voters' expectations, preferences, and behavior. *J. Consum. Res.* 23(1):53. http://dx.doi.org/10.1086/209466.

Möslein K., Piller F. (2014): Dienstleistungen produktiv gestalten. Produktindividualisierung im Einzelhandel. Hannover, Leipzig: Technische Informationsbibliothek u. Universitätsbibliothek; CLIC – Center for Leading Innovation & Cooperation Handelshochschule Leipzig (CLIC executive briefing, 26). Online verfügbar unter http://edok01.tib.uni-hannover.de/edoks/e01fb14/801169828.pdf.

Mühlhäuser M. (Hrsg.) (2008): Constructing ambient intelligence. AmI 2007 workshops, Darmstadt, Germany, November 7–10, 2007; revised papers. AmI; AmI 2007 workshops. Berlin: Springer (Communications in computer and information science, 11).

Müller M. (2007): Integrationskompetenz von Kunden bei individuellen Leistungen. 1. Aufl. s.l.: Deutscher Universitäts-Verlag (Markt- und Unternehmensentwicklung Markets and Organisations). Online verfügbar unter http://gbv.eblib.com/patron/FullRecord.aspx?p=747386.

Müller-Hagedorn L. (1999): Kundenbindung mit System. In: Lothar Müller-Hagedorn (Hrsg.): Kundenbindung im Handel. Frankfurt am Main: Dt. Fachverl. (Zukunft im Handel, 12), S. 11–44.

Müller-Hagedorn L. (Hrsg.) (2001a): Kundenbindung im Handel. 2., aktualisierte und überarb. Aufl. Frankfurt am Main: Dt. Fachverl. (Zukunft im Handel, 12).

Müller-Hagedorn L. (2001b): Kundenbindung mit System. In: Lothar Müller-Hagedorn (Hrsg.): Kundenbindung im Handel. 2., aktualisierte und überarb. Aufl. Frankfurt am Main: Dt. Fachverl. (Zukunft im Handel, 12).

Münker S. (2009): Emergenz digitaler Öffentlichkeiten. Die sozialen Medien im Web 2.0. Erste Auflage, Originalausgabe. Frankfurt am Main: Suhrkamp (Edition Unseld, 26).

Musiol G., Kühling C. (2009): Kundenbindung durch Bonusprogramme. Erfolgreiche Konzeption und Umsetzung. Berlin: Springer. Online verfügbar unter http://dx.doi.org/10.1007/978-3-540-87571-0.

Neslin S. A., Shankar V. (2009): Key Issues in Multichannel Customer Management. Current Knowledge and Future Directions. *Journal of Interactive Marketing* 23(1):70–81. http://dx.doi.org/10.1016/j.intmar.2008.10.005.

Neuberger C., Langenohl S., Nuernbergk C. (2014): Social Media und Journalismus. Düsseldorf: LfM (LfM-Dokumentation, 50). Online verfügbar unter http://lfmpublikationen.lfm-nrw.de/modules/pdf_download.php?products_id=360.

Nielsen J. (2006): The 90-9-1 rule for participation inequality in social media and online communities. Online verfügbar unter https://www.nngroup.com/articles/participation-inequality/.

Nielson (2016): https://www.nielsen.com/content/dam/nielsenglobal/de/docs/Nielsen%20Global%20Retail%20Loyalty-Sentiment%20Report%20FINAL.pdf.

Norman L. F. (1999): The public mirror. Molière and the social commerce of depiction. Chicago, London: University of Chicago Press.

O'Reilly T. (2009): What Is Web 2.0. Online verfügbar unter https://www.oreilly.com/pub/a/web2/archive/what-is-web-20.html?

Oertel J. (2008): Generationenmanagement in Unternehmen. 1. Aufl. s.l.: Wiesbaden: Gabler Verlag (Schriften aus dem Centrum für Management (CfM)). Online verfügbar unter http://gbv.eblib.com/patron/FullRecord.aspx?p=750539.

Ōmae K. (1982): The mind of the strategist. The art of Japanese business. New York, N. Y.: McGraw-Hill.

Optimizely (2016): Report: Online Shopping Trends. Online verfügbar unter http://pages.optimizely.com/rs/361-GER-922/images/OPT-16-065_EMEA_Report_P1%20%281%29.pdf, zuletzt geprüft am 04.11.2016.

Pant T. (2016): Building a Virtual Assistant for Raspberry Pi, S. 1 f. https://www.springer.com/de/book/9781484221662.

Parasuraman A., Zeithaml V. A., Berry L. L. (1985): A Conceptual Model of Service Quality and Its Implications for Future Research. *Journal of Marketing* 49(4):41–50. Online verfügbar unter https://edisciplinas.usp.br/pluginfile.php/2491773/mod_resource/content/1/Conceptual%20Model%20of%20Service%20Quality%20and%20Its%20Implications%20for%20Future%20Research.pdf.

Parment A. (2013): Die Generation Y Mitarbeiter der Zukunft motivieren. s.l.: Wiesbaden: Gabler Verlag. Online verfügbar unter http://lib.myilibrary.com/detail.asp?id=547190.

Payne A. (2005): The handbook of CRM. Achieving excellence in customer management. Oxford: Elsevier Butterworth-Heinemann.

Pepels W. (1995): Käuferverhalten und Marktforschung. Eine praxisorientierte Einführung. Stuttgart: Schäffer-Poeschel (UTB für Wissenschaft, Grosse Reihe Betriebswirtschaftslehre).

Pepels W. (2013): Käuferverhalten. Basiswissen für Kaufentscheidungen von Konsumenten und Organisationen; mit Aufgaben und Lösungen. 2., neu bearb. und erw. Aufl. Berlin: E. Schmidt.

Peppers D., Rogers M. (2008): Rules to break and laws to follow. How your business can beat the crisis of short-termism. Hoboken, N.J: John Wiley & Sons (/Microsoft executive leadership series). Online verfügbar unter http://search.ebscohost.com/login.aspx?direct=true&scope=site&db=nlebk&db=nlabk&AN=219883.

Pfohl H.-C. (2004): Logistiksysteme. Betriebswirtschaftliche Grundlagen. 7., korrigierte und aktualisierte Auflage. Berlin, Heidelberg, s.l.: Berlin Heidelberg: Springer. Online verfügbar unter http://dx.doi.org/10.1007/978-3-662-08413-7.

Piller F. T. (1998): Kundenindividuelle Massenproduktion. Die Vettbewerbsstrategie der Zukunft mit einer Einführung. München: Hanser.

Pindur V. (2013): Entstehung und Generierung von Kundenwertpotenzialen im Web 2.0. Eine analytische Betrachtung unter Berücksichtigung des Social Media Monitoring. Zugl.: Bochum, Univ., Diss., 2012. Hamburg: Kovač (Schriftenreihe innovative betriebswirtschaftliche Forschung und Praxis, 363).

Pine B. J., Gilmore J. H. (1998): Welcome to the experience economy. *Harvard Business Review*.

Pine B. J., Gilmore J. H. (2006): The experience economy. Work is theatre & every business a stage. Repr. Boston: Harvard Business School Press.

Pinker S. (2007): The blank slate. In: C-SPAN. West Lafayette.

Pispers R., Rode J. (2013): Neuromarketing im Internet. Von der Website zum interaktiven Kauferlebnis; [jetzt mit Social-Media-Special]. 2. Aufl. München: Haufe Verlag. Online verfügbar unter http://www.wiso-net.de/document/HAUF,AHAU__9783648029503251.

Plutchik R., Kellerman H. (Hrsg.) (1980): Emotion, theory, research, and experience. New York: Academic Press.

Porter M. E. (2013): Wettbewerbsstrategie (Competitive Strategy). Methoden zur Analyse von Branchen und Konkurrenten. Unter Mitarbeit von Volker Brandt und Thomas Carl Schwoerer. 12., aktualisierte und erweiterte Auflage. Frankfurt, New York: Campus Verlag (Strategie).

Porter M. E. (2014): Wettbewerbsvorteile. Spitzenleistungen erreichen und behaupten. 8. durchgesehene Auflage. Frankfurt, New York: Campus. Online verfügbar unter http://www.contentselect.com/index.php?id=bib_view&ean=9783593423289.

Pötzl J., Schneckenberger T. (1999): Ich habe die Macht. In: Logistik heute: das deutsche Logistikmagazin.

Poynter R. (2010): The handbook of online and Social Media research. Tools and techniques for market researchers. Chichester, West Sussex, U.K: Wiley. Online verfügbar unter http://search.ebscohost.com/login.aspx?direct=true&scope=site&db=nlebk&AN=339147.

Priddat B. P. (2007): Neuroökonomie. Neue Theorien zu Konsum, Marketing und emotionalem Verhalten in der Ökonomie. Marburg: Metropolis-Verlag.

PwC (2014): Industrie 4.0. Online verfügbar unter http://www.strategyand.pwc.com/media/file/Industrie-4-0.pdf, zuletzt geprüft am 25.05.17.

Qualman E. (2010): Socialnomics. Wie Social Media Wirtschaft und Gesellschaft verändern. 1. Aufl. Heidelberg: mitp (IT-fachportal.de).

Raab G., Werner N. (2009): Customer Relationship Management. Aufbau dauerhafter und profitabler Kundenbeziehungen; mit 10 Tabellen. 3., überarb. Aufl. Frankfurt am Main: Verl. Recht und Wirtschaft (Betriebsberater Management, 46). Online verfügbar unter http://deposit.d-nb.de/cgi-bin/dokserv?id=3065728&prov=M&dok_var=1&dok_ext=htm.

Rapp A., Beitelspacher L. S., Grewal D., Hughes D. E. (2013): Understanding Social Media effects across seller, retailer, and consumer interactions. In: *J. of the Acad. Mark. Sci.* 41 (5), S. 547–566.

Reichheld F., Markey R. (2011): The Ultimate Question 2.0 (Revised and Expanded Edition). How Net Promoter Companies Thrive in a Customer-Driven World. Boston: Harvard Business Review Press. Online verfügbar unter https://ebookcentral.proquest.com/lib/gbv/detail.action?docID=5181907.

Reichheld F. F. (1990): Zero defections. Quality comes to services. In: *Harvard Business Review*.

Reichwald R., Piller F. T. (2002): Mass Customization-Konzepte im Electronic Business. In: Handbuch Electronic Business: Informationstechnologien – Electronic Commerce – Geschäftsprozesse. Wiesbaden: Gabler, S. 469–493.

Reichwald R., Piller F. T. (2006): Interaktive Wertschöpfung. Open Innovation, Individualisierung und neue Formen der Arbeitsteilung. Wiesbaden: Betriebswirtschaftlicher Verlag Dr. Th. Gabler | GWV Fachverlage GmbH Wiesbaden. Online verfügbar unter http://dx.doi.org/10.1007/978-3-8349-9230-7.

Reichwald R., Piller F. T. (2009): Interaktive Wertschöpfung. Open Innovation, Individualisierung und neue Formen der Arbeitsteilung. 2., vollständig überarbeitete und erweiterte Auflage. Wiesbaden: Gabler Verlag/GWV Fachverlage GmbH Wiesbaden. Online verfügbar unter http://dx.doi.org/10.1007/978-3-8349-9440-0.

Reinartz W., Krafft M., Hoyer W. D. (2004): The Customer Relationship Management Process. Its Measurement and Impact on Performance. In: *Journal of Marketing Research* 41 (3), S. 293–305. http://dx.doi.org/10.1509/jmkr.41.3.293.35991.

Riedl H. (2014): Flow-Erleben am Point of Sale. Eine empirische Untersuchung im stationären Textileinzelhandel. Zugl.: Graz, Univ., Diss., 2012. Wiesbaden: Springer Fachmedien GmbH (Springer Gabler Research).

Roos I.: Kritisk-händel-baserad metodutveckling. Från CIT till CCIT. [Elektronische Ressource]. Helsingfors: Svenska Handelshögskolan (Meddelanden från Svenska Handelshögskolan, 432).

Online verfügbar unter http://www.shh.fi/services/biblio/papers/fulltextwp/432--951-555-655-4.pdf.

Rosa H. (2014) Weil Kapitalismus sich ändern muss. Wiesbaden: Springer Fachmedien

Rosenberg M. J., Hovland C. I. (1960): Attitude organization and change. Cognitive, affective and behavioral components of attitudes.

Roth G. (2016): Persönlichkeit, Entscheidung und Verhalten. Warum es so schwierig ist, sich und andere zu ändern. 11. Auflage. Stuttgart: Klett-Cotta.

Rubel S. (2005): Social Commerce/Steve Rubel's Original 2005 Article. Online verfügbar unter http://digitalintelligencetoday.com/steve-rubels-original-2005-social-commerce-post/.

Rusnjak A., Schallmo D. (Hrsg.) (2018): Customer Experience im Zeitalter des Kunden. Best Practices, Lessons Learned und Forschungsergebnisse. Wiesbaden: Springer Gabler. Online verfügbar unter http://dx.doi.org/10.1007/978-3-658-18961-7.

Russ C. (2010): Online crowds. Massenphänomene und kollektives Verhalten im Internet. Zugl.: Klagenfurt, Univ., Diss., 2008. Als Ms. gedr. Boizenburg: Hülsbusch (E-Humanities).

SAS (2016) Die Illusion der Kundenzentrierung. Fünf unbequeme Thesen zum digitalen Marketing. Online verfügbar unter https://www.sas.com/content/dam/SAS/bp_de/doc/whitepaper1/imm-wp-fuenf-thesen-zum-digitalen-marketing-2401389.pdf.

Scharnbacher K., Kiefer G. (2003): Kundenzufriedenheit. Analyse, Messbarkeit und Zertifizierung. 3., unwesentlich veränd. Aufl. München: Oldenbourg (Management für Studium und Praxis). Online verfügbar unter http://www.oldenbourg-link.com/doi/book/10.1524/9783486700527.

Scheer C., Loos P. (2006): Kundenorientierter Produktkonfigurator. Erweiterung des Produktkonfiguratorkonzeptes zur Vermeidung kundeninitiierter Prozessabbrüche bei Präferenzlosigkeit und Sonderwünschen in der Produktspezifikation. Berlin: Logos Verlag.

Schlenker B. R. (1980): Impression management. Monterey, Calif.: Brooks/Cole Pub. Co.

Schnäbele P. (1997): Mass Customized Marketing. Effiziente Individualisierung von Vermarktungsobjekten und -prozessen. Wiesbaden: Gabler Edition Wissenschaft. s.l.: Deutscher Universitäts-Verlag. Online verfügbar unter http://dx.doi.org/10.1007/978-3-663-08748-9.

Schneckenberger T., Pötzl J. (1999): Partner im Dilemma. *Lebensmittel Zeitung* 51(19):44–46.

Schnettler J., Wendt G. (2010): Kommunikationspolitik für Werbe- und Kommunikationsberufe. Inklusive CD-ROM. 3., aktualisierte und erw. Aufl. Berlin: Cornelsen.

Scholz C. (2014): Generation Z. Wie sie tickt, was sie verändert und warum sie uns alle ansteckt. Hoboken: Wiley. Online verfügbar unter http://gbv.eblib.com/patron/FullRecord.aspx?p=1834000.

Schramm-Klein H., Wagner G., Neus F., Swoboda B., Foscht T. (2014): (R)Evolution des Mehrkanalhandels. Von Multi-Channel- über Cross-Channel- zu Omni-Channel-Retailing. Frankfurt am Main: Dt. Fachverlag (HandelsMonitor).

Schreier M. (2005): Wertzuwachs durch Selbstdesign. Die erhöhte Zahlungsbereitschaft von Kunden beim Einsatz von „Toolkits for User Innovation and Design". Wiesbaden: Deutscher Universitäts-Verlag (Innovation und Entrepreneurship). Online verfügbar unter http://dx.doi.org/10.1007/978-3-322-81924-6.

Schulenburg N. (2016): Führung einer neuen Generation. Wie die Generation Y führen und geführt werden sollte. Wiesbaden: Springer Gabler (FOM-Edition). Online verfügbar unter http://lib.myilibrary.com/detail.asp?id=887306.

Schüller A. M. (2016): Touch. Point. Sieg. Kommunikation in Zeiten der digitalen Transformation. Offenbach, Offenbach: GABAL (Dein Business).

Schüppenhauer A. (1998): Multioptionales Konsumentenverhalten und Marketing. Erklärungen und Empfehlungen auf Basis der Autopoiesetheorie. Wiesbaden: Deutscher Universitäts-Verlag (Forschungsberichte aus der Grazer Management Werkstatt). Online verfügbar unter http://dx.doi.org/10.1007/978-3-322-97766-3.

Schürmann L. K. (2013): Motivation und Anerkennung im freiwilligen Engagement. Kampagnen und ihre Umsetzung in Internet und Social Media. Wiesbaden: Springer Fachmedien. Online verfügbar unter http://dx.doi.org/10.1007/978-3-658-01753-8.

Schütt P. (2013): Soziale Medien als neues Element der Kommunikation in Unternehmen. *Wissensmanagement: das Magazin für Führungskräfte* 15(2):31–33.

Schweer M. K. W. (Hrsg.) (2012): Medien in unserer Gesellschaft. Chancen und Risiken. Frankfurt am Main: Lang (Psychologie und Gesellschaft, 10).

Scott D. M. (2014): The new rules of sales and service. How to use agile selling, real-time customer engagement, big data, content, and storytelling to grow your business. Hoboken, New Jersey: John Wiley & Sons Inc. Online verfügbar unter http://www.loc.gov/catdir/enhancements/fy1603/2014022280-b.html.

Seebohn J. (2011): Gabler Kompaktlexikon Werbung. Wiesbaden: Springer Fachmedien. Online verfügbar unter http://gbv.eblib.com/patron/FullRecord.aspx?p=751479.

Seeringer C. (2011): Kundenwertorientiertes Marketing. Value for the Customer und Value of the Customer im Wirkungsverbund am Beispiel des Preissystems der Deutschen Bahn AG. Zugl.: Dresden, Techn. Univ., Diss., 2010. 1. Aufl. Wiesbaden: Gabler Verlag/Springer Fachmedien GmbH (Forum Marketing). Online verfügbar unter http://dx.doi.org/10.1007/978-3-8349-6953-8.

Seidl I., Zahrnt A. (2010): Postwachstumsgesellschaft. Konzepte für die Zukunft. Marburg: Metropolis-Verlag (Ökologie und Wirschaftsforschung, 87).

Shah D., Rust R. T., Parasuraman A., Staelin R., Day G. S. (2016): The path to customer centricity. *Journal of Service Research* 9(2):113–124. http://dx.doi.org/10.1177/1094670506294666.

Shahrestani S. (2017): Internet of things and smart environments. Assistive technologies for disability, dementia, and aging. Cham, s.l.: Springer International Publishing.

Shannon C. E., Weaver W. (1998) The Mathematical Theory of Communication. Champaign: University of Illinois Press.

Shao G. (2009): Understanding the appeal of user-generated media. A uses and gratification perspective. *Internet Research* 19(1):7–25. http://dx.doi.org/10.1108/10662240910927795.

Sherif M., Hovland C. I. (1961): Social Judgment. Assimilation and Contrast Effects in Communication and Attitude Change. New Haven: Yale University Press.

Sheth J., Parvatiyar A. (1999): Handbook of Relationship Marketing. Thousand Oaks: SAGE Publications. Online verfügbar unter http://gbv.eblib.com/patron/FullRecord.aspx?p=997000.

Simon H. (2005): Der Einfluss des Vertriebskanales Online-Banking auf den Kundenwert. Zugl.: Frankfurt am Main, Univ., Diss., 2004. Frankfurt am Main: Lang (Europäische Hochschulschriften Reihe 5, Volks- und Betriebswirtschaft, 3117).

Sinus (2015): Informationen zu den Sinus-Milieus, 2015. Online verfügbar unter http://www.sinus-institut.de/fileadmin/user_data/sinus-institut/Downloadcenter/Informationen_zu_den_Sinus-Milieus.pdf, zuletzt geprüft am 21.10.2017.

Slamanig M. (2011): Produktwechsel als Problem im Konzept der Mass Customization. Theoretische Überlegungen und empirische Befunde. Zugl.: Klagenfurt, Univ., Diss., 2010. 1. Aufl. Wiesbaden: Gabler Verlag/Springer Fachmedien Wiesbaden GmbH Wiesbaden (Gabler Research). Online verfügbar unter http://dx.doi.org/10.1007/978-3-8349-6105-1.

Solomon M. R. (2016): Konsumentenverhalten. 11., aktualisierte Auflage. Hallbergmoos: Pearson (Always learning). Online verfügbar unter http://lib.myilibrary.com?id=907163.

Sprenger F., Engemann C. (Hrsg.) (2015): Internet der Dinge. Über smarte Objekte, intelligente Umgebungen und die technische Durchdringung der Welt. Bielefeld: transcript (Digitale Gesellschaft).

Stanoevska-Slabeva K. (2015): Mobile Media in der Unternehmenskommunikations. In: Handbuch Online-PR: strategische Kommunikation in Internet und Social Web. Konstanz: UVK Verlagsgesellschaft mbH, S. 373–387.

Stapelkamp T. (2010): Interaction- und Interfacedesign. Web-, Game-, Produkt- und Servicedesign; Usability und Interface als Corporate Identity. Heidelberg: Springer (X.media.press).

Statista: Anzahl der Webseiten weltweit in den Jahren 1992 bis 2015, 2016b. Online verfügbar unter https://de.statista.com/statistik/daten/studie/290274/umfrage/anzahl-der-webseiten-weltweit, zuletzt geprüft am 22.5.17.

Statista: Statistiken zum Thema Mobiles Internet, 2016a. Online verfügbar unter https://de.statista.com/themen/258/mobilesinternet/, zuletzt geprüft am 10.08.2017.

Stauss B. (1999) Kundenzufriedenheit. *Marketing:ZFP: Journal of Research and Management* 21(1):5–24.

Stauss B. (2000a): Perspektivenwandel: vom Produkt-Lebenszyklus zum Kundenbeziehungs-Lebenszyklus. In: *Thexis* (2), S. 15–18.

Stauss B. (2000b): Rückgewinnungsmanagement. Verlorene Kunden als Zielgruppe. In: Kundenbeziehungen im Dienstleistungsbereich. Wiesbaden: Gabler, S. 449–471.

Stauss B. (2011): Der Kundenbeziehungs-Lebenszyklus. In: Grundlagen des CRM: Strategie, Geschäftsprozesse und IT-Unterstützung. Wiesbaden: Gabler, S. 319–341.

Stauss B., Friege C. (1999) Regaining Service Customers. *Journal of Service Research* 1(4):347–361.

Stauss B., Friege C. (2006) Kundenwertorientiertes Rückgewinnungsmanagement. In: Kundenwert: Grundlagen, innovative Konzepte, praktische Umsetzungen. Wiesbaden: Gabler, S. 509–530.

Stauss B., Seidel W. (2007): Beschwerdemanagement. Unzufriedene Kunden als profitable Zielgruppe. 4., vollst. überarb. Aufl. München: Hanser. Online verfügbar unter http://www.hanser-elibrary.com/isbn/9783446405936.

Steinbrenner T. (2017): Die Geschichte der Social Media im Überblick. Hg. v. Haufe. Online verfügbar unter https://www.haufe.de/marketing-vertrieb/online-marketing/die-social-media-geschichte-im-ueberblick_132_298002.html.

Stiegler C. (2015): Digitale Medientheorien. In: New Media Culture: mediale Phänomene der Netzkultur. Bielefeld: transcript, S. 11–28.

Ternès A., Towers I., Jerusel M. (2015): Konsumentenverhalten im Zeitalter der Mass Customization. Trends: Individualisierung und Nachhaltigkeit. Wiesbaden: Springer Gabler (Essentials). Online verfügbar unter http://search.ebscohost.com/login.aspx?direct=true&scope=site&db=nlebk&AN=995353.

Tietz B., Köhler R., Zentes J. (Hrsg.) (1995): Handwörterbuch des Marketing. Kundenbindung. Unter Mitarbeit von A. Meyer und D. Oevermann. 2. Auflage. Stuttgart: Schäffer-Poeschel Verlag.

Tippelt F., Kupferschmitt T. (2015): Social Web: Ausdiffenzierung der Nutzung – Potenziale für Medienanbieter. Ergebnisse der ARD/ZDF-Onlinestudie 2015. In: *Media Perspektiven*.

Tomczak T., Dittrich S.: Kundenbindung durch Kundenclubs. Online verfügbar unter https://www.alexandria.unisg.ch/60392/1/Handbuch%20Kundenbindungsmanagement2.pdf.

Trommsdorff V. (2004): Konsumentenverhalten. 6., vollst. überarb. und erw. Aufl. Stuttgart: Kohlhammer (Kohlhammer-Edition Marketing).

Trommsdorff V., Teichert T. (2011): Konsumentenverhalten. 8., vollständig überarbeitete und erweiterte Auflage. Stuttgart: Verlag W. Kohlhammer (Kohlhammer Edition Marketing). Online verfügbar unter http://d-nb.info/1011067757/04.

Vershofen W. (1959): Die Marktentnahme als Kernstück der Wirtschaftsforschung. Neuausg. des 1. Bd. des Handbuchs der Verbrauchsforschung. Berlin: Heymann.

Vertical Web Media: Social media 500. www.mobilestrategies360.com/social-media-guide/#!. Abruf am 14.10.2016.

Vroom V. H. (1964): Work and motivation. Hoboken, NJ: Wiley.

Wachter N. (2006): Kundenwert aus Kundensicht. Eine empirische Analyse des Kundennutzens aus Sicht der Privat- und Geschäftskunden in der Automobilindustrie. Zugl.: Basel, Univ., Diss., 2005. 1. Aufl. Wiesbaden: Deutscher Universitäts-Verlag – GWV Fachverlage GmbH Wiesbaden (Gabler Edition Wissenschaft). Online verfügbar unter http://site.ebrary.com/lib/alltitles/docDetail.action?docID=10145026.

Walcher D. (2010): Emotionalisierung durch Mass Customization (MC). In: Erfolgsfaktor Emotionalisierung: wie Unternehmen die Herzen der Kunden gewinnen. Stuttgart: Schäffer-Poeschel, S. 27–39.

Walcher D., Piller F. T. (2016): Mass Customization – kundenindividuelle Massenfertigung als Geschäftsmodell. In: Die 10 wichtigsten Zukunftsthemen im Marketing. Freiburg: Haufe Gruppe, S. 139–161.

Watson J. B. (1983): Psychology, from the standpoint of a behaviorist. London: Dover.

Weihrich H. (1982): The TOWS Matrix – A Tool for Situational Analysis. In: *LRP* (Vol. 15), S. 54–66.

Weinberg P. (1981): Das Entscheidungsverhalten der Konsumenten. Paderborn: Schöningh (Uni-Taschenbücher Wirtschaftswissenschaften, Marketing, 1148).

Weinberg T., Ladwig W., Pahrmann C. (2014): Social Media Marketing. Strategien für Twitter, Facebook & Co. 4. Aufl., [komplett aktualisiert]. Beijng: O'Reilly.

Winkelmann P. (2008): Erfolgreiche CRM-Projekte. Chancen und Risiken bei der Einführung richtig bewerten. In: *Marketing Review St. Gallen: die neue Thexis-Marketingfachzeitschrift für Theorie und Praxis* 25 (3), S. 52–56.

Wittmann G., Listl C., Stahl E., Seidenschwarz H. (2017): Einzelhandel, 2017. Der deutsche Einzelhandel 2017 – erste IHK-ibi-Handelsstudie. IHK. Online verfügbar unter https://ecommerce-leitfaden.de/studiendownload-mail-verification.php.

Wolf T. (Hrsg.) (2017): Kundenkommunikation in sozialen Medien. Wiesbaden: Springer Fachmedien.

Woodworth R. S., Marquis D. G. (2014): Psychology (Psychology Revivals). Hoboken, Wiley.

Zaharia S. (2006): Multi-Channel-Retailing und Kundenverhalten. Wie sich Kunden informieren und wie sie einkaufen. Zugl.: Duisburg-Essen, Univ., Diss., 2005 u. d. T.: Multi-Channel-Retailing und Kundenverhalten – ein Beitrag zur Erklärung des Kundenverhaltens in einem Mehrkanalsystem des Einzelhandels aus verhaltenswissenschaftlicher Sicht. 1. Aufl. Lohmar: Eul (Reihe 2). Online verfügbar unter http://deposit.d-nb.de/cgi-bin/dokserv?id=2856828&prov=M&dok_var=1&dok_ext=htm.

Zaichkowsky J. L. (1985): Measuring the Involvement Construct. In: *Journal of Consumer Research*, Volume 12, Issue 3, S. 341–352.

Zimbardo P. G., Johnson R. L., McCann V. (2016): Schlüsselkonzepte der Psychologie. Unter Mitarbeit von Matthias Reiss. 7., aktualisierte Auflage. Hallbergmoos: Pearson (Always learning). Online verfügbar unter http://lib.myilibrary.com?id=876139.

Stichwortverzeichnis

https://doi.org/10.1515/9783110527179-015

www.ingramcontent.com/pod-product-compliance
Lightning Source LLC
Chambersburg PA
CBHW081048220326

41598CB00038B/7030